威海年鉴

WEIHAI YEARBOOK

(2021)

中共威海市委党史研究院
威海市地方史志研究院 编

方志出版社
Publishing House of Local Records

图书在版编目（CIP）数据

威海年鉴．2021 / 中共威海市委党史研究院，威海市地方史志研究院编．-- 北京 ：方志出版社，2021.10
ISBN 978-7-5144-4892-4

Ⅰ．①威… Ⅱ．①中… ②威… Ⅲ．①威海－2021－年鉴 Ⅳ．①Z525.23

中国版本图书馆CIP数据核字（2021）第240520号

威海年鉴（2021）

编　　者：	中共威海市委党史研究院 威海市地方史志研究院
责任编辑：	李静
出 版 者：	方志出版社 地址　北京市朝阳区潘家园东里9号（国家方志馆4层） 邮编　100021 网址　http://www.zgfzcb.cn
发　　行：	方志出版社图书经销中心 电话（010）67110500
经　　销：	各地新华书店
印　　刷：	威海红太阳彩印有限公司
开　　本：	889×1194　　1/16
印　　张：	25.75
字　　数：	1047千字
版　　次：	2021年10月第1版　2021年10月第1次印刷
印　　数：	0001～3000册
ISBN　978-7-5144-4892-4	**定价**：300.00元

威海市地图审图号：威 S(2020)005 号

威海市地图

威海市行政区划表

市区名称	镇街道名称	镇街道（个）	居委会（个）	村委会（个）	县市区名称	乡镇街道名称	乡镇街道（个）	居委会（个）	村委会（个）
环翠区	[illegible]	5 / 3	102	71	荣成市	[illegible]	10 / 12	51	790
高区	[illegible]	2 / 1	41	34					
经区	[illegible]	3 / 3	40	54					
临港区	[illegible]	3	11	254	乳山市	[illegible]	1 / 14	27	481
文登区	[illegible]	3 / 12	40	681					

[illegible]

威海市城区图审图号：威 S(2020)006 号

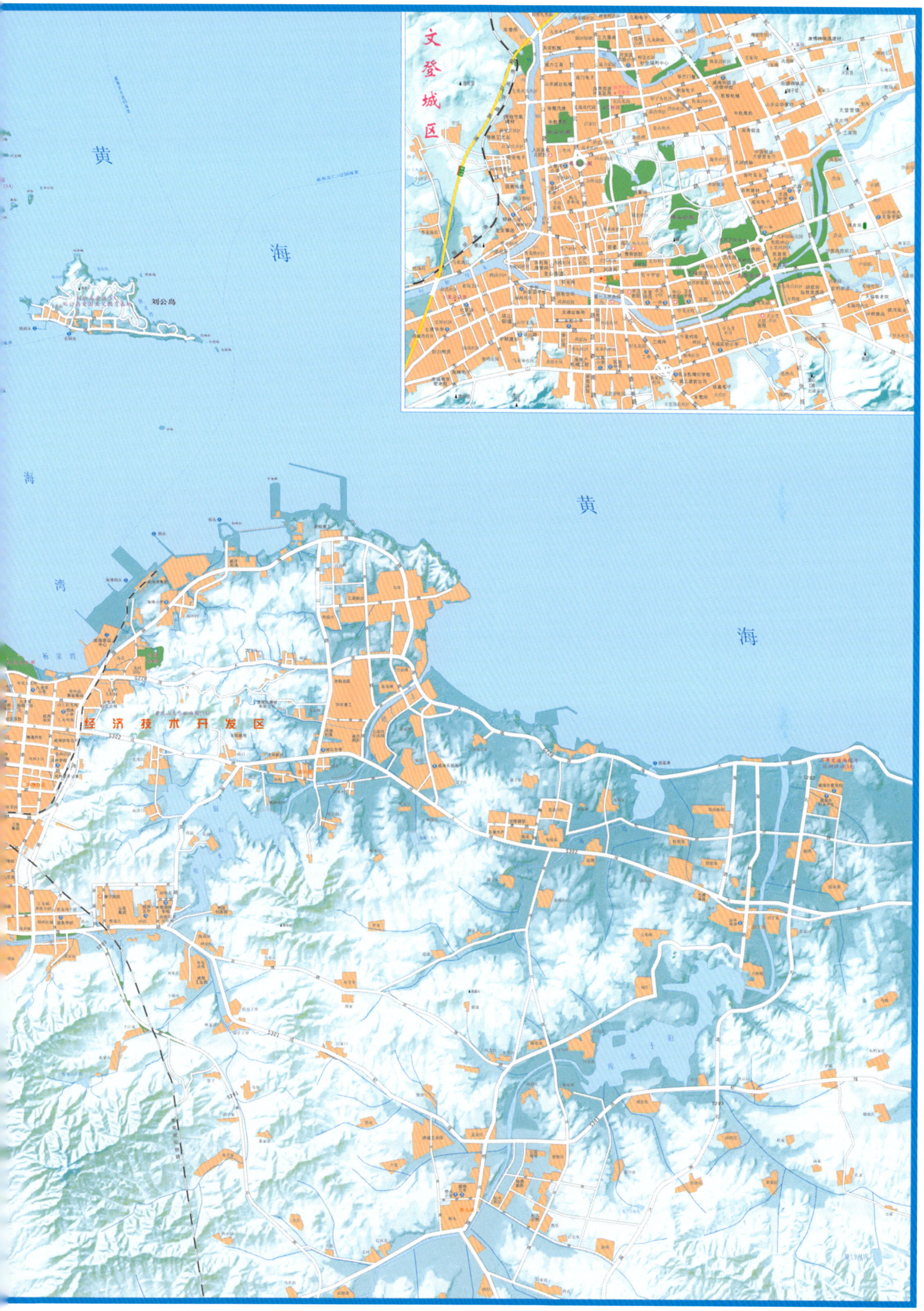

文登城区
黄
海
刘公岛
海
湾
黄
海
经济技术开发区

新型冠状病毒肺炎疫情防控

2020年1月30日，威海市新型冠状病毒感染的肺炎疫情防控工作组调度会、疫情防控工作调度视频会议召开

（王彦博　摄）

2020年2月，建设中的威海市胸科医院集中救治场所

（陶冉　摄）

2020 年 1 月 27 日，援鄂医疗队到达湖北省黄冈市后，重温入党誓词

（曲 涛　提供）

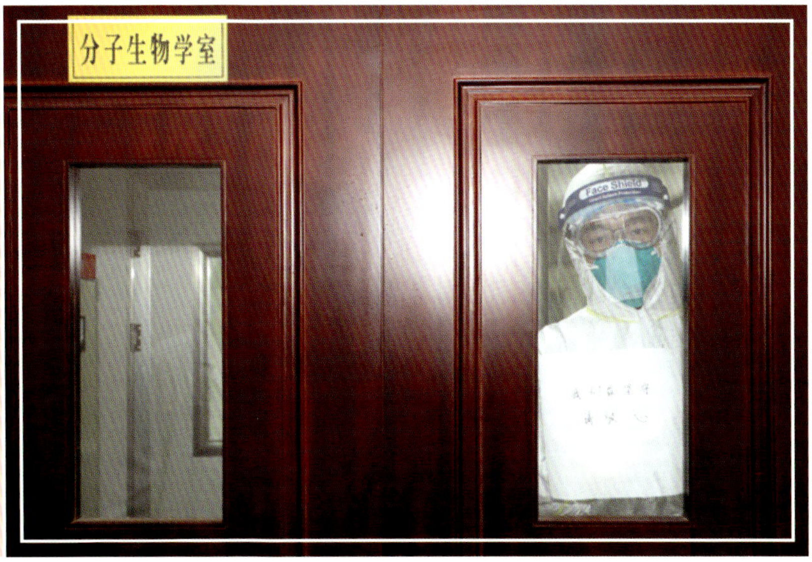

2020 年 1 月 28 日，在威海市疾病预防控制中心分子生物学室内，工作人员用文字方式向外界表达决心

（孙大伟　摄）

2020 年 2 月，工作人员在威海客运中心威海站准备对旅客进行检测

（杨 正　摄）

2020 年 2 月，志愿者在小区卡口值守　　（威海市精神文明建设委员会办公室　提供）

2020 年 6 月，迪尚集团有限公司口罩生产车间（迪尚集团有限公司　提供）

2020 年 5 月 6 日，仁川—威海入境航班疫情防控保障现场

（董飚 摄）

2020 年 1 月 27 日，工作人员在高速公路卡口检测过往车辆人员体温

（孙大伟 摄）

2020 年 3 月，为外来务工人员提供返岗包车服务

（朱连生 摄）

精致城市建设

威海市城区一角　　（刘志鹏　摄）

威海火炬高技术产业开发区笔架山文体公园　　（朱春晓　摄）

威海经济技术开发区一角　　（朱春晓　摄）

文登区城区一角　　（于晓卫　摄）

乳山市滨海新区一角　　（辛　戈　摄）

荣成市城区一角
（中共荣成市委党史研究中心 提供）

威海临港经济技术开发区一角
（朱春晓 摄）

威海南海新区奥林匹克中心
（威海南海新区管理委员会办公室 提供）

政务活动

2020 年 11 月 19 日，中共威海市委书记张海波（右）会见韩国驻青岛总领事馆总领事朴镇雄 （孙大伟　摄）

2020 年 9 月 17 日，中共威海市委副书记、市长闫剑波（右一）到威海东兴电子有限公司调研 （孙大伟　摄）

2020年10月20日，威海市人大常委会主任王学文（左）到荣成市社会福利中心走访慰问

（威海市人民代表大会常务委员会办公室　提供）

2020年10月27日，威海市政协主席高旭光（前排左一）到威海南海新区文化艺术馆调研

（中国人民政治协商会议威海市委员会办公室　提供）

2020年12月2日，中共威海市委副书记贾瑞霭（左二）到万和七彩农业科技有限公司调研

（威海南海新区管理委员会办公室　提供）

2020 年 7 月 24 日，中国共产党威海市第十五届委员会第九次全体会议召开　（朱春晓　摄）

2020 年 12 月 12 日，中国共产党威海市第十五届委员会第十次全体会议召开　（朱春晓　摄）

2020 年 1 月 8 日，威海市第十七届人民代表大会第四次会议召开　　（刘志鹏　摄）

2020 年 1 月 7 日，中国人民政治协商会议第十三届威海市委员会第四次会议召开　　（孙大伟　摄）

文明城市建设

2020 年 10 月 21 日，全省新时代文明实践中心建设试点暨学雷锋志愿服务工作座谈会在荣成市召开

2020 年 4 月 17 日，“文明餐桌　公筷行动”启动

2020 年 6 月 16 日，威海市开展“三不一礼让”文明出行提升行动启动仪式举行

2020 年 8 月 10 日，威海市 2020 年度新时代好少年云发布会举办

2020 年 9 月 24 日，威海市第六届“国学小名士”经典诵读电视大赛举办

（威海市精神文明建设委员会办公室 提供）

"君子之风·美德威海"建设

刘彰蔚　威海市九艺三星装饰有限公司总设计师。2020 年 1 月，登上"中国好人榜"诚实守信类别

李双举（中）　威海市环翠楼街道西北村社区思源党支部书记，双举海参专卖店总经理。2020 年 8 月—9 月，登上"中国好人榜"助人为乐类别

柏军（左） 威海市环翠区张村镇魏桥社区居民。2020 年 11 月，登上“中国好人榜”见义勇为类别

梁文强 威海市环翠区张村镇滨海明珠社区居民。2020 年 11 月，登上“中国好人榜”见义勇为类别

耿博 国家电网山东省电力公司威海供电公司输电运检三班班长。2020 年 12 月，登上“中国好人榜”敬业奉献类别

（威海市精神文明建设委员会办公室 提供）

脱贫攻坚暨乡村振兴

山东悦多果业有限公司现代苹果产业示范园　（威海日报社　提供）

乳山台依湖国际酒庄生态文化区（威海日报社　提供）

威海广植田园综合体发展有限公司菌类种植基地　　（威海日报社　提供）

威海经济技术开发区崮山镇东浦湾房车营地　　（威海日报社　提供）

文登区大水泊镇威海设计谷　　（刘志鹏　摄）

威海临港经济技术开发区汪疃镇祝家英村　　（刘志鹏　摄）

环翠区嵩山街道五家疃村石窝剧场　　（威海日报社　提供）

文登区界石镇“花海”景观走廊　　（威海日报社　提供）

城市国际化

2020 年 11 月 4 日，2020 威海市产业推介会在上海市召开

（杨 正 摄）

2020 年 5 月 30 日，第三届威海市市长国际经济咨询委员会年会召开

（威海市商务局 提供）

2020 年 9 月 15 日，威海中韩自贸区地方经济合作示范区产业园启动仪式举行

（威海市商务局 提供）

2020 年 9 月 25 日，2020 中韩（威海）跨境电商大会召开

（王彦博　摄）

2020 年 10 月 22 日，“山东与世界 500 强连线”韩国专场暨山东省—韩国经贸合作交流会威海分会场活动举办

（威海市商务局　提供）

2020 年 10 月 27 日，“山东与世界 500 强连线”日本专场威海分会场暨威海—日本经贸合作交流会召开

（威海市商务局　提供）

纪念哈尔滨工业大学建校百年暨2020中国威海·国际英才创新创业大会

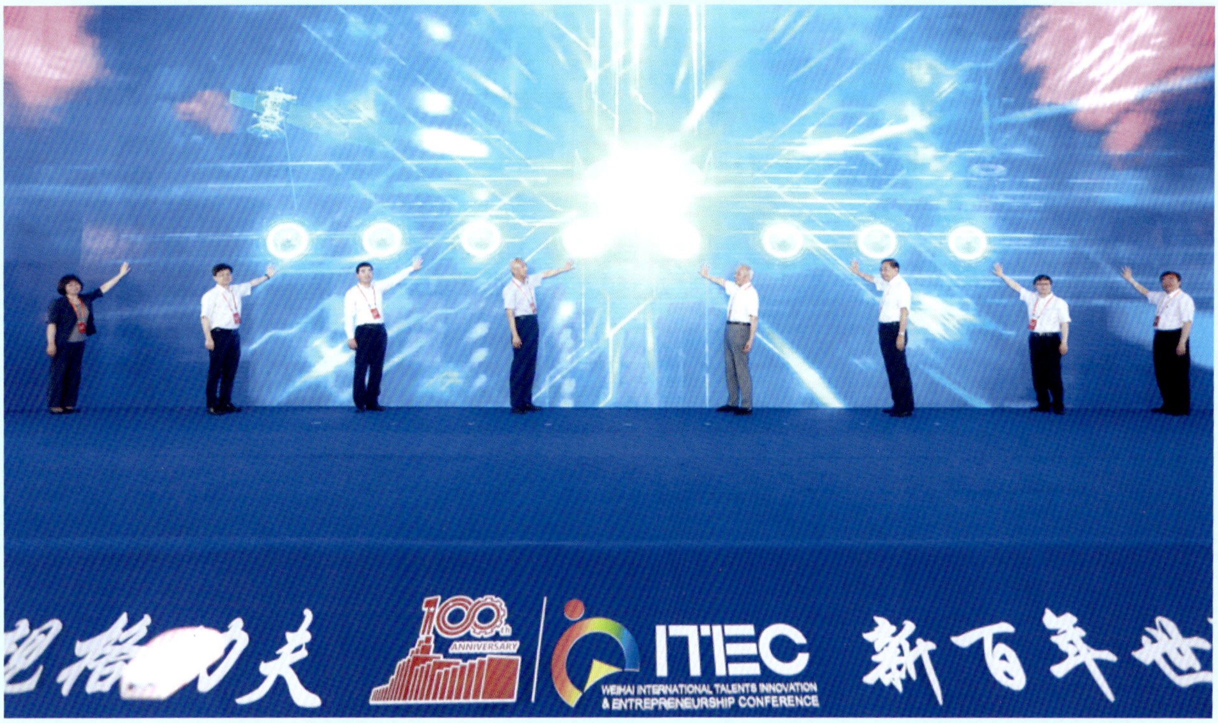

2020年6月14日，纪念哈尔滨工业大学建校百年暨2020中国威海·国际英才创新创业大会启动仪式举行

（朱春晓　摄）

2020年6月14日，纪念哈尔滨工业大学建校百年暨2020中国威海·国际英才创新创业大会现场

（朱春晓　摄）

2020 年 6 月 14 日，威海市人民政府与哈尔滨工业大学签订《聚力精致城市与一流大学建设深化校地合作协议》

2020 年 6 月 13 日，嘉宾参观考察威海威高国际医疗投资控股有限公司展厅

（威海市人力资源和社会保障局　提供）

2020 海洋生态经济国际论坛

2020 年 11 月 13 日，2020 海洋生态经济国际论坛举行

2020 年 11 月 13 日，焦念志院士工作站共建签约仪式举行

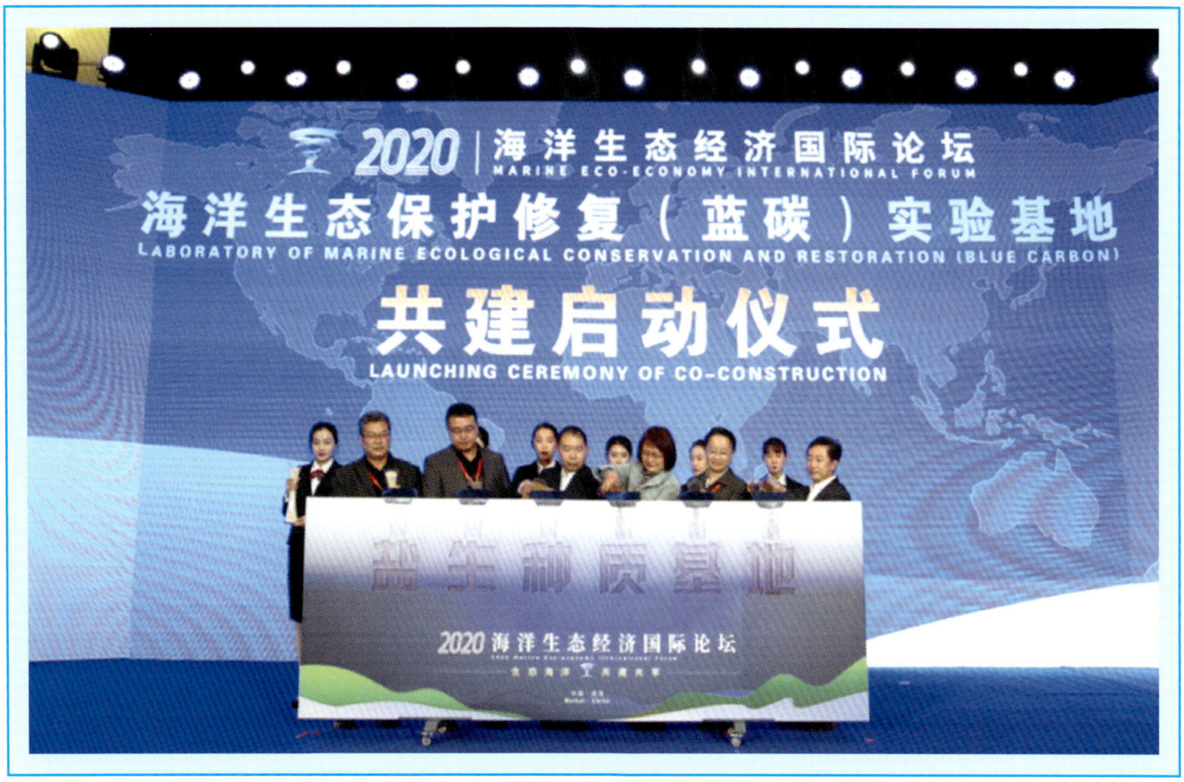

2020 年 11 月 13 日，海洋生态保护修复（蓝碳）实验基地共建启动仪式举行

2020 年 11 月 13 日，2020 海洋生态经济国际论坛现场

（威海市海洋发展局　提供）

迪尚 2020 国际乒联男女世界杯

2020 年 11 月 8 日，迪尚 2020 国际乒联女子世界杯比赛现场

（威海市体育局　提供）

2020 年 11 月 13 日，迪尚 2020 国际乒联男子世界杯比赛现场

（王彦博　摄）

2020 年 11 月 15 日，迪尚 2020 国际乒联男子世界杯颁奖仪式举行　　（王彦博　摄）

2020 年 11 月 15 日，获奖选手与志愿者合影　（王彦博　摄）

2020 年 11 月 14 日，国家电网山东省电力公司威海供电公司做好比赛供电保障工作
（王彦博　摄）

数读威海

土地总面积：5799.84 平方千米
常住人口：290.65 万人
海岸线：978 千米
地区生产总值：3017.79 亿元
固定资产投资增长：2.9%
规模以上工业增加值增长：4.6%
高新技术产业产值增长：1.5%
对外及对中国港澳台地区贸易总额：1614.57 亿元
旅游接待总人数：3238.2 万人次
旅游总收入：393.1 亿元
社会消费品零售总额增长：0.3%
一般公共预算收入：252.39 亿元
住户存款余额：2907.25 亿元
城镇居民人均可支配收入：50424 元
农村居民人均可支配收入：23351 元
年底公路通车里程：7315.22 千米
城市公共供水总量：1.25 亿立方米
全社会用电量：137.82 亿千瓦时
宽带网用户总数：115.91 万户
户籍人口城镇化率：60.72%
建成区绿化覆盖率：45.81%
空气质量优良率：90.4%

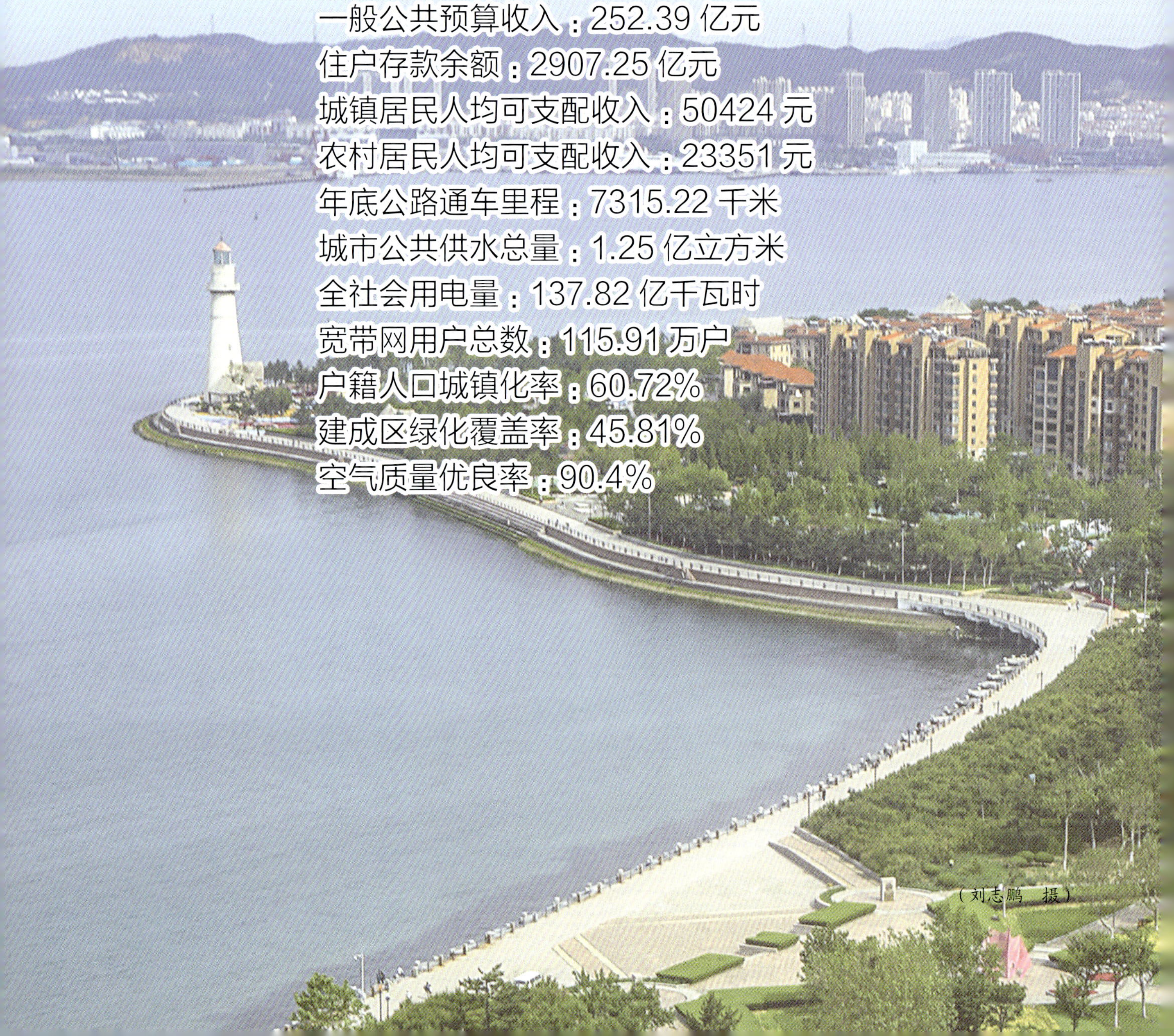

（刘志鹏　摄）

编辑说明

一、《威海年鉴（2021）》以马克思列宁主义、毛泽东思想、邓小平理论、“三个代表”重要思想、科学发展观、习近平新时代中国特色社会主义思想为指导，坚持辩证唯物主义和历史唯物主义的立场、观点和方法。遵照党和国家现行的各项路线、方针、政策，遵守《中华人民共和国宪法》和国家各项法律、法规。力求全面、系统、准确地记载威海市自然、政治、经济、文化、社会等方面发展变化的基本情况。

二、《威海年鉴（2021）》是由中国共产党威海市委员会和威海市人民政府组织，中共威海市委党史研究院（威海市地方史志研究院）承编的以威海市行政区域名称冠名的地方综合年鉴，是全面系统地记述本行政区域自然、政治、经济、文化、社会等方面情况的年度资料性文献，旨在为各级领导科学决策提供市情依据，为各行各业提供信息服务，为国内外各界人士了解威海、研究威海提供窗口和媒介，同时为编修地方志储备资料。

三、《威海年鉴（1998）》是首部公开出版的市委、市政府组织编纂的年鉴，《威海年鉴（2021）》是第24卷，记述了2020年度全市各项事业发展的基本情况，重点反映社会主义现代化建设进程中的新成就、新经验、新举措和遇到的新问题。为增强信息的时效性，保证资料的连续性和完整性，部分资料时限适当上溯下延。

四、《威海年鉴（2021）》主要分类目、分目、条目3个层次，部分分目下设子目。条目为主要信息载体和基本撰写形式，条目标题用黑体加【】。为体现地方特色，将经济监督与管理、海洋与渔业升格为类目。各类目、分目间交叉重复的资料，或区别视角、各有侧重分别记述，或设置参见、引导查找。条目后括注的人名为各供稿单位供稿人员。

五、《威海年鉴（2021）》设35个类目：特载、专记、大事记、威海概况、中国共产党威海市委员会、威海市人民代表大会、威海市人民政府、中国人民政治协商会议威海市委员会、纪检监察、民主党派与工商联、群众团体、法治、军事、经济监督与管理、农村·农业、海洋与渔业、工业、信息产业、交通·邮政、城乡建设与生态环境保护、商贸、口岸、旅游、财政·税务、金融、科学技术、教育、文化·传媒、卫生健康、体育、社会生活、区（市）概况、开发区建设、人物、附录。

六、《威海年鉴（2021）》采用规范的语体文，以记述为主，说明为辅。记述事物、事件和人物，寓观点于记述之中。各类组织、机构或事物等专有名称首次出现时一般使用全称，并括注简称。计量单位部分沿用旧制单位。图片说明中一般注明时间，凡是未注明的，均为2020年拍摄。除了辑录的原始文献外，文风力求严谨、朴实、简洁、流畅。

七、《威海年鉴（2021）》检索方法有目录和索引，分设在卷首和卷尾。目录中类目、分目附有英文翻译；索引主要采取主题分析法制作，并按主题词首字汉语拼音字母顺序排列。

八、年鉴资料由市直各部门（单位）、中央和省驻威海单位、各区（市）负责提供，且均经撰稿单位负责人审签。反映全市国民经济和社会发展总体情况的数据，以威海市统计局公布的为准；部分数据因四舍五入的原因，存在总项与分项合不等的情况。

供稿单位审稿人名单

（按供稿单位顺序排列）

张　璟	王　伟	于所航	邓　勇	乔新跃	张瑞英
毕建康	苗建臣	肖　怡	马绪福	杨志伟	王　晓
刘　杰	许祖强	耿祥星	杨万友	王治强	荆　文
梁　皓	高　飞	王吉会	焦　华	许德刚	戴海波
王金明	李淑芳	周　宁	于国胜	陈伟胜	李光华
于富波	贾国哲	陈　文	吴宏飞	许宏妮	彭　霞
宋华东	张建岭	毕可德	王维强	徐志勤	孙新强
李元敬	王广跃	任建波	王树远	郝　芳	傅开强
张世权	王永池	丛龙海	傅世涛	于松涛	李大伟
周　华	钟　臣	徐发荣	张　辉	周德纯	毕兴全
李永仁	姜伟国	刘玉华	王文志	隆新华	刘树伟
李晓东	于　洋	裴周轶	于忠义	陈志勇	王永涛
乔　军	唐会启	张敬全	芦春阳	王　滨	许英文
张东方	王吉宏	张向上	王曙明	隋建波	刘　震
董晓阳	王　斌	关志勇	刘兰设	张　刚	万鲁峰
鞠　雷	孔令军	王国庆	李海建	苏小龙	赵　林
苏明军	刘韶伟	谭先国	肖洪冰	李令武	王秀泰
韩　冬	王志强	方　兴	鲍江伟	于　鹏	段俊超
王厚全	于志青	徐东晖	尹作升	徐晓飞	李耀华
张　晖	李贞涛	孙承武	徐向晨	张宗军	关忠良
杜树宇	石曰众	姜　农	鞠宏宇	杨明帆	耿　涛
王治国	侯文金	丛华清	谷永波	王子明	杜建军
苑　顺	宋吉信	栾　波	陈鹏远	郭万松	孙梓阳
王　浩	邹文政	张广忠	王希海	于　刚	刘强胜

目　　录

CONTENTS

中国共产党威海市委员会
The Weihai Municipal Committee of the Chinese Communist Party

威海市人民代表大会
The Weihai Municipal People's Congress

威海市人民政府
The Municipal People's Government of Weihai

中国人民政治协商会议威海市委员会
The Weihai Municipal Committee of the Chinese People's Political Consultative Conference

纪检监察
Discipline Inspection and Supervision

民主党派与工商联
Democratic Parties & Federation of Industrial and Commercial

群众团体
Mass Group

法 治
Rule of Law

军　事
Military Affairs

经济监督与管理
Economic Supervision and Management

农村·农业
Countryside · Agriculture

海洋与渔业
Ocean and Aquatic Products Industry

工　业
Industry

信息产业
Information Industry

交通 · 邮政
Transportation · Posts

城乡建设与生态环境保护
Urban and Rural Construction& Ecological Environmental Protection

商　贸
Commerce and Trade

口 岸
Port

旅　游
Tourism

财政 · 税务
Public Finance · Tax

金 融
Finance

科学技术
Science and Technology

教　育
Education

文化·传媒
Culture · Media

卫生健康
Health

体　育
Sports

社会生活
Social Life

区（市）概况
General Situation of the District and County-level Cities

开发区建设
Development Zones Construction

人 物
Figures

附　录
Appendices

索　引
Index

特　　载

在市委十五届十次全会第二次全体会议上的讲话

（2020年12月12日）

中共威海市委书记　张海波

党的十九届五中全会，是在“两个一百年”奋斗目标的历史交汇点上召开的一次十分重要的会议，在党和国家发展进程中具有重要里程碑意义。全会通过的《中共中央关于制定国民经济和社会发展第十四个五年规划和二〇三五年远景目标的建议》，是开启全面建设社会主义现代化国家新征程、向第二个百年奋斗目标进军的纲领性文件。中共中央总书记习近平的重要讲话，为我们做好各项工作指明了方向、提供了根本遵循。省委十一届十二次全会，深入贯彻落实党的十九届五中全会精神，按照中共中央总书记习近平“走在前列、全面开创”的重要指示要求，对我省“十四五”时期目标任务、思路举措和2035年远景目标作了全面安排部署。全市各级党组织和广大党员干部，要把思想和行动统一到党的十九届五中全会精神上来，按照省委十一届十二次全会的部署要求，科学谋划、全力做好“十四五”时期的各项工作，不断开创“精致城市·幸福威海”建设新局面，争当新时代现代化强省建设排头兵。

从明年开始，我国进入了全面建设社会主义现代化国家、向第二个百年奋斗目标进军的新阶段。“十四五”时期是新阶段的起始，是打基础、筑根基的关键时期，必须起好步、开好局。全市上下一定要统一思想、鼓足干劲，抢抓机遇、奋发作为，不断开创各项工作的新局面。下面，根据市委常委会研究的意见，我就深入贯彻落实党的十九届五中全会和省委十一届十二次全会精神，切实抓好“十四五”时期各项工作，讲四点意见。

一、新阶段要有新担当。进入新发展阶段，首先要对我们自身的阶段性特征和基础条件有一个全面、清晰、准确的认识，弄清楚我们处于什么样的位置、在哪些方面具有比较优势、未来还将面对哪些发展机遇，搞明白国家和省需要我们做什么、我们应当做什么、能够做什么，明确方向、有的放矢、集中发力，朝着新的目标大踏步迈进。

首先，找准自身位置，我们有争当排头兵的坚实基础。从我市发展的阶段性特征来看，经过全市上下的接续奋斗，经济总量迈上新台阶，传统动能加快改造升级，以创新为支撑的新动能迅速成长，制约发展的短板弱项正在加快补强，发展质量呈现出一系列趋势性、关键性变化。现在的威海，已经站在了一个新的发展起点上，向更高目标发起冲击的基础和条件更加成熟。从我市承担的历史使命来看，中共中央总书记习近平要求山东打造乡村振兴齐鲁样板、做好“经略海洋”大文章、打造对外开放新高地，中国共产党第十九届五中全会提出“鼓励东部地区加快推进现代化”，省委全会要求“胶东经济圈各城市努力在高质量发展上趟出新路”，我们有责任、也有条件为完成中共中央总书记习近平交给山东的任务作出更大贡献，在新时代现代化强省建设中争当排头兵。从新发展格局来看，我市是胶东半岛经济圈的重要板块，是东北亚经济圈的节点城市，是对日韩开放的桥头堡，一批产业链供应链核心企业快速成长，对外开放深度和广度不断拓展，东接日韩、西联欧亚、辐射中西部内陆地区的国际物流大通道加快形成，进一步凸显了威海在“双循环”新发展格局中的重要枢纽位置，为我市展现更大作为提供了广阔空间。

其次，立足比较优势，我们有争当排头兵的巨大潜力。地级威海市成立以来，逐步形成了开放、海洋、生态等传统比较优势，这是我们赢得未来竞争的关键所在。同时，在近几年推动高质量发展的进程中，我们还培育形成了不少新优势。创新平台体系初步建成并发挥作用，创新要素资源加速汇聚；精致城市建设的标准体系、实践路径日益丰富，在新型城镇化进程中蹚出了威海路子；社会治理模式成效显著，综合信用指数位居全国地级市首位，在共建共治共享方面走在全国前列。除此以外，我市还有很多潜在优势有待挖掘。比如，石岛湾核电站全部建成投入使用后，不仅可以满足本地能源需求，也为我市核能技术研发、核能上下游产业发展创造了有利条件。比如，我市有11所高校，不仅能够为我们引进各类年轻人才提供有利条件，还能带动培育一批具有较强创新能力的科研团队和研发机构。

*第三，把握发展机遇，我们有争当排头兵的光明前景。*进入新发展阶段，机遇发生了新的变化。就像中共中央总书记习近平强调的："机遇更具有战略性、可塑性，挑战更具有复杂性、全局性，挑战前所未有，应对好了，机遇也就前所未有。"比如，山东新旧动能转换综合试验区、山东自由贸易区等试点政策，虽然济南、青岛、烟台"三核"引领示范，但威海产业基础、开放基础较好，完全能够立足优势、突出重围、风景独好，闯出一片新天地。比如，区域全面经济伙伴关系协定（RCEP）加速了中日韩经贸合作进程，我省正在积极推动中日韩经贸合作示范区建设，我们对韩开放基础扎实、优势明显，只要打好中韩自贸区地方经济合作示范区等优势牌，一定能够在未来对外开放大局中抢占先机、赢得主动。

综合上述分析，"十四五"乃至今后一个更长时期，虽然内外环境日趋复杂，矛盾多、困难大、挑战重、任务艰巨，我们还有不少必须迈过的坎。但从整体上分析判断，威海的发展仍将处于一个大有可为的关键时期。在广泛征求意见的基础上，市委研究确定，我市"十四五"时期乃至2035年的奋斗目标是：开创"精致城市·幸福威海"建设新局面，争当新时代现代化强省建设排头兵。要实现这一目标，需要各板块、各部门单位、各行各业工作的强力支撑。大家都要在全市大局中找准定位、谋划工作，坚决破除"蓝天白云综合征"，强化排头兵的思维，确定排头兵的目标，研究争当排头兵的具体措施，干出更多排头兵的业绩。

二、新阶段要有新举措。党的十九大以来，中共中央总书记习近平反复强调要固根基、扬优势、补短板、强弱项，为我们在新阶段谋划发展、解决问题提供了工作指导。我们要坚持问题导向、目标导向、结果导向，扬长补短、趋利避害，在现代化建设的征程中趟出新路、创出特色，努力实现更高质量、更有效率、更加公平、更可持续、更为安全的发展。

*一是要在固根基上下功夫。*固根基，是我们做好各项工作的基础。对威海来说，我们的根基就是产业、就是企业、就是项目。我们要继续坚持产业为王、项目为王、企业为王不动摇，突出实体经济的主体地位，强化工业特别是先进制造业的战略地位，聚焦优势产业集群、重点项目和重点企业，加大资源、要素的倾斜力度，全力支持企业加速膨胀扩张、项目加速建成投产、产业加速优化升级。产业发展的重点就是七大产业集群、十条优势产业链，方向就是产业链、供应链、创新链协同发展，目前已经全部落实了工作专班或"链长"，也明确了重点企业、重点产品、创新平台和招商方向，一定要项目化、具体化、责任化，把各项工作落实落细。项目建设要在质量和规模上求突破，要想一想我们哪些产业、哪些领域具备容纳大项目的潜力，想一想与哪些大企业有良好的合作基础，找准突破方向，有针对性地做工作，争取实现大的突破。要牢固树立"企业强则威海强"的意识，持续做优营商的软环境、发展的硬环境、创新创业的大环境，营造关心企业、支持企业的浓厚氛围，让企业和企业家在威海受到充分尊重，感到温暖舒心，让企业发展更有信心，形成骨干企业示范领跑、中小企业紧追跟进、各类市场主体千军竞发的发展格局。

*二是要在扬优势上下功夫。*开放、海洋、生态是威海的三大传统优势，也是威海的发展基因。进入新发展阶段，面对高水平对外开放、海洋强国建设、文化旅游融合发展等新形势，如何打好对韩开放这张牌，如何由渔业大市升级为海洋强市，如何更好把绿水青山转化为金山银山，需要广大干部解放思想，认真研究，拿出务实管用的举措，真正把发展优势转化为发展胜势。创新也是我们多年持续培育形成的优势。我市的"1+4+N"创新平台体系，既有工信部威海电子信息技术综合研究中心、山东省高端医疗器械创新创业共同体等国字号、省字号的高端平台，也有山东大学、哈尔滨工业大学、吉林大学等一流院校鼎力加盟，体系平台达到16家，汇聚了一批高端创新资源。我们搭建创新平台体系，关键是要发挥作用，用平台引企业、引项目、引人才，育企业、育项目、育人才。要学习借鉴南方先进地区产业研究院的经验做法，创新政策、整合资源、引进机构，加大"在孵"企业和项目的扶持力度，推动技术和知识尽快转化为产品和财富。这样的优势领域还有很多，各级各部门要善于去挖掘、去探索、去创新，真正把优势资源用好，转化为推动发展的强大动力。

*三是要在补短板上下功夫。*短板问题是制约区域发展的瓶颈，同时也是打开突破口、开创新局面的着力点。对威海来讲，基础设施、人才、生产要素供给是制约发展的三大短板。在基础设施方面，我们狠抓"三个力保"，特别是在高铁、机场、高速公路等交通基础设施上全面发力，取得了重大突破。但从长远来看，基础设施仍是制约威海发展的重要短板，必须持续发力、久久为功。比如，在交通保障上，威海是陆路交通末梢，要实现长远发展，必须尽快补齐这个短板。莱荣高铁、新机场等项目，"十四五"时期要争取完成。比如，在水资源保障上，今年降水超过多年平均值，但从长期来看，威海仍是一个严重缺水城市，必须在水利设施建设上下功夫，全力构建水安全保障体系。在人才和劳动力方面，我们不但人才短缺，老龄化也越来越严重。要多研究几个"为什么"，究竟是驻威海11所高校的专业设置与产业不匹配，还是企业薪酬达不到学生的预期，还是城市吸引力不足，要找出问题症结，综合施策，尽快扭转这一局面。在生产要素供给方面，我们最突出的是用地和资金问题，破解的办法还不多，一定要学会向政策要对策、向改革要办法、向市场要效益。很多短板都是长期累积而成，补短板也绝非一朝一夕之功。要树牢正确的政绩观，针对短板问题拿出长远规划和近期重点，扎扎实实推进下去。只要我们一任接着一任干，一张蓝图绘到底，就一定能补齐短板，实现新的更大发展。

*四是要在强弱项上下功夫。*任何一项工作，都存在强项和弱项两个方面。如果我们只看到强项，看不到弱项，看不到问题和差距，就会影响我们的判断。比如，近几年我市的精致城市建设取得了显著成效，引起了上级关注，得到了群众认可。但从12345政务服务热线受理的群众诉求看，关于物业服务、城市管理的问题越来越多，这既说明群众的需求在提升，也说明我们工作还有很多不到位的地方，还有很多弱项需要去改进。比如，我市

的企业家队伍普遍稳重踏实，企业发展都中规中矩，很少出现大起大落，这值得肯定。但同时也要看到，我市企业家对创新、上市、工业互联网等重视程度不足，企业很少出现跳跃式、裂变式、质变式发展，群山无峰的问题长期存在。强弱项，就是要坚持问题导向，善于在工作中发现问题，以问题的不断解决推动工作持续向前。各级各部门都要以更高标准要求自己，把问题导向贯穿于每一项工作的始终，不知足，不满足，努力把每一项工作都做到极致、干到完美。

总之，每一个区域、每一个部门、每一名干部都要立足实际，找一找基础牢不牢、优势有哪些、短板是什么、弱项在哪里，创新思维方式和工作方法，认清优势和劣势，找准着力点和切入点，扬长补短，研究谋划更具针对性和可操作性的工作举措，努力在新阶段实现新的更大突破。

三、新阶段要有新办法。中国共产党第十九届五中全会首次提出坚持系统观念，这是我们党在总结实践经验基础上作出的重大理论概括。“十四五”时期，我们必然会遇到“既要、也要、还要”“两难、三难、多难”的问题，用系统观念来谋划和推动工作，越来越必要，也越来越重要。

*一是要把握好立足当前和着眼长远的关系。*我们抓工作，当前有成效、长远可持续的事要放手去做，当前见效慢、长远打基础的事也要努力去做。全市“十四五”规划的大目标和大方向已经确定，从现在就要开始研究落实的具体措施。特别是产业现代化、城市国际化、新型城镇化、发展绿色化、治理现代化五大重点任务，各级各部门都要抓紧研究谋划具体实施路径，每一项重点任务都要明确现阶段要抓哪些工作、用哪些项目来支撑。马上能干的，要坚定不移、风雨无阻，一步一个脚印，一件一件抓落实，稳扎稳打、善作善成。对长期性的工作，也要结合实际，充分论证，做好前期工作，为未来高质量发展奠定基础。

*二是要把握好统筹兼顾和重点突破的关系。*当前，我们面对的工作千头万绪、错综复杂，发展、稳定、生态、安全、民生等问题，相互关联，相互影响。我们既要学会“转盘子”，善于“弹钢琴”，充分调动各方面的积极性，统筹安排、协调推进；又要分清轻重缓急、排出主次顺序，集中时间精力和优势资源抓重点、抓要害，以“一子落”激发“全盘活”。比如，我们培育产业集群、优势产业链，实施企业冲击新目标行动等，就是要立足拳头产业、龙头企业，进一步延链、补链、扩链、强链，不管是招商引资还是项目建设，都要围绕这些产业和企业展开。每个区（市）、开发区，都要有所为、有所不为，有自己清晰的产业定位，不能眉毛胡子一把抓，不能出现招商引资恶性竞争的问题。

*三是要把握好改革创新和依法依规的关系。*敢闯敢试、敢为人先是威海干部的传统。“十三五”时期，我市一系列取得重大突破的工作，都是大胆改革创新的结果。要始终坚持改革创新的精神，各项工作都要善于从改革上找出路、在创新中想办法，不断研究新情况、解决新问题。改革创新不是无视法律和规矩，容错纠错也不等于无限宽容。法治是最好的营商环境，规范的市场主体往往不是看一件事办得多快，而是看是不是依法办事。我们一定要自觉践行习近平法治思想，干工作、作决策都要强化法治思维，坚持依法依规，提高用法治手段推进工作的能力，在规则之内把事干成、干好，既不能将改革创新作为突破法律规矩红线的理由，也要坚决防止把依法依规当成不担当、不作为的借口。

*四是要把握好各负其责和密切配合的关系。*现在，很多工作都是复杂的系统性工程，单打独斗是不可能做好的。比如乡村振兴，五大振兴缺一不可，需要各级书记、各行业主管部门齐抓共管；比如发展海洋经济，一二三产业涉及不同部门，这样需要协调联动的工作还有很多。但不少部门还存在该牵头的不敢牵头、该配合的不积极配合的问题，形不成工作合力，说到底是担当精神、全局意识不强，没有把自己摆在全市发展“一盘棋”中。各级各部门要树牢大局意识，既要抓好自身的主责主业，也要强化补位意识，对需要配合的工作主动配合、善于配合、全力配合，毫无保留地献计出力，为整体工作做出积极贡献。

系统观念无处不在、无时不在。各级党组织和广大党员干部都要遵循系统观念的内在规律与实践要求，将系统观念贯穿经济社会发展全过程各领域，学会运用系统思维分析问题、指导工作，加强前瞻性思考、全局性谋划、战略性布局、整体性推进，真正成为本行业本领域的高手、能手。

四、新阶段要有新形象。进入新发展阶段，我们就踏上了新的“赶考”之路。要写好新的“答卷”，我们必须以崭新的姿态、优良的作风，为开创“精致城市·幸福威海”建设新局面、争当新时代现代化强省建设排头兵提供坚实保障。

*一是要政治强。*讲政治是对干部第一位的要求。把各项任务落到实处，关键看干部政治是否过硬。要旗帜鲜明讲政治，在学懂弄通做实习近平新时代中国特色社会主义思想上持续用力、狠下功夫，把增强“四个意识”、坚定“四个自信”、做到“两个维护”这一根本政治要求，融入工作中、落实到行动上，确保各项事业的正确方向，确保政令畅通。要做政治上的明白人，切实增强政治鉴别力和敏锐性，遇到问题多从政治上分析，开展工作多从政治上考量，坚决维护好党的政治纪律政治规矩，决不能有令不行、有禁不止，决不能上有政策、下有对策。学习贯彻党的十九届五中全会精神是对干部政治上是否合格的直接检验，也是我们做好今后工作的根本要求，大家要切实增强贯彻落实的政治自觉、思想自觉和行动自觉，悟原理、找方法、明思路，把学习成果转化为推动发展的实践，确保全会精神在威海落实落地。

二是要业务精。“十四五”乃至今后一个更长时期，我们面临的发展形势更为复杂，承担的发展任务更加艰巨，如何在危机中育先机、于变局中开新局，是对干部专业能力素质的一次严峻考验。比如，面对突发的舆情事件，我们能否妥善进行处置、不出纰漏；比如，疫情防控常态化下，我们如何更好地开展“双招双引”（招商引资、招才引智）工作，都要靠干部的专业素质和能力。要准确把握新形势、新任务、新要求，针对干部“能力不足”“本领恐慌”的问题，有针对性地加强干部专业能力培养，提升分析问题、驾驭风险、谋划工作、推动落实的能力水平。要创新

干部教育方式，拓宽干部教育渠道，围绕贯彻新发展理念、构建新发展格局等，实施领导干部专业化能力提升工程，促进干部快速提高、快速成长。实践是培养干部的“练兵场”，要继续采取“上派下挂”等方式，推动更多年轻干部到上级、到一线挂职锻炼，探索到广东、浙江、江苏等先进地区挂职，让干部在更广阔的平台上丰富阅历、施展才华、锻炼成长。广大党员干部要把提升能力作为一种责任、一种追求，主动学习充电，加强实践锻炼，努力成为高素质、专业化干部，更好地适应形势变化和要求。

三是要作风正。好作风就是凝聚力、战斗力。我市干部作风的主流是好的，但与新形势、新任务的要求相比还有不少差距。从近期市纪委查访情况看，加重基层负担、漠视群众利益、破坏营商环境等作风问题仍然存在，一定要坚决整治。要把干部作风大改进行动作为一项常态化的工作，紧密结合实际，推动作风大改进、问题大解决、工作大提升。要大力发扬求真务实的优良作风，每项工作都要把“真”和“实”作为首位要求，出实招、办实事、求实效，决不允许搞形式主义、做表面文章。干事创业重在行动，贵在效率。现在外部环境变化加快，政策调整频率提速，各地都瞪大了眼、铆足了劲，抓住一切时机抢项目、抢人才、抢政策。我们不进则退、慢进也是退，“过了这个村就没这个店”，一定要发扬雷厉风行的作风，增强预见性、保持敏锐性，坚持工作项目化、项目清单化、清单责任化、责任时效化，决不能在等待观望中丧失机遇。我们所做的一切工作，根本目的是让人民群众过上更加美好的生活。大家都要想一想，我们开展工作有没有站在群众立场上思考？群众想什么、盼什么，我们是否真正了解？为什么有的群众诉求反映多次，却迟迟得不到解决？要始终和群众坐在一条板凳上，多谋民生之利，多解民生之忧，让更多发展成果惠及人民群众。

四是要纪律严。干成事是追求，不出事是底线，既干事又干净是对干部的基本要求。从近年来查处的违法违纪案件看，领导干部违法违纪都是从小事小节开始的，一次两次不注意，就越陷越深，不能自拔。领导干部身处重要岗位，很容易成为“围猎”的对象，只有把纪律规矩挺在最前面，才能在复杂情况下不迷失方向，在利益诱惑面前不丧失自我。要把纪律规矩作为为官从政的底线，把好用权的“方向盘”，系好廉政的“安全带”，永葆清正廉洁的政治本色。各级党组织和纪检监察机关要切实扛起责任，既要运用好监督执纪“四种形态”，经常咬耳扯袖、抓早抓小抓苗头，把问题解决在萌芽状态；也要敢管敢严、真管真严，严肃查处顶风违纪问题，让党员干部知敬畏、存戒惧、守底线。

开创“精致城市·幸福威海”建设新局面，争当新时代现代化强省建设排头兵，需要广大党员干部放手干、大胆干、创新干。各级党委必须做干部干事创业的坚强后盾，既要发挥好总揽全局、协调各方的领导作用，提升领导贯彻新发展理念、构建新发展格局的能力和水平；又要不断完善和落实容错纠错、澄清保护等制度，旗帜鲜明地为担当者担当，大力营造想干事、能干事、干成事、不出事的良好生态。

岁末年初，各项工作交织繁忙，这里就几项重点工作强调一下。一要毫不放松抓好常态化疫情防控，突出院感防控、进口冷链食品防控等重点，确保责任到位、各项防控措施到位。二要对照全年目标，查漏补缺，全力冲刺，确保完成各项目标任务。三要认真做好困难群体救助、清洁取暖、市场保供稳价、污染防治等民生工作，全面梳理年初确定的民生实事，兑现对群众的承诺，不能完成的也要做好解释工作，争取群众的理解。四要持续抓好安全生产、食品安全、信访维稳等工作，依法依规处理好各类矛盾纠纷，依法打击各类违法犯罪行为，保持社会大局和谐稳定。五要认真谋划好明年工作，结合学习贯彻党的十九届五中全会、省委十一届十二次全会精神，以及即将召开的中央经济工作会议、省委经济工作会议精神，围绕“十五个重点问题”，进一步明确明年的重点任务、重点工作、重点项目，积极与上对接，争取更多项目进入上级大盘子，确保“十四五”开好局、起好步。

同志们，进入新阶段，踏上新征程。让我们更加紧密地团结在以习近平同志为核心的党中央周围，以习近平新时代中国特色社会主义思想为指导，深入学习贯彻党的十九届五中全会精神，同心同德、拼搏奋斗，奋发有为、真抓实干，为开创“精致城市·幸福威海”建设新局面，争当新时代现代化强省建设排头兵做出新的更大贡献！

（中共威海市委办公室提供）

在全市乡村振兴暨脱贫攻坚推进会议上的讲话

（2020 年 6 月 5 日，根据录音整理）

中共威海市委书记　张海波

今年是市委确定的“重点工作攻坚突破年”，我们明确了 12 项重点攻坚突破任务，这是我们工作的重点，是我们工作的抓手，我们就要有一种钉钉子的精神，一件一件去紧盯狠抓。今年以来，我们一手抓疫情防控，一手抓经济社会发展，先后推进了精致城市建设、企业冲击新目标、“双招双引”和项目建设、基层基础工作、优化营商环境等一系列需要重点攻坚突破的任务。今天我们围绕乡村振兴和脱贫攻坚这项重点攻坚突破任务，用一天半的时间，既看，又听，还议，一起来分析工作中取得的经验、存在的问题，下一步应该如何进一步加大力度去推动落实。

昨天一天时间，我们行程 700 余千米，大家一路上看到的是繁花似锦、生机盎然，瓜果挂满枝头，喜悦写在每个人的脸上。刚才，我们通过看视频，一方面从更多侧面了解大家工作成效，也是亮点纷呈、特色鲜明、令人振奋；另一方面大家也看到问题不少、发展不平衡，令人汗颜。当然，问题不能掩盖我们所取得的成绩，我们也不能因为问题丧失抓好这项工作的信心和决心。

刚才，各区（市）、开发区主要负责同志的发言，既有对下一步工作的统筹谋划，也有解决问题的整改打算，大家都信心百倍。希望各级各部门都鼓足干劲、群策群力、攻坚突破，真正使乡村振兴和脱贫攻坚这项任务能够完成得更好，攻坚突破能够取得更好的成绩。

一天半的时间，看了、听了、交流了，总的有四个体会：第一，全市上下按照习近平总书记提出“打造乡村振兴齐鲁样板”的要求，努力探索威海篇章的实践成效是明显的，鼓舞人心。第二，实践证明打造乡村振兴样板片区是实施乡村振兴战略的有效途径。2018 年全省分三个片区召开现场会，我们东部片区参观了日照和青岛的样板片区，威海参会同志都有个切身体会，就是我们成方连片不够。我们认真学习借鉴他们的经验，按照成方连片的方式打造乡村振兴样板片区，现在看这条路子是对的。第三，脱贫攻坚必须与乡村振兴紧密结合，才能真正实现增收致富，这是我们在全面建成小康社会进程中必须坚定不移坚持的原则。第四，在今年乡村振兴和脱贫攻坚的攻坚突破行动中，各区（市）、开发区推进速度快，项目建设质量高，发展势头好，攻坚突破的劲头也非常足。虽然有疫情影响，但今年以来土地流转面积达到了 16.7 万亩，超过前两年的总和，年初部署的“户户通”、饮水安全工程、拆违拆临、绿化美化等重点工作，总体时间过半、进度过半，村容村貌得到了明显的提升；招商引资的一些农业项目进展非常迅速，昨天一路上看到的这么多亮点项目，让大家更加充满了信心；观摩的样板片区少则覆盖了六七个村，多的达到十几个村，通过大项目融合、强村帮带等方式一建一大片、一建一个大的综合体、一建一个产业带，实现了产业基地、农业社会化服务、基础设施等综合配套、集约发展；四级书记亲自抓，工作专班靠上抓，帮扶部门真心帮，形成了浓厚的攻坚突破氛围，特别是广大基层干部和驻村工作队，引导带领群众拆违建、整环境、上项目、办食堂，成立各类合作社抱团发展、强村富民，释放了党建引领乡村振兴和脱贫攻坚的强大动能。只要按照这个思路去发展，保持这样的势头劲头，坚持几年、大干几年，就一定会在乡村振兴全域均衡发展方面取得更大成效。

成绩值得肯定，但问题也不容忽视，正如大家在视频中看到的那样，我们的工作还有许多短板和不足。比如，有的样板片区定位不够准确、规划不尽合理、同质化严重，推进速度慢、成效不明显；有的村环境脏乱差，道路破损、杂草丛生、污水横流，景象破败；有的区（市）、开发区脱贫攻坚工作不扎实，个别帮扶责任人甚至对帮扶户的基本情况都不了解，等等。要瞄准这些问题、对照这些短板，全力以赴抓好整改、抓好落实，举一反三，加大工作力度。发现问题不是目的，还要研究解决问题的办法，找到解决问题的措施，最终把问题解决好，促进各方面工作实现更大突破。现在已经到了 6 月上旬，各项工作时间紧、任务重，我们必须以更大的力度抓攻坚、抓突破，确保圆满完成全年目标任务。下面，就下步工作强调七点意见。

一、样板片区建设要再提速。样板片区建设是乡村振兴的主阵地和重要抓手。去年我们提出样板片区建设要“一年有起色、两年见成效、三年成样板”，现在时间基本过半，片区建设要见到大成效，关键要坚定精致化城乡统筹示范区的目标定位不动摇，按照“四区共建”的理念，在规划指导、项目引进、基础提升、运营管理等方面狠下功夫，推动样板片区提标扩面，使其成为乡村振兴的示范和标杆。

一要突出规划策划。规划和策划都非常重要，都要做好。从规划看，目前各大样板片区的整体规划已经确定，但片区内村庄法定规划还都没有着落，如果不能及时拿出来，很容易造成盲目开发建设，产生新的违法占地、违法建筑，我到片区、村庄调研时，一再提醒大家，在建设用地、产业用地等方面一定要注意。现在，有不少大资本、大项目对我市样板片区的资源环境很感兴趣，就因为担心踩“红线”而迟迟不敢投资，直接影响了片区的建设。在去年全省推进乡村振兴暨脱贫攻坚现场会议上，中共山东省委书记刘家义专门强调了规划“空白”和“悬空”问题。当务之急就是要推进村庄规划编制和审批工作，为样板片区建设提供法定规划依据。市自然资源和规划等部门对我们相关的试点村庄和片区内的其他村庄，要抓紧时间、加大力度，尽快去做好，绝不能因为规划影响片区建设。从策划看，昨天观摩的大水泊耕读小镇，片区内有好多村琴棋书画各具特色，如果是零散的、不用一个创意去串联起来，可能就形成不了效果，用耕读小镇这样一个理念和概念引领整个片区，这就是策划。经区桥头样板片区叫花样桥头，用花的理念去推动，这也是策划。所以，大家要在策划这个层面上下功夫。昨天，大家在观摩临港区草庙子镇清泉康谷片区时，对片区内5个村庄的综合整治、村容村貌深有感触、印象深刻，他们聘请了本土的规划设计师，蹲在村里，一村一品、一村一特色地研究，吃透了村庄的情况，而不是简单地照图纸画图纸。所以，推进乡村振兴、村庄整治必须高度重视规划和策划的引领，特别是要在真正吃透村情、把握特色上下功夫，真正拿出契合当地实际、彰显片区特色、符合群众需求的高水平规划和策划。

二要坚持连片打造。连片打造是我们近几年实践出来的经验。样板片区不是几个村庄的简单组合，而是一个紧密联系的整体。目前片区整体建设的势头不错，但有的片区核心村明显好于周边村，带动作用还不强，要在产业支撑、基础设施等各个方面增强辐射拉动作用，包括连村路、交界处、环境卫生等，都要坚持“一盘棋”思想，进行一体规划、一体推进，成片打造。不管是交通路网、景观绿道、旅游等基础设施建设，还是产业布局、特色种植基地、乡村旅游项目等，都要实现一体化、规模化发展。

三要强化运营理念。样板片区既要靠建设，更要靠运营。我们整合的涉农资金重点投向了样板片区，要通过规范化、专业化的运营，把有限的财政资金变成实实在在的项目和效益。项目运营是一项专业性的工作，要由专业的人来做，不能靠“拍脑袋”。我们欣喜地看到，我市许多村正在借助外力，积极开展专业化的运营，学习借鉴他们的发展模式，提高自我经营能力。资本的投入加上好的创意策划，美丽乡村这棵“摇钱树”才能茁壮成长，而良好的赚钱效应才是吸引各类资本投入美丽乡村的最好政策。我们要牢固树立经营的理念，加强与专业管理人才、专业运营机构的对接合作，积极探索美丽乡村可持续发展的良性运营模式。

四要加快扩面升级。我们规划打造乡村振兴样板片区，目的就是要以点带面，充分发挥典型示范带动作用。现在许多样板片区建设已经成型，辐射带动效应不断增强。要顺势而为、积极引导，在扎实推进80个乡村振兴样板片区建设的基础上，采取升级、扩容、新建等方式，再培育一批市级样板片区，拓展增设一批区（市）、镇级样板片区，争取用几年时间实现乡村振兴全覆盖。要按照中共中央总书记习近平“打造乡村振兴齐鲁样板”的要求，围绕推进样板片区“五个振兴”，不断地深入实践，不断地深入思考，不断地总结提炼概括，交出我们威海在打造乡村振兴齐鲁样板上的优秀答卷。

二、产业融合发展要再突破。当前农产品滞销、供需不衔接、优质不优价、附加值低等问题，说到底，是农业产业融合发展不够造成的。要把农业融合发展的理念贯穿到乡村振兴和脱贫攻坚的全过程，以各类新型经营主体为载体，健全完善利益联结机制，通过建链、补链、延链、强链，推动农业全环节提升、全链条增值、全产业融合。

一要突出新型经营主体的引领作用。新型经营主体横跨一、二、三产，是带动农业融合发展主力军。比如高区蓝呱呱公司依托种植基地，发展蓝莓采摘、花卉观赏等旅游项目，投资兴建出口日本的薯干精加工项目，年销售收入达到1300余万元。临港区樱聚缘与中国农科院合作，发展苹果苗种选育、基地种植、果汁加工、休闲采摘等业态，形成苹果全产业链发展模式。各级各部门要把培育壮大新型经营主体作为推动农业融合发展重要抓手，立足现有家庭农场、农民合作社、重点龙头企业等，切实帮助解决融资、用地、用工等实际困难，支持他们做大做强。要像打造工业园区一样打造现代农业园区，像抓工业、服务业招商一样抓农业招商，研究出台专门的扶持政策，通过开展土地整理、高标准农田整治等措施，全方位提升农业项目入驻的配套设施水平，吸引各类新型经营主体到“三农”领域投资兴业。

二要突出特色产业的支撑作用。近年来我市培育了苹果、花生、西洋参等17个优势特色产业，这是我们的核心。这次现场观摩的乡村振兴样板片区，有花卉苗木、现代果业、中草药等，各有特色。特色产业是乡村振兴、产业振兴的重要支撑。要加大特色产业培育力度，积极发展从初加工到精深加工一条龙的项目，加强关键技术攻关、品牌培育，推动农产品向价值链的中高端延伸，增强产业的市场竞争力。

三要突出旅游消费的拉动作用。去年，我市重点监测的23家乡村旅游点接待游客和收入分别增长18.4%和19.5%，乡村旅游已经成为促进乡村产业振兴的朝阳产业。比如文登区慈口观村，今年五一期间游客爆满，一房难求。环翠区里口山近郊休闲样板片区，打造时间更久、规模更大，也收到了非常好的效果。我市发展乡村旅游资源丰富，有独特山海资源、红色文化资源、民俗文化资源等，都是未来拉动我们旅游消费的重要内容，要加大策划力度，统筹开发利用，发挥好旅游消费的拉动作用。

四要突出农业社会化服务中心的平台作用。农业社会化服务中心建设是我市的首创，有效整合了农村土地、劳动力、农资、农机、技术等各种生产要素，对促进农业生产供需对接、繁荣农村经济发挥着重要综合平台作用。去年省里在我市召开了现场会，今年要把这个典型各方面打造得都过硬，努力争取全国现场会在我市召开。现在农村老龄化严重，农业社会化服务是推进农业现代化的必由之路。各区（市）、开发区要高度重视，不能“墙内开花墙外香”，要通过社会化服务中心和党组织领办合作社的对接、农村产权交易市场建设、高标准农田整治，以及借助现代化信息手段，进一步提高中心对各类资源要素的配置效率，形成高效便捷的乡村振兴服务体系。

三、环境设施短板要再提升。建设精致城市，不仅城区要精致，乡村也要精致。要对照精致要求，加快弥补农村环境设施、生产设施、公共服务等领域的欠账。这既是一项急需的民生工程，也是一项打基础、利长远的发展工程，要切实加大资金投入，持续改善农村生产生活条件。

一要加快推进农田水利设施建设。自2014年我市连续六年干旱少雨，对农业农村生产生活造成了严重影响，说明我们的农业仍没摆脱靠天吃饭局面。今年累计降水近300毫米，是多年同期的2倍多，为春播和夏粮丰收奠定了较好基础，但我们不能因为今年雨水充足而忘记过去六年干旱之痛。今年以来虽然受到疫情影响，但河道整治、水库除险加固、小农水设施建设，总体推进进度比较快，收到了比较好的效果，但也存在不平衡的问题，有些区（市）、开发区，有些工作推进还存在一些差距。汛期已经来临，要按照前期市防汛抗旱指挥部会议要求，加大工作力度、加快建设进度，抓紧完成工程建设任务，利用今年雨水多的有利时机，多蓄水、多为未来做好准备。

二要持续深化农村人居环境整治。今年是农村人居环境整治三年行动的最后一年，国家层面将其纳入中央巡视内容，省里每季度暗访，市里在电视台设立曝光台，每周曝光问题或播放有关工作进展情况。各区（市）、开发区和相关部门要按照“七大专项行动”部署（饮水安全、污水治理、生活垃圾分类、道路硬化、农村改厕、清洁供暖、环境提升），对照省标准要求，加快推进“户户通”和农村安全饮水工程建设，确保年内实现全覆盖。要顺应农民美好生活需求，采取多种方式加快推进农村污水治理、清洁供暖、垃圾分类、清洁村庄和“精致农家”创建等工作，通过一事一议、事前竞争、事后奖补等方式，鼓励群众投资投劳搞清洁、搞绿化、搞建设、搞管护，切实把环境整治的过程变成农民文明习惯养成的过程，使干净、整洁、有序、精致成为我市农村的标配和常态。

三要着力健全农村公共服务体系。目前，我市农村户籍人口老龄化率接近30%、常住人口老龄化率达到40%左右，全省最高。严重的农村老龄化形势，对农村养老、医疗卫生等公共服务提出了更高要求，这也是各级党委政府必须办好的民生实事。各区（市）、开发区要加大探索力度，采取争取上级试点、政府购买服务、鼓励社会投资等多种方式，加快农村医疗、养老设施建设，有效满足群众在家门口就医、养老等需求。去年各区（市）、开发区试点建了一批农村暖心食堂，受到群众普遍欢迎。前不久，市委农办通报了乡村振兴的一系列工作进展情况，总体来看进展不错，但有些工作还有差距，有的区（市）、开发区差距还比较大，工作还很不平衡，要抓紧调度、盯住不放，以钉钉子的精神做好各项工作。

四、“三农”领域改革要再攻坚。实现农村全面振兴，必须依靠改革增动力、添活力。对今年省市1号文件部署的深化农村集体产权制度改革、村党组织领办合作社、深化宅基地改革、纠正清理集体资源违规承包等改革任务，各级各部门要创新实践、大胆探索、加快推进，确保按期完成改革任务，取得改革实效。但从长远看，实施乡村振兴战略，最大的障碍仍然是“人、地、钱”问题，要坚持问题导向，学会用改革的办法破解发展难题。

一是深化农村人才制度改革。人才是乡村振兴的第一资源。近年来，全市各级围绕吸引人才下乡大胆实践、创新探索，取得了明显成效。文登区率先推出乡村振兴“首席专家”制度，在项目申报、科技资金、创业贷款、土地租赁等方面给予重点支持，吸引了包括清华大学博士李久太等80余名专家学者加盟。荣成悦多果业的宋楠、乳山伯瑞蓝莓的阎勇等一批年轻“海归”，扎根“三农”创新创业，收到很好效果。当然还有更多的一直扎根农村的本土优秀的能人，比如万和七彩的杨红强，比如一大批扎扎实实、战斗力强的农村党支部书记等。各级乡村人才振兴工作专班要创造性抓好政策落实，真正在扶持政策、创业融资、职称评定、工资待遇等方面拿出实招硬招，确保农村各类人才引得来、留得住、用得好。

二是深化土地制度改革。土地是乡村振兴的最大资源。中央允许家庭承包经营土地和农村宅基地“三权分置”，为深化土地制度改革、激活土地资源奠定了基础。今年，荣成等几个区（市）、开发区在土地流转方面，制度设计得好，扶持政策到位，进展非常快。里口山片区宅基地试点收到了很好的效果。下一步乡村振兴的服务设施问题怎么解决，搞民宿、搞设施农业怎么办，就是要把农村的承包地、闲置宅基地资源盘活。我市土地流转率达到56.7%，农村房屋闲置率超过30%，改革的潜力巨大。国家有一系列关于宅基地、土地流转方面的政策，大家要认真研究、用足用好。自然资源、农业农村等部门要拿出可落地、可执行、易操作的具体办法，把上级土地政策的含金量挖出来，真正激活农村土地这块最大的资源。

三是加快支农财税金融改革。资金不足是制约乡村振兴的最大障碍，要发挥好财政资金的引导和杠杆作用，更多地运用市场化方法破解这一难题。近两年，我市通过涉农资金整合，有效保障了乡村振兴样板片区和重点项目建设。要进一步增强县级资金使用自主权，真正做到目标到县、任务到县、资金到县、权责到县。农业项目、乡村振兴项目投入大、见效慢、风险多，而且缺少抵押物，要通过贴息贷款、财政担保、设立增信资金等方式，有效吸引金融资本投资乡村振兴，破解各类新型经营主体融资难问题。要扩大种粮收入保险、风力指数保险等覆盖面，积极探索特色农产品收入保险，有效应对自然和市场风险，解除经营者后顾之忧。金融监管、农业农村等部门要加强与金融机构的对接，鼓励引导他们加大涉农金融产品创新力度，努力破解土地承包经营权、设施农业不能抵押担保的问题，最大限度拓展农业发展融资渠道。

五、薄弱村后进村转化要再加力。年初我们排查确定了669个集体经济薄弱村、144个软弱涣散村和30个不稳定村，去重后是786个村，目前已经销号49个。如果这些村不能迅速转化、发展提升，势必影响全面建成小康社会的成色。

一要抓牢“领头羊”，在强化党建引领上用力。薄弱村、后进村的出现，根本原因是基层党组织缺位失位、带富能力差、战斗堡垒作用发挥不明显。要改变薄弱村、后进村面貌，必须紧紧扭住农村党建这个“牛鼻子”，尤其是要选对用好党组织带头人。2018年，我们从市级部门选派了12名能力较强的中层干部到后进薄弱村任支部书记，抓党建、办实事、聚民心，村风村貌迅速转变。今年，全市公开选任了100名村党组织书记，并组建“四进”工作组，加大部门帮扶力度，各级组织部门要加强协调指导，让新任村党支部书记迅速进入角色，把几支队伍拧成一股绳，迅速打开工作局面，赢得群众的信任和支持。应该说，自上而下选派书记还是权宜之计，从根本上看还是要继续紧盯“在好人中选能人”，突出政治标准和干事导向，通过吸引在外能人回村任职，有计划地从青年农民、退伍军人、致富能人中发展党员等措施，抓好后备梯队建设，更多从村里选出好书记、配强硬班子。

*二要抓好资金资源整合，在发展集体经济上用力。*为加快薄弱村发展，市县两级克服财政紧张困难，为每个村安排了30万元扶持资金，荣成、文登相继获批中央薄弱村发展试点，争取中央扶持资金3300万元，结对部门也不断加大帮扶投入。各区（市）、开发区要充分整合各类帮扶资金，结合当地资源优势特色，集中发展村集体和群众长期受益的产业项目，增强自身造血机能。具体项目建设上，要通过与新型农业经营主体合作共建、强村弱村结对发展等方式，提高项目建设的质量效益。

*三要抓实信用体系建设，在创新乡村治理上用力。*无论抓发展还是保稳定，都必须充分发挥群众主体作用，不能“烧火棍子一头热”。要深化“六治一网”社会治理模式实践运用，结合“信用五进”，把农村信用贯穿于自治、法治、德治全过程，融入农村公益活动、信访维稳、社会治理、环境整治等各领域，让信用成为群众日益珍视的名片。年初，市里提出在三级样板片区的700个村率先实现诚信体系建设全覆盖，目前看有的区（市）、开发区差距还很大，要进一步加大信用体系推广力度，更好地发挥信用在乡村治理方面的作用。

六、脱贫攻坚工作要再争先。全国两会召开前，中共中央总书记习近平两次出京考察，都对脱贫攻坚作出了重要指示。两会期间，总书记在参加内蒙古代表团审议时，再次强调要“坚决克服疫情带来的不利影响，确保完成决胜全面建成小康社会、决战脱贫攻坚目标任务”，释放了脱贫攻坚务必全胜、不容有失的强烈信号，为我们做好脱贫攻坚收官工作提供了根本遵循和行动指南。一方面，要立足当前，着力巩固提升脱贫质量成效，确保“大考”好成绩。各级各部门要对照刚才视频中的问题表现，再开展一轮深入彻底的自查自纠，特别是住房安全、医疗健康、环境卫生、残疾人无障碍设施改造等方面的问题，要逐村逐户过筛子，逐条逐项抓落实，务必在6月底前全部整改到位，之后如果再发现问题，要严肃追责问责。各级领导同志要结合遍访贫困对象活动，带头到一线发现问题、解决困难、督促整改；各区（市）、开发区和领导小组各成员单位要充分利用最后的“窗口期”，对标全面验收标准，不折不扣把各项扶贫政策和要求落实到位，特别是对家庭人均收入不能稳定达到5500元和医疗支出等负担重的贫困户，要动态监测、精准帮扶，确保收入稳定达标、留有余地。要压实帮扶责任人责任，发挥好他们在查找问题、解决困难、宣传政策、引导群众方面的作用，不断提高贫困户的获得感和满意度。另一方面，要着眼长远，用好试点机遇，积极探索解决相对贫困的长效机制。要以市低保线附近相对贫困人群为重点，探索建立动态监测、及时纳入、及时帮扶的扶贫工作机制，确保新致贫、新返贫群众得到及时帮扶。我市农村因病因残致贫比例高达79.8%，要积极探索脱贫攻坚期医疗、残疾等帮扶政策与兜底保障政策相衔接的机制，防止和减少因病因残致贫现象发生。要把产业扶贫作为贫困人口长期稳定增收的基础，推进“产业扶贫”与“产业振兴”有机衔接，已建成的产业扶贫项目，要明确所有权、放活经营权、保障收益权、落实监督权，确保贫困人口长期受益；新建产业扶贫项目要与乡村产业振兴项目统一规划、同步建设，资金捆绑使用，把产业扶贫项目打造成乡村振兴的精品示范产业基地。

七、工作责任要再压实。实施好乡村振兴战略，打赢脱贫攻坚战，是“一把手”工程，是各级各部门的共同责任。各区（市）委书记要当好“一线总指挥”和“施工队长”，既要拿出更多精力研究部署工作，亲力亲为抓督导、抓落实，还要主动分包最差的贫困村、最困难的贫困户，为各级干部树标杆、作表率。其他领导成员要坚持“一岗双责”，齐抓共管，凝聚合力。各开发区中心工作是经济发展、招商引资，但也要高度重视代管乡镇的乡村振兴、脱贫攻坚工作，为其发展提供坚实的物质保障。乡村振兴五大工作专班要全面落实牵头推进责任，认真谋划各领域政策措施，研究解决存在的难点问题，督导推进重点任务的落实。镇村干部处于乡村振兴和脱贫攻坚的第一线，不但要带头干、领着抓，还要发动和引导广大群众积极参与，共同建设美好家园。推动乡村振兴和脱贫攻坚是一项实打实的工作，来不得半点马虎和虚假。各级领导干部要发扬求真务实的工作作风，扑下身子抓落实，主动到田间地头办公，与基层一道研究工作推进措施，不断提升乡村振兴和脱贫攻坚实效，决不允许搞“花架子”、做表面文章。要落实好为基层减负、容错纠错等制度，让广大干部腾出更多精力和时间抓改革、抓攻坚、抓落实，大力营造鼓励创新、真抓实干的浓厚氛围，为我市在全面建成小康社会上走在全省前列提供坚实保障。

（中共威海市委办公室提供）

政府工作报告（摘要）

——在威海市第十七届人民代表大会第六次会议上

（2021 年 1 月 25 日）

威海市市长　闫剑波

一、2020 年政府工作

过去的一年极不平凡，面对决胜全面建成小康社会、决战脱贫攻坚、“十三五”规划收官的繁重任务，面对新冠肺炎疫情的严重冲击，在市委坚强领导下，我们坚持以习近平新时代中国特色社会主义思想为指导，深入贯彻党的十九大和十九届二中、三中、四中、五中全会精神，把中共中央总书记习近平提出的“威海要向精致城市方向发展”作为总目标、总方向、总遵循，全面落实省委、省政府决策部署，围绕“重点工作攻坚突破年”各项任务，统筹疫情防控和经济社会发展。这一年，我们保持战略定力，准确研判形势，精心精准施策，经过全市人民共同努力，疫情防控取得重大成果，经济恢复好于预期，各项事业全面进步，社会大局保持稳定，“精致城市·幸福威海”建设取得新的突破。

（一）坚持人民至上、生命至上，全力抗击新冠肺炎疫情。疫情发生后，我们不惜一切代价保护人民群众生命安全和身体健康，科学研判、果断行动、周密部署，坚决打赢疫情防控的人民战争、总体战、阻击战。疫情防控初期，第一时间将 K1068 次列车作为重点进行排查，及时调整，在全省率先对入境人员实行统一管理，第一时间建立海上防线。自 1 月 22 日报告第一例确诊病例，20 天内实现本土确诊病例零新增，38 例确诊病例都得到妥善救治。15 天完成胸科医院扩建，24 小时新建两座医用防护服工厂。依托全市 5799 个社区网格，构筑起联防联控、群防群控严密体系，有效阻断流动性、聚集性风险。转入常态化疫情防控后，坚持“外防输入、内防反弹”，突出重点人群、重点区域、重点场所，严格入境人员、国内疫情重点地区到威海人员全链条闭环管理，严防院感风险，全市日核酸检测能力达到 6.1 万份，对进口冷链食品实行全流程管控，开展重点人群疫苗接种，全市疫情防控形势保持总体平稳。

回顾这一场惊心动魄的抗疫斗争，我们不能忘记，全市各级党组织和广大党员挺身而出、冲在一线；医务工作者、疾控人员、援鄂医疗队的同志白衣执甲、逆行出征；各职能部门工作人员、基层干部、公安干警、网格员、志愿者日夜值守、走访排查；企业家讲政治、讲大局、讲奉献，千方百计组织生产，踊跃捐款捐物；企业员工、媒体记者、快递小哥、环卫职工以及各行各业工作者坚守岗位、默默奉献；广大人民群众克服疫情带来的各种不便和身心压力，自觉服从、主动配合、全力支持，283 万威海人民用实际行动诠释和践行了伟大的抗疫精神。

（二）坚持统筹兼顾、精准施策，抓牢抓实“六稳”“六保”工作。实行两条线两手抓、做到两不误两促进，快速有效推动复工复产，恢复经济增长。到 3 月上旬，全市规模以上企业复工率达到 99.6%，自二季度以来，经济运行逐月向好，各项指标陆续转正。全年生产总值完成 3017.8 亿元，增长 3%；规模以上工业增加值增长 4.6%；服务业增加值增长 3.7%；固定资产投资增长 2.9%；一般公共预算收入 252.4 亿元，增长 1%；外贸进出口总额完成 1615 亿元，增长 15%，其中出口 1166 亿元，增长 26.6%；实际使用外资 13.6 亿美元，增长 11.1%；社会消费品零售总额增长 0.3%；城镇和农村居民人均可支配收入分别增长 2.8% 和 5.3%；居民消费价格指数上涨 2.5%，城镇登记失业率 2.39%，均控制在计划范围内。在严重冲击中能够稳住企业基本盘，保住经济基本面，历程极为艰辛，成绩来之不易。

在恢复经济增长中，我们建立“四进”“接诉即办”“四张清单”等机制，选派 2215 名驻厂员进驻企业。创新“共享员工”模式，在全省率先组织“点对点”包车接返外地务工人员 2.4 万人。出台系列稳企政策，为 2.8 万家企业减免社保费 39.4 亿元，为 2194 家企业减免房租 8563 万元，6.8 万家企业享受税收优惠 16.1 亿元，新培植首贷企业 3823 家，为 6235 家中小微企业办理延期还贷 105.1 亿元。开展职业技能培训 12.6 万人次，新增城镇就业 3.4 万人。组建 31 支服务队，出台稳外资稳外贸 22 条政策，线上线下结合举办食品博览会、渔具博览会、农产品展销会；举办第三届市长国际经济咨询委员会年会、第三届中韩创新大赛、第二届儒商大会威海专场、“相逢进博·相约威海”产业推介会、胶东经济圈一体化推介大会、第四届中国文旅产业年会等 12 场招商推介活动。新设立外资项目 329 个，组织实施 82 个省级重点项目、232 个市级重点项目、174 个重点工业项目，4 批 48 个项目获得 94.8 亿元地方政府专项债券资金支持。开展惠民消费季十大主题行动，发放电子消费券 1000 万元，举办不同形式消费体验活动，内需消费逐步扩容回补。

（三）坚持创新驱动、转型升级，持续推进新旧动能转换。实行“链长制”，在七大产业集群基础上，梳理出十条优势产业链，确定 24 家“链主”型企业、35 家“撒手锏”企业，全力推进延链、补链、强链，促进产业链、供应链、创新链“三链”协同。实施企业冲击新目标“双百工程”，79 家企业营业收入实现两位数增长。对 200 家创新型中小企业开展培育，企业营业收入增长超过 20%。建立“小升规”企业库，183家企业进入规上企业行列。高新技术企业由502家增加到737家，国家认定的科技型中小企业由634家增加到1136家，高新技术产业产值占比由49.5%提高到60.1%。推动先进制造业与现代服务业融合发展，德生技术检测等2家企业获评国家中小企业公共服务示范平台，经区等4个单位获评国家级、省级“两业融合”试点，电子信息产业园获批国家新型工业化产业示范基地，腾森橡胶获得省企业管理创新成果奖，高区被确定为全省首个优质医疗器械产品基地。

实施116项“卡脖子”关键技术攻关、29项省级重大科技创新。加快建设国际海洋科技城，新引进9个海洋类高端科研平台，与北京大学合作共建海洋研究院。浦林成山等4家企业入选国家绿色工厂和绿色供应链企业名单，新增6家国家级、36家省级“专精特新”企业，新增2家国家级、2家省级单项冠军企业、13家省级瞪羚企业。实施“现代优势产业集群＋人工智能＋互联网”工程，9家企业入选省级试点。新增上云企业1558家，12家企业列入省企业上云服务商名单。建成工业互联网标识解析二级节点，实施省级工业互联网示范项目8个。举办12场高层次人才交流活动，实施万名大学生聚集计划和“青鸟计划”，全年引进大学毕业生1.2万名，增长22.3%。命名表彰了第四届“威海工匠”。4个区（市）全部被评为省技术转移先进县，环翠区被评为省人才工作先进单位。

（四）*坚持注重细节、提升内涵，倾力打造精致城市*。制定精致城市建设条例，编制指标评价体系，环翠区卫城、经区韩乐坊入选省级城市品质提升示范片区。持续化解城建领域矛盾纠纷，不动产权“办证难”遗留问题基本解决，为15.2万套房屋办理了产权证明，盘活处置217个闲置项目，启动整治中心城区40处低效用地。开展城市体检，解决城市管理服务中不精致、不文明、群众不满意问题1258个。对山景线、海景线、铁路线实施环境综合整治，新建滨海步道77.9千米。莱荣高铁正式动工，文莱高速建成通车，西部环山路全线贯通。新开通4条集装箱航线和“银川—威海”海铁联运班列，威海港集装箱吞吐量增长22.9%，突破100万标箱。新增空中通航城市8个，威海新机场选址获得国家批复。青荣城际铁路达速运行，威海站每日到发列车增加21列，首次开通至江苏、安徽部分城市旅客列车，到达北京、上海、青岛时间均大幅缩短，到济南最快车次用时2小时6分钟。修复治理151处废弃矿山，耕地保护任务全部达标完成。文登区、荣成市、乳山市入选全国节水型社会建设达标县。华夏城被命名为国家“绿水青山就是金山银山”实践创新基地。

（五）*坚持典型示范、片区引领，大力实施乡村振兴战略*。持续开展乡村振兴样板片区建设，文登区西洋参小镇、临港区麓源果乡2个片区入选省级样板示范。荣成市获评国家全域旅游示范区，烟墩角等3个村获评全国乡村旅游重点村。扎实开展粮食生产功能区建设，新增流转土地20.4万亩，新建农田水利设施564处，完成高标准农田建设17万亩，粮食产量增加14.1%。4个区（市）全部获评国家农产品质量安全县。开展“精致牧场”建设，推动畜牧业发展转型升级。新增3处国家级海洋牧场，沙窝岛国家级远洋渔业基地中心渔港通过验收，南极磷虾捕捞加工船开工建设，获批首个国家水产养殖绿色发展示范区，被命名为“中国海鲜之都”。持续改善农村人居环境，深入推进“七改”，新增规模化供水村庄554个，改造危房367户，新建农村公厕390座，新增清洁供暖5.5万户，新增省级清洁村庄562个，43.4%的村庄完成生活污水治理，72%的村庄开展生活垃圾分类。改造农村公路531千米，1234个村庄完成通户道路硬化改造。荣成市获评全国村庄清洁行动先进县、全国农村环境整治成效明显激励县。荣成市、文登区分别入选国家级、省级农村综合改革试验区。荣成市、乳山市获评省部共同打造乡村振兴齐鲁样板示范县。

（六）*坚持制度创新、流程再造，持续深化重点领域改革*。实施106项省级以上改革试点，其中新争取32项。启动建设中韩自贸区地方经济合作示范区产业园，推动中韩整车运输；第三次入选国家服务贸易创新发展试点，服务贸易产业园入选国家试点最佳实践案例；跨境电商零售进出口增长50%，综保区跨境电商项目获批省级服务业创新中心。扎实做好机构改革“后半篇文章”，开发区体制机制改革全面展开，招商机制改革同步推进。新增贷款512.6亿元，增长17.8%，新增贷存比106.4%，创近三年新高，金融对经济社会发展的支撑带动明显增强。威海市商业银行股份有限公司成功在香港上市。全市直接融资228.2亿元，增长34.8%；绿色贷款余额248.7亿元，增长82.5%。建成城市运行指挥中心，开发应用“数字抗疫”系统，实施智慧生态等13项示范工程，被评为中国领军智慧城市。推进数字政府建设，市县两级218个系统实现数据实时对接，“开放数林”指数位居全国第8位，获得数字政府特色评选50强政务服务创新奖。实施营商环境攻坚突破行动，大力推动“五减”，创新推出96项便利措施，在全省率先完成市县镇三级无差别“一窗受理”改革，入选全省首批公共资源交易监管省市一体化试点，社会投资类工程建设项目全链条闭环审批办理等19个方面的做法成为全省典型案例，跻身中国城市政商关系排行榜20强，被评为中国国际化营商环境建设标杆城市。

（七）*坚持群策群力、共建共享，持续增进民生福祉*。扎实开展干部作风大改进行动，在全市政府系统开展“三问三查三改”，完善首问负责转办机制，制定群众反映问题承办责任倒查办法，理顺部门职责边界。通过12345政务服务热线办理群众反映问题100.7万件，按期办结率、群众满意率分别达到99.8%和93.9%。360件人大代表议案、政协委员提案全部办复。20件民生实事年度任务全部完成，新建改扩建中小学19所，新建幼儿园20所；新购置公交车122辆，优化调整公交线路42条；新建11处公共停车场，建成9座过街天桥；建成453处农村老年餐桌、47处社区便民食堂；新建4处社区菜市场；新增24座城市公厕，建成131处口袋公园。持续优化公共服务供给，组建三大医疗集团，新建147处标准化卫生室。提高9类困难群体、居民养老保险补助标准，为9.4万名困难群众发放价格临时补贴4452万元，即使在疫情最严重的时候，也做到了市场供给充裕、价格基本平稳。健全退役军人服务保障体系，国防动员、人民防空、民兵预备役工作进一步加强，连续8次被评为“全国双拥模范城”。实施文化惠民工程，通过国家公共文化服务体系示范区验收，新时代文明实践“志愿＋信用”模式在全国推广。成功举办2020国际乒联男女世界杯赛、全国乒乓球锦标赛，获得全国体育事业突出贡献奖。建成全国首个总体国家安全观主题教育培训基地。连续第三次获评全国文明城市，继续保持“全域一片红”。

（八）坚持底线思维、问题导向，防范化解重大风险。健全风险防范机制，排查整改9大领域、64个方面风险隐患。吸取伟德山“4·24”山火教训，初步构建起“五网”联动立体式森林防火体系。科学处置“光汇616”轮船内泄漏险情，被交通运输部确定为应急处置案例。理顺防灾减灾体制，全市各类专业救援队伍达到3700人。深化双重预防体系建设，食品、药品、工业产品和特种设备等安全领域持续实现“零事故”。开展打击非法金融活动专项整治行动，不良贷款余额和不良贷款率创历史新低。率先完善平安建设协调机制，深化提升“六治一网”社会治理模式，成为首批全国市域社会治理现代化试点市。文登区、荣成市创新基层治理经验入选全国乡村治理典型案例。深入开展扫黑除恶专项斗争，社会治安环境得到有效净化。畅通“四个通道”，信访积案化解96.4%。开展信用“五进”工程，综合信用指数排名稳居全国前列。

二、“十三五”时期经济社会发展成就

2018年6月，中共中央总书记习近平亲临威海视察，全市人民备受鼓舞、倍感振奋。我们牢记总书记殷切嘱托，把“威海要向精致城市方向发展”作为总目标总方向总遵循，全面建设“精致城市·幸福威海”。“十三五”时期，全市上下不忘初心、牢记使命，开拓创新、奋发有为，综合实力进一步增强，科技创新体系进一步完备，生态环境进一步改善，民生保障水平进一步提高，各项事业全面进步，社会保持和谐稳定。全市建档立卡贫困人口全部稳定脱贫，180个省定扶贫重点村全部达标退出。“十三五”规划圆满收官，决胜全面建成小康社会取得决定性成就。

这五年，“精致城市”建设树起新标杆。统筹宽窄两个口径，确定精当规划、精美设计、精心建设、精细管理、精准服务、精明增长六项重点，实施三年行动计划。聚焦不精致的地方，集中力量解决了一批群众关心的问题、历史遗留问题、事关城市长远发展和内涵质量的问题，精致城市建设目标和路径越来越清晰。常住人口城镇化率由63.2%提高到69.2%，空气质量连续五年达到国家二级标准，城市宜居指数位居全国前列，美丽城市、无废城市、智慧城市建设成为全国全省试点。

这五年，新旧动能转换迈出新步伐。坚持产业为王、项目为王、企业为王，大力培育七大产业集群，新一代信息技术、新医药与医疗器械、海洋生物与健康食品、先进装备与智能制造4个产业集群列入省“十强”产业“雁阵形”集群库，威高集团等3家企业成为集群领军企业。形成碳纤维等十条优势产业链，企业冲击新目标行动入库企业100家、后备企业100家。坚持以“四新”促“四化”，推动“工业制造”向“工业智造”转变、“生产型制造”向“服务型制造”转变、“单一业态”向“多元业态”转变、“互联网＋”向“云＋”转变，“四新”经济增加值占比由23.1%提高到32.6%。

这五年，重点战略实施创出新优势。通过大力实施海洋强市、乡村振兴、城市国际化等重点战略，进一步培育了竞争优势，拓展了发展空间，塑造了城市形象。获批国家海洋生态文明建设示范区、国家海洋高技术产业基地试点市、国家海洋经济创新发展示范城市，海洋产业增加值占比达到33.1%。全力打造乡村振兴齐鲁样板威海篇，规划建设80个乡村振兴样板片区，完成农村人居环境整治三年行动，农业农村现代化步伐加快。全力打造对外开放新高地，“四港联动”在促进国际物流大通道建设中的作用越来越明显，开放城市加速向国际化城市迈进。

这五年，创新驱动发展激发新活力。立足千里海岸线，打造一条创新链，共圆一个创业梦。“1+4+N”创新体系形成，各类研发平台由597家增加到1013家，全社会研发投入占比达到2.4%，万人拥有发明专利达到13.3件，高区入选山东半岛国家自主创新示范区，荣成市获批首批国家创新县。全市创新环境指数居全省第1位，综合科技创新水平指数居全省第4位，制造业质量竞争力晋升全省第一梯队。

这五年，基础设施建设实现新突破。突出“三个力保”，组织实施一批重大基础设施工程，有效破解城市发展瓶颈。荣文高速、环山快速路等建成通车，新增高速公路通车里程70.3千米，新建农村公路218千米，实现高速公路“县县通”、道路硬化“户户通”；港口整合、铁路改造、机场迁建有序推进，逐步构建起市域一体、国内通达、联通海外的大交通体系。统筹做好“六水共治”，恢复和新增兴利库容2.5亿立方米，73%的村庄实现规模化供水，入选全国节水型社会创新试点示范市。实施海岸带生态修复和综合整治，打造“水清、岸绿、滩净、礁奇、湾美”的黄金海岸线，被评为国家生态文明建设示范市。

这五年，“幸福威海”建设迈上新台阶。坚持以“小切口”改善“大民生”，持续增强人民群众的获得感、幸福感。累计新增城镇就业19万人，城镇和农村居民人均可支配收入分别达到5万元、2.3万元，年均增长6.8%和7.4%。基本养老保险参保率稳定在91%以上，医疗保险参保率达到99%。义务教育优质均衡发展走在全国前列，市级政府履行教育职责评价获优秀等次。成为全国健康城市试点、国家级医养结合试点、居家和社区养老服务改革试点，妇女儿童发展规划监测评估在全省名列前茅，人均期望寿命81.5岁。2019年综合考核进入全省第一方阵，社会评价得分全省第一；2020年群众满意度重返全省第一，获得中国最具幸福感城市称号。

三、“十四五”规划和二〇三五年远景目标

“十四五”时期是全面建设社会主义现代化国家，向第二个百年奋斗目标进军的第一个五年。落实党的十九届五中全会、省委十一届十二次全会精神，根据市委十五届十次全会建议，编制了《威海市国民经济和社会发展第十四个五年规划纲要和二〇三五年远景目标（草案）》，提请大会一并审议。

“十四五”期间经济社会发展指导思想是：高举中国特色社会主义伟大旗

帜，深入贯彻落实党的十九大和十九届二中、三中、四中、五中全会精神，坚持以马克思列宁主义、毛泽东思想、邓小平理论、“三个代表”重要思想、科学发展观、习近平新时代中国特色社会主义思想为指导，全面贯彻党的基本理论、基本路线、基本方略，认真落实中共中央总书记习近平系列重要讲话、重要指示，以“威海要向精致城市方向发展”为总目标总方向总遵循，统筹推进“五位一体”总体布局，协调推进“四个全面”战略布局，坚定不移贯彻新发展理念，坚持稳中求进工作总基调，以高质量发展为主题，以深化供给侧结构性改革为主线，以改革创新为根本动力，以满足人民日益增长的美好生活需要为根本目的，统筹发展和安全，全面融入以国内大循环为主体、国内国际双循环相互促进的新发展格局，大力推进产业现代化、城市国际化、新型城镇化、发展绿色化、治理现代化，在新时代现代化强省建设进程中发挥排头兵作用，不断开创“精致城市·幸福威海”建设新局面。

今后五年，我们将始终聚焦聚力高质量发展，争当新时代现代化强省建设排头兵。

*在产业现代化方面争当排头兵。*产业链供应链创新链高度融合、协同发展，特色产业集群竞争优势显著提升，经济质量效益和核心竞争力明显提高。全市生产总值突破4000亿元，人均超过2万美元；新经济占比进一步提升，牢牢站稳全省高质量发展第一方阵。

*在城市国际化方面争当排头兵。*城市功能国际化、经济国际化、人文国际化水平显著提升，对韩合作取得更大突破，利用外资、对外贸易稳居全省前列，打造对外开放新高地，在新发展格局中发挥重要作用。

在新型城镇化方面争当排头兵。“中心崛起、两轴支撑、环海发展、一体布局”的城市发展格局更加清晰，中心城区辐射力、带动力、吸引力不断提升，城乡融合、区域均衡达到更高水平。常住人口城镇化率达到75%左右，成为全国“精致城市”标杆和样板。

*在发展绿色化方面争当排头兵。*绿色生产生活方式更加普及，“三生共融”空间格局更加优化，单位生产总值能耗和主要污染物排放总量持续下降，生态环境质量保持全省领先，成为在全国有重要影响力的“美丽城市”。

在治理现代化方面争当排头兵。“六治一网”市域社会治理模式、诚信体系广泛应用，城乡公共服务优质均衡发展，社会文明程度大幅提升，共建共治共享发展格局基本形成，社会治理体系和治理能力现代化水平走在全省前列。

展望2035年，我们将始终牢记中共中央总书记习近平的殷切嘱托，彰显东部城市加快推进现代化的政治担当，把精致、幸福、现代化作为统领各方面建设的核心要求。城市经济实力、科技实力、综合实力大幅跃升，城市风貌景观特色鲜明，人与自然和谐相处，城市发展进入全面精致的崭新阶段。广大人民群众享有更高质量的就业创业机会，更加优质均衡的公共服务，更加坚实可靠的社会保障，更加安全和谐的社会环境。共同富裕取得更加明显的实质性进展，获得感、幸福感、安全感大幅提升，建成水平更高、成色更足的幸福威海。

实现这些目标，需要准确把握新发展阶段、全面贯彻新发展理念、主动融入新发展格局。新阶段有新担当，找准自身位置，立足比较优势，明确方向、集中发力；新阶段有新举措，固根基、扬优势、补短板，突出特色、攻坚突破；新阶段有新办法，坚持系统观念，统筹全局与重点、发展与安全、当前与长远的关系，加强前瞻性思考、战略性布局、整体性推进；新阶段有新形象，以作风大改进推动工作大提升，调动全社会力量，凝聚强大合力，共同把美好蓝图变为生动实践。

四、2021年政府工作重点

今年是建党100周年，是“十四五”规划开局之年，是向第二个百年奋斗目标进军的第一年。全市经济社会发展主要预期目标安排：生产总值增长6%以上，一般公共预算收入增长4%，固定资产投资增长5%，社会消费品零售总额增长6%，外贸进出口稳定增长，实际使用外资增长5%，城镇和农村居民人均可支配收入增速不低于经济增长速度，城镇登记失业率、居民消费价格指数涨幅均控制在3%以内，全面完成年度节能减排降碳任务和环境质量改善目标，迈好第一步，见到新气象。

*（一）守牢底线，毫不放松抓好常态化疫情防控。*慎终如始、再接再厉，全面做好“外防输入、内防反弹”，筑牢常态化疫情防控的坚实防线。坚持人物同查、同检、同防，严格落实境外、国内疫情重点地区到威海人员闭环管理，持续强化进口冷链食品全环节管控，及时切断潜在疫情传播渠道。抓实抓细公共场所和生活服务场所疫情防控，强化重点人群、人员密集场所管理，落实最严格院感防控措施，严防聚集性疫情和内部扩散。坚持常态化精准防控和局部应急处置有机结合，及时监测预警、加强物资储备、提升核酸检测能力、加快推进重点人群疫苗接种，完善各类应急处置预案。实施疾病预防控制标准化建设三年行动，提高快速识别、精准管控和应急综合救治能力。继续执行对冲疫情相关政策，降低疫情对企业生产经营和群众生活影响。

*（二）做强产业，构建现代经济体系。*坚持把着力点放在实体经济上，强化先进制造业的战略地位，培育更多具有核心竞争力的产业和企业。对接省“十强”产业，大力培育七大产业集群，调整完善“7+3”示范企业项目库，将更多产业集群和企业纳入省“雁阵形”产业集群及领军企业名单。推动先进制造业和现代服务业深度融合，培育发展服务型制造，新认定工业设计中心10家以上。推进数字产业化和产业数字化，加快建设服务贸易产业园等数字经济园区，分享“数字红利”。加快海洋经济转型升级，全域推进国际海洋科技城建设，培育海洋电子信息产业，打造海洋休闲装备制造基地。

分行业做好顶层设计，制定配套引导政策，落实“链长制”，全方位推进十条优势产业链垂直整合、横向协作，将医疗器械、碳纤维产业链纳入全省布局。实施产业链区域融合发展行动，支持威高集团、光威集团等“链主”型企业提高核心竞争力，天润工业、泓淋电力等“撒手锏”企业提升配套能力，迪尚、联桥等平台型企业整合资源、抢占先机，拓展产业生态圈。实施工业互联网赋能行动，主动融入国家级山东半岛工业互联网发展示范区建设，加快推进服装供应链云平台、毛衫纱线共享平台、文旅产业平台等行业互联网建设。

坚持有求必应、无需不扰，用心用情服务企业。完善“四张清单”，实现问题快速推送办理和企业需求实时对接。培育壮大冲击新目标企业方阵，促进骨干企业做优主业、做大规模、做强实力，保持制造业比重基本稳定。大力培育创新型中小企业，形成“微成长、小升高、高壮大”梯次衔接格局，争取高新技术企业数量突破800家，引导更多企业走“专精特新”发展道路。开展千项技改、千企转型行动，动态储备一批投资500万元以上技改项目，加快推进设备换芯、生产换线、机器换人。综合运用财政贴息、风险补偿、金融辅导等政策工具，帮助企业降低融资成本。加大企业债券创新力度，争取年内获批发行企业债券20亿元以上。

（三）抓牢项目，加快释放内需潜力。紧扣扩大内需战略基点，注重需求侧管理，形成需求牵引供给、供给创造需求更高水平动态平衡。坚持把招商引资和项目建设作为经济工作生命线，进一步优化投资结构，增强投资关键性支撑作用。突出制造业招商，主动融入全球产业链、供应链体系，强化目标企业分析，紧盯世界500强、中国500强、大型央企和有实力民企，开展定向招商、精准对接。深化开发区配套改革，完善绩效考评，明晰产业定位，按照集群化、专业化、差异化的思路建设更具特色、更有效益的产业园区。全面把握、主动对接国家政策取向，储备一批政府专项债项目，支持企业开展股权和债权融资。推进294个市级重点项目、165个新旧动能转换项目、249个重点工业项目、139个重点科技项目建设。落实“要素跟着项目走”机制，加强土地、资金等市域统筹，提高市级保障水平。

实施莱荣高铁、桃威铁路电气化改造、乳山口大桥等14项交通基础设施项目，加快推进威海新机场、城市轨道交通、荣乌高速威海绕城段和威海至烟台段、威海湾港区配套工程建设。服务保障华能核电项目、“国和一号”示范工程、文登抽水蓄能电站顺利实施。推进黄垒河地下水库等重点水源项目建设，配套实施水库连通互调互补工程。推进热电集团中水处理、华能威海电厂海水淡化和龙山、柳林、南海新区净水厂建设，新增城市日供水能力10万立方米。实施“新基建”三年行动，推进新北洋智能终端设备等32个项目，加快布局产业互联网、数字服务网、公共基础信息网，新建5G基站1500座。

深挖消费需求潜力，推动生活性服务业向高品质和多样化升级，举办夜间消费、主题消费、电商消费活动，培育智能消费、定制消费等商业新模式，再创建一批省级服务业集聚区、服务业特色镇。实施旅游全要素提升计划，推进90个重点文旅项目建设，开发海上观威海旅游线路，打响千里山海自驾旅游公路品牌，发展全域旅游。发挥滨海生态宜居城市优势，实行差异化供地政策，优化商品房供给结构和空间布局，规范海景房开发和销售管理，促进房地产市场平稳健康发展。

（四）聚力创新，全面塑造发展新优势。坚持创新在现代化建设中的核心地位，主动参与国家战略科技力量建设，积极创建国家制造业创新中心，推动在高性能碳纤维、高端医疗器械、新一代电子信息等关键领域科技攻关和成果转化。依托创新平台体系聚合高端创新资源，新增重点实验室、工程技术研究中心等20家以上。实施“卡脖子”技术攻关工程，争取全年获批省级科技创新项目20项以上。持续深化与驻威海高校合作，构建产学研合作共同体，支持哈尔滨工业大学威海创新创业园、山东大学威海工业技术研究院加速技术转移、企业孵化，加快山东交通学院科技园区建设。充分发挥企业在创新体系中的主体作用，创新方向瞄准企业需求，创新过程企业全程参与，创新成果企业享用。

实施“人才兴威”三年行动，持续擦亮“英创会”品牌，提升各类人才引进数量和质量。精细化实施产业领军人才工程，紧扣产业和企业需求，系统定制科技、经营、技能各类人才引进路线，持续加大高层次人才引进力度。与重点高校、科研机构建立长效合作机制，新设立省博士后创新实践基地3家以上。充分发挥山东药品食品职业学院、威海职业学院等5所高等职业院校和17所中等职业学校作用，深化职普融通、产教融合、校企合作，建设职业教育创新发展高地，为企业培养输送更多技能型人才。在人才集中区域和企业设立人才驿站、专家驿站，落实绿色通道制度和保姆式服务机制，推进人才公寓建设，打造专业、精准、温情的人才生态环境，让威海成为不仅宜居、更加宜业的城市。

（五）扩大开放，加快城市国际化步伐。有效发挥对外开放比较优势，打造对外开放新高地。引导企业充分利用国内国际两个市场两种资源，立足国内大循环，融入国内国际双循环，促进内需和外需、进口和出口、引进外资和对外投资协调发展。支持传统优势出口企业挖掘外贸增长潜力，巩固原有市场和客户，转化替代性订单，优化出口结构，提高中高端产品出口比重。做大做强国家级跨境电商综试区，推进服务贸易创新发展试点，大力培育外贸新业态。鼓励企业增加优质产品进口。推进内外销产品同线同标同质，举办出口商品进商超、进街区活动，助力外贸企业开拓国内市场。抓住“一带一路”等战略机遇，支持企业深化国际合作。

巩固放大对韩开放优势，主动抓住RCEP签署、中欧投资协定谈判完成的机遇，组织筹备威海—仁川地方经济合作联委会会议，实现深层次、全方位、多领域合作。推动“四港联动”取得实质性进展，尽快启动中韩整车运输并常态化运行，加快多式联运中心及配套产业园建设，推进建设辐射日韩的区域性国际综合运输枢纽和货运平台，打造韩国及国际商品集散地。举办第四届市长国际经济咨询委员会年会，推进国际友好城市合作。提升国际化公共标识规范化水平，优化城市国际化语言环境。举办第十一届中国威海国际建筑设计大奖赛暨人居节。

（六）深化改革，持续优化营商环境。坚持有效市场和有为政府相结合，促进各类要素合理流动、资源高效集聚。深化事业单位改革试点，提高公益服务质量水平。加强财税资源统筹，强化预算约束和绩效管理，稳步化解政府债务。实施财政资金股权投资试点，提升产业基金运作与管理水平。提高金融服务实体经济的精准性，分区域、分行业、分主题开展常态化银企对接，扩大信贷规模。加大金融服务科技创新、民营小微企业和“三农”力度，强化企业上市挂牌和发债后备资源培育。争创国家绿色金融改革创新试验区。优化民营经济发展环境，构建亲清政商关系，破除制约民营企业发展的各种壁垒，促进骨干企业做大做强，促进中小微企业和个体工商户活跃发展。实施国企改革三年行动，做强做优国有资本和国有企业。推进工业企业“亩产效益”评价改革。实施千名民营企业家培训计划和“青蓝接力”行动，在全社会进一步弘扬企业家精神。

加强营商环境综合监测，完善企业诉求“接诉即办”平台，打造让企业安心、舒心、顺心的营商环境。扎实开展“市县同权”改革,全面推动减权、放权、授权。大力推进“照后减证”、审批改备案、告知承诺改革试点，依法完善信用监管机制。实施涉企经营许可事项清单管理，进一步降低市场准入门槛和制度性交易成本。推进政务服务标准化、规范化、便利化，推动市域同一事项无差别受理、同标准办理。加强跨地区、跨部门、跨层级数据共享和业务协同，推动更多政务服务事项“网上办”“掌上办”“自助办”“一次办理”。

（七）突出特色，深入推进精致城市建设。推动“东西互济、陆海联动”,主动融入胶东经济圈一体化。加强市域规划统筹，增强环翠区精致引领能力和城市综合服务功能，推进东部滨海新城产业集聚，加快中韩自贸区地方经济合作示范区产业园建设，推动双岛湾科技新城与周边镇联动开发，促进文登区、临港区、南海新区与中心城区功能互补、同城发展，荣成市、乳山市建设更具实力、更有魅力中小城市。深化“美丽城市”建设试点，实施198项城建重点工程。完成国土空间总体规划编制，修编中心城区控制性详细规划。实施城市更新行动，继续开展城市体检，进一步解决城市管理服务中不精致、不文明、群众不满意问题，奏好化解城市成长烦恼“四部曲”。推进老港区更新改造、金线顶区域整体改造，打造3处特色商业街区，延续城市历史文脉，塑造滨海特色风貌。推进93个老旧小区改造，新增30个口袋公园，改善提升居住环境。实施4处大型农产品批发市场智能化改造。优化道路交通系统，打通3条断头路，新增1050个公共停车位。推进“三线”整治，实现西海岸至天鹅湖182千米滨海步道全线贯通。扎实推进新型智慧城市建设试点，城市一体化综合指挥平台发挥实质性作用。推广“红色物业”经验，推行智慧物业管理，推进100个小区信息化改造。持续开展文明促进行动，巩固全国文明城市创建成果。健全志愿者星级激励机制，进一步提升志愿服务活跃度。实施好信用“五进”工程，促进社会治理高效化、城市服务精细化。

继续保持并放大威海优良生态环境这一最大优势，加快推动绿色发展，擦亮精致城市的生态名片。制定碳达峰、碳中和行动方案，推动发展海洋碳汇，持续降低碳排放强度。深入开展污染综合治理，强化多种污染物协同控制。实施煤炭消费总量控制、减量替代，狠抓挥发性有机物、扬尘、移动源和非道路移动机械治理管控，年内淘汰1637辆“国三”及以下排放标准营运柴油货车，完成35蒸吨以下燃煤锅炉淘汰任务，确保空气质量稳定达到国家二级标准。有效控制农村农业面源污染，推动化肥农药减量和土壤污染防治。深化“无废城市”试点建设。坚持陆海统筹、河海共治，落实好河长制、湖长制、湾长制，扎实开展涉河湖海建设项目排查整治专项行动，创建更多省级美丽示范河湖。开展“净滩行动”，推行海岸带分类分段精细化管控，实施5个海洋生态修复项目，保持近岸海域生态稳定。优化森林湿地资源管理方式，将有害生物防治、林地林木管理纳入林长制，松材线虫病防治取得明显成效。持续推进“绿满威海•四季多彩”绿化行动，实施伟德山区域植被恢复、里口山植被提升工程，完成植树造林4.5万亩。推进自然资源统一确权登记，加大闲置低效用地再开发力度，提高土地利用效率。推进集中开采区投放和绿色矿山建设。健全水资源刚性约束制度，推进节水型社会建设。

（八）统筹兼顾，全面推进乡村振兴。健全城乡融合发展机制，推动乡村振兴，加快农业农村现代化。重点提升20个乡村振兴样板片区，打造滨海型现代渔业示范带、山区型特色林果示范区、差异化乡村旅游样板。发挥中日韩精致农业产业技术研究院作用，提升现代农业科技水平。培育新型农业经营主体，深化供销系统综合改革，创新农业专业化社会化服务方式，发展多种形式适度规模经营。落实藏粮于地、藏粮于技战略，解决好种子和耕地问题，建立区域性优质小麦良种繁育基地，规划建设国家级海洋生物遗传育种中心和海洋生物科创中心，打造5个现代水产种业园区；推行田长制，实施16万亩高标准农田建设，稳定粮食播种面积和产量，坚决遏制耕地“非农化”、防止“非粮化”。推进储备粮规范管理，落实省核定地方储备粮规模。恢复扩大生猪产能，保障重要农产品、畜产品供给。提高涉农资金整合使用效率，落实农产品加工补贴政策，扩大农业保险覆盖范围，强化优势农产品品牌建设。建设全国绿色养殖示范区，打造沙窝岛现代渔港经济区。创新涉农金融产品，用好农业信贷担保，拓展农业发展融资渠道。

实施乡村建设行动，稳妥有序推进美丽宜居乡村建设，创建省级美丽乡村示范村27个。开展农村人居环境整治提升行动，健全长效管护机制，因地制宜补齐水电、物流、污水处理等基础设施短板，新增生活垃圾分类试点村164个，新增农村清洁取暖2万户，创建省级清洁村庄680个。健全防止返贫监测和帮扶等“六项机制”，巩固拓展脱贫攻坚成果，做好同乡村振兴的有效衔接。增强集体经济薄弱村造血功能，集体经济经营性收入5万元以下村庄清零，10万元以上村庄占比超过70%。

（九）保障民生，提高社会建设水平。坚持共建、共治、共享，持续改善人民生活品质。落实灵活就业社保补贴、技能提升补贴等优惠政策，开展职业技能培训3万人次，构建和谐劳动关系，打造“就业友好型城市”。健全多层次社会保障体系，实施全民参保计划，进一步提升养老保障水平。完善大病保险制度，积极发展商业医疗保险，降低参保人员医疗负担。深化集中带量采购改革，推进医保基金国家智能监控示范点建设。完善实物配租和货币补贴相结合的公共租赁住房保障制度，扩大住房公积金制度覆盖范围，吸引灵活就业人员缴存公积金。建设32处分散特困供养服务站，进一步提高社会救助保障标准。积极应对人口老龄化，推动养老事业和养老产业协同发展，挖掘“银发经济”拉动内需潜能，鼓励康养模式创新，新建农村老年餐桌100处、镇街养老服务中心7处，70%以上老旧小区配备社区养老服务设施。开展婴幼儿科学养育指导服务，提高优生优育水平。发挥第三次分配作用，大力发展红十字、慈善事业。实施妇女儿童发展“两个规划”，深入推进儿童友好型城市创建，新建“希望小屋”60个。坚持尽力而为、量力而行，今年确定为群众办20件实事。继续发挥政务服务、民生服务热线作用，及时倾听群众呼声、了解社情民意，对群众反映集中的诉求，快速反应、及时研判，能办快办、应办尽办。

健全基本公共服务体系，协调发展各项社会事业。大力发展高质量教育，深化新时代教育评价改革，办好人民满意教育。推动学前教育优质普惠发展，新建幼儿园7所，巩固居住区配套幼儿园整治成果；推动城乡义务教育优质均衡发展，新建改扩建中小学10所；推进普通高中改革省级试点工作。推进健康城市建设，实施健康中国15项行动，开展基层医疗卫生服务能力提升三年行动，推广中医适宜惠民技术，推动国家医养结合试点、国家中医药综合改革试验区建设，做好国家卫生城市复审。广泛开展全民健身活动，在符合疫情防控条件下，适时恢复举办铁人三项世界杯赛、霍比帆船公开赛等国际体育赛事，打造国际休闲运动之都。推进城市书房等文化设施向乡村、向园区、向企业延伸，打造25个农村社区文化中心社会化运作示范点。整合现有爱国主义教育、党性教育、科普教育基地等资源，与融媒体中心互融互通，打造200个特色突出、引领性强的新时代文明实践基地。加强国防动员、民兵预备役和人民防空建设，强化退役军人优抚安置和服务保障，巩固军政军民团结。加强打击走私工作。做好东西部协作和对口支援。依法保障妇女、儿童、老年人、残疾人合法权益，继续做好广播电视、新闻出版、档案、史志、地震、气象、民族、宗教、外事、侨务、台港澳工作。

（十）关口前移，积极防范化解风险。统筹发展和安全，建设更高水平平安威海、法治威海。建好用好总体国家安全观刘公岛教育培训基地，增强全民国家安全意识。加强各领域风险隐患排查，有针对性地制定应急处置预案。巩固打击非法金融活动专项整治成果，强化金融风险监测预警和早期干预，稳妥处置不良贷款，守住不发生系统性金融风险底线。补齐突发公共事件应急能力短板，加强森林火灾监测预警能力和防灭火专业队伍建设，新建储水设施178处，新建改造森林防火通道101千米。提升洪涝干旱、台风、雨雪冰雹等自然灾害防御标准，建设韧性城市。深入实施安全生产三年行动，推动安全生产标准化与企业安全管理体系深度融合、一体运行，高危行业安全技能得到全面提升，有效遏制重特大安全事故。持续开展食品安全八大攻坚行动，多领域、多环节抓好食品药品管理，守护群众舌尖上的安全。建设平安海区，坚持“两条线”作战，强化渔船管控，提高海上安全水平。完善“六治一网”市域社会治理体系，用好新时代“枫桥经验”，高质量完成市域社会治理现代化试点阶段任务。统筹发挥信访、调解、仲裁联动作用，提升社会矛盾综合治理能力和水平。坚持专群结合、群防群治，开展基层平安创建活动，加强立体化、智能化社会治安防控体系建设，防范和打击违法犯罪，确保政治更安全、社会更安定、人民更安宁、网络更安靖。

五、建设人民满意的服务型政府

人民对美好生活的向往，是我们不懈奋斗的目标。面对疫情影响，面对繁重的发展任务，面对各类风险挑战，必须坚持党的全面领导，坚持以人民为中心，全面建设人民满意的服务型政府。

不忘初心，强化政治担当。增强“四个意识”，坚定“四个自信”，做到“两个维护”，确保中央和省委、省政府决策部署在威海落实落地。自觉接受人大法律监督、政协民主监督，主动接受社会监督和舆论监督，广泛听取民主党派、工商联、无党派人士和社会各界意见。始终站稳人民立场、厚植为民情怀，牢记宗旨意识，全心全意为人民服务。

依法行政，建设法治政府。践行习近平法治思想，开展法治宣传教育，落实重大行政决策规则，提高政府工作科学化、民主化、法治化水平。严格执行行政执法“三项制度”，公正文明执法，规范自由裁量权，杜绝多头执法、重复执法、选择性执法、任性执法。改进政策发布、解读、回应、落地、评估方式，全面推进政务公开。

真抓实干，转变工作作风。持续开展干部作风大改进行动，深入推进“三问三查三改”（“三问”：一问首问负责制为什么不能有效落实；二问自身存在的问题为什么不能主动发现；三问办公室与部门、单位之间，科室与科室之间职责边界不清的问题为什么解决不好。“三查”：一查责任担当和工作作风；二查突出问题和服务短板；三查职责边界和机制梗阻。“三改”：一是改进服务流程，严格落实首问负责制；二是改进督办方法，压实群众诉求办理责任；三是改进联动机制，源头治理推诿扯皮问题），力戒形式主义、官僚主义，持续解决不担当不作为问题。着力防止文山会海反弹回潮，大力提高文件会议活动质量成效，着力整治督查检查考核过多过频、过度留痕，为基层减负。坚持求真务实，不搞花架子、不做表面文章。坚持政府过“紧日子”，继续大力压减一般性支出和非急需非刚性支出，部门日常公用经费再压减10%，公务接待、会议费再压减30%。

标本兼治，筑牢廉政防线。严格落实从严治党主体责任，常态化开展廉政警示教育，一体推进不敢腐、不能腐、不想腐，将廉政建设落实到政府工作全领域、全环节、全过程。推进审计监督全覆盖，查漏洞、补短板、建机制，用制度管人管钱管事，营造风清气正、干事创业的良好政务环境。

（威海市政府办公室提供）

编辑　闫拥军

专　　记

新型冠状病毒肺炎疫情防控

2020年，新型冠状病毒肺炎疫情发生后，威海市深入贯彻落实中共中央总书记习近平重要指示精神及中央决策部署和省委工作要求，按照“坚定信心、同舟共济、科学防治、精准施策”的总要求，坚持“外防输入，内防反弹”策略不动摇，充分发动和依靠人民群众，紧盯重点领域、关键环节，统筹做好疫情防控和经济社会发展工作，坚决打赢疫情防控人民战争、总体战、阻击战。威海市累计报告本地确诊病例38例，治愈出院37例，死亡1例。2月12日之后，再无新增本土确诊病例。

一、建立健全工作机制，压紧压实疫情防控责任。

*一是建立完善指挥体系。*建立党委统一领导、党政齐抓共管的疫情防控工作机制，新冠病毒肺炎疫情发生后，第一时间成立由市委、市政府主要负责人任组长的疫情应对处置领导小组，下设由市级领导任组长的17个工作组，从各部门抽调100余人集中办公。进入常态化防控状态后，成立市委统筹疫情防控和经济运行工作领导小组（指挥部），按照与上对应、便于统筹原则，将原17个工作组优化调整为10个工作组，建立责任落实、风险管控、问题解决、应急处置、信息沟通、调度督导6项工作机制，进一步压实部门主管责任和区（市）属地管理责任。成立市委重大疾病和传染病防治工作领导小组，负责研究重大疾病、传染病防治和突发公共卫生事件应急处置；着眼加快推进领导小组办公室实体化运作，配备22名工作人员，面向社会公开招聘部分专业技术人才，持续强化重大疾病和传染病防治工作领导，坚决压实属地管理责任、部门监管责任、单位主体责任和居民家庭及个人自我防护责任，加强部门联动，强化经费保障，充分发挥基层党组织政治引领作用和党员先锋模范作用，紧紧依靠群众，加强联防联控、群防群控。

*二是加强研判调度。*建立疫情防控定期研判工作机制，多次召开常委会会议、常委扩大会议及专题会议研究部署疫情防控工作，在每个重要时间节点都专题研判疫情防控形势，研究解决具体问题，制定整改落实意见。进一步修订完善疫情防控突发疫情应急封控和调查追踪等各类方案预案，加快推进重大疾病和传染病防治工作领导小组办公室实体化运作。畅通12345政务服务热线、“威海发布”微博号等平台，累计受理涉疫情诉求9.78万件，发布疫情专刊343期，将部门转办诉求反馈时间压缩至2个工作日，及时帮助群众和企业解决涉疫情热点、难点问题。

*三是强化督查问效。*市委、市政府主要负责人坚持以上率下、率先垂范，以“四不两直”（不发通知、不打招呼、不听汇报、不用陪同接待，直奔基层、直插现场）方式，深入医院、企业、社区、村庄等疫情防控一线，抓督导、抓推进。疫情吃紧阶段，选派由市人大、政协主要负责人及市委常委挂帅的督导组，分赴各区（市）、开发区蹲点督导疫情防控工作。强化工作督查，以钉钉子精神抓好疫情调度会工作要求、省疫情防控相关工作要求、市领导批示的落实，多次组织专班围绕公共场所疫情防控、海上疫情防控、冷链食品疫情防控等到区（市）、开发区实地督导，推动工作落实。

二、加强重点人群健康管理，及时切断疫情传播途径。

加强重点人群核酸检测“应检尽检”。严格按照省委疫情防控指挥部统一部署，对密切接触者、境外入威海（返威海）人员、疫情重点地区入威海（返威海）人员等14类人群分别落实实时检测、即时检测和定期检测措施，确定以市县两级疾控机构为主体、医疗机构和第三方为补充的核酸检测机制，合理设置采样点，加快采样速度，做到当日采样、当日检测、当日报告。至12月31日，完成十轮“应检尽检”定期检测任务，累计检测10.80万个单位、人员80.01万人。

三、严格落实闭环管控，严密防范疫情输入风险。

*一是严格入境人员全链条闭环管理。*坚持把防范境外疫情输入作为疫情防控重中之重，健全入境人员从口岸检疫、分类转运到全面检测、集中

隔离、医疗救治、社区管控的管理闭环，实现从“国门”到“家门”的无缝对接和全链条管理。严把机场、港口、高铁站等关口，向威海、烟台、青岛、北京、长春、延吉等机场口岸，威海、烟台地区海港口岸及德州市派出工作专班，对境外入威海（返威海）人员百分百做到健康检测、跟踪管理。认真抓好青烟威疫情联防联控工作机制落实，主动加强与青岛市、烟台市沟通联系，做好信息共享、会商沟通、风险研判、统一调度、协同处置，共同防范境外疫情输入。至12月31日，入境到威海（返威海）人员累计18569人，排查出确诊新冠肺炎病例1例、无症状感染者2例，未发生关联本地病例情形。严格按规定用好“快捷通道”，明确邀请单位信息报告、人员转运、服务管理、应急处置等制度规范，至12月31日，未出现问题。

二是突出抓好海上疫情防控。率先在全省成立海上疫情输入防控组，建立健全会商研判、信息共享、每日调度、督察通报4项工作机制，逐船、逐港、逐岛、逐段、逐点督导落实，构筑起防范境外疫情输入的坚固防线。在海上，加大对航行船舶登检力度，实行全天候网格化海上巡查，加大对走私、偷渡、非法捕捞等行为的打击力度。在渔港，实行24小时驻港防控，落实船员登船健康申报、每日体温检测、船体消杀防疫、进出港查验等防控措施。在口岸，严格进出境船舶管理，对离船入境人员逐一进行核酸检测，累计监管进出境船舶3952艘次、船员7.82万人次，牢牢守住境外疫情经海港口岸输入阵地关口。

三是持续加强境外及疫情重点地区到威海人员管控。严格实行入境人员闭环管理，做到无缝对接，确保入境人员从“国门”到“家门”实现全程闭环管理。加大海上疫情防控力度，依法严厉打击利用渔船、货船等偷渡行为，确保不发生海上输入性疫情。加强“快捷通道”人员闭环管理，持续抓好疫情重点地区到威海人员管理，密切关注疫情重点地区动态变化，及时将新增中、高风险地区纳入排查与管理范围，扎实做好排查随访、登记查验工作，严格实行集中（居家）隔离观察，百分百实施核酸和血清抗体检测，确保不出纰漏。

四、突出重点场所和关键环节，抓紧抓实抓细各项防控措施。

一是积极稳妥推进复学复课。严格落实学校疫情防控“一严二清三防四控”（“一严”即严格落实开学条件；“二清”即政策清、底数清；“三防”即防突发事件、防负面舆情、防懈怠情绪；“四控”即控师生聚集、控家校往返、控校园安全、控教学质量）要求，实行“一校一案”，针对不同学校管理特点，分类实施封闭管控、“点对点”家校往返、限制人流、固化校内活动轨迹、网络教学等措施，最大限度消除交叉感染风险。加强日常防控管理，严格落实师生健康情况“日报告”“零报告”制度，建立常态化巡查巡诊机制，市县两级成立41个巡查巡诊工作组，赴各级各类学校开展“四不两直”常态化督导检查。完成重点人群核酸检测76291人次（教职工44633人次、冷链31658人次），实现全市33万名师生全覆盖，未发现异常。扎实做好开学条件核检，按照“一校一组”原则向全市学校派驻工作组，全程参与学校开学准备工作，至6月上旬，全市义务教育阶段学校、高中阶段学校和高校完成疫情后开学复课，9月12日全部完成秋季开学复课。

二是落实冷链食品全链条管控。成立市县冷链食品疫情防控工作专班，设置专项检测经费，为一线工作人员备足口罩、手套等防护用品，保障冷链食品环境、食品和人员定期采样检测需要。强化工作统筹协调，按照“人物同防”的要求，以食品生产经营单位、餐饮单位、贮存单位、物流企业、屠宰企业、从业人员等为重点，持续推进冷链食品摸排建档，按要求对直接接触冷冻冷藏肉类、水产品及包装从业人员每14天进行1次核酸检测。建立进口海产品与肉产品日增量实时报告、实时检测机制，全面开展进口海产品和肉产品风险排查，对全市99家进口海产品肉产品加工企业、21家供货商、309家零售商、465家餐饮业户等实行动态管理，累计开展核酸检测15.75万批次，检测结果均为阴性。加强非法野生动物和活禽交易管理，累计检查农（集）贸市场、商超、餐饮单位等26827家次，未发现相关违法行为。

三是落实公共场所疫情防控。疫情发生后，立即关闭全市所有不涉及居民群众基本生活的图书馆、景点等公共场所，暂停城乡大集、早夜市，仅保留部分商超和社区农贸市场，加强通风消杀，进入人员强制戴口罩、测体温，取消所有大型集体活动。复工复产后，在全市交通场站、企业单位、景区、星级酒店、商超、社区等公共场所、交通工具上，配备体温测量设备，安排专人负责，常态化落实健康码查验、体温测量、环境消杀等防控措施。在机关事业单位、学校、商超等人流量大场所大力推广使用自动化、智能化体温监控和筛查设备，全面提高早期监测时效性和敏感性。

四是严格落实社区（村）防控。疫情发生后，对全市所有社区（村）实行全封闭管理，社区和村庄居民体温检测正常后凭通行证出入，最大限度降低疫情传播风险。进入常态化后，在每个社区（村）组建约5支防控队，由社区管理人员、志愿者、网格员等组成，配备心理疏导人员和社会工作者，加强社区网格化管理，压实属地、部门、单位、家庭和个人责任，形成横到边、纵到底、全覆盖的基层防控体系。

五是强化医疗机构和特殊机构管理。严格落实预检分诊制度，加强发热患者筛查，做好预检分诊和门诊登记，提高疑似病例早期识别、快速筛查能力。严格落实院感防控措施，加强医务人员院感培训，落实医务人员防护、病区管理、环境通风、清洁消毒和医疗废弃物管理等措施。加强医疗机构传染病监测和网络直报，发现疑似病例、确诊病例均于2小时内通过疾病预防控制系统进行网络直报。落实落细养老院、福利院、精神卫生医疗机构、监所等特殊场所防控措施，严格人员出入管理，做好健康监测、环境消杀、个人卫生防护，确保不出问题。

六是大力推广普及健康通行码。全面推动“健康码”一码通行，将“山东健康通行码”图板张贴于小区卡口、单元门、单位门等公共区域显著位置，在各镇（街道）、村（居）设立电子健康码推广负责人，帮助辖区内居民解决具体操作难题。至12月31日24时，全市健康码发放基本实现常住人口全覆盖。

五、补齐各类短板弱项，全面提升疫情应对处置能力。

一是迅速提升医疗救治能力。按照“宁可备而不用，不可用而无备”原则，全力推进市胸科医院扩建工程，用时15天即竣工投入使用，新增185张负压床位，所有确诊病人转入符合专业要求新病房接受治疗。全面加强医院发热门诊建设及规范化管理，落实首诊负责制加强病例排查，明确定点医疗机构4家，后备医疗机构5家，全市二级及以上综合医院、中医医院、妇幼保健院全部设置发热门诊和留观室，二级以上综合性医院疫情救治床位662张，占总床位数10.9%，重症监护床位72张，占救治床位10.9%。组建省级医疗队、市级医疗队各1支，每支150人，省级医疗队由三级医院组建，承担省内和省际支援任务，市级医疗队由市属医疗机构、各区（市）二级以上医院组建，涵盖感染、呼吸、重症、中医、护理、临床检验、院感防控等专业。全市医务人员累计参加新冠肺炎防控方案、救治方案、院感防控、核酸采样培训、核酸检测培训等6万人次。

二是加快提升核酸检测能力。加强核酸检测实验室建设，全市二级以上综合医院均具备核酸检测能力，具备核酸检测能力医疗卫生机构达23处；全市有96孔核酸检测设备35套，日检测量达3.3万份，提前完成9月底2万份省级要求目标值。全面加强核酸检测队伍建设，组建检测队9支，每支人数8～20人、核酸检测设备2～5套，组织市级核酸检测培训2次，参加省级核酸检测考试取得合格证书人数达441人。确定以市、县两级疾控机构为主体、医疗机构和第三方为补充的核酸检测机制，采取预约采样和上门集中采样等多种灵活方式加快采样速度，全市日出动采样人员均在200人次以上。

三是加快市疾病预防控制中心标准化建设。市疾病预防控制中心充分储备个人防护用品、消杀用品等应急物资，新冠检测试剂按日最大检测能力800人份储备，可满足7天用量，并与供应商签订合同随时供货；建设生物安全二级实验室2个，能够迅速腾空1套实验室用于外来支援力量开展工作；重新核定市疾病预防控制中心编制100个，增编40人，市、县两级疾病预防控制中心增编132人，空编人员陆续招聘中；加强市疾控中心基础设施建设，在市胸科医院新建1栋建筑面积1.19万平方米的疾病预防控制中心办公及实验大楼。

四是持续提升核酸检测和医疗救治能力。9月底完成所有二级以上医疗机构实验室改造，同时加强抗疫特别国债资金使用，9月底日核酸监测能力达4万管，12月底日核酸监测能力达5.47万管，组织市级专家队加强生物安全管理督导检查，加强核酸检测队伍人才培养。常态化开展业务知识培训，对新冠肺炎防控方案、诊疗方案以及院感防控知识进行周期性全员培训，并开展理论知识和实践技能考核。常态化开展应急演练，开展涵盖医务人员、行政管理、后勤人员的应急演练，形成全链条的演练模式，演练后进行复盘总结，针对演练每个环节进行研判，措施不到位的及时整改，确保演练取得实效。

六、超前谋划、高效服务，推动企业稳妥迅速复工复产。

一是分区分级，统筹推进工业企业复工复产。制定发布《威海市工业企业复工复产十条措施》等指导文件，对符合防疫要求和复工条件企业，坚持先开工后验收。建立全流程闭环疫情防控体系，压紧压实属地管理责任和企业主体责任，建立镇（街道）、园区与企业联动机制，推动工业企业复工复产平稳有序。建立领导干部分包联系重点企业工作机制，一线指导企业疫情防控和复工复产；选派120余名机关干部担任“驻厂员”，帮助企业协调解决防疫物资短缺、职工跨区域返岗难等困难问题。建立规模以上工业企业困难问题、技术需求、资金需求、产业链配套“四张清单”调度办理机制，在市政府网站首页上线“企业诉求直通车”，对涉及企业复工复产和项目建设问题，安排专班统一分办、跟踪督导，确保5个工作日内100%办结，累计解决企业复工复产用工难、原材料短缺、防护物资不足、物流运输不畅、手续报批烦琐等问题388个。

二是政策扶持，支持企业共克时艰、提振信心。梳理各级扶持企业政策干货67条，编制《企业“战疫”政策汇编》，通过短信群发、微信推送、印制发放等方式传达到全市企业。扩大应急转贷基金规模，总规模提高到5000万元。

三是加强监测，全力推进工业经济稳增长。建立企业预警机制，在每月直报“窗口期”前，对全市1007家规模以上工业企业分区（市）逐一走访调度，确保统计数据真实可靠、应统尽统；建立工业先行指标监测体系，重点关注用电量、货运量、出口订单等先行指标变化情况，结合企业预调度情况，做好区域、行业和重点企业运行情况的分析研判，及时发布预警信息。上半年，全市规模以上工业增加值增幅实现由负转正，工业经济运行呈现企稳回升良好态势，8月，规模以上工业增加值比上年增长10.6%，连续5个月实现正增长；1月—8月增长1.8%，较上半年提高0.5个百分点。全年规模以上工业增加值增长4.6%。

七、强化工作保障，筑牢疫情防控坚实后盾。

一是强化资金保障。至12月31日，各级财政投入疫情防控资金7.24亿元，其中争取上级专款2.92亿元，市级安排1.16亿元，县级安排3.16亿元。全年实际支出7.03亿元，其中医疗救治61万元，疫情防控人员临时性工作补助748万元，设备和防控物资购置2.02亿元，重症病区及发热门诊改造等基建支出0.94亿元，公共卫生体系建设和重大疫情防控救治体系建设支出0.41亿元，应急物资保障体系建设支出2.06亿元，其他支出1.52亿元，有力保障疫情防控各项工作顺利开展。

二是强化防疫物资生产储备。通过加强产业对接，帮助企业协调原料、资质、运输等困难和问题、落实惠企政策等措施，推动龙头骨干企业迅速转产扩产防护物资，全力保障防疫物资生产供应。威海威高国际医疗投资控股有限公司、迪尚集团有限公司积极响应政府号召，半天时间清理交付1500平方米的厂房，用时24小时就建成一座产能1万余件的医用防护服生产厂，彰显疫情防控“威海速度”。年底，威海市有各类防疫物资生产和配套企业60余家，已建成从熔喷料、熔喷布、口罩机、鼻梁条、耳带到口罩生产的全产业链条，口罩生产企业由疫情初期

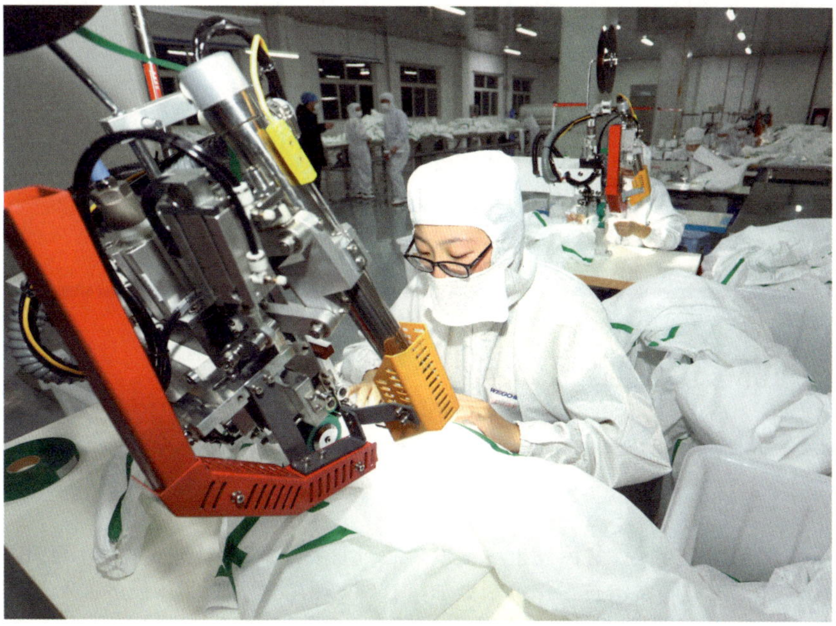

2月9日晚上，威海威高国际医疗投资控股有限公司工作人员正在生产防护服 （孙大伟 摄）

的4家发展到26家，日产能由9.5万只扩大到1500余万只，产能提升150余倍，完成国家、省和外省调拨任务约460万只。防护服生产企业从无到有，已发展至4家，日产能达20万余件，完成国家、省和外省调拨任务约30万件。

三是强化市场供给保障。疫情发生后，选取优质物流配送企业参与市场物资配送，在卡口检查中优先保障通行，提高运输效能。组织家家悦、大润发等10余家重点商贸流通企业，通过App下单配送、微信群订货等方式，将蔬菜、副食品等生活必需品直接送到社区。家家悦、大润发等8家商贸流通骨干企业联合发出稳价、保供倡议，向公众承诺大白菜、土豆、青萝卜等6种蔬菜实行限价销售，保持物价稳定。

四是持续抓好重点场所和重点环节疫情防控。常态化抓好冷链食品疫情防控工作，进一步压紧压实各市场主体责任，按照“人物同防”的要求，实行全过程、全链条、闭环式管理，以更高的标准、更严的措施抓好冷链食品疫情防控各项工作。严格落实各类公共场所和公共交通工具通风消毒、佩戴口罩、测量体温、查验健康通行码等防控措施，确保不发生人员聚集性疫情。

五是强化激励保障。严格落实医务人员轮岗轮休、专用通勤班车、三餐饮食供应等措施，为一线医务人员开展救治工作提供坚实保障。出台《关心关爱疫情防控斗争一线医疗医护专家人才的十条意见》等政策文件，在补贴补助、休假疗养、职称评定、干部使用等方面制定相应措施，激励医护人员在疫情防控中担当作为、履职尽责。将疫情防控一线作为考察、识别和检验干部的“主战场”，考准考实各级领导班子和干部队伍的现实表现情况，对关键时刻顶得住、冲得上、重团结、讲奉献的干部大胆提拔重用。

八、组建专业援鄂医疗队，战“疫”大考交出“硬核答卷”。

响应国家和省的号召，组建3个批次24名医务人员组成的援鄂医疗队，分批次赶赴湖北进行医疗援助。1月25日和28日，第一、二批队员12人紧急奔赴湖北，作为山东省第一批援鄂医疗队员到黄冈中心医院大别山区域医疗中心进行援助。到达之处，只是一个基本完工的主体楼，医疗设备、病床、水电、办公等什么都没有。但援鄂队员仅仅用了30个小时就成功建成合格的隔离病房，并立即开始收治病人。他们负责的整层楼病区100张床位不到两天的时间就满员，而且在这100名确诊新冠肺炎患者中，40%是重症和危重症患者，援鄂队员以高效、规范的接收速度抢下“滩头阵地”，成功打响山东医疗队援黄冈抗疫第一战！2月9日凌晨接到紧急通知，第三批援鄂队员一行12人随山东省第八批援鄂医疗队驰援武汉，负责武汉汉阳方舱医院的医疗救治。经过1个月的奋战，他们克服重重困难，累计收治599例患者，治愈出院308例，做到舱内患者零死亡、出院病人零返舱、医务人员零感染。2020年3月18日，第一、二批援鄂队员所在的大别山区域医疗中心也实现“清零”，威海市援鄂医疗队圆满完成援鄂任务，无一人感染，分别于4月1日和5日顺利平安返回威海，受到全市人民的热烈欢迎。

九、广泛动员社会力量，积极开展募捐工作。

疫情发生后，市慈善总会、红十字会与相关部门联合发布《关于防控新型冠状病毒感染的肺炎疫情接受捐赠的公告》，并第一时间通过官网、微信公众号、新浪微博等网络平台发布募捐公告，定期对接受捐赠款物的使用情况进行公示，确保募捐工作全程公开透明，经得起社会监督。同时，积极协调中华慈善总会、威海海关等部门，办理海外捐赠疫情防控物资通关；联系威东航运有限公司，对韩国仁川到威海港抗疫物资全部实行免费运输；对定向捐赠湖北省的物资，派专人在威海京东、申通快递点现场办公，对捐赠物资进行登记，办理免费发送，提升社会的捐赠意愿，对缓解疫情初期防护物资短缺的问题起到显著效用。市慈善总会有效指导全市各级慈善组织募集款物总值1.61亿元，人均募捐额位居全省前茅。全市有5887.6万元的款物拨付湖北省，9023.02万元款物用于威海市，400万元拨付省慈善总会，用于全省疫情防控。其中，市慈善总会募集款物2774.85万元拨付湖北省，4644.19万元款物用于威海市。针对社区工作人员防护能力不足的问题，市慈善办帮助社区解决防护服300套、口罩30万只；积极对接爱心企业，向社区工作人员捐赠早餐牛奶615箱、电暖器100个；为胸科医院建筑工人送去棉衣、棉被3100件御寒；为值守在封闭小区管理一线的物业人员、卡点值守人员、社区工作人员、环卫工人、志愿者等送去羽绒服9500件、口罩41万只、防寒靴1.36万双、手套5000双；为医院送去价值826万元的防护服、防护面罩、护目镜、医用口罩等物资；为一线医务人员、公安干警、援鄂医务人员家属等送去价值360余万元的蛋白粉、梨膏等生活物资，为养老机构提供口罩26万只、消毒液20余吨，向奋战在湖北黄冈的威海援鄂医疗队运送价值220余万元的速冻鲅鱼水饺、海参口服液、苹果等食品和水果。市红十字会本级接收社会捐款272.74万元，接收并拨付各类捐赠物资80批次，总价值1261.08万元，全部投入到支援湖北省及本市疫情防控工作当中，受到社会广泛好评。

［中共威海市委统筹疫情防控和经济运行工作领导小组（指挥部）提供］

脱贫攻坚工作

按照2014年省定标准，威海市认定省定扶贫工作重点村180个，建档立卡贫困人口33687户、56480人。到2017年年底，省定扶贫工作重点村全部达标退出，贫困人口全部摘帽脱贫。按照“四不摘”（摘帽不摘责任、不摘政策、不摘帮扶、不摘监管）要求，至2020年年底动态调整后，全市有脱贫享受政策15196户、23909人，其中省定标准13178户、20501人。

威海市委、市政府认真落实中央决策部署和省委工作要求，在政治上站位高，把打赢脱贫攻坚战作为广大党员干部增强“四个意识”、坚定“四个自信”、做到“两个维护”的试金石；在思想上重视再重视，坚决克服威海是沿海较发达地区、贫困问题不突出、稍干干就行了的错误认识；在目标上要走在全省前列、争当排头兵，为全省脱贫攻坚多作贡献；在行动上要动真的、干实的，攻坚克难、久久为功。经过几年的持续努力，全市脱贫攻坚取得全面胜利。一是贫困人口收入水平大幅提高。全市贫困人口全部达到4500元省定脱贫标准，人均纯收入由2015年的3779元增长到2020年的9131元，年均增长19.3%，“两不愁”（稳定实现农村贫困人口不愁吃、不愁穿）质量水平明显提升，“三保障”（保障农村贫困人口义务教育、基本医疗和住房安全）和饮水安全突出问题总体解决。二是农村生产生活条件明显改善。180个省定扶贫工作重点村基础设施和公共服务水平大幅提升，生态环境持续改善，全部达到美丽乡村B级以上标准，特色产业不断壮大，村级集体经营性收入全部超过5万元，贫困发生率基本“归零”。三是防贫治贫工作机制更加健全。建立即时发现即时帮扶机制，设立区、镇、村三级扶贫基金，为贫困群众稳定脱贫提供长效保障。探索推行“信用+”模式，有效激发贫困群众“我参与、我管理、我受益”的内生动力，贫困群众的精神状态发生根本性变化。2018年和2019年，威海市在全省脱贫攻坚考核中均位居“好”的等次，2019年获得全省经济社会发展综合考核脱贫攻坚单项奖。

一、全面加强党对打赢脱贫攻坚战的领导，履职尽责、不辱使命。

坚持把脱贫攻坚作为重大政治任务和头号民生工程，充分发挥党总揽全局、协调各方的领导核心作用和集中力量办大事的制度优势，从组织、作风、资金等方面入手，构建全方位保障体系，推动脱贫攻坚决策部署和工作要求落实落地、见到实效。

一是强化组织保障。建立责任、工作、投入、产业、帮扶、社会、协作、督考“八大体系”，党政“一把手”负总责，四级书记抓扶贫，层层压实责任、传导压力。先后召开扶贫开发领导小组会议及各类专题推进会议89次，研究出台产业发展、资金保障、督导考核等一系列政策性、指导性文件。领导干部以上率下，带头遍访贫困对象，27名市级领导走访省定扶贫工作重点村166个，走访建档立卡贫困户514户、非贫困户136户，累计帮助群众解决问题263条。深入推进包村扶贫，所有省定扶贫工作重点村全部落实帮扶单位，累计投入资金1.43亿元，引进特色产业项目312个，建设各类示范园区1.64万亩，增加村集体经济收入1320万元，带动贫困人口增收560万元；所有贫困户全部落实帮扶责任人，10446名干部与贫困户结成帮扶对子，协调解决各类生产生活困难和问题16.4万余个。累计选派第一书记515名、科技特派员366名，为群众办实事好事1万余件次。2020年，全市脱贫攻坚群众满意度达100%，较2015年提升5.52个百分点。

二是强化作风保障。坚持为民导向，深化扶贫领域作风建设，先后开展“问题整改落实季”“沉一线全覆盖、抓整改促落实”“抓重点促攻坚、大调研大整改”等系列活动，进村入户问需求、查问题、找短板，分级分类建立问题台账，逐项逐条制定整改措施，挂图作战、打表推进、限期销号。至9月底，历次发现的2018个问题全部整改到位。对问题整改落实情况反复开展“回头看”“再回头看”，达不到标准的绝不放过，确保问题改彻底、改到位、不反弹。特别是对省审计联合组反馈的1个问题和省信访局反馈的9个问题，全部明确责任，全面整改落实，并逐一回访核查。严肃查处扶贫领域腐败和作风问题，紧盯3类13项整治重点，开展扶贫专项审计5次，公开曝光典型案例31个，处理问题干部8人，干部队伍作风持续向好。坚持正向激励，评选表彰市级以上先进集体78个，先进个人、先进工作者118名，对在脱贫攻坚中工作出色、表现优秀的28名扶贫干部予以提拔重用，有效保证脱贫攻坚期间干劲不减、队伍不散、工作不断。

三是强化资金保障。充分发挥政府投入在脱贫攻坚中的主体和主导作用，累计投入财政专项扶贫资金5.63亿元，年均增长26.34%，全部按时足额拨付到位，确保政府扶贫投入力度与脱贫攻坚任务相适应。严格落实公告公示制度，各项资金分配结果、项目计划安排情况均按要求在市级或县级政府门户网站公示。对财政专项扶贫资金实施全过程监督评价，每年组织开展监督检查2次，及时发现和整改存在问题，有效保证财政专项扶贫资金安全、规范、高效运行。

二、坚持从实从细、精准识别，确保真扶贫、扶真贫。

坚持把“精准识别”作为最基本的要求，围绕“扶持谁”，做好“三个结合”，下足“绣花”功夫，做到底数清、情况明、数据准，为脱贫攻坚打下坚实基础。

一是坚持信息采集与动态调整相结合。按照“镇不漏村、村不漏户、户不漏人”的原则，推行“望闻问切”工作法，分年度开展信息采集与动态调整工作。严格执行“两评议两公示一比对一公告”等认定程序，对符合贫困认定标准的一般人口及时建档立卡，对达到贫困退出标准的贫困人口及时予以清退，形成“识贫、校贫、定贫”的精准识贫机制。

二是坚持信息比对与数据清洗相结合。建立扶贫数据共享共用平台，组织市教育局、住房和城乡建设局、水务局、医疗保障局等8个部门定期开展信息比对，对贫困户基础信息、生产生活条件、享受政策情况等进行核准更新，确保信息的真实性、准确性、一致性。威海市连续3年在全省建档立卡工作会议上作典型发言，信息精准度始终位居全省前列。

三是坚持市标认定与即时帮扶相结合。2017年，在全省率先开展市标认定工作，将家庭年人均纯收入高于省定贫困线、低于市低保线的边缘贫困人口及时纳入建档立卡帮扶范围，至2020年年底，全市市标人口2018户、3408人。在市标认定的基础上，建立即时发现即时帮扶机制，实现对存在致贫返贫风险的困难群众应纳尽纳、应扶尽扶，累计帮扶120户、248人。

三、聚焦“三保障”和饮水安全，不断增强贫困群众获得感幸福感。

坚持把提高脱贫质量摆在首位，把稳定实现“三保障”和饮水安全作为打赢脱贫攻坚战的底线任务和标志性指标，构建完善“四大体系”，持续巩固提升脱贫攻坚质效。

一是突出控辍保学和精准资助，构建全过程教育帮扶体系。加强义务教育阶段学籍衔接，定期开展贫困学生户籍学籍双重比对，全市429名义务教育阶段贫困学生无一人因贫失学辍学，义务教育入学率达100%。实施从学前教育到高等教育的精准资助，通过助补减免等多种形式帮扶贫困学生7392人次，免补946万元，保证贫困学生“有学可上、上得起学”。

二是突出住院控费和慢病救助，打造全方位医疗服务体系。以“看得起病、看得好病、更好防病”为目标，为16.6万人次贫困人口落实基本医疗保险保费补贴政策，参保率保持100%。筑牢居民基本医疗保险、居民大病保险、医疗机构减免、医疗救助、医疗商业补充保险、重特大疾病再救助“六重保障”，实现住院“一站式”结算，贫困人口合规住院费用自付比例控制在9.8%以内，较2016年降低25.7个百分点。实施住院“先诊疗、后付费”以及“两免两减半”（免收普通门诊挂号费、诊查费，减半收取专家门诊诊查费及大型设备检查费）政策，惠及贫困人口6.9万人次。办理慢病备案登记15838人，减轻医疗负担1834.8万元，家庭医生签约率达100%。对重度残疾人等特困群体实行集中托养，免费救治严重精神障碍贫困患者736名。

三是突出动态监测和环境提升，建立全覆盖住房保障体系。实施“安居”工程，对所有脱贫享受政策户住房安全等级进行鉴定，改造C级、D级危房2241户，实现危房动态清零。实施“靓居”工程，在全省率先开展贫困户居住质量提升行动，对1.16万户次“老破旧”贫困群众住房，通过更换门窗、粉刷房屋等措施进行修缮。实施“美居”工程，按照“村子美、庭院洁、屋内净”的标准，将贫困户全部纳入“精致农家·美丽庭院”示范户创建活动，有效解决“脏乱差”问题。

四是突出应通尽通和饮水质量，完善全天候供水安全体系。实施饮水安全改造提升工程，综合采取抗旱打井、改造供水管网、安装压力罐和净水设备、定期检测水质等措施，让所有贫困群众全部喝上放心水、安全水。全市180个省定扶贫工作重点村全部实现集中供水，“插花式”贫困户全部达到饮水安全保障标准。

四、大力发展产业、促进就业，带动贫困群众持续稳定增收。

坚持把发展产业作为实现脱贫的根本之策，既授人以鱼，又授人以渔，有效激发省定扶贫工作重点村和贫困人口的内生动力，确保脱贫效果持续稳定。

一是扩规模调结构，狠抓产业发展“稳”增收。按照“整合资源、壮大主体、可持续发展”的思路，统筹推进脱贫攻坚与乡村振兴，创新推行镇级领办、股份合作等产业扶贫新模式，积极引进建设产业扶贫大项目，累计投资3.14亿元实施产业扶贫项目300个，2020年形成收益2862万元，项目平均收益率达9.13%，当年带动贫困人口年人均增收1197元。针对全市70%以上的贫困人口分散在2039个“插花村”、没有产业项目支撑增收的实际，在全省首创统筹实施“插花村”产业扶贫项目，2018年起投资1.98亿元实施32个项目，带动17445名“插花式”贫困人口年人均增收1072元，实现“村村有主导产业、户户有增收来源”。比如，荣成市整合337个“插花村”财政专项扶贫资金1284万元，采取“龙头企业+”模式，与威海市翠虹果品股份有限公司合作，发展苹果种植项目14.27公顷，通过专业化运营，带动1720户、2803名贫困人口持续受益。严格落实产业扶贫项目资产所有权、经营权、收益权、监管权“四权分置”，对已形成的项目资产全部确权到村，并纳入农村“三资”（农村集体的资金、资产、资源）管理平台接受监督；对风险高、收益低的项目及时清算止损，推动项目可持续发展、扶贫资产保值增值、扶贫对象长期受益。2018年，全省扶贫资金、项目及资产管理现场会在威海市召开，威海市产业扶贫经验做法得到省扶贫开发领导小组的充分肯定。

二是提技能促就业，推动产销对接“助”增收。面向农村妇女群体、乡村旅游、餐饮、民宿等领域从业人员，持续免费开展实用技术和技能培训。开发公益性岗位安置贫困人口就业1125人,年人均增收5000元以上。建成“大姐工坊”43处，帮助706名贫困妇女灵活就业，实现年人均增收1万元以上。加大科技扶贫力度，5个农业科技园区在23个省定扶贫工作重点村示范推广新技术、新品种、新成果14项，开展技术培训156场，带动贫困人口增收71.1万元。大力开展消费扶贫，认定扶贫产品7类68种，通过电商培训、直播带货、组织展销等方式，帮助拓展销售渠道，实现销售收入1.64亿元。

三是增总量防风险，用活金融扶贫“快”增收。创新政府、银行、企业、保险紧密合作的金融精准扶贫机制，按照“程序规范、精准投放、能贷尽贷、精准带贫”的原则，市县两级设立1.62亿元金融扶贫贴息和风险补偿资金，支持264家农业龙头企业扩大生产规模，累计发放“富民生产贷”“富民农户贷”19.2亿元，带动贫困人口增收6311万元。狠抓金融风险防范化解，加强贷前审查、贷后管理，金融扶贫贷款未出现不良，实现金融扶贫贷款“贷得到、用得好、收得回、可持续”。

五、充分调动一切积极因素，构建“三位一体”大扶贫格局。

坚持动员全社会参与，实现行业扶贫、社会扶贫、协作扶贫协同联动，形成多方力量、多种举措有机结合和互为支撑的大扶贫格局，汇聚起“众人拾柴火焰高”的磅礴力量。

一是放大行业扶贫政策优势。41个扶贫开发领导小组成员单位立足职责职能，推动政策资源下沉、行业力量下放、工作重心下移，全面提升180个省定扶贫工作重点村的基础设施、公共服务和社会保障水平。改造、养护、防护农村道路241千米，省定扶贫工作重点村道路通畅率达100%。对农村屋檐电线免费实施升级改造，广播、电视、宽带互联网覆盖率达100%。建成标准化村卫生室178个，开展送戏下乡1621场、电商培训42场。发放或代缴基本养老保险金12.6万人次，适龄贫困人口参保率达100%。发放困难老年人补贴1462万元，惠及贫困人口15873人次。发放孝善养老补贴1104万元，惠及贫困老人2.96万人次。发放残疾人生活补贴1900万元、护理补贴1632万元，实施重度残疾人家庭无障碍改造和辅具配备5795人。发放低保金、“五保”金2.15亿元，保障贫困人口57952人（户）次。

8月28日，威海市—枣庄市扶贫协作第七次联席会议召开
（威海市扶贫开发领导小组办公室　提供）

二是凝聚社会扶贫强大合力。坚持政府引导、社会参与，创新打造精准扶贫直通车品牌，围绕助学、助残、扶志、扶智等领域，开展各类活动1000余次，惠及贫困群众8万余人次。开展“百企帮百村”活动，203家企业结对捐助180个省定扶贫工作重点村1723万元。大力弘扬扶贫济困的传统美德，各类社会组织主动参与脱贫攻坚活动4127次，累计捐资捐物6736万元，受益群众19万人次。精心开展扶贫日活动，帮助贫困群众实现微心愿6715个。

三是构建协作扶贫双赢格局。按照“枣庄所需、威海所能”的原则，开展“两地携手、民生帮扶、产业协作、技能培训、旅游融合”的链条式扶贫协作，先后召开联席会议7次，开展对接互访14次，帮扶枣庄市脱贫攻坚资金1亿余元。创新推进六大民生帮扶工程和七大领域产业协作，实施枣庄市薛城养老服务中心、特教学校、长城爱心大本营助残扶贫基地等一批重点项目，帮扶枣庄市建设产业扶贫项目49个，协作资金达到31亿元，带动1.35万名贫困人口务工增收。全省扶贫协作现场会在枣庄市召开，威海—枣庄扶贫协作工作得到省委、省政府的充分认可。

脱贫摘帽不是终点，而是新生活、新奋斗的起点。威海市将认真贯彻落实中共中央总书记习近平在全国脱贫攻坚总结表彰大会重要讲话精神，坚决落实省委、省政府部署要求，不忘初心、牢记使命，统筹推进巩固拓展脱贫攻坚成果同乡村振兴有效衔接，健全完善防止返贫致贫动态监测和帮扶机制，开展农村低收入人口常态化帮扶，培育新优势、实现新突破、再创新业绩，在实现全体人民共同富裕上迈出坚实步伐，为山东省“走在前列、全面开创”做出威海贡献。

（许琳杰）

全市干部作风大改进行动

11月3日，全市作风大改进行动推进会召开后，全市上下认真贯彻落实《中共威海市委关于加强干部队伍作风建设的意见》《关于在全市开展干部作风大改进行动的实施方案》《关于聚力争当全省走在前列排头兵 加快建设“攻坚突破型”领导班子和干部队伍的实施意见》等文件，落实市委书记张海波在全市干部作风大改进行动推进会上的讲话精神。由市纪委监委、市委办公室、市政府办公室、市委组织部、市委宣传部、市委市直机关工委抽调人员迅速成立工作专班，工作专班办公室设在市委市直机关工委，负责对市直部门大改进行动推进情况的督促落实，指导区（市）、开发区大改进行动的开展。工作专班采取“典型引领”造氛围、“刀刃向内”自己查、“靶向给药”纠问题、“四不两直”（不发通知、不打招呼、不听汇报、不用陪同接待，直奔基层、直插现场）现场督等方式，聚焦重点攻坚突破任务，聚焦群众关心的热点难点问题，聚焦问政曝光问题和网上舆情，力戒形式主义、官僚主义，纠正和解决一批群众急盼的突出问题，全市干部作风明显改善，干部作风大改进行动由集中整治转入常态化推进。

一、主要做法

（一）迅速组建专班，理清工作思路。全市干部作风大改进行动推进会议召开后，各成员单位立即抽调业务骨干组建工作专班办公室集中办公，深入学习领会市委书记张海波讲话精神，切实把思想和行动统一到市委的决策部署上来，认真学懂弄通悟透作风“为什么抓、怎么抓、抓什么”等关键问题。在此基础上，研究制定《全市干部作风大改进行动督促指导工作办法》《全市干部作风大改进行动工作专班办公室工作细则》等制度，明确任务目标、职责分工和人员调配等，把从严从实的要求树起来，坚决防止一阵风、一刀切、大呼隆、走形式。实行休息日带班值班制度，随时听取各级各部门及广大干部群众的意见和诉求，主动接受各方面对干部作风大改进行动和工作专班的监督评议，努力营造全社会关注、党员干部群众主动参与的浓厚氛围。

（二）坚持以上率下，分解压实责任。结合基层联系点制度，市委领导主动深入一线抓督导、抓调研，与基层一起找问题、想办法、解难题，以实际行动促进作风转变，形成示范带动的“头雁效应”。市委书记张海波，市委副书记贾瑞霞，市委常委、秘书长侯世超等经常通过实地调研督导、召开推进会或调度会等方式，以上率下推动作风改进。各级各部门将干部作风大改进行动作为“一把手”工程，对照方案开展检查整改，一级做给一级看，一级带着一级干，带动广大机关干部职工积极响应跟进，迅速将市委部署转化为具体行动。市纪委监委加大监督检查力度，对搞形式、走过场的坚决查纠，对问题严重、影响恶劣的及时通报曝光、追责问责；市委办公室组织开展“两查两评两树”（查问题与查根源相结合、自评和他评相结合、树典型与树正气相结合）活动，将改进作风与提振精神状态、提高能力素质紧密结合起来；市政府办公室开展“三问三查三改”活动，以作风大改进推动问题早解决；市委组织部深入开展“五个一”（开展一轮入户遍访、搞好一轮主题宣传、抓好一轮问题整改、组织一轮民意调查、发布一份结果通报）活动；市委宣传部开展立体式、全方位舆论宣传，引导干部作风大改进行动走深走实；市委市直机关工委负责工作专班日常工作，结合精致模范机关、信用机关创建等创新突破任务，抓好督促落实。

（三）紧贴工作实际，分级分类指导。建立沟通交流机制，工作专班办公

11月3日，全市干部作风大改进行动推进会召开

（中共威海市委市直机关工作委员会 提供）

室坚持每周召开1次工作例会，不定期组织召开重点工作协商调度会议，及时研究部署工作、协调解决问题。聚焦“群众急盼的、重点工作要办的、马上能改的”事项，梳理汇总12345政务服务热线、重点信访案件、纪律察访和营商环境等领域涉及的9个方面短板弱项，形成《现阶段突出问题整改清单》进行重点整治，收到立竿见影的效果。同时，积极指导各级各部门结合实际确定“自选动作”，增强作风改进的针对性、实效性。乳山市深刻反思网络负面舆情，组织开展“六抓六促”（抓学习促提升、抓评比促争先、抓走访促调研、抓服务促整改、抓规范促监督、抓督导促落实）活动，全面提升干部的精神状态和能力素质。威海临港经济技术开发区推行“一张笑脸、一杯清水、一把椅子、一句问候、一个满意答复”的“五个一”工作法，进一步规范机关工作。

（四）*做好结合文章，确保不空不虚*。为有效避免就作风抓作风、以工作代替作风、把活动搞空搞虚的情况，工作专班按照市委领导要求，指导各级各部门把作风改进有效结合到全市改革发展中、攻坚突破各项具体任务中、大事要事难事推进中，在推动工作中改进作风，在作风转变中提升工作，形成抓作风促工作、抓工作强作风的良性循环。结合联系服务群众“五个一”大走访活动，组织各区（市）、开发区每季度开展一轮入户遍访、搞好一轮主题宣传、抓好一轮问题整改、组织一轮民意调查、发布一份结果通报，把群众路线落到实处。干部作风大改进行动开展后，累计组织走访群众112.2万户，搜集意见和建议1.07万余条，办结率为98.13%。结合形式主义官僚主义专项整治，以下看上进行倒查，先后对基层挂牌多、政务App过多过泛等问题进行重点治理。将调研和督导有机结合，围绕事关改革发展稳定和群众“急难愁盼”的重点难点热点问题，采取“四不两直”的方式，深入基层一线，看实况、察实情、出实招、办实事、求实效，及时发现攻坚克难、工作开展好的先进典型，搜集困难和矛盾集中、群众意见大的反面事例。

（五）*大力宣传造势，营造浓厚氛围*。充分利用广播电视、网络专栏、微信公众号等各类媒体宣传先进典型，让新观念、新思路、好经验、好做法深入人心，大力营造学习先进、宣传先进的浓厚氛围。在《威海日报》、“Hi威海”新闻客户端、威海新闻网及微信、微博、头条号、人民号等媒体，开设《学习贯彻党的十九届五中全会精神深入开展干部作风大改进行动》《海平线》《身边的榜样 典型的故事》等专栏，带着真情实感挖掘动人故事和感人细节，用群众喜闻乐见的方式表现高尚精神，努力把先进事迹写实、把先进经验写透。在强化典型引领的基础上，采取明察暗访等方式查找阳奉阴违、作风不实的反面典型，公开曝光，强化正负激励，用好正反两面镜子，促使广大机关干部深查细照、笃学笃行，确保干部作风大改进行动热度不减、温度不降、氛围更浓。年内，编发干部作风大改进行动专刊13期、信息80条，编发区（市）动态5期34条。

（六）*强化总结提升，建立长效机制*。督促指导各级各部门开展问题整改复盘，对于已完成的整改任务“回头看”，巩固整改成果；对于未完成的整改任务“再用力”，强化整改措施；对于需长期坚持的整改任务，夯实整改责任，力求整改工作责任再明确、措施再实在、效果再明显。同时要求举一反三、总结经验，分析问题背后的深层次原因，把解决个性问题和共性问题结合起来，把解决显性问题和潜在问题结合起来，把解决当前问题与长远问题结合起来，形成边排查、边整改、边总结、边完善的常态长效，切实做到解决一个问题、完善一套制度、堵塞一批漏洞。结合工作实际，有关部门单位先后形成《威海市行政机关首问负责制规定》《群众反映热点难点问题承办责任倒查办法》等制度规定，建立职责边界“裁判员”制度，从源头治理不担当不作为以及推诿扯皮等作风问题。

二、主要成效

（一）*典型宣传亮点频闪，作风改进氛围越来越浓*。从不同层面培育挖掘一批特色鲜明、示范效应好的典型人物和事例，通过传统媒体和新媒体，全方位宣传典型事迹和改进作风的好经验好做法；采取暗访形式实地拍摄制作一批督查现场视频资料，对不作为、慢作为、乱作为等反面典型及时曝光，起到良好的教育和震慑作用。干部作风大改进行动开展后，先后挖掘马永泉、马升海等优秀党员干部典型40余个；《威海日报》原创性报道240篇，威海广播电视台报道74条（篇），威海传媒网及“我的威海”App转载集纳性宣传报道230余篇；在《大众日报》刊发信息35条，齐鲁网、闪电新闻等客户端刊发稿件170余条。

（二）*历史积弊持续破解，群众满意指数越来越高*。抓住群众关心的停车场、口袋公园、老旧小区等“急难愁盼”问题，以“小切口”改善“大民生”，努力为群众办好实事。全市住宅小区物业服务覆盖率由2020年初的80%上升到100%，市本级依申请政务服务事项网上可办率达到99.6%，一批群众急盼的突出问题得到满意解决；纳入市级攻坚范围的381件信访积案化解374件，化解率98.2%，市级领导分包的162件全部化解，综合化解率居全省前列。2020年度，群众满意度测评达到96.11分，居全省第1名。

（三）*重点领域不断突破，干部精神状态越来越好*。坚持问题导向、目标导向、结果导向，精准聚焦省九大改革攻坚行动和全市12项重点攻坚突破任务，大格局谋划、小切口进入、精细化推进、清单式调度，按照工作项目化、项目清单化、清单责任化、责任时效化的要求，以“严紧硬、快细实”的标准推进重点工作，以实实在在的行动塑造发展新优势。2020年，威海市成功创建国家公共文化服务体系示范区，捷普二期、攻德集团并购鑫山铁厂等项目进展顺利，有2个典型案例入选第二批全国乡村治理典型案例，精致城市、脱贫攻坚、“双招双引”、海洋强市等方面也取得一系列突破性成果。

（高吉星）

编辑　闫拥军

大　事　记

1　月

4日—5日　青海省海北州委副书记、州长阿更登率党政代表团到威海市对接对口支援工作。市领导王鲁明、张海波、王亮、侯世超参加相关活动。

7日—10日　中国人民政治协商会议第十三届威海市委员会第四次会议召开。会议审议通过《十三届市政协常委会工作报告》《提案工作报告》等报告、决议，听取讨论《政府工作报告》等报告。各党派团体和政协委员提交提案309份，经审查立案289份。

8日—10日　威海市第十七届人民代表大会第四次会议召开。会议表决通过《威海市第十七届人民代表大会有关专门委员会组成人员人选表决办法》《威海市第十七届人民代表大会第四次会议关于政府工作报告的决议》《关于威海市2019年国民经济和社会发展计划执行情况与2020年国民经济和社会发展计划的决议》《关于威海市人大常委会工作报告的决议》等决定、决议。

9日　市委副书记、市长张海波会见亚太安全合作理事会中国委员会会长、前中国驻英国大使马振岗一行。

11日　威海市人民政府与中国渔船渔机渔具行业协会签署全面战略合作协议，共建威海国际游艇产业发展研究院。中国工程院院士、中国船舶集团有限公司首席技术专家徐青，市领导张海波、刘广华、杨丽出席仪式。

12日　威海市“不忘初心、牢记使命”主题教育总结大会召开。会议深入学习贯彻中共中央总书记习近平关于主题教育的重要论述，全面落实中共中央和全省主题教育总结大会精神，认真总结全市开展主题教育取得的成效和经验，进一步对照中共中央和山东省委要求找差距、抓落实，持续推动不忘初心、牢记使命保持常态化、落实到行动上。

13日　由市委组织部、共青团威海市委、市人力资源和社会保障局联合举办的威海市“青鸟计划·青聚威海”攻坚突破行动启动暨“青鸟驿站”集中授牌仪式在山东大学（威海）举行。

17日　中共山东省生态环境厅党组给中共威海市委、市政府发喜报，2019年威海市环境空气质量连续四年达到国家二级标准，威海市是全省唯一连续四年达标的城市。

19日　全市新型冠状病毒感染的肺炎防控工作会议召开。会议通报新型冠状病毒感染的肺炎疫情现状，传达全国、全省防控“六到位”要求（国家和省部署要求落实到位、防控措施保障到位、重点环节准备到位、传染病医疗救治到位、专业人员培训到位、相关纪律执行到位）。

21日22时　乳山市人民医院报告1例不明原因肺炎病例，后经检测复核，确认其为威海市首例新型冠状病毒感染的肺炎确诊病例。

22日　市委办公室、市政府办公室印发《关于认真做好新型冠状病毒感染的肺炎疫情防控工作的紧急通知》，公布威海市新型冠状病毒感染的肺炎疫情应对处置工作领导小组名单，要求严格落实疫情信息报告制度，实行新型冠状病毒感染的肺炎疫情“日报告”“零报告”。

23日　市委副书记、市长张海波带队赴威海客运中心威海站、威海国际机场、威海市胸科医院，实地督导检查新型冠状病毒感染的肺炎疫情防控工作，副市长高书良参加督导。

24日　威海市严格按照国家关于新型冠状病毒感染的肺炎“乙类传染病、采取甲类管理”的要求，落实重大突发公共卫生事件Ⅰ级响应机制。

25日　威海市派出第一批援鄂医疗队，医疗队由威海市立医院、威海市中心医院5名医护人员组成。

29日　威海市政府举行新型冠状病毒感染的肺炎疫情联防联控工作第一场新闻发布会，介绍全市新型冠状病毒感染的肺炎疫情联防联控工作有关情况，在线观看人数突破280万人次。

同日　威海市新型冠状病毒感染的肺炎集中救治场所——威海市胸科医院扩建工程全面开工建设，规划占地面积37686.22平方米、总建筑面积15072.14平方米。

29日—30日　省人大常委会党组书记、副主任于晓明率督导组到威海市督导新型冠状病毒感染的肺炎疫情防控工作。

2　月

9日—10日　副省长凌文到威海市调研防疫物资生产情况。

11日—12日　副省长任爱荣到威海市督导疫情防控、企业复工复产工作。

17日　威海市招商引资项目视频签约仪式以视频连线方式举行，43个重点项目集中签约，总投资约852亿元。

21日—28日　威海威高国际医疗

投资控股有限公司3个项目、威海经济技术开发区7个项目、文登区5个项目、威海临港经济技术开发区3个项目、威海南海新区1个项目集中开工。

24日　威海市1008家规模以上工业企业中，累计复工984家，复工率达97.6%。

29日　市委、市政府印发《关于表扬威海市新冠肺炎疫情防控工作先进个人、先进集体的通报》，首批通报表扬全市93名先进个人和38个先进集体。

3　月

2日—3日　副省长任爱荣到威海市调研入境人员疫情防控工作。

3日　威海市向韩国富川市、华城市、群山市、丽水市和大邱广域市寿城区、首尔特别市龙山区6个国际友好城市捐赠口罩20万只。

4日　工业和信息化部印发《关于公布第九批国家新型工业化产业示范基地名单的通知》，威海火炬高技术产业开发区凭借电子信息（智能办公自动化设备）特色产业优势被评为国家新型工业化产业示范基地。

同日　文登区秀山公园工程设计项目采用“不见面开标”方式完成，为威海市首例成功实施的建设工程“不见面开标”项目。

6日　环翠区11个项目集中开工。

8日　山东开沃新能源汽车20万辆整车生产项目开工。

9日　全市万名干部“进企业、进项目、进乡村、进社区”攻坚行动工作培训会召开。威海市选派2400余名干部组成490个工作组，同基层、企业一起，抓防控、抓发展、抓民生，统筹推进疫情防控和经济社会发展工作。

10日　华能威海发电有限责任公司海水淡化工程开工。

12日　人民卫生出版社原董事长、党委书记郝阳率国务院应对新冠肺炎疫情联防联控机制第十工作指导组到威海市检查指导疫情防控工作。

同日　市领导王鲁明、张海波、王学文、高旭光、张宏伟、王亮、侯世超、刘运、傅广照、刘广华、任敬喜等到环翠区里口山仙姑顶片区参加义务植树活动。

同日　威海市38例确诊病例全部出院，无在医院治疗新型冠状病毒感染的肺炎确诊病例。

17日　市委副书记、市长张海波会见中国民生银行青岛分行党委书记、行长范国德一行。

18日　海关总署副署长邹志武率中办国办复工复产调研组到威海市调研复工复产情况。省委常委、常务副省长王书坚，市领导王鲁明、张海波、王亮、侯世超、高书良、徐东明等参加相关活动。

19日　全市“重点工作攻坚突破年”动员大会召开。会议贯彻落实全省“重点工作攻坚年”动员大会精神，总结成绩，表彰先进，部署工作，动员全市上下以更加昂扬的斗志、更加务实的作风抓攻坚、抓突破、抓落实，干在实处、走在前列，奋力开创“精致城市·幸福威海”全新局面。

21日　副省长凌文到威海市调研企业疫情防控和复工复产等工作。

4　月

1日　山东省港口集团与威海市人民政府签署战略合作框架协议，山东港口威海港冷链运营中心项目启动仪式同步举行。

1日—5日　威海市第一、二、三批援鄂医疗队24名医护人员相继回到威海市。

7日—9日　省人大常委会党组书记、副主任于晓明率督导组到威海市就统筹推进疫情防控、经济发展、民生保障、耕地保护、生态环保等工作进行督导检查。

8日　全市领导干部会议召开。会议宣布省委关于威海市主要负责人职务调整的决定，省委决定：张海波任中共威海市委书记兼市委党校校长，王鲁明不再担任中共威海市委书记、常委、委员和市委党校校长职务，另有任用。省委批准：闫剑波任中共威海市委委员、常委、副书记。

15日　山东省“4·15”全民国家安全教育日暨刘公岛总体国家安全观教育培训基地启动仪式在刘公岛举行。

同日　全市23所高中（含威海市职业中等专业学校）毕业年级学生开学复课。

16日　威海市人民政府与工商银行山东省分行签署全面战略合作暨助推威海重大项目合作协议。

17日　威海南海新区与中化学建设投资集团有限公司签署合作协议。

同日　威海市中级人民法院执前和解中心正式成立，威海市成为全省第一个实现执前和解中心全覆盖的地区。

25日—28日　市委书记张海波率队到广州市、深圳市、东莞市、惠州市等地开展招商促进活动，拜访中国科学院深圳先进技术研究院、中国光

4月，威海市援鄂医疗队返威欢迎仪式举行　　（威海日报社　提供）

大水务有限公司、广东海大集团股份有限公司等12家科研院所和企业，推进项目落实。

26日 省文化和旅游厅印发《关于公布文化和旅游公共服务机构功能融合试点单位的通知》，荣成市文化馆入选文化和旅游公共服务机构功能融合试点单位名单（国家级）。

27日 市委副书记、代市长闫剑波会见中国农业银行山东省分行党委书记、行长益虎一行。

5 月

6日 市委、市政府召开2020年企业冲击新目标誓师动员大会。会议动员全市上下深入落实“重点工作攻坚突破年”要求，坚持产业为王、企业为王、项目为王，把企业冲击新目标和打造千亿级产业集群作为经济发展的重要抓手，支持广大企业拿出越是艰险越向前的勇气，坚定发展信心，强化目标导向，政企联手、同舟共济、加快发展，带动各项工作攻坚突破、再创辉煌。

7日 胶东经济圈一体化发展工作推进会议以6地视频连线方式召开。

同日 市委书记张海波会见建设银行山东省分行党委书记、行长段红涛一行。

同日 威海市医保信息系统正式迁移至政务云平台，在全省率先实现独立专网运行。

8日 全市基层工作经验交流会举行。会议动员广大镇（街道）干部深入落实全市“重点工作攻坚突破年”确定的各项任务，提振精气神，强化新担当，砥砺新作为，以党建为统领，把基层基础工作抓得更牢更坚实，把中共中央的决策部署更好地落实落地，让人民群众得到更多实惠、更多幸福感获得感。

9日 省派威海“四进”工作组、“万名干部下基层”服务队座谈会召开。

12日 市委书记张海波会见韩国驻青岛总领事馆总领事朴镇雄一行。

13日 市委书记张海波会见中国银行山东省分行党委书记徐效强一行。

14日 市委书记张海波，市委副书记、代市长闫剑波率威海党政考察团赴青岛市，走访山东省港口集团、青岛国际院士港、青岛海洋科学与技术试点国家实验室，开展项目对接与经验学习。

14日—17日 市委副书记、代市长闫剑波带队到上海市、苏州市、南京市等地开展招商促进活动，拜访中国科学院苏州生物医学工程技术研究所、赛伯乐投资集团、南京明月集团等科研院所和企业，推动重点项目落实落地。

18日 市委副书记、代市长闫剑波会见国家电网山东省电力公司总经理孙可奇一行。

19日 胶东经济圈文化旅游合作联盟成立大会暨“5·19”中国旅游日（青岛）主题活动在青岛市召开。青岛、烟台、潍坊、威海、日照5市文化和旅游局联合签署并共同发布《胶东经济圈文化旅游一体化高质量发展合作框架协议》，宣布成立胶东经济圈文化旅游合作联盟。

27日 山东港口威海港扩能改造项目启动。

28日—30日 市委书记张海波带队到北京市拜访中国保利集团有限公司、中国航天科技集团有限公司、中国航空制造技术研究院、北京大学等企业和高校，推动项目落实落地。

30日 第三届威海市市长国际经济咨询委员会年会召开。19位咨委会成员通过视频连线的方式，围绕“新形势下威海高质量发展的对策与建议”主题建言献策。

6 月

1日—2日 省委常委、政法委书记林峰海一行到威海市就平安建设、市域社会治理和服务保障复工复产等工作进行调研。

2日 市委书记张海波会见SK集团中国总部高级副总裁李新明一行。

4日—5日 全市乡村振兴暨脱贫攻坚推进会议召开。会议强调要深入贯彻落实中共中央总书记习近平“打造乡村振兴齐鲁样板”的重要指示精神，鼓足攻坚突破劲头，发扬钉钉子精神，把各项工作抓得更紧更实，坚决夺取乡村振兴和脱贫攻坚的双胜利。

13日—14日 副省长凌文到威海市巡河检查胶东调水干线工程，并调研企业发展情况。

14日 纪念哈尔滨工业大学建校百年暨2020中国威海·国际英才创新创业大会召开。大会以“深化校地融合，助力创新发展”为主题开展校地互动交流，促进深度合作。副省长、中国工程院院士凌文，哈尔滨工业大学原校长、哈尔滨工业大学（威海）校友理事会名誉理事长杨士勤，哈尔滨工业大学常务副校长、中国科学院院士韩杰才，市领导张海波、闫剑波、王亮、张伟等80余人出席会议。

15日 武汉理工大学、荣成市人民政府合作项目签约暨威海研究院揭牌仪式举行。

17日 赛科中国远东战略制造服务基地云开业典礼举行。典礼采取现场和网络连线互动的方式举行。

同日 威海市与烟台、潍坊、日照、青岛市地方金融监督管理局共同发起的《胶东经济圈一体化金融战略合作协议》正式签约。

17日—18日 重庆市云阳县委书记张学锋率党政考察团到威海市考察，并举行威海市·云阳县东西部扶贫协作工作联席会议。

18日—19日 副省长凌文带队到威海市督导“六稳”“六保”工作落实情况。

23日 市委书记张海波会见泰山财产保险股份有限公司党委书记、董事长朱华建一行。

28日—29日 全市“双招双引”暨项目建设推进大会召开。会议通过实地观摩、观看视频、评价打分的形式，重点督导2019年后引进开工建设项目推进情况和存在问题，动员全市上下提振精气神，奋力走在前，拿出更大魄力、更大干劲，推动“双招双引”和项目建设工作全面提速、全面突破。

30日 第二届儒商大会暨青年企业家创新发展国际峰会威海会场活动举行。大会以“抢抓新机遇 共谋新发展”为主题，采取线上线下相结合的方式举办一系列推介、签约活动，旨在统筹推进疫情防控和经济社会发展，深化经贸合作。

7　月

5 日　市委书记张海波会见中国科学院苏州生物医学工程技术研究所所长唐玉国一行。

6 日　市委书记张海波会见南京明月集团董事长李顺祥一行。

8 日　市委书记张海波会见日本驻青岛总领事馆总领事井川原贤一行。

11 日晚　“2020 北山之夜”威海市夜间经济启动仪式在环翠区孙家疃街道北山街举行。

13 日—16 日　市委副书记、代市长闫剑波带队到广东省开展经贸招商促进活动，拜访幸福生活集团有限公司、先健科技（深圳）有限公司、工业和信息化部电子第五研究所等企业和科研院所，对接洽谈项目，推动项目落地落实。

14 日　副省长孙继业到威海市督导检查防汛工作。

15 日　省政协副主席郭爱玲率调研组到威海市，就所联系非公企业和重点项目发展情况开展专题调研，并召开座谈会。

17 日　市委书记张海波会见中国长城科技集团股份有限公司党委书记、董事长宋黎定一行。

22 日　复旦大学联合国家信息中心数字中国研究院发布“2020 中国开放数林指数”和《2020 中国地方政府数据开放报告》，威海市列地级（含副省级）开放数林指数排名第 14 位。

24 日　中国共产党威海市第十五届委员会第九次全体会议举行。全会以习近平新时代中国特色社会主义思想为指导，深入学习贯彻省委十一届十一次全会精神，听取和讨论张海波受市委常委会委托所作的工作报告，审议通过《关于深化改革创新打造对外开放新高地的实施意见》。

24 日—25 日　中共中央宣传部协调小组副组长、《新华每日电讯》副总编辑刘学奎率中央媒体采访团，到威海市开展“走向我们的小康生活”主题采访报道活动。

24 日—27 日　第十一届威海国际食品博览会暨中韩商品博览会举办。博览会延续“品质威海，品味世界”主题，采用线上“云展会”模式举办，线上设置威海馆、境内馆、境外馆、进口商品馆（跨境电商馆）、地方特色馆 5 个展区，举办线上采购对接会、线上直播活动、“三同”食品推介会等活动。800 余家企业、1128 家专业采购商参展，上传展品 1.22 万件。

27 日　上海交通大学行业研究院发布《2020 中国候鸟式养老夏季栖息地适宜度指数》，威海市列 2020 中国候鸟式养老夏季栖息地适宜度指数排名第 7 位。

28 日　由赛迪顾问县域经济研究中心编制的《2020 中国县域经济百强研究》发布，荣成市列榜单第 14 位。

同日　威海市第十七届人民代表大会第五次会议召开。会议听取市政府《统筹推进疫情防控和经济社会发展工作情况报告》，补选闫剑波为威海市人民政府市长。

30 日　第四届中国文旅产业年会暨 2019 中国文旅风尚榜活动举行，知名文旅企业家山东行暨第一站威海行活动同时启动。大会设置“主会场 + 分会场”2 个平行会场，采取全程视频直播、图文直播、图片直播等方式，20 余万人在线参与活动。

同日　国道 228 丹东线乳山口大桥主桥工程施工项目签约仪式举行。乳山口大桥工程进入全面建设阶段。

31 日　国务院服务贸易发展部际联席会议办公室发布《关于印发深化服务贸易创新发展试点经验和第二批“最佳实践案例”的函》，威海市打造特色服务贸易集聚区成功入选第二批最佳实践案例。

7 月 30 日，第四届中国文旅产业年会暨 2019 中国文旅风尚榜颁奖盛典举行

（威海日报社　提供）

8　月

4 日　市委、市政府召开企业家座谈会。会议深入贯彻落实中共中央总书记习近平在企业家座谈会上的重要讲话精神，宣传解读企业上市政策，总结交流重点企业在冲击新目标和上市方面的经验做法，动员全市上下特别是广大企业坚定信心、迎接挑战，抢抓资本市场改革机遇，以上市为抓手练好内功、加快发展，不断冲击新目标、实现新突破。

11 日　威海市人民政府、银川市人民政府口岸合作协议签约仪式举行。

12 日　全省海洋牧场建设现场推进会在荣成市召开。省委副书记杨东奇，副省长于国安，市领导张海波、张宏伟、高书良参加会议。

同日　第二十二届中国科协年会海洋智能装备及智慧海洋论坛（威海）

8月18日，威海—天津全货运航班开通 （李程程　摄）

举办。论坛以“智能引领、海科发展、创智威海”为主题，推进以湾区为支撑的威海市海洋科技高地打造和智能产业发展。5位两院院士及专家学者共70余人参加论坛。

18日 威海—天津全货运航班开通，为威海市首个国内全货运航班。

24日—25日 中共中央政治局常委、全国人大常委会委员长栗战书率全国人大常委会执法检查组到威海市检查《中华人民共和国土壤污染防治法》实施情况。其间，栗战书参观胶东（威海）党性教育基地刘公岛教学区，考察华夏城生态修复项目，并召开专家座谈会，围绕土壤污染防治标准体系建设、风险管控保障措施、技术支撑、监督责任、信息公开、执法队伍和能力建设等进行交流，听取意见建议。省委书记刘家义，市领导张海波、闫剑波、王学文、侯世超等陪同相关活动。

26日 文化和旅游部、国家发展和改革委员会印发《关于公布第二批乡村旅游重点村名单的通知》，荣成市俚岛镇烟墩角村、威海市环翠区张村镇王家疃村、威海市文登区高村镇慈口观村入选第二批乡村旅游重点村。

28日 国家科技重大专项华能石岛湾高温气冷堆核电站示范工程现场报告暨研讨会召开。15位两院院士为工程建设建言献计。中国华能集团有限公司党组书记、董事长、中国工程院院士舒印彪，副省长、中国工程院院士凌文，清华大学党委书记陈旭，市委书记张海波出席会议。

同日 枣庄市委书记、市人大常委会主任李峰一行到威海市对接扶贫协作事宜，并举行威海市—枣庄市扶贫协作第七次联席会议。

29日 清华大学乡村振兴工作站山东文登站落成仪式暨“清华学子山东行”总结交流会在文登区举行。

30日 第二届中国国际化营商环境高峰论坛暨《2020中国城市营商环境投资评估报告》发布会在北京市举行，威海市获得2020中国国际化营商环境建设标杆城市奖。

30日 农业农村部副部长于康震率调研组到威海市调研督导渔船管控及海洋牧场建设工作。

9　月

3日 最高人民检察院党组成员、中央纪委国家监委驻最高检纪检监察组组长苏德良一行到威海市调研指导检察机关服务保障“六稳”“六保”和“三个规定”执行落实情况等工作。

8日 华顿经济研究院发布2020年中国百强城市排行榜，威海市列第58位。

同日 在北京市召开的全国抗击新冠肺炎疫情表彰大会上，威海市立医院感染性疾病科副主任张静获评全国抗击新冠肺炎疫情先进个人、全国优秀共产党员。

8日—9日 加强“齐鲁红色物业”建设提升社区治理水平工作推进会在威海市举行。

9日—10日 省政协副主席、党组副书记吴翠云率视察组到威海市开展“干部队伍作风改进”监督性视察。

10日 潍烟高铁、莱荣高铁项目建设动员大会举行。大会在威海市设分会场，通过视频连线方式对2条高速铁路建设进行全面动员部署。

11日 中国生产力促进中心协会成立25周年暨威海科技服务业创新发展合作大会召开。会议以“新模式　新业态　新使命　新发展”为主题，举行专题推介、主题演讲、圆桌论坛、专场对接交流、现场考察、项目合作签约等活动，是全市首次专题围绕科技服务业创新发展搭建合作交流平台。中国科学院院士、科技部原部长徐冠华，科技部原党组成员、秘书长，科技日报社原社长张景安，国务院参事，科技部原党组成员、秘书长，中国生产力促进中心协会名誉理事长石定寰等60余名专家学者及部分科技服务机构代表参加会议。

12日 “沃克森琦杯”2020年中国威海刘公岛水陆两项赛举行。全市100名选手参加比赛。

12日—14日 2020中国威海国际户外休闲产业博览会暨中国（威海）国际船艇、房车及钓具用品展览会举办。展会设国际标准展位600个，展览总面积2.6万平方米，全国14个省（直辖市）的企业377家和注册采购商410家参展，到会参观人数2万余人次。

14日 市委党校2020年秋季学期开学典礼举行，市委书记、市委党校校长张海波出席典礼并为学员授课。市委常委、组织部部长刘升勤主持典礼。

同日 市委书记张海波会见韩国驻青岛总领事馆总领事朴镇雄一行。

14日—20日 2020年国家网络安全宣传周威海市活动举行。活动以“网络安全为人民，网络安全靠人民”为主题，从《中华人民共和国网络安全法》、计算机使用安全、信息安全、移动支付安全、电信诈骗防护等方面对公众进行网络安全科普知识宣传。

15日 威海中韩自贸区地方经济合作示范区产业园揭牌暨重点项目集中签约仪式举行。4个战略合作协议、

14个产业项目集中签约，总投资89.2亿元。

18日—19日 市委、市政府举行12项重点攻坚突破任务推进情况评议会，组织人大代表、政协委员、企业家、个体工商户和基层群众代表，对重点攻坚突破任务推进情况进行现场评议，激励全市上下坚定信心，群策群力，以高效务实的作风，推动各项攻坚突破工作实现新突破。

23日—24日 “感受精致城市——高端人才走进威海”活动举办。活动以“集聚高端智力，助推精致发展”为主题，设开幕式、中科院研究员项目推介、创业导师走进威海创新园、中国博士（后）科技服务团山东威海行、威海人力资源高峰论坛、“智汇环翠”项目推介会、创新创业大赛、创业名师讲堂等版块，4位两院院士及专家学者共70余人参加活动。

24日 市委书记张海波会见中国外运股份有限公司董事长、党委书记李关鹏一行。

25日 市委书记张海波会见中国工程院院士、四川大学原校长谢和平，中国工程院院士、重庆大学原校长周绪红，山东大学党委书记郭新立、校长樊丽明等。

同日 2020中韩（威海）跨境电商大会在威海市召开。大会以“四港联动 e揽全球”为主题，按照“1+2+N”（1个主会场+2个分会场+N场配套活动）的模式，采取线上线下相结合的方式举办，旨在深化中韩跨境电商领域交流合作，推进威海—仁川“四港联动”物流一体化国际大通道建设，共商共建中韩跨境电商产业链和生态圈。中国、韩国两国政商界嘉宾、跨境电商领域企业负责人及专家学者400余人参加会议。

28日 威海市人民政府与山东省机场管理集团签署战略合作协议。

同日 市委书记张海波会见哈尔滨工业大学党委书记熊四皓一行。

29日 市委书记张海波主持召开“万名干部下基层”2018年省派服务队座谈会，与省派威海民企高质量发展服务队成员深入交流，听取服务企业的体会和对威海市工作的意见建议。

30日 向烈士敬献花篮仪式在环翠区烈士陵园举行。市领导张海波、闫剑波、王学文、高旭光、侯世超、邹积军、叶立耘等与全市各界代表一起向烈士敬献花篮，缅怀革命英烈丰功伟绩。

同日 市委、市人大、市政府、市政协领导班子成员以及有关单位主要负责人到总体国家安全观刘公岛教育培训基地参观学习。市领导张海波、闫剑波、王学文、高旭光、侯世超、刘广华、邹积军、任敬喜、刘升勤、梁金光等参加学习。

同日 文登至莱阳高速公路建成通车。项目采用双向四车道高速公路标准，威海段长约70.3千米，设计速度100千米／小时。

10 月

1日—10日 宝能2020全国乒乓球锦标赛在威海南海新区举行。赛事分7个项目，全国28支代表队300名选手参加比赛。

10日 生态环境部印发《关于命名第四批“绿水青山就是金山银山”实践创新基地的公告》，环翠区威海华夏城获评第四批“绿水青山就是金山银山”实践创新基地。

13日—17日 市委书记张海波带队到哈尔滨、长春、沈阳、大连等地开展招商引资、招才引智活动，拜访东方粮仓有限公司、新星宇建设集团有限公司、哈尔滨工业大学、中国科学院长春应用化学研究所等企业和高校院所，推动项目落实落地。

15日 第十七届中欧膜产业技术创新合作大会在威海市召开。会议以“新格局、新膜法、新合作”为主题，通过线上直播＋线下会场方式举行主旨演讲、专题报告等活动，近百位中国、欧洲专家和企业代表参加会议。

同日 市委副书记、市长闫剑波会见中国康复辅助器具协会会长闫和平一行。

17日—19日 仿生科学与工程学术研讨会暨吉林大学工程仿生教育部重点实验室建立20周年和国际仿生工程学会创建10周年系列学术活动在威海南海新区举行。活动以“引领、合作、发展、共赢”为主题，设开幕式、主题论坛、研讨会、专家讲座、学术论坛等版块，旨在汇聚资源、交流对话、深化合作、共谋发展。8位两院院士，14所国内大学负责人，10位国家重点实验室主任及有关专家学者约300人参加活动。

18日 荣成歌尔电子信息产业园启用暨智能器件封测项目投产仪式举行。

19日 市委书记张海波会见山东省鲁信投资控股集团有限公司党委书记、董事长李玮一行。

21日 全省新时代文明实践中心建设试点暨学雷锋志愿服务工作座谈会在荣成市召开。省委常委、宣传部部长、省文明委副主任于杰，市领导张海波、刘广华参加会议。

22日 “山东与世界500强连线”韩国专场暨山东省—韩国经贸合作交流会威海分会场活动举行。

10月，仿生科学与工程学术研讨会举行　　（威海日报社　提供）

23日—24日 市委、市政府召开全市乡村振兴工作现场推进会议。会议强调要深入学习贯彻中共中央总书记习近平关于实施乡村振兴战略的重要指示精神，落实全省乡村振兴座谈会、纪念“莱西会议”30周年座谈会精神，坚持问题导向，抓实谋划规划策划、样板片区建设、产业振兴、乡村治理，突出重点、统筹兼顾，突出特色、发挥优势，奋力推进乡村全域振兴全面振兴。

25日—27日 省文化和旅游厅、省财政厅组织专家组到威海市实地验收国家公共文化服务体系示范区创建工作，并召开创建国家公共文化服务体系示范区汇报会及反馈会。

27日 全国沿海水产养殖绿色发展经验交流会在威海市召开。会上，威海市被授予“国家水产养殖绿色发展示范区”牌匾。

同日 “山东与世界500强连线”日本专场威海分会场暨威海—日本经贸合作交流会举行。

29日 全市河湖长工作会议召开。会议贯彻落实全省河长制湖长制工作现场推进会议精神，分析当前河湖长制工作存在的问题，研究部署下步工作。

30日 中国（深圳）综合开发研究院发布《“2020·中国‘双创’金融指数（CIEFI）”报告》，威海市在中国“双创”金融指数百强榜单中排名全国第65位，共入列5项榜单。

31日 潍烟、莱荣高铁开工动员大会在济南市举行。莱荣高铁威海段主线长约102千米，速度目标值350千米／小时，设乳山南站、威海南海站、文登南站、荣成站4座车站。

同日 “2020年中国山地自行车联赛（第一站）——山东·环翠站”赛事在中国·环翠轻户外运动小镇举行。490余名选手参加为期2天的比赛。

11 月

1日 《威海市精致城市建设条例》正式施行。该条例为全市精致城市建设的地方性法规。

3日 北京大学常务副校长、教务长、中国科学院院士龚旗煌带队到威海市考察。

同日 全市干部作风大改进行动推进会召开。会议结合形式主义、官僚主义突出问题专项整治的阶段性总结，对开展干部作风大改进行动进行全面部署和推动，号召全市各级党员干部迅速行动，践行群众路线，坚持问题导向，以干部作风大改进推动问题大解决、工作大提升。

4日 2020威海市产业推介会在上海市举行。推介会包含推介威海十大优势产业链、主旨演讲、主旨沙龙、威海“会议大使”聘任仪式等环节。博鳌亚洲论坛理事长、联合国前秘书长潘基文书面致辞，中国金融40人论坛学术顾问、复旦大学特聘教授、重庆市原市长黄奇帆，复星国际有限公司高级副总裁钱建农等专家学者，企业、商协会机构负责人以及市领导张海波、杨丽、徐东明等120余人参加会议。

5日—7日 市委书记张海波带队到上海市、苏州市拜访对接科研院所和部分企业，洽谈合作。

6日—8日 威海市第四届知名农产品展暨第十一届苹果擂台赛举行。100余家企业、60余个苹果参赛样品以及特色村镇产品参展。

8日 2020“冬游齐鲁·好客山东惠民季”启动仪式在荣成市举行。副省长孙继业，韩国驻青岛领事馆总领事朴镇雄，日本驻青岛领事馆首席领事吉田智久美，市领导张海波、刘广华、张伟等出席活动。

8日—15日 迪尚2020国际乒联女子世界杯、男子世界杯相继在威海南海新区举行。国际乒联首席执行官史蒂夫·丹顿，国家体育总局副局长李颖川，副省长孙继业，市领导张海波、闫剑波、杨丽出席开幕式，42名选手参加比赛。

9日 在第五届全国119消防先进集体和先进个人表彰大会上，威海经济技术开发区桥头消防救援站站长曲志军获评先进个人。

同日 桥头镇由威海经济技术开发区成建制划归环翠区。

10日 山东重工集团战略重组威海黑豹汽车签约仪式在济南市举行。山东重工集团、中国重汽集团与威海市政府、文登区政府签署四方协议。中国工程院院士、副省长凌文，山东重工集团、中国重汽集团董事长谭旭光，市领导张海波、高书良出席活动。

12日 在广东省深圳市举行的2020亚太智慧城市发展论坛上，威海市获评2020中国领军智慧城市。

12日—13日 2020海洋生态经济国际论坛在威海市举行。国内外的近百名海洋生态经济领域专家学者通过主旨报告、专题研讨等形式分享世界各地在蓝色碳汇与海洋经济生态化研究、海洋生态经济产业化发展、海洋生态经济体系构建方面的成果和实践经验。

18日 在浙江省杭州市举行的2020中国幸福城市论坛上，威海市获评中国最具幸福感地级城市。

2月，西部环山路 （姚威 王晓 摄）

19 日 威海市西部环山路正式通车。该项目于 2019 年 7 月开工，连通威海火炬高技术产业开发区、文登区和乳山市的 9 个镇 118 个村，全长 176 千米，累计投资 14 亿元。

20 日 在北京市举行的全国精神文明建设表彰大会上，威海市及荣成市、乳山市蝉联全国文明城市称号，威海市成为全国唯一实现全国文明城市创建“全域一片红”的地级市。同时，全市有 4 个单位获评第六届全国文明单位，4 个村获评第六届全国文明村镇，1 个家庭获评第二届全国文明家庭，2 所学校获评第二届全国文明校园，1 个单位获评第五届全国未成年人思想道德建设工作先进单位。

同日 第三届中韩创新大赛暨第二届中韩工业设计大赛在威海市举行。大赛以“携手新合作、激发新动能、共创新未来”为主题，举行颁奖典礼、产业园推介、中韩高校创新创业共同体成立仪式、合作签约仪式及中韩人工智能技术创新论坛等多项子活动，37 项科技创新合作项目现场签约。

21 日—23 日 第十三届中国威海国际渔具博览会举办。博览会设国际标准展位 510 个，展出面积 2.5 万平方米，全国 241 家企业参展、356 家采购商参加，吸引 1.5 万余人次观展。

23 日 市委书记张海波会见万达集团董事长王健林一行。

24 日 在北京市举行的全国劳动模范和先进工作者表彰大会上，威海市有 7 人获评 2020 年全国劳动模范和先进工作者。

同日 副省长汲斌昌到威海市宣讲中共十九届五中全会精神，并到威海光威集团有限责任公司调研。

12 月

3 日—5 日 威海市举办全市领导干部党的十九届五中全会精神专题学习班。市委书记张海波在开班式上作宣讲，市委副书记、市长闫剑波作总结讲话，市委常委、组织部部长刘升勤主持结业式。

7 日 市委书记张海波到威海市在京流动党员党委调研流动党员组织建设工作。

同日 市委意识形态和宣传思想工作领导小组召开会议，深入学习贯彻党的十九届五中全会精神以及习近平总书记关于意识形态和宣传思想工作的重要论述，听取意识形态工作情况汇报，研究部署下步工作。

8 日 胶东经济圈一体化推介大会在北京市举行。会议以“融入新发展格局 打造新的增长极”为主题，展示胶东经济圈一体化发展新形象、搭建资源对接新平台，推动胶东 5 市加快构建合作机制完善、要素流动高效、发展活力强劲、辐射作用显著的区域发展共同体。省委常委、常务副省长王书坚，省委常委、青岛市委书记王清宪及市领导张海波、闫剑波、王亮参加活动。

同日 市委书记张海波带队到北京市拜访联想图像（北京）科技有限公司、中国邮政集团有限公司等企业，洽谈对接合作项目，加快与企业在激光打印机、跨境物流、区域物流等领域的合作。

11 日 市委书记张海波会见中国乐凯集团有限公司董事长、党委书记滕方迁一行。

12 日 中国共产党威海市第十五届委员会第十次全体会议举行。全会深入学习贯彻党的十九届五中全会、省委十一届十二次全会精神，听取和讨论张海波受市委常委会委托所作的工作报告，审议通过《中共威海市委关于制定威海市国民经济和社会发展第十四个五年规划和二〇三五年远景目标的建议》。

15 日 工业和信息化部中国软件评测中心发布第十九届（2020）中国政府网站绩效评估结果，威海市政府门户网站列地级市第 10 位。

同日 威海迪尚人才发展基金会成立大会暨“人才兴威”突出贡献奖颁奖仪式举行。

16 日 “威海慈善奖”颁奖典礼举行。51 个单位、个人以及慈善项目、冠名基金受到表扬。

17 日 学习贯彻党的十九届五中全会精神推进全域旅游大众旅游发展专题培训班在荣成市开班，全国各省文化和旅游主管部门及第二批国家全域旅游示范区相关负责人约 150 人参加培训。文化和旅游部党组成员王晓峰，省人大常委会党组副书记、副主任王良，市领导闫剑波、杨丽出席开班仪式。

22 日 庆祝山东港口威海港集装箱吞吐量突破一百万标箱暨二突堤围堰工程启动仪式举行。

23 日 威海市人民政府和中国进出口银行山东省分行战略合作协议签约仪式举行。

25 日 国家体育总局发布《关于表彰 2020 年全国体育事业突出贡献集体和个人的决定》，2020 国际乒联男女世界杯组委会（威海）、山东省威海体育训练中心副主任李少杰分别获得“2020 年全国体育事业突出贡献奖”集体奖和个人奖。

30 日 全市深化事业单位改革试点工作会议召开。会议以习近平新时代中国特色社会主义思想为指导，深入学习贯彻党的十九届五中全会精神和习近平总书记重要指示要求，贯彻落实党中央关于深化事业单位改革试点决策部署和省委工作要求，对全市深化事业单位改革试点工作进行全面动员部署。

31 日 市委经济工作会议召开。会议深入学习贯彻中央经济工作会议和省委经济工作会议精神，总结 2020 年经济工作，研究部署 2021 年目标任务，动员全市上下坚定信心、加压奋进、突破创新，确保“十四五”开好局、起好步，奋力开创“精致城市·幸福威海”建设新局面，争当新时代现代化强省建设排头兵，以优异成绩庆祝中国共产党成立 100 周年。

编辑　于鹏飞

威海概况

建置沿革

【地理位置】 威海市位于山东半岛东端，地处北纬36° 41′～37° 35′、东经121° 11′～122° 42′。北、东、南三面濒临黄海，北与辽东半岛相对，东与朝鲜半岛隔海相望，西与烟台市接壤。东西最大横距135千米，南北最大纵距81千米，总面积5799.84平方千米，其中市区面积2607.28平方千米(含文登区)。海岸线长978千米。辖环翠区、文登区、荣成市和乳山市。

【建置隶属】 威海历史悠久，新石器时代中期，境内就有人类聚居。夏、商、周三代，今市境为东方嵎夷之地，有莱夷聚居。北齐天统四年（568），境内设文登县，今市境尽属之。此后，朝代更替，但隶属文登县未变。

明洪武三十一年（1398），为防倭寇侵扰，设威海卫，威海之名即由此而来。清光绪二十四年（1898），英国强租威海卫。光绪二十六年（1900），设威海卫行政长官署，属英国殖民部。民国19年（1930）10月，中国收回威海卫，置威海卫行政区，直属国民政府行政院。

中华人民共和国成立后，1950年5月，成立文登专区，辖威海、荣成、文登、昆嵛、乳山、海阳、牟平、福山8个县。1956年2月，文登专区撤销，今威海地域改属莱阳专区。1958年10月，莱阳专区改为烟台专区。1967年2月，烟台专区更名为烟台地区，今威海地域属之。1983年8月，撤销烟台地区，设烟台市（地级），威海市改为省辖县级市，由烟台市代管，文登、荣成、乳山3个县归烟台市管辖。

1987年6月15日，威海市升为地级市，原县级威海市设为环翠区；烟台市的荣成、文登、乳山3个县划归威海市管辖。1988年10月，文登县改为省辖县级市，由威海市代管；11月，荣成县改为省辖县级市，由威海市代管。1993年7月，乳山县改为省辖县级市，由威海市代管。2014年2月27日，撤销文登市，设立威海市文登区。

（中共威海市委党史研究院）

【行政区划】 至2020年年底，威海市辖环翠区、文登区、荣成市和乳山市2区2市(威海火炬高技术产业开发区、威海经济技术开发区、威海临港经济技术开发区属于国家级开发区，威海南海新区属于省级开发区，开发区管理委员会是市政府派出机构)，共48个镇、24个街道办事处、2382个村民委员会、340个居民委员会。

（王书清）

自然环境

【地质】 威海市位于山东省胶北断块隆起的东端，其南侧与胶莱凹陷的东部边缘接壤。境内出露地层自老至新有晚太古界的胶东群、中生界上侏罗系莱阳组和白垩系下统青山组及新生界第四系。褶皱构造有乳山—威海复背斜，其轴在乳山台依，向北东经昆嵛山主峰、汪疃、羊亭，在田村倾没，轴向北东。断裂构造有近南北向的双岛断裂，北北东向的金牛山断裂和老母猪河断裂，北东向的牟平—即墨断裂（迹经乳山西部），北西向的望岛断裂、海埠—神道口断裂、俚岛—海西头断裂。岩浆岩主要有元古代的昆嵛山岩体和文登岩体及中生代燕山晚期艾山阶段的伟德山岩体和石岛岩体、崂山阶段的槎山岩体和龙须岛岩体。

（苗丰麟）

【地貌】 威海市属于起伏缓和、谷宽坡缓的波状丘陵区。区内除昆嵛山主峰泰礴顶海拔高度923米以外，其他山地丘陵都在700米以下，大部分为200～300米的波状丘陵，坡度在25度以下。山体主要由花岗闪长岩构成，山基表面多为风化残积物形成的棕壤性土，土层覆盖较薄，但土壤通透性好。山丘中谷地多开阔，多平谷；平原多为滨海平原和山前倾斜平原。其中，低山占土地总面积的15.77%，丘陵占52.38%，平原占27.56%，岛屿占0.28%，滩涂占4.01%。河网密布，河流畅通，地表排水良好。地势中部高，山脉呈东西走向，水系由脊背向南北流入黄海。北东南三面环海，海岸类型属于港湾海岸，海岸线曲折，岬湾交错，多港湾、岛屿。

（王文刚）

【气候】 威海市地处中纬度，属于北温带季风型大陆性气候，四季变化和季风进退都较明显。与同纬度的内陆地区相比，具有雨水丰富、年温适中、气候温和的特点。另外，受海洋的调节作用，又具有春冷、夏凉、秋暖、冬温，昼夜温差小、无霜期长、大风多和湿度大等海洋性气候特点。全市历年平均气温12.2℃，历年平均降水量737.7毫米，历年平均日照时数2480.0小时。2020年，全市平均气温12.9℃，平均降水量873.3毫米，平均总日照时数2175.3小时。

（周浩亮）

【水文】 威海市河流属半岛边沿水系，为季风区雨源型河流。河床比降大，源短流急，暴涨暴落。径流量受季节影响差异较大，枯水季节多断流。全市有大小河流1000余条，流域面积50平方千米及以上河流35条，其中母猪河、乳山河、黄垒河3条较大河流贯穿于文登、乳山境内，总流域面积2766平方千米，占全市土地总面积的47.7%。母猪河流域面积1092平方千米，河长64千米；乳山河流域面积1039平方千米，河长78千米；黄垒河流域面积635平方千米，河长71千米。2020年，全市径流系数为0.19。

2020年威海市大中型水库蓄水量统计表

表1 单位：万立方米

日期	1月1日	2月1日	3月1日	4月1日	5月1日	6月1日	7月1日	8月1日	9月1日	10月1日	11月1日	12月1日
大型	6450	6730	7230	7280	7140	9370	10440	16073	17980	17850	16480	15710
中型	3594	3587	3564	3502	3376	3884	4143	6063	7804	8308	8127	8068
合计	10044	10317	10794	10782	10516	13254	14583	22136	25784	26158	24607	23778

说明：大型水库包括米山水库、龙角山水库、八河水库，中型水库有12座

（张明芳）

【土壤】 威海市有棕壤、潮土、盐土、风沙土、褐土、水稻土、山地草甸土7种土壤类型。依其各自的发育程度、附加成土过程和土壤属性，又分为棕壤性土、棕壤、潮棕壤、白浆化棕壤、潮土、盐化潮土、褐土、滨海盐土、流动风沙土、半固定风沙土、固定风沙土、潜育水稻土、山地草甸土13个亚类、18个土类、153个土种。

棕壤土类是全市分布最广、面积最大的土类，遍及全市的山丘地区，占土壤总面积的83.5%。潮土类是列全市分布面积第2位的土类，占土壤总面积的13.2%。

土壤（耕地）质地可归为砂性土、轻壤土、中壤土3类。土体构型可分为15种类型，按其对作物的影响主要归纳为均壤质型，均沙、夹沙、夹砾石型，夹黏、均黏型，夹白浆型，硬（酥）石底型5种类型。从化学性质看，威海市成土母质大部分为酸性岩风化物，一般呈微酸性，pH值为6.5～7，有明显的淋溶作用、黏化作用和生物积累作用。但由于多年来农民化肥施用量居高不下，有机肥施用量严重不足，导致耕地土壤pH值呈下降趋势。2020年，耕地土壤pH值平均数为5.51。

（孙洪勋）

【海域】 威海北、东、南三面为黄海环绕，海岸线总长978千米，约占山东省的三分之一、全国的十八分之一。海岸类型属于港湾海岸，海岸线曲折。威海近岸海域总面积1.14万平方千米。全市有主要海湾35个，大小海岛185个，岛屿周边海底沉积物主要为粉砂质砂、砾石、泥沙质等。在海域使用方面，至2020年年底，全市确权用海项目3398宗，用海面积43.15万公顷。

（威海市海洋发展局）

自然资源

【土地资源】 2020年年底，威海市土地总面积58.00万公顷（5799.84平方千米）。按土地利用现状3大类分类。其中，农用地43.97万公顷，占总面积的75.81%；建设用地9.29万公顷，占总面积的16.02%；未利用土地4.74万公顷，占总面积的8.17%。按土地利用现状8大类分类。其中，耕地面积为19.37万公顷，占总面积的33.39%；园地面积为3.51万公顷，占总面积的6.06%；林地面积为10.79万公顷，占总面积的18.60%；草地面积为1.55万顷，占总面积的2.66%；城镇及工矿用地面积为8.15万公顷，占总面积的14.05%；交通运输用地面积为2.62万公顷，占总面积的4.51%；水域及水利设施用地面积为5.99万公顷，占总面积的10.33%；其他土地面积为6.02万公顷，占总面积的10.40%。

（张钦钦）

【水资源】 威海市地处山东半岛最东端，内无大江大河，水资源主要来源于境内的大气降水。全市多年平均降水量为770.6毫米，多年径流深度为256.0毫米。2020年，地表水资源量为10.68亿立方米，地下水资源量为6.29亿立方米，扣除地表水与地下水相互补给的重复计算量后，全市多年平均水资源量为12.96亿立方米。

（王文文）

【矿产资源】 至2020年年底，威海市发现矿产（含亚矿种，下同）49种，其中查明或探获资源储量的30种，入山东省储量表23种，包括能源矿产、金属矿产、非金属矿产和水气矿产4类。其中，能源矿产1种：地热。金属矿产11种：铁、钛、铜、铅、锌、钼、金、银、铍、锆、铪。非金属矿产9种：硫铁矿、化肥用蛇纹岩、石墨、长石、玻璃用砂、建筑用砂、高岭土、饰面用花岗岩、饰面用辉长岩。水气矿产2种：地下水、天然矿泉水。

（张钦钦）

【生物资源】 威海市具有丰富的海洋生物资源，特别是在浅海和潮间带，各种生物资源种类繁多、分布广泛、资源量大。全市海域平均生物量为353克／

平方米，平均生物密度586个／平方米；有生物资源779种，其中动物647种、植物132种。动物资源中，鱼类有100余种，包括小黄鱼、棘头梅童鱼、黄姑、鲈鱼等；虾蟹类主要有鹰爪虾、中国对虾、毛虾、脊尾白虾、三疣梭子蟹、日本蟳（赤甲红蟹）等；贝类主要有栉孔扇贝、鲍鱼、泥蚶、文蛤、菲律宾蛤仔、魁蚶、牡蛎、中国蛤蜊、贻贝等；腔肠类主要有海蜇等；棘皮类主要有刺参、海胆、海星等。植物资源中，主要有褐藻纲的海带、裙带菜，红藻纲的石花菜、条斑紫菜，以及海草类的大叶藻等。

威海市动物资源有647种。陆生野生哺乳动物有梅花鹿、狐狸、豹猫、獾、黄鼬、刺猬、野兔、蝙蝠等。鸟类查到250余种，其中候鸟、旅鸟占70%以上，留鸟种类较少。被列入国家保护的野生动物Ⅰ级的有梅花鹿、中华秋沙鸭、金雕、黑鹳、东方白鹳、白头鹤、大鸨7种，Ⅱ级的有大天鹅、鸳鸯、灰鹤、苍鹰、松雀鹰、角鸊、黄嘴白鹭、黑脸琵鹭、白额雁、灰背隼、红隼、红角鸮、普通雕鸮、鹰鸮、纵纹腹小鸮、长耳鸮16种；其余鸟类及狐狸、豹猫、獾、黄鼬、刺猬等被列入山东省重点保护野生动物。

威海市木本植物有75科195属516种（含变种、亚种、变型）。其中，珍稀濒危树种有19科23属29种，野生树种有54科132属270种，主要栽培树种有62科136属279种；古树名木树种有22科32属42种，引进树种有9科10属17种。珍稀濒危树种有29种。其中，国家重点保护野生植物有玫瑰、东北茶藨子、软枣猕猴桃、狗枣猕猴桃、葛枣猕猴桃、紫椴6种；中国珍稀濒危植物有核桃楸1种；国家珍贵树种有蒙古栎、朝鲜槐、刺楸3种；山东特有树种有小叶鹅耳枥、锐齿槲栎、刺榆、三丫乌药、光萼溲疏、小米空木、三叶海棠（裂叶海棠）、北枳椇（拐枣）、大叶胡颓子、楤木、迎红杜鹃、映山红、腺齿越橘、野柿、华山矾、毛萼野茉莉、玉玲花、单叶蔓荆、荚蒾19种。

【自然保护地】 经整合优化，威海市自然保护地由35处优化为23处。其中，自然保护区3处，分别是山东荣成大天鹅国家级自然保护区、山东省昆嵛山国家级自然保护区、威海成山头省级自然保护区；风景名胜区4处，分别是胶东半岛海滨风景名胜区（刘公岛景区、成山头景区）、里口山省级风景名胜区、荣成赤山省级风景名胜区、荣成圣水观省级风景名胜区；森林自然公园7处，分别是山东双岛国家森林自然公园、山东刘公岛国家森林自然公园、山东伟德山国家森林自然公园、山东岠嵎山国家森林自然公园、威海正棋山地方级森林自然公园、威海米山地方级森林自然公园、威海天福山地方级森林自然公园；湿地自然公园4处，分别是山东五垒岛湾国家湿地公园、威海林泉河地方级湿地自然公园、威海青龙河地方级湿地自然公园、威海乳山河地方级湿地自然公园；海洋自然公园4处，分别是山东海西头国家级海洋公园、山东大乳山国家级海洋公园、山东小石岛国家级海洋生态特别保护区、山东刘公岛国家级海洋公园；地质自然公园1处，是威海槎山地方级地质自然公园。

【古树名木】 全市有古树名木343株，共22科32属42种，其中环翠区165株，文登区28株，荣成市58株，乳山市67株，威海火炬高技术产业开发区7株，威海经济技术开发区9株，刘公岛6株，威海临港经济技术开发区3株。有一级（500年以上）古树42株，二级（300～499年）古树54株，三级（100～299年）古树246株，名木1株。古树名木树种主要有银杏、国槐、黄连木、柿、朴树、楸树、刺楸，还有大叶朴、旱柳、枫杨、紫薇、侧柏、雪柳、油松、山茶花、柘树、板栗、龙爪槐、毛白杨、桂花、流苏等树种（变种）。

（戚俊杰）

【旅游资源】 威海市旅游资源丰富，自然资源与人文资源兼备，至2020年年底，有旅游景区（点）80余处。全市有国家A级以上景区50家，其中国家AAAAA级2家（刘公岛景区、华夏城景区），国家AAAA级12家，国家AAA级32家。自然资源以“海、岛、滩、湾、泉、山”为特色，全市拥有近1000千米海岸线，沿线沙滩细腻绵延，海水碧蓝纯净，有国际海水浴场、文登金海滩、乳山银滩等10余处天然海水浴场，有威海湾、半月湾、九龙湾等16个海湾，有刘公岛、海驴岛等大小海岛168个，有优质地下温泉9处，有昆嵛山、圣经山、里口山、铁槎山、大乳山等山地风景区。人文资源以秦汉文化、民俗文化、道教文化、甲午文化、英租文化为代表。第三次全国不可移动文物普查登录全市的不可移动文物点1497处，各级文物保护单位202处，其中全国重点文物保护单位4处、省级文物保护单位69处。刘公岛甲午战争纪念地、圣经山摩崖石刻、威海英式建筑、留村石墓群等在全国都有重要影响。中国甲午战争博物院获评首批国家一级博物馆，天福山起义纪念馆获评全国爱国主义教育基地。全

6月，刘公岛风景区一角　（宫举卫　摄）

市初步形成以东夷文化遗存、成山头秦汉遗迹、圣经山摩崖石刻、明清海防遗迹、刘公岛甲午战争纪念地、威海英式建筑、天福山革命遗址等板块为主的人文旅游景观体系。

（赛序浩）

自然灾害

【风雹灾害】 5月17日凌晨，威海市文登区、乳山市、威海南海新区出现强对流天气，突降冰雹，冰雹自西向东席卷乳山市崖子镇、午极镇等8个镇，文登区高村镇、宋村镇等9个镇，威海南海新区小观镇，造成风雹灾害。受灾人口2.29万人，但未造成人员伤害和住房损坏；农作物损失较重，主要是部分苹果、樱桃、梨、猕猴桃等果实被打落，玉米和小麦倒伏。农作物受灾面积4358.7公顷，其中成灾面积1027.1公顷，直接经济损失约2.30亿元，均为农业损失。

（吴 刚）

人口·民族

【人口】 2020年年底，全市常住人口为290.65万人。其中，居住在城镇的人口为204.09万人，占70.22%；居住在乡村的人口为86.56万人，占29.78%。男性人口为146.71万人，占50.47%；女性人口为143.95万人，占49.53%。总人口性别比（以女性为100）为101.92。全市有家庭户119.11万户，集体户4.16万户，家庭户人口为275.89万人，集体户人口为14.76万人。平均每个家庭户的人口为2.32人，比2010年第六次全国人口普查的2.49人减少0.17人。年底全市户籍人口为256.61万人，户籍人口城镇化率60.72%，比上年提高0.6个百分点。全年出生人口为1.54万人，出生率5.99‰；死亡人口为2.32万人，死亡率9.04‰；自然增长率为−3.05‰。

（市统计局 市公安局）

【民族】 威海市有47个民族，按人口数量从多到少排序，分别是汉族、朝鲜族、满族、佤族、彝族、蒙古族、回族、苗族、拉祜族、土家族、傣族、维吾尔族、白族、壮族、达斡尔族、布朗族、布依族、傈僳族、锡伯族、侗族、哈尼族、藏族、瑶族、土族、纳西族、哈萨克族、黎族、撒拉族、赫哲族、鄂温克族、畲族、仫佬族、仡佬族、羌族、鄂伦春族、东乡族、俄罗斯族、水族、景颇族、柯尔克孜族、裕固族、高山族、塔吉克族、独龙族、毛南族、乌孜别克族、京族。2020年年底，少数民族户籍人口为2.20万人（其中农村少数民族群众5921人），暂住人口为5.30万人；总人口为7.50万人，占全市总人口的2.7%。人口总数最多的5个少数民族依次是朝鲜族（2.04万人）、满族（1.73万人）、佤族(6483人)、彝族(6160人）和蒙古族（5732人），以上5个民族占少数民族总人口的74.8%。

（张启全）

方 言

【概况】 分布在威海市辖区内的汉语方言，称威海方言。威海方言属于汉语官话方言中的胶东方言。威海方言在李荣主编的《中国语言地图集》中属于胶辽官话区。威海方言具有胶辽官话的一些基本特点，例如：

声母分尖团，如：精≠经，积≠基，尖≠坚；趣≠去，妻≠期，千≠牵；相≠香，西≠希，线≠现。

普通话读tʂ tʂ‘ ʂ声母的字，方言中分为两组声母，例如：知≠枝，耻≠齿，超≠抄，处相处≠楚，书≠梳。

中古日母字方言里基本读为零声母，例如：乳＝雨，荣＝永，人＝阴，日＝椅，染＝眼，软＝远，等等；少部分读为l声母，例如“仍扔锐”等字。

中古端组合口呼韵母，方言里大多丢失韵头u而变读为开口呼，例如“段tan、对tei、推t‘ei、团t‘an、村ts‘en、蹲ten、孙sen”等字。

普通话中，韵母为e而声母为零声母或舌根音的部分字，方言读为uo韵母，例如“饿蛾河”等字。

中古咸深摄韵母和山臻摄韵母合并读为n韵尾，没有主要元音鼻化现象，这一点跟其他山东方言有所不同，例如“胆蓝三暂寻林餐滩难但赞线天前端真春顺纯村”等字。

中古平声次浊字，无规则地分化为两类读音，一部分为阳平，另一部分为阴平，即蓝≠兰，南≠男，鱼≠余。

清声母入声字基本归入上声，例如“急笔曲出黑福桌窄切质拍歇说发”等字。

威海方言内部存在着一定的差异。青少年与中老年之间，有新派、老派的差异，表现在新派词汇上有比较明显向普通话靠拢的趋势，而老派则更多地保留着地方特色。但这并不是威海方言的主要内部差异，威海方言的主要内部差异表现在地域上。根据其内部差异，威海方言大致可以分为3个片儿，即环翠片儿、文荣片儿、乳山片儿。

（中共威海市委党史研究院）

民 俗

【概况】 新石器时期东夷先民就在威海依山靠海繁衍生息，民俗文化源远流长。传统习俗“大约朴鲁为多”“淳直”“仁厚”“尚质少文”。相传秦始皇曾于境内召文士登山颂德而“文教大兴”。由是，“人知教子”“世重耕读”，风俗丕变、“质有其文”。淳朴仁厚之古俗与“俗尚礼仪”之新风蔼然交融，成为境内民俗传统最突出的特色，传承千年。因所处自然地理环境和其他条件各不相同，在风尚习俗的某些方面，亦显示出多样性特点。以种植业为主的农村、以渔业为主的沿海渔村，其生产、生活、禁忌和信仰习俗多有不同；而同为农村或山村，因生产行业、生产技艺之不同，风俗亦各有别。

历史上，威海地区民俗也因移民、航运、外出谋生等原因，不断与区域外相互交流。此为境内风尚习俗多样性的又一重要原因。如有些节日习俗，邻村之间往往明显不同，正是明清以来大量移民带来的各地不同民俗文化与境内习俗兼容并存的结果。宋代产生于江南的“妈祖”信仰，随元代海运的兴起传播到境内沿海；而清初以来延续300余年的闯关东，不但将威海习俗带到东北，也将东北风俗携回家乡。如秃尾巴老李的传说和人参的故事，在威海和东北同样广泛流传；农历正月十五到祖茔送灯、看灯碗水汽和灯花大小预卜当年旱涝丰歉等产生于东北长白山区的满族古俗，在当地早已失传，但在威海各地却得以保存。

近代，随着封建社会的没落和西方文化的传入，威海民俗也随之不断演进。辛亥革命后，男人剪辫子，女人禁缠足，各种封建礼教逐渐废除，出现新的社会风尚。英国租借威海卫，把西方一些风俗传入境内。抗日战争时期，民主政府成立后，不断破除封建陋习，树立新的社会风气。20世纪80年代后，随着改革开放的不断深入，经济和社会生活的发展变化，中外交流的日益畅达，具有时代气息、兼容中西文化特色的民俗事象逐步增多。

（中共威海市委党史研究院）

国民经济与社会发展

【国民经济稳步复苏】 2020年，全市实现地区生产总值3017.79亿元，按可比价格计算，比上年增长3%。其中，第一产业增加值301.66亿元，增长2.9%；第二产业增加值1162.27亿元，增长2.1%；第三产业增加值1553.86亿元，增长3.7%。全市三次产业结构由上年的9.7∶40.4∶49.9调整为10.0∶38.5∶51.5。

农业生产保持稳定，2020年，全市农林牧渔业总产值按可比价格计算增长3.2%，增速比上年提高2.6个百分点。其中，农业产值增长2.2%，林业产值下降5.6%，牧业产值下降2.9%，渔业产值增长4.7%，农林牧渔辅助性活动产值增长4.4%。粮食总产量66.15万吨，比上年增加8.17万吨，增长14.1%；粮食单产385.22千克／亩，比上年增加66.45千克／亩，增长20.8%。水产品产量增势平稳，全年水产品（不含远洋）总产量247.73万吨，增长5.0%。其中，海洋捕捞59.24万吨，增长5.5%；海水养殖186.31万吨，增长5.1%。

工业生产快速回升，2020年，全市规模以上工业增加值增长4.6%，增速比上年提高2.3个百分点。重点行业增势良好，专用设备制造业、化学原料和化学制品制造业支撑作用明显，增加值分别增长55.4%、41.5%，合计拉动全市规模以上工业增加值增长8.5个百分点。新增企业拉动明显，174家新增企业增加值增长47.9%，高于全市平均水平43.3个百分点，拉动全市规模以上工业增加值增长1.8个百分点。2020年，全市规模以上工业企业每百元营业收入成本为75.07元，比上年下降1.42元；利润总额增长24.2%，营业收入利润率9.96%，比上年提高2.81个百分点。

服务业加快恢复，2020年，全市规模以上服务业营业收入增长3.9%，增速比上年提高0.8个百分点。以高技术服务业为代表的现代服务业发展态势持续向好，带动作用逐步增强，全市信息传输、软件和信息技术服务业，科学研究和技术服务业营业收入分别增长8.1%、13.4%，增速高于全部规模以上服务业4.2和9.5个百分点。

【“六保”工作】 面对新冠肺炎疫情，打好疫情防控阻击战，自1月22日报告第1例确诊病例后，20天内实现本土确诊病例零新增，38例确诊病例全部得到妥善救治。仅用3天时间组织威海威高国际医疗投资控股有限公司、迪尚集团有限公司、威海云龙复合纺织材料有限公司等企业建设防护服应急保障基地，争取24家和53家企业分别纳入国家疫情防控重点保障企业和疫情防控重点保障物资生产企业，累计向海南省、辽宁省、北京市等地发送口罩286万只，日核酸检测能力达到6.1万份。对进口冷链食品实行全流程管控，开展重点人群疫苗接种，全市疫情防控形势保持总体平稳。

面对国内外复杂严峻的经济形势，全市逆势而上全力保障经济运行，组建市委统筹疫情防控和经济运行指挥部，聚焦复工复产、助企脱困，适行调节，构建经济运行重要指标实时监测报告制度，设立在线平台和24小时热线实时征集解决问题，出台全市“六保三促”（保居民就业、保基本民生、保市场主体、保粮食能源安全、保产业链供应链稳定、保基层运转和促进扩投资、拉消费、稳外贸外资）工作方案。建立“接诉即办”“四张清单”等机制，选派2215名驻厂员进驻企业。创新“共享员工”模式，组织“点对点”包车接返外地务工人员2.4万人。出台一系列稳企政策，为2.8万家企业减免社会保险费39.4亿元，为2194家企业减免房租8563万元，6.8万家企业享受税收优惠16.1亿元，新培植首贷企业3823家，为6235家中小微企业办理延期还贷105.1亿元。财税金融指标创新高，2020年，全市完成一般公共预算收入252.39亿元，增长1%，比上年提高13.2个百分点；贷款总量突破3000亿元大关，年底余额达到3396.6亿元，全年增加512.6亿元，比上年多增加157.2亿元，增量达上年的1.4倍。

【新旧动能转换】 按照“一年全面起势、三年初见成效、五年取得突破、十年塑成优势”的总体部署，强力推进新旧动能转换重大工程，取得重大阶段性成效。培育壮大七大产业集群，四个产业集群被列入省“十强”产业“雁阵形”集群库，3家企业被列入集群领军企业库，印发“三链”协同发展实施意见，梳理形成医药医疗器械、碳纤维等复合材料、船舶与海工装备、纺织服装、打印设备及智能服务终端、轮胎、钓具、电机、专用汽车、海洋食品10个产业链。2020年，全市七大产业集群中，六个制造业产业集群规模以上企业实现营业收入2683.35亿元，下降2.6%，实现利润302.21亿元，增长21.8%；康养旅游产业集群实现旅游总收入494.31亿元，比上年恢复71.4%。七大产业集群140个重点项目，完成投资139.09亿元，占年度计划的115.8%。

企业冲击新目标“双百工程”实施　2020年，全市确定企业冲击新目标行动入库企业100家、后备库企业100家，全年实现营业收入2499.74亿元，增长4.9%。其中，193家工业企业实现营业收入2188.43亿元，增长3.9%；“冲击新目标”企业2020年实施重点项目177个，总投资471.74亿元，全年完成投资145.38亿元，占年度计划的127.2%。

服务型制造　推进现代服务业与先进制造业深度融合发展，威海德生技术检测有限公司等2家企业获评国家中小企业公共服务示范平台，威海经济技术开发区等4个单位获评国家级、省级“两业融合”试点，电子信息产业园获批国家新型工业化产业示范基地，腾森橡胶轮胎（威海）有限公司获得省企业管理创新成果奖，威海火炬高技术产业开发区获评全省首个优质医疗器械产品基地。

创新驱动发展　实施116项“卡脖子”关键技术攻关、29项省级重大科技创新。加快建设国际海洋科技城，新引进海洋类高端科研平台9个，与北京大学合作共建海洋研究院。实施“现代优势产业集群＋人工智能＋互联网”工程，9家企业入选省级试点。新增“上云”企业1558家，12家企业被列入山东省企业上云服务商名单。建成工业互联网标识解析二级节点，实施省级工业互联网示范项目8个。

【内需潜力释放】　攻坚突破重大项目建设　建立重点项目建设协调联动机制，列出问题清单、工作台账，市和区（市）联动、部门协同全力推动项目落地建设，全年新开工亿元以上项目323个，比上年增加101个；82个省级重点项目、232个市级重点项目分别完成投资212.89亿元、572.75亿元，115个项目建成投产（投用）。完善落实“要素跟着项目走”机制，为16个项目争取146.67公顷省级点供土地指标，争取各类资金140.75亿元，其中政府专项债94.8亿元，抗疫特别国债9.48亿元，企业债券32亿元，中央、省预算内资金4.47亿元。2020年，全市固定资产投资增长2.9%，增速比上年提高17.9个百分点。

基础设施建设　莱荣高速铁路项目在全省率先立项并正式开工建设，完成投资约8.6亿元，全面启动征拆以及隧道、大型桥梁等控制性节点工程建设，基本完成混凝土拌和站建设工作。作为桃威铁路电气化改造项目的先期工程，桥涵病害整治工程完工，完成投资约1500万元，稳步推进道口平改立及轨道加强工程，完成投资5100万元。新机场场址获得中国民用航空局批复，预可研报告通过中国民用航空局行业审查。大水泊机场停机坪及附属设施扩建工程完成主体工程。加快推进威海港威海湾港区二突堤项目、威海港威海湾港区扩能改造工程、威海港石岛港区新港泊位改造工程等港口项目。华能高温气冷堆示范工程完成冷试，加快建设“国和一号”示范工程、文登抽水蓄能电站等重大能源项目。

消费提档升级　市政府制定《2020年惠民消费季十大主题行动方案》，梳理发布“2020惠民消费季”促销大礼包3批次，组织开展促消费活动超过500次。发放1000万元电子消费券，累计产生订单金额1.09亿元。举办“2020北山之夜”威海市夜经济启动仪式等系列活动，提升城市夜间经济活跃度。启动建设9处特色商业街区改造提升工程，威海经济技术开发区韩乐坊街区入选第二批省级步行街改造提升试点。组织认定“威海老字号”企业3家，全市“威海老字号”企业达20家。全年累计开展电商直播活动5.8万场，牡蛎、渔具、海带全网零售排名第1位。2020年，全市社会消费品零售总额增长0.3%。

【稳外资稳外贸】　招商引资七大攻势发起　组织市领导带队招商活动8次，走访14个城市、56家骨干企业和机构，洽谈推动项目及合作事宜59个，全年引进世界500强项目7个、中国500强项目10个、行业领军项目24个。举办全市招商引资视频签约仪式，筛选12个优质外资大项目参与省重点外资项目签约，总投资超过20亿美元。规划建设中韩自贸区地方经济合作示范区产业园，组织开展产业园揭牌仪式，签署战略合作协议4个、产业项目14个，总投资89.2亿元。2020年，全市实际使用外资13.6亿美元，增长11.1%。

对外经贸发展　成立稳外贸外资工作专班，建立稳外贸稳外资企业服务队31支，跟踪服务260家企业，为企业解决各类问题182个。助力企业开拓市场，组织392家（次）企业参加境内外“云”展会20场，41家（次）企业参加实体境内外展会11场。全力保障外贸企业出口安全，为全市1949家企业办理出口信用保险，支持出口额27.1亿美元。2020年，全市进出口总额1614.57亿元，增长15.1%，增速比上年提高14.3个百分点；外贸结构持续优化，全市一般贸易进出口增长32.1%，占进出口总额比重达

2月，威海港威海湾港区一角　（朱春晓　摄）

69.7%，保持主导地位。大力培育外贸新业态，威海综合保税区跨境电商多模式监管中心通过验收，吸引菜鸟电商等平台到威海市开展对韩跨境电商直购进口业务，引导企业创新开展跨境电商B2B“9710”“9810”出口新模式，2020年，全市跨境电商进出口额34.6亿元，增长74.7%。

体制机制创新　中共威海市委十五届九次全体会议审议通过《关于深化改革创新打造对外开放新高地的实施意见》，大力构建高水平对外开放新格局。加快推动试点政策落地实施、形成经验，连续3次获批国家服务贸易创新发展试点城市，“中韩‘四港联动’海空港联动多式联运”“打造特色服务贸易集聚区”2项经验在全国推广。全市8个开发区体制机制改革任务全面完成，压缩工作机构近200个，招商引资岗位增加1倍。重组市投资促进中心，面向全球招聘招商精英，打造专业招商队伍。加快启动中韩整车运输试运行业务，扎实推进多式联运中心建设，稳定开行中亚、中欧、中蒙3条国际班列，全年发运集装箱数量增长超过10%。

【重大战略实施】　推进城市国际化战略实施，启用全省首个以城市国际化为主题的城市会客厅，起草全省首部推进城市国际化的地方法规《威海市城市国际化促进条例》。深入实施乡村振兴战略，文登区西洋参小镇、威海临港经济技术开发区麓源果乡2个片区入选乡村振兴齐鲁样板省级示范区；荣成市获评国家全域旅游示范区，荣成市俚岛镇烟墩角村等3个村获评全国乡村旅游重点村；扎实开展粮食生产功能区建设，新增流转土地1.36万公顷，新建农田水利设施564处，完成高标准农田建设1.13万公顷，粮食产量增加14.1%；4个区（市）全部获评国家农产品质量安全县。大力发展海洋经济，新增国家级海洋牧场3处，沙窝岛国家级远洋渔业基地中心渔港通过验收，南极磷虾捕捞加工船开工建设，威海市获批首个国家水产养殖绿色发展示范区、被命名为“中国海鲜之都”。积极融入胶东经济圈一体化发展，制定实施方案，谋划具体实事41项，市政府与青岛市政府签署框架协议，在北京市举办胶东经济圈一体化推介大会。高质量编制全市“十四五”规划纲要，确定2035年远景目标和“十四五”时期经济社会发展主要目标，部署13个方面主要任务。实施营商环境攻坚突破行动，大力推动“五减”（减时间、减环节、减材料、减成本、减次数），创新推出便利措施96项，威海市在全省率先完成市、县、镇三级无差别“一窗受理”改革，入选全省首批公共资源交易监管省市一体化试点，社会投资类工程建设项目全链条闭环审批办理等19个方面的做法成为全省典型案例，威海市列《中国城市政商关系排行榜》第19位，获评中国国际化营商环境建设标杆城市。

【精致城市建设】　全市精致城市建设的综合性地方法规《威海市精致城市建设条例》公布施行，环翠区卫城、威海经济技术开发区韩乐坊入选省级城市品质提升示范片区。持续化解城市建设领域矛盾纠纷，不动产权“办证难”遗留问题基本解决，为15.2万套房屋办理产权证明，盘活处置217个闲置项目，启动整治中心城区40处低效用地。开展城市“体检”，解决城市管理服务中不精致、不文明、群众不满意问题1258个；对山景线、海景线、铁路线实施环境综合整治，新建滨海步道77.9千米；修复治理废弃矿山151处，耕地保护任务全部达标完成。推进智慧城市建设，建成城市运行指挥中心，开发应用“数字抗疫”系统，实施智慧生态等13项示范工程，威海市获评中国领军智慧城市。

【民生事业发展】　居民收入持续增长，2020年，全市全体居民人均可支配收入41137元，增长3.9%。其中，城镇居民人均可支配收入50424元，增长2.8%；农村居民人均可支配收入23351元，增长5.3%。城乡收入倍差2.16，比上年收窄0.05。全面完成20件民生实事年度任务，新建改扩建中小学19所，新建幼儿园20所；新购置公交车122辆，优化调整公交线路42条；新建公共停车场11处，建成过街天桥9座；建成农村老年餐桌453处、社区便民食堂47处；新建社区菜市场4处；新增城市公厕24座，建成口袋公园131处。持续优化公共服务供给，组建3个医疗集团，新建标准化卫生室147处。提高9类困难群体、居民养老保险补助标准，为9.4万名困难群众发放价格临时补贴4452万元。通过12345政务服务热线办理群众反映问题100.7万件，按期办结率、群众满意率分别达99.8%和93.9%。健全退役军人服务保障体系，进一步加强国防动员、人民防空、民兵预备役工作，威海市连续8次被评为全国双拥模范城。实施文化惠民工程，威海市通过国家公共文化服务体系示范区验收，新时代文明实践“志愿＋信用”模式在全国推广。成功举办2020国际乒联男女世界杯赛、全国乒乓球锦标赛，1个集体、1人分别获得2020年全国体育事业突出贡献奖集体荣誉和个人荣誉。建成全国首个总体国家安全观主题教育培训基地。威海市连续第3次获评全国文明城市，继续保持“全域一片红”。

（戚　伟）

民营经济

【概况】　2020年，全市各级各有关部门统筹疫情防控和经济社会发展，疫情防控取得重大成果，经济恢复好于预期，民营经济新活力不断释放。全市民营经济市场主体总量达38.65万户，注册资金5614.15亿元，分别比上年增长12.58%和11.06%，其中私营企业10.72万户、注册资金5291.47亿元，分别增长11.63%和11.19%。全市每万人拥有私营企业377户。全市规模以上民营工业企业753户，占全市规模以上工业企业数量的74.55%。实现营业收入2079.92亿元，下降0.98%；利润194.05亿元，增长18.58%，占全市规模以上工业企业的比重分别为77.64%和72.74%。全市规模以上高新技术产业产值占工业总产值的比重达到60.13%，居全省第2位。腾森橡胶轮胎（威海）有限公司、浦林成山（山东）轮胎有限公司获得第六届山东省企业管理创新成果奖，浦林成山（山东）轮胎有限公司等4家企业入选国家绿色工厂和绿色供应链企业名单，新增6家国家级、36家省级“专精特新”企业，新增2家国家级、2家省级单项冠军企业、13家省级瞪羚企业，8家企业入选泰山产业领军人才名单。

【生产经营稳定】 新冠肺炎疫情发生后，威海市整合成立市委经济运行应急保障指挥部，印发《关于应对新型冠状病毒感染肺炎疫情支持中小企业平稳健康发展的实施意见》《关于全力防控疫情支持服务业企业平稳健康发展的若干意见》等政策文件和工作方案，各级各有关部门采取有力措施，精准助力企业复工达产，保持生产经营稳定。市工业和信息化局编发《支持企业“战疫”政策干货汇编》，在威海政府网搭建《涉企政策一点通》栏目，按照税费、创新、创业、财政、人才、融资、对外合作等门类发布政策干货300余条，指导企业精准对接政策、充分享受政策红利。选派2215名驻厂员进驻企业。在全省首创规模以上工业企业问题诉求、技术需求、资金需求、配套需求“四张清单”调度办理机制，进一步畅通企业诉求反映渠道，精准助力企业复工达产。开展惠民消费季十大主题行动，发放电子消费券1000万元，举办不同形式消费体验活动，内需消费逐步扩容回补。为2.8万家企业减免社保费39.4亿元，为2194家企业减免房租8563万元，6.8万家企业享受税收优惠16.1亿元，新培植首贷企业3823家，为6235家中小微企业办理延期还贷105.1亿元。全年生产总值完成3017.8亿元，增长3%；规模以上工业增加值增长4.6%。

【创新型企业培育发展】 市政府办公室印发《关于开展创新型企业培育工作的实施意见》，优选200家成长性好、专业化水平高、创新能力强的优质企业纳入培育库，加强政策扶持和跟踪服务，引导企业专注实业、做精专业、做强主业，推动企业从“小升规”企业逐步向“专精特新”企业、瞪羚企业、“小巨人”企业和单项冠军企业发展，形成由“冲击新目标”入库企业、后备库企业和创新型企业共同组成的“100+100+200”企业发展梯队。2020年，在200家培育企业中，新增高新技术企业26家，获得高新技术企业重新认定企业37家，高新技术企业数量占比达80.5%；新增省级“专精特新”中小企业30家、省级瞪羚企业4家。实现营业收入92.85亿元，比上年增长20.9%，较规模以上工业企业高出22.5个百分点，较200家“冲击新目标”企业高出16个百分点。

【“互联网＋政务”】 实施营商环境攻坚突破行动，创新推出便利措施96项，威海市在全省率先完成市、县、镇三级无差别“一窗受理”改革，入选全省首批公共资源交易监管省市一体化试点，社会投资类工程建设项目全链条闭环审批办理等19个方面的做法成为全省典型案例，威海市入选中国城市政商关系排行榜20强，获评中国国际化营商环境建设标杆城市。市级政务服务大厅设置综合窗口48个，精简窗口64个，压缩42.86%；将分散业务窗口压缩为4个业务领域，业务领域内实行无差别综合受理，依申请政务服务事项可网办率达100%，可全程网办率达95.6%，平均承诺办结时限为4天，各项指标均位于全省前列。

【重点产业稳链强链】 市政府印发《关于推动产业链供应链协同发展的实施意见》，梳理医药医疗器械等10条优势产业链条，确定24家“链主”型企业、35家“撒手锏”企业，加快提升产业链供应链稳定性和竞争力，先进装备与智能制造产业集群入选省十强产业“雁阵型”集群库入库产业集群名单。围绕企业协作配套、产学研深度融合等主题，先后组织产业链、供应链、创新链交流对接活动50余场，促成60余家本土企业开展合作配套，推动企业与省内外高校平台达成技术合作意向近百项。围绕推动10强产业链建链、补链、强链任务，建立技改项目库，至年底，全市工业技改项目数量达701个。2020年，全市工业技改投资比上年增长18.3%，其中制造业技改投资增长27.2%。加快推进重点工业投资项目，全市重点实施总投资613.1亿元的174个重点工业投资项目，2020年累计完成投资190.4亿元，占计划投资的116.3%。天润工业技术股份有限公司德国智能制动系统生产项目等74个项目建成投产。

【人才服务体系建设】 全年举办高层次人才交流活动12场，实施万名大学生聚集计划和“青鸟计划”，全年引进大学毕业生1.2万名，比上年增长22.3%。命名表彰第四届“威海工匠”。探索打造全省首家外国专家驿站，走访企业、高校和科研院所42家，与139名在威海的外国专家进行沟通，梳理有代表性的意见55条，制定《外国专家驿站运营机构管理办法》。加大与海外引才机构的对接力度，全年为威海市用人单位推介高层次外国专家113人，签订合作协议17人，其中院士7人。开展2020年民营企业网上人才招聘暨校园双选工作，在威海职业学院

4月，威海广泰空港设备股份有限公司生产的特种消防车辆

（威海日报社　提供）

（威海市技术学院）就业信息网注册登记企业达229家，提供岗位4653个。大力弘扬企业家精神，着眼加快实现企业家队伍新老交替，开办名家论坛，组织女企业家参加培训班，在上海市举办威海高端装备制造业创新发展专题培训班，打造"青蓝接力"活动品牌。年内，先后举办中小（民营）企业名家讲堂等各类企业家培训班11期，培训1400余名企业负责人。

【电子商务发展】 成功举办2020中韩（威海）跨境电商大会，积极引导企业开展跨境电商B2B"9710""9810"出口。组织392家（次）企业参加境内外"云"展会20场，开展线上精准洽谈4000余次，达成合作意向440余项。举办第十一届威海国际食品博览会暨中韩商品博览会，境内外企业813家、专业采购商1128家参展，展出各类商品1.22万件，开展采购对接视频会议1745次，官网累计浏览量333万人次。在上海市举办"相逢进博·相约威海"2020威海市产业推介会，邀请112位嘉宾参会，通过主旨演讲、主题沙龙、产业链推介等方式发布威海投资信息。组织参加"山东与世界500强连线"欧洲、东盟、美国、韩国、日本专场活动，举办欧洲、韩国、日本3个专场配套活动，签约外资项目7个，合同外资1.16亿美元。

【省外威海商会组建】 加强与广东省、上海市、深圳市、北京市等省（市）威海籍企业家的联系，推动组建当地威海商会。2020年，组建北京威海企业商会，成功召开北京威海企业商会成立大会暨威海市"双招双引"推介会；上海市威海商会、深圳市威海商会均召开会员大会并选举产生领导成员。总投资10亿元的温州智能制造产业园项目开工建设；总投资6亿元的山东省温州商会大厦项目正在进行征地工作；山东大屋集团有限责任公司与华侨城集团有限公司、中国国际能源集团控股有限公司签订三方合作框架协议，共同开发威海拉漫国际田旅主题乐园，该项目总投资50亿元，引进资金36亿元。

（王　雷）

【个体私营企业协会工作】 2020年，开展个体私营企业党组织信息采集工作，涵盖全市企业2266户，建立党组织的企业有1636家，党员1.88万名。评选文明诚信民营企业、文明诚信个体工商户200家，党员示范商户33家。开展法律服务进民企活动，联合市司法局、律师协会聘请40名律师组成市个体私营企业律师服务团，为172家个体私营企业提供免费法律体检，解答各类法律问题67个，印制发放《个体私营企业法律维权服务手册》1000本。调研217家企业融资需求，组织开展助企融资、促进发展对接活动，3家协议银行为5230户个体私营企业融资50.9亿元。联合威海职业学院（威海市技术学院）开展民营企业网上人才招聘工作，229家企业提供岗位4653个，签订就业协议约2560个；组织对接个体私营企业50家，提供实习岗位994个。

（王现茂）

精神文明建设

【社会主义核心价值观建设】 聚焦"讲文明　树新风""文明健康　有你有我"等主题，设计公益广告模板200副，在主次干道、公园广场、居民小区等场所设置景观式、平面类等公益广告牌7.7万块，在电视媒体、网络媒体、LED电子屏上进行常态化刊播，累计播出200万余条（次）。组织开展山东省第四届社会主义核心价值观主题微电影（微视频）征集展播活动，威海市获奖数量居全省第1位。完善村、镇、县、市四级联动，自下而上、梯次推进的好人推荐格局，推动形成推荐评选、新闻宣传、学习教育和困难帮扶工作体系。2020年，评出"威海好人"138名，其中5人入选"中国好人榜"、53人入选"山东好人榜"、5人入选"山东好人之星"、8人获评齐鲁最美人物。开展形式多样的典型学习宣传教育活动，举办"感动威海"典型事迹宣讲报告会，不断扩大先进典型影响力，营造见贤思齐、崇德向善的良好氛围。广泛开展"我们的节日"主题活动，引导人们在辞旧迎新、慎终追远、缅怀先贤、阖家团圆、孝老爱亲中传承优秀文化、弘扬文明新风。

【全国文明城市"三连冠"夺取】 高标准、高质量推进落实各项文明城市创建任务，进一步健全优化问题征集、转办督办、考核奖惩、专班推进等机制，围绕提升市容环境、改善公共秩序、培育文明市民等内容，实施"提升工程"，整治改造主次干道95条、背街小巷98条、交通路口182个，在主次道路、社区周边等增设停车位10万余处，新增无障碍设施900余处、修复提升869处；全面升级改造38个早夜市和32处农贸（集贸）市场，完成1100余个小区的环境整治，拆除清理私搭乱建、乱堆乱放等死角盲区1万余处，恢复绿化带3200余处，更新标准垃圾桶3万个，安装智能回收箱141套，设置临时性经营早夜市、固定摊点、特色餐饮街区等200余处，容纳摊位近1.1万个。在第六届全国文明城市测评中，威海市获得全国文明城市称号"三连冠"，荣成市、乳山市蝉联全国文明城市，威海市再次实现全国文明城市"全域一片红"。

【群众性精神文明创建活动开展】 深化拓展文明单位创建，全面落实党建先行、价值引领、业绩领先、责任担当、创建示范"五项任务"，集中整治"冷、硬、拖、卡"等问题，进一步提升文明单位创建实效，发挥好示范引领作用。2020年，新增市级文明单位35个，推荐获评全国文明单位4个、省级文明单位20个。持续深化文明村镇创建，与乡村振兴融合推进，坚持塑形与铸魂两手抓，不断扩大创建覆盖面，提升创建质量水平。2020年，评选市级文明村镇205个，推荐获评全国文明村镇4个、省级文明村镇21个。广泛开展文明校园创建活动，着力加强师德师风建设，把立德树人、铸魂育人要求落到实处。督导检查文明校园创建工作，推荐获评全国文明校园2个。扎实推进文明家庭创建活动，持续深化"美在我家"主题活动，以家庭素质、家庭伦理、家庭教育、家庭生活、家庭责任建设为重点，引导广大家庭积极参与文明家庭创建活动。2020年，推荐获评全国文明家庭1个，省级文明家庭8个；推荐获评国家级五好家庭1个、国家级最美家庭1个，省级最美家庭3个。

【新时代文明实践中心建设】 完善新时代文明实践站（所）评价标准和四级动态管理体系，扎实推进第二批112个镇（街道）、村（社区）市级试点建设，至年底，市及各区（市）、开发区均成立新时代文明实践中心，实现71个镇（街道）新时代文明实践所全覆盖，试点村（社区）全部建立“4+N”支志愿服务队，部分试点村（社区）建立特色志愿服务队。整合全域红色文化、国家安全教育资源，推进建设红色教育基地474处，打造构建全国第一个以国家总体安全观为主题的教育培训基地，为新时代文明实践提供丰富教育载体。2020年，全市依托各类基地开展各类活动3000余场次，受益群众超过50万人次。5月，荣成市入选全国新时代文明实践中心建设重点联系县（市、区）。10月，全省新时代文明实践中心建设试点暨学雷锋志愿服务工作座谈会在荣成市召开。

【乡村文化振兴】 持续深化乡村文明行动，每季度组织开展环卫一体化暗访检查，推动解决农村垃圾治理、生活垃圾清运、转运站建设维护等方面存在的问题，巩固提升城乡环卫一体化成果。持续深化移风易俗，采取线上、线下相结合的方式，组织开展新农村新生活培训，受众3万余人次。大力推进公益性公墓建设，建成镇级集中型公益性公墓53个，节地生态安葬率达50%以上。持续深化禁烧冥纸冥币、禁放烟花爆竹专项治理，婚事新办、丧事简办、文明祭扫、垃圾分类等文明生活方式习惯逐渐成为农村群众共识。全市文明达标村覆盖率达98.47%，在年度全省乡村文化振兴考核中被评为“好”。

【志愿服务制度化建设】 建成新时代文明实践志愿服务“云”平台，整合联通各区（市）、开发区、市直各部门志愿服务平台以及威海市公共信用信息平台，实行全市志愿服务“一张网”管理。召开“精致威海·志愿同行”志愿服务行动新闻发布会，策划推出“黄金一刻钟”理论宣讲、“美厨娘”暖心食堂、百姓故事群众宣讲、“文明实践星期六”等2000余个志愿服务品牌项目。在全市统一推行“志愿+信用”模式，将志愿服务活动时长与“海贝分”个人信用积分实时挂钩、即时折算，调动群众参与志愿服务积极性，至年底，全市建立志愿服务队伍1.38万支，注册志愿者人数达67万人，志愿者活跃度保持在53%以上。在新冠肺炎疫情防控中，全市40万余名志愿者参与“携手文明 共同战‘疫’”志愿服务活动，涌现抗击疫情先进典型570个、威海战“疫”最美人物（群体）61个、抗击疫情最美志愿者和抗击疫情最佳志愿服务组织178个，18个单位和个人获评全省抗击疫情最佳志愿服务组织和抗击疫情最美志愿者。

8月，志愿者在清扫垃圾　　（杨　正　摄）

【“三不一礼让”文明出行提升行动】 市精神文明建设委员会办公室等部门印发《威海市开展“三不一礼让”文明出行提升行动实施方案》，6月16日，举办“三不一礼让”文明出行提升行动启动仪式。年内，围绕“三不一礼让”（不车窗抛物、不随意鸣笛、不乱停乱放，礼让斑马线）组织开展培训教育、专项执法行动等200余次，通过日常执法等查纠行人和非机动车乱穿马路、闯红灯、逆向行驶等交通违法行为10万余起，查处机动车乱停车、闯红灯、不礼让斑马线等交通违法行为40万余起；组织各类媒体策划推出专题稿件100余篇（条），刊播公益广告5万余条（次），社会参与承诺人数近50万人。组织市直部门志愿者在市区人流较多的重要交通路口、路段和过街天桥开展“路长制”“岗长制”文明引导志愿服务，累计上岗10万余人次。

【未成年人思想道德建设】 以“扣好人生第一粒扣子”为主题，组织开展清明祭英烈、向国旗敬礼、“新时代好少年”学习宣传等系列教育实践活动。组织威海市第六届“国学小名士”经典诵读电视大赛，广泛开展“新时代好少年”学习宣传活动，推选2020年度威海市“新时代好少年”30名，其中2名入选山东省“新时代好少年”。对全市乡村学校少年宫项目建设、管理和使用情况进行常态化管理，新建乡村学校少年宫中央项目10所。发挥社区教育功能，整治校园周边环境，加强“扫黄打非”和网吧日常监管，营造未成年人健康成长的良好社会文化环境。2020年，威海市志愿服务指导中心（威海市新时代文明实践指导中心）获评第六届全国未成年人思想道德建设工作先进单位。

（刘　衍）

生态文明建设

【概况】 2020年，全市生态环境保护工作牢固树立“绿水青山就是金山银山”理念，坚持生态立市、环境优先、

6月，“绿色商圈 无废生活”活动启动仪式举行

（威海市生态环境局　提供）

绿色发展，突出精准治污、科学治污、依法治污，坚决打好打赢蓝天、碧水、净土保卫战，全市生态环境质量持续改善，继续保持全省领先，超额完成“十三五”规划纲要确定的生态环境9项约束性指标和污染防治攻坚战阶段性目标任务，省生态环境厅连续5年给市委、市政府发送喜报。

【生态环境治理】 进一步加强对生态环境保护工作的组织领导，成立由市委书记任主任的市生态环境委员会，市生态环境委员会全体会议、市委常委会会议、市政府常务会议研究生态环境保护工作15次，市委、市政府主要领导对生态环境保护工作批示134次，带头实地督导检查，推动生态文明建设各项决策部署落实落地。完善整改台账、督导、销号“三个制度”，全面推进环保督察整改任务。全面推行排污许可制，推进生态环境损害赔偿，加快部门、单位生态环境保护责任清单、“三线一单”（生态保护红线、环境质量底线、资源利用上线，生态环境准入清单）编制，印发《威海市突发环境事件应急预案》，完成深圳籍“光汇616”轮船内泄漏、荣成市崖西镇“4·24”山火等环境事件应急监测，开展生态环境领域安全生产大排查大整治活动，推进生态环境治理体系和治理能力现代化。开展生态环境保护立法和监督，市人大常委会颁布实施《威海市危险废物管理办法》《威海市山体保护条例》，修改《威海市饮用水水源地保护条例》《威海市海岸带保护条例》等法规；依法听取和审议市政府年度环境状况和环境保护目标完成情况，对大气污染防治情况、水污染防治“一法一条例”和土壤污染防治法实施情况进行执法检查，组织环保世纪行宣传活动。压紧压实各级生态环保责任，印发2020年度区（市）、开发区督查考核办法和目标绩效管理考核标准，将主要污染物减排、环境质量改善作为区域发展的约束性指标，将环境损害作为扣分指标，进一步压紧压实区（市）属地责任、“管行业管环保、管业务管环保、管生产经营管环保”的行业主管责任、企业主体责任和生态环境部门统一监管责任。

【生态环境执法】 坚持监管与服务并重，加强执法帮扶，181家企业纳入执法正面清单动态管理，开展非现场检查350余次；开展“送法入企”活动，印发服务手册4期6700余本，引导企业知法、懂法、守法。统筹开展专项执法、综合执法和稽查执法，严格落实“双随机、一公开”和行政执法“三项制度”（行政执法公示制度、执法全过程记录制度、重大执法决定法制审核制度），全年办理环境违法行政处罚案件142件，处罚金额750万余元。坚持提素质与强能力相结合，提升软实力，每周组织集体学习，首次举办全市生态环境执法人员培训班；强化硬实力，借助用电监控系统、无人机等，推动非现场执法，提高执法效能。年内，市生态环境保护综合执法支队获评省级文明单位。

【海洋生态文明建设】 全面推进湾长制，公布市级湾长组织体系，明确市总湾长、副总湾长以及市级湾长2名。沿海7个区（市）、开发区全部印发湾长制工作方案，明确由沿湾区（市）、开发区党政主要负责人担任的二级湾长11名、沿湾镇（街道）主要负责人担任的三级湾长36名，全市实现市、县、镇三级湾长全覆盖。组织召开全市湾长制工作会议，会议强调严格落实湾长制等各项要求，扎实做好入海排污口排查整治、岸线垃圾防治、渔港码头环境治理，打造一流的海洋生态环境。建立湾长制责任清单、任务清单，制定总湾长、副总湾长、市级湾长责任任务清单，明确湾长职责、巡湾频次、会议方式和考核等事项，督导各区（市）、开发区湾长制办公室贯彻落实。印发《2020年湾长制工作重点》，从海洋空间资源管控、陆源污染入海防治、海域污染综合防治、海洋生态保护修复、海洋环境风险防范5个方面着力推动海洋生态环境持续改善、海洋环境风险有效管控、海洋管理保护能力持续提升。完成湾长制管理信息系统建设，威海市湾长制管理信息系统正式投入运行，并与文登区、荣成市完成联网，运用大数据、互联网等现代化手段，提升海洋生态环境信息化监管水平。完成湾长制实施效果评估工作，根据《山东省湾长制实施效果评估措施（2020年）》，认真组织开展威海市湾长制实施效果评估工作，客观评估威海市湾长制推进实施情况。

【乡村生态振兴】 发挥乡村生态振兴专班牵头抓总作用，扎实开展农村人居环境整治活动，狠抓农村生活污水治理，采取市级核查与随机抽查方式，建立“月—半月—周”调度通报制度，完成690个行政村农村生活污水治理。建设农村公厕390个，实现300户以上自然村农村公厕全覆盖。累计创建各类美丽乡村示范村209个。开展农村黑臭水体排查，坚持现场调查与遥感识别同步推进，排查黑臭水体8处，完成治理5处。强化秸秆禁烧管控，实现“零”火点。在2020年乡村生态振兴考核中，威海市列全省第3位。

【生态文明宣传】 加强正面宣传，围绕新冠肺炎疫情防控、打好污染防治攻坚战、“无废城市”试点建设等，在各类媒体、网站上刊发新闻282条，全年召开新闻发布会5次。强化舆情应对处置，加强网络舆情引导，全年监测并处置环境舆情78起。按照“人人都是舆情员、网评员、宣传员”要求，调度建立网评员队伍。抓好典型培养和宣传，1人入选百名最美生态环保志愿者和山东省十佳最美生态环保志愿者，“精致花园 无废社区”案例入选山东省十佳公众参与案例，评选推荐第三批齐鲁生态环保小卫士59名。开展“六五”环境日主题宣传活动，采取“主会场+分会场”“线上+线下”模式，开展“美丽中国 我是行动者”主题宣传活动；开设“书记（市长）谈环保”“我的环保故事”栏目，完成“美丽中国·威海篇”展播。开展环境宣传教育活动，推动环保设施和城市垃圾污水处理设施向公众开放，组织线上、线下开放活动26次，线上开放视频点击量达2.8万余次，线下参与600余人次。指导威海市诺和悦然公益服务中心申报“环保设施向公众开放NGO基金”。开展“无废城市 你我同行”“环保迎新春 绿色过大年”“文明交通引导志愿服务”等活动，提高社会公众生态环保意识。

（王厚海）

全面深化改革

【概况】 2020年，全市按照省九大改革攻坚行动部署要求，聚焦威海市12项重点攻坚突破任务，先后召开市委全面深化改革委员会会议7次，研究重大改革文件18个，加快推进各项改革，全力开创“精致城市·幸福威海”新局面。

【改革推进落实机制健全】 全链条责任落实机制建立 坚持“两个链条”同步落实责任，构建顺畅高效、环环相扣的责任机制。构建自上而下的责任链条，市委深化改革委员会成员带头认领176项重点改革任务。压实各专项小组、牵头部门主体责任，并赋予其对配合部门的考核建议权。充实市委全面深化改革委员会办公室力量，成立决策服务中心，建立改革典型项目库，多渠道向上推介。构建自始至终的评估链条，围绕解决文件制发、落实“两张皮”“空对空”问题，制定印发《政策性文件评估办法》，对改革文件制定、执行、实施效果实行全过程评价，先后对10余项改革开展过程和结果进行评估。

全周期推进落实机制建立 年初抓工作谋划，将省九大改革攻坚行动细化为12项攻坚突破任务、176项具体改革事项，要求每个部门至少谋划推进2项改革突破事项。年中抓工作问效，上半年对“双招双引”、项目建设等重点领域改革进行系列问效活动，9月，对12项重点攻坚突破任务逐个进行现场述职答辩和评议。年底抓工作评价，将改革攻坚成效作为评先选优的重要依据。全年抓工作推进，与形式主义、官僚主义专项整治相结合，采取明察暗访、实地督导等方式跟踪督导落实。

全方位督察落实机制建立 强化市、县联动，利用信息化手段，建立市、县党政督办系统“一张网”，重大改革事项市、县同步督察、同步整改。强化部门联动，整合市委全面深化改革委员会办公室、市委办公室、市政府办公室、市纪委市监委办公室、业务部门等力量，开展联合督察，形成日常督察、专项督办、常委会审议调度、追责问责、跟踪问效的闭环督察落实机制。强化社会联动，建立涵盖所有镇（街道）、村（居）、医院、学校负责人以及企业、工商户的信息库，将督察触角直插基层。强化督考联动，推行过程督察与结果考核共享共用，落实“清单”制度，对督察中发现的问题，由市委全面深化改革委员会办公室向牵头部门发送交办单、催办单，到期仍未交账的，发送督办单并纳入考核。

【重点领域改革任务落地】 公共卫生应急管理改革攻坚行动 针对新冠肺炎疫情防控阻击战中暴露出的短板、弱项，进一步完善重大疫情防控体制机制，健全公共卫生应急管理体系和重大疾病保险救助制度，及时把疫情防控中的好经验好做法固化为制度成果。在全省率先组建3个医疗保健集团，整合市、县、镇、村医疗机构107家，通过推行人员使用、财务管理、物资管理、公卫管理、信息管理、质量管理“六统一”，进一步优化城乡医疗卫生资源配置。积极推进国家中医药综合改革试验区建设，发挥中医药对疫情防控的作用，中医优势病种收付费方式改革、中医日间病房医保结算管理试点、合理确定中医按病种支付标准、中药集中配送等经验做法在全国全省推广。

流程再造改革攻坚行动 市政府印发《关于提标提速提效推动营商环境攻坚突破的实施意见》，要求提标提速提效推动营商环境攻坚突破。成立18个攻坚突破小组，全力推动政务服务“一窗受理、一网通办、一链办理、一次办好”，切实让企业和群众能办成事、快办事。威海市获评2020年中国国际化营商环境建设标杆城市，列《中国城市政商关系排行榜2020》第19位，网上政务服务村（居）全覆盖等5

4月，山东港口威海港冷链运营中心启动仪式举行 （朱春晓 摄）

个案例入选全省优化营商环境典型案例。在全省率先实现社会投资类工程建设项目区（市）“闭环审批”，经验做法在全省推广。印发《“数聚赋能”2020专项行动方案》，积极推动数据开放共享，数据共享应用案例“信用威海”入选2020大数据“星河(Galaxy)”行业大数据应用标杆案例。

人才制度改革攻坚行动 建成线上高层次人才绿色通道服务平台，创新推出“威海英才”电子卡，开通人才服务热线，线下打造“一站式”服务中心，组建服务专员队伍，并在全省率先开展高层次人才创业保险，为高层次人才提供不低于1000万元的创业企业研发补偿保险和不低于300万元的人身保障保险。在文登区探索乡村振兴首席专家制度，引进专家120余名，成功落户清华大学乡村振兴工作站，经验做法作为全省改革典型案例报中央全面深化改革领导小组办公室，并在中央电视台《新闻联播》播放。

科教改革攻坚行动 整合全市优质创新资源，构建“1+4+N”科技创新体系，已加入创新平台16家，延伸成立创新机构45家，实施产业化项目超过100项，引进培养创新人才600人，年新增产值100亿元。高新技术企业由502家增加到737家，国家认定的科技型中小企业由634家增加到1136家，高新技术产业产值占比由49.5%提高到60.1%。在推进产教融合方面，市政府印发《威海市建设职业教育创新发展高地实施方案》，探索中高职贯通培养联合体、职普教育融通发展联合体，组建覆盖全产业链的职业教育集团，18家企业入选全省首批产教融合型试点企业。

财税金融改革攻坚行动 建设涉企资金“一站式”服务平台，集成政策发布、企业申报、部门审核等功能，推动信息互联互通，进一步提高财政资金使用效率。开展打击非法金融活动专项整治行动，相关经验做法被国家处置非法集资部际联合会议办公室推广。构建“信财银保”企业融资服务联动机制，通过大数据信用评价、财政风险补偿、银行联动参与、信保基金增信，有效解决中小微企业融资难、融资贵的问题，先后注册银行22家、企业1174家，发放贷款821笔、融资金额51亿元。深入实施上市三年攻坚计划，威海市商业银行股份有限公司在香港交易所主板上市，募集资金净额32.66亿港元。

资源环境领域改革攻坚行动 健全“要素跟着项目走”综合保障机制，积极推进“亩产效益”评价和“标准地”改革试点，引导各类资源要素向优势企业、优质项目流动。实行新增建设用地差异化、精准化配置，对新旧动能转换优选项目、“双招双引”项目以及社会民生项目，加大新增指标预支力度；出台新旧动能转换重大工程项目库管理暂行办法，明确对入库项目予以优先支持。开展中心城区低效用地整治，从产业转型类、功能完善类、商住开发类、生态修复类4个方向分类施策，威海华夏城入选“绿水青山就是金山银山”实践创新基地，生态修复工作经验在《人民日报》头版刊发。

6月，华夏城景区 （杨 正 摄）

企业改革攻坚行动 坚持国有和民营企业两手抓，围绕深化国有企业改革，印发《威海市国企改革三年行动方案（2020—2022年）》，开展国有企业“三项制度”改革，搭建市属国有企业资金监管平台，提前一年实现外部董事占多数的改革目标，举行国有企业改革发展述职评议会，采取现场述职、问询、点评、打分评议的方式，传导压力、激发动力，经验做法被省国企改革领导小组通报表扬。围绕促进民营企业发展，实施企业冲击新目标行动，建立“冲击新目标行动”企业、创新型企业、“小升规”培育企业“200+200+600”递进式发展梯队，分类精准支持，“冲击新目标行动”企业中有79家企业营业收入实现两位数增长，创新型企业营业收入增长超过20%，183家企业进入规模以上企业行列。

开放倒逼改革攻坚行动 规划建设全模式跨境电商创新产业园，提供从集货、仓储、展示到支付、结汇、配运等全流程服务，全市跨境电商零售进出口增长50%。作为全省唯一连续3次入选国家服务贸易创新发展试点的地级市，创造性提出推动威海市与韩国仁川市两地空港、海港“四港联动”，积极打造中韩国际物流大通道；建设威海服务贸易产业园，吸引阿里巴巴跨境电商本地服务中心、浪潮“一带一路”国家云服务运营中心等企业入驻。推进“四港联动”、打造特色服务贸易集聚区两个案例被国务院服务贸易发展部际联席会议评为最佳实践案例。

优化法治环境改革攻坚行动 统筹推进政法领域改革，经验做法在全省加快推进政法领域改革暨执法司法规范化建设视频会议上作典型交流。在全省率先完成民营中小企业账款清欠工作，建立欠款线索月调度机制、清偿计划“即清即报即审”制度，坚决杜绝“边清边欠”“清了又欠”，经验做法被上级肯定推广。深入开展以信用进企业、进校园、进机关、进农村、进社区为主要内容的“信用五进”，实施行业信用分级分类监管、“红黑名单”制度以及多部门宽领域联合奖惩，信用指数连续位居全国地级市首位。

（李宇翔）

组织机构及负责人名录（2020年12月）

【中国共产党威海市委员会】

书　记　王鲁明* 张海波
副书记　张海波* 闫剑波
　　　　张宏伟(女)* 贾瑞霞(女)
常　委　王鲁明* 张海波　闫剑波
　　　　张宏伟(女)* 贾瑞霞(女)
　　　　王　亮　侯世超
　　　　刘　运* 傅广照　刘广华
　　　　邹积军* 任敬喜
　　　　刘升勤(女)　梁金光
　　　　姚玉辉
秘书长　侯世超
市委办公室
主　任　林　强
市委组织部
部　长　刘　运* 刘升勤(女)
分管日常工作的副部长　于所航
市委“两新”工委
书　记　孙玉建
市委宣传部
部　长　刘广华
分管日常工作的副部长
　　　　张瑞英（女）
社会科学界联合会（与宣传部合署）
主　席　王治国
市委统战部
部　长　梁金光
分管日常工作的副部长
　　　　姜文秋（女）
归国华侨联合会
主　席　杨志伟
市委政法委
书　记　傅广照
分管日常工作的副书记　孙新强
市委政策研究室
主　任　张　璟
市委网信办
主　任　肖　怡(女)
市委编办
主　任　马绪福
市委台港澳工作办公室
主　任　杨志伟
市委市直机关工委
书　记　王　晓
市委老干部局
局　长　徐　力
市委离退休干部工委
书　记　(缺)
市委火炬高技术产业开发区工作委员会
书　记　刘　伟
副书记　许　日* 柯学民
市委经济技术开发区（出口加工区）工作委员会
书　记　吕晓东
副书记　谭远国　梁永波*
市委威海临港经济技术开发区工作委员会
书　记　于文江*
副书记　王　文　梅延良
市委南海新区工作委员会
书　记　张海军
副书记　姜进军

【威海市人民代表大会常务委员会】

主　任　王学文
副主任　毕礼伟* 丛培卿(女)
　　　　张　竞(女)
　　　　李文基　于东海
秘书长　杨万友
办公室
主　任　杨万友* 张海英(女)
研究室
主　任　修振竹
人事代表工作委员会
主　任　穆荣庆
预算工作委员会
主　任　岳　娜(女)
法制工作委员会
主　任　张吉军
财政经济工作委员会
主　任　张立成
监察和司法工作委员会
主　任　焦　杨(女)
教育科学文化卫生工作委员会
主　任　李大超
城建环保工作委员会
主　任　褚昭晓
农业与农村工作委员会
主　任　张忠山
民族侨务外事工作委员会
主　任　张黎明
社会建设工作委员会
主　任　胡加乐
法制委员会
主　委　刘昌清
财政经济委员会
主　委　张立成
监察和司法委员会
主　委　刘志东
教科文卫委员会
主　委　张春晓(女)
城乡建设和环境资源保护委员会
主　委　李延茂
农业与农村委员会
主　委　刘德柏
民族侨务外事委员会
主　委　耿　涛
社会建设委员会
主　委　王麦壮

【威海市人民政府】

市　长　张海波* 闫剑波
副市长　王　亮　杨　丽(女)
　　　　叶立耘　张　伟
　　　　高书良　周永迪
秘书长　王　清
市政府办公室
党组书记　王　清
主　任　张宗波* 王　伟
发展和改革委员会
主　任　邓　勇
教育局
局　长　徐东晖
市委教育工委
书　记　刘广华
常务副书记　徐东晖
科技局
局　长　王厚全
工业和信息化局
局　长　乔新跃
市委工业工委
书　记　乔新跃
公安局
局　长　叶立耘
政　委　李　刚* 王广跃
公安局交警支队（分局）
支队长（局长）　王道珊
政　委　于学龙
民政局
局　长　栾　波
司法局
局　长　李元敬
山东省威海监狱

第一政委　李元敬
监 狱 长　戚　健
政　　委　高振平
财政局
局　长　李　峰*　董晓阳
人社局
局　长　王子明
自然资源和规划局
党组书记　李大伟
局　　长　宋修德*　李大伟
生态环境局
局　长　毕建康
住房和城乡建设局
局　长　于胜涛*　宋修德
交通运输局
局　长　刘树伟
水务局
局　长　董晓阳*　毕兴全
农业农村局
党组书记　王焕孟
局　　长　周　华
扶贫办
主　任　王焕孟
海洋发展局
局　长　邢海文
商务局
局　长　乔　军
文化和旅游局
局　长　隋建波
卫生健康委(中医药管理局)
主　任　侯文金
局　长　鞠立民*　侯文金
退役军人事务局
局　长　苑圣慧
应急管理局
局　长　梁　皓
审计局
局　长　于松涛
外事办公室
党组书记　焦　华(女)
主　　任　赵广洪
国资委
主　任　宋修骞*　丛龙海
行政审批服务局（市政务服务管理办公室）
党组书记　　王　亮
局长（主任）高　飞
市场监督管理局
局　长　傅世涛
体育局
局　长　丛华清
统计局
党组书记　王京伟
局　　长　周　宁
医疗保障局
局　长　毕兴全*　苑　顺
人防办
主　任　王永池
地方金融监督管理局（市金融办）
局长（主任）　张　刚
信访局
局　长　许德刚
林业局
局　长　周德纯
威海火炬高技术产业开发区管理委员会
主　任　刘　伟
副主任　柯学民　孙法春　丛建旭
　　　　孙明健(科技副主任)*
　　　　赵　林　侯成阳
威海经济技术开发区管理委员会（挂出口加工区管委牌子）
主　任　吕晓东
副主任　谭远国　李英春
　　　　赵　冰　王　启
　　　　刘爱军(科技副主任)*
　　　　梁　明
威海临港经济技术开发区管理委员会
主　任　于文江
副主任　王　文　梅延良　丛　涛
　　　　蔡曙光　王维钢
　　　　刘瑞刚(科技副主任)*
　　　　马练军
威海南海新区管理委员会
主　任　张海军
副主任　姜进军　刘　杰
　　　　迟永伟　刘文杰
　　　　田秀君(科技副主任)*

【中国人民政治协商会议威海市委员会】

主　席　高旭光
副主席　李淑芳(女)　戚建波
　　　　刘亚东(女)　任慧春
　　　　徐东明　夏景华　陈伟胜
秘书长　戴海波
办公室
主　任　于培涛
研究室
主　任　王警卫
提案委员会
主　任　袁文龙
人口资源环境和经济委员会
主　任　王金昌
农业和农村委员会
主　任　张兴民
教科卫体委员会
主　任　（缺）
港澳台侨和民族宗教外事委
主　任　李建军
社会法制委员会
主　任　张思玉(女)
文化文史和学习委员会
主　任　（缺）
委员联络工作委员会
主　任　于加林

【中国共产党威海市纪律检查委员会】

书　记　任敬喜
副书记　李存杰　尹玉翠(女)
　　　　张利春*
市监察委员会
主　任　任敬喜
副主任　李存杰　尹玉翠(女)
　　　　张利春*
派驻第一纪检组
　组长　曲爱民(女)*　邵洪涛
派驻第二纪检组
　组长　刘晓光*　王　荣(女)
派驻第三纪检组
　组长　宋文静(女)
派驻第四纪检组
　组长　李建军*　宋修顺
派驻第五纪检组
　组长　曲建龙
派驻第六纪检组
　组长　徐　科*　张丰君
派驻第七纪检组
　组长　孙洪毅
驻市法院纪检组
　组长　宋桂娥(女)
驻市检察院纪检组
　组长　王殿彬
驻市公安局纪检组
　组长　芮海波*　彭　兵
驻市卫生健康委纪检组
　组长　鞠爱君(女)

【市委巡察办】

主　　　　任　谷衍宁
第一巡察组组长　程远臣
第二巡察组组长　由占胜
第三巡察组组长　栾国栋
第四巡察组组长　周高洁(女)

第五巡察组组长　王建华(女)

【法院、检察院】

威海市中级人民法院
院　长　黄明春
副院长　杨文昌　王树远
　　　　邱会军　于荣勋
威海高技术产业开发区法院
院　长　宫云举
威海经济技术开发区法院
院　长　宋　光
威海市人民检察院
检 察 长　王锡友
副检察长　孟　莲(女)　任建波
　　　　　毕新状　　姜夕同
威海高技术产业开发区检察院
检察长　姜志芳(女)
威海经济技术开发区检察院
检察长　耿建忠

【民主党派】

民革威海市委
主　委　李淑芳(女)
民盟威海市委
主　委　周　宁
民建威海市委
主　委　毕礼伟*
民进威海市委
主　委　陈伟胜
致公党威海市委
主　委　于富波
九三学社威海市委
主　委　贾国哲
农工党威海市筹委会
主　委　李光华*

【群众团体】

总工会
主　　　席　张　竞(女)
常务副主席　刘德柏*　吴宏飞
共青团威海市委
书　记　许宏妮(女)
妇女联合会
主　席　彭　霞(女)
文学艺术界联合会
主　席　张建岭
科学技术协会
主　席　宋华东
工商业联合会
主　　席　杨　丽(女)
党组书记　陈　文

中国国际贸易促进委员会
　威海市委员会
　(中国国际商会威海商会)
会　长　毕可德
市残疾人联合会
理事长　王维强
红十字会
会　　　长　高书良
常务副会长　徐志勤

【市属事业单位、经济组织】

市接待处
处　长　李世良
市档案馆
馆　长　耿　涛
威海日报社（威海报业传媒集团）
社　长　鞠宏宇
市老年大学
校　长　刘　杰
中共威海市委党校
校　长　王鲁明*　张海波
副校长　许祖强　　连殿武　王绍臣
　　　　王肖杰　　秦立兴
市行政学院
院　长　（缺）
副院长　孙　明
市社会主义学院
院　长　（缺）
副院长　（缺）
胶东（威海）党性教育基地管理
　办公室
主　任　许祖强
市委党史研究院（市地方史志
　研究院）
院　长　耿祥星
市政府调查研究室
主　任　（缺）
市口岸事务服务中心
主　任　刘向阳*　许英文
市机关事务服务中心
主　任　王治强
市大数据中心
主　任　王　伟
市政府驻北京办事处
主　任　王海民
在京流动党员党委
书　记　王海民
市政府驻济南办事处
主　任　唐大鹏
市能源事业发展中心
主　任　王　涛

山东省文登师范学校
党委书记　张华燕
校　　长　韩文斐
山东省威海艺术学校
党委书记　苗　雨
校　　长　高淑丽(女)
职业中等专业学校
党委书记　连承平
校　　长　朱文娟(女)
市工业和信息化发展中心
主　任　张术晓
市政府投融资管理中心
主　任　于海容(女)
人力资源公共服务中心
主　任　王吉会
社会保险服务中心
主　任　郭良田
市城市管理综合服务中心
主　任　张晓光
市住房保障公共服务中心
主　任　李瑞玲
市住房公积金管理中心
主　任　宋吉信
市公路事业发展中心
主　任　刘　勇
市交通运输事务服务中心
主　任　徐海洋
市地方铁路事业发展中心
主　任　刘　鹏
市水利事务服务中心
主　任　刘建国
市农业农村事务服务中心
主　任　徐发荣
市畜牧业发展中心
主　任　张　辉
市政府驻韩国办事处
主　任　刘永胜
市疾病控制中心
主　任　丁甫春*　毕春光
市立医院
党委书记　林治军
院　　长　李振光
市中心医院
党委书记　邹东明
院　　长　从海波*　（缺）
市中医院
党委书记　兰胜才
院　　长　孙建新
市妇幼保健院（市妇女儿童医院）
党委书记　苑　顺*　丁甫春
院　　长　张恩东

市体育运动学校
党总支书记　于年洪
校　　长　李小谦
刘公岛管理委员会（市景区管理行政执法局）
主　任　刘　震
局　长　周德刚
威海仲裁委员会秘书处
秘书长　郝　芳(女)
市广播电视台（威海广电传媒集团）
台　长　毕晟磊
威海职业学院（市技术学院）
党委书记　吴永刚
院　　长　李耀华
副 书 记　李耀华　李建刚
副 院 长　孙忠峰　曲桂东*
　　　　　董　先
纪委书记　丛培明
市供销合作社联合社
主　　任　唐会启
监事会主任　邹德强
威海技师学院
党委书记　隋永华
院　　长　石日众
副 书 记　石日众
副 院 长　姜德志*　程学兵
　　　　　李　宁
纪委书记　杨　君
威海海洋职业学院
党委书记　刘勤显
院　　长　张宗军
副 书 记　张宗军　周承凯
副 院 长　常建忠*　王星洵
纪委书记　王树春

【区、市】

中国共产党威海市环翠区委员会
书　记　王　坤
副书记　徐　明　邢海波
常　委　王　坤　徐　明
　　　　邢海波　孙青松（女）
　　　　孙　军　荣传伟　甄　峰
　　　　王大治*　林　莅　张元波
威海市环翠区人民代表大会常务委员会
主　任　刘光辉
副主任　黄式璞　韩　静(女)
　　　　戚务海　刘玉波　沙建强
威海市环翠区人民政府
区　长　徐　明
副区长　王大治*　尹振山
　　　　沈燕萍(女)　苏卫军
　　　　林青松
　　　　姜向荣(女，科技副区长)*
　　　　王永钊（挂职）
政协威海市环翠区委员会
主　席　连业礼
副主席　隋良杰(女)　黄福涛
　　　　张华龙　邓　洁(女)
中国共产党威海市环翠区纪律检查委员会
书　记　孙青松(女)
环翠区监察委员会
主　任　孙青松(女)
中国共产党威海市文登区委员会
书　记　张宏璞
副书记　林　恒　隋同朋
　　　　于明涛（挂职）
常　委　张宏璞　林　恒　隋同朋
　　　　于明涛（挂职）　姜全文
　　　　刘黎宁*　王肇刚*
　　　　王军华(女)*　张凌飞
　　　　付文柏*　刘　军　刘新伟
　　　　王爱林（挂职）　高桂阳
　　　　张晓威　王　亮　岳欣茹
威海市文登区人民代表大会常务委员会
主　任　张建亭
副主任　李健夫　王丽珍(女)
　　　　江先才　孙显林　褚元鹏
威海市文登区人民政府
区　长　林　恒
副区长　王肇刚*　王爱林（挂职）
　　　　张晓威*　王　亮*
　　　　李惠静(女，科技副区长)*
　　　　刘建方　岳欣茹(女)*
　　　　张凌飞　李　正
　　　　刘　斌　刘　丽
政协威海市文登区委员会
主　席　毕庶杰
副主席　王江炜　杨学文
　　　　黄梅花(女)　毕卫刚
　　　　姜浩宁　姜红江
中国共产党威海市文登区纪律检查委员会
书　记　姜全文
文登区监察委员会
主　任　姜全文
中国共产党荣成市委员会
书　记　包希安
副书记　宋修骞　王洪晓
　　　　单浩仁（挂职）
常　委　包希安　宋修骞　王洪晓
　　　　单浩仁（挂职）　张　勇
　　　　郑跃文　王　刚
　　　　李洪霞(女)　张国杰
　　　　王志伟*　刘熙军
　　　　黄　丹（挂职）　李文海
　　　　胡留生　王　焓（挂职）
荣成市人民代表大会常务委员会
主　任　吕劭伟
副主任　徐志兵　刘书国
　　　　王凤阳　慕林辉
　　　　田永霞(女)
荣成市人民政府
市　长　宋修骞
副市长　郑跃文　王　刚*
　　　　黄　丹（挂职）
　　　　李文海*　马一东*
　　　　刘　峰(科技副市长)*
　　　　隋艳秋（女）刘金军
　　　　白雪松　刘华杰
　　　　王　焓（挂职）
政协荣成市委员会
主　席　战大海
副主席　张积聚　郭光远　孙建明
　　　　王继静(女)　张新颖(女)
　　　　武华锋
中国共产党荣成市纪律检查委员会
书　记　张　勇
荣成市监察委员会
主　任　张　勇
中国共产党乳山市委员会
书　记　周　兵
副书记　宫本杲　李国徽*　王大治
常　委　周　兵　宫本杲　李国徽*
　　　　王大治　卫　玮　李映华
　　　　于志昂　韩　帅　吕建川
　　　　许　鹏　刘建忠　侯卫强
　　　　刘培根　张华明（挂职）
　　　　鞠鹏飞
乳山市人民代表大会常务委员会
主　任　姜翠萍(女)
副主任　高翠玲(女)　矫伟宏
　　　　高　波*　孙保广　侯常青
乳山市人民政府
市　长　宫本杲
副市长　许　鹏　张华明（挂职）
　　　　宫洪霞(女)　袁国选*
　　　　凌建亚（挂职）*　姜春龙
　　　　刘　新　宋国华
政协乳山市委员会

主　席　李国徽
副主席　李新权　丛宝云　曲华良
　　　　张　平
中国共产党乳山市纪律检查委员会
书　记　李映华
乳山市监察委员会
主　任　李映华
（中共威海市委组织部提供）

【中央、省驻威海单位】

威海市国家安全局
局　长　马　群
威海市气象局
局　长　于志青
国家税务总局威海市税务局
局　长　邱中国
中华人民共和国威海海关
关　长　张东方
中华人民共和国荣成海关
关　长　王吉宏
中华人民共和国威海海事局
局　长　张向上
山东省威海船舶检验局
局　长　王曙明
威海市邮政管理局
局　长　于　洋
中国邮政集团公司威海市分公司
总经理　程宪平*　裴周轶
中国联合网络通信有限公司
　威海分公司
总经理　刘玉华（女）
中国移动通信集团山东有限公司
　威海分公司
总经理　王成杰
中国电信股份有限公司威海分公司
总经理　隆新华
国网威海供电公司
总经理　陈志勇
党委书记　于忠杰
中国银行保险监督管理委员会
　威海监管分局
局　长　刘兰设
中国人民银行威海市中心支行
行　长　关志勇
中国农业发展银行威海市分行
行　长　万鲁峰
中国工商银行股份有限公司
　威海分行
行　长　鞠　雷
中国农业银行威海分行
行　长　孔令军
中国银行股份有限公司威海分行
行　长　王国庆
中国建设银行股份有限公司
　威海分行
行　长　李海建
中国邮政储蓄银行威海市分行
行　长　赵　林
交通银行股份有限公司威海分行
行　长　苏小龙
山东省农村信用社联合社
　威海审计中心
主　任　苏明军
威海市商业银行
董事长　谭先国
行　长　孟东晓
监事长　邓　卫
山东威海农村商业银行股份有限
　公司（威海农商银行）
董事长　刘韶伟
中国人民财产保险股份有限公司
　威海市分公司
总经理　顾恩谭
中国人寿保险股份有限公司
　威海分公司
总经理　王秀泰
威海市烟草专卖局（公司）
局长（总经理）　张敬全
中国石化销售有限公司山东威海
　石油分公司
经　理　芦春阳
党委书记　范德强*　王忠峰
中国石油天然气股份有限公司
　山东威海销售分公司
经　理　王　滨
党委书记　王　滨
华能威海发电有限责任公司
厂　长　姜伟国
党委书记　刘　青*　卢德平
山东省威海体育训练中心
主　任　谷永波
山东大学（威海）
党工委书记　尹作升
党工委副书记　赵玉璞　郭培良
　　　　　　　周慧如
校　长　刘建亚
副校长　韩建新　刘　海　夏利东
　　　　黄凯南
纪工委书记　郭培良
哈尔滨工业大学（威海）
校　长　徐晓飞
党委书记　张淑娣
党委副书记　王建文　赵国亮
副校长　钟诗胜　曲世友
　　　　赵国亮　张文丛
纪委书记　王建文
山东药品食品职业学院
党委书记　刘玉东
院　长　张　晖(女)
党委副书记　许学新
副院长　李淑霞(女)
　　　　贾　强
纪委书记　车献庆
山东交通学院威海校区
管委会主任　李贞涛
管委会副主任　刘庆波　李光正
山东外事职业大学
校　长　孙承武
常务校长　刘先义
党委副书记　蒋忠英　李恒强
副校长　张介公　王　建
　　　　孙彤宇
哈尔滨理工大学荣成校区
院　长　徐向晨
党委书记　刘云峰
党委副书记　王　坤
副院长　杜　野（常务）
　　　　张桂华　王　坤
北京交通大学（威海）
管委会主任　关忠良
党委书记、管委会常务副主任
　　　　李宏林
管委会副主任　刘　颖
党委副书记、管委会副主任
　　　　李香山　林万梁
管委会副主任　白延雷　肖贵平
山东铝业职业学院威海校区
党委书记　常务副院长　杜树宇
党委副书记　纪委书记　贾永臣
副院长　周焕启
　　　　李　波

说明：* 表示年内离任

（各相关单位提供）
编辑　闫拥军

中国共产党威海市委员会

综　述

【概况】 中国共产党威海市第十五届委员会于2017年3月产生，任期5年。至2020年年底，实有委员44人，常务委员会委员11人，候补委员8人。市委设置市纪律检查委员会监察委员会机关和市委办公室［市档案局、市委保密委员会办公室（市国家保密局）］、市委组织部（市委非公有制经济组织和社会组织工作委员会、市公务员局）、市委宣传部（市政府新闻办公室、市精神文明建设委员会办公室）、市委统一战线工作部（市民族宗教事务局、市政府侨务办公室）、市委政法委员会、市委政策研究室（市委全面深化改革委员会办公室）、市委网络安全和信息化委员会办公室（市互联网信息办公室）、市委机构编制委员会办公室、市委台港澳工作办公室（市政府台港澳事务办公室、市海峡两岸交流基地管理办公室）、市委市直机关工作委员会、市委巡察工作领导小组办公室、市委老干部局12个工作机关。

重要会议、决策及部署

【威海市“不忘初心、牢记使命”主题教育总结大会】 1月12日召开。会议深入学习贯彻中共中央总书记习近平关于主题教育的重要论述，全面落实中央和全省主题教育总结大会精神，认真总结威海市开展主题教育取得的成效和经验，进一步对照中央和省委要求找差距、抓落实，持续推动不忘初心、牢记使命保持常态化、落实到行动上。

【全市“重点工作攻坚突破年”动员大会】 3月19日召开。会议深入贯彻落实全省“重点工作攻坚年”动员大会精神，总结成绩，表彰先进，部署工作，动员全市上下以更加昂扬的斗志、更加务实的作风抓攻坚、抓突破、抓落实，干在实处、走在前列，奋力开创“精致城市・幸福威海”全新局面。

【全市精致城市建设攻坚突破行动推进会议】 4月24日召开。会议通过实地督导和观看视频的方式，查看环翠区、威海火炬高技术产业开发区、威海经济技术开发区城市建设中的不精致问题。会议强调，要将问题导向贯穿精致城市建设全过程、各领域，直面问题，切实增强紧迫感和责任感，扎实推进精致城市建设攻坚突破，奋力开创“精致城市・幸福威海”全新局面。

【2020年企业冲击新目标誓师动员大会】 5月6日召开。会议动员全市上下深入落实“重点工作攻坚突破年”要求，坚持产业为王、企业为王、项目为王，把企业冲击新目标和打造千亿级产业集群作为经济发展的重要抓手，支持广大企业拿出越是艰险越向前的勇气，坚定发展信心，强化目标导向，政企联手、同舟共济、加快发展，带动各项工作攻坚突破、再创辉煌。

【中共威海市纪委十五届五次全体会议】 5月7日召开。会议以习近平新时代中国特色社会主义思想为指导，认真贯彻十九届中央纪委四次全会和省纪委十一届五次全会部署，总结2019年全市纪检监察工作，部署2020年任务。

【全市基层工作经验交流会】 5月8日召开。会议动员广大镇（街道）干部深入落实全市“重点工作攻坚突破年”确定的各项任务，提振精气神，强化新担当，砥砺新作为，以党建为统领，把基层基础工作抓得更牢更坚实，把中共中央的决策部署更好地落实落地，让人民群众得到更多实惠、更多幸福感获得感。

【全市乡村振兴暨脱贫攻坚推进会议】 6月4日—5日召开。会议强调要深入贯彻落实中共中央总书记习近平“打造乡村振兴齐鲁样板”的重要指示精神，鼓足攻坚突破劲头，发扬钉钉子精神，把各项工作抓得更紧更实，坚决夺取乡村振兴和脱贫攻坚的双胜利。（详见第5页“特载”）

【市文明委第二次全委扩大会议暨全国文明城市“三连冠”创建动员会议】 6月22日召开。会议深入学习贯彻中共中央总书记习近平关于精神文明建设的重要论述，传达中央文明委、省文明委重要会议精神，动员全市上下坚持问题导向、目标导向、结果导向，齐心协力，共同努力，奋力夺取全国文明城市创建“三连冠”。

【全市“双招双引”暨项目建设推进大会】 6月28日—29日召开。大会将重点工作攻坚突破与整治形式主义官僚主义结合起来，通过实地观摩、观看视频、评价打分的形式，看工作亮点，找问题不足，动员全市上下突出问题导向、目标导向、结果导向，坚定信心、鼓足干劲，推动“双招双引”和项目建设加快攻坚突破，努力形成你追我赶、“七赛七比”、竞相发展的生动局面。

【中国共产党威海市第十五届委员会第九次全体会议】 7月24日召开。全会以习近平新时代中国特色社会主义思想为指导，深入学习贯彻省委十一届十一次全会精神，听取和讨论张海波受市委常委会委托所作的工作报告，审议通过《关于深化改革创新打造对外开放新高地的实施意见》。

【全市统筹疫情防控和经济运行工作视频会议】 8月7日，市委书记张海波主持召开统筹疫情防控和经济运行工作视频会议，听取市委统筹疫情防控和经济运行工作领导小组有关工作组重点工作推进情况汇报，安排部署下步工作。会议强调，要深入贯彻落实中央决策部署和省委、省政府工作要求，时刻绷紧疫情防控这根弦，严防聚集性疫情，着力做好秋冬季防控工作，统筹抓好常态化疫情防控和经济社会发展工作，努力实现两手抓、两手都要硬。

【全市干部作风大改进行动推进会】 11月3日召开。会议结合形式主义官僚主义突出问题专项整治的阶段性总结，对开展干部作风大改进行动进行全面部署和推动，号召全市各级党员干部迅速行动，践行群众路线，坚持问题导向，以干部作风大改进推动问题大解决、工作大提升。

【中国共产党威海市第十五届委员会第十次全体会议】 12月12日召开。全会以习近平新时代中国特色社会主义思想为指导，深入学习贯彻中共十九届五中全会、省委十一届十二次全会精神，听取和讨论张海波受市委常委会委托作的工作报告，审议通过《中共威海市委关于制定威海市国民经济和社会发展第十四个五年规划和二〇三五年远景目标的建议》。

【市委经济工作会议】 12月31日召开。会议深入学习贯彻中央经济工作会议和省委经济工作会议精神，总结2020年经济工作，研究部署2021年目标任务，动员全市上下坚定信心、加压奋进、突破创新，确保“十四五”开好局、起好步，奋力开创“精致城市·幸福威海”建设新局面，争当新时代现代化强省建设排头兵，以优异成绩庆祝中国共产党成立100周年。

【重要决策和部署】 2月20日　市委、市政府印发《关于抓好“三农”领域重点工作确保如期实现全面小康的实施意见》，对做好“三农”工作，全力推动农业农村发展，开创新时代全市农业农村工作新局面作出部署。

3月26日　市委、市政府印发《关于进一步强化耕地保护工作的意见》，对强化威海市耕地保护工作提出要求。

10月30日　市委印发《关于加强干部队伍作风建设的意见》，对加强干部队伍作风建设提出明确要求。

11月3日　市委印发《关于强化以上率下推动责任落实的实施意见》，对强化以上率下推动责任落实提出要求。

12月12日　市委印发《关于制定威海市国民经济和社会发展第十四个五年规划和二〇三五年远景目标的建议》，对制定威海市国民经济和社会发展“十四五”规划和二〇三五年远景目标提出建议。

（邹良青）

组织工作

【概况】 2020年，全市组织系统深入践行新时代党的建设总要求和新时代党的组织路线，坚定政治方向，坚守职责定位，践行使命担当，推动基层党建、干部、人才等各项工作取得新进展、新成效。

【组织体系建强】 牢固树立大抓基层的鲜明导向，重点围绕发挥党组织在基层治理中的引领作用，全面提升基层党建工作质量。

党支部规范化建设　印发《关于深化党支部标准化规范化建设提升基层党建工作质量的指导意见》，分7个领域梳理提炼工作标准172条，制定达标评价办法，开展“百日攻坚”行动，全市8700余个党支部整改解决问题1.34万个，1285个党支部由不达标、基本达标提升为达标，达标率达90%以上。常态化开展“三重三亮”（重温入党誓词、重忆入党经历、重问入党初心，亮党员身份、亮工作标准、亮担当作为）活动，推广主题党日“3+N”模式，明确“开展学习交流、过好政治生日、缴纳当月党费”3项规定事项和“开展组织生活、民主议事、志愿服务”等自选事项，丰富党日活动形式和内容，提升教育成果。注重源头建设，试点开展农村发展党员违规违纪排查整顿和城市社区党员分类管理，做好“多年未发展党员”村、“两新”组织（新经济组织和新社会组织）等党员发展工作，确定培养对象2810名，在新型冠状病毒肺炎疫情防控中火线入党21人。

乡村振兴促进　实施党建引领乡村治理集中行动和后进薄弱村攻坚突破行动，优化提升带头人队伍，144个“软弱涣散”村党组织全部销号，从机关干部、退役军人和返乡创业人员等群体中公开选任村党组织书记133名，调整撤换不称职、不胜任村党组织书记265名，回引返乡下乡人才375名，储备村级后备力量5880人，举办《乡村之声》专栏和乡村书记讲坛，促进能力素质提升。推动发展壮大集体经济，全面推行村党组织领办合作社，深入开展“三资”（农村集体资金、资产和资源）清理规范集中行动，全市注册党组织领办合作社1010家，集体经济收入5万元以下村基本消除。强化农村区域化党建工作，推动组织生活联过、产业发展联带、工作业绩联考，建立区域党建联盟110个，促进融合发展。

城市基层党建全域提升　启动实施城市基层党建全域提升攻坚行动，深化街道管理体制改革，14个街道取消招商引资任务，区（市）全部制定赋予街道“五项权力”（人事考核权、征得同意权、综合管理权、规划参与权、重大决策和重大项目建议权）的具体办法，推行“街呼区应”“吹哨报到”机制，开展联合执法，整合公安、交通、城市管理、消防等部门力量，发挥网格长、楼道长等作用，合力解决治理难题2000余个。成立中心城区城市基层党建联盟，强化机关企事业单位与社区共建，制定街道、社区评价报到单位服务情况的办法，实施党建项目1.3万余个，新型冠状病毒肺炎疫情防控期间，党员参与卡口值守、复工复产等工作达30.2万人次。持续深化红色物业建设，制定物业企业党建服务标准、加强业委会党建工作意见，健全党建引领居委会、业委会、物业企业联动机制，全省“加强齐鲁红色物业”建设提升社区治理水平工作推进会在威海市召开。

各领域基层党建推进　“两新”组织党建方面，实施“两新”组织示范引领行动和“十百千提升工程”，分级分类培育示范典型，建立区域性党组织162个，确定专业市场和商户示范党组织34个，开展“科技服务先锋”“党建引领健康行”等行业党建活动，推动经济社会高质量发展。国有企业党建方面，出台党建工作责任制实施意见、党委前置研究讨论指导意见，实施“铸魂强基”工程，形成国有企业党建品牌13个，总结基层党支部工作法74个。机关党建方面，开展“精致模范机关”创建和干部队伍作风大改进行动，深化“双联共建”助力乡村振兴活动，服务群众2.9万人次。学校党建方面，制定民办学校党建重点任务清单，开展中小学校党建工作“一校一品”品牌创建活动，通报表扬先进党支部10个、优秀教师党员10名。

典型示范引领强化　实施“红色引擎”示范工程，组织评选乡村振兴“标兵村”“奋进村”“优秀支部工作法”，开展“发现榜样·在抗击疫情一线”“发现榜样·为社区工作者点赞”“发现榜样·致敬第一书记”3个专题活动，选树确定市级党建工作示范点100个、各类榜样40余名，在威海电视台、《威海日报》等媒体开设《威海先锋》《身边的榜样》等栏目，宣传典型做法、先进事迹670余期，激励形成学赶先进、争当先进的浓厚氛围。建立联系服务群众工作机制，全市累计走访112.2万户，解决群众反映问题1万余个，群众满意度调查列全省第1位。

【高素质干部队伍打造】　认真落实好干部标准，印发《加快建设“攻坚突破型”领导班子和干部队伍的实施意见》，着力建设善于治理、敢于攻坚的高素质干部队伍。

干部考察识别　突出在新型冠状病毒肺炎疫情防控等重大斗争一线考察识别干部，先后派出6个考察专班到区（市）、企业、镇村、卡点一线调研，13个调研组对64个市直部门单位、11家市管国有企业开展调研，“贴近式”了解干部关键时刻表现，大量掌握干部“活情况”，为评选表彰和选拔使用提供准确依据。深入开展干部工作专题调研和各级领导班子年终考核，与各区（市）和市直部门单位领导班子成员座谈，进一步了解班子运行状况和干部现实表现。建立干部人事档案审核员制度，研发建成干部管理与决策分析平台，加强对干部信息的综合研判和对班子结构的动态监测，提高识人用人精准度。

用人导向树立　坚持“有为者有位、优秀者优先”，修订市管干部选拔任用工作流程，全面开展公务员职级晋升工作，高质量完成开发区全员岗位聘任制改革，推进国有企业经理层成员管理方式改革，为在疫情防控、复工复产、重点任务攻坚突破等工作中表现突出的干部，在区（市）和镇（街道）一线踏实干事、实绩突出的干部，搭建干事创业平台。对在疫情防控工作中表现突出的93名先进个人和38个先进集体进行通报表扬，对医疗卫生、公安、交通、市场监督管理等领域的39名干部予以优先提拔。

年轻干部培养　统筹推进年轻干部“薪火工程”“倍增计划”，以引才理念引进“双一流”高校优秀毕业生，市、区（市）联动引进615人（其中市级110人，包括清华大学、北京大学等国内10所重点院校毕业生35人），壮大优化干部人才“蓄水池”。面向全市党政群机关、国有企事业单位和上级驻威海单位，公开选调选聘30名“80后”干部，进行跟踪培养。首次面向全国在编在岗公务员开展公开选调工作。

干部培训实践　实施习近平新时代中国特色社会主义思想教育培训工程，开发习近平新时代中国特色社会主义思想教学案例54个，4个入选中共山东省委组织部教学案例，2个入选中共中央党校实践案例。实施干部专业化能力提升工程、企业高管人员成长工程，举办市委理论学习中心组读书班、中共十九届五中全会精神专题学习班，对1600余名市管干部进行轮训，全年举办各类培训班39期、专题讲座81期，培训2.1万余人次。择优选派一批优秀年轻干部到基层担任镇长（主任）、基础薄弱村书记、第一书记和参加“加强农村基层党组织建设”工作队，让干部在一线历练成长。

干部监督管理　扎实开展个人有关事项报告专项整治、随机抽查和查核验证工作，完善经济责任审计工作机制，编制《市管领导干部经济责任审计工作五年规划（2020—2024）》，印发《市管党政主要领导干部任前告知办法》，加大对“一把手”的履职监督。聚焦发现的苗头性、倾向性问题，常态化开展提醒函询诫勉。结合市委巡察工作，对23个市直部门单位开展选人用人专项检查，对近两年被检查单位整改情况逐一审核验收，部署开展自查自纠工作，提高选人用人科学化、规范化水平。

【优秀人才集聚】　牢固树立人才第一资源理念，实施“人才兴威”攻坚突破行动，持续完善人才政策体系，拓展人才发展平台，提升人才服务环境，破解引才留才用才瓶颈。

立体布局　充分发挥市人才工作

领导小组牵头抓总作用，持续完善一体联动、高效协同的工作机制。强化部门齐动，坚持“管行业必管人才”，组织成员单位深入200家“冲击新目标”企业走访调研，摸清人才底数需求与政策落实情况，编制人才兴威攻坚突破行动方案，聚焦领军人才、青年人才、技能人才、引智平台、服务环境等，分领域实施特色人才项目，形成齐抓共管的工作合力。强化区（市）联动，科学制定人才工作考核办法，创新实施党委书记人才工作项目，建立“一把手”抓“第一资源”工作机制，年内入选省级以上领军人才33人。

重点任务　深度挖掘驻威海高校人才资源，将威海国际英才创新创业大会与哈尔滨工业大学百年校庆融合举办，邀请100余位专家人才与园区企业深度对接，签约合作项目31个。发动50余家中国和韩国高校、企业、科研机构成立人才交流合作“金桥联盟”，与山东大学共建威海人才协会对韩联络处，推动中韩（威海）农业交流合作中心等项目落地。畅通外国人才到威海服务渠道，出台外国专家及离岸创新人才支持计划，首批认定的2家离岸创新基地全职聘用海外人才近20名，搭建“云端引智会客厅”，邀请包括5名乌克兰院士在内的70余名海外专家与企业开展线上对接。创新推出“人才贷”金融扶持产品，将全市1100余名高层次人才全部纳入服务范围。深化落实大学生“521”津贴政策，举办“选择威海、筑梦未来”名校行活动，实施“青鸟聚威”就业促进行动，在全市11所高校全部设立就业服务站。

人才活力激发　全面推进高层次人才“一站式”服务体系建设，开通多语种人才服务专线，累计发放“威海英才卡”616张，提供出行、体检、健身、子女入学等绿色通道服务2300余人次，相关经验在全国高层次人才服务现场会上交流。实施创业人才“陪伴成长”计划，重点跟踪35家人才创业企业，精准提供服务保障。深入实施人才安居工程，累计建成住房2800余套近25万平方米，实现全域覆盖。指导支持迪尚集团有限公司发起成立人才发展基金会，推选的1人和2个单位获得首届人才兴威突出贡献奖，新型冠状病毒肺炎疫情期间出台人才工作“暖企六条”和医护人才“关爱十条”，激励专家人才担当作为。

【党性教育基地建设】　启动实施“牢记殷切嘱托　坚守初心使命　迎接建党百年”胶东（威海）党性教育基地深化提升行动，新打造红色胶东展馆等2个展馆，改陈提升“为了人民”基层党建馆等3个展馆，开发线上360度全景式网上展馆，启动基地进国企、进社区活动，采取“云直播”方式，为清华大学、北京大学及全市“五四”青年节活动等进行直播，受众达30余万人次。深入推进红色胶东革命历史印迹抢救保护利用工作，抢救保护135处红色印迹，编印《红色胶东·红色故事》，分2批向社会发布60处红色印迹名录，为党员群众开展党性教育和爱国主义教育提供载体。

（栾　鑫）

7月，红色胶东展馆一角　　（李传强　摄）

宣传工作

【概况】　2020年，全市宣传文化系统扎实履行举旗帜、聚民心、育新人、兴文化、展形象的使命任务，各项工作取得新进展新成效。

【习近平新时代中国特色社会主义思想学习宣传贯彻】　始终把学习宣传贯彻习近平新时代中国特色社会主义思想作为首要政治任务，用足用好各种方法手段，教育引导广大干部群众认知认同、化为实践。深化理论学习工作，扎实开展县级党委（党组）理论学习中心组学习，组织人员到部分市直部门单位开展学习巡听。上线运行“学习强国”威海学习平台，策划开展系列实播活动、专题活动，综合情况排名位居全省前列。深化理论宣传宣讲，分级分系统组建中共十九届五中全会精神宣讲团，分领域开展宣传宣讲2100余场次。策划开展“中国梦·新时代·话小康”百姓宣讲2800余场次，组织举办“学理论、懂政策，做明白人”政民互动微访谈33期，形成“银杏树下传习语”“红色乳娘”“暖心食堂餐前一刻钟”等20余个特色宣讲品牌。《不忘初心　传承红色基因》获评中共中央宣传部优秀理论宣讲报告。深化社会科学研究普及，参与筹建胶东五市社会科学智库联盟。紧扣精致城市建设、乡村振兴以及12项攻坚突破任务等全市重大战略、重点工作，集中力量完成20个重大课题研究。精心筹办山东社科论坛——精致城市建设研讨会，邀请中国社会科学院、清大文产（北京）规划设计研究院、江苏战略与发展研究院等国内知名机构的专家学者到威海市交流研讨。荣成市郭永怀事迹陈列馆获评2020年度山东省优秀社科普及教育基地，9个镇（街道）、32个村获评山东省社科普及优秀示范镇、村。

【疫情防控和经济社会发展各项工作统筹推进】 坚持主动靠上、全面发力，精心做好宣传动员、媒体报道、舆论引导等工作，为统筹做好疫情防控和经济社会发展工作凝聚正能量、激发精气神。推动全媒体联动，报纸、广播、电视以及各类公益广告载体、微博微信、直播平台、工作生活群组、手机短信等一体联动，先后推出各类稿件2万余篇，编写发布应急短信70余条，推送公益短信2.3亿人次，日均播放电视滚动字幕900余次、播报电台提醒800余次，实现权威信息全覆盖推送。广泛开展抗疫志愿服务，发布抗击疫情志愿服务倡议，广泛开展“携手文明 共同战‘疫’”和“精致威海·志愿同行”志愿服务行动，组织动员1.2万支志愿队伍、40余万名志愿者参与防疫工作，推树宣传抗击疫情先进典型570余个，发布威海战“疫”最美人物（群体）61个、抗击疫情最美志愿者和抗击疫情最佳志愿服务组织178个，涌现全省抗击疫情最美志愿者和抗击疫情最佳志愿服务组织18个。精心组织抗疫题材文艺创作，组织推出各类文艺作品1000余部，其中200余部被“学习强国”学习平台录用，70余部作品被中央和省级媒体推广播发。精心组织设计制作抗击疫情公益宣传作品181件（组），4件作品分获全省“众志成城 共克时艰”公益广告征集展示活动一、二等奖。

【全国文明城市“三连冠”夺取】 以创建第六届全国文明城市为契机，进一步健全优化创城问题征集、转办督办、考核奖惩、专班推进等机制，推动对66个老旧小区、3900余个草厦子进行综合整治，38个早市夜市、32处农贸集市、200余条主次干道、98条背街小巷、182个交通路口得到全面升级改造，解决与群众密切相关的热点难点问题1.4万余个，威海市及荣成市、乳山市蝉联全国文明城市称号，再次实现全国文明城市“全域一片红”。深入开展精致城市文明市民培育工程，围绕“讲文明 树新风”“文明健康 有你有我”“使用公筷公勺”等主题刊播公益广告标语37万余条，聚焦“三不一礼让”（不车窗抛物、不随意鸣笛、不乱停乱放，礼让斑马线）开展文明促进行动，参与承诺人数达50万人次，开展公共文明引导10余万人次。

【新时代文明实践工作推进】 深入推进乡村文化振兴，建立运行新时代文明实践中心四级组织架构，所有村（社区）建立“4+N”志愿服务队（党旗红、巾帼美、纾难解困、垃圾分类4支志愿服务分队，因村而异成立若干特色分队），实现省级以上试点区（市）全覆盖，荣成市被确定为全国新时代文明实践中心10个重点联系县（市、区）之一，全省新时代文明实践中心试点建设暨学雷锋志愿服务工作座谈会在威海市召开。聚力打造“志愿＋信用”工作品牌，创新搭建威海志愿者服务云平台，实现全市志愿服务数据信息“一张网”管理，并探索将志愿服务活动时长与个人信用“海贝分”挂钩，有效激发志愿服务积极性，全市累计注册志愿者65.3万人，比上年提高64.5%，“海贝分”加分信息比例占53%。推动深入开展信用进企业、进校园、进机关、进农村、进社区工作，构建覆盖全域的诚信体系。

6月22日，市文明委第二次全委扩大会议暨全国文明城市三连冠创建动员会议召开（朱春晓 摄）

【社会主义核心价值观培育践行】 健全四级联动的典型常态选树宣传体系，开展“感动威海”典型事迹宣讲等活动，面向基层一线挖掘推树身边好人、好婆婆、好媳妇等各类典型1.2万余个，5人入选“中国好人”，50人入选“山东好人”，8人获评齐鲁最美人物。深入组织开展山东省第四届社会主义核心价值观主题微电影（微视频）征集展播活动，威海市获奖数量居全省第1位。

【红色基因传承弘扬】 深入贯彻落实中共中央总书记习近平“红色基因就是要传承”重要指示精神，在挖掘保护、创新转化、传播推介上一体发力，着力叫响威海红色胶东文化品牌。加强红色资源挖掘保护，组织实施红色文化调查、保护2项工程，排查梳理红色印迹等400余处，优化升级市级爱国主义教育基地21处，完成胶东军区卫生四所、郭永怀故居等一批修缮工程，实现一战华工纪念馆建成布展并对外开放。加强红色资源开发利用，推进建成红色胶东展馆，推动加快建设红色胶东干部学院，组织做好长篇报告文学《红色胶东》《胶东乳娘》以及现代京剧《郭永怀》、电视剧《落地生根》等文艺作品的创作打磨，《大洋深处鱿钓人》入围第33届中国电影金鸡奖最佳纪录／科教片提名名单，《乳娘》获得休斯敦国际电影节纪录单元金奖，现代京剧《郭永怀》被列为中共山东省委宣传部十大重点文艺创作项目，“穿过硝烟的记忆——红色胶东革命文献展”获得全省博物馆十大精品陈列展览优秀奖。加强红色文化宣传教育，在今日头条、抖音等平台注册“红色胶东”政务号，发布威海市红色文化图文、短视频等作品420余件，点击量超过100万人次。广泛开展“红动威海”红色故事讲解大赛、基层宣讲，在“红动齐鲁”山东省第二届红色故事讲解大赛中，威海市获评优秀讲解员数量、优秀红色故事数量为全省最高。《红色文化大众化宣传普及机制》获评全省2020年度社会科学工作创新提升优秀案例。

【主流舆论引领】 围绕讲好威海精彩故事，唱响主旋律、壮大正能量、提振精气神，营造积极健康向上的主流舆论，市、县两级媒体开设《聚焦精致威海建设》《记者蹲点报道》《身边的榜样》等专栏专题200余个，聚焦全市重要活动、重大战略，聚焦法治建设、安全生产、生态文明等重点事项，推出各类稿件2万余篇。

【城市形象宣传推介】 聚焦中共中央总书记习近平视察威海市两周年，策划推出系列专题特别报道，中央主流媒体设专栏刊发威海市贯彻落实总书记指示精神、建设精致城市相关报道10余篇次。围绕精致城市建设、乡村振兴等主题，在《经济日报》《中国日报》和中央电视台等中央主流媒体播发威海市新闻稿件600余篇，与大众日报社合作创办《大众日报·威海新闻》地方版，年内，在省级以上媒体刊播威海市城市形象宣传稿件1100余篇。在北京地铁天安门站开设“辉煌的中国·威海市文化旅游大道”宣传展板，在国家对外宣传平台推出“好客中国 精致威海”短视频，在“威海发布”微博、微信等平台发布信息6200条，阅读量约2.3亿人次。开展“六维看威海”“寻找精致威海最美打卡地”等评选活动，发布体验文章、短视频等3000余篇（条），阅读量突破1.08亿人次，打造形成10余处知名网红打卡点。

【文化事业发展】 成功创建国家公共文化服务体系示范区，创新开展文化公益创投、文化时间银行、公共文化服务体验师等项目，人均文化事业费、万人拥有公共文化设施面积、文化站设施平均面积、城市书房数量、牵头制定公共文化类省级地方标准、群众文化生活满意度6个方面居全省第1位。举办第四届文化和旅游惠民消费季活动，举办“群星大讲堂”“艺术讲坛”等公益讲座1500场，完成“送戏下乡”演出1.3万余场，为100个省级贫困村举行专场演出。建成文化馆、图书馆总分馆制村级服务点300个，荣成市在全省率先实现农家书屋百姓自主选书全覆盖。实施特色博物展馆征集工程，在建特色博物展馆有107处，市博物馆获得全省博物馆十大精品陈列展览优秀奖。

【文化产业改革发展】 推动文化体制改革向纵深发展，推进省、市、县三级联合购买文化惠民演出工作，完善国有文化企业薪酬分配和考核评价办法，推进广电网络工作整合。建设威海公共文旅云平台、中央网络课堂系统、文化系统总分馆业务管理系统、大数据互动展示数字墙、全景导览系统、数读威海系统等数字化项目，完善便捷“一站式”文化数字服务平台。加快推进文旅品牌项目建设，组建市级文旅产业项目库，在建重点文旅项目有228个，储备文旅招商项目42个，3个项目入选省级文化创意产业重点项目库，新增A级景区6家。加快实施中国油画小镇提升工程，艺术品展示交易中心、艺术体验中心实现常态化运营。策划开展威海市文化创意产业年度人物评选、“春夏秋冬”四季文旅品牌产品营销、“威海千公里山海自驾游”产品线路发布、2020中国（威海）国际海鲜美食节等活动，组织文化旅游企业参展首届中国国际文化旅游博览会等展会，反响良好。

【重大主题调查研究】 全面建成小康社会主题调研报告《精致花儿朵朵开 幸福暖风习习来 威海走上高品质小康路》入选中共中央宣传部“百城千县万村”优秀调研成果，威海市成为全面建成小康社会全国重点宣传报道典型，《人民日报》《光明日报》《经济日报》和新华网等中央主流媒体先后到威海市集中采访，播发主题稿件1000余篇。

（谭艳华）

统一战线工作

【概况】 2020年，市委统一战线工作部发挥独特优势，聚力疫情防控、脱贫攻坚、双招双引、高质量发展，担当作为，努力开创全市统一战线工作新局面。

【大统战工作格局完善】 充分发挥统一战线工作领导小组办公室的协调督导作用，进一步完善大统战工作制度体系，指导各区（市）发挥好统一战线工作领导小组作用，注重加强统战各领域工作协调配合，形成工作合力，推动中央、省委和市委统一战线重大决策部署落实到位。健全统一战线工作领导小组运行机制，成员单位由19家调整到21家。建立民营经济、海外统战工作等联席会议制度。修订《市委统一战线工作领导小组工作规则》以及领导小组办公室工作细则，完善成员单位工作职责，保障领导小组有效运转。召开市委统战工作领导小组会及专题会议6次，先后印发市委统战工作领导小组文件4个，领导小组办公室文件15个，有效发挥作用。

【共同思想政治基础筑牢】 坚持把学懂弄通做实习近平新时代中国特色社会主义思想作为重大政治任务，及时跟进学习中共中央总书记习近平最新重要讲话和重要指示精神。始终把思想政治引领摆在首位，先后召开全市统战部长会、统战团体联席会等26次，开展系列主题活动、对标学习活动等12次。创新思路提升引导实效，组织开展“同心奔小康”主题宣传活动，在省级以上刊物发表稿件33篇。推动实施“同心奋进”品牌工程，组织创建各领域示范项目25个，评比验收示范项目8个。启动“同心筑梦精致威海 统一战线‘连心桥’志愿服务行动”，成立志愿服务队伍27支，推进重点志愿服务项目42个，组织各类志愿服务活动400余场次，近3万人次参与。开展2020年度统战先锋评选活动，通过事迹挖掘、专家评选、典型展示、线上投票等方式，评选10人为威海统战先锋。

【中国特色社会主义参政党建设】 制定2020年政党协商计划，召开党外人士通报会、民主协商会等16次，引导提出意见建议170余条。围绕全市重点改革事项开展民主监督10次，聚焦脱贫攻坚、精致城市建设等中心工作积极建言献策。开展“制度建设年”活动，印发加强中国特色社会主义参政党建设相关文件2个，择优推荐代表人士建议人选115名，中国民主同盟威海市委员会积分制管理经验做法被《民主党派工作交流》刊发推广。

【党外知识分子和新的社会阶层人士统战工作】 设立“新智享”学堂并开课，为党外知识分子和新的社会阶层人士构筑学习、交流的平台。进一步完善“国际艺术岛”新的社会阶层人士统战工作实践创新基地，依托基地开展庆祝新中国成立71周年座谈交流、新农村考察调研、关爱老兵、李立书画50年艺术成就展等活动。在市社会主义学院举办新的社会阶层人士培训班。持续开展“爱心西瓜”“书香传承”“义助和谐”“情系社区”“帮扶攻坚”等公益活动。组织“暖心互访 资源共享”活动12次，走访新阶层企业34家。开展以“资源共享、服务群众”为主要内容的“新智享6·18惠民季”活动，推动复工复产。开展“网聚能量”活动，拍摄“逆势上扬”企业宣传片20余期，开通“V小新”抖音号，开展“恒达杯”优秀美术作品网络评选活动，举办“网聚能量”助残新媒体抖音电商公益培训活动。组织全市新的社会阶层代表人士开展“法财税”融合培训100余期。组织市党外文化艺术工作者联谊会举办“筑梦新时代 同心奔小康”优秀书画作品展。开展建言献策“金点子”活动，征集建议40余条，其中9条得到市委主要领导批示。

【民营经济统战工作】 在北京市、上海市、深圳市成立威海商会3家，同步开展“双招双引”推介会及产品展销会5场次，依托商会邀请企业到威海市考察，促成在谈项目5个。积极搭建平台，邀请163位嘉宾参加第二届儒商大会暨青年企业家创新发展国际峰会。举办全市中小企业领军人才“初心与发展”专题讲座；组织中小民营企业负责人36人赴浙江省杭州市参加专题研修班；组织民营企业家赴广州市、东莞市、深圳市开展考察学习活动，赴河南省红旗渠红色教育基地开展理想信念教育；组织青年企业家和民营企业高级管理人员24人到市直部门、高校挂职。实施“青蓝接力”工程，聘请11名威海市老一代优秀企业家担任导师，先后组织分享活动7次、沙龙活动10余期。

【民族团结进步事业】 开展民族团结进步宣传月活动，组织各类学习培训30次，在2家少数民族群众集中务工的企业开展“美美与共”家园文化特色创建活动。在部分村居设立少数民族服务窗口、服务站30个，为少数民族群众提供经商创业、法律援助等“一站式”服务。落实好民族贸易和民族特需商品优惠政策，帮助4家企业贷款3.7亿元，贴息资金383万元。年内，4个单位获评省级民族团结进步示范单位，3个单位、3人分别获评山东省民族团结进步模范集体和模范个人，1人获评全省抗击疫情优秀志愿者，1个项目获评威海市抗击疫情最佳志愿服务项目。

【宗教领域工作】 抓好中央及山东省宗教自查督查整改“回头看”工作，制定整改方案，细化具体整改措施44项，年底前全部落实到位。对基层宗教工作进行检查督导，印发《民族宗教工作联席会议规则》，修改完善市级宗教工作考核内容，完成民间信仰场所管理、教职人员档案化管理2项试点工作。组织“大型露天宗教造像及乱建寺观”排查摸底，整治商业化反弹行为2起，开展宗教活动场所“四进”（国旗、宪法和法律法规、社会主义核心价值观、中华优秀传统文化进宗教场所）观摩会和对标学习活动。印发《威海市宗教团体重大事项报告制度》，加强对宗教团体的管理，有关经验作法被中共山东省委统一战线工作部刊发。开展“统战连心桥”活动，各宗教团体投入善款25万余元，开展志愿服务500余人次，广泛开展助残帮困、助力帮扶、关爱学子等活动。

【海外统战工作】 合并整合威海市海外交流协会与海外联谊会，优化境外联系平台，实现优质资源集聚共享。在市慈善总会设立侨爱基金，进一步做大做强全市海外统战工作力量。开展全市侨资企业调研，走访51家企业，形成调研报告并在《中国侨联工作研究》刊发。实施常态化联系走访制度，集中走访20家具有发展潜质的侨资企业，协助解决实际问题50余个。依托第二届儒商大会暨青年企业家创新发展国际峰会、邀请侨商看威海等活动，促成外资项目10个，总投资2.53亿美元；内资项目3个，总投资5600万元人民币。引导市侨商投资企业协会联合社会组织力量，获得多位华侨的爱心捐赠和市民政局专项扶持基金，对威海市2处农村侨爱心小学开展教育精准扶贫专项行动。组织参加第二十一届世界华人学生作文大赛，发动11所学校1.6万余名学生报名参赛。年内，马石山红色教育基地获评山东省华侨国际文化交流基地，威海市环翠区竹岛街道北竹岛社区获评山东省侨胞之家。

10月28日，全市民族团结进步创建工作观摩暨推进调度会议召开

（中共威海市委统一战线工作部 提供）

【留学归国人员统战工作】 威海市欧美同学会分会组织实现区域全覆盖，年内新增会员34人，首个国别分会——威海市欧美同学会留日联谊会成立。启动“乐业威海”海归职通车公益计划，为海外留学人才和威海市企业牵线搭桥，服务招才引智工作。树立海归榜样，评选2020年度留学报国先锋4人，8人先后获评山东省乡村“好青年”、威海战“疫”最美志愿者，被授予威海青年五四奖章。

【特约人员队伍建设】 印发《建立特约人员制度发挥民主监督作用实施方案》《关于进一步做好特约人员工作的通知》，指导和规范区（市）、市直有关单位做好特约人员的推荐、聘任、使用和换届工作，全市29个市直部门聘请特约人员202人。12月22日，全市特约人员工作会议召开，有70余人参加会议。在文登区试点推行特约人员应聘领域全覆盖工作，全区32个部门聘请特约人员152名，实现应聘尽聘的目标。

【高质量发展助力】 统筹整合统一战线各领域力量，结对联系帮扶村9个，开展“扶贫日”“精准扶贫直通车”等活动56次，捐款捐物100余万元，消费扶贫400余万元。组织106家民营企业开展“万企帮万村”精准扶贫行动，投入资金2145万元，帮扶贫困群众累计1.1万人次，惠及全市贫困村91个。积极发动商会及企业开展省内外扶贫协作和对口支援，在威海市开设川渝（云阳）特产馆，累计销售扶贫产品价值近200万元。协调42家律师事务所组成疫情防控律师公益服务团，联合4家银行帮助7家小微企业获得贷款3073万元，为企业复工复产提供专业支持。引导支持各民主党派、新的社会阶层人士、民营企业家积极建言献策，报送意见和建议86篇。

【全市统战部长会议】 4月24日，全市统战部长会议召开，传达贯彻全国、全省统战部长会议精神和市委部署要求，回顾总结2019年工作，安排部署2020年任务。

（李晓娟）

政策研究

【概况】 2020年，市委政策研究室聚焦市委中心工作，紧盯中央和省委全面深化改革动态，做好综合文字服务、深化改革服务、调查研究和信息刊物编发工作，为市委科学决策提供有力保障，推动相关改革事项落实落地。

【参谋辅政作用发挥】 积极参加新型冠状病毒肺炎疫情应对处置工作，抽调5人到市委新冠肺炎疫情处置工作领导小组集中办公，全力做好文字服务工作。聚焦推进攻坚突破重点任务和“六稳”“六保”工作，起草全市“重点工作攻坚突破年”动员大会、2020年企业攻坚突破冲击新目标动员大会、精致城市建设攻坚突破行动系列推进会议等重要会议材料。起草的《关于威海市推进精致城市建设情况的报告》《生态文明花开威海》由中共山东省委、省委办公厅报中共中央办公厅；以市委和市委主要领导名义起草署名文章8篇，在《大众日报》《山东通讯》和人民网等刊物媒体发表；4篇文章被《新时代现代化强省建设实录》和中共山东省委党校《走在前列全面开创》教材收录。稳步推进市决策服务中心建设，完成中心组建和人员初步配备，建立完善决策信息快捷服务机制和决策信息咨询库，实行数据信息定期调度更新。深入开展“百题调研”活动，组织开展全市优秀调研成果评选活动，收集各级各部门调研成果175篇，评选优秀调研成果98篇。开展乡村振兴、美丽宜居乡村建设、生态文明建设、“以下看上”等专题调研，形成系列调研报告。编发《威海通讯》11期，刊发稿件286篇；编发《决策参考》185期；编发优秀调研成果集《谋事之基》，收录稿件50篇。

【深化改革】 加强改革顶层设计。印发《关于深入贯彻落实〈全省“重点工作攻坚年”重点任务实施方案〉的通知》《中共威海市委全面深化改革委员会2020年工作要点》，进一步明确改革目标任务。筹备召开市委全面深化改革委员会会议6次，审议通过《关于开展“亩产效益”评价改革工作的实施意见》《关于推进威海市医疗卫生服务体系建设实施方案》等改革方面的文件16个。健全推进机制。按照“工作项目化、项目清单化、清单责任化、责任时效化”要求，将重点改革任务细化分解形成工作台账，明确牵头市领导、责任单位、成果形式、完成时限，加大改革督察力度，推动各项改革任务落实落地。建立政策性文件评估制度，通过第三方评估、大数据分析、社情民意调查等手段，评估改革文件10个，推动改革政策举措落地见效。先后组织召开全市改革办主任会议、全市重点改革攻坚突破任务专题调度会，及时梳理改革推进中的问题，研究部署重点改革攻坚任务推进措施。加强典型培育。聚焦威海市海洋创新、人才体制改革、信用体系建设等领域，梳理汇总改革典型线索50余个，建立改革典型项目库，实行动态管理。组织召开典型宣传推介专题会议，威海市农村人居环境整治、推进“四港联动”、发展服务贸易产业集群、节水型城市建设、“无废城市”建设等改革经验被国务院、国家有关部委肯定推广，信用体系建设、医保改革经验被作为典型案例向中央全面深化改革委员会办公室推介。组织推荐典型案例20个，参加省“改革试点成果、改革品牌、改革尖兵”评选。编发《改革工作动态》21期，开设“威海改革”微信公众号，通过多种渠道广泛宣传，扩大威海改革影响力。全面推进开发区体制机制改革。印发《威海市开发区体制机制改革创新实施方案》《关于全面推进开发区体制机制改革创新促进高质量发展的工作方案》《关于完善推进机制加快开发区改革创新工作的通知》等文件，加大改革的全程跟踪督导力度，推动全市8个开发区全面完成17项改革任务，并顺利通过督察验收。借鉴开发区体制机制改革经验做法，印发《威海（荣成）海洋高新技术产业园、荣成市石岛管理区管理体制改革指导意见》，推动威海（荣成）海洋高新技术产业园与石岛管理区全面融合，进一步激发高质量发展活力。

（钱 龙）

开发区交流上半年网信工作情况及下一步打算。

网络安全和信息化工作

【概况】 2020年，市委网络安全与信息化委员会办公室（简称市委网信办）扎实开展网络安全和信息化体制机制建设、网络舆情应对处置、网络正能量传播引导、网络安全保障、推动信息化发展等方面工作，为开创“精致城市·幸福威海”新局面提供良好的网络空间环境。12月，在第三届“平安山东”“法治山东”微电影微视频微动漫比赛暨优秀政法文化作品征集活动中，市委网信办制作的微视频作品《打击网络黑恶 抵制网络暴力》获得一等奖。

【威海市委网络安全和信息化委员会第二次全体会议】 3月31日召开。会议深入学习贯彻中共中央总书记习近平关于网络强国的重要思想，传达学习省委网络安全和信息化委员会第一次会议精神，通报《市委网信委2019年工作情况》，审议《市委网信委2020年工作要点》，研究部署下一步工作。

【自媒体人士团结凝聚】 结合全市网络宣传和舆情实际，市委网信办对新媒体平台中关心威海时事政治、发声活跃的网络自媒体人士进行摸底梳理、团结联系，吸纳其中17位加入威海新媒体联盟。先后召开座谈会3次，与自媒体人士沟通交流，听取意见建议。邀请自媒体人士参与“这就是威海——打卡威海网红地”创作活动、“探访胶东2020”、荣成市第三届农民丰收节、“遇见·文明威海”等活动，引导自媒体人士积极传播网上正面声音，在热点事件的网络舆论引导中发挥重要作用。

【威海市网络安全和信息化联席会议第二次全体会议】 7月21日召开。会议传达省委网络安全和信息化委员会第二次会议精神、市委网络安全和信息化委员会第二次会议精神，各区（市）、开发区交流上半年网信工作情况及下一步打算。

【“专家基层行”活动】 7月28日至8月7日，市委网信办分2批次组织开展“专家基层行”活动。8位专家分赴机关、企业、特色园区和高校，采取实地考察、座谈交流、咨询对接等方式进行调研，现场解决各类难题40余个，提出意见和建议100余条，其中2位专家与5家企业达成合作意向。在充分调研的基础上，专家们围绕威海市“十四五”时期网络安全和信息化工作发展总体思路、空间布局、发展路径，从人才培养、技术创新、产业发展、深化交流合作等方面提出意见和建议。

【“遇见·文明威海”网络媒体行活动】 8月22日—24日，市委网信办举办“遇见·文明威海”网络媒体行活动。活动围绕“遇见美好”“遇见精彩”“遇见成长”3个主题开展系列采风和宣传报道，多角度、多形式的深度挖掘和宣传报道文明城市与精致威海的特色和亮点。至8月26日16时，累计发布稿件313篇，点击量达210余万人次。

【关键信息基础设施网络安全检查】 自9月始，市委网信办联合市公安局、大数据中心等部门组成4个检查小组，开展为期半个月的网络安全联合检查。检查覆盖政府部门、医院、高校、电力、燃气、新闻单位6个重点领域，抽选20家关键信息基础设施单位及系统为检查对象，了解掌握被抽查单位网络安全工作责任制建立和落实情况，对网络安全管理、涉疫情个人信息和数据安全、网络应急保障等环节进行综合评估，发现问题、推动工作开展。检查发现管理类问题54个、技术类问题66个，市委网信办督促相关单位及时进行整改提升，确保重要信息系统和关键信息基础设施运行安全。

【网络安全宣传周活动】 9月，市委网信办组织开展2020国家网络安全宣传周威海市活动，通过组织6个主题日活动、搭建网络安全线上活动平台、举办网络安全知识在线答题竞赛、组织网络安全知识攻防演示和主题讲座、发起网络安全微课征集展播等方式，推动网络安全进机关、进企业、进农村、进社区、进家庭、进校园。活动期间，全市组织各类展位100余个，举办活动200余场次、专题讲座42场次，发放宣传资料7万余册，发送国家网络安全公益短信50余万条，在全市范围内营造“网络安全在我身边，网络安全从我做起”的良好氛围。

【第五届网络正能量精品评选】 市委网信办组织参加第五届“五个一百”网络正能量精品评选活动，上报《“精致城市·幸福威海”全媒体行》等327部作品，其中威海日报社融媒体作品《70年70人，我和我的祖国》获评百幅网络正能量图片。

【“海平线”时评品牌推出】 市委网信办加大对全市新闻网站评论栏目的建设扶持力度，指导威海新闻网有限公司在“Hi威海”新闻客户端政务频道推出具有威海特色的时评品牌——“海平线”，为社会各界搭建创作平台，鼓励威海网络达人、网评员等参与网络评论作品创作，发布与威海相关的评论文章、动漫、微视频等作品。

【“全面建成小康社会‘百城千县万村调研行’”主题采访报道活动】 市委网信办积极参与新华网举办的“全面建成小康社会‘百城千县万村调研行’”主题采访报道活动。经过前期实地采访拍摄，10月22日，融媒体报道《山东荣成：海上“幸福园”小康画卷里的一抹蓝彩》在新华网首页和新华网客户端同时刊发，通过报道海洋牧场和人物采访，展示全市人民的精致幸福生活。

【培训活动开展】 10月23日，市委网信办牵头举办全市网络安全与信息化培训班，邀请3位信息安全专家重点围绕信息化发展趋势、网络安全责任制落实、网络安全体系建设等内容进行授课，旨在破解工作难题，提高网络安全与信息化工作的能力和水平。全市党政机关、企事业单位等相关负责人80余人参加培训。11月19日，市委网信办举办威海市新媒体培训班，邀请2位专家围绕如何利用短视频打造政府形象、“头条号”和“抖音号”的运营规律和技巧等方面进行授课，旨在提升全市新闻、政务类新媒体编辑及管理人员的政治素质和业务能力。

（蒙春利）

机构编制工作

【概况】 2020年，中共威海市委机构编制委员会办公室（简称市委编办）以重点工作攻坚突破任务为主线，以机构编制工作调研年为主题，以破解体制机制障碍为主轴，结合全市实际，深入开展深化事业单位改革试点工作、开发区体制机制改革创新、重点领域改革等改革任务，优化全市机构编制资源配置，为“精致城市·幸福威海”建设提供坚强的体制机制保障。

【深化事业单位改革试点工作推进】 成立工作专班、制定推进方案，赴浙江省和省内多地学习改革经验，先后走访对接涉及改革部门79家，对纳入改革范围的市级227家事业单位开展3轮全覆盖大调研，与大部分单位沟通论证10余次，征集有效意见建议200余条，修订改革推演测算台账20余版。积极做好沟通协调，先后7次赴省改革工作专班对接汇报工作，明确相关政策口径。抓住改革“窗口期”，统筹事业单位机构编制资源配置。理顺事业单位代管体制，16个市级事业单位均不再实行代管；市级53家7名编制以下“小、散、弱”事业单位，除5家实行扎口管理外，全部进行整合；强化12345政务服务热线、社会治安综治等机构设置，整合一批社会福利、救助服务以及公共就业和人才等民生保障机构，激发公益事业发展活力；组建海洋发展研究院，填补市级海洋研究机构空白。改革后纳入限额的227个市级事业单位减少至171个，压减25%，处级机构占比达64%，区（市）事业单位压减32%。强化市县统筹，坚持市、县一体推进改革，指导区（市）制订改革方案，从严审核把关，制定施行“四统一”[统一理顺事业单位代管体制，市级未代管的，区（市）不得代管。统一明确区（市）科级事业机构限额。统一规范区（市）事业单位名称。统一理顺市县机构职能，确保纵向对应、衔接有序] 政策口径。改革后，镇（街道）增加事业编制766名。构建水生态管护长效机制，各区（市）均设立生态文明建设协调中心，威海市为全省首个县域全部推行河长制、湖长制、湾长制“三长合一”的地级市。12月，市委办公室、市政府办公室印发《关于深化市级事业单位改革试点实施方案》，全市深化事业单位改革试点工作进入全面实施阶段。市委编委正式批复同意环翠区、文登区、荣成市、乳山市深化事业单位改革试点实施方案。

【开发区体制机制改革创新】 按照“因地制宜、分类剥离”的原则，指导开发区编制保留经济管理职能、剥离社会事务管理职能、剥离开发运营职能“三张清单”，采取直接上收、派驻管理、下沉镇（街道）3种形式，将开发区承担的15类238项社会事务管理职能交由所在行政区政府或镇（街道）承担，将开发建设、投资运营等领域的39项开发运营职能交由新组建的国有企业承担。指导开发区厘清与所在行政区政府、公司的职责边界，建立协作配合机制，确保职能合理划转、承接稳妥有序。整合归并现有工作机构，实行“大部门、扁平化”管理，从严确定开发区人员控制数，避免人员过度膨胀，确保财政供养人员只减不增。改革后，8个开发区机构由257个压减至65个，精简74.7%，管理委员会人员由3093人压减至2216人，精减28.4%。组织开发区依法认领与经济发展密切相关的58项省级行政权力，将53项市级行政权力通过委托的方式调整至开发区实施，充分激发开发区发展活力。

【政府部门“两清单一机制”建立健全】 针对机构改革后部门内部融合不够、运转效率不高等问题，2019年年底，在市直4个部门试点建立履职清单制度，至2020年8月，市级34个政府部门全部建立职责任务清单。细化分解各政府部门389个内设科室、4928项职责任务，制定内部流程2709项，厘清科室间职责分工1777项。实现工作流程标准化，按照“一事一流程”的原则，简化优化办事环节，对部门各项任务逐一绘制流程图。各部门制定标准化文本、样式表格等，提升管理服务规范化、标准化水平。实现内部运行制度化，对部门内部多科室共同承担的工作，全部厘清分工，界定主办、协办责任，建立协调配合机制，形成工作合力。围绕社会关注度高、容易产生职责交叉的行政审批服务、综合执法、卫生健康、应急管理等行业领域，先后印发2批部门职责边界清单，梳理明确涉及58个部门（单位）的312项职责边界。推动审批与监督管理有机衔接，先后梳理22个部门划转的153项行政许可事项、35项关联事项，逐个明确行政审批服务局、各行业主管部门之间的审批监管职责边界，服务打造一流营商环境。将城镇老旧住宅小区整治改造、农民工工资治欠保支等51项贴近百姓生活事项列入清单，服务民生事业民心工程。建立常态长效机制，与市政府督查室、12345政务服务热线建立沟通联络机制，配合建设“首问负责制”诉求事项分办平台，对群众诉求办理中涉及职责不清、权限不明的事项，由市委编办负责厘清界限，明确责任部门，确保群众反映事项责有人负、事有人办。会同市委办公室、市政府办公室采取“四步走”（减存量、控总量，精组成、去冗余，明规则、定细则，抓整改、促提升）方式，构建政府部门协调配合制度体系，推动议事协调机构规范化管理。按照“精简效能，从严控制”的原则，撤并整合市级138个议事协调机构，精简率达51%。市委办公室、市政府办公室联合印发《关于规范市级议事协调机构管理的通知》，建立清单管理、总量控制、动态调整的工作机制；针对议事协调机构组成人员过多、效率不高等问题，精减有关人员258人；指导议事协调机构办公室设在部门、职责边界事项涉及部门，全面建立起工作规则、细则等协调配合机制，为机构运转、工作推进提供基本遵循；开展市政府议事协调机构“回头看”活动，对履职不到位、制度不完善、发挥作用不明显的跟踪问效、通报整改，确保议事协调机构履职尽责。

【重要区域发展体制机制障碍破除】 持续优化重点区域发展布局，调整理顺威海（荣成）海洋高新技术产业园、石岛管理区管理体制，通过“二合一”，实行“大部门、扁平化”管理，工作机构由17个压减至12个，撤销事业单位13个，并按照“宜放则放、应放尽放”原则，相应扩大经济社会管理权限，推动园区瘦身强体。将地缘相接、产业协作性强的人和镇与园区实行一体化规划、融合发展、成果共享，推动形成园区西部威海（荣成）海洋高新技术产业园、中部石岛工业园、东部核能利用国际创新示范园的区域布局，搭建“产城融合、一区三园”的总体发展框架，推动区域融合联动发展。创新“管委会+公司”运行模式，明确1家公司作为管理委员会资产资源市场运作和融资主体，3家公司分别开发运营3个园区，赋予各开发主体区域开发建设、投资运营、“双招双引”、专业化服务等职能，激发区域及园区发展动力和活力。

【重点领域重点工作体制机制完善】 完善疾病预防控制体系，明确威海市疾病预防控制中心党委书记由市卫生健康委员会党组副书记担任，中心加挂市预防医学研究所牌子，并明确其功能定位和主要职责，打造专业化、现代化的疾病预防控制与临床救治网络。健全中医药管理体系，将市中医药工作联席会议更名为市促进中医药发展工作领导小组，调整为市委议事协调机构，提高议事能力和协调水平。明确市中医药局局长由市卫生健康委员会主任担任，优化内设机构设置，增加人员编制，加强中医药管理工作。完善应急物资保障体系，及时开展应急物资储备情况调研工作，详细摸底机构职能，印发政府部门应急物资保障职责分工，明确自然灾害和事故灾难、公共卫生事件、社会安全事件3个领域的14个部门应急物资保障相关职责。建立应急管理领导体制。设立的市委重大疾病和传染病防治工作领导小组为市委议事协调机构，在市疾病预防控制中心实体化运行，下设工作组4个，配备专门工作人员，强化工作力量。整合市减灾委员会、市防汛抗旱指挥部、市森林防灭火指挥部、市防震减灾工作专项小组，成立市委防灾减灾救灾领导小组，作为市委议事协调机构，进一步加强领导和组织协调。完善非公有制经济发展体制机制，市促进非公有制经济发展工作领导小组副组长增加市委副书记和市委统战部部长。优化机构编制资源，在市工业和信息化局加挂市非公有制经济发展服务局牌子，优化内设科室设置，并增加部分人员编制，推动民营企业高质量发展。

【“属地管理”工作深化规范】 厘清职责边界，认真落实清单动态调整制度，聚焦公共卫生、应急管理、社区管理、市场管理等领域，编制公布第二批事项主体责任和配合责任清单，全市“属地管理”清单涉及20个领域92条事项，涵盖基层治理的常见事项。搭建联动平台，将“属地管理”与基层网格治理有机融合，印发《关于依托市网格化治理信息系统完善“乡呼县应、上下联动”呼叫响应平台的指导意见》，将“属地管理”清单全部纳入平台管理，全年通过平台办理事项345件，满意率为100%。健全配套政策，从清单管理、监督、考核、结果运用等多个环节提供保障，明确镇（街道）对部门的评价结果占被考核部门绩效权重的三分之一左右，对派驻机构履职情况的考核评价占派驻机构考核权重的60%以上，提高“下对上”的考核权重，推动工作开展。

（刘昌鹏）

对台港澳工作

【概况】 2020年，全市新注册台资企业3家，实际到位台资1126万美元，新增香港投资项目67个。在中国台湾网、华夏经纬网等网络媒体发稿120余篇次，举办台胞台属中秋联谊会等活动，中央电视台《海峡两岸》栏目报道威海与台湾交流活动2次。组织邀请9位港商代表参加第二届儒商大会暨青年企业家创新发展国际峰会，组织有关部门、企业参加第26届鲁台经贸洽谈会。调处涉台案件及求助事项12起，持续推动积案化解“清零”。“叙亲情乡情 谋民生福祉”威海—基隆线上联谊活动、“情暖初冬 爱满两岸”威海—基隆两地社区云端交流、两岸情深——威台书画家邀请展等5项对台交流项目获评2020年全省优秀对台交流项目，市委台港澳工作办公室（简称市委台港澳办）获评省级精神文明单位。

【威海—基隆线上联谊活动】 7月31日，“叙亲情乡情 谋民生福祉”威海—基隆线上联谊活动在威海市、基隆市两地同步举行，两岸亲属100余人通过视频连线“云交流”。该经验做法在中央电视台中文国际频道播出，受到省委台港澳工作领导小组发函表彰。

【东莞市台商投资企业协会到威海市考察】 9月3日—6日，全国台湾同胞投资企业联谊会荣誉会长郭山辉率东莞市台商投资企业协会考察团到威海市考察。考察团先后考察刘公岛海峡两岸交流基地、环翠区、文登区等地。市委常委、统战部部长梁金光会见考察团一行。

【“同根同源两岸情，同心扶贫助‘三农’”活动】 11月下旬至12月上旬，威海市台胞台属联谊会、环翠区台胞台属联谊会联合开展“同根同源两岸情，同心扶贫助‘三农’”活动，通过开展爱心基金助农民脱贫、农产品认购促农业增收、环境整治建美丽乡村等活动，助力脱贫攻坚。

【“情暖初冬 爱满两岸”威海—基隆两地社区云端交流活动】 12月5日，“情暖初冬 爱满两岸”威海—基隆两地社区云端交流活动举办，威海市环翠区海源社区和基隆市暖暖区碇祥里两地100余名社区居民共同参与交流活动。

【两岸情深——威台书画家邀请展】 11月1日，两岸情深——威台书画家邀请展在威海市举办。展览汇集两岸45位名家的100余幅书画精品，内容涉及人物、山水、花鸟等多种题材，旨在以书画交流为纽带促进两岸文化交流与沟通。省委台港澳办公室副主任孙西忠，港澳台美术家协会台湾分会主席、台湾两岸和平文化艺术联盟创会理事长、台北市山痴画会会长李沃源，市委常委、统战部部长梁金光等出席开幕式。

【香港特区政府驻上海经济贸易办事处考察团到威海市考察】 12月8日—9日，香港特区政府驻上海经济贸易办事处主任蔡亮、副主任翁荣桢一行6人到威海市考察。考察团先后参观威海威高国际医疗投资控股有限公司、亿和精密工业（威海）有限公司等，与部分市直部门进行座谈交流，就进一步加强合作交换意见。市委常委、统战部部长梁金光会见参访团一行。

（卢桂洋）

机关党务工作

【概况】 2020年年底，市委市直机关工作委员会（简称市委市直机关工委）所属党委109个，党总支45个，党支部1188个，党员2.08万名。市委市直机关工委坚持以党的政治建设为统领，以精致模范机关建设为主线，以干部作风大改进行动为抓手，以信用体系建设为载体，推动机关党建持续走深走实，获评2020年度工作优秀单位和脱贫攻坚先进单位。

【精致模范机关建设】 坚持围绕中心、建设队伍、服务群众，提升机关党建工作质量。制定《关于在市直机关开展精致模范机关创建工作的实施方案》，明确具体活动内容、创建标准25项。开展集中督导调研3次，联合“齐鲁壹点”手机客户端推出《威海精致模范机关创建党建访谈录》大型访谈系列栏目，专访宣传典型单位11个。强化党建引领，联合市委组织部印发《关于机关事业单位在职党员到社区报到参与疫情防控工作的通知》，下拨疫情防控专项党费10万元，组织市直机关1000余个党支部、近1.8万名党员捐款460余万元。合理安排在职党员“双报到”，市直机关事业单位845名党员到联系点或居住地社区配合开展路口封闭、卡点执勤等工作，有效强化基层疫情防控力量。

【党建品牌打造】 以信用体系建设为载体，打造“知信、用信、守信”党建品牌。深入推进“信用进机关”工程，探索建立以信心信念为引领、以信用体系为支撑、以信息融合为贯通的机关党建信用管理模式。印发《关于印发威海市“信用进机关”工作推进方案的通知》《威海市“海贝分”（机关）积分管理试行办法》，明确8大项57小项赋分标准，对公职人员进行长期有效的量化考核。认定并组织12家单位开展试点，75家单位完成个人信用档案建立，市直部门工作人员安装使用“威海市民卡”App达96%，在“海报新闻”客户端开设《打造信用机关　建设精致城市》专栏，发布典型经验10期，阅读量达344万次。以“双联共建”（机关党支部联系农村党支部，机关党员联系困难群众）和信用体系助推乡村振兴，引导机关党组织全力突破和解决制约联系村发展的短板和瓶颈问题。97家党组织点对点帮扶农村党支部，投入资金1300余万元；培训农村党员4000余人次，服务群众3万余人次；在《威海机关党建》刊物上选树宣传典型33个，充分发挥市直机关党组织、党员的先锋模范作用。

（申　鹏）

老干部工作

【概况】 2020年，市委老干部局认真贯彻落实“开放、融合、共享”发展理念，着力提升离退休干部信息化、精准化、规范化建设水平，统筹推进离退休干部政治引领、服务保障、文化养老、作用发挥等工作提质增效，进一步巩固老干部工作转型发展成果，获评2020年度工作优秀单位。

【离退休干部“三项建设”】 加强组织建设，开展“本色家园·树山”示范离退休干部党支部创建活动、“不忘初心葆本色·幸福威海我添彩”主题教育活动、“党建+”特色志愿服务活动，打造过硬离退休干部党支部。加强思想建设，开展“初心·助力社会治理”访谈式宣讲活动，对3位老干部的典型事迹进行现场宣讲，组织全市各级离退休干部党组织线上收看，营造创先争优的浓厚氛围。组织援鄂医务人员等到中小学校、企业开展“伟大的抗疫精神暨爱国主义教育”宣讲活动，讲述抗疫感人故事，在青少年和青年职工中传递向上向善的正能量。加强政治建设，开展“不忘初心、牢记使命”主题党日活动，通过到红色教育基地参观学习、重温入党誓词、追忆入党经历、开展志愿服务活动等形式，推动活动取得实效。

【亲情服务】 做好经费保障和困难遗属救助，将离休干部“两项经费”（特需经费、公用经费）从每人每年2000元提高至每人每年5000元，退休干部经费从每人每年200元提高至每人每年2500元。为21个单位105名遗属发放困难救助和取暖费40余万元。做好离休干部亲情服务，建立“一对一”精准服务离休干部工作机制，全市有1324名干部参与结对工作，联系老干部3369人次，上门走访1500人次，帮助解决实际困难150件次。做好退休干部服务保障，建立干部荣誉退休制度，制定完整规范的荣誉退休流程，为市直部门提供借鉴指导，累计有20余个市直部门为新退休干部举办荣誉退休仪式。

【文化养老】 开展学习文化活动，对接中国老年大学协会，开通“网上老年大学”，组织学员进行线上学习，64位教师开展线上教学，与学员互动交流。组织学员参加“摩罗丹杯”全省老年大学线上文艺展演活动，74部作品获奖。举办第九届全市老干部艺术节，丰富老干部精神文化生活，老干部时装模特大赛同步进行网络直播，2万余人次在线观看。开展志愿服务活动，印发《关于实施离退休干部志愿服务“百千万”工程深入开展“四助”活动的通知》，组织广大离退休干部志愿者重点围绕“助力基层社会治理、助力乡村振兴、助力新旧动能转换、助力红色基因传承”开展特色化志愿服务活动。市关心下一代工作委员会获评全省未成年人思想道德建设工作先进单位，文登区关心下一代工作委员会获评全国关心下一代工作先进集体，市老年大学志愿服务队获评全市抗疫最佳志愿服务组织。

【工作理论研究】 坚持问题导向，高质量撰写老干部工作信息，1篇调研报告获得市委政策研究室优秀调研成果二等奖。扎实做好老干部工作舆论宣传，在《老干部工作情况交流》刊物和微信公众号上发表稿件2篇，在《人民日报》及客户端、《大众日报》及客户端、"学习强国"学习平台上发表稿件15篇（条），在山东省委老干部局刊物《情况反映》《工作通报》《老干部工作通讯》上发表稿件18篇（条）。

（林理杰）

党校工作

【概况】 2020年，中共威海市委党校以中共中央总书记习近平关于党校办学治校系列重要指示精神为指导，坚持"党校姓党"、从严治校、质量立校，办学治校各项工作取得新成绩，在中共山东省委对地市党委落实党校（行政学院）工作主体责任考核中获得"好"等次，获评2019—2020年度全省理论教育工作先进单位。至年底，党校内设10个职能处室、6个教研部门，有教职员工78名（其中教授3名、副教授23名、讲师10名）。

【教学工作】 全年举办各类班次58个，培训学员3545人。其中，主体班次7个，培训学员350人；专题班次14个，培训学员873人；部门合作班次3个，培训学员302人；社会培训班次34个，培训培训1700人；有在校在职研究生320人。

课程质量提升 按照"课程设置突出系列化、主业主课突出精品化、教学管理突出精细化"原则，制定深化党校教学改革和管理16条具体措施。邀请中共中央党校、山东省委党校精品课奖获得者到校作"用学术讲政治"专题培训。推出三级备课、竞课试讲、学员评课、末位调整、校领导跟班听课、评选精品课等"组合拳"，确保主体班次授课质量。启动开展市委党校精品课评选活动，有7门课程获评首届精品课。

教学方式创新 在全省率先探索构建学习贯彻习近平新时代中国特色社会主义思想案例教学、现场教学体系。聚焦威海市各领域、各方面的创新实践和鲜活经验，开发教学案例54个，编成《现场教学案例精选》并出版发行。研究制定《现场教学手册》《案例教学手册》，规范包含8个环节的教学流程，实现案例向教材的转化。

开放办学拓展 秉持"优质课程进课堂"理念，采取上级党校优秀教师、市领导和部门主要负责人、本校骨干教师一般各占三分之一的比例安排教学师资。与"人民学习"融媒体教育平台开展合作，在市委党校及区（市）党校建立智慧教室8处，利用"全景沉浸式大屏直播互动教学系统"学习高端优质课程。依托胶东（威海）党性教育基地，开发由"党性教育"主题板块和"精致城市""乡村振兴""海洋经济""生态文明""社会治理""基层党建"6个专题板块组成的"1+6"社会培训教学体系。

【科研咨政】 新型智库建设 紧跟市委、市政府决策部署，聚焦重大战略问题、潜在风险问题、热点难点问题和总结威海经验、特色、优势，扎实开展咨询研究。5月，创办《咨政参阅》专刊，至年底出刊15期，有13期获得市委、市政府主要领导签批，有2篇咨政报告获得省委主要领导签批。与市委宣传部在《威海日报》上合办《理论与实践》专版，年内刊发9个专版，发表理论宣传文章30余篇。

科研组织机制创新 制定加强党校科研工作16条措施，构建党校教职工、参训学员2支队伍全员参与调研工作的新格局。利用党校学员来自各行各业、实践经验丰富、对外联系便利的优势，根据各类班次不同情况，结合学员的岗位、职业、经历特点，聚焦市委、市政府中心工作的难点和热点问题，引导学员在学习中自觉把一线情况、实践经历、学习思考转化为工作建议，提高学员理论联系实际、谋事议事的能力。

科研选题精准度提高 围绕教学科研、咨政科研2个层面，采取市委点题与党校找题相结合、校委点题与个人申报相结合的方式，规划安排科研工作重点。结合研究重大理论和现实问题、市委市政府中心工作和红色胶东文化挖掘传承，确定校级重点研究课题22项，立项中共山东省委党校课题、威海市社科重点课题等34项，认定创新工程成果35项。在全市党校系统组织开展"新冠疫情防控与治理现代化"专题研究，收到研究文章60余篇，并举办专题研讨会。

业务指导强化 市委党校在开发区及部分市直部门设立8所分校，并按照"一个牌子、一个班子、一套制度"的标准对分校进行规范提升。实现在全市所有镇（街道）设立党校的目标，按照"有组织机构、有场地设施、有师

7月13日，中共威海市委党校综合教学楼 （中共威海市委党校 提供）

资队伍、有培训计划、有管理制度、有经费保障”的目标要求，深入推进镇（街道）党校规范化、标准化建设。与市委组织部联合印发《关于加强区市党校分类建设的实施意见》，把县级党校建设作为加强基层党员教育培训的重要抓手，采取“市级统筹＋区（市）自主”的方式，指导区（市）党校科学制定分类建设实施方案，提升其办学科学化、规范化水平。

【自身建设】 开展“坚持党校姓党、建设一流党校”大讨论活动，对校内7类80余项制度、流程进行系统梳理、改进。组织开展全市党校系统学习贯彻习近平总书记关于党校办学治校系列重要指示精神研讨交流会，收到论文74篇。印发《教职工职业行为规范》《运用监督执纪第一种形态工作办法》，开展以述理论、述政策、述经验，多写学术论文、多写理论宣传文章、多写咨政报告和勤练口才为主要内容的“三述三写一练”活动。

（梁　斌）

党史史志工作

【概况】 2020年，中共威海市委党史研究院（市地方史志研究院）围绕市委、市政府中心工作，一手抓疫情防控和机关建设，一手抓整体推进和突破创新，较好地完成各项目标任务。

【红色胶东历史研究与提升】 奋力推进红色胶东研究。落实专门人员对与红色胶东有关的各类资料进行系统梳理，形成《红色胶东研究资料目录》，纳入书目282种600余册，文字总量超6500万字。《中共威海历史图集（第一卷）》出版发行，全书有文字23万字、图片1100余幅。《红色胶东英烈故事（第一辑）》和《红色胶东英烈故事（第二辑）》编印发行，共收录60篇革命烈士、英雄群体生平事迹，有文字25万字。加快红色研究成果转化，与省内知名红色文物文献收藏专家合作，收集

12月，威海市方志馆一角　　（李传强　摄）

整理抗日战争和解放战争时期各根据地报刊资料，编纂出版发行《穿过硝烟的记忆——报纸上的红色胶东》，有文字26万字。做好红色故事宣讲，在“威海组工在线”“威海党史史志”微信公众号、威海党史史志网站同步设置《红色英烈专辑》栏目，讲述红色胶东英烈故事，至年底推出12期。与威海报业传媒集团有限公司签订“红色胶东”专题宣传服务协议，加大红色胶东宣传力度，“Hi威海”新闻客户端、威海新闻网《红色胶东》栏目点击量超过150万人次。与汇集老一辈革命家资料的“烽火·革命人物数据库”平台保持联系，建立胶东南下干部后代微信群和资料共享渠道。向中共山东省委党史研究院推荐第四批国家级抗战纪念设施、抗战纪念遗址、英雄群体、著名抗日英烈。

【方志馆建设】 明确方志馆建设的任务书、时间表、路线图，统筹强力推进。按计划完成线路铺设、中心监控室装修，全馆设备安装和密集书架的安装调试，完成总量7.2亿字志鉴文献资料的数字化加工任务。集中力量修改完善方志馆地情展览创意文本，与有关专家学者进行多轮座谈讨论，对地情展览创意文本进行深化调整，形成4.9万字的创意文本。组织工作专班，将创意文本转化成展览文本，对展览文本进行集中研讨修改，形成3.9万字的展览文本定稿。积极推进展览方案深化设计和装修布展，至10月完成布展工作。到省、市档案馆查找资料，拷贝书籍、图片等资料约100GB，丰富馆藏资料。对历年库存资料进行整理，上架图书3.6万册。完成方志馆法人登记审批工作，开展讲解人员培训，探索建立各项保障方志馆运行的制度规定，为开馆奠定基础。

【其他业务工作推进】 完成全市改革开放后市委书记口述史市级征编工作，督导各区（市）完成上报20篇，总文字量达30万字。修改完善《威海姓氏志》，并开展专家论证工作。推进基层志编纂，1部镇志申报齐鲁名镇志文化工程。提高《威海年鉴（2020）》整体编纂质量，实现文字量减少、图片量增加、信息总量提升目标，并按计划年内出版发行。按要求完成《山东年鉴（2020）》威海市部分组稿工作。拓展地情资料征编的视野和渠道，与高校专家合作，完成《英租时期威海卫行政公署年度报告（1902—1929）》出版发行，总文字量54万字。落实市委要求，为多项市级重点工作提供资料支持。抽调力量参加总体国家安全观教育基地展陈大纲编写有关工作并顺利完成任务；参加市委新型冠状病毒肺炎疫情处置工作领导小组（指挥部）资料整理工作，完成6万字的《大事记》编写工作。在全省率先完成地市级党史史志网站改版合并工作，并出台相关管理制度，为全省党史史志网站建设提供借鉴。

（闫拥军）

编辑　闫拥军

威海市人民代表大会

综　述

【概况】　2020年，威海市人民代表大会常务委员会围绕全市工作大局依法履职，各项工作取得新成效。年内，召开常委会会议8次、主任会议17次，制定法规2件、初审法规草案1件，听取审议专项工作报告、常委会审议意见落实情况报告33项，开展执法检查、集中视察、专题询问、专题调研等活动18项，作出决议决定5项，任免国家机关工作人员74人次，完成威海市第十七届人民代表大会第四次会议、第五次会议确定的各项任务。

【机构设置】　市十七届人大设法制委员会、财政经济委员会、监察和司法委员会、教育科学文化卫生委员会、城乡建设和环境资源保护委员会、农业与农村委员会、民族侨务外事委员会、社会建设委员会8个专门委员会。市人大常委会下设办公室、研究室、人事代表工作委员会、预算工作委员会、法制工作委员会5个工作机构。各专门委员会设立办事机构，分别为财政经济工作委员会、监察和司法工作委员会、教育科学文化卫生工作委员会、城乡建设和环境资源保护工作委员会、农业与农村工作委员会、民族侨务外事工作委员会、社会建设工作委员会。法制委员会暂不设办事机构，日常工作由法制工作委员会承担。

重要会议

【威海市第十七届人民代表大会第四次会议】　1月8日—10日，威海市第十七届人民代表大会第四次会议举行。威海市第十七届人民代表大会代表总额为338名，市十七届人大四次会议时，实有代表332名。大会表决通过有关人员辞职请求的决定、选举办法、选举的总监票人和监票人名单。大会补选任敬喜为威海市监察委员会主任、黄明春为威海市中级人民法院院长、杨万友为威海市第十七届人民代表大会常务委员会秘书长，补选威海市第十七届人民代表大会常务委员会委员；表决通过刘昌清为威海市第十七届人民代表大会法制委员会主任委员、耿涛为威海市第十七届人民代表大会民族侨务外事委员会主任委员。根据宪法宣誓制度的有关规定，举行宪法宣誓仪式。大会还依次表决通过《威海市第十七届人民代表大会第四次会议关于政府工作报告的决议》《关于威海市2019年国民经济和社会发展计划执行情况与2020年国民经济和社会发展计划的决议》《关于2019年威海市和市级预算执行情况与2020年威海市和市级预算的决议》《关于威海市人大常委会工作报告的决议》《关于威海市中级人民法院工作报告的决议》《关于威海市人民检察院工作报告的决议》。

【威海市第十七届人民代表大会第五次会议】　7月28日，威海市第十七届人民代表大会第五次会议举行。威海市第十七届人民代表大会代表总额为338名，市十七届人大五次会议时，实有代表330名。大会听取闫剑波作的《统筹推进疫情防控和经济社会发展工作情况报告》；表决通过选举办法、总监票人和监票人名单。大会以无记名投票方式，补选闫剑波为威海市人民政府市长，补选威海市第十七届人民代表大会常务委员会委员；表决通过刘德柏为威海市第十七届人民代表大会农业与农村委员会主任委员。根据宪法宣誓制度的有关规定，闫剑波作为领誓人带领补选的市第十七届人大常委会委员和表决通过的专门委员会组成人员进行宪法宣誓。

【常委会会议】　第22次会议　1月10日举行。会议听取市人大常委会秘书长杨万友受主任会议委托所作的《关于补选山东省第十三届人民代表大会代表的情况说明》。会议经过审议，补选范华平、于永辉为山东省第十三届人民代表大会代表。

第23次会议　4月10日举行。会议听取市委常委、组织部部长刘运作的《关于省委对威海市政府主要负责人调整意见的说明》，并根据市长张海波的提请，任命闫剑波为市政府副市长，同时接受张海波辞去市政府市长职务的请求。根据《中华人民共和国地方各级人民代表大会和地方各级人民政府组织法》，市人大常委会主任会议提请决定闫剑波为市政府代理市长，会议经过审议，决定闫剑波为市政府代理市长。

第24次会议　4月27日举行。会议听取审议市政府《关于"七五"普法决议和规划贯彻实施情况的报告》《关于〈威海市海岸带保护条例〉实施情况的报告》《关于全市环境状况和环境保护目标完成情况的报告》。会议经过审议，决定任免市政府组成人员、市中级法院审判人员职务，批准市检察院提请审议的文登区检察院检察长、乳山市检察院检察长职务的报告。新任命市政府组成人员进行宪法宣誓，王学文颁发任命书。会议还对市政府、市中级人民法院等14个部门单位落实2019年度市人大常委会审议意见情况开展满意度测评。

第25次会议　6月30日举行。会议传达学习中共中央总书记习近平在全国两会期间的重要讲话和十三届全国人大三次会议精神，学习《中华人民共和国民法典》。会议听取审议市政府《关于全市海洋经济发展情况的报告》《关于全域旅游发展情况的报告》《关于全市农村人居环境整治工作情况的报告》。会议听取审议市政府提请审议的《威海市山体保护条例（草案）》和市人大法制委员会提请审议的《威海市精致城市建设条例（草案修改稿）》。会议表决通过有关人事任免案。王学文颁发任命书，新任命人员进行宪法宣誓。

第26次会议　7月14日举行。会议听取审议市政府《关于全市社会救助工作情况的报告》《关于〈中华人民共和国食品安全法〉实施情况的报告》。会议听取市人大常委会秘书长杨万友受主任会议委托所作的《关于补选山东省第十三届人民代表大会代表的情况说明》。会议经过审议，补选闫剑波为山东省第十三届人民代表大会代表。会议听取审议市十七届人大常委会代表资格审查委员会《关于个别代表的代表资格变动情况报告》，确认补选代表的代表资格有效，威海市第十七届人民代表大会实有代表330名。会议听取市人大常委会秘书长杨万友作的《关于市十七届人大五次会议筹备情况的报告》。讨论通过市十七届人大五次会议建议议程、主席团和秘书长建议名单，决定提交市十七届人大五次会议预备会议表决。会议决定，市十七届人大五次会议于2020年7月下旬在威海市召开。

第27次会议　8月31日举行。会议听取市人大法制委员会《关于〈威海市精致城市建设条例（草案修改稿）〉审议结果的报告》，审议通过《威海市精致城市建设条例（草案表决稿）》，听取、审议市政府《关于全市社会保障"数字公共服务体系"建设情况的报告》。市发展和改革委员会、财政局、审计局等部门受市政府委托，分别向本次会议报告2020年上半年国民经济计划和预算执行、2019年市级预算执行和其他财政收支审计等工作情况，会议审查、批准2019年市级决算和2020市级预算调整方案。会议还决定任免市中级人民法院有关审判人员。

第28次会议　10月29日举行。会议听取市人大法制委员会《关于〈威海市山体保护条例（草案修改稿）〉审议结果的报告》，审议《威海市山体保护条例（草案表决稿）》。会议以投票方式表决通过经市人大法制委员会进一步审议修改、常委会主任会议审议通过的《威海市山体保护条例（草案表决稿）》。会议听取并审议市政府《关于全市公安机关扫黑除恶专项斗争开展情况的报告》《关于全市农村医疗卫生服务体系建设情况的报告》《关于全市对台工作情况的报告》《关于2019年度全市和市级企业国有资产管理情况的专项报告》，审议市政府书面提交的《关于2019年度全市国有资产管理情况的综合报告》。会议还听取市政府《关于威海市2020年下半年地方政府债券分配使用意见及市级预算调整方案草案的报告》，对市政府提出的《2020年威海市市级预算调整方案草案》进行审查，同意地方政府债券分配使用意见，决定批准2020年市级预算调整方案。会议决定任免市人大、市政府有关工作人员，并组织新任命人员进行宪法宣誓。

第29次会议　12月25日举行。会议听取审议市商务局受市政府委托所作的《关于〈威海市城市国际化促进条例（草案）〉的说明》，结合市人大财政经济委员会提交的《关于〈威海市城市国际化促进条例（草案）〉立法调研和审议情况的报告》，市人大常委会组成人员对《威海市城市国际化促进条例（草案）》进行初次审议。会议听取审议市政府《关于市十七届人大四次会议以来代表所提建议办理情况的报告》《关于2019年度市级预算执行和其他财政收支审计查出问题整改情况的报告》《关于威海市2020年第二批抗疫特别国债、财政特殊转移支付资金分配使用意见及市级预算调整方案（草案）的报告》，对市政府提出的《2020年威海市市级预算调整方案（草案）》进行审查，同意市政府提出的相关资金分配使用意见，决定批准2020年市级预算调整方案。会议决定任免市人大、市政府、市监委、市中级人民法院和市检察院有关工作人员，并组织新任命人员进行宪法宣誓。

常委会工作

【坚持党的全面领导】　坚持把学习贯彻习近平新时代中国特色社会主义思想、中共中央总书记习近平重要讲话、重要指示和中央决策部署作为常委会党组会议、主任会议、常委会会议首要议题，进一步健全常委会党组成员、常委会组成人员、机关干部的联动学习制度，制订实施年度学习计划，组织开展集中学习、交流研讨、辅导讲座30余次。认真组织学习宣传贯彻中国共产党第十九届五中全会精神，常委会组成人员深入基层一线，积极开展宣传宣讲、互动交流，带动广大代表发挥作用。

坚持把党的领导贯穿人大依法履职各方面全过程。认真贯彻市委召开的人大工作会议精神，制定具体落实措施，对常委会年度工作计划、立法和监督项目、重要会议活动等事项主动向市委请示报告，对市委作出的重要部署及时研究、推动落实。坚持党的领导与依法行使任免权、决定权相统一，以法定程序保证市委的决策部署得到落实。

坚决扛起疫情防控政治责任。积极组织动员全市各级人大和人大代表强化责任担当，带头投入疫情防控。常委会领导班子成员深入企业、社区等基层一线，实地督导检查疫情防控措施落实情况，协调解决企业遇到的困难问题，助力企业有序复工复产。全市各级人大加强宣传引导和工作监督，及时回应社会关切，促进《中华人民共和国传染病防治法》《中华人民共和国野生动物保护法》等法律法规和全国人大、省人大有关决定落地落实。广大代表积极响应市人大常委会发出的倡议，充分发挥各自岗位和行业优势，成效显著。

【立法引领作用强化】 加强地方立法，引领城市高质量特色发展。围绕推进精致城市建设立法，在没有先例可循、没有经验可鉴的情况下，市人大常委会先后组织立法调研、专题研讨 30 余次，对实践形成的成熟做法进行总结固化、对城市建设管理中存在的不精致不到位问题进行系统规范，对国内外城市治理先进理念和经验进行消化吸收，经过市人大常委会集中审议 3 次、征求各方面意见 3 次，完成全国第一部以精致城市建设为主题的地方性法规——《威海市精致城市建设条例》的制定工作。围绕维护生态安全、彰显生态宜居的城市特色，制定《威海市山体保护条例》，从防、治两方面对规范开发利用行为、明确修复治理责任、加强部门监督管理等作出制度设计。对制定《威海市城市国际化促进条例》开展立法调研，已初审条例草案，提出审议意见。

加强机制建设，提升立法能力水平。健全“4+N”联合起草机制，由市人大常委会法制工作委员会、有关专门委员会、市司法局、涉及立法领域的政府部门单位组成法规起草工作小组，并吸纳立法研究服务基地、立法咨询委员和相关领域的专家学者，共同研究法规重要条款和关键制度设计，凝聚起推动科学立法的工作合力。建立重大立法项目专家会诊机制，在制定《威海市精致城市建设条例》过程中，组织召开立法专题研讨会，邀请国内城市规划设计、建设管理和法律领域的权威专家出谋划策，进一步提高条例的前瞻性、实效性。

加强执法检查，推动法律法规有效实施。坚持立法工作与法律法规实施协同推进，着力推动严格执法。组织开展《威海市海岸带保护条例》执法检查，及时发现海岸带保护规划体系亟须完善、海岸带利用与保护举措亟须优化等问题，有针对性地提出审议意见。以“四不两直”（不发通知、不打招呼、不听汇报、不用陪同接待，直奔基层、直插现场）方式，深入开展《中华人民共和国食品安全法》执法检查，从强化源头管控治理、建立完善信息化监管系统、畅通社会监督渠道等方面提出建议，确保人民群众“舌尖上的安全”。聚焦安全生产、生态建设、经济发展、民生改善等重点领域，积极配合全国和省人大常委会对安全生产“一法一条例”、旅游“一法一条例”和《中华人民共和国土壤污染防治法》《中华人民共和国监狱法》等 12 部法律法规开展执法检查，及时发现问题、督促整改，取得良好成效。

【监督实效增强】 围绕市委重点任务开展精准监督。为推进精致城市建设、提升城市治理水平，组织常委会组成人员和部分省市人大代表，对全市精致城市建设情况进行集中视察，督促各级各有关部门单位做实做细各项工作。开展城市建设管理情况专题询问，通过事先深入调研、精心准备，将城市建设管理领域 12 个方面的突出问题作为询问重点，市政府有关部门单位主要负责人到会听取意见、应询回答，形成良性互动的局面。为推动海洋强市战略实施、建设创新型国际海洋强市，组织人员对全市海洋经济发展情况进行专题调研审议，从拓展蓝色经济发展空间、构建现代海洋产业体系、激发海洋经济新动能、优化海洋经济发展环境等方面提出针对性对策建议。

围绕推动经济高质量发展深化监督。听取审议国民经济和社会发展计划执行、预算、审计等工作报告，并就市级决算、预算调整等事项，及时作出决议决定，首次对审计查出问题整改情况开展跟踪监督。书面审议《关于 2019 年度全市国有资产管理情况的综合报告》，首次听取审议《关于 2019 年度全市和市级企业国有资产管理情况的专项报告》，推动完善简政放权、放管结合的监督机制和公司法人治理结构，着力提高国有资本效率，增强国有企业活力。听取审议《关于国民经济和社会发展“十三五”规划实施及“十四五”规划纲要（草案）编制情况的报告》，支持和推动政府贯彻新发展理念，深化科技创新引领，加快发展现代产业体系，实行更高水平对外开放，高质量融入以国内大循环为主体、国内国际双循环相互促进的新发展格局，持续改善人民生活品质，不断增强人民群众获得感、幸福感、安全感。听取审议《关于全域旅游发展情况的报告》，推动旅游格局全域优化、旅游资源全链融合、旅游功能全境提升。听取审议《关于全市对台工作情况的报告》，要求坚持政治引领，深化经贸合作，加强文化交流，推动对台工作更好地服务于经济社会发展。

7 月 3 日，《威海市精致城市建设条例》立法研讨会召开

（威海市人民代表大会常务委员会办公室　提供）

9月11日，赴环翠区竹岛街道开展“传承民族文化、讲好威海故事”主题党日活动

（威海市人民代表大会常务委员会办公室　提供）

围绕推进生态文明建设持续发力。对2019年度全市环境状况和环境保护目标完成情况进行调研审议，配合省人大开展三级联动监督工作，重点对大气污染防治情况和水污染防治“一法一条例”进行执法检查，同步开展威海环保世纪行活动，及时将调研检查中发现的问题连同审议意见建议，反馈给市政府及有关部门单位做好整改落实。组织对全市农村人居环境整治工作情况进行专题调研审议，重点察看农村垃圾综合治理、饮水安全、农村改厕、农村道路“户户通”建设等情况，要求有关部门单位因地制宜地细化落实整治措施，健全长效机制。

围绕增进民生福祉履职尽责。组织开展全市社会救助工作情况专题调研审议，着力解决部门联动衔接不顺畅、信息共享不完整、保障覆盖面不宽等问题，推动健全工作联动机制，搭建社会救助大数据平台，不断提升兜底保障能力。对全市农村医疗卫生服务体系建设情况进行专题调研审议，推动各级各有关部门加快服务网络标准化建设，深化医保支付改革，创新丰富供给体系，为农村群众提供全方位、优质高效的公共卫生服务。对全市社会保障“数字公共服务体系”建设情况进行专题调研审议，着力推动体制机制优化、管理体系健全规范、技术人才支撑有力，进一步提升社保服务效能。

围绕促进社会和谐稳定积极作为。组织对全市“七五”普法决议和规划贯彻实施情况进行调研审议，推动提升法治宣传教育的针对性和实效性。调研审议全市公安机关扫黑除恶专项斗争开展情况，强调要进一步巩固扫黑除恶工作成果，以更高标准更严要求推进专项斗争向纵深发展。认真做好人大信访工作，受理群众信访、到访477件次，强化综合分析，督促有关问题解决，切实维护人民群众合法权益。

【服务保障优化】 强化代表履职保障。重视人大代表素质能力提升，组织举办市人大代表履职学习班，并邀请代表参与调研、视察、执法检查、专题询问以及各类评议会、座谈会、听证会等活动400余人次。加快智慧人大建设，备案审查信息化平台、市县两级预算联网监督系统、市人大常委会会议电子表决系统等相继建成并投入使用，制定关于人事任免表决方式的试行意见，为依法履职提供数字化服务与保障。坚持为人大代表订阅杂志报纸、寄送资料、通报重要工作情况，保证代表知情知政。

丰富代表履职形式。实现人大代表工作站在镇（街道）全覆盖的基础上，开展省、市、区（市）、镇（街道）四级人大代表进站活动，先后接待群众6000余人次、收集意见和建议200余件。积极稳妥推进区（市）、镇（街道）民生实事代表票决工作，指导乳山市人大在镇级人大开展政府民生实事项目代表票决试点，并逐步在全市镇级人大普遍开展，激发代表履职活力。制定规范健全市人大代表反映群众意见和诉求处理反馈机制的意见，畅通群众诉求表达、权益保障渠道，更好地发挥人大代表的桥梁纽带作用。

提升建议办理实效。坚持集中交办与重点督办相结合，选择事关经济社会发展大局和人民群众切身利益的建议进行重点督办，通过常委会领导领衔督办、有关专门委员会跟踪督办及满意度评价等方式，切实提升人大代表建议办理的质量和效率。市十七届人大四次会议召开后代表提出的94件建议，全部办理完毕并逐一答复代表。

（于云龙）

编辑　闫拥军

威海市人民政府

综　述

【概况】 威海市第17届人民政府设市长1人，副市长6人。市政府设工作部门34个、派出机构5个。

【重要决策和部署】 1月21日 印发《威海市人民政府关于贯彻健康中国行动推进健康威海建设的实施意见》（威政发〔2020〕1号），要求贯彻《国务院关于实施健康中国行动的意见》《山东省人民政府关于贯彻健康中国行动推进健康山东建设的实施意见》等文件精神，推进健康威海建设，进一步提升人民群众健康水平，结合威海市实际，制定实施意见。

2月13日 印发《威海市人民政府关于印发威海市市场主体住所（经营场所）登记管理办法的通知》（威政发〔2020〕2号），要求放宽市场主体准入条件，简化住所（经营场所）登记手续，降低创业成本，强化事中、事后监管，根据《中华人民共和国物权法》等有关规定，结合威海市实际，制定办法并组织实施。

3月3日 印发《威海市人民政府关于做好第七次全国人口普查的通知》（威政发〔2020〕3号），要求认真贯彻

2020年第17届人民政府常务会议纪要目录

表2

会议	时间	主持人	内容
第74次	1月13日	市长张海波	1.2020年《政府工作报告》目标任务分工方案。2.关于贯彻健康中国行动推进健康威海建设的实施意见。3.关于推进智慧住宅小区建设的指导意见。4.威海市市场主体住所（经营场所）登记管理办法。5.关于规划建设中韩自贸区地方经济合作示范区实体园区的意见。6.关于理顺威海海洋职业学院体制机制的意见。7.关于2019年度全市地方纳税50强企业表彰的意见。8.干部任免事项。
第75次	2月12日	市长张海波	1.会议传达学习中共中央总书记习近平关于新冠肺炎疫情防控工作系列重要讲话精神，以及省委关于疫情防控和复工复产重要会议精神；听取相关部门关于威海市近期新冠肺炎疫情防控以及重点企业和重点项目复工复产情况汇报，安排部署下步工作。2.关于威海职业学院申请成立威海职业学院资产经营有限公司的意见。3.干部任免事项。
第76次	3月5日	市长张海波	1.传达学习中共中央总书记习近平关于统筹推进新冠肺炎疫情防控和经济社会发展工作重要讲话精神，以及省委有关重要会议和重要文件精神，研究威海市贯彻落实意见。2.关于开展“亩产效益”改革评价工作的实施意见。3.关于当前全市消防安全工作情况及下步工作安排。4.威海市殡葬设施布局建设规划（2020—2035年）。5.威海市市区城市污水处理提质增效实施方案。6.关于应对新冠肺炎疫情确保住房和城乡建设有序发展的政策意见。7.关于改革招商体制机制重新组建市投资促进中心的实施方案。8.威海市区2020年经营性国有建设用地招拍挂出让计划。
第77次	3月19日	市长张海波	1.关于建立优化营商环境工作机制的意见。2.关于开展“美丽城市”建设试点推进精致城市建设的实施方案。3.关于加快5G网络建设推动5G产业发展的实施意见。4.关于支持先进制造业和数字经济发展的若干政策措施。5.2020年威海市人民政府立法工作计划。6.威海市物业管理办法。7.威海市中心城区低效用地规划整治方案。8.关于进一步强化耕地保护工作的意见、威海市耕地保护督察意见整改工作方案。9.威海市推进国有企业退休人员社会化管理工作实施方案。10.全市森林消防专业队伍建设实施方案。
第78次	4月2日	市长张海波	1.关于威海市国家职教创新发展高地建设有关情况。2.威海市政府投资管理办法。3.关于进一步优化细化桃威铁路电气化改造工程融资方案的意见。4.关于调整威海市区土地级别与基准地价的意见。5.干部任免事项。

续表 2

会议	时间	主持人	内容
第 79 次	4 月 10 日	代市长 闫剑波	1. 研究加强市政府班子建设。
第 80 次	4 月 17 日	代市长 闫剑波	1. 关于威海国际海洋科技城规划建设有关情况。2. 威海市招商引资攻坚突破行动方案。3. 关于威海市 2019 年度土地卫片执法检查和耕地保护督察工作落实情况。4. 传达《山东省生态环境保护督察工作实施办法》主要精神，汇报威海市生态环境保护工作存在的问题及下步工作安排意见。5. 关于全市安全生产工作情况及下步工作安排意见。6. 干部任免事项。
第 81 次	5 月 6 日	代市长 闫剑波	1.2020 年威海市法治政府建设工作计划。2. 威海市山体保护条例。3. 关于推进威海市医疗卫生服务体系建设实施方案。4. 关于全市森林防灭火工作情况。5. 关于全市初中毕业年级开学准备工作情况。6. 安排部署工作。
第 82 次	5 月 28 日	代市长 闫剑波	1. 威海市 2020 年东西部扶贫协作工作要点。2. 关于威海市推动胶东经济圈一体化发展有关情况。3. 关于全市项目建设有关情况。4. 关于建设职业教育创新发展高地实施方案。5. 关于实施威海市污泥单独干化焚烧工程的意见。6. 关于推进母猪河地下水库工程的意见。7. 关于调整威海市城乡居民最低生活保障标准和特困人员供养标准的意见。8. 传阅事项：(1)《国务院办公厅关于对 2019 年落实有关重大政策措施真抓实干成效明显地方予以督查激励的通报》；(2)《省委办公厅、省政府办公厅关于进一步支持办好〈问政山东〉栏目的通知》。
第 83 次	6 月 16 日	代市长 闫剑波	1. 关于贯彻落实习近平总书记重要批示精神进一步加强安全生产工作的意见、威海市党政领导干部安全生产工作职责。2. 关于“无废城市”建设试点工作情况。3. 威海市新型智慧城市建设三年行动计划（2020—2022 年）。4. 关于开展创新型企业培育工作的实施意见。5. 威海市水土保持规划（2019—2030 年）。6. 关于推进华能海水淡化输水工程的意见。7. 干部任免事项。
第 84 次	7 月 9 日	代市长 闫剑波	1. 传达李干杰在省“四进”攻坚工作组调整优化动员培训班上的讲话精神，研究威海市对接和服务工作安排。2. 威海市新旧动能转换重大工程政策落实和省重点项目建设情况专项审计整改方案。3. 关于威海市省级重点项目建设情况的汇报。4. 关于建立全市项目建设督导调度机制的汇报。5. 关于做好上级督查检查考核任务落实和激励政策争取工作方案。6. 关于 2020 年度省经济社会发展综合考核情况的汇报。7. 全市安全生产专项整治三年行动计划实施方案。8. 关于乡村公共文化服务精致化发展的实施意见。9.2020 年威海市湾长制工作重点。10. 关于威海市抗疫特别国债、特殊转移支付和新增一般债券资金分配的意见。11. 干部任免事项。12. 传阅市委办公室《关于反对形式主义官僚主义进一步统筹做好请示报告工作的通知》。
第 85 次	7 月 22 日	代市长 闫剑波	1. 传达学习省十三届人大四次会议精神。2. 关于贯彻落实《关于深化改革加强食品安全工作的实施意见》情况的汇报。
第 86 次	8 月 6 日	市长 闫剑波	1. 威海市无偿献血管理办法。2. 关于完善公共卫生体系的实施意见。3. 关于深入推进城市安全发展的实施方案。4. 关于全市新一轮禁毒人民战争（2020—2022 年）实施方案。5. 威海市推进工业互联网和人工智能加快发展实施方案。6. 威海市鼓励金融业发展奖励办法。7. 关于调整理顺全市公立医疗机构医疗服务价格的意见。8. 关于完善参保人员生育待遇政策有关问题的意见。9. 威海市医疗保障异地就医管理办法。10. 干部任免事项。
第 87 次	8 月 24 日	市长 闫剑波	1. 关于威海市上半年省、市级重点项目进展情况汇报。2. 关于推进产业链供应链创新链协同发展的实施意见。3. 关于威海市校园安全有关问题的汇报。4. 关于威海市中央特殊转移支付应急物资保障体系建设补助资金的分配意见。5. 关于威海市和市级 2019 年决算及 2020 年上半年预算执行情况的汇报。6. 关于 2020 年威海市地方政府债券、抗疫特别国债、财政特殊转移支付资金的分配使用意见及市级预算调整方案的汇报。7. 干部任免事项。
第 88 次	9 月 14 日	市长 闫剑波	1. 听取《问政山东》发现问题整改工作有关情况的汇报，安排部署下步工作。2. 关于统筹完善社会救助体系的意见。3. 威海市慈善总会慈善资金管理办法。4. 威海市党政机关单位办公用房管理办法。5. 集体学习地方法治政府建设的几个主要问题。
第 89 次	9 月 29 日	市长 闫剑波	1. 关于全国城镇小区配套幼儿园治理工作视频会议精神及威海市工作情况的汇报。2.2020 山东省旅游发展大会暨首届中国国际文化旅游博览会精神及威海市贯彻落实意见。3. 关于全省粮食安全责任工作视频会议精神及威海市工作情况的汇报。4. 关于威海市 1—8 月省、市级重点项目进展情况汇报。5. 关于于国安在 2020 年土地例行督察动员部署会议上的讲话精神及威海市土地问题综合整治工作进展情况的汇报。6. 关于全市安全生产工作情况及下步工作安排的汇报。7. 干部任免事项。8. 安排部署工作。

续表 2

会议	时间	主持人	内容
第 90 次	10 月 28 日	市长 闫剑波	1. 关于秋冬季疫情防控工作情况的汇报。2. 关于威海市 2020 年下半年地方政府债券分配使用意见及市级预算调整方案的报告。3. 关于 2019 年度全市和市级国有资产管理情况的综合报告、关于 2019 年度全市和市级企业国有资产管理情况的专项报告。4. 关于贯彻落实政府过紧日子要求进一步加强财政管理的意见。5. 关于 2020 年威海友谊奖评选情况的汇报。6. 关于威海“会议大使”评选情况的汇报。7. 威海市森林防火工作标准体系。8. 关于市区经济适用住房上市交易政策有关情况的汇报。9. 威海市国三及以下排放标准营运柴油货车提前淘汰更新补贴实施方案。10. 关于农村改厕和农村清洁取暖有关工作情况的汇报。11. 干部任免事项。
第 91 次	11 月 9 日	市长闫剑波	1. 威海市行政执法监督办法（草案）。2. 威海市行政规范性文件管理办法（草案）。3. 传阅事项：(1)《关于在全市政府系统开展作风改进“三问三查三改”活动的实施方案(征求意见稿)》；(2)《中央办公厅　国务院办公厅关于全面加强危险化学品安全生产工作的意见》。4. 威海市产业技术研究院负责人薪酬管理办法（草案）、威海市产业技术研究院负责人绩效考核办法（草案）。5. 关于调整计划生育特别扶助对象住院护理险制度实施有关事项的意见（草案）。6. 关于威海市 2020 年第二批抗疫特别国债分配方案的意见。
第 92 次	12 月 3 日	市长 闫剑波	1. 关于全市优化营商环境推进情况的汇报。2. 威海市精致城市评价指标体系。3. 关于 1—10 月威海市省市级重点项目进展及 2021 年重点项目储备情况的汇报。4. 关于进一步推进养老服务高质量发展的实施意见（草案）。5. 威海市深化农村公路管理养护体制改革实施方案。6. 全国全省冬春农田水利暨高标准农田建设电视电话会议精神及威海市稳定粮食生产工作有关情况的汇报。7. 威海市属国有企业划转部分国有资本充实社保基金建议方案。8. 干部任免事项。
第 93 次	12 月 16 日	市长 闫剑波	1. 公平竞争审查专题法治讲座。2. 威海市生活垃圾分类管理办法（草案）。3. 威海市突发公共卫生事件应急办法（草案）。4. 威海市城市国际化促进条例（草案）。5. 威海市重大行政决策程序规定（草案）。6. 威海市国有企业改革三年行动实施方案（2020—2022 年）。7. 威海市节约用水规划（2020—2035 年）（草案）。8. 关于第四届威海工匠评选推荐情况的汇报。9. 关于威海市 2020 年第二批抗疫特别国债、特殊转移支付资金分配使用意见及市级预算调整方案的报告。
第 94 次	12 月 28 日	市长 闫剑波	1. 关于全市主要经济指标 2020 年预计完成情况及 2021 年初步安排意见。2. 关于 2021 年市级重大项目、政府类投资项目、重点工业投资项目、城建重点工程、重点科技创新项目的安排意见。3. 威海市地方铁路事业发展中心经营管理体制改革实施方案、威海市煤气总公司公司制改制实施方案。4. 关于开展财政资金股权投资改革试点的实施意见（草案）。5. 关于 2021 年市本级财政预算收支的安排意见。6. 关于威海火炬高技术产业开发区、威海经济技术开发区、威海临港经济技术开发区、威海南海新区 2021 年财政预算收支的安排意见。7. 传阅事项：(1) 李干杰在省委统筹疫情防控和经济运行工作指挥部会议上的讲话；(2) 省政府安委会《关于做好 2021 年元旦春节期间安全防范工作的通知》。

《山东省人民政府关于做好第七次全国人口普查的通知》精神，切实做好威海市人口普查工作，结合实际，通知有关事项。

4 月 11 日　印发《威海市人民政府关于调整威海市区土地级别与基准地价的通知》(威政发〔2020〕4 号)，要求促进土地优化利用，引导土地市场健康发展，根据《中华人民共和国土地管理法》等相关法律规定，经研究，确定对威海市区土地级别及基准地价进行调整。

4 月 7 日　印发《威海市人民政府关于印发威海市政府投资管理办法的通知》(威政发〔2020〕5 号)，要求充分发挥政府投资作用，提高政府投资效益，规范政府投资行为，激发社会投资活力，根据《政府投资条例》等有关法律规定，结合威海市实际，制定办法并组织实施。

8 月 18 日　印发《威海市人民政府关于印发威海市鼓励金融业发展奖励办法的通知》(威政发〔2020〕6 号)，要求优化金融生态环境，加快金融业改革发展，提高金融服务经济社会发展的能力，根据《山东省地方金融条例》等有关规定，结合威海市实际，制定办法并组织实施。

8 月 18 日　印发《威海市人民政府关于印发威海市无偿献血管理办法的通知》(威政发〔2020〕7 号)，要求保证医疗临床用血需要和安全，保障献血者和用血者权益，根据《中华人民共和国献血法》等法律法规，结合威海市实际，制定办法并组织实施。

8 月 18 日　印发《威海市人民政府关于完善公共卫生体系的实施意见》(威政发〔2020〕8 号)，要求深入贯彻中共中央总书记习近平关于疫情防控系列重要讲话、重要指示和中央全面深化改革委员会第十二次会议精神，全面落实《山东省人民政府关于健全完善公共卫生体系的意见》，就完善重大疫情防控体制机制、健全全市公共卫生体系，制定实施意见。

9月24日　印发《威海市人民政府关于印发威海市慈善总会慈善资金管理办法的通知》（威政发〔2020〕10号），要求加强慈善资金的募集、使用和管理，维护捐赠人和受益人合法权益，促进慈善事业持续健康发展，根据《中华人民共和国慈善法》等有关规定，结合威海市实际，制定办法并组织实施。

11月4日　印发《威海市人民政府关于新冠肺炎疫情防控期间进口冷冻冷藏食品报备有关问题的通告》（威政发〔2020〕12号），要求加强冷链食品新冠肺炎疫情防控工作，保障公众生命安全和身体健康，根据《中华人民共和国突发事件应对法》等法律规定，通告新冠肺炎疫情防控期间进口冷冻冷藏食品报备有关问题。

11月19日　印发《威海市人民政府关于印发威海市行政规范性文件管理办法的通知》（威政发〔2020〕13号），要求加强行政规范性文件管理，促进科学民主依法决策，提高依法行政水平，根据《中华人民共和国地方各级人民代表大会和地方各级人民政府组织法》等有关规定，结合威海市实际，制定办法并组织实施。

12月22日　印发《威海市人民政府关于印发威海市重大行政决策程序规定的通知》（威政发〔2020〕14号），要求规范重大行政决策行为，健全科学、民主、依法决策机制，明确决策责任，提高决策质量，根据《中华人民共和国地方各级人民代表大会和地方各级人民政府组织法》等法律法规，结合威海市实际，制定规定。

12月27日　印发《威海市人民政府关于命名“威海工匠”的决定》（威政发〔2020〕15号），要求表彰先进、树立榜样，市政府决定命名蔡玉印等20人为“威海工匠”。

2月6日　印发《威海市人民政府办公室关于应对新型冠状病毒感染肺炎疫情支持中小企业平稳健康发展的实施意见》（威政办发〔2020〕2号），要求深入贯彻落实中共中央总书记习近平关于坚决打赢疫情防控阻击战的重要指示精神，全面落实党中央、国务院和省委、省政府关于疫情防控的决策部署，就积极应对新型冠状病毒感染肺炎疫情、全力支持中小企业平稳健康发展，提出实施意见。

2月13日　印发《威海市人民政府办公室关于全力防控疫情支持服务业企业平稳健康发展的若干意见》（威政办发〔2020〕3号），要求全面贯彻党中央、国务院关于疫情防控的决策部署，深入落实省委、省政府有关工作要求，在坚决做好疫情防控各项工作的同时，积极帮助服务业企业解决实际问题，促进服务业平稳健康发展，经市政府同意，提出意见。

6月28日　印发《威海市人民政府办公室关于开展创新型企业培育工作的实施意见》（威政办发〔2020〕4号），要求推动全市经济高质量发展，在重点支持200家企业冲击新目标行动入库企业和后备库企业的基础上，加快培育200家创新型企业，形成大企业冲击新目标、创新型企业加快发展的梯次递进格局，结合威海市实际，制定实施意见。

8月13日　印发《威海市人民政府办公室关于印发威海市推进工业互联网和人工智能加快发展实施方案的通知》（威政办发〔2020〕5号），要求贯彻落实《国务院关于深化“互联网＋先进制造业”发展工业互联网的指导意见》等文件精神，加快推进工业互联网和人工智能等新一代信息技术赋能传统产业创新发展，着力培育发展“四新经济”，结合威海市实际，制定实施方案。

12月10日　印发《威海市人民政府办公室关于进一步推进养老服务高质量发展的实施意见》（威政办发〔2020〕6号），要求贯彻落实《国务院办公厅关于推进养老服务发展的意见》等文件精神，进一步推进全市养老服务高质量发展，经市政府同意，提出实施意见。

【政务信息】　全年采用各区（市）、开发区和市直有关部门、单位信息1620篇。其中，采用各区（市）、开发区信息794篇，采用市直有关部门、单位信息826篇；编发《威海政务》105期。上报信息772篇，被省级以上政务信息刊物采用211篇（其中国务院办公厅采用115篇，省政府办公厅采用96篇），国务院领导批示28篇，省政府领导批示18篇，市领导批示30篇。

【政务调研】　2020年，市政府调查研究室创新调研方式和组织方式，制定《2020年度全市政府系统调研工作计划》，有效调动调研室和市政府相关部门力量，开展联合调研，提高调研实效。聚焦市委、市政府中心工作，组织撰写重点调研报告40篇，获得领导批示35篇（其中省领导批示5篇次、市领导批示55篇次、市委市政府主要领导批示42篇次）。支持服务业企业健康发展、加强社区网格化管理、新冠肺炎疫情对财政运行影响、税源结构分析等报告，为优化新型冠状病毒肺炎疫情防控措施提供参考。统计制度方法改革影响、高新技术产业“引爆点”、民宿产业、体育休闲产业、文旅产业、农业适度规模经营及平台型企业发展等调研，推动相关产业领域工作开展。建立城市更新制度、智慧停车数据分析、公共停车场管理等系列报告，为精致城市建设的路径研究贡献力量。实施信用“五进”（进企业、进校园、进机关、进农村、进社区）工程、推进智慧监管、“镇街吹哨、部门报到”、完善行政审批监管协同机制等报告，推动相关领域营商环境优化。加强会员制养老监管、森林防灭火体系建设、粮食生产形势分析、基层医疗卫生服务供给短板、地方政府债务管理等报告，为加强风险防控提供参谋建议。改版《决策参阅》《威海发展研究》，在栏目设置、文稿编辑、版式等方面作出调整，进一步增强可读性、实效性。编发《威海发展研究》12期，刊发各类文章120余篇，积极宣传推广全市各领域工作成效。

【政务服务热线】　2020年，12345政务服务热线受理群众诉求事项100.7万件，比上年增长51.7%。其中，受理群众呼入电话96.3万件，增长51.4%；受理网络平台信件（市长信箱、人民网、市民网、Hi威海、政务网、爱山东、微信、微博、网上舆情、企业诉求直通车、政商直通车和手机客户端）1.4万件，减少10.6%；受理省级政务服务热线转办事项3万件，增长148.7%；受理国务院“互联网＋督查”事项65件；受理省级“接诉即办”

平台转办企业诉求225件；受理市直部门上报首问负责制事项6件。群众关注的热点问题主要集中在住房与房地产、新型冠状病毒肺炎疫情防控、居民生活、社会保险政策、农村工作、市场监管、交通运输、交通安全、劳动纠纷、城市管理等方面。

年内，12345政务服务热线围绕“提高热线影响力和群众满意度”工作目标，积极推进标准化建设，顺利完成全省政务服务热线建设标准化试点任务；制定《威海市政务服务热线管理办法》，为各级热线工作机构和承办单位开展工作提供统一明确、科学规范指导；开办《群众诉求督查曝光台》电视栏目，先后曝光有代表性具体问题30件，有效形成工作倒逼机制；建立区（市）、部门主要负责人定期上线接听制度，组织开展34场次，受理群众诉求2803件，合理诉求满意率100%；开展“市民开放日”活动，邀请群众代表和基层工作人员代表参观座谈，进一步拉近热线与群众之间距离；开发“热线钉”功能，适时进行工作提醒；创新“一单直达”模式，在部分区（市）试点，平均转办时间由602分钟缩短至1分钟；建立热线视频联席会议机制，实现政务热线、承办单位、事发现场多方实时联动，提高群众诉求处置效率；采取电话督办、书面督办、现场督办、会议督办、媒体联动督办、领导批示督办等多种方式，开展重点督办3422件次，有力推动难点问题解决；积极参与新型冠状病毒肺炎疫情防控、精致城市建设、优化营商环境、作风大改进等全市重点工作，有效发挥在党委政府与群众之间桥梁纽带作用，服务群众、服务决策能力不断提高。12345政务服务热线电话接通率、按期办结率、群众满意率分别达99.1%、99.9%和93.9%。编发《12345政务服务热线专刊》464期，获得领导批示57件次，为相关部门提供热线数据及分析报告200余次，推动解决一批群众关心关注的热点难点问题。11月，12345政务服务热线被人民网授予2020年度网民留言办理工作活力奋进单位称号。

（帅高财）

【机关事务管理】 后勤保障集中统一服务　机关后勤集中统一保障范围全面覆盖市级机关137栋办公楼、281家市级机关事业单位、70万平方米的办公区。制定物业服务标准、绩效考核等制度标准，探索建立办公资产公物仓管理制度，启动市级机关房产统一确权登记移交工作，纳入统一保障的机关食堂达17处，开创服务集中供给、部门省心省事、规模效应彰显、经费支出压缩的良好局面。

办公用房管理　严格执行《威海市党政机关办公用房管理办法》，探索建立房屋零星维修项目管理系统，办公用房大中修和零星维修统一实施实现全覆盖。清理规范60家单位办公用房，协调解决21家单位新增办公用房需求，累计调剂办公面积1.3万平方米，先后实施办公用房大中修项目7个。

公务用车管理　持续深化公车定点加油、定点维修、定点保险“三定点”使用管理，逐年收紧车辆更新配备关口，全年批准购置公务用车37辆。依托公务用车集中监管平台，全市3626辆公务用车全部入网，纳入全天候卫星定位监控，全面落实信息化、标识化、动态化的公车管理模式。

公共机构节能管理　以机关食堂为主阵地，将制止餐饮浪费行为纳入“节约型”机关建设工作体系，餐余垃圾总量减少25%。先后创建3个国家级、3个省级、19个市级节约型公共机构示范单位和“无废机关”50家，扎实做好节能改造、绿色办公、宣传教育、垃圾分类等工作，完成“十三五”能耗下降目标。

（刘洪轩）

大数据建设与发展

【概况】 2020年，市大数据中心积极推动数据“聚、通、用”，大力开展“数据赋能”行动，数字政府建设取得显著成效。威海市获评2020中国领军智慧城市，市大数据中心获评2020数字政府特色评选50强创新案例（政务服务创新奖）。

【基础设施建设】 组建全市统一的城市运行指挥中心，政法综治、应急、环境保护、城市管理4个指挥调度中心入驻，接入40个指挥调度类业务系统，初步实现一网统管、数据汇聚、态势感知。强化政务云资源管理支撑，全市502个业务系统、2781台虚拟机运行在政务云平台，实现提供应用服务的功能提升。市、县、镇三级一体化视频会议系统在市政府值班点名、新型冠状病毒肺炎疫情处置调度、重点项目视频签约和经贸合作等活动中发挥重要作用，部署安装视频终端550个，召开视频会议500余次，会议总时长达600余小时。

【数据汇聚开放】 市政府印发《威海市推进一体化信息资源体系建设打造数字型政府攻坚行动方案》，建设完善基础信息资源库6个、主题信息资源库15个，市、县两级218个系统实现实时对接。市大数据平台汇聚全市498个单位的数据目录1.5万条，业务数据46亿条。“互联网＋监管”系统累计向省库汇聚数据520万余条，监管行为数据事项覆盖率、监管行为数据及时率均达100%，位居全省前列。全面提升数据开放水平，在山东公共数据开放网站上开放18个主题1.2万余条数据目录、13亿条数据。

【数据应用成效】 全市144个单位实现数据实时对接，113个单位开展数据交换，交换量达9亿条次。“爱山东”App（威海站）上线政务服务511项，实名注册用户89万。开展“数聚赋能”专项行动，制定《威海市公共数据资源开发利用试点实施方案》，积极推进数据资源创新利用，围绕公积金、不动产、学生入学等领域开展跨层级共享应用，推动“不动产＋水电气暖联合过户”创新应用。数据共享应用案例“信用威海”获得工业和信息化部2020大数据“星河（Galaxy）”行业大数据标杆案例奖。

【数字抗疫成果】 开发威海市公共场所出入登记系统，将其推广应用至全市5.1万余个检疫点，注册人数达146万余人，累计扫码量3500万余次。开发应用到威海人员信息登记、返岗复工乘车登记、出租公交乘客信息登记、价格监测等疫情防控系统，为企业复工复产、政府决策等提供有力数据支撑。“通过疫情防控综合管理平台，实现了街道社区与社会联防联控”案例在中欧绿色智慧城市峰会上获得2020数字化抗疫优秀案例奖。

【政府网站群建设】 强化实名制、先审后发机制管理和常态化监测，引入第三方评估机构，开展绩效评估。政府网站群平台保障的91个网站和全国政府网站信息报送系统中的46个政府网站均正常运行。威海政府网在清华大学发布的《2020年中国政府网站绩效评估报告》中列全国地级市政府门户网站第6位、在中软评测“第十九届（2020）中国政府网站绩效评估”中列全国地市政府网站第10位、在中国信息化研究与促进网等机构联合组织的优秀政务平台评估中获得2020年度中国政府网站领先奖。

（伯彩霞）

应急管理

【概况】 2020年，市应急管理局统筹推进应急管理体系和能力现代化建设，全力保护人民群众生命安全和维护社会稳定。全年生产安全事故起数与上年持平，死亡人数比上年下降28%，自然灾害形势总体平稳，累计处置突发事件23起。市应急管理局获评威海市抗击疫情优秀志愿服务组织。

【应急管理体制机制建设】 综合管理体制　立足防灾减灾救灾综合管理部门定位，强化“统”的力度，提请市委、市政府组建市委防灾减灾救灾领导小组，全面加强对全市防灾减灾救灾工作的统一领导和组织协调。

防灾减灾体制　迅速调整市减灾委员会、森林防灭火指挥部、防汛抗旱指挥部、防震减灾工作专项小组等议事协调机构，构建分工明确、责任清晰、配合紧密的职责体系。建立防汛抗旱体制，明确农村区域及水利工程、城市的防汛抗旱指挥机构；将森林防灭火工作专项纳入安全生产考核，把森林火灾事故等同生产安全事故。

安全生产体制　制定《威海市党政领导干部安全生产工作职责》，调整市政府安全生产委员会成员和17个安全生产专业委员会，召开相关专业委员会工作会议，推动安全生产“三个必须”（管业务必须管安全、管行业必须管安全、管生产经营必须管安全）要求落实落地。

【安全生产】 双重预防体系建设　融合推进双重预防体系和安全生产标准化建设，有力推动所有规模以上工贸企业、在生产矿山企业，以及279家危险化学品企业完成体系建设。探索制定《威海市危险化学品经营企业安全生产标准化（三级）和双重预防体系融合建设评审标准（试行）》，工作经验被省应急管理厅发文推广。

送安全服务活动开展　立足助力企业冲击新目标，聘请高水平的专家团队，通过把脉问诊、制定标准、精准整改、复查验收“四步走”，帮助50家重点企业全面查摆整改问题隐患1800余项，并实施“一企一策”，组织专家帮助企业全面完善安全管理体系，提升事故防范能力。新型冠状病毒肺炎疫情期间为企业量身定制“服务包”，组建安全生产服务联络群，线上线下同步服务企业，助力复工复产。

隐患排查治理　压茬开展全市安全生产集中整治、安全生产专项整治三年行动、拉网式大排查专项整治等工作，建立调度通报、专题会议、工作督办、督查巡查4项制度，梳理问题隐患、制度措施“两个清单”，落实包区（市）督查等措施，编发多期工作动态简报，推动隐患排查整治工作深入开展，年内，全市查改各类安全问题隐患10余万项。

重点领域安全整治　全年开展多轮危险化学品专项行动，整治问题隐患1700余项。统筹经济建设与安全环保协调发展，组织开展自备油罐及装置（设施）专项整治，摸排371处，对293处采取拆除等处置措施，并制定《生产经营单位新建自备油罐及装置（设施）的充装站、供应站等建设工程指导意见》，建立长效机制；“体检式”检查硝酸铵等危险化学品企业和涉及爆炸性危险货物港口堆场8家，整治隐患48项。深化非煤矿山和冶金等工矿商贸行业专项整治，采取安全会诊、专家检查、包保检查、以查带训等措施，检查企业3100余家，整治隐患8700余项。持续压缩烟花爆竹经营零售许可店（点）数量，并开展全覆盖检查，查改问题隐患37项。

全员严执法模式推行　强化法治保障，调整案件审理委员会成员，明确工作职责和程序，修订完善安全生产行政执法全过程记录、重大执法决定法制审核、行政执法公示3项制度，并梳理公示行政处罚裁量基准313项，推进严格、规范、公正、文明执法。落实全员执法、异地执法等工作模式，分区包片开展全市“三到位”（应急预案管理到位、应急演练到位、安全生产培训到位）异地执法、应急演练专项执法、“两节”（春节、国庆节）全员执法、全市异地执法等多轮执法检查工作，检查企业205家，发现问题隐患812项，立案处罚49家。

【防灾减灾救灾】 灾害风险会商　完善灾害风险综合会商评估机制，每季度组织会商研判，并首次实施汛期多部门联合值班制度，对灾情及早发现、提前预警、科学处置。

灾害风险防范应对　森林防火期、汛期组织各级各部门开展防火、防汛专项检查，及时消除灾害风险。扎实开展建设工程地震安全监管检查，摸清2009年5月后完成设计的学校、医院等建设项目的抗震状况549项。

物资保障体系健全　在市级物资储备库储备各类救灾物资约14万件（其中代储省级约7万件），可满足1.5万人的救助需求，在新型冠状病毒肺炎疫情防控期间，紧急调拨帐篷531顶，防寒服941件，全力保障防疫需求。

保险救助保障完善　建好用好灾害民生综合保险，有效保障受灾群众基本生活。启动政府紧急救助条款，对2名在新型冠状病毒肺炎疫情防控工作中殉职的人员，迅速予以理赔56万元。

【应急救援】 数字化预案建设　修编完成防汛抗旱应急预案，起草市级总体和8个专项应急预案的暂行预案，制作41个专项预案“明白纸”。在全省率先开展应急预案数字化建设，将预案建设与信息化建设相结合，建成后将实现应急预案的“一键式启动”和“一体化指挥”。“应急救援资源综合研判系统”“数据可视化系统”“数字预案管理系统”获得国家版权局计算机软件著作权。

救援队伍统筹　创新实施市大队、区中队共建模式，对第一批新招录的森林消防队员开展为期3个月的集训，短时间内形成战斗力。率先建立全省第一支地质灾害专业救援队和道路应急救援队，并组建威海市地质灾害应急处置大数据研究中心、道路应急处置大数据技术与应用中心，增强专业化救援能力。印发应急管理专家遴选实施办法、管理办法，建立有330余人组成的专家队伍。

应急装备建设　组建航空护林站，建立各项行政管理制度，摸清、标定应急取水点18处、应急起降点13处，并联合森林消防专业队伍打造空地一体化救援体系。积极推动研发全地形运输车、全地形救援车和全地形高压细水雾灭火车3种山林灭火救援装备，弥补相关领域的空白。

联调联战机制建立　市政府印发《关于建立健全应急救援力量联调联战工作机制的实施意见》，市应急管理局与威海军分区、武警威海支队等单位建立军地联动协调机制，与气象局、海事局等部门签订战略合作协议，与蓝天救援队、博众医疗救援队等社会救援力量建立联动机制。组织开展应急演练活动13次，各方应急力量形成强大的应急救援合力。组织队伍参加全省化工园区应急救援队伍技术竞赛，在全省160余支参赛队伍中获得团体第5名，获得4个团体项目奖、4个个人单项奖以及特别荣誉奖等奖项，并进行示范汇报表演。

处突战法打磨　在国内没有成功案例可循的情况下，科学精准开展“光汇616”轮泄漏险情处置工作，成功救起被困的16人，妥善接驳5000吨危险化学品，有效化解重大安全风险，该做法被中共山东省委党校列为典型案例，被应急管理部作为年度成功救援战例进行研讨交流。面对荣成崖西“4•24”山火环境复杂、风力风向不利、火场清理难度大等困难，通过专群结合、空地一体水灭火体系，成功扑灭山火，实现零伤亡。

【基层基础保障】　科技支撑　集约建设应急指挥中心信息化项目，围绕“1纵1横多点”的建设方式，纵向建立国家、省、市、区（市）四级应急部门视频指挥机制，横向与相关部门单位实现可视化视频会商，现场依托无人机等装备建立音视频回传机制，打造纵横多维的应急指挥框架，该项目被纳入全省补短板强弱项培育新的经济增长点重点项目。

教育培训　承办全省首届特种作业人员安全技术大比武活动，威海市取得团体三等奖和电工个人第1名、第3名、第5名的成绩。推行“互联网＋安全培训”，开展“疫情防控·平安复工”线上培训，培训近30万人次。同步推进线下培训，以“大学习、大培训、大考试”、现场教学、“零事故”经验交流、警示教育等方式培训企业员工2.67万余人次。

应急文化品牌打造　坚持全媒体、全方位宣传，打造“威海应急”文化品牌。在各类媒体发布宣传文稿2000余篇，其中多篇被《人民日报》、“学习强国”学习平台等媒体平台刊登转载；组织开展防灾减灾宣传周、“安全生产月”、防震减灾电影文化月等活动，全面普及应急知识常识，提升全民应急素质。

（甘涌泉）

行政审批服务

【概况】　2020年，全市进驻市政务服务中心的部门、单位有32个，水务、供电、热电、燃气、广电等公共服务企业8家，进驻各类政务服务事项、公共服务事项有1122项。设立车辆管理、出入境、不动产、公积金、社会保险、医疗保险、人力资源、公证8个部门分中心。全年办理各类服务事项近5万件，咨询服务7.4万余件，收到锦旗31面、感谢信17封。在全省营商环境第三方评价中威海市政务服务指标列全省第3位。2020年，省评价威海市“政务服务和数字政府建设”定性指标为“好”。

【行政审批服务改革】　市行政审批服务局积极开展行政审批服务改革，流程再造、制度创新实现新突破。新型冠状病毒肺炎疫情期间推行政务服务的典型做法在《山东政务信息·专报》刊发，相关经验被《经济日报》《大众日报》等省级以上媒体宣传推广。工程建设项目审批改革走在全省前列，经验做法连续3次在全省改革会议上进行交流。“社会投资类工程建设项目在全省率先实现区市全链条闭环办理”经验，被国务院优化营商环境联席会议推广，被国务院办公厅、省政府办公厅采用发表，副省长汲斌昌给予批示肯定并在全省复制推广。年内，市行政审批服务局获评全市工作优秀单位，市行政审批服务局机关党委获评全市先进基层党组织、威海市红色引擎党建示范点。

【相对集中行政许可权改革】　扎实推进相对集中行政许可权改革，威海市政府印发《关于公布威海市市级行政许可等事项划转清单的通知》，威海市政府办公室印发《关于深化相对集中行政许可权改革规范县级行政审批服务工作的意见》《关于做好划转行政审批服务局事项交接工作的通知》等文件，威海市级划转行政许可事项及关联事项192项，包括行政许可事项153项、关联事项39项。稳妥做好编制、人员转隶等工作，优化审批服务协调联动机制，明晰审管职责边界，按期完成改革任务。全面做好省级委托下放事项、委托收件事项的承接工作，99个事项实现“市县同权”，委托县级实施行政许可事项10项，委托开发区实施行政许可事项6项。牵头编制政务服务事项中介服务项目清单，保留市级政务服务事项中介服务项目64项。2020年，办理各类行政许可事项2.54万件，实际用时1.5万个工作日，比划转前部门承诺用时节省2.7万个工作日，节约用时65%，审批效率提高2.9倍。

【“一窗受理·一次办好”改革】　深化无差别“一窗受理”改革，对照全省标准制定印发《无差别“一窗受理”工作规范》《无差别“一窗受理”工作标准和运行规范》，进行优化提升，全市累计设置无差别“一窗受理”综合窗口214个，精简220个，压减率50.7%，全市所有依申请政务服务事项全部进驻政务服务大厅办理，实现进驻率100%、无差别“一窗受理”覆盖率100%、审批服务平均效率再提升30%。提升“一网通办”总门户水平，依托山东政务服务网（威海），大力推行“全程网办”，全市政务服务事项可网办率达100%，可全程网办率达95.95%，“一次办好”事项占比达99.87%，平均承诺办结时限等均居全省前列。开展告知承诺制改革试点，先后印发《威海市开展告知承诺和容缺办理改革试点工作方案》《威海市告知承诺和容缺办理工作规程（试行）》等文件，将告知承诺和容缺办理相结合，一并推行，威海市以及环翠区、荣成市、威海经济技术开发区全年公布告知承诺制事项708项，涉企审批事项实现100%容缺办理，全市通过告知承诺制方式办理行政许可事项1.4万件。11月，试点工作顺利通过省政府办公室改革验收，并被评为全市十大改革创新成果之一。大力推进“一链办理”省级改革试点，推出“一链办理”主题服务事项128项、高频事项249项，开发建设威海市“一链办理”系统，实现网上申请和平台办理，全年办理一链办理主题事项9万余件、高频事项5万余件。深化“咨询导办、贴心帮办、全程代办”服务，推行市级以上重点项目100%帮办代办，全市各级累计提供预约办、延时办、帮办代办等服务200余万件次，节省审批时间80余万个工作日。畅通政务服务“好差评”渠道，引入二维码评价、投币式评价等多种方式，收到各类评价10.29万条，政务服务满意度达99.9%以上，比上年提高0.6个百分点。

【流程再造】 企业开办便利　将企业开办6个环节合并为1个环节，实现2个小时办结，全面落实为新办企业免费刻制首套印章、免费发放“政策大礼包”，为新办小规模纳税人免费提供税务Ukey等政策，预计全年可为企业节省费用约400万元。自主开发并在全市推广应用企业登记“掌上办”系统，搭建企业、个体工商户掌上登记、档案查询智慧数据平台，全年有4616家民营经济主体“免跑”实现“指尖”开办，1万余家“免跑”即享档案服务，办事效率提升50%以上。加快“一业一证”改革步伐，在全市范围的20个试点行业全面铺开，累计核发综合许可证2641张，审批效率平均提高65%，实现“一证准营”。

工程建设项目审批提速　在全省率先实现社会投资类工程建设项目区市“闭环审批”，项目报建不必再到市级政务服务大厅，全年下沉办理用地规划等业务625笔，企业“跑腿”次数减少三分之二。规范推行“拿地即开工”审批模式，市政府办公室印发《进一步规范和优化工程建设项目“拿地即开工”审批办理流程实施意见》，将全市所有新供地的产业类工业项目全部纳入实施范围，18个产业类项目实现“拿地即开工”，压减审批时限600余个工作日。推行新建社会投资简易低风险项目审批机制，印发《威海市关于推行新建社会投资简易低风险项目审批服务机制的通知》，审批用时仅为2个工作日。实行质量监督证书、建筑工程施工许可证等“五证合办”，为全市286个项目一日办结“五证”，审批时限压缩85%。实行工程建设项目“全程网办”，年内新申报的759个项目全部上线办理，时限压缩51%，并与“爱山东”App对接，提高企业办理项目的便捷性。

【公共资源交易服务】 初步建成“1+N+1”电子化公共资源交易平台，建设标准化市级国有企业阳光采购电子服务平台及配套评审专家库，实现进场招投标项目的线上交易支持。遴选威海市建设工程电子投标保函第三方服务平台，开出全省首张电子保函，至年底累计开具保函117单，为企业减负1530.6万元。推行CA数字证书政府买单、免费办理，在全省率先建设市级CA管理平台，实现全省公共资源跨领域、跨区域互认及专家评审“云签章”。2020年，全市完成进场交易项目1960个，交易额274.87亿元，节支额达1.71亿元。

（杨　健）

机关事业单位人事管理

【概况】 2020年，市人力资源和社会保障局积极开展事业单位人事管理、工资管理、评比达标表彰等工作，完成各项工作任务。

【评比达标表彰】 完成威海市新冠肺炎疫情防控工作临时表彰项目的申请工作。在全市范围内开展评比达标表彰清理自查工作，进一步规范评比达标表彰管理活动。

【事业单位人事管理】 公开招聘　优化高层次急需紧缺人才引进流程，公布事业单位高层次急需短缺人才专业目录229条。下放教育、卫生等事业单位公开招聘组织权限，优化职业院校公开招聘工作，全年公开招聘事业单位工作人员3776人。

高校毕业生引进　市人才创新发展院会同市委组织部分2批次做好重点高校优秀毕业生引进工作，首次面向北京大学、清华大学等10所知名高校优秀毕业生开展定向引进工作，引进高校毕业生110人。采取市、区（市）联动的方式，发布《2020年威海市第二批引进重点高校优秀毕业生公告》，计划引进重点高校优秀毕业生390人，全市有6462人报名，5313人通过资格审查。

岗位设置管理　转发省委组织部、省人力资源和社会保障厅《关于印发山东省事业单位工作人员竞聘上岗办法的通知》《关于优化事业单位人事管理工作的通知》《关于优化全省事业单位专业技术二级岗位人选评聘工作的通知》《关于优化事业单位岗位设置管理有关事项的通知》，指导各区（市）做好贯彻落实工作。做好学校、公立医院、基层医疗卫生机构的岗位设置备案及指导工作，所有行业和符合条件的单位均可按规定设置正高级专业技术岗位。指导事业单位科学合理开展岗位设置，为市航空护林站、市行政管理科学研究中心、市医疗保障服务中心等17个事业单位核准岗位设置方案,为符合条件的40余个市属事业单位完成岗位竞聘和聘用结果备案手续。

开发区改革全员岗位聘用及人员划转移交　市人力资源和社会保障局会同市委组织部、机构编制委员会办公室研究制定《关于开发区机构职能编制和干部人事制度改革的指导意见》,推动开发区干部人事制度改革。会同有关部门研究确定开发区改革人员划转原则、有关情况和划转意见,指导开发区对改革过程中的焦点、难点、敏感点问题提前做好预判。完成开发区教育、卫生系统的16个单位、94名在编人员的划转移交工作。

事业单位工作人员奖励　转发省委组织部、省人力资源和社会保障厅《关于转发人社部规〔2018〕4号文件做好山东省事业单位工作人员奖励工作的通知》,首次开展事业单位工作人员奖励工作。按程序给予全市377名连续3年年度考核为优秀档次的事业单位科级及以下工作人员(含机关工勤人员)记功奖励。

【机关事业单位工资管理】　对综合管理类公务员、公安系统执法勤务警员和警务技术职务序列公务员、监狱人民警察、法检系统司法警察、法检助理和书记员,按规定时间节点进行职级工资套改。加强事业单位绩效工资管理工作,对事业单位奖励性绩效工资总量进行分类核定。按照规定的人员范围、发放标准,会同市卫生健康委员会、财政局等部门及时为新冠肺炎疫情防控一线医务人员发放临时工作补助。指导开发区制定薪酬制度改革方案,测算开发区改革聘用制人员薪酬基数,明确相关口径。

(丛海平　王　蕾)

外　事

【概况】　外事接待　2020年,受新冠肺炎疫情影响,境外团组到访受阻,全年接待外宾访问团组20批57人次。

友好交往　加强与日本、韩国交往,探索深化对英国合作,举行威海市对英合作专题报告会暨英国研究中心成立仪式,挂牌成立英国研究中心,山东省人民对外友好协会英国工作委员会秘书处落户威海,争取到外交部对建设威海中韩自贸区地方经济合作示范区、对英交流合作典范城市等政策支持。积极开拓友好交流渠道,创新“云交往”模式,广泛参与俄罗斯索契日、哈巴罗夫斯克建市日、乌克兰尼古拉耶夫“城市日”等线上庆典活动,邀请友城企业线上参加第十一届威海国际食品博览会暨中韩商品博览会,制作《海这边　海那边》对话韩国友城富川市节目,推动对韩国交流合作。新冠肺炎疫情期间,收到泰国、日本、韩国驻青岛总领事馆及英国彻特纳姆市、俄罗斯索契市等威海市友城的慰问函及日本泉佐野市、宇部市等捐赠的物资,助力全市企业复工复产。积极开展国际抗疫合作,对外发送抗疫慰问函25封,向13个国家的25个城市及驻华机构捐赠口罩54万余只。通过慰问和防疫物资捐赠,激活与意大利比拉市、俄罗斯索契市等友城的交往,夯实与法国布列塔尼大区,英国兰卡斯特、爱丁堡、纽卡斯尔、南艾尔郡及罗马尼亚图尔达市等拟开拓友城的关系。市外事办公室获评山东省抗击新冠肺炎疫情先进集体。

因公出国管理　重点推进因公出国信息化建设,引入全自动智能证照保管柜,建设因公出访团组信息录入和统计子系统,加强因公临时出国事中事后监督和管理。全年审核审批因公出访团组6批9人次。

涉外管理　精准做好境外输入疫情防控,协调完成1396名外国人和3名驻华使团人员的入境疫情防疫检查、通关礼遇转运工作;高效办理外国人到威海邀请475批898人次;协调完成9名外籍船员下船回国转运工作。统筹做好涉外案件处置,协助处理涉外事件6起和领保案件8起。

服务开展　开展“外事联百企”活动,组织在威海市的外籍人士进行系列座谈,持续推进城市国际化语言环境建设工作,优化威海市涉外营商环境。提升外事窗口服务,持续推广容缺受理及不见面服务等办理方式,逐步打造审护签“一站式”服务窗口,为企业群众提供便捷、高效的外事窗口服务。年内,办理APEC商务旅行卡181张,审核办理领事认证2330份,代办日本因私签证405人次。

【威海市对英合作专题报告会暨英国研究中心成立仪式举行】　1月10日,威海市对英合作专题报告会暨英国研究中心成立仪式在威海市举行。与会专家分别围绕英国发展特点、中英关系以及地方合作等发表观点,积极为威海市对英合作建言献策。在威海市的部分英资企业、对英贸易企业代表,有关部门、高校代表,社会组织研究人员等约120人参加会议。外交部原部长李肇星及中国人民对外友好协会致贺信,副市长高书良与山东大学国际问题研究院院长张蕴岭共同为英国研究中心揭牌,市外事办公室与山东大学国际问题研究院签署合作共建英国研究中心框架协议,山东省人民对外友好协会英国工作委员会秘书处落户威海。

【闵润基到威海市考察】　1月16日—17日,韩国GSL株式会社会长闵润基一行6人到威海市考察。代表团一行先后到威海综合保税区、跨境电商社区体验中心一号店(GSL健康生活馆),详细考察保税仓库、跨境商品展示厅及商品秀场,对GSL株式会社抵威海货物进行检查,与山东泓信物流运输有限公司就后续货品供应、价格等进行磋商,举行商品推广活动及健康讲座。

【程晓耘到威海市考察】　1月21日,巴基斯坦(中国)山东商会会长程晓耘,副会长、泰国山东总商会副会长蔡晓萌一行到威海市考察,就加强合作、在巴基斯坦和泰国等国家为威海市物色友城结好对象、开展经贸文化交流等事宜进行座谈并达成共识。10月26日,程晓耘、蔡晓萌一行到威海市考察,推动威海市与巴基斯坦有关城市结好,开展相关合作。

【线上英语翻译培训活动举办】　4月25日,市外事办公室与省外事办公室翻译中心通过腾讯视频会议方式联合举办线上英语翻译培训活动。3位外语专家结合自身翻译经历及翻译界典型事例，阐述翻译的价值和重要意义，并结合新时代新特点，对翻译工作提出新要求，为翻译实践及研究提供新的思路和方法。威海市机关、事业单位及驻威海高校有关人员约300人参加活动。

【威海市城市国际化语言环境建设】 10月14日，威海市城市国际化语言环境建设全面验收工作启动，相关人员赴环翠区实地验收城市国际化语言环境建设工作开展情况。12月2日，全市城市国际化语言环境建设工作验收反馈会召开，与会人员实地观摩威海市群众艺术馆、悦海公园、威海经济技术开发区实验小学九龙湾校区的公共外语标识建设工作。市外事办公室牵头编辑《威海市公共服务领域外文译写规范》，收录汉语、英语、韩语3语字符60万余字，进一步规范全市公共服务领域的外文译写和使用。年内，整改公共外语标识18万余条，其中汉语、英语、韩语标识13万余条，设立外语二维码2.8万余个，优化城市语言环境。

【第六届“模拟上合组织”活动在威海市举办】 12月20日，第六届“模拟上合组织”活动在威海市举办。此次活动在上海合作组织秘书处指导下，由威海职业学院和上海合作组织国家青年平台联合举办，主题为“上合组织成员国职业教育领域的挑战与机遇”。18名上海合作组织国家的青年代表通过“线上＋线下”方式参加活动。上海合作组织副秘书长谢拉里·卓农、秘书处专家努拉里·伊扎耶夫，上海合作组织国家青年平台项目负责代表邓莉娅以及威海职业学院、威海市外事办公室相关负责人出席线下活动。

【《海这边 海那边》拍摄】 为纪念威海市与韩国京畿道富川市缔结经济文化友好合作关系20周年，市外事办公室与威海广播电视台联合富川市政府共同拍摄制作中国威海对话韩国富川专题节目——《海这边 海那边》，并于12月31日在威海电视台和富川电视台播出。节目回顾两市结好后在经济、文化、青少年交流等诸多领域开展的合作以及取得的成效，宣传在文化产业、智慧城市建设等方面取得的成果，规划在文化、体育、艺术、教育等领域开展更深层次交流合作。

（赵　静）

信访工作

【概况】 2020年，威海市市、县两级党政信访部门受理群众信访事项1.01万件，其中信访及网上投诉事项8322件。全市新发生的信访事项90%以上化解在基层和属地，信访形势持续呈现平稳有序态势。

【信访积案化解攻坚】 将信访积案化解列入全市“重点工作攻坚突破年”重要任务，排查梳理381件信访积案，逐案落实市及区（市）、部门领导包案。建立健全坚持日统计、周分析、月通报和市级例会调度、重点督导等机制，努力实现“案结事了、息诉罢访”。7月，在全省率先完成12件省级领导分包积案化解任务，经验做法得到省包案领导批示肯定。10月，23件省交办5年以上信访积案全部化解。年内，化解积案374件，化解率98.2%。

【网民留言办理】 进一步加强网上信访工作，拓宽群众诉求表达渠道，引导群众通过网络理性反映诉求。聚焦人民网网民关心的热点难点问题，快转快交、提速办理、跟踪落实，不断提升网民留言事项办理质量。年内，人民网网民留言及时回复率为100%，群众满意率达95%以上。11月13日，威海市信访局获评2020年度人民网网民留言办理工作“实干担当单位”。

【信访突出问题专项治理】 积极推进重点领域信访突出问题专项治理工作，印发实施方案，明确重点领域牵头部门工作责任，全面摸清现有存量和问题底数，逐案建档立卡，实行动态管理。成立协调联络工作专班，全面加强面上工作统筹，定期调度、督导各领域专项治理任务落实情况。年内，化解重点领域信访突出问题280件，化解率94.9%。

【基础业务规范化建设】 加强初信初访办理工作，推行“520”“210”工作法，压缩办理时限，信访事项办理质效全面提升。按照信访业务规范化要求，每月抽查各区（市）、开发区信访部门信访事项办理情况，对办理不规范的限期整改、跟踪问效。年内，信访部门和责任单位信访事项及时受理率为100%和99.87%，信访事项办理群众满意率为98.19%和98.36%。

【信访事项复查复核和信访听证】 坚持“严、细、快、准、实”5项要求，严把依法受理、规范办理、公正处理3道关口，监督有权处理机关依法处理群众诉求，年内办理信访复查复核案件41件，复核终结后信访人息诉罢访率达80%。积极开展信访听证工作，印发《关于深化制度创新加快流程再造进一步加强和规范信访事项听证和复查复核工作的意见》，信访事项听证率为50.44%。

（曲江华）

编辑　闫拥军

中国人民政治协商会议威海市委员会

综　述

【概况】　中国人民政治协商会议第十三届威海市委员会于2017年3月换届产生。至2020年年底，有委员325名，常委会组成人员67名。其中，中共委员120名，占委员总数的36.9%；非中共委员205名，占委员总数的63.1%。政协第十三届威海市委员会下设办公室、研究室2个办事机构以及提案委员会、人口资源环境和经济委员会、农业和农村委员会、教科卫体委员会、港澳台侨和民族宗教外事委员会、社会法制委员会、文化文史和学习委员会、委员联络工作委员会8个专门委员会。全年收到提案309份，立案289份，全部办复完毕。

全体委员会会议

【政协第十三届威海市委员会第四次会议】　1月7日—10日召开。会议期间，政协委员积极参加大会各项活动，审议通过《十三届市政协常委会工作报告》《提案工作报告》以及2020年重点协商活动计划和有关决议，听取讨论《政府工作报告》和其他有关报告。委员们围绕全市改革发展大局和各界普遍关切的重要问题，积极建言献策、参政议政，提交提案309份，经审查立案289份。会议认为，2019年是新中国和人民政协成立70周年，是“精致城市·幸福威海”建设全面起势的一年，也是全市政协奋进新时代、实现新发展的一年。市政协常委会深入学习贯彻习近平新时代中国特色社会主义思想，坚持人民政协性质定位，坚持团结和民主两大主题，坚持把“威海要向精致城市方向发展”作为总目标、总方向、总遵循，围绕“工作落实攻坚年”各项任务，发挥专门协商机构作用，在建言资政和凝聚共识上双向发力，为威海市争当全省走在前列排头兵、开创“精致城市·幸福威海”全新局面作出积极贡献。会议指出，2020年是全面建成小康社会和“十三五”规划收官之年，也是威海市“三年实现大变化”的关键之年。市政协工作的总体要求是以习近平新时代中国特色社会主义思想为指导，全面贯彻中共十九大和十九届二中、三中、四中全会及中央政协工作会议精神，认真落实市委十五届八次全会、全市经济工作会议和市委政协工作会议部署要求，增强“四个意识”、坚定“四个自信”、做到“两个维护”，把坚持和发展中国特色社会主义作为巩固共同思想政治基础的主轴，把服务实现“两个一百年”奋斗目标作为工作主线，把加强思想政治引领、广泛凝聚共识作为中心环节，锚定市委、市政府中心任务履行职能，为推动全市重点工作攻坚突破、不断开创“精致城市·幸福威海”全新局面凝心聚力。会议强调，中共十九届四中全会《决定》，对坚持和完善中国共产党领导的多党合作和政治协商制度作出战略部署。中共中央总书记习近平在中央政协工作会议上的重要讲话和《中共中央关于新时代加强和改进人民政协工作的意见》，为做好新时代人民政协工作进一步指明方向、提供根本遵循。市政协要按照市委十五届八次全会和市委政协工作会议的部署要求，抓重点、破难点、补短板、树亮点，坚定不移推动各项工作部署落实落地。会议号召，全市各级政协组织、政协各参加单位和广大政协委员，更加紧密地团结在以习近平同志为核心的中共中央周围，在中共威海市委的坚强领导下，按照本次会议达成的共识、部署的工作，认真履行政治协商、民主监督、参政议政职能，推动建言资政和凝聚共识双向发力，只争朝夕，不负韶华，为不断开创“精致城市·幸福威海”全新局面做出更大贡献。

常务委员会会议

【十三届十八次常委会议】　1月8日召开。会议听取刘运所作的《中共威海市委关于增补十三届市政协常务委员候选人协商名单的说明》，审议通过增补十三届市政协委员名单，审议大会选举办法（草案）、大会总监票人和监票人名单（草案）、大会决议（草案），决定将上述事项提交各委员组审议。

【十三届十九次常委会议】 1月9日召开。会议听取大会秘书处关于委员审议和讨论情况的综合汇报。审议通过增补十三届市政协常务委员候选人名单，决定提交全体会议进行选举。审议大会选举办法（草案）、大会总监票人、监票人名单（草案）、市政协2020年重点协商活动计划（草案）和大会决议（草案），决定将上述事项提交全体会议审议通过。

【十三届二十次常委会议】 6月12日召开。会议传达学习中共中央总书记习近平重要讲话精神和全国两会精神，围绕做好“六稳”（稳就业、稳金融、稳外贸、稳外资、稳投资、稳预期）工作、落实“六保”（保居民就业、保基本民生、保市场主体、保粮食能源安全、保产业链供应链稳定、保基层运转）任务听政议政。会议听取市发展和改革委员会《关于全市做好“六稳”工作、落实“六保”任务的情况通报》，9名市政协委员作抗击新型冠状病毒肺炎疫情情况交流，与会常委和委员围绕落实“六稳”“六保”任务，广泛协商讨论，提出意见和建议。会议审议通过《市政协各专门委员会联系界别、委员制度》。

【十三届二十一次常委会议】 8月20日召开。会议听取市政府《关于2020年上半年全市经济社会发展情况的通报》和市政府办公室《关于市政协十三届四次会议以来提案办理情况的汇报》，围绕全市经济社会发展和提高全面建成小康社会成色进行协商议政。

【十三届二十二次常委会议】 11月27日召开。会议传达学习中共十九届五中全会精神，围绕科学编制威海市“十四五”规划协商议政。会议听取市发展和改革委员会《关于威海市“十四五”规划编制情况的汇报》，审议通过《关于编制威海市“十四五”规划的建议案》和有关人事事项。

协商议政会议

【对口协商会】 5月28日，围绕“加强民族宗教工作，促进社会和谐稳定”议题，市政协组织民族宗教界政协委员、代表人士、市直和区（市）有关部门进行民主协商。市政协副主席李淑芳出席会议并讲话。与会委员和代表围绕协商议题提出意见和建议，市和区（市）有关部门负责人针对意见和建议进行答复并提出解决措施。7月23日，市政协副主席刘亚东带领部分市政协委员，就“打造无废城市，助力精致城市建设”开展重点调研并主持召开对口协商会。4名市政协委员围绕协商议题提出意见和建议，市生态环境局、工业和信息化局、住房和城乡建设局等6个部门负责人针对意见和建议进行现场答复。9月28日，市政协召开“加强和完善社会救助工作”对口协商会，组织部分市政协委员与市直有关部门进行民主协商。市政协副主席任慧春出席会议并讲话。5名市政协委员围绕协商议题提出意见和建议，市民政局、教育局、人力资源和社会保障局、卫生健康委员会等11个市直部门负责人作工作情况介绍，并针对意见和建议进行现场答复，提出解决措施。11月5日，围绕“推动海水养殖绿色发展”议题，市政协组织部分市政协委员与市直有关部门进行民主协商。市政协副主席夏景华出席会议并讲话。6名市政协委员围绕协商议题提出意见和建议，市海洋发展局负责人作工作情况介绍，并针对意见和建议进行现场答复，提出解决措施。

【界别协商会】 8月5日，市政协召开“发展精致农业，促进乡村产业振兴”界别协商会，组织部分市政协“智库”专家、政协委员和市直有关部门进行民主协商。市政协副主席夏景华主持会议并讲话。市农业农村局就全市精致农业发展作情况介绍，“智库”专家和政协委员围绕协商议题提出意见和建议，市财政局、人力资源和社会保障局、自然资源和规划局等部门负责人对意见和建议积极回应并进行沟通交流。

【提案办理协商会】 7月17日，市政协召开重点提案办理协商会，围绕“进一步优化营商环境，促进经济高质量发展”议题，组织部分市政协委员与市直有关单位进行民主协商。市政协副主席任慧春出席会议并讲话。9位市政协委员围绕协商议题提出意见和建议。市发展和改革委员会、商务局、市场监督管理局、工业和信息化局、科学技术局、行政审批服务局6个部门的负责人与委员沟通协商，提出解决措施。

【基层协商会】 10月22日，市政协召开基层协商会，组织部分市政协委员围绕“农村医疗卫生服务体系建设”议题，与市直有关部门进行民主协商。市政协副主席李淑芳出席会议并讲话。5名政协委员围绕协商议题提出意见和建议，市卫生健康委员会、财政局、人力资源和社会保障局、医疗保障局4个部门的负责人针对意见和建议解答问题，提出解决措施。

视察调研活动

【集中视察监督】 10月27日—28日，市政协组织部分政协委员，围绕“发展精品旅游”主题，对各区（市）、国家级开发区、威海南海新区发展精品旅游、推动旅游产业高质量发展情况进行视察监督。视察团深入特色景区、街区、小镇、展馆等，实地察看精品旅游项目28个，与项目负责人和基层工作人员沟通交流，详细了解规划设计和建设运营情况。

【住威海省政协委员视察】 11月11日，市政协组织住威海省政协委员到环翠区视察经济社会发展情况。视察团一行先后到新北洋智能终端设备产业园、威海海鑫新材料有限公司、中节能（威海）节能环保产业园、新威附路历史文化街区和鲸园街道的万福邻里集市进行实地考察，认真听取情况介绍，详细了解园区建设、企业发展和项目运营情况，并就有关问题与相关负责人沟通交流。

【到荣成市调研】 3月11日，市政协主席高旭光率调研组采取“四不两直”（不发通知、不打招呼、不听汇报、不用陪同接待，直奔基层、直插现场）方式，到荣成市崖西镇上观村调研督导。调研组认真听取疫情防控和春耕生产工作情况，详细了解脱贫攻坚、乡村振兴和美丽乡村建设工作打算。

【到环翠区调研】 3月13日，市政协主席高旭光率调研组先后到华夏文化旅游集团股份有限公司和威海怡和专用设备制造有限公司调研。调研组实地察看项目建设现场和企业生产车间，详细了解企业疫情防控、复工复产、员工返岗、项目建设、经营管理等情况，并就有关问题与企业负责人进行沟通交流。

【林长制推行实施情况调研】 3月20日，市政协主席、市副总林长高旭光率调研组到刘公岛林场实地调研林长制推行实施情况。调研组先后到预警监控室和森林消防队站，现场察看通讯指挥、应急救援、物资储备等装备保障情况以及森林防火通道和防火检查站建设情况，详细了解林长制管理机制责任落实情况以及护林员队伍建设、森林火灾防控、有害生物防治等工作开展情况。

【乡村旅游工作调研】 4月中下旬，市政协主席高旭光、副主席徐东明率调研组到各区（市）调研乡村旅游工作推进情况。在乳山市、荣成市、文登区、环翠区的旅游项目建设现场，调研组详细了解乡村旅游项目发展规划、建设运营情况，并与项目负责人进行交谈。在乳山市、荣成市、文登区等地的红色印记保护现场，调研组深入了解革命历史事迹，实地查看红色印记展馆规划建设情况。

【脱贫攻坚工作调研】 5月14日，市政协主席高旭光率调研组采取“四不两直”方式，到荣成市崖西镇上观村调研督导脱贫攻坚工作。高旭光与镇、村负责人和市政协驻村第一书记进行座谈，实地考察扶贫项目发展情况，认真听取脱贫攻坚工作情况汇报，详细了解工作成效和发展规划。

【到乳山市调研】 5月15日，市政协主席高旭光、副主席夏景华率调研组到乳山市部分市政协委员所在企业调研。调研组先后到威海力磁电气有限公司、威海伯特利萨克迪汽车安全系统有限公司，实地考察企业复工复产情况，并召开座谈会详细了解企业生产经营、产品研发、市场营销等情况，听取委员意见和建议。

11月11日，市政协组织住威海省政协委员视察环翠区

（中国人民政治协商会议威海市委员会办公室　提供）

【“提高全面建成小康社会成色”专题调研】 5月，市政协启动“提高全面建成小康社会成色”专题调研，召开市直涉农部门调研工作座谈会，开展“千名政协委员进千村入千户”问卷调查，组织调研组成员到全市农村及农业生产一线调研。5月26日，市政协主席高旭光率调研组到文登区米山镇东下庄村、葛家镇果之峰生态果园、宋村镇亮点农业种植基地、宋村中心卫生院和养老院调研，并召开座谈会进行交流座谈。5月29日，高旭光率调研组到威海临港经济技术开发区草庙子镇西李家夼村、苘山镇青泉谷“三生六艺”研学基地、黄岚办事处山马刘村和汪疃镇祝家英村调研。

【经贸洽谈开展】 6月17日—18日，市政协主席高旭光，市政协副主席、威海综合保税区工委书记徐东明带队赴日照市、青岛市，围绕推进胶东经济圈一体化发展开展经贸洽谈。在日照市，高旭光一行实地考察日照中央活力区规划展示中心、日照海洋美学馆、现代坦迪斯自动变速箱（山东）有限公司、日照综合保税区等地，详细了解发展规划建设情况，就推动两地综合保税区联动、跨境电子商务共建、体制机制改革等问题进行座谈交流，并参加威海综合保税区管理委员会、日照综合保税区管理委员会《战略合作框架协议》签署仪式。在青岛市，高旭光一行到山东省港口集团有限公司，实地考察邮轮母港，详细了解山东港口集团建设运营情况，并与集团负责人就产业园区合作开发运营、冷链物流及跨境电商产业合作、各市旅游资源“串珠成链”一体化发展等问题进行交流探讨。

【全国文明城市创建工作调研】 8月21日，市政协主席高旭光率调研组到威海临港经济技术开发区调研督导全国文明城市创建工作。调研组先后到毛泽东像章博物馆、威海临港经济技术开发区行政审批服务局、全民健身中心、草庙子镇林泉社区、苘山镇中心广场等地，实地考察文化创建、依法行政、信用体系建设、志愿公益服务以及便民设施和无障碍通道设置等情况。

10月27日，市政协组织部分政协委员围绕“发展精品旅游”主题进行视察监督　　（中国人民政治协商会议威海市委员会办公室　提供）

【到威海综合保税区视察】 11月12日，市政协组织部分市政协委员视察威海综合保税区开发建设情况。市政协主席高旭光，副主席戚建波、任慧春、夏景华、陈伟胜出席活动。视察团一行考察威海综合保税区国际商品展示交易中心、全模式跨境电商监管中心、国际快件分拨中心和仓储物流中心，认真听取情况介绍，详细了解开发建设情况，并召开座谈会。

【社会救助工作调研】 6月29日，市政协副主席任慧春率调研组到荣成市，就“加强和完善社会救助工作”开展专题调研，并召开座谈会听取情况介绍和市政协委员意见和建议。调研组先后到荣成市社会福利中心和社会救助中心，实地考察老年公寓运营、老人生活设施配套和护理服务等情况，详细了解荣成市社会救助综合信息平台建设情况，并就有关问题与相关负责人进行沟通交流。

其他重要活动

【吴翠云到威海市视察】 9月9日—10日，省政协副主席吴翠云率视察组到威海市开展“干部队伍作风改进”监督性视察。视察组先后考察威海威高国际医疗投资控股有限公司、惠普（威海）全球激光打印机基地、迪尚集团有限公司、成山集团有限公司、荣成歌尔电子信息产业园等重点企业和产业园区，以及部分区（市）政务服务中心和村居，通过现场访谈、问卷调查等形式，详细了解威海市干部队伍作风情况，并召开座谈会，听取干部队伍作风改进情况汇报和意见建议。

【郭爱玲到威海市调研】 7月15日，省政协副主席郭爱玲率调研组到威海市，就所联系非公企业和重点项目发展情况开展专题调研，并召开座谈会听取荣成沙窝岛国家远洋渔业基地、山东威达机械股份有限公司、华夏文化旅游集团股份有限公司负责人关于企业发展和项目推进情况介绍。

【韩金峰到威海市调研】 6月15日—16日，省政协副主席韩金峰率调研组到威海市，围绕“轮胎产业转型升级”和“深耕优势产业集群、加快布局引领性产业”开展专题调研。调研组实地考察迪尚集团有限公司、惠普打印机（山东）有限公司、威海威高国际医疗投资控股有限公司、惠普（威海）全球激光打印机基地等，并召开座谈会听取情况汇报和意见建议。

【刘均刚到威海市调研】 8月13日，省政协副主席刘均刚率调研组到威海市，围绕“为编制‘十四五’规划建言献策”开展专题调研。调研组实地考察威海威高国际医疗投资控股有限公司、惠普（威海）全球激光打印机基地、迪尚集团有限公司，并召开座谈会听取情况汇报和意见建议。

【《威海人史话》发行座谈会】 9月3日召开。《威海人史话》以朝代为轴分为5章约35万字，以威海居民由来为研究对象，复原地方历史发展进程，记述在7000年历史中，威海境内居民的来源、迁徙和扎根历程，具有较高的历史价值、学术价值和阅读价值。

【纪念中国人民抗日战争暨世界反法西斯战争胜利75周年书画摄影作品展】 9月4日在市美术馆举办。作品展遴选市政协书画联谊会和摄影联谊会成员以及市政协老干部的优秀作品140余幅。

（孙宏强）
编辑　闫拥军

纪检监察

综　述

【概况】 中国共产党威海市纪律检查委员会与威海市监察委员会合署办公，实行一套工作机构、两个机关名称，履行纪律检查、国家监察两项职能。中国共产党威海市纪律检查委员会、威海市监察委员会机关内设16个职能室（部）及机关党委，1个直属事业单位。中共威海市纪律检查委员会、威海市监察委员会设11个派驻纪检监察组。2020年，全市纪检监察机关坚定稳妥推进全面从严治党、党风廉政建设和反腐败斗争，充分发挥监督保障执行、促进完善发展的作用，为开创“精致城市·幸福威海”建设新局面提供坚强保证。

【纪检监察体制改革】 深化纪检监察体制改革，提升规范化法治化水平。制定2020年全市深化纪检监察体制改革工作要点，推进26项改革任务落实。推动“四项监督”（纪律监督、监察监督、派驻监督、巡视巡察监督）贯通融合，健全信息沟通、线索移交、措施使用、成果共享等机制。深化派驻机构改革，印发《派驻机构履责清单指引40条》《派驻机构考核办法》，开展派驻机构年度述职工作。规范执法机关和司法机关向纪检监察机关案件通报和问题线索移送工作，完善与司法机关的案件跟踪衔接、协作会商等制度。在对政法干部监督检查、审查调查工作中加强同政法部门的协作配合。构建案件质量保障体系，开展案件质量日常检查、定期抽查、专项检查等活动，以查促改、以评促进；加强案件审理工作，审慎稳妥开展申诉复查。完善审查调查安全工作制度，制定新型冠状病毒肺炎疫情防控期间走读式谈话工作方案和审查调查安全工作“日查日警”清单，严格执行留置安全风险事项每日零报告制度，落实安全检查抽查和问题通报机制，统筹推进留置场所和留置看护队伍建设，守住安全底线。

【纪检监察队伍建设】 强化政治建设，市纪委常委会带头加强政治建设，严格执行民主集中制和请示报告制度，认真落实意识形态工作责任制，严肃党内政治生活。深入开展精致模范机关创建工作，召开“报告初心、争做模范”活动交流会暨党支部书记述职评议会，持续巩固深化“不忘初心、牢记使命”主题教育成果，着力建设讲政治、守纪律、负责任、有效率，让党中央放心、让人民群众满意的模范机关，市纪委监委机关通过“全省文明单位”复查。落实新时代党的组织路线，加强和完善干部选拔任用工作。坚持党建引领，建设过硬支部，调整理顺市纪委监委机关党支部设置，将5个党支部调整为21个，开展丰富多样的主题党日活动，充分发挥党支部战斗堡垒作用。强化能力提升，运用“四集学习法”（对表集、标杆集、切口集、纵横集），强化理论武装，提高能力素质。开展中共十九届五中全会、中央纪委四次全会精神专题辅导，学习《中华人民共和国监察法》《中华人民共和国民法典》《中华人民共和国政务处分法》等法律法规。创新培训方法，建立干部教育培训师资库，常态化举办学思讲堂，灵活运用视频培训、干部上讲台等方式分级分类做好全员培训，先后举办各类培训班8期，实现对全市纪检监察干

8月11日，组织党员干部到刘公岛开展主题党日活动

（威海市纪委监委办公室　提供）

部培训全覆盖。组织开展应知应会知识测试，以考促学，提升培训实效。加强外部信息查询平台建设，提高信息化监督能力。强化自我监督，市纪委常委会专题研究部署干部监督工作12次。扎实开展干部作风大改进行动，制定问题、责任、措施“三张清单”，带头开展问题查摆。认真落实山东省纪检监察干部“十严禁”、内部监督员监督等制度，印发《监督执纪工作规程》，严格按照权限、规则、程序开展工作，强化对执纪执法权的监督约束。举办特约监察员看基层活动，自觉接受各方面监督。制定关心关爱干部工作措施16条，及时传达学习中央纪委、省纪委关于纪检监察干部违纪违法典型案例通报精神，以案示警、以案明纪，组织开展全市纪检监察系统专项检查，加强纪律规矩硬约束。全市谈话函询纪检监察干部6人，组织处理12人，通报纪检监察干部违纪违规典型案例1起。

【重要会议及活动】 1月13日，市纪委监委“不忘初心、牢记使命”主题教育总结大会召开，市委常委、市纪委书记、市监委主任任敬喜主持会议并讲话。

4月20日—21日，市纪委监委举办学习中央纪委省纪委全会精神专题培训班，深入学习领会十九届中央纪委四次全会、省纪委十一届五次全会精神。

5月7日，中共威海市纪委十五届五次全体会议召开。会议分两个阶段。第一次会议，传达十九届中央纪委四次全会和省纪委十一届五次全会精神。第二次会议，市委常委、市纪委书记、市监委主任任敬喜代表市纪委常委会作工作报告。

8月11日，市纪委监委机关组织党员干部到“清廉之路”起点刘公岛醒廉教育基地开展“走好清廉之路、牢记初心使命”主题党日活动，市委常委、市纪委书记、市监委主任任敬喜为干部现场授课。

8月24日—28日，市纪委监委举办理论学习中心组读书班，深入学习习近平新时代中国特色社会主义思想和中共中央总书记习近平对山东、对威海工作的重要指示要求。8月31日，结业式举行，市委常委、市纪委书记、市监委主任任敬喜主持结业式并讲话。

10月23日，市纪委监委开展“特约监察员走进基层”活动，组织市监委第一届特约监察员到威海临港经济技术开发区草庙子镇、汪疃镇实地观摩，并召开座谈会，通报全市纪检监察工作开展情况。

11月25日，市委书记张海波到市纪委监委机关调研党风廉政建设和全面从严治党工作。

12月1日，市纪委监委组织召开中共十九届五中全会精神宣讲报告会，市委常委、市纪委书记、市监委主任任敬喜作宣讲报告。

12月3日—5日，市纪委监委举办中共十九届五中全会精神专题学习班，市纪委常委、市监委委员，市纪委监委机关各室（部）、各派驻纪检监察组和市委巡察机构县处级以上干部参加学习。

12月27日，市纪委监委召开2020年“报告初心、争做模范”活动交流会暨党支部书记述职评议会议，市委常委、市纪委书记、市监委主任任敬喜主持会议并讲话。

12月28日，2020年度区（市）和部分市直部门单位党组织主要负责人向市纪委全会述责述廉会议召开。

5月7日，中共威海市纪委十五届五次全体会议召开

（威海市纪委监委办公室　提供）

监督执纪

【政治监督】 在学思践悟中坚定政治方向，坚持把学习贯彻习近平新时代中国特色社会主义思想作为首要政治任务、作为市纪委常委会会议首要议题，把《习近平谈治国理政》第一卷、第二卷、第三卷贯通学习，跟进学习中共中央总书记习近平重要讲话和重要指示批示精神，推动学思用贯通、知信行统一。认真组织学习贯彻中共十九届四中、五中全会和十九届中央纪委四次全会精神，以及市委十五届九次、十次全会精神，结合职能职责抓好落实；把全年任务细化为8个方面46项措施，市纪委监委领导班子成员牵头开展9项重点课题调研，把握规律、破解难题、推动工作。做实政治监督。印发《政治监督提示工作办法》，向全市各级各部门党委（党组）主要负责人发送政治监督提示200余份，提示工作标准要求、不履行或不正确履行职责的后果，督促担当尽职。聚焦统筹推进疫情防控和经济社会发展、打赢三大攻坚战、做好“六稳”（稳就业、稳金融、稳外贸、稳外资、稳投资、稳预期）“六保”（保居民就业、保基本民生、保市场主体、保粮食能源安全、保产业链供应链稳定、保基层运转）工作等党中央重大决策部署和省委、市委工作安排的落实情况加强跟进监督、精准监督、全程监督。成立工作专班，深化人防系统腐败问题、违

法占用耕地及违建别墅问题等专项治理，在“合村并居”问题整改、渔船综合管控等工作中加强监督执纪执法，扎实开展供销合作社系统腐败问题重点整治。加强对意识形态工作情况的监督检查。严明政治纪律和政治规矩，全市纪检监察机关立案审查存在违反政治纪律行为案件15件，处分19人。在防控疫情斗争中强化监督保障，全市纪检监察机关印发《关于做好科学精准稳慎有效监督为夺取疫情防控和实现经济社会发展目标双胜利提供有力保障的意见》等文件，统筹安排市级明察暗访组5个、随查随访组24个和县级监督检查组46个，在防控责任落实、医疗物资生产、群众生活保障、复工复产达产等方面加强监督检查，实地检查单位6841家、场所1.6万个，发现并督促整改问题3139个，及时查处疫情防控工作中的失职失责问题，综合运用约谈提醒、批评教育等方式压实责任，推进疫情防控。《威海24小时建成的医用防护服生产厂》信息在中央纪委国家监委网站要闻栏目刊发。

【作风建设】 深入推进全市扶贫领域腐败和作风问题专项治理，成立工作专班，组成6个察访组，围绕5个方面27项监督重点开展专项察访，发现各类问题87个，督促整改落实。主动对接扶贫领域问题线索，加大交办督办力度，严肃查处贪污侵占、吃拿卡要、优亲厚友等腐败问题，全市查处扶贫领域腐败和作风问题53起，批评教育帮助和处理62人，其中给予党纪政务处分8人。靶向整治损害群众利益问题，围绕教育、医疗卫生、生态环保等13个领域、55项重点，深化开展漠视侵害群众利益问题专项整治，全市查处民生领域腐败和作风问题233个，批评教育帮助和处理278人，其中给予党纪政务处分114人。扎实推进“伞网清除”行动，对中央专项斗争督导组、省委巡视组交办，省扫黑办挂牌督办的重点问题线索和案件跟踪调度、集中攻坚，对公安机关侦办的涉黑涉恶案件逐案过筛、循线深挖，全市查处涉黑涉恶腐败和“保护伞”问题162个，批评教育帮助和处理208人，其中给予党纪政务处分127人，涉黑组织“打伞破网”率达100%。从讲政治高度整治形式主义、官僚主义问题，制定8个方面25项专项整治工作措施，深入治理贯彻党中央决策部署只表态不落实、维护群众利益不担当不作为等问题。在各区（市）设立市、区（市）、镇“直通车”机制联系点，倒查市直部门加重基层负担、搞责任甩锅等问题，结合全市干部作风大改进行动开展集中察访，先后分3批向市委报告问题110个。选取“村（社区）挂牌乱象”“政务App过多过泛”等“小切口”问题以点带面、深入整治，持续为基层减负松绑。全市查处形式主义、官僚主义问题161起，批评教育帮助和处理253人，其中给予党纪政务处分143人，通报曝光典型问题23起。严防享乐主义、奢靡之风反弹回潮。认真贯彻落实中共中央总书记习近平关于坚决制止餐饮浪费行为的重要指示精神，加强监督检查，推动形成浪费可耻、节约为荣的氛围。紧盯重要节点，向全市党员、干部发送《廉节书信》，严查不吃公款吃老板、收送电子红包、私车公养等隐形变异问题，加强对干部公款吃喝、机关食堂浪费严重等问题监督检查，全市查处享乐奢靡问题101起，批评教育帮助和处理116人，其中给予党纪政务处分55人。激励干部担当作为，坚持严字当头、失责必问，开展精准问责、规范问责，及时纠正滥用问责、不当问责，全市问责党组织27个，问责党员领导干部、监察对象220人。制定容错纠错、澄清正名、关爱回访工作措施，加强宣传引导，发放《纪检监察信访举报工作明白纸》2000份，联合威海电视台播出解读报道3期，发出公开信，引导群众依规依纪依法反映问题，为受到不实举报的党员干部澄清正名。推动构建亲清新型政商关系，印发《从严从实加强优化营商环境监督工作的意见》，在全市选取58家企业作为优化营商环境监督观察点，查处损害营商环境问题33起，处理33人。

【监督职责突出】 巡察工作质量提升　深化政治巡察，坚持问题导向，纠正政治偏差，重点发现和推动解决贯彻落实党的路线方针政策和党中央重大决策部署不坚决、履行职责使命不到位、推进重大改革和重点工作不扎实、落实全面从严治党“两个责任”（党委主体责任和纪委监督责任）不到位不到底、执行纪律作风要求不严格等突出问题，坚持有形覆盖与有效覆盖相统一，组织开展十五届市委第十轮、第十一轮、第十二轮巡察，对23个市直部门单位、5个开发区开展常规巡察，对供销合作社系统开展联动巡察，发现问题703个、移交问题线索94件。深化巡察整改和成果运用，创新建立巡察监督“红脸出汗”问题清单制度，推动市领导履行“一岗双责”，抄告“红脸出汗”问题355个，市领导约谈分管部门单位“一把手”41人，层层约谈364人，对巡察发现的63个共性问题、典型问题进行通报，督促全市各级党组织举一反三，抓好整改、未巡先改。监督抓实省委巡视发现问题整改工作，印发《巡察建议工作办法》，督促主责部门开展专项治理。向市委、市政府提报专题报告4份，并移交有关职能部门办理。强化市县联动，坚持市县两级巡察工作一体谋划、一体部署、一体推进，市委常委会会议专题听取全市巡察情况汇报，市委巡察工作领导小组召开全市巡察工作会议，市委巡察办派员列席区（市）、开发区党（工）委书记听取巡察情况汇报专题会议，压实巡察工作主体责任。建立指导督导工作机制，通过专项检查、调研督促等方式，了解县级巡察情况，指导规范工作。落实巡察监督员制度，开展巡察后纪律作风评估，依规依纪依法开展巡察工作。各区（市）、开发区巡察党组织1359个，发现问题2万余个、移交问题线索171件。推动巡察工作规范化建设，新制定、修订巡察规范性制度14项。

权力运行的制约和监督加强　强化日常监督，加强对各级党组织贯彻落实《党委（党组）落实全面从严治党主体责任规定》情况的监督检查，推动主体责任和监督责任一体履行。制定党委（党组）政治生态自分析工作办法，推动形成政治生态自分析、自监督、自净化的长效机制。强化近距离、可视化监督，深入干部群众听取意见、发现问题。加强和规范谈话函询工作，提高函询回复抽查复核比例。严把党风廉政意见回复关。认真贯彻《纪检监察机关处理检举控告工作规则》，全市纪检监察机关接收信访举报865件次。坚持真抓实包、真查实核、真情实理、真

8月，市纪委监委机关"走好清廉之路、牢记初心使命"专题党课举办
（王彦博　摄）

纠实治"四真四实"工作法，全力化解信访积案，在全省率先完成化解任务。加强对基层小微权力运行的制约和监督，开展村级党组织带头人廉洁信用评价工作，打造"透明村居"助力乡村振兴。发挥派驻监督"探头"作用，全市各级派驻纪检监察组处置问题线索数、立案数、处分数分别增长131%、151%、152%。加强对"一把手"和领导班子监督。将市管企业党委书记纳入向市纪委全会述责述廉范围，市纪委常委同42名县处级党政正职进行廉政谈话，加强对市直部门党组（党委）领导班子民主生活会的监督。围绕权力运行的重点领域和关键环节主动靠前监督，深入了解"一把手"和领导班子落实管党治党责任、廉洁自律等情况，对苗头性、倾向性问题及时谈话提醒，对严重违纪违法问题坚决查处。全市纪检监察机关约谈领导班子成员、重点岗位人员1万余人次，立案查处乡科级以上"一把手"24人。精准运用"四种形态"（第一种：党内关系要正常化，批评和自我批评要经常开展，让"咬耳扯袖""红脸出汗"成为常态。第二种：党纪轻处分和组织处理要成为大多数。第三种：对严重违纪的重处分、作出重大职务调整应当是少数。第四种：严重违纪涉嫌违法立案审查的只能是极少数），注重党性教育、政策感召、纪法威慑，批评教育帮助和处理3347人次。落实《关于做实做好监督执纪"第一种形态"工作办法（试行）》，督促各级党组织抓早抓小、防微杜渐。

【一体推进"三不"】 一体推进"三不"（不敢腐、不能腐、不想腐），不断提高治理腐败效能，零容忍惩治腐败。在减存量、遏增量上加压用力，坚持有腐必反、有案必查，保持惩治腐败高压态势，市纪委监委立案审查调查市管干部25人，严肃查处典型案件4起；全市纪检监察机关立案1176件，处分1185人（其中处分职务违法犯罪69人）。在强大政策感召下，全市有9人向纪检监察机关主动投案，32人主动交代问题。坚持以案促改、以案促治，把办案、整改、治理贯通融合，制定加强和规范纪检监察建议工作办法，市纪委监委制发纪检监察建议书47份，督促人防、住建、行政审批等部门单位完善制度机制200余项，堵塞漏洞、补齐短板，做到查办一起案件、整改一类问题、完善一套制度。针对涉黑组织案件中占比较大的"套路贷"案件，督促公安、金融等部门分析原因、查找症结，开展专项治理。结合审查调查过程中发现的体制机制问题和薄弱环节，形成《关于镇（街道）党（工）委书记履职中易发多发问题的剖析情况报告》报市委，推动问题纠治，推动增强不想腐的思想自觉。召开全市警示教育大会，强化"关键少数"警示教育。组织摄制警示教育片3部，编印《严重违纪违法市管干部忏悔录》，建设威海廉政警示教育馆，各区（市）和市直部门单位党组织主要负责人带头讲廉政党课，派驻机构负责人讲警示教育课，党校主体班次常态开设警示教育课，做实干部警示教育。深化国有企业、教育、政法等9个重点领域警示教育，市、区（市）、镇联动开展纪法教育宣讲16个主题、800余场次。依托"廉洁威海"微信公众号创设"廉威今语""每周一案""清廉锦囊"等栏目，组织开展"以案说廉""家风诵读""树清廉家风·创最美家庭"等活动。持续推进廉洁机关、企业、医院、学校、村居、家庭6项主题行动，创新开启"清廉之路"廉政教育模式，将刘公岛醒廉教育基地、天福山红廉教育基地、谷牧旧居清廉家风教育基地等25个廉政教学点统筹整合，集历史教训警醒、榜样先进引领、红色基因传承、军民鱼水情深、清廉家风浸润、先进文化熏陶、进取精神激励等于一"路"，制作专题片25部，打造主题公交线路6条，全景展现新时代廉政教育内涵，倡树清正廉洁价值观，构建特色鲜明的廉政教育新机制。

（于　源　王秉力）

编辑　闫拥军

民主党派与工商联

中国国民党革命委员会威海市委员会

【概况】 2020年，中国国民党革命委员会威海市委员会（简称民革威海市委）发展新党员8人，去世2人，总人数121人。其中，大学及以上学历104人，占党员总数的86%；中、高级专业技术职称77人，占党员总数的64%。13人担任各级人大代表和政协委员。民革威海市委获评全市政协反映社情民意信息工作先进集体、全市统战调研宣传信息工作先进单位，民革市委机关在全市机关年度考核中被评为优秀等次。

【参政议政】 围绕保健食品市场、跨境电子商务等方面开展专题调研，提交反映社情民意信息32篇、提案17件和议政建言材料3篇，其中省政协采用2件、政协大会发言1件、获评优秀提案4件。4篇调研报告得到中共威海市委、市政府主要领导批示。

【组织工作】 建立健全民革威海市委班子成员民主生活会制度、述职和民主评议制度，召开民主生活会和述职评议会。建立内部监督机构，成立内部监督委员会，加强廉政警示教育力度。建立健全组织发展制度，围绕党员发展工作，组织支部主委进行专题培训。全年考察、培养具有界别特色的高层次入党积极分子16位，发展新党员8人，举办入党积极分子培训班2期和新党员培训班1期，在民革历史、民革党章、多党合作的理论和政策等方面开展培训，增强入党积极分子和新党员的政党意识和责任意识。

【宣传工作】 民革威海市委先后有40篇稿件在《团结报》《联合日报》和“山东统一战线”“山东民革”“威海统一战线”微信公众号上发表。新型冠状病毒肺炎疫情发生后，民革威海市委组织民革文艺工作者用曲艺、视频、书画等文艺形式讴歌疫情防控一线的奋斗者，其中画作《中国速度》获得“同呼吸、共命运”——民革中央画院抗击疫情主题作品网络展一等奖。

【社会服务】 *扶贫工作开展* 向贵州省纳雍县贫困户捐赠过冬衣物91件。开展科技兴农工作，邀请农艺专家利用微生物技术为多个贫困村、果园、养殖场等解决难题，为荣成市村民配备带有生物发酵床的标准化养殖笼30余个。定期举办支农扶贫活动，为多个村近百名村民送去生活必需品，完善村集体设施设备，帮忙解决房屋修缮、家庭医生、子女教育等问题；多次为文登区米山镇村民开办法律讲座，发放宣传材料，普及法律知识。

品牌打造 联合民革党员企业威海兰花文化用品有限公司，连续第9年推出“爱心文具袋 考试送祝福”进校园活动，为威海中考、高考学生赠送近万套价值4万余元的爱心文具袋。打造“博爱·牵手”志愿服务品牌，开展文化法律卫生服务，通过线上线下相结合的方式，实现志愿服务常态化；开办秋季书法公益课、素描基础课23次，受益600余人；每周定期开展青少年知识普及和实践活动，受益800余人；开展非物质文化遗产进课堂活动12次，为400余名小学生普及非物质文化遗产文化知识。

法律援助强化 以民革威海市委法律服务站为依托，定期开展法律进企业、进社区活动，到贫困村和有关企业、机关等开展专题培训与法律讲座9次，为弱势群体提供免费法律援助，有200余人次参活动，1人获评全国法律服务工作先进个人。

（赵雪涵）

中国民主同盟威海市委员会

【概况】 2020年，中国民主同盟威海市委员会（简称民盟市委会）发展盟员16人，去世1人，调出2人，调入1人，盟员总数374人。其中，中、高级专业技术职称255人，占盟员总数的68.2%。民盟市委会获评2020年度盟务工作先进集体，民盟环翠区支部获评盟务工作先进基层组织、思想政治建设和宣传工作先进集体、2020年度盟务工作先进集体，民盟教育支部获评社会服务先进集体，16位盟员获评先进个人。全市盟员获得市级以上奖励和称号77人次。

【自身建设】 加强领导班子建设，召开市委会议3次、专题学习会议2次，学习传达上级文件精神。按照规定对市委委员、支部委员和职能机构的负责人进行年度考核。提升组织发展质量，印发《民盟威海市委组织发展工作规程》，明确发展标准和范围、规范发展程序，举办新盟员入盟仪式暨培训班。支持特色支部建设，成立环翠区支部盟员之家和民盟艺术交流中心，打造以艺术交流为特色的特色支部。积极组织盟务活动，举办“我和我的祖国——中原书画名家邀请展暨威海民盟书画院新作品汇报展”，邀请省外10余名书画家与威海民盟书画院联合办展。组织骨干盟员前往河南省红旗渠红色教育基地学习。组织新盟员赴文登区调研乡村振兴建设。深入荣成市寻访调查、收集资料，整理、宣传已故民盟威海市委原主委、威海市政协原副主席邱铁铠的先进事迹，在社会上引起强烈反响。

【参政议政】 向中共威海市委提交《关于我市全媒体电商发展情况的调研报告》《关于我市创新人才激励机制的调研报告》《关于培育自主可控聚酰亚胺及复合材料技术体系创新平台的建议》《关于在我市各海水浴场设立非营利性自助储物柜的建议》。提交市政协提案29件，其中集体提案2件，3件提案入选市政协会议大会发言材料汇编，5件提案获评市政协优秀提案。提交市人大建议8件。提交社情民意信息80篇，被民盟中央、省政协、民盟省委采用40余篇。

【社会服务】 扎实推进民盟和美社区服务站工作，“党盟共建、课程化服务、建立长效机制”的社区服务模式初步固定成型。持续开展“微心愿”、送春联、社区公益课堂等公益活动，进一步强化社区服务的公益属性。组织盟员开展送文化下乡活动，承办田和街道第31届“长乐之秋”文艺演出。各基层组织开展社会服务和公益活动16次。

（毕明艳）

5月22日，民盟和美社区服务站开展剪纸公益课堂活动

（中国民主同盟威海市委员会　提供）

中国民主建国会威海市委员会

【概况】 2020年，中国民主建国会威海市委员会（简称民建市委会）发展新会员13人，会员总数144人。其中，经济界会员102人，占总人数70.83%；有33人担任市、区人大代表和政协委员（其中市人大代表1人，市政协常委1人，市政协委员9人，区政协常委4人，区政协委员18人），占会员总数22.2%。中国民主建国会威海市委员会获评2020年度民建山东省委抗疫先进集体，环翠区支部获评全国民建先进基层组织，1人获评2019年度民建中央抗疫先进个人。

【会务工作】 高素质参政队伍打造　对11名入会积极分子进行思想培训，增强新会员综合素质，提升民建组织整体水平。进行参政议政工作培训，讲授社情民意、提案建议和调研报告的选题撰写等，提升新会员的参政能力。根据会员发展状况，成立环翠区一支部、二支部和威海临港经济技术开发区支部，为会员更方便参加党派活动创造组织条件。

组织向心力凝聚　加强会员活动室、“会员之家”建设，为会员开展活动提供保障。完善组织制度管理，印发《民建威海基层组织制度汇编》，指导各基层组织规范化建设。努力创新会员活动形式，针对新会员年轻、思想活跃、喜欢交流的特点，开展延安红色教育、抗疫志愿服务、文明城市创建、海洋增殖放流、美丽乡村考察等活动。春节、重阳节时慰问老会员，增强其组织归属感。在基层组织中推行轮值活动主委制度，激发会员主动策划活动、积极组织活动、认真参与活动的积极性。从支部工作量化考核入手，围绕《威海民建基层支部工作细则》，对会员参与会务情况进行细化评分，作为评先选优的依据，促进组织建设再上新台阶。

交流沟通加强　借助“威海民建之家”微信群，及时传达上级学习文件、工作指示和会议精神，交流各基层组织的活动信息，展示优秀会员的风采事迹，组织参与社会公益服务等，增进民建组织的团结与凝聚力。开通“威海民建”微信公众号，全年推送文章64篇、报送信息72篇。其中，中国民主建国会网站采用2篇，团结网、联合网各采用1篇，“山东民建”微信公众号采用5篇，“威海统战”微信公众号采用16篇。

【参政议政】 整合优势资源，鼓励担任人大代表、政协委员的会员积极履行职能，多次推荐会员参加部门意见征求会、党政主要领导廉政情况民主测评、政风行风评议等工作，加强民主监督，有效发挥民主党派的职能。加强调研工作统筹力度，压实重点调研课题负责制，畅通会员、支部、市委会三级联络机制，提高参政议政质量，市两会期间，民建市委会提交建议、提案26件，立案24件。紧密结合中共威海市委、市政府重点工作，开展调查研究，先后向中共威海市委统战部提交调研报告4篇，其中3篇得到市委、市政府主要领导批示。密切关注营商环境优化问题，开展专项调研，撰写上报《关于进一步做好审批服务，优化营商环境的调研报告》。年内，民建市委会累计向省、市有关部门上报社情民意27篇，其中1篇被民建中央采纳、4篇被省政协采纳、4篇被市政协采纳，获评民建省委2020年度参政议政工作先进单位。

【社会服务】 依托打造的健康查体平台、法律援助平台、助残帮扶平台3个服务品牌，积极开展社会公益活动。由民建会员企业——威海美年大健康国济体检中心发起，开展送医下乡和送医进社区活动9场次，免费为基层群众体检近500人次、开展医疗保健知识讲座7场次。与市妇女联合会联合开展“彩虹筑梦——关爱妇女儿童行动”，以急需帮扶、救助的妇女儿童为主要对象，办理法律援助、司法公益援助案件6起。与威海爱援祥服务中心联合开展助残义卖活动，现场为残障人士筹集善款3万余元。在“全国助残日”活动中为残障人士提供法律维权讲座、联系助残就业岗位等多种服务，帮助残障人士学习专业技能，解决困难。针对湖北省农产品滞销问题，通过“以买代帮”模式，组织会员购买湖北省十堰市农业企业生产的橄榄油6万余元，助力打通产品销售渠道。组织会员为威海南海新区小观镇郐家村捐资10万元兴建村民文体活动中心。组织会员为青海省门源回族自治县职业技术学校捐赠模拟病房教学设备1套和大型实习机床2台，价值近20万元。

（曲志华）

中国民主促进会威海市委员会

【概况】 2020年，中国民主促进会威海市委员会（简称民进威海市委会）新发展会员25人，会员总数126人。其中，具有中高级专业技术职称67人，占会员总数的53%。会员中有市政协委员12人（其中副主席1人、常委2人）、环翠区政协委员3人、文登区政协委员4人。民进威海市委会获评民进山东省社会服务先进单位、全市政协反映社情民意信息工作先进集体，民进威海市委志愿服务队获评威海市抗击疫情优秀志愿服务组织，10人获评民进山东省优秀会员，1人获评全市政协反映社情民意信息工作先进个人，1人获评威海战“疫”最美志愿者。

8月24日，民进志愿服务队开展彩绘社区活动

（中国民主促进会威海市委员会　提供）

【参政议政】 围绕《威海市国民经济和社会发展第十四个五年规划和2035年远景目标纲要（征求意见稿）》《政府工作报告（征求意见稿）》，提出合理性建议。向市政协十三届四次会议提交提案22件，其中入选市政协大会发言材料2件，获评优秀提案5件。向中共威海市委提交调研报告3篇，其中2篇得到市委、市政府主要领导批示，1篇调研报告被市委办公室、市委政策研究室编印的《谋事之基》收录。向市政协十三届五次会议提交提案25件，其中入选大会发言材料1件，收录在市政协全会议政会发言材料汇编1件。

【社会服务】 春节期间到农村开展“春联万家”活动，赠送村民春联150余副。出资2万元帮扶威海临港经济技术开发区山马刘村更换老旧线路，资助1名贫困学生参加培训班，开展慰问贫困户和贫困学生活动。

（刘　辉）

中国农工民主党威海市委员会筹备委员会

【概况】 2020年，中国农工民主党威海市委员会筹备委员会（简称农工党威海市委筹委会）新发展党员5人，党员总数105人。其中，具有中高级专业技术职称72人，占党员总数的69%。有市政协委员7人（其中市政协常委2人），环翠区政协委员4人，文登区政协委员4人。农工党威海市委筹委会获评抗击新冠病毒肺炎疫情先进基层组织、庆祝中国农工民主党成立90周年优秀基层组织，农工党威海市环翠区小组获评纪念中国农工民主党成立90周年社会服务工作先进集体。

【参政议政】 充分利用政党协商、政协协商等平台，围绕全市中心工作建言献策。在市政协十三届四次会议期间，围绕群众关注和社会热点难点问题，尤其是医药卫生、人口资源与环境等领域问题，提交提案16件。关注民生问题，反映社情民意，向农工党山东省委报送社情民意信息43篇，被采用7篇；向中共威海市委统战部报送信息43篇，被采用13篇。围绕市委、市政府重点工作精心选题，组织党员成立专题调研组开展调研，形成调研报告3篇；成立重点事项民主监督调研小组，围绕健全完善中医药管理体系进行调研，形成调研报告1篇。

【社会服务】 发挥优势，结合品牌活动助力民生取得实效。结合威海统一战线“连心桥”志愿服务活动、2020环境与健康宣传周、健康大讲堂等品牌活动，农工党医疗专家志愿服务队先后到威海经济技术开发区、荣成市有关乡镇开展健康讲座和送医、送健康进基层义诊等社会服务活动6次，惠及群众2000余人，发放宣传材料1000余份，强化健康意识，提高健康生活水平。

（杜 平）

中国致公党威海市委员会

【概况】 2020年，中国致公党威海市委员会（简称致公党威海市委会）发展新党员9人，党员总数125人。党员中有省政协委员1人、市政协委员16人（其中常委4人）、市人大代表2人、环翠区政协委员6人（其中常委2人）、文登区政协委员1人。致公党威海市委会获评省级“创先争优”参政议政先进集体、新冠肺炎疫情防控工作先进集体，致公党威海火炬高技术产业开发区支部获评致公党省委第二批“示范支部”及省级“创先争优”组织建设工作先进集体，致公党哈尔滨工业大学（威海）支部获评省级“创先争优”社会服务先进集体，2个支部增挂“致公党员之家”牌子，12人获评省级“创先争优”优秀致公党党员，1人获评省级“创先争优”优秀机关工作者，2人获评新冠肺炎疫情防控工作先进个人，1人获评威海市抗击疫情优秀志愿者。

【参政议政】 积极参加政治协商、参政议政和民主监督，举办新党员培训班、参政议政专题会议，组织开展全市改革重大事项民主监督调研活动。围绕跨境电子商务发展情况，致公党威海市委会开展民主监督专项调研，形成调研报告上报中共威海市委。全年提交调研报告3篇，得到市委、市政府主要领导批示。向致公党省委会提交社情民意信息48篇、调研报告6篇（其中被致公党中央、全国政协采用6篇，致公党省委、省政协采用17篇），3篇获得致公党省委“创新争优”参政议政优秀成果奖，1篇获得致公党省委“创先争优”理论研究优秀成果二等奖。向中共威海市委统战部提交调研报告、社情民意信息55篇，向市政协提交信息52篇。向市政协十三届四次会议提交提案22件，其中入选大会发言材料2件。

【社会服务】 开展“心系侨村 助力振兴”社会服务活动，为文登区张家产镇张家产村维修主干道并捐助路灯53盏，总价值5万余元，组织党员开展疫情宣传、农业技术讲座及指导、义诊送药、走访贫困侨眷侨属等活动5次，捐款2万元。开展威海统战“连心桥”致公志愿服务活动，致公党威海火炬高技术产业开发区支部到威海电子信息与智能制造产业园捐赠图书、艺术品等，到威海天宇启智学校开展“致公党员走进星星天使之家”公益活动，致公党哈尔滨工业大学（威海）支部到威海瑞翔电子装配有限公司开展“送科技到企业”活动，致公党文登区支部到张家产村开展疫情宣传及走访贫困侨眷家庭等活动，致公党环翠区支部开展“小小非遗传承人”活动，致公党威海经济技术开发区支部协办“舞出最炫民族风 唱响民族一家亲”文艺晚会等。

【海外联谊】 致公党威海市委会积极开展对外交流，与到访威海市的巴基斯坦（中国）山东商会会长、泰国山东总商会会长、韩国岭湖南（政府）中国通商事务所所长、韩国庆尚南道驻山东代表处首席代表、韩国群山市政府驻中国代表处首席代表等座谈，协商开展教育、文化、经贸等领域的交流与合作。致公党党员企业威海神墨教育培训机构组织青少年参加在韩国举办的2020国际青少年书画展、中韩儿童绘画展，参展作品近百幅。

（刘京璞）

九三学社威海市委员会

【概况】 2020年，九三学社威海市委员会（简称九三学社威海市委）去世社员1人，调入1人，社员总数174人。其中，省政协委员2人，市人大代表2人，市政协委员15人（其中常委3人）；具有中、高级专业技术职称的达90%以上。九三学社威海市委继续加强参政议政、参政党理论研究、培育和践行参政党政治美德“三大品牌”建设，完成各项工作任务。1人获评九三学社抗击新冠肺炎疫情先进个人，1人获评九三学社全国社会服务先进个人，1人获评全省政协新闻宣传先进个人，7人次获得九三学社山东省委表彰。

【思想理论建设】 继续深入开展“不忘合作初心 继续携手前进”主题教育活动，组织社员赴九三学社的发源地重庆市开展主题教育活动。主委贾国哲为九三学社中央“不忘合作初心，继续携手前进”主题教育活动和“弘扬爱国奋斗精神，建功立业新时代”活动先进事迹宣讲团成员，其宣讲报告视频在九三学社山东省委网站、联合网等网站推出。承担的2个省政协课题获评优秀奖。

【参政议政】 市两会期间，组织社内政协委员积极撰写提案，提交提案24件，其中6件提案被评为优秀提案，2件收录在市政协全会议政会发言材料汇编，1件获得中共威海市委、市政府主要领导批示。议政建言成绩突出，4篇协商建议得到中共威海市委主要领导批示。1篇信息被中共中央统战部《零讯》刊载，6篇信息被山东省政协采用，完成九三学社山东省委课题1项。

【宣传工作】 年内，宣传稿件在“九三学社山东省委员会”“威海统一战线”“威海九三”微信公众号，联合

4月27日，"角膜阳光复明"救助项目启动签约仪式举行

（九三学社威海市委员会　提供）

网，《联合日报》和《威海日报》等媒体上发表和推送稿件70余篇。组织参加九三学社成立75周年征文活动，2篇文章获得二等奖。举办庆祝九三学社成立75周年座谈会，主办的威海记忆馆正式开馆，展出摄影作品304幅。

【社会服务】　组织参加威海统一战线"迎新春　送春联"活动，为村民赠送春联。开展"连心桥·角膜阳光复明"救助项目，帮助威海市20名眼疾患者复明，并获得复明援助补贴。参加"百企帮百村"扶贫活动，认捐资金3万元，与环翠区桥头镇所前泊村结成帮扶"对子"。组织社员多次为社区开展心理咨询讲座等。

（曲　兴）

威海市工商业联合会

【概况】　2020年，威海市工商业联合会（威海市总商会）有会员1.44万个（人）。其中，企业会员1.14万个，团体会员111个，个人会员2949人。威海市工商业联合会（简称市工商联）获评2020年度精准招商先进单位，信息工作获得省工商联通报表扬。

【市工商联十一届四次执委会议】　1月14日召开。会议传达学习《中共中央、国务院关于营造更好发展环境支持民营企业改革发展的意见》《省委、省政府关于弘扬企业家精神支持企业家干事创业的若干措施（试行）》、省工商联十三届四次执委会议精神、中共威海市委十五届八次全体会议精神、中共威海市委经济工作会议精神和市两会精神，总结2019年度工作情况，部署2020年工作任务。副市长、市工商联主席、市总商会会长杨丽代表市工商联常委会作工作报告。会议选举通过有关人事事项，审议通过《威海市工商业联合会执行委员会工作规则》。执委会前，召开市工商联十一届五次常委会议。

【市工商联十一届六次常委会议暨贯彻落实全国民营经济统战工作会议精神部署会议】　10月23日召开。会议传达学习中共中央总书记习近平对做好新时代民营经济统战工作的重要指示精神和在企业家座谈会上的重要讲话精神、全国民营经济统战工作会议精神，传达全国工商联和省工商联常委会议精神、山东省总商会系统工商资本下乡助力乡村振兴现场推进会精神，对全市工商联系统贯彻落实中共中央总书记习近平重要指示和全国民营经济统战工作会议精神进行动员部署。

【非公经济人士思想政治引领】　组织传达学习中共中央总书记习近平关于民营经济的系列重要讲话、重要指示精神，邀请专家作"初心与发展"专题讲座、中共十九届五中全会精神宣讲。组织青年民营企业家赴米山水库展览馆、天福山起义纪念馆开展教育实践活动，拍摄的"谁持彩练当空舞"——威海青年企业家庆祝中国共产党成立99周年微视频，被"学习强国"学习平台采用。组织民营企业家赴河南省林州市太行廉政教育培训中心举办"弘扬红旗渠精神，坚定理想信念"专题培训班。深入开展同民营经济代表人士谈心活动，坚定民营经济代表人士"听党话、跟党走"的信念。

【主动服务】　深入各所属商会，发放《企业复工疫情防控工作指导方案》《支持企业"战疫"政策干货汇编》等，举

10月23日，威海市工商业联合会十一届六次常委会议暨贯彻落实全国民营经济统战工作会议精神部署会议召开　（威海市工商业联合会　提供）

办政策宣讲会，请市直相关部门人员详细解读有关政策，帮助企业用好政策“红利”。协调部分银行，帮助7家小微企业及时获得贷款3073万元。联合市司法局协调42家律师事务所组成疫情防控律师公益服务团，为民营企业提供免费的法律咨询和法律援助服务，先后“进商会”48次、“进企业”166家、“进基层”22次。通过全国工商联复工复产人才对接平台和山东省工商联专场网络招聘会，精准对接企业所需人才，助力企业提高复工复产率。落实威海市工商联联系会员企业、商会制度，驻会领导及机关干部分别联系会员企业和所属商会，开展经常性上门走访活动，及时了解企业、商会存在的困难和问题，征求意见建议。建立威海市工商联会员企业及所属商会反映问题办理机制，进一步畅通会员企业和商会问题反映渠道，年内帮助解决实际困难17个，企业满意度100%。

【招商引资助力】 推动组建北京威海企业商会、上海市威海商会、深圳市山东威海商会，向各商会颁发“威海市‘双招双引’联络站”“威海市海内外引才工作站”牌匾，分别在北京市、上海市、深圳市举办威海市“双招双引”推介会。积极推动并推荐威海市11家商会加入胶东经济圈商协会联盟，搭建交流合作共赢平台。完成第二届儒商大会暨青年企业家创新发展国际峰会嘉宾邀请工作任务，为大会顺利召开提供保障。通过上海市威海商会筹备组，邀请11位嘉宾出席威海市2020产业推介会。发挥会员企业和所属商会优势，通过以商招商、以会招商等方式，年内引进在谈项目5个。

【参政议政】 调整壮大市工商联参政议政专委会成员力量，印发《致参政议政专委会成员的一封信》，推动专委会成员发挥作用，该做法被《中华工商时报》报道。举办参政议政专题培训会，推动专委会成员提升参政议政能力水平。全年累计上报社情民意、提案类信息30余条，其中1条被省政协采用后报全国政协，1条在省政协主题理论研讨结题并获奖。在省工商联系统调查研究业务工作培训会上，市工商联作典型经验交流。

【民营企业家培训】 组织36名中小民营企业负责人赴浙江省杭州市参加创新管理专题培训班，组织部分副主席、副会长及所属商会会长赴广东省广州市、东莞市、深圳市开展考察学习活动。以网络直播形式举办线上公益大讲堂5场，线上同步收听收看600余人次，实现“互联网＋”教学与企业需求的有效结合。组织会员企业和所属商会参加全国工商联、省工商联举办的网上大讲堂活动，联合格局商学威海学院开通公众号微课模块，搭建线上学习平台，满足企业家学习需求。

【青年民营企业家培养】 举办“青蓝接力”导师分享会2场，邀请企业主要负责人向青年企业家分享企业发展经历和创业体会，并组织到导师企业进行现场观摩学习。选派24名青年企业家和民营企业高级管理人员到市直部门和高校挂职锻炼，进一步扩大挂职锻炼行动覆盖面，深化校企之间产学研合作。举办青年企业家沙龙活动4次和青年商会女企业家专场沙龙活动1次，有效发挥青年企业家商会组织的平台作用。

【“四好”商会建设】 以“四好”（班子建设好、团结教育好、服务发展好、自律规范好）商会认定为指引，持续推进“四好”商会建设，举办2020年商会工作培训班，组织人员赴省内外有关商会对标学习，提升所属商会规范化建设水平。年内，3家商会被认定为2019—2020年度全国“四好”商会，7家商会被认定为2019—2020年度山东省工商联系统“四好”商会。

【精准扶贫】 以脱贫攻坚自查评估为契机，召开专题会议进行动员部署，深入开展脱贫攻坚自查整改工作，巩固和提升脱贫攻坚成果。全市工商联系统有106家民营企业纳入全国工商联“万企帮万村”精准扶贫行动台账管理，累计投入资金2145万元，帮扶贫困群众1.13万人次，惠及全市91个建档立卡贫困村。组织开展帮助困难群众“过暖冬过好年”活动、“扶贫日”活动、“精准扶贫直通车——企业助学行动”等，走访慰问困难群众1900余人次，捐助款物总计98.58万元，“精准扶贫直通车”相关做法被《中华工商时报》刊发。举办“脱贫攻坚‘居然’有你”——威海消费扶贫产品对接会，为扶贫产品营销建立“快车道”。组织拍摄《唱“农”歌，解“贫”事》《赢在脱贫攻坚时代》《情系教育的商界木兰》3个微视频，加大脱贫攻坚宣传力度，全年在省级以上媒体刊发宣传报道8篇。推荐3家企业和1家商会入选全省乡村振兴典型案例，1家企业在山东省总商会系统工商资本下乡助力乡村振兴现场推进会上作典型发言。

【扶贫协作和对口支援】 组织相关区（市）工商联、所属商会及企业先后赴重庆市云阳县、青海省门源回族自治县、山东省枣庄市等地开展考察对接活动，推动达成系列合作意向，开展捐资助学、助困、助医、助农公益活动，捐赠款物近20万元。促成威海市川渝商会、威海晚报传媒有限公司与云阳县商务委员会签订建设消费扶贫馆项目合作协议，推动川渝（云阳）特产馆落成。至年底，川渝（云阳）特产馆累计销售云阳土特产品近200万元。

（席化荣）

编辑 闫拥军

群众团体

威海市总工会

【概况】 2020年，威海市总工会辖2区（环翠区、文登区）、2市（荣成市、乳山市）、3个国家级开发区（威海火炬高技术产业开发区、威海经济技术开发区、威海临港经济技术开发区）和威海综合保税区、威海南海新区总工会。全市有基层工会组织4745个，会员52.8万人。年内，推荐表彰全国劳动模范与先进工作者7人，山东省五一劳动奖章13人，山东省五一劳动奖状3个，山东省工人先锋号7个，市政府评选表彰“威海工匠”20人，市总工会评选表彰职工创新明星10人、带徒名师10人、优秀职工500人。新建市级创新工作室209家，总数达1408家，完成创新项目2.09万项，创造经济效益24.5亿元。高标准运营威海市创新技术对接转化服务平台，集聚省内13所高校、科研机构，1638名专家、高技能人才，822家企业，1408家创新工作室，建成7个数据库，发布科研成果296项，成功对接44家企业77项技术需求。不断深化群众性安全生产“查保促”活动，全年累计排查整改安全隐患1.13万个，完成整改1.10万个。全市事业、国有、集体及其控股企业、规模以上非公企业的职工代表大会和厂务公开建制率达100%；全市签订各类集体合同2731份，覆盖建会企业4137家，建制率达90%，女职工专项集体合同签订率达100%。持续推进职工服务中心规范化建设三年规划，构建“市区职工服务中心—镇街职工服务站—企业职工服务点”三级职工服务网络；建成户外劳动者服务站67个、妈妈小屋213个、模范职工书屋343个，建成运营文登区工人文化宫与健体中心。建成市级工友创业园28个，主动返还1751家小微企业工会经费1187.5万元。投入帮扶资金309万元，24户全国级困难职工全部实现解困，210户市级困难职工全部退档；扎实推进“四季服务”活动，筹措资金500余万元，救助、慰问困难职工906户，慰问一线职工5.22万名；持续开展第十一期工会会员爱心互助保险，职工参保49.45万人次，比上年增长3.5%，筹集互助金2595.9万元，受益职工达2.18万人次。10月10日，威海市总工会第十七届四次全委会议召开，选举威海市总工会第十七届委员会常务副主席。

【服务农民工公益法律服务行动】 1月1日，2020年度“尊法守法·携手筑梦”服务农民工公益法律服务行动在环翠区张村镇启动，并开展张村大集元旦专场活动，现场宣传劳动法律知识，为农民工与群众解答劳动争议、社保待遇、交通事故、工伤认定等法律问题，提供代写法律文书等免费法律服务。年内，市总工会连续举办威海建设集团股份有限公司专场等多项专场活动，为更多农民工、群众提供优质法律服务，切实维护其合法权益。

【威海市总工会第十七届三次全委会议】 4月24日召开。会议全面贯彻中共十九大和十九届二中、三中、四中全会精神，学习贯彻中共中央总书记习近平关于工人阶级和工会工作的重要论述，贯彻落实中央、省委和市委关于统筹推进新冠肺炎疫情防控和经济社会发展的重要部署、要求，全面总结回顾2019年全市工会工作情况，研究部署2020年工作任务。会议替补市总工会第十七届委员会委员、经费审查委员会委员，选举产生威海市总工会第十七届委员会常委和挂职副主席。市

10月10日，威海市总工会第十七届四次全委会议召开 （威海市总工会 提供）

总工会第十七届委员会委员、经费审查委员会委员，市总工会机关全体干部70人参加会议，市人大常委会副主任、市总工会主席张竞讲话。

【科技创新成果对接转换合作协议签订】 4月26日，威海市总工会和威海市产业技术研究院科技创新成果对接转化合作签约仪式举行。双方以“优势互补、互利双赢、共同发展”为原则，现场签订合作框架协议，将围绕服务职工创新工作，重点开展好服务企业技术需求、科技创新转移转化、提供政策资金支持3种服务。

【先模人物畅游刘公岛活动】 5月1日—5日，先模人物畅游刘公岛活动举办，市级及以上劳动模范和先进工作者、五一劳动奖章（富民兴鲁奖章）获得者、“齐鲁工匠”“威海工匠”“金牌职工”、历届威海市优秀职工、优秀工会干部近1000人免费游览刘公岛景区。活动旨在大力弘扬劳模精神、劳动精神、工匠精神，推动形成尊重劳动、尊重人才、尊重创造的浓厚社会氛围。

【示范性重点工程劳动竞赛】 5月25日，威海市“战疫情、比贡献、促发展”示范性重点工程竞赛在文登抽水蓄能电站启动。活动以“战疫情、比贡献、促发展”为主题，选取50个项目作为示范项目，围绕防疫、进度、安全、质量、创新5个方面开展竞赛，旨在发挥劳动竞赛“比、学、赶、超”的正向激励作用，组织动员全市职工立足本职岗位、奋力攻坚克难，确保全市重点项目早投产、早竣工、早见效益。市委副书记张宏伟，市人大常委会副主任、市总工会主席、市劳动竞赛委员会主任张竞等出席活动。

【创新技术对接转化三方合作协议签订】 6月16日，威海市总工会、哈尔滨工业大学（威海）、威海市商业银行3方签订合作协议。协议以推动技术创新、促进成果转化、助力企业发展为目标，发挥市总工会的组织优势、哈尔滨工业大学（威海）的科研优势以及威海市商业银行的金融服务优势，共同建设维护威海市创新技术对接转化服务平台，就共促科技创新、服务经济发展、促进产学研用及金融服务无缝对接等方面开展合作，构建企业全员创新服务体系，支持威海企业不断冲击新目标。

【社会组织购买服务推介会】 6月17日，威海市总工会召开社会组织购买服务推介会，启动“同心共力·携手筑梦”联系引导社会组织品牌创建活动。活动以网络直播形式进行，26家社会组织负责人推介特色服务项目，评审组对服务项目进行评审赋分，市总工会根据评分情况，结合基层职工的意见建议，确定购买服务项目、购买服务单位。活动旨在打造工会引领、社会组织参与、造福职工群众的新模式，为全市职工提供更加精准、专业、个性化的服务项目。

【首届工友创业大赛】 6月24日，威海市首届工友创业大赛举办。大赛分创新组和创业组两个组别，有12个项目进入决赛，项目内容涵盖乡村旅游、非遗文化创意项目、科技创新等，乳山海源电子科技有限公司和威海金牌生物科技股份有限公司的项目分获创业组和创新组一等奖。

【“夏送清凉”活动】 7月30日，威海市总工会启动2020年“夏送清凉”活动，先后对45家单位、4家市级工友创业园的5500名一线职工进行慰问，赠送价值近70万元的慰问物品。

【职工职业技能竞赛决赛】 9月24日，由威海市总工会主办、威海职业学院（威海市技术学院）承办的威海市2020年职工职业技能竞赛决赛举办。决赛设砌筑工、服装制版、健康照护等18个比赛工种，由理论考试与实际操作2个部分组成，全市29支代表队的458名选手参加决赛。

（孙筱楠）

中国共产主义青年团威海市委员会

【概况】 2020年，威海市有团员12.27万人，团市委下设市直团委79个、基层团委198个、基层团工委36个、团总支228个、团支部5193个；有专兼职团干部1.22万名，其中专职团干部488名、兼职团干部1.17万名（除市直团委外，均不含中央垂直企业和驻威海高校）。年内，威海市青年志愿者协会获评全省抗击疫情“优秀志愿服务组织”，国家税务总局威海经济技术开发区税务局团支部获评全国五四红旗团支部，威海市立医院团委、威海市市直机关团工委、荣成市夏庄镇团委、威海市文登技师学院团委、威海市经济技术开发区皇冠街道九龙湾社区团支部、乳山市人民法院团支部、山东药品食品职业学院食品系团总支、威海临港经济技术开发区草庙子镇团委、华能威海发电有限责任公司团委获评山东省五四红旗团组织。

【青少年思想政治引领】 举办“奋进新时代 青春勇担当”五四宣讲活动，30万名青少年在线观看，引领青少年坚定不移听党话、跟党走。以红色基因传承为主线，开展“红心永向党 争做新时代好队员”主题队日活动200余场次；组建青年宣讲团，面向青少年宣讲30余场次。举办全市青年马克思主义者培养工程培训班，着力培养一批思想政治素质强、创新创业能力优的学员。建设新媒体中心，积极宣传各行各业青年典型，引领社会正能量；开展青年大学习活动，参与网上主题团课110万人次；举办网络安全培训、青年好网民培育等活动，筑牢青少年网上意识形态阵地。

【“双招双引”助力】 联合市委组织部、市人力资源和社会保障局开展青年人才招引活动，在全省率先发起“云端筑巢·青鸟聚威”大学生线上就业项目，在省内外高校建立线上线下“青鸟驿站”37个，到高校、企业举办招聘活动60余场次，开展就业培训30余场次，联系青年人才1.3万人，助力青年人才留威海返威海，与山东大学（威海）、哈尔滨工业大学（威海）等高校团委建立长效联系机制。承办第二届儒商大会暨青年企业家创新发展国际峰会威海分会场活动，助力威海高质量发展。成立专班跟进威海国际动漫产业基地项目，举办威海国际动漫产业园入园企业洽谈会，有15家动漫产业企业达成入驻意向。举办山东省青年企业家学习交流营活动，近70名青年企业家代表进行项目洽谈。首创“威青易贷”金融超市项目，为创业青年提供贷款总额达12.63亿元。

【乡村振兴战略助推】 推动清华大学乡村振兴工作站落地，承办“清华学子山东行”总结交流会。选树省、市、县乡村“好青年”1893名，注重政治链培养、产业链帮扶，推优入党87人，推荐进入村“两委”班子23人，培育乡村“好青年”项目23个。

【中国少年先锋队威海市第七次代表大会】 12月16日召开。会议审议通过《中国少年先锋队威海市第七次代表大会关于第六届威海市少工委工作报告的决议（草案）》，选举产生中国少年先锋队威海市第七届工作委员会。大会闭幕后，召开威海市第七届少工委第一次会议，选举威海市第七届少工委主任。市委副书记贾瑞霞出席大会并讲话，市领导张竞、叶立耘、任慧春，市直有关部门负责人，市第七次少代会代表和各区（市）少先队员、少先队辅导员、少先队工作者代表等170余人参加会议。

【威海市青年工作联席会议】 12月7日召开。会议传达省中长期青年发展规划联席会议精神，审议通过《威海市贯彻落实〈山东省中长期青年发展规划（2019—2025年）〉实施方案》和《威海市贯彻落实〈山东省中长期青年发展规划（2019—2025年）统计监测指标〉责任分工》。市委组织部、市委宣传部、市发展和改革委员会、市教育局等联席会议成员单位以及特邀单位负责人参加会议。

【精致服务聚焦】 在全省率先发起“青春战疫 后方关爱”青年志愿服务项目，为24个援鄂医护人员家庭连续8周开展防疫及生活物资配送、跑腿帮办等6项行动，线上线下服务405次，该项目经验做法在全省推广。动员各级青年文明号、青年突击队、青年岗位能手等群体参与新冠肺炎疫情防控，全面助力企业复工复产。联合高校招募培训青年志愿者300余名，完成2020年乒乓球全国锦标赛、国际乒联男女世界杯等比赛志愿服务工作，累计服务4.5万小时。招募青年志愿者4000余名，参与环境整治、文明引导等活动420余场次，成立外语、应急救援等多支专业化志愿服务队伍，开展“啄木鸟”青年志愿服务，助力城市国际化语言环境建设。

【青春扶贫行动】 开展“希望小屋”儿童关爱项目，累计募集爱心善款123.7万元，为无独立居住和学习环境的8～14岁困境儿童家庭建设“希望小屋”120个，捐建枣庄市“希望小屋”50个，开展“希望小屋·牵手关爱”志愿服务158次，“希望小屋”建设任务完成率、环评质量检测达标率、志愿服务结对率、走访抽查满意率、对口支援枣庄帮扶资金到位率均为100%。推进共青团“金晖助老”“牵手关爱”项目，常态化服务困境老人、留守儿童等4万余人次。做实“精准扶贫直通车”项目，深化联系村帮扶及协作扶贫工作成效。

12月16日，中国少年先锋队威海市第七次代表大会召开

（中国共产主义青年团威海市委员会　提供）

【青少年权益保障】 扎实做好预防未成年人违法犯罪工作，开展“彩虹伞”青少年法治自护教育，畅通心理健康辅导热线，引导社会力量为涉罪未成年人、未成年被害人等提供必要的社会服务。加强青少年校外教育阵地建设，做好校外素质教育，培训青少年1800余人。

【团的基层组织建设】 联合市委组织部印发《关于进一步加强新形势下基层党建带团建工作的若干措施》，在72个镇（街道）全部建立青年工作委员会，推动基层团组织工作力量进一步加强，服务对象进一步拓展，团市委“市抓乡镇”工作经验在全省推广。在“两新”组织（新经济组织和新社会组织）党建“百千万提升工程”示范点成立团组织47个，探索“两新”团建新途径。坚持党建带团建、带队建，先后培训各区（市）、镇（街道）团干部200余人次，进一步提升基层团干部工作能力和业务水平。承办全省市、县级少先队总辅导员培训班，举办全市大中队辅导员培训班，培训少先队辅导员300余人次。开展全市少先队辅导员技能大赛，全面提高辅导员队伍的政治素养和履职能力。

（邢　贞）

威海市妇女联合会

【概况】 2020年，威海市有镇（街道）妇女联合会组织72个、专职妇女联合会干部149人，有党政机关、事业单位妇女委员会246个、村（社区）妇女联合会2706个。

【妇联基层组织建设】 市委组织部、市妇女联合会（简称市妇联）联合印发《关于印发〈关于进一步加强党建带妇建工作的意见〉的通知》，以“党建带妇建 妇建服务党建”为主线，广泛聚合妇女力量，指导各区（市）建立妇女小组200余个；深入实施“软弱涣散”村妇联组织建设攻坚突破行动，对市委组织部确定的144个“软弱涣散”村全部督导验收销号；在全省率先印发《关于进一步规范和加强“妇女微家”建设工作的意见（试行）》，明确“妇女微家”建设的标准和要求，年内打造各类妇女微家109处；印发《关于将妇联执委志愿服务纳入“海贝分”信用积分管理的通知》，在全市志愿者管理平台建立“巾帼情”志愿者分站，与信用积分挂钩，更好激励执委发挥作用；举办基层组织成员培训92场，培训1.75万人（次），提升执委履职能力；启动“寻找最美基层妇联人”活动，寻找选树市级典型人物20名，进一步激发基层妇女工作者的工作热情和动力。

【妇女儿童“十三五”规划收官】 11月27日—28日，省妇女儿童发展“十三五”规划终期监测第八评估组对威海市实施山东省妇女儿童发展“两个规划”（《山东省妇女发展“十三五”规划》《山东省儿童发展“十三五”规划》）情况进行终期监测评估。评估组认为威海市妇女儿童工作委员会工作务实扎实，对自我评估及主要目标完成情况的判断与实际情况基本吻合，实施“两个规划”档案资料齐全完备，实地考察的现场真实可靠，反映和代表威海市实施“两个规划”的整体水平。

【“三八”节庆祝活动】 市妇联以“巾帼心向党 奋进新时代”为主题，在《威海日报》集中宣传2019年度获得省级以上表彰的优秀妇女40个，通报表扬“破难行动”优秀集体（个人）70个。选树抗击疫情“最美人物”76名、“最美家庭”75户，在威海电视台、“Hi威海”新闻客户端等媒体上开设《抗疫一线精彩女性》专栏，讲述战疫“她”故事，致敬最美奋斗者。

【“巾帼心向党·奋进新时代”巾帼大宣讲活动】 以“巾帼心向党·奋进新时代”为主题开展“巾帼大宣讲”活动，组建包括10名市级宣讲员和近100名基层宣讲员在内的宣讲队，面向基层开展宣讲活动。2020年，全市开展线上线下巾帼大宣讲活动1224场，覆盖15万人次。

【“精致农家·美丽庭院”创建】 深入推进“精致农家·美丽庭院”创建工作，全市33.02万户农村常住户基本实现创建工作全覆盖，累计建成示范户12.2万户，建成率达37%，示范户创建比率居全省第1位，研发使用美丽庭院数据管理系统，建成美丽庭院方面的省级标准化示范项目。2020年，在全省“美丽庭院示范户创建”考核中，威海市妇联整体工作居全省第1位。

【“巾帼情”志愿服务活动】 以服务妇女儿童需求、服务经济社会发展为导向，打造一批有特色、有力量的“巾帼情”志愿服务队；围绕“党政所需、社会所急、群众所盼、志愿所能”，实施“巾帼情”志愿服务项目70个，开展扶贫济困、社区治理、宣传引领等各类志愿服务活动1019场次，服务7.8万人次。命名表扬环翠区“益”家情等10个“巾帼情”志愿服务项目，推动活动常态化、品牌化。

【“幸福护航”婚姻家庭辅导服务】 深化“幸福护航”婚姻家庭辅导服务，基层婚姻辅导服务站达82处，开展婚姻辅导3239对，辅导率达44.2%，“幸福护航”婚姻家庭辅导服务获评威海市最佳志愿服务项目。在全省率先印发《婚姻家庭辅导志愿者服务规范》地方标准，指导全市各级（类）婚姻家庭辅导中心（站）志愿者规范开展婚姻家庭辅导服务工作。

【乡村振兴巾帼行动】 组织开展乡村振兴巾帼行动，引导、组织、发动约占农村总人口60%的妇女，助力乡村振兴。启动“乡村振兴巾帼行动”系列培训，以“巾帼电商、家政育婴、面点加工、种养技术”为重点培训内容，提升创业就业技能和本领，全年累计开展培训115期，培训7548人次。围绕高质量发展培育典型，培育山东省最美乡村女致富带头人5名、威海市巾帼致富带头人60名。推动开展“大姐农家乐”“大姐民宿”“乡村旅游”等女性特色产业项目，年内打造山东省乡村振兴巾帼示范基地4处、威海市巾帼创业就业基地10处。大力发展“大姐工坊”巾帼居家创业就业项目，带动贫困妇女就业增收，年内新增省级“大姐工坊”6处，近1万名妇女实现就业增收，威海市发展花饽饽特色产业集群的做法得到中华全国妇女联合会充分肯定，威海市巾帼居家扶贫项目带动妇女脱贫增收的做法被中国国际扶贫中心作为典型案例推荐参加全球减贫案例征集活动。创新特色金融服务模式，组织召开“鲁担巾帼贷”银企对接座谈会、“云端”银企对接会，推出“鲁担巾帼贷”“巾帼信用贷”“创业担保贷款”业务，累计为1156家小微企业发放“巾帼贷”3.42亿元。

【儿童友好型城市创建】 市妇联先后赴北京市、四川省成都市学习先进经验，明确儿童友好型城市创建框架体系、基本标准和认证程序，启动制定威海市行动方案；以环翠区为先行区，率先开展儿童友好型社区试点，优选3个社区，设计提供多维度普惠型服务，受到广大居民和儿童的欢迎和好评；在“六一”儿童节、“11·20”世界儿童日，牵头开展助力儿童友好系列主题比赛，参与世界儿童日亮灯活动，营造浓厚创建氛围；赴北京市参加首届中国儿童友好行动主题研讨会，与湖南省长沙市进行儿童友好型城市巡礼交接仪式，2021年将巡礼威海市创建儿童友好型城市的实践经验与优秀成果。

【家家幸福安康工程】 创新开展“精致人家·精简生活”文明家庭创建活动，打造特色小区11个、特色楼宇14栋，命名表扬示范户210户。开展“拒绝餐饮浪费 争做精致人家 共创文明城市”家庭行动主题活动100余场次。广泛选树抗击疫情、绿色发展、孝老爱亲、勤俭持家等类“最美家庭”319户，“好婆婆、好媳妇”等优秀家庭角色334个，6户家庭获得省级以上表彰。以“清风包”发放、书画展等形式，开展“树清廉家风 创最美家庭”活动，举办“培

育良好家风 助力文明城市创建”等好家风好家训巡讲活动270余场次。完成家庭教育“十三五”规划主要目标任务，立足家长学校、妇女儿童家园等阵地，开展各类家庭教育活动1100余场，受益10万余人。

【妇女儿童权益维护】 市人大常委会办公室印发《关于建立威海市法规政策性别平等评估机制的通知》，建立威海市法规政策性别平等评估机制，从源头上有效地维护妇女合法权益。市妇联、检察院联合印发《关于联合开展亲职教育工作的实施意见》，督促、帮助、指导未成年人父母或其他监护人依法履行监护职责。关注妇女儿童重点人群，建立“关注监测、发现报告、联防联动”机制，切实维护妇女儿童合法权益和身心健康。排查出贫困、残疾、留守等重点妇女儿童3447名，并发动1741名妇联执行委员会委员进行分包，及时防范和化解隐患风险，维护社会和谐稳定；争取资金111万元，救助“两癌”（乳腺癌和宫颈癌）贫困妇女181人，实现城乡适龄妇女“两癌”检查全覆盖。

【“社会妈妈”关爱困难儿童】 启动2020年社会妈妈温暖“精致城市·幸福威海”活动，以打造“社会妈妈”长情、常态、长效品牌为目标，选树表扬优秀“社会妈妈”100名，组织发动全市41个市直妇委会、20个集体单位和235名“社会妈妈”对500名困难儿童实施结对帮扶，市女企业家协会和东方福爱心联盟分别出资5万元结对帮扶重庆市云阳县、枣庄市100名困难儿童，助力精准扶贫。年内，1025名“社会妈妈”结对帮扶1240名儿童，募集帮扶资金175.88万元。

【女性创新创业】 市妇联、人力资源和社会保障局、商务局联合举办“中国人寿杯”首届“巾帼创业 圆梦威海”女性创新创业大赛。大赛分为报名、初赛、辅导、决赛4个阶段，征集到女性创新创业项目75个，评选出一等奖项目3个、二等奖项目5个、三等奖项目7个，其中5个优秀创业项目与投资公司、孵化基地和创业园区签订合作意向书。

【巾帼文明岗创建】 紧扣文明建设和岗位建功，开展“争创文明岗 建功新时代”活动，命名2020年威海市“巾帼文明岗”123个。开展“千岗联千户”帮扶活动，落实“四帮”措施（帮思想、帮信息、帮技能、帮生活），全市348个各级巾帼文明岗结对帮扶贫困家庭、贫困户794户。

【妇女儿童活动中心工作】 坚持公益性、普惠性原则，致力于“立德树人，以美育人，以文化人”，努力打造妇女“温馨智慧家园”和儿童“健康成长乐园”。开设6个门类17个专业的儿童文体特长培训项目和7个专业的妇女素质提升培训项目，培训5000余课时、3.5万余人次。举办“书香飘万家 家庭共成长 同创文明城”亲子阅读走进城市书房活动22期、“幸福威海·精致女性”妇女公益活动15期和国学公益培训活动7期，受益妇女儿童1000余人次。积极配合市妇联谋划和开展“儿童友好城市”创建活动，指导3个社区开展儿童友好型社区试点，组织“追寻春天脚步，助力儿童友好”系列主题大赛活动以及“童绘明日梦想 点亮儿童未来”世界儿童日主题活动，协调对接中国儿童中心、联合国儿童基金会儿童保护处、中国社区发展协会儿童友好社区工作委员会，指导“奇遇小螺号”等儿童活动服务机构开展活动，推动威海市儿童友好事业发展。年内，获评全国家庭教育创新实践基地、全国“双有”主题活动优秀组织奖。

（高 瑜）

10月24日，“中国人寿杯”首届“巾帼创业 圆梦威海”女性创新创业大赛颁奖仪式举行 （威海市妇女联合会 提供）

威海市科学技术协会

【概况】 2020年，威海市有市级学会16个，会员6509人；企业科学技术协会71个，高校科学技术协会8个，会员1.77万人。建立老科技工作者协会3个，其中市级1个、县（市、区）级2个。在民政局注册成立的农村专业技术协会有36个，会员3955人。

【全民科学素质工作】 印发《2020年威海市全民科学素质工作要点》《威海市全民科学素质工作领导小组工作规则》和《威海市全民科学素质工作领导小组办公室工作规则》，对市全民科学素质工作领导小组成员进行重新核实、调整。积极争创山东省基层科普行动计划项目9个、山东省科普示范工程项目4个，累计争取奖补资金134万元。

【线上应急科普】 充分发挥“威海科普”智慧电视互动点播平台、科普e

站、数字科普终端、威海市民网《威海科普》专栏、微信公众号、电视台等线上智慧科普平台作用，积极进行新冠肺炎防护宣传。其中，智慧电视上传新冠肺炎应急科普视频270部，点击率超过20万人次；威海市民网《威海科普》专栏和公众号推送应急科普文章227篇，点击率累计4万人次；科协系统网站发布应急科普文章130篇，受众累计达1万人次。积极与威海电视台联系，在《直播威海》栏目播放新冠肺炎应急科普视频1部，《科普大篷车》栏目向市民宣传新冠肺炎预防视频6部，覆盖全市用户。

【品牌科普活动】 广泛开展全国科普日、科技活动周、防灾减灾日、食品安全宣传周、科技卫生三下乡等群众性、社会性品牌科普宣传活动，参与群众达3万余人次，发放各类宣传资料5万余份。全国科普日活动期间，围绕“决胜全面小康，践行科技为民”主题，努力打造“威海主场活动—区（市）特色活动—各地各部门联合行动”3级活动组织架构。开展“多阵地、多领域、广覆盖、齐参与”的系列科普活动，举办“知5G、赢未来”主场活动、线上科普活动、各区（市）特色活动、科普志愿服务联合行动、农村科普联合行动、校园科普联合行动、科普教育基地联合行动、社区科普联合行动等，线上活动覆盖用户达50万户，累计向全国科普日活动平台填报专项科普活动160项，活动成果达1300余项，5个单位、13项活动获评2020年全国科普日活动优秀组织单位和优秀活动。

【云创科普课堂打造】 联合威海海洋智能装备研究中心在电信IPTV点播平台、“威海科普”智慧电视点播平台推出云创科普课堂。课程内容主要围绕青少年航空、航天、航海方面的科技创新、劳动应用等主题展开，以增强青少年居家学习、居家劳动的趣味性成长体验，年内上传课程21期。

【科普信息化平台建设】 加强对“威海科普”网页端、手机客户端、微信公众号等智慧科普平台管护，向市民推送权威科普知识，打造“公众指尖上的科普阵地”，累计推送科普文章1000余篇。在“威海科普”微信公众号增加《科学抗疫》《科学挑战》栏目，组织人员积极参与答题，提高公众科学素质。对“威海科普”智慧电视互动点播平台进行全面改造升级，提升其功能性和服务性，至年底累计上传视频节目1320部，点击量超过30万人次。

【科普教育基地建设】 依托具有特定科学技术教育、传播及普及功能的场馆、设施或场所，整合利用社会科普资源，加大科普教育基地创建力度，2020年认定山东省科普教育基地11处、市级科普教育基地15处，2019年认定的17处山东省科普教育基地全部复检合格，获评山东省基层科普行动计划优秀科普教育基地项目2个、山东省科普示范工程示范基地项目2个，为基层争取奖补资金20万元。

【社区科普设施建设】 围绕智慧生活、康养保健、虚拟现实、益智教育等主题，新建社区科普体验馆4处，满足居民多样化科普需求，至年底，全市建成31处。

以基层综合性文化服务中心为阵地，新建威海科普乡村e站和威海科普社区e站22处，方便公众通过自助查询、点播等形式自主选择科普资源进行学习。

【科普惠农示范工程实施】 扶持和发展农村专业技术协会5个、农村科普示范基地10个、农村科普带头人10名，建设科普惠农服务站9处。获评山东省基层科普行动计划优秀农技协项目3个，为基层争取奖补资金15万元。聘请青岛农业大学教授为技术顾问，采用合同化管理方式，在全市选择9个果园作为主要服务对象，实行“专家+果农”的“一对一”精准服务，服务总面积达847公顷。在威海电视台开设“春耕春管抗疫”农技大讲堂，成立“田野新公社”专家服务微信群，进行线上技术传播和问答，累计举办农技大讲堂25期，线上答疑150次。举办农村实用技术培训班，组织农业专家开展实用技术培训及指导150场次。

8月12日，第二十二届中国科协年会海洋智能装备及智慧海洋论坛（威海）启幕仪式举行（威海市科学技术协会 提供）

【“科普示范镇、村、社区”创建】 积极开展“科普示范镇、村、社区”创建活动，评选环翠区张村镇等6个镇为2020年度威海市科普示范镇，文登区高村镇虎山村等19个村为2020年度威海市优秀科普示范村，荣成市崖头街道青山社区等9个社区为2020年度威海市优秀科普示范社区。全市获评山东省基层科普行动计划优秀科普示范社区项目4个，获评山东省科普示范工程示范县（区）、科普团队等项目2个，争取奖补资金99万元。

【科普知识讲座及学术交流】 依托市科普志愿者协会，组织专家深入社区、学校、企业举办健康保健、安全急救、心理疏导、食品安全等健康科普知识讲座100余场次。举办威海科学大讲堂活动，邀请专家围绕“浅谈中医的正气观”“人工智能与5G”等主题开展专题讲座4期。全市各级科协组织举办各类学术活动200余场次，参会1.5万余人次。组织开展第七届威海市青年科技奖评选活动，评选青年科技工作者15名。

【科普校园行活动】 先后组织驻威海高校教授深入威海市望海园中学等学校，为中小学生举办人工智能、天文科普等科普讲座20场次。全国科普日活动期间，全市28处省级科普教育基地接待中小学生5万余人次。组织开展2020年威海市科普报告百校行活动，依托山东省青少年科普专家团，围绕科技创新、环境保护、信息技术、心理卫生、文明礼仪等方面开展线上公益性讲座185场。

【第二十二届中国科协年会海洋智能装备及智慧海洋论坛（威海）】 8月12日举办，5位两院院士及专家学者共70余人参加。论坛以“智能引领、海科发展、创智威海”为主题，着眼威海远遥浅海科技湾区创新发展，立足海洋科学试验支撑、智慧海洋平台建设、海洋技术创新协同、智能装备产业引领、人才资源汇聚等，推进以湾区为支撑的威海市海洋科技高地打造和智能产业发展。论坛期间，促成合作项目4个，达成合作意向2项，院士专家作专题报告9场，并参观考察远遥浅海科技湾区、威海拓展纤维有限公司等地。

【“知5G赢未来”主题科普展】 8月23日—29日举办。展览围绕5G智慧网络、5G应用创新等方面开展科普教育活动，向观众展示5G技术高速率、低时延、广连接的主要特性，加强公众对5G技术知识的理解与运用。该项活动被中国科学技术协会评为2020年全国科普日优秀活动。

【青少年科技创新大赛】 市科学技术协会、教育局、科技局、团市委共同组织举办2020年度威海市青少年科技创新大赛，评选出获奖作品497项，其中一等奖97项、二等奖174项、三等奖226项。推荐优秀作品参加第35届山东省青少年科技创新大赛，有97项作品获奖，其中一等奖51项、二等奖26项、三等奖20项，10项作品被推荐参加第35届全国青少年科技创新大赛。1项作品获得山东大学科技创新未来之星奖，威海市科技馆获得第35届山东省青少年科技创新大赛优秀组织奖。

（王燕霞）

威海市文学艺术界联合会

【概述】 2020年，威海市文学艺术联合会（简称市文联）带领全市文学艺术工作者，围绕中心工作，投入到新冠肺炎疫情防控和其他精品文艺创作中，精心组织文艺活动，创作出一批文艺精品。完成建设文学艺术创作基地12个、文学艺术交流展览基地5个，全市“两基地一平台”（文学艺术创作基地、文学艺术交流展览基地和文学艺术交流合作出版平台）数量达63个，通过“威海市文联”微信公众号推送活动信息91期、文艺精品46期。市文联获评省级文明单位、山东省文联系统先进集体。

【文艺成果】 全市出版文学艺术类书籍、歌曲专辑、影视作品60余部。水墨插画书籍《顾爷爷讲中国民间故事》获得中国民间文艺最高奖“山花奖”。全市有131人次181幅摄影作品入选或在全国大奖赛上获奖。在2020第十二届中国（山东）工艺美术博览会，威海市代表队获得15个金奖、5个银奖。在第十三届山东国际大众艺术节暨山东省第八届戏剧红梅大赛上，威海市选手获得5个一等奖。诗歌《幸福都是奋斗出来的》获得山东省作家协会“聚焦八大发展战略助力九大改革攻坚行动”主题征文一等奖，小说集《温凉的时光刀》被中国作家协会列为“新世纪作家文丛”第八辑出版。歌曲《全民抗疫》《儿女情长》《口罩后面的美》获得山东省抗击疫情公益宣传优秀作品一等奖。纪录片《大洋深处钓鱿人》入选第33届中国电影金鸡奖提名名单。

【主题文艺活动】 连续举办46届环翠区5·23歌咏会，主办2020年中国威海合唱节暨环翠区第47届歌咏会，打造具有国际影响力的独特文艺品牌。举办中国美术家协会“送欢乐下基层”赴威海“红色印记”采风写生活动、“草原与海”鄂尔多斯—威海艺术交流活动、山东省第三届农民戏剧展演月威海分区演出活动。组织举办书法、美术、摄影等方面的展览活动，助力开创“精致城市·幸福威海”全新局面，先后举办“战疫记忆——威海市漫画家协会抗疫漫画作品展”“众志成城、抗击疫情——威海市书法作品展”“精致城市·幸福威海——威海市优秀摄影作品展”和威海市抗疫主题美术作品展等，125幅书法作品、100余幅摄影作品全部捐赠威海市档案馆。市委宣传部、市文联等联合主办威海市庆祝新中国成立71周年暨中秋文艺晚会。年内，市文联主办“不忘乡愁——周韶华画展”“空谷藏风·精致威海——中国画名家学术邀请展”“我和我的祖国——中原书画名家邀请展”“两岸情深——威台书画家邀请展”等展览活动120余场次。

【文艺志愿者服务】 以各文艺家协会为基础，建立新时代文明实践文艺志愿服务队分队12支并举行授旗仪式。市书法家协会举办“我们的中国梦——书法艺术走进千家万户”活动，赠送书法作品2000余幅；市京剧协会开展2020威海市京剧广场演出活动，演出500余场；市曲艺家协会举办“传统艺术（曲艺）四进”活动，市戏剧家协会举办“文化惠民、送戏下乡”活动，均完成专场演出10场以上；市摄影家协会分队多批次进行红色题材、乡村振兴题材采风创作。年内，市文联获评全市最佳志愿服务组织。

【《威海文艺》】 落实党管媒体的原则，把好文艺宣传和意识形态的导向，重点突出威海本土作家文学原创作品的编辑推介，加强市文联及协会举办的文艺活动的宣传刊发。增设《名家新作》《文坛新锐》等栏目，重点推介威海市籍有成就的作家、艺术家及本土文学新人，完善《文学原创》《海岬诗会》《艺坛追踪》等重要栏目版块的设置。全年出版《威海文艺》6期，编辑各类文学艺术作品近100万字，编印2020年《威海文艺》合订本。编辑出版《“众志成城 抗击疫情”威海文联在行动》作品专辑。

（史怀宝）

中国国际贸易促进委员会威海市委员会

【概况】 2020年，中国国际贸易促进委员会威海市委员会（简称市贸促会）全力推进“重点工作攻坚突破年”和干部作风大改进行动，以群团组织改革为契机，坚定落实全面从严治党主体责任，统筹推进常态化疫情防控和贸促业务发展，大力实施城市国际化战略，为建设“精致城市·幸福威海”做出积极贡献。

【商事法律服务优化】 着力做好原产地证签发工作，全面开通企业端自主打印功能，企业足不出户即可随时出证。进一步优化营商环境，将商事认证等3项政务服务事项纳入市政务服务中心大厅集中办理，实现“一窗受理，一次办好”。落实惠企政策，主动降低代办领事认证服务费收取标准，下降幅度达44.4%。做好签发自贸协定优惠出口商品原产地证书及非优惠证书服务工作，全年签发原产地证7.1万份，其中签发优惠原产地认证数量6.06万份。

【“云上平台”搭建】 充分利用复工复产贸促平台，组织“对话山东——日本·山东产业合作交流会”威海分会场活动，200余家企业参加活动。组织泰国山东总商会威海分会、迪尚集团有限公司等30余家企业（单位）参加泰国投资环境线上研讨会，推动全市外贸企业拓展国际市场。组织企业参加优化营商环境线上政企对话会（山东专场）等8次活动，推荐50家企业入驻山东智慧贸促服务平台和“新动能·青岛展览洽谈会”网上展会，帮助企业扩大宣传，拓展市场。与中国出口信用保险公司开展合作，将在政策咨询培训、贸易风险预警、海外资信调查、涉外法律服务等方面开展无缝对接，帮助企业降低出口风险。

【会展行业转型提升】 发挥会展奖励资金引导作用，对2019年度6项会展活动给予奖励。研究起草“十四五”会展业规划纲要，结合新冠肺炎疫情防控常态化形势，引导有条件的主办单位举办线上线下会展活动。制定《威海市“会议大使”选聘工作实施办法》，确定威海会议大使9名并举行聘任仪式。成立威海市会展行业协会，选举协会领导机构，通过整合会展资源，加强行业自律，促进威海会展业高质量发展。适应威海户外休闲产业快速发展的需求，举办2020中国威海国际户外休闲产业博览会、第十三届中国威海国际渔具博览会。为解决受新冠肺炎疫情影响国外采购商不能线下采购的问题，创新对接洽谈方式，开通海外线上展会平台，实行国际采购商与参展商“一对一”连线洽谈，拓展线上展示空间，探索会展活动新模式。

11月21日，第十三届中国威海国际渔具博览会现场　　（孙大伟　摄）

【交流合作促进增强】 推动资源互补的会员企业开展本地化合作，促成威海科尼利合环保科技有限公司与威海威派建材有限公司签署战略框架协议，实现产业链前后端高效配套衔接。加强与国外商协会组织联络。与韩国仁川市、华城市等地商工会议所沟通联系，分享抗疫经验，提供支持与帮助。邀请韩国庆尚南道政府山东代表处、韩国岭湖南（政府）中国通商事务所、韩中城市发展联盟中国代表处等到访威海市，推动双方会员企业高效对接。举办短视频直播营销推广公益培训，帮助企业及时把握新兴传播媒介带来的发展机会，有210余家企业240余人参加培训。组织企业参展考察，先后组织企业参加企业经营管理学习交流活动、第三届跨境电商节暨第五届深圳国际跨境电商贸易博览会、第四届中国服务贸易标准化论坛、第三届中国国际进口博览会。

（邹清晓）

威海市残疾人联合会

【概况】 2020年，威海市残疾人联合会加快推进落实《威海市残疾人事业发展“十三五”规划》，开展残疾人脱贫攻坚、民生保障和机构改革等重点工作，顺利完成各项目标任务。

【脱贫攻坚】 聚焦建档立卡贫困残疾人，集中力量在家庭无障碍改造、残疾人证办理、辅助器具适配、家庭增收和特殊困难解决5个方面破解难题，实现全市7496名残疾人脱贫。组织基层党组织结对帮扶1000户建档立卡残疾人家庭，开发适合各自特点的生产项目，增加收入、稳定脱贫；创建残疾人就业创业基地9处，安置贫困残疾人就业139人，促进残疾人家庭增收；完成4661户建档立卡残疾人家庭实施无障碍项目改造，解决残疾人基本生活问题；对1835名残疾人给予精神疾病服药和住院治疗救助；对全市336名建档立卡贫困残疾人家庭进行生活救助。

【民生保障】 做好“保基本民生”工作，实施重度残疾人参加居民养老保险补贴政策，全市1.85万人参加职工养老保险，比上年增加570人，4.07万人参加居民养老保险，增加4825人，残疾人养老保险参保率达96.1%；实施重度残疾人参加居民医疗保险补贴政策，全市1.76万人参加职工医疗保险，增加6897人，4.47万人参加居民医疗保险，减少2862人，残疾人医疗保险参保率达99.13%；实施困难残疾人生活补贴和重度残疾人护理补贴政策，困难重度残疾人生活补贴由每人每月100元提高到每人每月最高140元，惠及全市9277名低保重度残疾人，增加2493人。重度残疾人护理补贴由每人每月80元提高到每人每月最高135元，惠及全市2.71万名重度残疾人，增加3355人；全市享受社会福利补贴人数达3.27万人，占残疾人总数52.33%，增加2.9个百分点；实施靠家供养的重度残疾人纳入最低生活保障范围政策，全市9113名残疾人享受最低生活保障，增加2117人；全市3388名残疾人享受特困供养政策，增加235人；全市3.2万名残疾人享受医疗救助政策，增加4605人；全市享受社会救助的残疾人达3.48万人，占残疾人总数55.37%，增加1.2个百分点。

【残疾康复】 全面推进残疾人康复服务工作，年内为4.32万名残疾人提供基本康复服务，有康复需求的残疾人康复服务率达99.97%以上。完成市残疾人康复中心改建工程，中心建筑面积1.2万平方米，有床位200张，与市中心医院协作开展康复治疗、康复训练服务。打造儿童康复品牌，建成各类残疾儿童定点康复机构18处，为627名残疾儿童提供康复救助，有康复需求残疾儿童康复服务率达100%。创建使用残疾人基本型辅助器具综合服务平台，收录3个残疾类别、8个辅具类别、70个辅具种类累计408件辅具信息，为2896名残疾人发放辅具。创建脊髓损伤者“希望之家”，为15名脊髓损伤残疾人提供精准康复服务。开展残疾人康复救助项目，为1100名符合条件的白内障患者进行复明手术救助；实施精神残疾人医疗救助项目，为1835名精神残疾人提供服药救助、住院救助。

【特殊教育】 多部门联合开展残疾人义务教育“控辍保学”工作，采取在普通学校、特殊教育学校、儿童福利机构和康复机构接收教育、送教上门或远程教育4种方式，确保残疾儿童少年接受义务教育，适龄残疾儿童少年在普通学校接受小学教育428名、初中教育311名，在特殊教育学校接受小学教育109名、初中教育95名，在康复机构接受教育627名，计1570名，义务教育率达100%。继续开展残疾人大学生及困难残疾人家庭子女大学生助学活动，救助残疾人大学生17人。2020年，威海市残疾人受教育程度为：研究生学历17人，本科学历363人，专科学历692人，高中（含中专）学历4969人，初中学历2.29万人，小学学历2.48万人。

【就业帮扶】 做好“稳就业”工作，多部门联合制定职业培训、职业技能提升行动、完善残疾人就业保障金制度等方面的政策文件，联合开展残疾人就业援助月活动，组织残疾人就业技能、农村实用技术培训23期，举办线上线下残疾人用工招聘会11期，全市残疾人就业人数达1.1万人，比上年新增1261人。其中，企业集中安置残疾人就业1469人，占残疾人就业人数的13.35%。拓展残疾人辅助性就业模式，给予符合条件的残疾人辅助性就业机构5万～10万元扶持资金的政策，对安置智力、精神残疾人的辅助性就业机构每年按人再给予2000元的补贴，培育创建残疾人辅助性就业基地2处，安置22名智力、精神残疾人。开展残疾人参与非物质文化遗产保护试点

4月21日，市残疾人联合会组织人员到威海宥家制衣有限公司生产车间考察

（威海市残疾人联合会　提供）

工作，创建残疾人非物质文化遗产传承培训基地1处，涵盖非物质文化遗产项目10余种，25名残疾人参加项目培训。

【权益维护】 积极解决残疾人反映的问题，及时受理12345政务服务热线和其他途径转办的残疾人诉求事项145件，办结率达100%，满意率达97.67%。为全市7496名建档立卡残疾人家庭进行改造坡道、配备坐便椅、增加辅助洗浴设施等无障碍改造4661户，占建档立卡残疾人62.18%。主动办理残疾人证，对全市2.4万余户建档立卡贫困户进行摸底排查，采取集中办证、上门办证等方式，新增办理残疾人证件1140个，推进新办证残疾人享受各项优惠政策落实到位。

【社会助残】 引导志愿助残组织参与服务，成立社会组织孵化园，培育以威海市长城爱心大本营为代表的社会公益组织22家，常态化开展助残服务。创建“山东省‘一带一路’残疾人文化艺术品交流中心”服务品牌，汇聚全省各地残疾人文化艺术作品，开展线上线下交流，并进行项目孵化和网上销售，残疾人文创作品年均销售额达32万元。创建“爱援祥网上公益商城”服务品牌，助残志愿者商家发展到103家，爱心公益基金累计45万元，救助困难残疾人450位，残疾人可无偿注册使用爱援祥网上公益商城销售其文创作品、农副产品等，40位残疾人实现销售收入15万元。创建“石磨艾坊”服务品牌，吸纳23名残疾人从事石磨艾绒工艺品制作。创建“威高光明行动”助残品牌，威海威高国际医疗投资控股有限公司连续16年开展威高光明行动，累计捐款2864.1万元，帮助1.93万名白内障患者复明。年内，中央电视台先后9次报道威海市社会公益组织助残活动。

（梁幸幸）

5月29日，市红十字会向威海市胸科医院捐赠负压救护车1辆

（威海市红十字会　提供）

威海市红十字会

【概况】 2020年，威海市红十字会扎实开展以“三救三献”（应急救援、人道救助、应急救护，献血、造血干细胞捐献、人体器官捐献）为核心的业务工作，获评2020年度全省红十字会系统考核先进单位、全省红十字会系统宣传传播工作先进单位和全省造血干细胞捐献工作先进集体。

【社会救助】 组织开展2020年博爱送温暖活动，向部分困难群体发放帮扶款物价值39.7万元。投入帮扶资金4万元，用于帮助乳山市诸往镇王家庄村实施路面硬化工程建设。向青海省门源回族自治县红十字会拨付帮扶款10万元，用于资助贫困学生和孤儿，向该县麻莲乡寄宿制小学拨付总价值4.95万元的救助物资。威海威高国际医疗投资控股有限公司向重庆市云阳县捐款16万元，帮助清水土家族乡卫生院购置救护车1辆。组织举办全市养老服务护理员骨干培训班。年内，累计向村、敬老院拨付物资总价值19.46万元。

【备灾救灾】 与家家悦集团股份有限公司签订价值10万元的备灾救灾物资采购协议。组织红十字应急救护志愿服务队、红十字威帜救援队和红十字蓝天志愿救援队参加威海市汛期水上综合演练活动，模拟演练道路清障、伤员救护和转运、水上搜索和打捞等科目，提升应对灾害事件的应急处置能力。

【应急救护培训】 深入开展应急救护培训“五进”（进学校、进机关、进企业、进社区、进农村）活动，培训救护员1300余名。建设集红十字文化宣传、急救培训、防灾避险互动体验、专业技能实训为一体的红十字生命健康安全体验馆，该馆面积257平方米，设有互动体验、养老育婴等教学功能区6个和心肺复苏、创伤急救等教学模块10个。指导乳山市、文登区在2处学校建设省级应急救护培训基地。

【造血干细胞和遗体、器官捐献】 2020年，全市采集血样301份，志愿者入库资料累计达1.35万人份，实现造血干细胞捐献5例，累计实现捐献83例。投资拍摄的造血干细胞主题宣传片《我愿意》在网络平台播出后，社会反响良好。年内，实现遗体捐献2例、角膜捐献2例、器官捐献1例。

【志愿服务】 投入资金14.98万元，扶持开展红十字志愿服务项目8个。在全市宣传推选学雷锋志愿服务先进典型活动中，红十字会系统3人获评最美志愿者、1个组织获评最佳志愿服务组织、3个项目获评最佳志愿服务项目。

（苗延颂）

编辑　闫拥军

法　　治

人大立法

【概况】 2020年，威海市人民代表大会常务委员会紧扣全市经济社会发展需要，坚持质量与效率并重、立法与实施并举，不断完善立法工作机制，推进重点领域立法和执法检查，以良法推动发展、保障善治。威海市地方立法工作经验做法在中国法学会立法学研究会2020年学术年会上进行交流。

【重点领域立法推进】 开展《威海市精致城市建设条例（草案）》调研、修改和研究论证工作。先后多次到各区（市）实地调研，现场查看精致社区、城市公园等精致城市建设有关情况。召开立法座谈会30余次，现场听取各区（市）政府及有关部门、公共服务企业等对条例草案的意见和建议，广泛征求社会各界意见，征集相关意见和建议300余条。召开立法研讨会，邀请15位上级部门负责人和知名专家学者对条例草案进行专题研讨，对条例草案进行修改和完善，提高立法质量。8月31日，《威海市精致城市建设条例（草案表决稿）》经市十七届人大常委会第二十七次会议表决通过；9月25日，经山东省人民代表大会十三届人大常委会第二十三次会议审查批准，条例自2020年11月1日起施行。开展《威海市山体保护条例（草案）》立法调研活动8次，现场查看山体的保护、修复、利用、管理等情况。召开立法座谈会7次，公开征求各界意见。赴四川省广元市等地市学习考察山体保护立法的先进经验。10月29日，《威海市山体保护条例（草案表决稿）》经市十七届人大常委会第二十八次会议表决通过，并按程序向省人大常委会报请批准。

【地方性法规新闻发布会】 2020年，全市先后召开《威海市危险废物管理办法》《威海市精致城市建设条例》《威海市山体保护条例》新闻发布会。发布会对新施行的办法和条例的立法背景、过程和主要内容进行通报，介绍贯彻落实措施，并分别回答记者的提问。

【地方性法规修改完善】 修改完善《威海市城市风貌保护条例》《威海市居民养老服务保障条例》《威海市节约用水条例》《威海市饮用水水源地保护条例》《威海市海岸带保护条例》5部地方性法规，并按程序向省人大常委会报请批准。1月15日，《威海市人民代表大会常务委员会关于修改〈威海市城市风貌保护条例〉等五件地方性法规的决定》经省十三届人民代表大会常务委员会第十六次会议批准。

【规范性文件备案审查】 落实常委会每年听取备案审查工作报告制度，认真做好规范性文件、规章备案审查工作，深入开展野生动物保护地方性法规等规范性文件清理，起草《关于做好野生动物保护地方性法规等规范性文件清理工作情况的报告》等文件，备案审查规范性文件13件、政府规章2部。

（于云龙）

政法委及综治

【概况】 2020年，全市政法系统抓安全护稳定，抓改革求创新，抓作风促落实，为经济社会持续健康发展提供强有力的政法保障，整体工作经验被《长安》杂志刊发推广。深化“六治一网”[政治（党建）、自治、法治、德治、智治、信治和网格化服务管理]市域社会治理模式，以全省第1名的成绩获批首批全国市域社会治理现代化试点市，工作做法在全省市域社会治理现代化试点工作调度视频会上作典型交流，经验做法被《法治日报》头版头条推广。在全省率先成立平安建设领导小组，市委书记、市长担任“双组长”，下设专项工作组10个。诉源治理在全省率先实现一审民商事收案量、诉讼案件总量和增幅“三下降”目标。年内，完成全国两会和中共十九届五中全会安保维稳任务，完成新型冠状病毒肺炎疫情期间担负的职责任务，全市10处监管场所未发生感染或核酸检测呈阳性情况。深化政法领域改革，相关做法得到中央政法委督察组肯定。加大涉法涉诉信访积案化解力度，5年以上积案全部化解。在全省率先开展政法系统纪律作风专项教育整治活动，深入开展干部作风大改进行动。威海市中级人民法院刑事审判一厅获评全国法院先进集体；威海市人民检察院“百灵”未成年人检察工作室作为全国检察系统唯一代表在全国两会五地联动卫星直播报道中，接受新华社视频采访；威海市公安局第4

10 月 21 日，威海市扫黑除恶专项斗争领导小组全体会议暨全市扫黑除恶专项斗争推进会召开　（中共威海市委政法委员会　提供）

次获评全国公安机关执法示范单位，是全国唯一获得“四连冠”的地级市公安机关；威海市司法局获评全国行政立法先进单位。

【平安威海建设】　严密防范、坚决打击敌对势力的捣乱破坏活动，维护国家政治安全。加强社会治安防控体系建设，对各类隐患进行集中整治，群众安全感满意度名列全省前茅。健全完善平安建设协调机制，市县两级成立由党政主要领导任组长的平安建设领导小组，72 个镇（街道）全部建立协调机制，实现职能设置和工作指挥上下贯通、部门联动。深化扫黑除恶专项斗争，创新推行“查、打、判、治、督、评”工作法，深入开展“六清”（线索清仓、逃犯清零、案件清结、伞网清除、黑财清底、行业清源）行动，围绕 14 个重点行业领域开展集中整治，取得阶段性成效。2020 年，全市打掉黑社会性质组织 2 个、恶势力犯罪集团 6 个、恶势力团伙 3 个，破获刑事案件 469 起，刑拘犯罪嫌疑人 98 名，查扣涉案资产 2.1 亿元，认定涉黑涉恶提起公诉案件 14 件 62 人。全市监控摄像头总量突破 30.6 万个，农村地区监控摄像头总量达 3.8 万个，“技防村”建设完成比例 100%。推进政务警务航空一体化建设，在全省比武竞赛中列第 1 位。开展铁路沿线环境综合治理，创新推行“3 + 3 + 3”护路联防工作模式。深入推进“禁毒人民战争”“净网 2020”等专项行动，严打“盗抢骗”“黄赌毒”等违法犯罪活动，加大对重点地区排查整治力度，全市治安案件比上年下降 21.6%，伤害、绑架、抢劫、毒品犯罪分别下降 44%、50%、31.3%、17%。

【市域社会治理】　坚持和发展新时代“枫桥经验”，完善“六治一网”市域社会治理模式，提升社会治理效能。对全国试点指引逐项进行分解，开展 3 轮自查评估，实施项目化管理、时效化推进，组织召开现场推进会 2 次，观摩现场 13 个、推广典型经验 47 个。按照机构设置、网格划分、队伍配备、信息系统、管理制度“五个规范统一”标准，重新划分网格 5130 个，配备专职网格员 1973 名、兼职网格员 3187 名、专业和辅助力量人员 25 万余名，研发建成网格服务管理信息系统，提升网格化服务管理效能。2020 年，全市处置各类网格事件 23.9 万件。开展涉疫矛盾风险排查化解专项行动，集中解决各类突出矛盾问题 1258 件。规范运行三级矛盾调解中心、四级人民调解机构，健全完善重点行业调解组织 23 个，成功化解各类矛盾纠纷 3.2 万件，其中诉前成功调解 1.4 万件，未进入诉讼程序纠纷 6500 件。物业领域矛盾化解成效显著，案件增速从 93.5% 下降至 1%。

【法治威海建设】　将法治教育与实践相结合，为全市经济持续健康发展提供法治保障。深化政法机关大走访、经营风险提示、重点企业和重点项目跟踪服务四项机制，开展“双百”企业走访调研，帮助解决涉企问题近 1000 个，提供法律建议 2200 余条。依法协调处置大要案 89 件次，盘活存量资产 21.5 亿元。严格落实“谁执法谁普法”责任制，常态化组织开展百名法学家百场报告会和青年普法志愿者法治文化基层行活动，举办《中华人民共和国民法典》专题报告会，提高干部群众的法治素养。加快法学会规范化建设，确定 8 个领域成立直属研究会，其中企业合规研究会是全省首家。开展法治政府建设示范创建活动，威海市环翠区被评为全省首批法治政府建设示范区，威海市政务诚信和信用体系建设及乳山市人民调解“六字工作法”

11 月 11 日，全市市域社会治理现代化工作现场推进会召开　（刘志鹏　摄）

被评为首批示范项目。各政法领域改革工作成效显著。司法辅助事务外包工作模式被最高人民法院确定为司法改革典型案例，“威海微警务”平台实现24小时便民服务，辅警改革事项被确定为全省唯一示范点，其经验做法被公安部宣传推广。“1＋425”行政复议工作经验获得司法部认可，行政机关负责人出庭应诉率达99%。

【政法队伍建设】 以革命化、正规化、专业化、职业化为方向，狠抓政治建警、素质强警、从严治警，提升政法队伍建设。全面落实政法领导干部政治学习、政法干警政治轮训等制度，在全市政法系统开设中共中央总书记习近平关于政法工作的重要论述大学习大讨论活动等网上学习课程，加强政法干警思想政治建设。开展纪律作风专项教育整治，全市政法系统开展学习研讨550余次，面向“两代表一委员”发放调查问卷900份，查找整改问题580余项。印发《关于在全市政法系统开展纪律作风专项整顿的实施方案》，编印《楷模·威海市政法干警先进典型事迹风采录》《警鉴·威海市政法干警违纪违法案件警示录》，通过正反典型教育，提升教育整治效果。强化政法舆论宣传引导，依托“长安威海”政法新媒体矩阵，持续推送疫情防控、便民利企等相关信息，开展2020年度政法人物等系列主题宣传，“长安威海”新媒体平台获评年度中国优秀政法新媒体。

（张 昱）

法治政府建设

【概况】 2020年，威海市司法局加快推进全面依法治市和法治政府建设，扎实开展优化法治环境攻坚突破行动，助力“六治一网”市域社会治理创新，推进全面依法治市，司法行政工作取得新进展新成效。威海市获评法治政府建设优秀城市，威海市司法局获评山东省司法行政系统先进集体。

4月16日，全市优化法治环境攻坚突破动员会暨市委全面依法治市委员会办公室第二次会议召开 （威海市司法局 提供）

【依法治市】 发挥议事协调机构作用，优化委员会各协调小组和委员会办公室人员组成，明确推进法治建设职责任务清单。召开市委全面依法治市委员会会议2次、委员会办公室会议4次，各协调小组分别召开多次会议。健全完善运行机制，印发《市委全面依法治市联络员工作制度》《市委全面依法治市委员会和委员会办公室会议议题收集申报制度》，提升依法治市工作规范化水平。印发《关于建立有关运行管理制度的通知》，通过建立制度提升工作质效。召开全市优化法治环境攻坚突破动员会，推出5个方面18项具体举措，优化法治化营商环境。印发《关于贯彻落实〈中共山东省委全面依法治省委员会关于依法防控新型冠状病毒感染肺炎疫情 切实保障人民群众生命健康安全的实施意见〉的通知》，为依法有序推进疫情防控提供法治保障。建立领导干部特别是党政主要负责人年度考核述法制度和向委员会述法制度，开展党政主要负责人履行推进法治建设第一责任人职责暨法治政府建设全面督察。

【法治政府示范创建】 完成省级法治政府建设示范创建候选县（市、区）和项目复核工作，环翠区被评为全省首批法治政府建设示范区，威海市政务诚信和信用体系建设及乳山市人民调解“六字工作法”被评为首批示范项目。《法治日报》头版头条以《把法律送到群众指尖 把权力关进制度“笼子”——探寻“精致城市·幸福威海”的法治密码》为题，对威海市法治建设先进经验进行推广。

【行政立法】 从立法层面引领推动精致城市建设，参与制定全国首部精致城市建设地方性法规《威海市精致城市建设条例》，相关经验做法被《法治日报》《大众日报》等10余家媒体报道。市政府印发《威海市物业管理办法》《威海市行政执法监督办法》等4部政府规章，向威海市人民代表大会常委会提交《威海市山体保护条例（草案）》《威海市城市国际化促进条例（草案）》2部地方性法规议案。威海市司法局立法科获评全国法治政府建设工作先进单位。

【行政执法监督】 打造“一法两规一倡议”行政执法监督制度体系，印发《威海市行政执法监督办法》，制定音像记录、重大执法决定法制审核等规定，向全市8000余名执法人员发出文明执法倡议书。全市各级执法部门组织开展重大执法决定法制审核1.19万次，认领并公示“首违不罚”“首违轻罚”清单263项，减免处罚金额971.6万元。公布清理取消的证明事项67项，全面推行简证便民工作。全年检查执法部门33个，组织开展行政执法案卷评查4次，专项监督检查8次，印发执法监督意见书、反馈函、通报等20余份，提升全市行政执法规范化水平。

【备案审查及合同管理】 市政府印发《威海市行政规范性文件管理办法》和《威海市重大行政决策程序规定》，向省政府和威海市人大常委会报送备案市政府规范性文件13件，收到各区（市）政府和市直部门报送备案的规范性文件65件，规范性文件报备及时率和规范率均为100%。市司法局印发《合同管理工作规定》，优化合同内部审批流程，促进合同管理质量和效率同步提升，年内审查市级机关事业单位合同4296件，其中市政府合同21件，合同总金额超过350亿元。开展行政规范性文件专项清理整治行动，清理各类文件4.40万件，保留4.34万件，修改30件，废止79件，宣布失效509件；清理涉及《中华人民共和国民法典》的规章和行政规范性文件752件，保留615件，修改14件，废止103件，宣布失效20件。

【行政复议应诉】 全面推行“1＋425”行政复议工作体系，充分发挥行政复议作为化解行政争议的主渠道作用，威海市行政复议工作呈现出高受案率、高纠错率、低诉讼率、低败诉率“两高两低”的改革成效，工作经验被司法部转发推广，并入选法治影响中国典范案例。全年市本级受理复议156件，行政复议综合纠错率达60.3%，直接纠错率达19.7%。办理涉及市政府的行政应诉案件32件，负责人出庭应诉率99%，涉企行政案件机关负责人出庭应诉率100%。

（孙荟萃）

公　安

【概况】 2020年，全市公安机关8项工作被山东省公安厅评为优秀等次，获得省级以上领导批示肯定11次。威海市公安局在山东省公安厅综合评价考核、市级机关督查考核中排名第1位，获评全省优秀市级公安局、全省抗击新冠肺炎疫情先进集体。在山东省委组织的全省群众满意度调查中，威海社会治安满意度蝉联全省第1名，群众安全感和满意度连续10年排名全省前列。

（张长春）

8月20日，民警进行船舶检查并发放宣传资料　（威海市公安局　提供）

【公安改革深化】 常态化落实“第一议题”制度，严格落实党委重大事项请示报告和专项督办制度，稳妥推进撤县设区公安机关管理体制调整、公安边防部队改革转隶、两个职级序列改革和事业编机构改革，环翠区、文登区、荣成市、乳山市公安局局长全部由同级政府副区长（副市长）兼任，完成海岸警察支队转改干部职级套改、领导职务理顺，干部提拔重用、调整和职级晋升等工作。

（李恩涛）

【打防管控】 坚决捍卫政治安全。坚决维护社会稳定，刑事和治安警情比上年分别下降11.2%和23.4%，日均刑事警情保持在个位数。在全省率先完成涉黑恶“线索清零”目标任务，专项打击整治战果显著，破获“3·23”特大虚开机动车专用发票案件，公安部和山东省公安厅发贺电表扬。打击防范电信网络诈骗，11起涉网案件获评全省典型案例。涉公安信访问题处结率达100%、积案化解率达98.6%，市公安局被评为山东省信访工作先进集体。坚决筑牢监管防线，做好交通管理、停车治理、烟花爆竹、养犬管理等工作，交通事故全口径死亡人数下降9.1%，威海市获评全省“平安行·你我他”行动先进市。连续2年实现烟花爆竹“零燃放”。办理犬证1.4万张，收容流浪犬5547只，处罚违规行为2270起。海岸管理划线模式在全省推广，国家边海防研究中心党政军警民合力强边固防研讨活动在威海市举行。留置看护实现安全风险“零发生”，在“两所两队两无一零”（派出所、看守所、刑警队、交警队，无违规违纪、无督察突出问题，零通报制度）专项督察活动中排名第1位。

（王　禹）

【基层基础建设】 强化品牌建设体系，完成重点攻坚任务95项。全市20人以上城区派出所全部建成“一室两队”（综合指挥室、社区警务队和案件管理队），派出所警力占比52.6%；优化“警调联动”机制，驻所人民调解员达359人，调解成功率超过九成。做优做精社区警务，深入开展“双争”活动，举办“师带徒”随岗培训班，525名社区民警群众工作能力显著提升。采集“一标三实”（标准地址，实有人口、实有房屋、实有单位）信息775万条，基础信息采集率、准确率超过95%。建成智慧安防小区367个，深化“六治一网”社会治理模式，在全市市域社会治理现代化工作现场会上作典型发言。做实做细基础保障，加强基层基础建设，累计投资2.5亿元，基本完成综合训练基地建设项目，完成原强制隔离戒毒所主体建设。

（李恩涛）

【智慧警务建设】 创新推进智慧警务

6月9日，市公安局会操比赛现场　　　（威海市公安局　提供）

建设，升级全息感知综合应用平台，“宽带集群在威海公安的应用”获评山东公安科学技术进步奖三等奖，“基于LTE专网应用的组呼方法及装置”获批国家发明专利。情报大数据、网络安全等一批创新实验室落地，“加密流量分析系统”获评山东公安科学技术进步奖二等奖。搭建新一代情指勤舆一体化实战平台框架，打造三级情报矩阵，加强与企业以及院校深度合作，情报实战贡献率提升30%。创新网约房监管模式，获评山东智慧公安联合创新特别奖，全省网约房管理工作现场会在威海市召开。建成国内首个城市全域化无人机巡航系统。深化执法权力运行机制改革，推动公安执法办案管理中心与全市跨部门涉案财物管理中心一体化建设，威海市公安局第4次获评全国公安机关执法示范单位。查处侵犯民警执法权威案件90起、105人。深化辅警管理改革，开展全市辅警层级套改等工作，连续2年面向辅警招录事业编人员，经验被公安部、省公安厅推广。深化“放管服”改革，全面推行“网上办、网点办”。电动自行车挂牌率居全省第1位。启用24小时“无人车管所”和出入境自助服务区。建成“威海微警务”便民服务平台，实现137项业务“刷脸办、掌上办、随时办”，经验在全省推广。深化户口清理整顿和户籍制度改革，户籍人口城镇化率达60.7%，居全省第3位。

（张　涵）

【公安队伍建设】 在全省率先启动全警实战大练兵，研发全国首个“学习强警”平台，连续4年举办“枪王选拔赛”，全省特巡警综合比武获得第1名，“红蓝对抗”“体能强警”经验被公安部推广。1人获评公安系统全国先进工作者，65个集体450名民警受到市级以上表彰。开展直播活动41场次，12项宣传作品获得省级以上奖项。

（王　禹）

检　察

【概况】 2020年，全市检察机关扎实推进刑事、民事、行政、公益诉讼“四大检察”，全市检察工作在服务“精致城市·幸福威海”建设中再有新作为，实现新发展。

【经济发展服务】 依法服务疫情防控，统筹推进疫情防控和司法办案，依法严厉打击涉疫违法犯罪，从快办理妨害公务、借机诈骗等案件24件。出台支持企业复工复产意见9条，开展涉民营企业案件羁押必要性审查、立案监督和刑事“挂案”专项清理。全面贯彻“少捕慎诉”司法政策，对185名民营企业人员适用认罪认罚从宽，依法不捕不诉33人。落实提前介入、案件会商、跟踪监督等机制，起诉集资诈骗、非法吸收公众存款等涉众型经济犯罪145人、追诉31人。针对部分民间融资登记机构钻政策漏洞、非法集资等问题，提出规范行业治理检察建议。设立全省首个派驻海警局检察官办公室，加强跨部门协作，起诉海上偷越国（边）境、走私等犯罪38人，追捕追诉5人。守住食品药品安全底线，起诉生产销售假药、有毒有害食品等刑事犯罪31人。与市公安局、市场监督管理局联合开展专项检查。发挥公益诉讼职能，发出诉前检察建议30件，提起诉讼3件，督促主管部门检查商场、超市、店铺50余家，约谈11家，吊销经营许可证4家。落实高额惩罚性赔偿金制度，累计追缴402万元。

【平安威海建设服务】 持续落实重大案件提前介入、捕诉一体、专案专办

10月14日，威海市人民检察院派员出庭支持公诉案件

（威海市人民检察院　提供）

等制度，批准逮捕各类刑事犯罪530人，提起公诉2761人。完善简案快办机制，从快起诉盗窃、诈骗等侵财性犯罪335人，危险驾驶、交通肇事等犯罪1249人。2018年—2020年，起诉涉黑犯罪70人、涉恶犯罪247人，追捕追诉57人，追诉漏罪50起。强化“破网打伞”“打财断血”“行业清源”，移送涉黑涉恶犯罪线索124条、“保护伞”线索85条，建议追缴返还涉案财产1200余万元，发出规范行业治理的检察建议37份。加强未成年人司法保护，落实最高人民检察院“一号检察建议”，严惩侵害未成年人权益犯罪56人；对轻微犯罪并有悔罪表现的未成年人，不捕不诉9人，附条件不起诉10人。完善与市教育局、卫生健康委员会等9个部门的协作机制，办理全省性侵未成年人强制报告第1案。加强对未成年人的普法教育，全市检察机关实现院领导兼任法治副校长全覆盖。解决群众信访诉求，树立“办信接访就是办民生”理念，受理群众信访1380件、到访506人次，全部做到7日内程序回复、3个月内结果答复。开展积案化解攻坚，两级检察长接访54人次，涉检信访积案全部清零。高度重视司法救助，为102名刑事被害人、“因案致贫”的当事人发放救助金202万元。

【“四大检察”协调发展】 坚持罪刑法定，持续做优刑事检察。全面落实认罪认罚从宽制度，承担全省认罪认罚起诉书流程再造和控辩协商录音录像改革试点，适用认罪认罚从宽2617人，适用率89.9%，量刑建议法院采纳率99.7%。落实刑事侦查、诉讼、执行全链条监督责任，监督立案71人、撤案43件，提出刑事抗诉21件。对监狱、社区矫正机构开展巡回检察6次，反馈整改各类问题82项。直接立案查处司法人员职务犯罪1人，起诉市监察委员会移送的职务犯罪12件14人。完善市县两级一体化办案机制，受理各类民事监督申请530件，审查作出不支持监督申请等决定94件，提出、提请抗诉10件，提出再审检察建议26件，提出诉讼违法、执行监督检察建议43件，支持民事起诉75件，帮助农民工追回欠薪212万元，促成民事和解179件。与市中级人民法院、公安局共同落实虚假诉讼防范、调查和惩治机制，纠正“假官司”26件。发挥“一手托两家”职能作用，提出纠正行政行为违法检察建议59件、行政非诉执行监督检察建议28件、纠正诉讼行为违法检察建议2件。推动行政争议实质性化解，通过调查核实，厘清争议各方法律责任，促成定纷止争案件48起。聚焦社会高度关注的生态环保、耕地保护、英烈权益保护等领域开展监督，审查各类线索394件，立案办理149件，提起公益诉讼12件，发出诉前检察建议124件、民事公告19份。加强海洋生态司法保护，构建“专业化法律监督＋恢复性司法实践＋社会化综合治理”海洋生态保护模式，创新诉前磋商、专家鉴定、增殖放流等举措，《人民日报》等媒体连续2年专题报道，专项工作获评2020年全省检察工作创新一等奖。

7月4日，威海市检察机关开展“检察公益诉讼，助力海洋修复”增殖放流活动

（威海市人民检察院　提供）

【履职能力提升】 在全省率先开展检察官绩效考评试点，两级检察院入额检察官带头办案1029件，列席同级法院审判委员会35次。完善员额检察官动态调整机制，新遴选员额检察官4人、退出5人、晋升50人。充实民事、行政、公益诉讼办案组7个，派员参加各类培训1124人次，聘请18名专家学者、代表委员组建专家咨询委员会，促进提升专业水平。开展干部作风大改进、政法队伍教育整顿等活动，整改各类问题23项，对2个基层检察院开展巡察，督促填报过问司法办案事项235件。常态化开展代表委员联络，走访各级人大代表、政协委员760余人次，邀请130余名代表委员、群众代表参与案件研讨、公开听证、新闻发布会。运用新媒体发布办案情况48期、检察动态146期，护航“海洋生态”等工作被中央媒体报道3次。

（王红丽）

法　院

【概况】 2020年，全市人民法院坚持服务大局、司法为民、公正司法，各项工作取得新进展。全市法院办结各类案件8.2万件，比上年增长6.6%。其中，威海市中级人民法院办结7438件，增长1.1%。助力环境资源保护，设立巡回法庭4个，审结破坏环境资源犯罪、环境污染责任纠纷等案件392件。助力精准脱贫攻坚，落实落细服务乡村振兴司法政策，审结土地承包、征地补偿等涉“三农”案件1376件。年内，威海经济技术开发区人民法院获评全国优秀法院，2人分别获评全国优秀法官和办案标兵，7个集体和9人受到省级以上表彰。

【企业复工复产服务】 制定涉疫情民商事案件裁判指引，建立“绿色通道”，妥善处理相关案件166件。紧急许可进入破产程序的威海鸿宇医疗器械有限公司全面恢复生产，关联企业合并重整成功7家，该案例入选全省法院优化营商环境案例。改建互联网法庭148个，在线开庭审理案件2366件，线上发放执行款25亿元。在全省率先出台促进企业复工复产保障企业平稳健康发展意见8条，依法适用情势变更原则，采取调解和解方式处理涉企纠纷5049件。

12月9日，开展凌晨集中执行行动，兑现胜诉当事人合法权益

（威海市中级人民法院　提供）

【法治营商环境优化】 审结一审民商事案件3.4万件，为经济社会发展提供司法保障。专题分析涉“双百”企业案件562件，提出预防化解纠纷的意见建议，帮助企业规范经营、降低风险。制定减时、降费等措施21条，审理涉企案件1.8万件，平均审理天数减少43.6天。加大破产审判力度，市中级人民法院成立专门破产审判庭，推动建立企业破产处置协调联动机制，设立破产案件援助基金，两级法院审结破产案件84件，比上年增长140%。其中，重整案件27件，盘活存量资产25.2亿元，释放土地资源258.59公顷，安置企业职工4053人。服务创新驱动发展，审结知识产权案件303件。审结涉外、涉中国港澳台案件118件，办理司法协助31件。开展查封土地和海域使用权专项清理，盘活土地资源22.33公顷、海域使用权49.5公顷，为企业实现债权4132万元。

【金融风险防范化解】 防范化解金融风险，审结一审贷款、信用卡、保险等金融诈骗犯罪案件15件和金融借款、民间借贷等案件7530件，执结涉金融案件3050件，执行到位金额10.3亿元。坚决打击集资诈骗、非法吸收公众存款和组织领导传销活动等涉众型犯罪，审结一审案件54件，依法追究刑事责任138人。

【平安威海建设服务】 牢固树立总体国家安全观，坚持宽严相济刑事政策，审结一审刑事案件2416件，判处罪犯3327人。纵深推进扫黑除恶专项斗争，审结一审黑恶犯罪案件23件171人、二审案件17件203人，其中判处5年以上有期徒刑66人。坚持“打财断血”，判处财产刑6392.8万元、没收2人个人全部财产。推动线索清仓、行业情源，移交涉黑恶犯罪线索16条，发出司法建议27份。

【市域社会治理现代化建设】 强化非诉讼纠纷解决机制，全市法院实现一审民商事收案、诉讼案件总量、诉讼案件增幅“三下降”。推动纠纷诉前多元联调，在全省率先成立诉讼与仲裁对接调解中心、市知识产权人民调解委员会，与35个重点行业领域全面对接，诉前调解成功1.61万件。推动纠纷诉前一站通办，诉前调解成功率49.2%。积极参与基层社会治理，打造社区网格法庭，推行典型案例先行判决示范调解，交通事故、房屋买卖纠纷分别下降11.9%和15.6%，物业纠纷增速从2019年的93.5%下降至0.7%。建设“一站式”诉讼服务中心，网上立案7.8万件、交费1.4亿元、委托鉴定1768件，电子送达26.4万次。推动复工续建“半拉子”工程9个，化解涉建设领域纠纷1478件，妥善解决2100余户逾期交房、逾期办证等历史遗留问题。

【信用威海建设】 执结涉党政机关案件17件，审结一审行政许可、行政协议等行政诉讼案件426件，行政机关负责人出庭应诉率99.5%。防范打击虚假诉讼，对恶意利用诉讼谋取不当利益的6人罚款36万元。巩固拓展综合治理执行难格局，执结案件3.6万件，执行到位金额49.6亿元。开展“六稳”“六保”专项执行活动，约谈、拘传涉民生、涉民营企业案件被执行人218人，执结相关案件9559件。向有关部门推送失信被执行人名单1120人，以拒不执行判决裁定罪判处2人，对履行义务的498名被执行人及时修复信用。

【社会主义核心价值观弘扬】 审结家事案件5276件，依法保护妇女、儿童、老年人权益。注重以司法裁判引领社会风尚，通过典型案例以案释法、以案普法，与威海电视台联合举办《法官说法》12期，发布典型案例14个，在互联网直播庭审9716个，公布生效裁判文书8.4万份。开展黑恶犯罪案件集中宣判、凌晨执行行动全媒体直播，在线观看400万人次。

【司法改革深化】 推进司法责任制综合配套改革，健全法官动态调整机制，新增员额法官25人，退出员额12人。完善审判权运行监督机制，规范审判委员会研究案件程序，建立专业法官会议工作规则，推行类案检索制度，强化重大疑难案件集体把关。建立繁简分流、轻重分离、快慢分道审判模式，组建民商事速裁团队20个，11%的速裁法官办理37%的民商事案件。落实院庭长办案制度，重点办理疑难复杂案件，办结案件4万件，占结案总数的48.5%。建立“快办案、办好案”的业绩考评机制，法官人均结案297件。

（周芳朗）

司法行政

【概况】 2020年，威海市司法局各项工作取得显著成效，获评全国司法行政机关2020年国家统一法律职业资格考试工作表现突出单位。文登区金山人民调解委员会获评全国模范人民调解委员会。

【监狱工作】 新型冠状病毒肺炎疫情发生后，威海监狱实行全面封闭管理。完成疫情常态化防控下4批新罪犯收押管理，实现全流程式隔离管控。建立刑释衔接机制，对刑满释放人员进行持续集中隔离59天，完成刑满释放人员体检80余人次，派出警力100余人次，行程5万余千米，送返外省籍刑释人员34人。落实刑满释放人员衔接、安置和管控措施，全部刑释人员均由其户籍地或居住地司法局衔接安置，无一人脱管、失控。以心防工程为载体，编订《心理防护实施意见》《防疫手册》，组建监狱、监区两级民警心理咨询师团队，及时消除疫情防控引起的衍生心理问题。制定《山东省威海监狱办理罪犯减刑假释案件定性评估意见》，稳妥开展“分类评估，依法提请”工作。2020年，依法依规办理减刑案件213件、假释案件17件。

【社区矫正工作】 成立威海市社区矫正委员会，召开社区矫正委员会第一次会议，印发《威海市社区矫正委员会工作规则》《威海市社区矫正委员会办公室工作细则》，推动全市社区矫正队伍建设向专业化、职业化、正规化方向发展。印发《威海市学习宣传贯彻〈社区矫正法〉实施方案》，综合运用教育培训、线上线下同步宣传等多种方式，开展《中华人民共和国社区矫正法》学习宣传贯彻工作。至年底，全市在册社区矫正对象1509人，全年接收新入矫社区矫正对象1482人，解除社区矫正对象1558人。

【公共法律服务】 推进公共法律服务实体、网络、热线“三大平台”建设。提升实体平台规范化建设水平，实现市、县、镇、村四级全覆盖，打造以法律咨询、法律援助、综合服务为基础业务，灵活添加公证、司法鉴定、法治宣传等服务项目的“3＋X”服务模式。全市有县级公共法律服务中心8个、镇级公共法律服务工作站73个、村（社区）公共法律服务工作室2725个。研发实施的威海市公共法律体系融合建设项目，在第五届中国信息化融合发展创新大会上获评2020年度（智慧政法）信息化数字政务创新奖。打造“数字法治·智慧司法”便民服务平台，全市居民关注“法治威海”微信公众号后，可获取本村（社区）的法律顾问信息，随时获取免费法律咨询服务。2020年，威海市各级实体平台接待法律咨询3.5万余人次，办理法律服务事项4万余件。“12348”热线平台接待群众电话咨询2.55万人次。发挥村（社区）法律顾问职能作用，全市村（社区）法律顾问围绕疫情防控、乡村振兴等领域提供法律咨询3万余次，参与代理案件300余起，举办法治宣传或法治讲座400场次，办理法律事务1万余件，办理修订法律文书、审订村规民约、提供法律意见等事务7000余件次。完成2019年度统一批次、2020年应届毕业生申请法律职业资格审核和证书发放。完成2020年国家统一法律职业资格考试威海考区客观题、主观题机考组织实施工作。客观题考试报名1260人、参加考试1009人；主观题考试报名612人、参加考试605人，无违纪现象发生。

【律师工作】 开展律师队伍集中教育整顿活动，专项清理违规兼职等行为，强化律师诚信执业的观念。健全法律服务代理机制，建立威海市企业法律服务平台，组建民营经济法律服务团，成立破产管理人协会，持续为中小企业进行“法治体检”，走访企业200余家，开展业务培训、讲座20余次，培训人员2000余人次。组建法律服务团11个，参与律师100余人，开通线上服务专区11个，开展法治宣传和法律咨询1400余人次，为企业复工复产提供法律意见建议250余个。印发《关于开展律师调解试点工作的实施方案》，建立律师调解工作模式，充分发挥律师职能作用，维护社会和谐稳定。

【人民调解】 召开全市调解重点工作现场推进会议，推动实施调解工作“组织提升”“队伍优化”等5个工程。建立调、裁、诉三位一体商事纠纷快速解决机制，提升商事纠纷化解质效。市级新设立知识产权人民调解委员会和专业商事调解中心，各区（市）新建行业性专业性调解组织54个。全市有人民调解委员会3105个、品牌调解室276个、调解员1.26万人（其中专职调解

4月21日，威海市知识产权人民调解委员会揭牌仪式举行

（威海市司法局　提供）

员 4435 人）。2020 年，调解各类民间纠纷 1.52 万件，调解成功率 99.7%。

【普法与依法治理】 举办市委理论学习中心组和政府常务会议法治专题讲座，研发威海市国家工作人员学法考法平台，全市国家工作人员参加学法考法 6.5 万人。为全市中小学配备法治副校长。成立宣讲团，开展“宪法宣传周”“民法典宣传月”等专项法治宣传活动，举办各类专题讲座、培训活动 2100 余场次，推送信息 3000 余条，发放宣传材料 33 万份，制作宣传刊板、横幅 2000 余件，在有关电子显示屏滚动播出信息 6000 余条。推动落实“谁执法谁普法”普法责任制，邀请 42 个部门参与《“谁执法谁普法”机关普法进行时》栏目，立足职能在线讲法。威海市刘公岛全国法治宣传教育基地获评全国法治宣传教育基地。在荣成市和乳山市建成 2 处民法典主题法治文化公园。在刘公岛和文登学公园建成 2 处“法治融屏”普法宣传基地。免费发放《百姓法治宝典》（威海版）口袋书 14.2 万册及配套手机应用程序，方便群众获取法律知识。深入开展民主法治示范村（社区）创建活动，推动乡村振兴在法治轨道上有序进行。

【基层基础建设】 强化司法所建设，印发《全市司法所“规范提升年”活动实施方案》，提高司法所组织机构、队伍建设、业务建设、基础设施建设规范化水平，提升司法所履职能力。落实《威海市基层法律服务队伍发展规划》，按照新增执业人员充实到乡镇法律服务所和空白镇（街道）工作站点原则，进行基层法律服务工作者执业核准考试报名摸底。落实城区法律服务所在空白镇（街道）设立工作站点，开展两所共建，实现 34 个法律服务所与 50 个司法所结对共建。

【人民监督员工作】 完成新一届 45 名人民监督员选任工作，举行选任仪式、任职宣誓和初任培训。2020 年，人民监督员 97 人次对检察机关 47 次办案活动进行监督。

【司法鉴定和公证工作】 开展全市司法鉴定机构和鉴定人清理整顿工作暨司法鉴定质量建设年活动、“亲子鉴定”专项整治活动，提高司法鉴定行业服务标准化程度。印发《关于进一步加强简证便民工作的通知》，推出便民新举措 5 个，解决人民群众和企业办证难、开具证明难的问题，实现让当事人“最多跑一次”的服务承诺。联合威海市中级人民法院印发《关于开展公证参与人民法院司法辅助事务试点工作的实施意见（试行）》，开展公证参与人民法院司法辅助事务试点工作。制定《威海卫公证处公证质量抽查办法》，切实加强对公证质量的监督和管理，杜绝各类错证、假证的发生。2020 年，全市有司法鉴定机构 9 家（其中通过国家级资质认定 1 家、省级资质认定 4 家）。办理各类公证事项 2.99 万件（其中国内公证 1.96 万件、涉外公证 1.03 万件）。

【法律援助】 在全省率先印发《关于开展法律援助值班律师工作的实施意见（试行）》，推进刑事案件律师辩护全覆盖和认罪认罚工作。做好根治拖欠农民工工资工作，全市农民工追索劳动报酬法律援助案件数量大幅减少，法律援助保障农民工工资支付经验做法被司法部和山东省就业和农民工工作领导小组转发。2020 年，全市受理法律援助案件 5561 件，为当事人节省法律援助服务费用 2200 余万元，挽回经济损失 6700 余万元。在平安山东建设法律援助工作考核中，威海市法律援助工作以满分的成绩列全省第 1 档第 1 名。

【司法队伍建设】 开展干部作风大改进行动，明确 5 个方面 15 项举措，梳理查摆具体问题 12 个，逐一明确改进措施、整改时限、整改责任人，确保问题真改实改。常态化推进警示教育，开展“全面从严治党”“政法领域腐败警示教育”主题宣讲及“文明驾驶，拒绝酒驾醉驾”专题警示教育活动，组织观看警示教育片，对系统内典型案例进行通报、剖析，推动纪律规矩入心入行。

（孙荟萃）

仲 裁

【概况】 2020 年，威海仲裁委员会在提高办案质效、推广仲裁制度、提升管理水平、参与市域社会治理、维护社会和谐稳定、推进经济持续健康发展等方面取得突破，获得 2020 年度全省仲裁工作先进单位称号和全省仲裁工作开拓进取奖。至年底，受理各类民商事纠纷案件 953 起，涉案标的额 6.85 亿元，纠纷涉及买卖、保险、借款、建设工程、租赁、装饰装修等 20 余类。

【城市国际化发展战略服务】 充分发挥对外联系广泛的优势，引进国际高层次人才服务政府决策，以威海仲裁委员会换届为契机，通过多种渠道联系俄罗斯、韩国、巴西、法国等国家的法律人才为仲裁员候选人，提升涉外案件的办理能力。第六届威海仲裁委员会仲裁员中，有涉外及中国港澳台仲裁员 37 名。参加山东国际仲裁中心仲裁联盟，与全省其他地市仲裁机构联合成立山东国际仲裁中心，择优向山东省司法厅推荐 6 名仲裁员为山东省涉外仲裁服务百人团人选。

【诉裁对接调解工作】 开展威海诉裁对接调解工作并取得初步成效。3 月 30 日，印发《威海市中级人民法院 威海仲裁委员会关于诉裁对接促进民商事纠纷市场化调解的意见》，成立威海仲裁委员会诉裁对接调解中心，4 月 22 日举行揭牌仪式。至年底，威海仲裁委员会诉裁对接调解中心与威海市区法院调解平台实现全对接，调解法院推送的各类案件 497 件。

【营商环境优化】 采取走访、座谈、建立微信服务群等方式为企业发展提供法律咨询“绿色通道”。印发《威海仲裁委员会关于发挥仲裁优势优化营商环境十条意见》，为市场主体提供公正、高效、便捷、成本可期的仲裁服务。以保护公司小股东的权利为主题

9 月 25 日，威海仲裁委员会换届暨六届一次会议召开

（威海仲裁委员会　提供）

制作《仲裁时刻》栏目，进行法律宣传。以通过仲裁解决知识产权纠纷为题举办“威仲直播”讲座，宣传知识产权保护。新冠肺炎疫情期间，推行网上立案、远程视频庭审，降低当事人出行风险，实地探访企业并提供法律服务。

【仲裁制度宣传】　与行业协会、调解组织合作，采用上门走访、交流座谈、举办仲裁开放日活动、微信群法律答疑等多种形式，与企业进行沟通，宣传仲裁法律制度。及时更新威海仲裁网、威海仲裁委员会微信公众号，加大信息的投放频率，与威海电视台共同制作播出《仲裁时刻》栏目。新设“威仲论坛”微信公众号专栏，由专家仲裁员撰写稿件、分析案例、提示法律风险。

【威海仲裁委员会换届暨六届一次会议】　9 月 25 日，威海仲裁委员会换届暨六届一次会议召开。会议审议通过《威海仲裁委员会章程》《威海仲裁委员会仲裁规则》等议程，完成第六届仲裁员聘任工作，新聘仲裁员 122 名，续聘仲裁员 280 名。

【仲裁与司法监督长效机制建设】　坚持仲裁与司法监督的沟通合作机制，提高仲裁办案质量。继续保持与市中级人民法院的密切联系，在案件保全、执行、司法监督等方面相互沟通。坚持仲裁与司法监督座谈会制度，邀请市中级人民法院法官召开座谈会，针对仲裁送达问题及《仲裁规则》修订等进行沟通。

【市场化和专业化机制建设】　与威海市律师协会仲裁专业委员会召开多次座谈会，对第六届仲裁员名单、《仲裁规则》草案进行探讨并征求意见。先后邀请专家律师仲裁员为 300 余名仲裁员进行业务培训，为企业授课。走访多家律师事务所，就提升仲裁公信力、普及和宣传仲裁制度等方面进行交流。组织律师仲裁员参与《仲裁时刻》栏目的拍摄，参与诉裁对接调解工作，仲裁与律师合作取得新突破。

（马海冰）

典型案例

【特大生产、销售伪劣产品案】　2020 年 2 月，犯罪嫌疑人梁某宁为谋取高额利润，伙同其前妻赵某婷多次在韩国采购“三无”口罩，雇用他人在威海市环翠区对外销售。2 月 21 日，威海市公安局环翠分局抓获犯罪嫌疑人 7 名，查扣涉案口罩 4 万余只，包装袋 2 万余个，封口机 1 台，涉案金额 180 余万元。3 月 5 日，该案被公安部七局列为疫情期间侦办的 76 起典型大案要案件，公安部七局并对威海市公安局环翠分局予以通报表扬。

【制售伪劣医疗器械案】　2017 年起，在未获得医疗器械生产经营许可证的情况下，犯罪嫌疑人姜某今在犯罪嫌疑人李某海（在逃）指使下，从韩国购进生产设备和材料，雇人生产假冒“DAHAB”“lensme”商标的软性亲水接触镜（俗称“美瞳”）对外销售。2020 年 5 月 28 日，威海市公安局环翠分局抓获犯罪嫌疑人 7 名，查获各种接触镜产品及半成品 100 余万片。7 月 24 日，该案被公安部七局列为“昆仑 2020”专项行动第 1 批挂牌督办案件。

（李　雨）

【打掉以王某传为首的黑社会性质犯罪集团】　2020 年 9 月 2 日，乳山市公安局打掉以王某传为首的家族式犯罪集团。该案收到违法犯罪线索 202 条，初查构成违法犯罪案件 102 条，抓获犯罪嫌疑人 68 名，查获作案枪支 1 支、管制刀具 70 余把，扣押车辆 16 辆，扣押、冻结涉案资金 2565 余万元，查封房产 52 套，涉案总资产约 1.25 亿元。

（李振伟）

【特大电信网络诈骗案】　2020 年 5 月 22 日，犯罪嫌疑人韦某纳、冯某心、梁某松、杨某清通过腾讯 QQ 软件冒充荣成市某公司董事长，骗取公司财务人员信任，诈骗人民币 50 万元。6 月 12 日，荣成市公安局接警后，开展多警种联合行动，辗转广西、广东、天津等地，将 4 名嫌疑人抓获归案，追回全部诈骗款项并返还受害单位。

（肖建强）

【合同诈骗案】　2020 年 4 月，犯罪嫌疑人周某洋伪造手续，与威海市某制药集团有限公司签订口罩订购合同后携款逃匿。威海市公安局文登分局接报警后，成立专案组，在广州市海珠区将犯罪嫌疑人抓获，为企业挽回损失 126 万元。

（宋晓晴）

编辑　李传强

军　事

威海军分区

【概况】 2020年，威海军分区统筹抓好疫情防控和各项建设，全面完成年度工作任务，被山东省军区评为战备工作先进单位。

【思想政治建设】 严密组织党委中心组带机关理论学习，创办军分区“理论大讲堂”，深入开展群众性理论学习活动。深入开展“传承红色基因、担当强军重任”主题教育，严密组织教育活动，加强教育督导，宣扬先进典型，主题教育做法被山东省军区刊发。举办“四反”（反渗透、反心战、反策反、反窃密）警示教育图板展和网络安全宣传周活动，增强官兵安全保密意识。加强全民国防教育，编写《威海市国防教育读本》，开设《威海国防》电视专栏，开辟国防教育网上展馆；组建威海市国防教育师资库，组织国防主题演讲比赛，获得山东省“爱我国防”大学生演讲比赛一等奖和优秀组织奖。扎实抓好民兵政治工作落实，编印《海上民兵政治工作实用手册》，做好民兵政治工作课题研究。组织党管武装工作军地联合考评，开展“基层党管武装工作好书记”“关心国防建设先进单位和个人”评选表彰活动，有效激发各级崇军兴武、履职尽责动力。

【练兵备战工作】 修订市、县两级国防动员方案、非战争军事行动方案和战备方案，高标准完成首长机关和民兵分队年度训练任务。多次组织民兵分队参加上级演训活动，组织全市人防演练、军地联合部署拉动、指挥通信暨防汛抗洪演练，在实战化环境下磨练部队。积极融入地方应急体系，组织民兵分散参加新型冠状病毒肺炎疫情防控行动，完成森林火灾扑救任务。加强理论问题研究，1项理论研究成果被山东省军区评为一类成果。坚持按纲施训，组织各级各类人员集中培训，广泛开展群众性练兵比武活动，文登区基层武装部在山东省军区比武考核中获得综合第4名。积极推进训练基础设施建设，落实市民兵训练基地事业编制，选准配强民兵教练员队伍；结合人防坑道升级改造，推进军地联合指挥部地下化建设，敷设光缆线路，战备训练基础进一步夯实。

【国防动员建设】 协调召开现场办公会议，联合市委、市政府印发《关于进一步深化民兵调整改革的意见》，推动民兵工作调整改革。印发《关于做好新时代大学生征兵工作的意见》，明确每年市、区（市）两级事业编制分别按比例定向招收大学生退役士兵，实现兵员征集优惠政策从入口到出口“无缝对接”。注重国防动员基础建设，完善国防动员委员会日常办公机制，推送第一批国防动员领域个人信用积分奖励名单，扎实开展年度国防动员潜力普查和重点领域潜力统计调查工作。着力优化民兵规模结构，完成基干民兵和普通民兵编组任务。规范抓好征兵工作落实，健全廉洁征兵检查督导和疫情联防联控机制。创新“征兵宣传进校园”活动组织方法，利用多种媒体平台组织立体宣传。分级分类开展业务培训，组织现场观摩活动，对新型冠状病毒肺炎疫情防控形势下征兵体检站点设置、组织程序和问题应对等情况进行规范。落实好征兵体检、政治考核、役前教育训练、集体定兵等关键步骤，全市大学生征集比例达97.4%。

【部队基础建设】 贯彻落实《军队基层建设纲要》，找准人民武装部、干部休养所基层定位，强化分类指导，加强帮抓帮建，基层建设基础更加牢固。持续做好部队安全管理工作，认真学习贯彻《军队安全管理条例》《军队保密条例》，开展“学条例、正秩序、严管理”教育整顿和专项整治活动，印发《正规“四个秩序”实施方案》《安全大检查活动实施方案》，分阶段按步骤推进各类各项规范落地落实。开展山东省民兵基层规范化建设试点工作，推广试行《基层人民武装部规范化建设指导手册》《民兵连（营）规范化建设指导手册》《基层人民武装部全面建设星级达标评估办法》，探索提出基层武装部建设目标，制定社区民兵连部和基干民兵连（营）部建设标准，为规范基层建设提供样板。组织全市新任职基层武装部部长任职资格认证，完成基层武装部社区民兵连达标建设。荣成市人民武装部获评人武部建设先进单位。升级改造干部休养所，服务保障基础不断夯实。大力实施党委“暖心工程”，深入开展“解难题、办实事、送温暖”活动，救助慰问生活困难官兵、老干部和老干部遗孀等，实现退役军人免费乘车、团职转业干部全部实职安置和军人子女择校入学，协调做好驻地部队随军家属随调工作。

【综合保障能力】 严密组织报废武器销毁处理，按要求完成全区家底经费上缴，积极推进历史遗留问题解决和预留经费使用。进一步修订完善《军分区机关财务管理暂行规定》《军分区工程物资服务采购暂行规定》，严格规范财经管理和物资采购秩序，提高经费使用效益。扎实做好新型冠状病毒肺炎疫情防控工作，认真落实各种刚性措施，积极筹措防疫物资，完善应急防控预案，全区实现零感染。加强基础设施建设，升级改造民兵训练基地训练设施，建设民兵武器装备仓库信息化管理系统，整修机关办公设施、机关食堂等，指导各单位做好食堂达标建设，不断改善官兵训练、工作、生活条件。

（张志强）

武警威海支队

【概况】 2020年，武警威海支队坚持抓中心、强能力，有效履行职责使命，完成年度各项任务。

【思想政治教育】 坚持读原著、学原文、悟原理，做好《习近平谈治国理政》第三卷的理解领会，深入学习贯彻中共十九届五中全会精神，组织党委中心组成员带全体官兵到胶东（威海）党性教育基地教学点，重温中共中央总书记习近平视察威海时的重要讲话，并同步转化运用到打造“精致支队”的探索实践中。统筹推进年度主题教育，每月开展微课、精品课评选活动，举办“一队一品”特色文化队伍展演和“强军路上歌嘹亮”歌咏比赛，激发强军动力。1人在武警部队优秀政治教员评比竞赛中获评优秀政治教员。

【练兵备战能力】 按照任务需求，自动归正指向、主动对接协同、滚动筹备准备、联动应对考验，先后到威海军分区、空军某旅等单位，了解战场环境，对接协同措施；组织人员到重要目标，了解协防重点，研讨有关课目，确保战前准备合实际、实效。以备战总队比武考核为契机，开展形式多样的专职训练，支队在总队支队级指挥员轮训中获得总体成绩第3名，在预提指挥士官干部骨干集训、新训干部骨干集训、特战“巅峰”比武和分队指挥员考核中分别取得好成绩。年内，完成武装押解押运、联勤巡逻等各类任务80余次。

【基层全面建设】 持续在抓建基层、稳固基层上求实效。开展按纲建队考评，调整季度考评评分占比，以平时工作绩效为主，提升基层经常性工作落实质效。扎实组织“条令年”“暑期百日安全竞赛”“安全领域7个专项整治”活动以及安全大检查，排查解决各类隐患45处。建立值勤首长、作战勤务值班、分队干部值班、机关巡查“四位一体”联合检查机制，落实每日巡查、每周通报、每月讲评、每季综合检查要求，加强对重要时期、重点时段、重点问题的部队管理，部队秩序得到进一步规范。

【综合保障能力】 坚持从实战出发，将后勤训练纳入军事训练体系，研究制定岗位练兵详细计划，采取集中组织、模块分训、综合演练等方式，全面开展车辆紧急出动、帐篷搭设、战场救护、战地野炊等课目训练。支队营区重新铺设沥青道路，提升绿化环境品质。加强后勤精细化管理，营造温馨环境。

（王　杰）

人民防空

【概况】 2020年，威海市人民防空办公室加压奋进，完成各项工作任务，在全省人民防空工作视频会议上进行经验交流，获评威海市关心国防建设先进单位。

【人防工程建设与管理】 拓展人防宣传教育平台，建成山东青少年人防实践教育基地（威海）示范工程，完成教师培训并开课。制定《威海市地下综合管廊人防建设规范》，形成威海市人防行业第一个地方标准。加强人防工程平战结合和安全维护管理工作，定期开展安全生产检查，确保工程处于良好状态。

【组织指挥与信息建设】 组织全市第22次防空防灾警报试鸣，依托人民防空无线宽带集群传输专网，开展全市人防指挥通信系统功能演练。创新指挥信息资源整合，提升人防指挥信息系统兼容能力，实现人防指挥与相关指挥信息系统有机融合。组织全市人防系统全员封闭训练，切实抓好无线短波通信、视频会议联调、卫星通信系统等要素的经常性专业训练，进一步提高通信保障能力。完善重要经济目标防护预案，开展重要经济目标防护演练，指导文登区人民防空办公室开展人防专业队行动演练，切实提高人防组织指挥能力、快速反应能力和协同作战能力，文登区人民防空训练演练活动经验在全省推广。

【营商环境优化】 与市行政审批服务局、住房和城乡建设局联合印发并联审批、联合审图、质量监督、多测合一、联合验收等规范性文件，将工程质量安全监督手续、人防工程质量监督注册登记手续与施工许可、结建防空地下室批复合并办理，提高工程施工许可阶段的审批效率。人防工程审批、施工图审查、竣工验收等事项全部实现网上办理。修订完善《威海市人民防空工程监理机构监督管理办法》，强化对人防设计、监理、防护（化）设备生产安装企业的监督管理，积极鼓励有条件的企业申请人防相关资质，支持外地具有人防资质的企业到威海市执业，进一步扩大人防行业市场开放度。“致力优化营商环境　提升服务效能”的做法在全省人民防空系统推广。

【人防宣传教育】 认真落实人民防空教育“五进”（进学校、进机关、进媒体、进社区、进企业）工作，将应急救援包发放作为民生实事常态化推进，利用山东电视台、威海电视台，“Hi威海”新闻客户端等媒体扩大宣传。结合宣传贯彻《山东省人民防空工程管理办法》，规范执法行为，提高依法行政水平，追缴防空地下室易地建设费。组织召开房地产企业代表座谈会，听取意见建议，与威海市房地产协会联合召开人民防空相关法律法规及政策解读会，就房地产建设领域有关人防工作政策法规和热点问题进行宣讲和解读，提升服务质量。

（武佳宁）

编辑　闫拥军

经济监督与管理

发展规划与综合调控

【疫情防控和经济社会发展统筹】 2020年，面对新型冠状病毒肺炎疫情严重冲击、世界经济深度衰退、全球贸易和投资大幅下降、国际环境不确定性显著增加等多重冲击和考验，全市强化宏观管理和综合协调，多措并举应对经济下行风险。编制《威海市2019年国民经济和社会发展计划执行情况与2020年国民经济和社会发展计划》，统筹疫情防控和经济社会发展，扎实做好“六稳”（稳就业、稳金融、稳外贸、稳外资、稳投资、稳预期）工作，全面落实“六保”（保居民就业、保基本民生、保市场主体、保粮食能源安全、保产业链供应链稳定、保基层运转）任务，全力以赴稳定经济基本盘。全力开展新型冠状病毒肺炎疫情防控，仅用3天时间组织威海威高国际医疗投资控股有限公司、迪尚集团有限公司、威海云龙复合纺织材料有限公司等企业建设防护服应急保障基地，争取24家和53家企业分别纳入国家疫情防控重点保障企业和疫情防控重点保障物资生产企业，累计向海南省、辽宁省、北京市等地发送口罩286万只。逆势而上全力保障经济运行，加强经济运行分析监测预警，构建全市经济运行月度分析报告制度，加强对地区生产总值、规模以上工业增加值、服务业增加值、一般公共预算收入、固定资产投资、社会消费品零售总额、进出口总额、实际到账外资、工业用电量9项指标的实时监测、分析研判。制定出台支持中小企业、服务业企业平稳健康发展的实施意见等政策，配合服务省“四进”（进企业、进项目、进乡村、进社区）攻坚任务，全力帮助企业纾难解困，推动项目开工复工，保障经济平稳健康发展。

【新旧动能转换】 坚持产业为王、项目为王、企业为王，围绕产业谋划、依托项目推进、依靠企业实施，推动经济发展质量变革、效率变革、动力变革，新旧动能转换根基更加坚实。培育壮大七大产业集群，新一代信息技术、海洋生物与健康食品、新医药与医疗器械、先进装备与智能制造四个产业集群被列入省“十强”产业“雁阵形”集群库重点培育支持名单，威海威高国际医疗投资控股有限公司、天润工业技术股份有限公司、光威复合材料有限公司3家企业被列入集群领军企业库重点培育支持名单。2020年，全市七大产业集群中，六个制造业产业集群规模以上企业实现营业收入2683.35亿元，实现利润302.21亿元，比上年增长21.8%；康养旅游产业集群实现旅游总收入494.31亿元，比上年恢复71.1%。推动产业转型、提质升级，全市“四新”（新技术、新产业、新业态、新模式）经济增加值占比达31.9%。大力实施企业冲击新目标“双百工程”，100家冲击新目标入库企业实现营业收入2350.27亿元，增长4.7%，96家工业企业营业收入占规模以上工业企业营业收入总额的76.1%，26家企业达成年度冲击目标，39家企业营业收入实现两位数增长。推进现代服务业与先进制造业深度融合，获批1个国家级和3个省级先进制造业和现代服务业融合发展试点，数量占全省五分之一；好运角旅游度假区获评省级集聚示范区，全市累计获评省级集聚示范区3个，数量居全省第1位。荣成悦多旅

3月，威海威高国际医疗投资控股有限公司工作人员正在生产新型冠状病毒疫苗包装制造预灌封注射器 （孙大伟 摄）

游小镇、南海雅居乐冠军体育特色小镇获评省级服务业特色小镇。提升企业创新能力，获批省级创新平台20家，认定市级创新平台28家，筹备组建山东大学威海发展研究院。

【重大项目建设】 紧扣扩大内需战略基点，把项目建设作为经济工作生命线。精准应对新型冠状病毒肺炎疫情冲击，有针对性地解决项目建设单位防疫物资短缺问题，为项目建设单位解决防疫口罩46.8万只、消毒用品1.15万千克、测温设备232个，威海市项目开复工工作经验两次被省委经济运行应急保障指挥部发文推广，在省委经济运行应急保障指挥部专项考核中列全省第1名，获得奖励资金2450万元。抓督导促进度，在全省率先实行重大项目平台化管理，纳入平台管理的500万元以上项目达2500余个，月申报率达99%以上，实现项目储备、立项、报批、开工建设、竣工验收等各个环节的全周期管理。坚持挂图作战，落实重点项目月调度、月通报制度，对项目进度“亮灯”管理，全年新开工亿元以上项目323个，比上年增加101个；82个省级重点项目、232个市级重点项目分别完成投资212.89亿元、572.75亿元，115个项目建成投产（投用）。完善落实“要素跟着项目走”机制，为16个项目争取146.7公顷省级点供土地指标，争取各类资金140.75亿元，其中政府专项债94.8亿元，抗疫特别国债9.48亿元，企业债券32亿元，中央、省预算内资金4.47亿元。重大基础设施建设全面提速，莱荣高速铁路项目率先立项并正式开工建设，完成投资约8.6亿元，全面启动征拆以及隧道、大型桥梁等控制性节点工程建设，基本完成混凝土拌和站建设工作；作为桃威铁路电气化改造项目的先期工程，桥涵病害整治工程完工，完成投资约1500万元，稳步推进道口平改立及轨道加强工程，完成投资5100万元；新机场场址获得中国民用航空局批复，预可研报告通过中国民用航空局行业审查；大水泊机场停机坪及附属设施扩建工程完成主体工程建设。2020年，全市固定资产投资增长2.9%，增速比上年提高17.9个百分点。

【重大战略部署落地】 高质量编制《威海市国民经济和社会发展第十四个五年规划和二〇三五年远景目标纲要》，全面系统总结“十三五”规划目标任务完成情况，确定2035年远景目标和“十四五”时期经济社会发展主要目标，部署科技创新、产业发展等13个方面主要任务，初步筛选储备重点项目482项，总投资约8300余亿元，“十四五”期间计划投资约6000亿元，加快推进41个专项规划编制。深入实施乡村振兴战略，1个示范县、5个示范镇、64个示范村获批省第二批“十百千”示范创建工程，17个项目入选省第二批乡村振兴重大项目库，获批贷款73.4亿元，居全省第2位。深化对韩国经贸合作，加快中韩自贸区地方经济合作示范区产业园规划建设，成立园区规划建设领导小组，召开园区建设暨港产城融合发展专题会议，研究确定4个方面23项重点推进任务，以青岛全球创投风投网络大会为契机，重点对园区规划建设情况进行推介，与山东省港口集团签署战略合作协议，深入拓展港口功能，培育壮大临港经济，推动临港特色产业与城市建设深度融合。积极融入胶东经济圈一体化发展，编制实施方案，推动市政府与青岛市政府签署框架协议，明确基础设施、科技创新、产业协同等7个方面重点任务，筹备参加胶东经济圈一体化（北京）推介大会。

【重点领域改革】 推动社会信用体系建设，完善信用制度体系，修订完善2020年版数据归集、数据应用和联合奖惩措施清单，在工程建设、环境保障、劳动保障、医疗卫生、商务流通等23个领域建立信用分级分类监管和“红黑名单”管理制度，全面搭建信用制度体系；推动联合建成机制高效运行，创新性编制信用应用清单和联合奖惩措施清单，将信用承诺、信用核实等嵌入35个部门的295个行政管理服务流程，明确19个领域的23项激励措施、48个领域的31项惩戒措施及执行部门，联合奖惩覆盖面达50个领域，发布6批次2.6万条“红黑名单”信息，累计对8591个守信主体实施联合激励，对3925个严重失信主体实施联合惩戒；拓展信用信息应用场景，持续扩大“海贝分”应用领域，出台2批次激励措施54项，涵盖“信易贷”“信易游”“信易购”“信易医”等多个领域，各类应用场景达1696处；《威海市用好信用“海贝分”做好治理大文章》入选中央全面深化改革委员会办公室典型改革案例，“威海市全面推进社会信用体系和政务诚信建设”获批第一批山东省法治政府建设示范项目，“威海市信用大数据”获得2020年度大数据“星河(Galaxy)”行业大数据应用标杆案例奖，威海市综合信用指数连续15个月列全国第1位。持续优化营商环境，威海市入选全省首批公共资源交易监管省市一体化试点市，获评中国国际化营商环境建设标杆城市。推动省县域经济差异化高质量发展，环翠区、文登区、荣成市分获差异化评价奖，获奖总数和比例居全省第1位。扎实推进开发区体制机制改革创新，编制全市开发区发展总体规划。省发展和改革委员会重点改革专项任务落实工作会议在威海市召开，基层镇（街道）事业编制人员发放公务交通补贴试点经验在全省推广。原海关总署培训基地转型发展养老服务项目被列入全国首批培疗转型发展养老服务改革试点，并成功争取国家200万元专项资金支持项目建设。威海综合保税区获批第五批全国增量配电改革试点。

【能源事业发展】 全力做好节能环保工作，单位GDP能耗下降率及煤炭消费压减2项考核指标均排名全省前列。巩固提升能源供应调度和能源基础设施建设，全面完成市政府储气设施建设任务，完成荣成市天然气热电联产项目LNG气化站一期工程54万立方米储气能力建设，与山东东明石化集团签订260万立方米储气能力租赁协议，形成314万立方米政府储气能力；督促指导各企业的煤炭、汽油等能源储备量达到不低于40天、天然气储备量不低于3天的安全运行警戒线，实行电煤、天然气、成品油保障日报制度，建立健全通报机制，每月对煤、电、油、气的储存、供应、价格情况进行全面分析，并按月形成《能源手册》。加快推进能源基础设施建设，华能高温气冷堆示范工程累计完成投资88.4亿元，设计研发与工程设计工作基本完成，主设备全部到货，现场全面进入调试阶段，完成冷试，工程建成投产后预计年发电量14亿千瓦时；“国和一号”示范工程累计完成投资270亿元，1号、2号机组均完成前期场平、负挖及核岛基础混凝土浇筑工作，建成投产后预计年发电量可达215亿千瓦时。文登抽水蓄能电站项目累计完成投资34.3亿元，占总投资的40%，整体工程进度约50%。

【民生福祉保障】 推进公共服务领域项目建设，普惠养老、普惠托育、教育、公共卫生等领域14个项目获得6.1亿元各类资金支持。推进产教融合发展，获评首批省级产教融合试点城市，18家企业被列入全省首批试点企业，数量居全省第2位。确保粮油保供稳价，累计收购粮食9.9万吨，推动“花饽饽”文创产业基地落地。强化价格管理，年内9次启动社会救助和社会保障标准与物价上涨挂钩联动机制，累计发放补贴4289.5万元，惠及低收入群众59.5万人次。做好对口支援和东西部扶贫协作，实施33个产业和基础设施援建项目，带动1万余名贫困群众增收。威海市和云阳县“借东西协作之力，消费扶贫多维推进”作为2020年全国消费扶贫典型案例被国家发展和改革委员会向社会各界公开推介。

（戚　伟）

固定资产投资管理

【概况】 2020年，威海市积极应对新型冠状病毒肺炎疫情影响，实施企业冲击新目标、七大产业集群、招商引资、项目建设等重点攻坚突破行动，全力以赴稳投资增后劲促发展，加快推动重大项目建设，持续扩大有效投资，拉动全市固定资产投资向上向好，为全市经济社会发展提供强有力的支撑。

【固定资产投资运行】 威海市投资形势逐步回暖，自8月起，投资增速连续5个月保持正增长，扭转自2019年3月后的投资下滑趋势。全年固定资产投资比上年增长2.9%，低于全省平均增速0.7个百分点，居全省第13位。“四新”经济投资增长13.6%，“四新”投资占全市固定资产投资比重为55.6%，高于全省4.3个百分点，居全省第5位；投资比重比上年提高5.3个百分点，居全省第10位。三次产业“两升一降”，全市第一产业投资波动较大，增长5%，增幅较2019年收窄59.4个百分点；第二产业投资止跌反弹，增长11.2%，其中工业投资增长11.4%；第三产业投资小幅下滑，下降1.6%。三次产业投资占比调整为2∶37.2∶60.8。

【民间投资运行】 受到新型冠状病毒肺炎疫情、中美贸易摩擦等不利因素冲击，民间投资意愿不足，民间固定资产投资比上年下降5.9%，降幅较2019年收窄16个百分点，低于全市固定资产投资8.8个百分点，低于全省平均增速12.8个百分点，列全省第16位。民间投资占全市固定资产投资的比重为63.2%，较2019年下降5.9个百分点，低于全省0.7个百分点，居全省第10位。民间投资下拉全市固定资产投资4.1个百分点。

【基础设施投资和工业技改投资】 全市基础设施投资比上年增长13%，增速高于全市固定资产投资10.1个百分点，基础设施投资占全市固定资产投资的比重为25.3%，拉动全市固定资产投资增长3个百分点。48个基础设施项目获批地方政府专项债94.8亿元，全年完成投资157.9亿元。全市工业技改投资增长18.3%，高于全市固定资产投资15.4个百分点，工业技改投资占全市固定资产投资的比重为30.6%，拉动全市固定资产投资4.9个百分点。174个市级重点工业投资项目全年完成投资190.4亿元。

【企业冲击新目标行动】 全市确定企业冲击新目标行动入库企业100家、后备库企业100家，全年实现营业收入2499.7亿元，比上年增长4.9%。其中，193家工业企业实现营业收入2188.43亿元，增长3.9%。冲击新目标企业全年实施重点项目177个，完成投资145.4亿元。

【房地产开发投资】 全市房地产开发完成投资393.5亿元，比上年增长2.7%，列全省第12位。其中，住宅投资331.08亿元，增长7.7%；商业营业用房投资34.81亿元，下降17.4%；办公楼投资5.35亿元，下降36.8%；其他类房屋投资22.27亿元，下降11.5%。全市房地产施工面积3755.88万平方米，下降9.4%；商品房销售面积554.5万平方米，下降11.8%。

【新立项项目投资】 全市立项500万元以上投资项目1689个，比上年增加595个，项目总投资2996.2亿元，下降1.9%。其中，审批项目208个，增加73个，总投资298.8亿元，增长63%；核准项目64个，增加36个，总投资182.6亿元，增加118%；备案项目1417个，增加486个，总投资2514.7亿元，下降9.7%。

【重点项目建设】 坚持“产业为王、项目为王、企业为王”，分领域分区（市）构建“四个一批”（竣工一批、开工一批、储备一批、谋划一批）项目推进格局。建立完善以市重大项目管理服务平台为载体、以项目单位直报为主要方式的市、区（市）、镇（街道）、项目单位四级联动机制，500万元以上项目实施按月申报，将年度目标分解到季、细分到月，分月制定项目推进任务目标和投资计划，在项目“挂图作战”的基础上强化项目分类预警，同时按照目标加快推进。2020年，全市2169个“四个一批”在库项目完成投资1436.5亿元。其中，165个新旧动能转换重点项目完成投资273.6亿元，232个市级重点项目完成投资572.6亿元。

（谭天宇）

国有资产监督管理

【概况】 2020年，威海市国有资产监督管理委员会狠抓稳增长、促改革、调结构、惠民生、防风险各项工作，有力促进国企国资发展。至年底，市属国有企业资产总额768.18亿元，所有者权益405.73亿元。其中，归属母公司的所有者权益395.61亿元，实现营业收入96.69亿元。

【国有资本布局优化】 编制市属国资国企改革发展“十四五”规划、组织指导市属国有企业编制“十四五”规划纲要，三年滚动发展规划（2021—2023年），引领推动国有资本布局结构调整优化。制定《威海市国企改革三年行动方案（2020—2022年）》，为持续推进国企国资改革向纵深发展奠定基础。引导企业采取资产抵押、融资租赁等方式，大力筹措资金，努力扩大有效投资，促进国有企业转型升级发展。至年底，累计实现投资38.38亿元，融资90亿元。指导推动威海北洋电气集团股份有限公司规范清退历史形成的职工持股3056.07万股，涉及金额5800万元，为实施混合所有制改革扫除障碍。加快推动37户劣势企业清理退出，涉及资产总额12.1亿元，净资产6.2亿元。制定《威海市粮油发展有限公司组建方案》，会同市发展和改革委员会、粮食企业做好威海市粮油发展有限公司组建工作。

【现代企业制度建设】 推动18户市属国有企业全面完成公司章程和董事会议事规则、经理层议事规则的修订完善工作，明确出资人权责17项、董事会权责28项、经理层权责4项，形成各司其职、各负其责、运转协调、有效制衡的公司治理机制。制定市属企业外部董事履职评价及责任追究办法，严格外部董事履职管理，强化对企业银行贷款、出借资金、国企担保等重大事项的决策和监督。加强财务总监管理，改进和规范企业财务运营，为企业增收节支1亿余元，收回三年以上应收款项9312万元，盘活闲置低效资产1亿余元。加强预算管理，建立市属国企净资产收益率、成本费用利润率等9项指标标准值的参考指标体系，强化预算执行，严格考核奖惩。开展对国有企业银行借款、发债、担保等相关风险排查活动，推动企业制定还款计划，切实加强风险管控，有力维护企业稳定运行。

【市场化经营机制建设】 在威海北洋电气集团股份有限公司、威海产业投资集团有限公司等企业或相关岗位开展经理层成员任期制和契约化管理试点，选聘经理层和高技术专家人才5人，按照市场化水平确定薪酬，按合同约定严格考核。制定深化国有企业劳动、人事、分配三项制度改革工作方案，引导推动威海北洋电气集团股份有限公司、威海热电集团有限公司等分行业、分领域率先开展三项制度改革，推动形成管理人员能上能下、员工能进能出、收入能增能减机制。规范国有企业用人管理，建立国有企业用工招聘备案管理制度，收紧用人入口，实行工资总额管控，对违规进人、违规发放薪酬的行为扣减企业负责人考核分数。年内，企业在岗职工人数净减少560人，年可节省人工成本4300余万元。完成全市国企退休人员社会化管理工作，移交社会化管理退休人员1.1万人。

【国资监管体制改革】 研究制定市属国企资产转让管理办法等规范性文件，进一步健全完善威海市国资监管制度体系。面向社会公开择优选聘9家中介机构，对23户市属国有企业进行全面审计，年内发现问题401个，推动企业完成整改326个。完善企业负责人经营业绩考核指标体系，科学设置个性化指标，加强净资产收益率、资产负债率等行业对标考核，增强考核针对性和有效性。搭建全市国企阳光采购电子化服务平台、资金监管平台、市级国资监管系统，提高国资监管信息化水平。

·市属国有企业简介·

【威海国有资产经营（集团）有限公司】

2020年，公司注册资本10亿元，有各类出资企业25家，职工总数400余人，资产总额17.5亿元，净资产8.9亿元，主要业务为股权投资、基金管理、金融服务、资产管理、人才培训等。

公司统筹推进新冠肺炎疫情防控和经营发展，聚焦重点领域，突出主责主业，坚持改革创新，深耕股权投资、金融服务主业，加强基金的本土化运营，与深圳创新投资集团有限公司联合，共同投资本土企业山东百盟信息技术有限公司3000万元，投后估值1.8亿元。投资1000万元的英科医疗科技股份有限公司业绩暴增，投资回报率达10倍以上，直接分红收益2000余万元，为地方上缴税收3000万元。威海投融资市场强化服务中小微企业成长的功能，持续开展股权融资、债券融资、四板市场挂牌、产权代理及不良资产处置等业务，累计帮助威海市中小微企业实现股权融资5000余万元、债券融资3亿余元，挂牌企业达120家。积极培育新的业务增长点，加强与大中专院校的校企合作，投资的哈尔滨工业大学（威海）创新创业园孵化企业达23家，总注册资本4.5亿元。围绕服务精致城市建设，接管环翠区新威附路特色风貌街区1902特色街区的运营。积极践行社会责任，在市属国有企业中率先建设运营社区食堂，年内，环翠区竹岛街道观海社区食堂、梦海社区食堂和环翠楼街道胜利社区食堂接待就餐8万余人次。山东企业家培训基地创新培训方式，累计承办各类培训活动300余场，受训人数超过2万人次，取得良好经济效益和社会效益。全面深化改革取得新突破，全力清理亏损企业，全面清理闲置资产，开展清收拖欠资金、不良债权工作，实施全员绩效考核、全面预算管理。全年实现营业收入1.26亿元，实现投资收益3954.9万元，清收不良资产1257万元。

【威海城市投资集团有限公司】 2020年，公司注册资本50亿元，有下属企业17家（1家分公司，15家全资公司，1家控股公司），产业涵盖城市公用设施建设、房地产开发、资产经营管理、商品混凝土生产与销售、餐厨垃圾处理、城市停车管理、健康医养、物业管理、园林绿化、公路勘察设计和施工等多个板块，是寓投、融、建、管为一体的集团化企业。公司收入总额、利润总额、资产总额分别为19.5亿元、3.6亿元、201亿元。

公司积极落实市委、市政府“做强城投”的战略决策，加快构建“以房地产主业为轴心，以医养休闲等优势朝阳产业为补充，以大会展、大交通产业为特色”的多元经营格局，打造绿轴金融商务区等商业办公地产，与北京国医书院公益基金会、威海市卫生健康委员会合作成立威海国医养生院。强化海洋经济、健康医养、会展、科创、高端酒店等产业载体建设，加快推进威海远遥浅海科技湾区、威海国际经贸交流中心、逍遥湾国际商务酒店、未来科技城等项目，进一步增强城市发展活力和吸引力。

【威海城建集团有限公司】 2020年，公司注册资本1亿元，在职人数165人，拥有房地产开发二级资质、AAA级信誉等级、AAAAA级诚信等级和园林绿化设计、公共设施及市政工程管理、金属制品、物业管理等资质。

公司围绕“党建引领、改革发展”的总体目标，聚焦“三项制度”改革、解决历史遗留问题、盘活低效闲置资产、清理劣势企业等重点任务，综合施策、精准发力，众多历史遗留问题得到有效解决，企业发展逐渐步入正轨。公司实现营业收入3.38亿元，比上年增长16.55%；减少亏损近5100万元，盘活低效闲置资产近90处，累计金额1.17亿元，偿还贷款债务2.1亿元，贷款利率比上年下降超过2个百分点；化解各种矛盾纠纷117起，挽回直接经济损失5200余万元；清理子公司15家。

【威海港华燃气有限公司】 2020年，公司实现销气量近2亿立方米，签约民用户3.7万余户、工商业户300余户。全市累计拥有民用户42万余户、工商业用户1900余户、燃气管线2200余千米。

燃气安全管理　建立有效的安全管理体系，通过实施风险控制，提升安全预管理，将安全管控前移。积极开展“查隐患、查整改、查落实”活动，确保全流程安全管控。强化日常安全监护，组织40余名巡线员对户外管线实行定期巡查巡检，对管网进行全面风险评估，依据评估结果制定管网巡检巡查和监护计划，实现管网泄漏自查率100%。提升安全检查效率和质量，组织50余名入户安检员对居民室内设施实行一年2次的上门免费安全检查，实现“安检一户，安全一户”，保持一级隐患整改率100%，“三年未入户安检”用户入户安检率达100%。设立装备完善的抢险抢修队伍，抢险抢修人员24小时在岗待命。投资1000余万元，建设TCIS客户管理系统、SCADA管网运行监控系统、GIS管网地理信息系统以及管网智能巡检、热线呼叫等十几套信息化管理系统，具备工程报装、燃气具销售、账务收费、移动抄表、移动安检、移动维修、热线派单及物联网表应用等功能，所有业务数据实时上传到“云”，确保数据安全、管理精细、业务流程便捷。融合有关企业的收费系统，对接电子发票和聚合支付，满足用户使用多种渠道申请燃气服务和缴费。

燃气工程建设　全年新建成龙线、环山路、桥头镇、凿山镇等区域次高压管线约3千米，市政中压管线34千米，低压管线61千米。3月—6月，完成环山路次高压管线高家庄、柳林等段工程改造，为环山路顺利通车奠定基础。建成成大线泊于段次高压管线工程，并与荣成市次高压管线对接，实现次高压管线环状供气。

燃气市场拓展　大力发展工商业户，重点在“美丽乡村”、威海综合保税区、初村镇、威海东部滨海新城、葛家镇等区域加大市场推广。拓展天然气在商业热水、辐射采暖、海产品加工等方面应用，9月，与文登威力工具集团有限公司签订天然气分布式能源利用协议，可大幅降低企业用能成本。与威海华夏培训中心有限公司签署天然气分布式能源项目，联手打造“中国生态环保第一城”绿色样板。做好民用户签约安装工作，科学安排施工进度，调度好施工力量，尽早满足用气需求。

燃气客户服务　推行网上办、掌上办、代办、帮办、预约办、一站办好的策略，并通过政企大数据网络平台实现信息共享、提取用户信息、获取用气需求，实现服务的精准高效。简化报装流程，对内部流程进行简化和再造，实现“一天办”“零跑腿”。在确保符合燃气设计规范和保障安全的前提下，根据安装现场实际，做到管线设计美观实用，满足不同的客户需求，提升客户满意度。成立志愿者服务队，全年开展“服务入社区 安全进万家”便民活动80余次，为全市70周岁以上的孤寡弱势群体实行多项免费服务。不断增设各类场站、储气、客服网点等设施，为客户提供更加便捷的服务。

【威海产业投资集团有限公司】 2020年，公司注册资本30亿元，下辖全资、控股、参股等企业53家，存续20只子基金和产业基金，基金规模95.04亿元，累计完成对55个项目的投资，投资金额45.24亿元。公司资产总规模达350亿元，上缴税费1.07亿元，再次入围全市财税地方贡献50强。

融资工作　通过稳定市场信心、拓展融资渠道、引入资金活水等举措，成功化解集中还债危机，确保公司资金正常流转。2020年，公司恢复银行授信22亿元，新增授信4.82亿元。5月和8月，公司分别发行规模15亿元公司债券（票面利率3.87%）和10亿元短期融资券（票面利率3.49%）。

产业投资　成立鲲翔股权投资基金管理有限公司，开启基金投资市场化运作。以“产业引导、产业投资、产业培育”为导向，发挥基金投资对全市经济的助推作用，为全市新旧动能转换及产业集群项目顺利推进注入资金支持。设立子基金和产业基金19支，总规模141.57亿元。2020年，累计实缴出资额48.4亿元，完成投资的项目54个，投资金额42.6亿元。

金融服务　集合运用担保、小额贷款等方式，着力缓解企业融资难、融资贵的困境。公司依托“信财银保”企业融资服务平台，通过管理和运行企业信用保证基金，在担保增信、应急转贷和风险补偿3个方面支持中小微企业发展，累计发放各类贷款811笔，金额48.39亿元。

民生服务　严格落实“六稳六保”，公司累计为75户业主减免租金490万元。积极配合海港公园改造工程，按期完成老港区整体搬迁。公司承担威海市民卡工程建设，累计发卡160余万张，实现公共交通、支付、信用、公共服务和卡服务等应用场景的线上线下融合。

【威海市交通发展投资有限公司】 2020年，公司注册资本26.44亿元，有内设机构8个，下属企业4家。公司聚焦主责主业，积极参与政府重大工程，持续壮大企业规模，培育稳定利润来源渠道。公司资产总额达35.22亿元，比上年增长17.31%；所有者权益32.08亿元，增长12.21%；上缴国有资本收益235.44万元；全年营业收入2.92亿元，净利润1424.25万元，人均净利润 52.8 万元，人均税收 24 万元。

基础设施建设　公司围绕环山快速路（省道 201 威东线）项目，严格管控项目资金，建立联席现场全过程审验审签机制，确保专款专用，全年完成项目投资 2.1 亿元，累计 17.93 亿元。作为环山快速路(省道 201 威东线）电力迁改工程实施主体，顺利完成投资 1.7 亿元的电力迁改工程。围绕国道 18 线荣乌高速等重大交通基础设施建设工程，编制"投资、建设、运营"一体化方案，报市政府参考。与山东高速集团有限公司、部分中央企业和金融机构开展合资合作，着力打通"央企资金和社会资本进入威海交通基础设施领域"的大通道，初步设立 30 亿元的建设基金，基本做到"只要项目施工条件具备，项目资金保障到位，债务自我平衡到位"。公司积极谋划储备市场项目，初步锁定的项目有荣成核工业园、乳山高铁片区、威海综保区仓储及厂房代建设、环翠区张村片区综合改造等，可实现净利润 3000 万元，净利润率为 6%。

遗留债务清偿　公司积极承接原归属威海港集团有限公司的防波堤、航道等非经营性资产 1.44 亿元，对应负债 1784 万元；与威海港集团有限公司逐步理顺疏港铁路维护运营体系，并结合威港铁路公司资源优势，与威海综合保税区围绕"四港联动"进行业务拓展，理清经营发展思路。

营收渠道拓宽　积极开展施工代建业务，大力发展物资贸易，增加中铁十四局集团有限公司、中铁十八局集团有限公司、中铁十九局集团有限公司和中国建筑一局（集团）有限公司等合作伙伴；业务布局逐步拓展到省内主要城市及新疆维吾尔自治区、陕西省、天津市、辽宁省等省外市场，全年完成物资贸易产值 3.4 亿元。已签订并正在履行的合同 20 亿元，已达成意向、并着手准备签署的合同金额 10 亿元，合同平均毛利率均为 30%，净利润率为 6%。

【威海市东山宾馆有限公司】　是威海市政务接待宾馆，地处威海城区东山南麓、威海湾畔，占地面积 6.12 万平方米，建筑面积 5.08 万平方米，海岸线长 880 米，三面环海，一面傍山，是一座园林式的现代化宾馆，先后成功接待党和国家领导人以及外国元首、政要 300 余人次。公司拥有各类型会议室 14 个，各类高、中档客房 270 余间，中西风格的美食餐厅和休闲长廊，设施齐备的康乐中心、美容美发厅、商务中心，可满足不同层次客人的消费需求。

2020 年，公司实现营业总收入 3855.44 万元，比上年减少 5.1%；实现净利润 −154.63 万元。至年底，公司资产总额 2.3 亿元，增加 10.5%；负债总额 6558.79 万元，减少 2.2%；所有者权益总额 1.65 亿元，增加 16.6%；资产负债率为 28.51%，下降 3.7 个百分点。

【威海粮油发展有限公司】　成立于 2020 年 9 月，是威海市人民政府为推动市属国有粮食企业改革发展，进一步增强粮食市场宏观调控和粮食安全保障能力而组建的国有粮食公司，为市属一级国有独资公司，注册资本 1 亿元，下设子公司 4 家，有员工 57 人，先后获评中央储备粮管理先进单位、全国粮油仓储规范化管理先进企业、山东省规范化管理十佳示范粮库等。

公司聚焦粮食储备主责主业，建立健全各项管理制度，制定完善岗位标准、工作规程和应急预案等管理制度 110 余条，"四无"粮仓（"无害虫、无变质、无鼠雀、无事故"粮仓）率常年保持 100%。严格落实仓储管理措施，认真执行《威海市地方储备粮管理办法》和"一规定两守则"管理规定，各类储备粮全部达到管理要求。加强科学储粮技术应用，组织实施仓储设施改造、粮库智能化升级和"一整两通"（整合资源，打通数据、贯通应用）项目建设，粮食数据信息全部实现与省粮食和物资储备局互联互通，"机械通风、微机测温和环流熏蒸"3 项储粮技术应用达到 100%。2020 年，实现商品粮销售收入 1621.19 万元、成品粮油销售收入 1522.69 万元。

（王海兰）

市场监督管理

【概况】　2020 年，威海市市场监督管理局以党建为统领、以实干为根本、以创新为动能，抓实监管守底线、做优服务拉高线，各项工作成效显著。谋划市委创新突破项目 6 项、市政府为民办实事项目 2 项，4 项工作获得市委市政府主要领导肯定性批示；先后 12 次在省市场监督管理局、山东省药品监督管理局工作会议上作典型发言，省市场监督管理局、省药品监督管理局 9 次以工作简报、正式文件等形式推广威海市工作经验；先后获评山东省市场监管系统抗击新冠疫情先进集体、全国市场监管系统抗击新冠疫情先进集体、全国食品安全工作先进集体、威海市工作优秀单位。

【食品安全监管】　2020 年，统筹完成全市食品安全监督抽检 2.75 万批次，合格率 98.3%，达到任务完成率、结果公示率、不合格产品立案率、核查处置率"四个 100%"。牵头推进食品安全放心工程建设"八大攻坚行动"（农业投入品管控治理、食品生产质量安全提升、食品流通质量安全提升、餐饮质量安全提升、农村假冒伪劣食品专项整治、食品保健食品欺诈和虚假宣传专项整治、食品安全"校园守护"、进口食品"国门守护"），全市检查 5.6 万家次，查处案件 742 起，比上年增加 25.1%，销毁假冒伪劣食品 10 余吨。建立食品生产风险"大数据"风险分级监管模式，对全市 910 家食品生产企业进行风险赋分，组织对 15 家高风险食品生产企业进行质量安全管理体系检查。推进小作坊规范提升，检查食品小作坊 720 家次，发现问题 286 个，责令整改 132 起，立案 53 起。企业食品安全自查覆盖率、食品安全管理人员监督抽查考核覆盖率均达 100%。实现重点食品生产企业食品安全追溯体系全覆盖，数据信息录入量居全省第 1 位。创新农贸市场快检模式，在占全市 85%

以上供应量的4家食用农产品批发市场推行第三方快检机构进驻模式，实行食用农产品入市前每日每车每批必检，对不合格的一律封存销毁，实现全域食用农产品批发市场第三方检测，累计实施快检22.7万批次，退市销毁不合格食用农产品43批次。加强学校食堂和校园周边餐饮单位食品安全监督管理，检查学校及周边餐饮店3500家次，责令整改23家，立案查处6起，罚款1.5万元；抽检学校食堂食品535批次，发现4批次不合格食品均依法处置。

【药品医疗器械安全监管】 指导药品零售连锁企业建设远程审方服务平台，将执业药师由“药店分散配备”到“总部集中使用”，解决药师不足和不在岗难题。2月，燕喜堂、迪沙药堂2个远程审方服务平台建成启用，日均审方5000余件，新冠肺炎疫情期间日均超过1万件，至年底全市远程审方平台总数达6个。委托第三方机构开展处方药及含麻黄碱类复方制剂销售管理暗查暗访，协调市医疗保障局等部门采取暂停医保资格等联合惩戒措施，全市累计检查零售药店3125家次、药品使用单位1631家次、化妆品经营单位811家次、疾病预防控制中心16家次、疫苗接种单位253家次，立案查处394起，罚没款114.47万元。在全省首推药品绩效评估和群众满意度测评工作常态化，全市药品安全总体满意度达94%。开发“药学堂”威海市药品从业人员培训系统，提升全市药学服务人员综合素质和水平。开展简化乙类非处方经营审批手续试点，审批并运行经营总部1家和门店15家。11月24日—25日，省药品监督管理局在威海市召开全省漠视侵害群众利益问题推进药品零售综合治理工作现场会。与会人员集体观摩威海市药品精细化监管、简化乙类非处方药经营审批手续试点、创建药品远程审方服务平台和“药学堂”培训考核平台等工作，学习在药品零售综合治理工作方面的威海经验、威海模式，威海市相关工作做法作为典型在会上交流。

打造医疗器械检查员实训基地1处，培育医疗器械经营质量管理示范单位1家。加强医疗器械经营使用环节监管，对冷链管理经营企业、隐形眼镜经营企业、网络销售医疗器械企业、体验式销售医疗器械企业、医疗美容机构、三级医院等重点单位实行全覆盖检查，完成各类医疗器械抽检41批次，检查医疗器械经营企业1507家，责令整改112家，警告45家，立案查处19家，罚款41.7万元，注销医疗器械经营备案凭证34家，把15家失踪企业列入经营异常名录；检查使用单位811家，立案查处7家，罚款6.5万元。1起无证生产经营软性角膜接触镜案件被列入公安部督办案件。

【特种设备安全监管】 牵头开展液化石油气钢瓶安全专项整治行动，立案查处非法充装行为17起，行政处罚83万元。全市完成气瓶产权置换24.6万只，回收废旧气瓶19.7万只，城乡气瓶用户使用的合格气瓶比例由25%提高至97.63%，专项整治工作经验被省市场监督管理局推广。开展快开门式压力容器、陆岸起重机、电站锅炉阀门、移动式压力容器使用、充装单位隐患排查和专项整治行动，检查企业559家（次），发现并督促整改隐患233项。开展电梯维保单位考核，对电梯困人次数较多的10个使用单位和10个维保单位的负责人进行集体约谈。推进电梯责任保险普及，为1.34万部在用电梯购买电梯安全责任保险，投保率62.91%，其中公众聚集场所电梯投保2481部，投保率98.65%。推进特种设备定期检验工作，实施“提高定检率六步工作法”，检验特种设备4.21万台，定检率保持100%。

【质量安全监管】 开展生产领域产品质量监督抽查1407批次，发现不合格39批次，开展网络抽查28批次，发现不合格9批次，开展纤维制品专项抽查61批次，产品全部合格。对定配眼镜、钓具等产品实施市县联动抽查，提高监督抽查工作效能。开展流通领域产品质量抽检4075批次，发现不合格261批次。加强环境保护工作，抽检成品油1122批次，发现不合格7批次，立案查处7起；抽检散煤227批次，全部合格。所有不合格产品均依法处置。开展非医用口罩、电线电缆、危化品及包装物、纤维制品等生产企业产品质量专项检查和制冷设备、防水卷材、食品相关产品等重点产品生产企业“专家检查”，检查企业149家，提出整改建议441项，责令改正11起，立案查处4起。日常监督检查生产企业505家，发现问题105起，全部完成整改。开展新冠肺炎疫情期间非医用口罩、妇女儿童用品、消防安全等流通领域产品质量专项整治，检查各类企业734家，责令整改27家，立案处罚21起。

【消费环境治理】 推进“放心消费”创建工作，全市申报放心消费创建单位1503家，培育示范单位1280家，申报省级放心消费示范单位60家。开展格式合同专项整治，检查公共服务业等重点领域单位321家，责令改正5起，立案处罚3起，行政约谈5次。加大消费教育引导力度，开展“3·15”系列活动，发布提示警示7篇次。建立投诉举报2小时回应和24小时快速处理机制，2020年，全市市场监督管理系统办理投诉举报4.41万件，始终保持投诉举报按期办结率、办理过程满意率和结果满意率3个“百分之百”。

在商场、超市、景区等贴近消费一线的场所布设线上线下一体化消费维权服务站69处，制定《消费维权服务站建设运行规范》，健全商品质量承诺、不合格商品退市等制度，着力打造“小纠纷不出柜台、中纠纷不出商超、大纠纷不出商圈”的消费维权“枫桥经验”。7月，消费维权服务站投入运行，至年底处理消费纠纷899件次，和解成功率达98.7%，为消费者挽回经济损失58万元。

市市场监督管理局与市中级人民法院、威海仲裁委员会建立诉调、裁调对接工作机制，借助司法力量确保调解协议具有法律效力。会同市律师协会聘请22名律师组建消费维权律师团，负责协助研究案件，开展消费提醒、参与消费体察，支持消费者通过诉讼途径维护合法权益。

围绕涉企收费、口岸收费、疫情防控物资、转供电、医疗服务、行业协会商会、物业收费等价格领域，强化监督检查，持续打击哄抬价格等违法行为，全市查处各类价格案件293起，罚款823.74万元，没收违法所得301.48万元。针对机动车检测收费问题，引导经营者合理定价，全市38家机动车检测单位下调检测费用10%左右。

加强与电子商务平台监测监管合作，与美团电子商务平台开展政企共治战略合作，加强信息共享，2020年，美团电子商务平台向市市场监管局推送投诉重点商家52户。在汽车消费领域、预付式消费格式条款、侵害消费者个人信息违法行为、网络传销等社会热点领域治理方面破题，查办案件8起，起到行业震慑作用。

开展对“软色情”三俗广告、旅游景区非法资讯信息、互联网金融投资广告、以健康养生节目形式变相发布广告、网络直播行业等集中清理整治行动，监测各类广告4.2万条，处理涉嫌虚假违法广告线索57条，责令停止发布广告150余条，查处广告案件216件。

深入推进“无传销”村（社区）创建，并被中共威海市委政法委员会纳入“七无”联创工作部署。全市查处传销窝点150个，教育遣散传销人员1380人，立案查办传销案件202起，罚没款253.59万元。抓好涉黑涉恶线索排查和行业治乱工作，排查线索3条，1条线索被市公安局核查处置。

完善执法协作和行刑衔接机制，市市场监督管理局与威海海关、荣成海关签订《联动机制协议》，共同建立健全信息共享、案件协查、联合执法等机制，联合查办各类走私案件18件，成功查获涉嫌侵权国际知名品牌案件1起，涉案货值1.3亿元。健全市市场监督管理局、法院、检察院、公安局等部门参加的“两法衔接”联席机制，就案件移送标准等形成指导意见下发全市执行。联合市公安局、检察院等部门组织开展烧烤食品以及蔬菜中使用禁用农药、禽蛋类食品、假药劣药等专项行动，查处各类案件47件，移送公安局案件12件。

【质量提升推进】 组织开展企业质量提升暨首席质量官培训2期，培训252人，首席质量官数量总数达2331名，威海市首席质量官工作经验被《中国质量报》头条刊发。环翠区旅游服务基地、威海火炬高技术产业开发区医疗器械基地被认定为2020年度山东省优质产品基地。3家企业被认定为山东省龙头骨干企业，8家企业获评山东省民营企业品牌价值百强，12家制造业企业和2家服务业企业入围2020年度山东省高端品牌培育企业名单。山东省优质医疗器械产品基地品牌价值604亿元，居制造业榜首。制造业产品质量合格率居全省第2位，区域品牌发展指数居全省第5位，兑现品牌奖励资金210万元。

加大质量、环境、电子商务等领域管理体系认证引导和扶持力度，落实扶持资金114.15万元。2020年，全市新增各类管理体系认证证书848张，新增“泰山品质”认证证书1张。落实认证进口便利化政策，发放3C免办证明18张。开展资质认定检验检测机构、强制性产品认证、认证活动等监督检查，在省级抽查基础上，实现检验检测机构检查全覆盖，发现问题502条，责令改正76家，立案查处5起；对205家企业进行认证活动监督检查，发现问题191条，责令改正75家。经验做法在全省认证认可工作会议上进行典型交流。

5月14日，威海市市场监督管理局与威海海关联动协作机制协议签署仪式举行
（威海市市场监督管理局 提供）

深入开展“计量服务中小企业行”活动，为企业校准计量器具2600余台件，提供参数测量测试服务150余次。积极做好新冠肺炎疫情期间计量保障工作，检测红外测温仪2760支，停用210支，为5231家单位减免计量检定费用588.3万元。按期完成45家重点用能单位能源计量审查工作。全市新增社会公用计量标准25项。与省计量科学研究院、威海市天罡仪表有限公司签署战略合作框架协议，承接全省民用四表（水表、电表、热能表、燃气表）“二检合一”（出厂检定与首次强制检定合并实施）改革试点工作。加强计量监管，开展在用计量器具、定量包装商品净含量等计量监督抽查，以及眼镜制配场所、加油机等重点计量器具计量专项监督检查，抽查企业1143家，发现问题177起，立案查处53起。

【知识产权发展与保护】 突出高质量创造，各项指标稳步提升。全市申请专利1.26万件，其中发明专利申请2254件、实用新型专利申请9072件、外观设计专利申请1278件。全市授权专利8510件，其中发明专利授权703件、实用新型专利授权6627件、外观设计专利授权1180件。全市累计拥有有效发明专利3788件，比上年增长17.2%，万人拥有有效发明专利量13.40件。全市获得中国专利优秀奖1项，山东省专利奖一等奖1项、三等奖2项。

市市场监督管理局、地方金融监督管理局等部门联合印发《威海市知识产权质押融资风险补偿实施办法》《关于〈威海市金融业发展绩效考核办法〉的补充通知》，2020年，促成知识产权质押融资登记74件，比上年增长289%；质押金额8.2亿余元，比上年增长460%。《企业知识产权管理规范》国家标准体系建设增量提质，60家企业通过贯标认证。重点产业导航项目建设取得新突破，3个项目被纳入2020年山东省重点产业导航项目。在省内率先成立威海市知识产权人民调解委员会，为知识产权纠纷提供快速、灵活、经济的解决渠道，全年调解案件79件，成功和解75件。

【标准化战略实施】 在全省率先开展市级地方标准制定、标准化试点建设工作，发布标准8项，立项试点项目23项，落实标准化资助资金485.5万元。组建包括97位专家的标准化专家库，培树标准化项目典型50个。加强标准监督，抽查企业执行标准706项、团体标准13项，发现并督促整改问题83项。指导相关单位做好国家医疗器械技术标准创新基地和新型城镇化标准化国家级试点建设工作，完成国家标准化综合改革试点项目，全年申报国家级标准化试点9项，获批立项“山东标准”项目5项，3项标准获评2020年度国家标准化管理委员会“企业标准领跑者”。依托威海市标准信息服务平台和韩国标准法规信息与预警服务平台，为企业提供全方位标准技术服务，发布预警信息、技术贸易措施通报、出口受阻信息等919条。

（朱子龙）

政府审计

【概况】 2020年，威海市审计局以“提质增效”为目标，依法履行审计监督职责，做好常态化“经济体检”。全年完成审计项目60个，查出主要问题金额447.45亿元，被审计单位采纳建议112条、建立健全规章制度81项，在政府投资审计领域直接节约财政资金投入7.87亿元，2个项目被省审计厅评为优良等次。

【政策跟踪审计】 市审计局将推动国家重大政策措施落实作为首要任务，集中力量在一个时段内把一个领域、行业中最突出、最关键的事项审深审透，将年度审计计划与重大政策措施落实情况跟踪审计相统筹，加强政策跟踪审计与其他专项审计的融合，在新冠肺炎疫情防控、稳就业等9个领域实施政策跟踪审计，并将3个开发区“一次办好”改革和减税降费政策落实审计调查与开发区预算执行审计结合开展，最大限度扩展覆盖面。

【预算执行审计】 统筹市、县两级力量，综合分析市本级86个一级预算单位预算执行总体情况以及项目支出执行结果等数据，对4个一级预算单位进行全面审计，对13个一级预算单位进行现场重点核查，对44个一级预算单位下发数据分析疑点自行核实函并反馈核查结果，首次实现一级预算单位预算执行审计全覆盖，数据采集分析覆盖至201家二级预算单位，形成“大数据团队统一分析＋被审计单位自核自证＋现场重点核实”的运作方式，助力统筹盘活资金11亿元以上。

【经济责任审计】 市委组织部、市委审计委员会办公室、市审计局联合印发《威海市市管领导干部经济责任审计工作五年规划（2020—2024)》，增强项目安排主动性，完善任中、离任审计搭配更加科学的工作机制；积极向“审管理、审制度、审决策、审绩效”转变，在关注财政财务收支审计基础上，同步关注单位内控制度、信息系统、业务一手资料，更加有效地发挥“利剑”作用。拓宽提示提醒渠道，市委组织部、市委审计委员会办公室、市审计局联合印发《威海市市管党政主要领导干部和国有企事业单位主要领导人员任前经济责任以及自然资源资产管理和生态环境保护责任告知办法》，将领导干部应履行的经济责任明确列入任前告知内容。市审计局编印重点风险防范手册，对近年审计发现的典型问题进行梳理并以一封信的形式送达288名市管主要领导干部，有效防患于未然。

【领导干部自然资源资产离任（任中）审计】 建立经常性审计制度，规范进行领导干部自然资源资产离任（任中）审计，开展威海南海新区、市水务局领导干部自然资源资产审计。重点关注水资源、海洋资源、森林资源资产管理和生态环境保护责任履行情况，进一步探索应用地理信息技术，推动领导干部履职尽责，促进自然资源资产节约集约利用，维护生态环境安全。

【政府投资审计】 以制度促规范，对5个制度办法进行修订，印发《威海市级政府投资项目参审中介机构管理及考核办法（试行)》和《威海市审计局政府投资项目跟踪审计操作规程（试行)》。坚持审造价、审财务、审管理、审质量、审绩效“五审并举”，积极探索BIM（建筑信息模型）等新技术新方法，探索适时跟进、适时分析、适时监管常态化模式，经验得到审计署、省审计厅推广。

【民生审计】 深入贯彻以人民为中心的发展理念，统筹重点项目和涉及民生项目，进一步增强民生审计的系统性、覆盖面。先后对扶贫、乡村振兴、新冠肺炎疫情防控、社会福利和社会救助、保居民就业等各领域政策落实情况实施审计，并结合威海市实际开展全市基本养老保险基金审计。

【审计信息化建设】 坚持“向大数据要资源，向信息化要效率”，按照“数据先行、平台支撑、应用常态、网络安全”总体思路，统筹市、县一体数据分析团队，首次实现市、县两级一二级预算单位财务数据全覆盖采集分析；培养全员“政策＋业务＋数据”综合运用能力，持续推进完善“双主审、双报告”运行模式，大数据审计工作位居全省前列。

【内部审计指导】 持续完善内审工作制度框架，以强化指导为抓手，创新培训交流工作机制，以监督检查为导向，推动内审工作提升质量，实现“指导更加精准全面、监督更加常态有力”的具有威海特色的内审工作模式，推动内部审计工作成为部门单位严肃内部财经纪律、加强内控管理、维护经济秩序的重要手段。

【审计整改】 健全台账管理与集中推进相结合的机制，采取“拉单、挂账、销项”的方式压实主体责任、持续跟踪问题整改，针对49家单位近年未按时整改的219个问题进行集中督查。加快构建“五联动”机制，全力发挥市委审计委员会的统领作用，加强与市人大的联动监督，健全与市纪检监察机关的监督贯通机制，推进与市经济责任审计工作联席会议的协同配合，强化与市政府督查室的联合督查。审计发现问题整改落实情况首次被纳入全市目标绩效考核体系，进一步形成全方位、全过程的整改格局。

（潘　康）

自然资源和规划管理

【概况】 2020年，全市自然资源和规划系统正确处理"保护"与"保障"、"变"与"不变"的关系，在自然资源保护、生态文明建设、城市规划研究、国土空间规划体系构建、服务保障高质量发展、资源节约集约利用、优化营商环境等工作中攻坚突破，推动自然资源和规划工作再创新局面、再上新台阶。

【自然资源保护】 严肃开展耕地保护督察问题整改和专项整治行动，印发《中共威海市委 威海市人民政府关于进一步强化耕地保护工作的意见》，进一步健全执法监管机制，强化自然资源保护。有序推进"大棚房"清理整治"回头看"、农村乱占耕地建房等一系列专项行动，逐步健全完善新时期耕地保护政策体系和工作格局。持续保持对违法违规行为的高压态势，不断完善执法工作机制，严格落实动态巡查制度，全年开展各类巡查2340余次，发现和制止违法行为440余宗，完成2019年度卫片执法检查和2020年度季度卫片执法检查工作。至年底，全市耕地面积19.37万公顷，划定永久基本农田16.27万公顷，均超额完成省政府下达的任务目标。持续推进第四轮矿产资源总体规划和地热资源专项规划编制，大力开展绿色矿山建设，成功申报国家级绿色矿山1家和省级绿色矿山7家。严格做好矿山安全生产排查，制定《威海市自然资源和规划系统安全生产专项整治三年行动（2020—2022年）实施方案》，累计出动检查人员984人次，现场检查矿山企业692家次。

【生态文明建设】 聚焦矿山生态建设，大力开展废弃矿山修复，构建生态文明建设"威海样板"。积极配合中央、省生态环境保护督察，积极推动《威海市矿山地质环境保护与治理规划（2018—2025）》和《威海市矿山地质环境治理三年行动方案（2018—2020）》实施，紧盯废弃矿山治理目标，从创新治理模式入手，探索"多方融合参与"的新模式，建立"省市级奖补资金为引导、县级投入为主体、社会资金参与为补充"的多元化资金筹措机制，近3年先后争取奖补资金7380万元，县级财政投入达4亿元，吸引社会资本6.03亿元，环翠区里口山风景区废弃矿山治理项目、威海经济技术开发区大岚山废弃矿山修复项目等均由社会资本投资治理，为社会资本参与治理积累经验。至2020年年底，计划修复的151处废弃矿山全部完成治理，矿山地质环境治理"三年行动"完美收官。

3月25日，全市耕地保护督察意见整改工作推进会议召开

（蒋方炎　摄）

【国土空间规划编制】 聚焦体系创新，超前谋划未来发展空间格局，国土空间规划编制试点取得较大突破。2020年，完成市级总体规划文本、图集及17个专题研究，形成"1+1+17"的成果体系，总体工作进度达60%，成果质量、推进速度均居全省首位。威海市建立的"市、县、镇总体规划＋专项规划＋详细规划"的国土空间规划体系得到业内专家和同行的高度评价，先后有10余个地市到威海市考察学习。8月，在全省国土空间总体规划编制工作会上，威海市作为国土空间规划编制试点城市进行典型经验交流。省自然资源厅将威海市国土空间总体规划编制经验作为典型，推荐到自然资源部国土空间总体规划会议上进行交流，并作为省自然资源厅空间规划处年度创新材料。

【村庄规划编制】 开展国土空间规划体系下的村庄规划工作。优化完善村庄分类，按照因地制宜、科学论证、严格把关的原则，全面分析村庄资源禀赋、区位条件、经济状况及群众意愿，重新调整完善村庄分类方案，具体分类为城郊融合类60个、集聚提升类1572个、特色保护类65个、搬迁撤并类33个、暂不分类175个。建立动态优化机制，根据国土空间总体规划实施评估情况、影响村庄发展的重大因素或资源禀赋的变化，对村庄分类进行动态优化调整。打造村庄规划精品工程，确定威海临港经济技术开发区汪疃镇祝家英村为威海市村庄规划精品村庄。推进村庄规划编制，积极推进有条件、有需求的村庄规划应编尽编，编制完成村庄规划70个（包含行政村79个）。全面提高村庄规划编制水平，探索形成一批可复制、可推广的经验做法，为打造乡村振兴齐鲁样板贡献规划力量。开展县域村庄布局规划，在市级国土空间总体规划基础上，全面分析村庄资源禀赋、区位条件、经济状况、传统历史、人文底蕴及群众意愿，确定乡村地区未来发展重点和方向，落实国土空间总体规划"三条线"（生态保护红线、永久基本农田保护红线、城镇开发边界）管控要求，统筹推进美丽宜居乡村建设。

【城市规划研究】 全面提升城市规划设计精细化、数字化、智能化设计水平，通过与国内知名团队合作，创造出集规划实施环节、衔接规划管理全生命周期的“二三维一体数字化解决方案”，实现规划要素的精准传导和三维立体智能管控，相关技术获得2020年度地理信息科技进步奖一等奖和中国测绘科学技术奖。通过该平台，可实现设计方案的智能审查、多方案比选、规划要点智能生成、建筑方案精细审查等，工作效率提升216倍，管控精度提升12倍，管控要素从传统5类增加为60类，先后利用该平台完成华发九龙湾、老港区、滨海步道等20余个项目设计方案的审查反馈。完成老港区城市设计改造项目，在2019年概念性规划方案和功能策划初步成果的基础上，进一步深化完善，通过专家评审，形成最终成果。启动中心市区低效用地调查，针对中心城区沿路、沿山、临海存在的布局散乱、使用粗放、建筑破旧等情形的低效用地，从城市风貌、用地性质、发展潜力3个方面进行识别，逐地块进行摸底调查，并进行论证研究，提出规划整治建议和概念性规划方案。研究制定新的《威海市国土空间规划管理技术规定》，通过借鉴国际先进规划管理经验，开展涵盖建筑土地管理、市政道路、环境卫生、园林绿化等多个领域的“技术规定”修编工作，及时根据新形势、新要求进行更新完善。

【高质量发展服务保障】 严格落实“要素跟着项目走”机制，推进新增指标分配实现项目化、精准化，加快构建全市“四个一批”（竣工一批、开工一批、储备一批、谋划一批）项目高效推进格局，对急需落地的重点产业、民生和防疫项目，实行指标预支政策，提前介入，容缺受理，全年报批新增建设用地指标342.87公顷，为省重大项目报批专项用地指标72.6公顷。在新冠肺炎疫情期间，坚决落实要素资源保障机制，为威高生物疫苗、云龙防护服等项目预支新增指标15.87公顷，确保项目快速落地、快速投产。履行政府土地管理职责，规范土地市场运行，提升土地引导资源配置的能力，全年完成市区经营性用地出让49宗、245.47公顷，总成交价款96.2亿元，收回土地41宗、63.33公顷。全力推进“标准地”制度改革，印发《威海市“标准地”改革实施意见》，及时组织各区（市）、开发区开展区域总体评价，制定本区域“标准地”控制指标体系，全市按“标准地”模式出让工业用地28宗，占全部工业用地的56%。

【资源节约集约利用】 严格落实“增存挂钩”机制，持续推进批而未供和闲置土地处置，全年完成批而未供土地处置630.2公顷、闲置土地处置508.7公顷。加大市区范围内闲置土地处置力度，启动对疑似闲置土地的调查认定程序，依法依规公示闲置土地17宗，组织听证6次，起到处置一宗、带动一批、震慑一片的效果。开展农村闲散土地盘活行动，完成土地处置229.9公顷，处置进度达45.6%。积极探索土地节约集约利用新路径、新模式，全面推进城镇低效用地再开发，组织对全市存量建设用地进行调查摸底，积极申报城镇低效用地再开发示范区。扎实推进土地二级市场建设，初步建成“线上”“线下”平台融合、数据互通共享、信息集聚安全的土地二级市场。审慎稳妥推进集体经营性建设用地入市，完成用地规模、布局等现状的摸底调查，开展农用地和集体建设用地基准地价制定，为后续工作打下坚实基础。开展中心城区低效用地规划整治，在中心城区选择40个片区、面积1279公顷的低效用地作为首批处置对象，从产业转型类、功能完善类、商住开发类、生态修复类4个方向分类施策，计划用3年的时间完成处置，坚持“大统一、小灵活”的政策运用原则，出台一系列优惠政策，至年底，完成土地收储188.6公顷，其中已出让92公顷，约定限期开发5.67公顷。

【营商环境优化】 推行工程建设领域设计方案联审改革，市自然资源和规划局、住房和城乡建设局等部门联合印发《威海市工程建设项目设计方案联合审查工作细则（试行）》，进一步简化建设工程规划许可办理流程，切实提高审批效率，实现建设项目设计方案网上联合审查，最大限度方便企业和群众。大力开展“多测合一”改革，市自然资源和规划局印发《威海市工程建设项目“多测合一”管理办法》及相关配套文件，将工程建设涉及的8个测绘项目整合为1个综合测绘项目，将“多次申请、多家实施、重复测量”改为“一次委托、一家机构、一次测绘”，通过办事手续、环节上的“减法”，达到服务质量上的“加法”，总体测绘时间节省20个工作日。积极推进行政许可职能转变，将所有依申请事项纳入行政许可服务范围，规范行政许可事项运行，挑选办理量大、群众关切的高频事项纳入“一链办理”范围，大力推行承诺告知和容缺受理机制，全年行政许可事项办结率、满意率继续保持100%。

【不动产登记管理】 大力推行“互联网+不动产登记”服务模式，全部50类业务可直接在省政务服务网不动产登记“一网通办”平台和“爱山东”App上实现“网上办”“掌上办”。开展“威海市不动产登记电子证照库”推广应用，用“电子证书”逐步替代纸质证书，实现“让数据多跑路、让群众少跑腿”的目标。拓宽服务渠道，不断丰富便民服务举措，推行一线工作法，实行不动产登记“一线办、下沉办、进社区办”，全年提供上门服务300余次，通过绿色通道为特殊群体提供服务400余次，建立140处“互联网+不动产登记”合作网点，大力推行“拿地即办证”“交房即办证”“验收即办证”等多项惠民利企业好政策。以“快速办”为目标，开展营商环境专项优化，实现与市公安局、民政局等15个部门、31个接口的信息共享，达成不动产登记与水、电、气、暖同步过户目标，全面推广应用办结模式，即时办结或者1个工作日内办结业务类型占到全部业务类型的87.5%。继续深入解决历史遗留问题，全年累计解决4.3万套住宅土地房产办证难题，全力做好民营企业土地房产历史遗留问题化解，完成47个项目的土地房屋登记。

【地籍和测绘管理】 全面完成第三次国土调查统一时点更新调查。建立即时网上培训、省市两级对接反馈等5项工作制度，并严把市级核查质量关口，严控成果上报时限，按时完成全市三调初始库52.2万余个图斑、统一时点更新调查62万余个图斑的县级自查及市级核查，完成9.5万余个图斑的外业举证及内业建库，顺利完成市级三调数据库管理信息系统、数据分析系统、共享服务平台布设。有序推进“十四五”基础测绘规划编制，及时开展市区430平方千米框架数据和“天地图”省市联动更新，重新编印《威海市地图》《威海城区图》，加强测绘行业监管力度，注重“地理信息＋大数据”有机融合，与相关部门共同研发重大项目建设全周期监管系统、农作物长势估算系统等，“天地图”推广应用取得良好成效。

（张钦钦　蒋方炎）

统计管理

【概况】 2020年，威海市统计局统筹开展新冠肺炎疫情防控和统计工作，做实、做精、做细各项统计服务保障工作，以高质量统计服务高质量发展。

【普查调查】 坚持抓源头、强基础，抓培训、重指导，抓调研、多调度，抓协调、促沟通，认真做好普查机构组建、宣传动员、综合试点、区划制图、“两员”（普查员和普查指导员）选聘培训、摸底、现场登记等各项工作；创新工作理念，推出结合新冠肺炎疫情防控做好人口基础信息收集、将人口普查登记情况纳入信用管理、利用大数据推算威海市人口结构信息、“分片包干”督导等举措，不断提升普查工作质量。编辑发布第四次经济普查数据公报，整理汇编《威海经济普查年鉴—2018》，与山东大学（威海）合作开展分专业、多角度系列分析研究，完成普查课题12篇，着力打造第四次经济普查课题研究的“威海特色”。认真做好新冠肺炎疫情期间居民消费价格调查、春季蔬菜生产情况网络快速调查、社会评价及各项月报、季报、快速调查等常规调查。

【监测预警】 市统计局印发《全市经济运行月度分析报告制度工作方案》，及时收集汇总20个相关责任部门的141项指标当月完成情况及下月预警情况，全面研究分析主要经济指标运行情况、存在的问题。建立经济运行分析例会制度，印发《威海市统计局经济监测预警工作办法》，聚焦主要经济指标和相关考核指标，加大新冠肺炎疫情期间企业复工复产调度频次，加强重点领域、重点行业、重点区域、重点企业监测预警，每月定期召开会议，横向、纵向比较运行态势、变化趋势。高度关注数据变化情况，密切部门沟通衔接，及时反馈相关职能部门，提高预警监测能力水平。撰写《运行预期谨慎乐观　用工短缺不容忽视》《准确把握形势积极化疫情危机为发展转机》等分析报告，积极服务领导决策。

【数据质量提高】 市统计局发放《防范和惩治统计造假弄虚作假重要文件选编》201本，印发《威海市统计局防范统计造假提高数据质量五年工作规划》《关于认真做好部门统计工作的通知》《关于进一步清理纠正违反统计法精神文件和做法的函》《关于进一步巩固统计造假专项整治成果推进统计法治工作的通知》等，认真做好领导干部违规干预统计工作记录台账填报工作，查遗补漏，逐项落实，抓实抓细各项专项整治工作。开展统计基层基础调研、现场观摩活动，对18个镇（街道）、15家企业进行调研，对9个镇（街道）、13家企业开展现场观摩。加大数据核查、执法检查力度，对249家企业进行专业数据质量核查，对45家重点耗能企业煤炭消费情况进行数据核查，对60家企业开展“双随机”执法检查，对55家企业开展“双随机、一公开”监管抽查，及时纠正问题，并对问题企业做出相应的行政处罚。

【统计改革】 充分利用国家税务总局威海市税务局等部门数据，确定“准四上”单位（规模以上工业企业、资质等级建筑业企业、限额以上批零住餐企业、规模以上服务业企业）监测对象，加快建设“准四上”企业库动态监测系统，对“准四上”单位及时跟踪、监测、分析，推动入库纳统工作。开展部分单位纳统情况核实，对省统计局反馈名单中的370家单位逐一核实，对问题单位进行再摸排、再核实，认真做好企业升规纳统工作。严密组织GDP统一核算改革工作，撰写《制度改革对GDP和投资的影响情况汇报》《统计制度方法改革的影响分析及工作建议》，协助各相关部门做好指标分析研判和分解工作；按照“阳光核算”模式，顺利完成季度区（市）生产总值统一核算工作，并积极探索派生产业增加值核算工作。深入开展统计大数据应用研究，加强与市大数据中心等部门协作，与山东大学（威海）签署战略合作框架协议，推动大学科研力量与统计部门职能有效衔接，促进统计理论研究和实践应用深度融合。

【统计服务】 实施企业走访制度，详细了解生产经营现状、疫情影响等情况，深度挖掘行业经济运行状况，挖掘行业供应链、产业链难点堵点问题，快速反映基层一线与群众呼声。撰写《关于威海市第七次全国人口普查情况的报告》《关于威海市社会评价监测情况的报告》等情况报告，完成各类约稿228篇、政务信息209篇、统计信息84篇、统计分析94篇。开展威海市乡村振兴工作评价等3项调查工作，完成问卷4379份，为部门提供及时、准确、有效的社情民意信息。建立营商环境包容普惠创新联络机制和部门调度、汇总机制，开展“互联网＋监管”。积极做好省经济社会发展综合考核等数据保障工作，围绕地区生产总值、固定资产投资等考核指标主动作为，加强指标研究分析、上下内外协作、日常调度测算，不断为全市考核工作贡献力量。

（于　淼）

编辑　闫拥军

农村·农业

综　述

【概况】　2020年，威海市有耕地面积290万亩，农业种植户数24.8万户，规模以上农业企业442家，各类农业新型经营主体6256家。威海市是国家优质农产品的传统产区，形成苹果产业为主导，西洋参、无花果、茶叶、大姜、蓝莓、葡萄等12个优势特色产业为依托，小麦、玉米、花生传统产业为支撑的农业发展格局。全市苹果栽培面积达71万亩，年产量110万吨，居全省第2位，其中现代苹果园面积发展到33万亩，栽培规模和整体技术水平处于国内领先地位。全市西洋参种植面积7万亩，年产鲜参6500吨，年加工生产干参1900吨，绿色食品认证基地达5000亩，产量占全国的三分之二，文登西洋参被农业农村部登记为国家地理标志产品。全市无花果栽培面积达4万亩，是国内无花果栽植面积最大、品质最优的产区之一，"威海无花果"为国家市场监督管理总局登记注册区域地理证明商标。全年实现农林牧渔业及辅助性活动增加值314.25亿元，比上年增长2.9%。其中，农林牧渔专业及辅助性活动增加值12.59亿元，增长3.8%。

（吕凯军　王军委）

【"齐鲁乡村之星"评选】　聚焦乡村振兴和现代农业发展人才需求，挖掘培育"本土"优秀人才。2020年，全市获评"齐鲁乡村之星"6名，累计获评"齐鲁乡村之星"37名。

（单墨文）

【优势特色产业链发展】　开展苹果、西洋参等12个优势特色产业建链强链补链工作，打造链条完整、功能完善、竞争优势突出的产业链条。2020年，成立产业协会（联盟）12个，每个产业配备专家技术顾问团1个，新发展现代产业基地40个、智慧农业基地13个，完成并发布省级果茶地方标准6个。落实补贴资金3585万元，为43家农业主体改造升级农产品加工设备；进入国家储备库冷链仓储物流项目12个，新培育省级"新六产"（一产的一份收入，经过二产加工增值为两份收入、再通过三产的营销服务形成三倍收益，综合起来是六份收入，产生乘数效益）示范主体18个、省级知名农产品区域公用品牌1个、企业产品品牌5个。

（戴婧豪）

9月，文登区张家产镇西洋参种植基地　　（威海市农业农村局　提供）

【政策性农业保险】　2020年，全市开展小麦、玉米、花生等政策性农业保险7种，粮油最低收入险、西洋参等地方优势特色农产品保险20种，总投保面积131.19万亩，财政补贴资金2869.64万元，受益农户45万户。在全省率先开展春玉米最低收入险，投保面积22.34万亩，财政补贴资金703.66万元，受益农户9.7万户。开展地方优势特色农产品省级奖补资金申报工作，威海市西洋参保险、农业社会化经营主体收入保险等13种地方优势特色农产品险种纳入省级奖补资金范围，申请奖补资金396万元。

（于燕波）

【农业社会化服务】　全市有农业社会化服务中心48处，依托镇农业社会化综合服务中心和农业农村大数据平台，开展全产业链条农业生产托管服务，搜集发布农业生产托管供求信息104万条，开展农业生产托管服务428.2万亩次，服务小农户22.8万户。实施中央财政资金支持农业生产托管项目，指导文登区和荣成市落实农业生产中的薄弱环节和关键领域，完成农业生产托管任务23.8万亩。

（邹　涛）

【农产品品牌建设】 通过山东广播电视台农科频道、威海广播电视台宣传威海农产品品牌，提高“威海农产 品味自然”“威海苹果 甜蜜诱惑”品牌知名度。评选威海市知名农产品区域公用品牌3个、威海市知名农产品企业产品品牌11个。获评山东省知名农产品区域公用品牌1个，企业产品品牌5家。6家知名农产品品牌企业获批粤港澳大湾区“菜篮子”生产基地。开展威海特产地直播带货节、威海知名农产品直播带货节等公益直播活动6场。参加中国苹果产业品牌大会，举办威海市知名农产品展。

【产业融合】 实施威海市农产品加工补助政策，鼓励各类新型农业经营主体提升精深加工技术水平和农产品附加值，对农产品加工项目给予补助。新增国家级农业产业化龙头企业1家，新培育省级休闲农业示范创建主体5个、省级农产品加工示范园区2个、省级农产品加工示范企业3个、省级农业产业化联合体21个。文登区高村镇慈口观村获评2020中国美丽休闲乡村，文登区入选2020年中国美丽乡村休闲旅游行“冬农趣”精品景点线路。

（乔其彬）

【新型经营主体培育】 2020年，全市农民合作社增加1131家，总数达4924家；增加家庭农场186家，总数达1581家。开展农民专业合作社空壳社专项清理活动，清理326家（其中，引导注销181家，恢复运营145家）。建设新型经营主体名录库，录入各类经营主体4844个。协调各区（市）指导180个省定贫困村和201个农民合作社规范开展工作，开展合作社非法金融活动专项整治活动，排查新型经营主体2140家。建设完善家庭农场、合作社辅导员队伍160人。乳山市五良丰家庭农场、荣成市虎山农业种植专业合作社经验做法入选省级典型案例。

（陈 鹏）

【农民教育培训】 全面推进高素质农民教育培育工作，重点培育农业领军人才、农业经理人等经营管理型、种养大户等专业生产型和从事生产经营性服务的技能服务型高素质农民。统筹利用农业广播电视学校、涉农院校、科研院所等教育培训资源，全年完成农民教育培训1568人。

（唐兆飞）

【高标准农田建设】 2020年，完成2019年高标准农田建设项目33个，建设高标准农田17万亩。投资1.5亿元，实施高标准农田项目9个、面积10万亩。将农田水利设施建设作为高标准农田建设的主要内容，在10万亩项目区规划建设农田水利设施517处，投资额占总投资的80%。

（姜宏浩）

【农产品质量安全监管】 巩固农产品质量安全市创建成效，环翠区、文登区、荣成市、乳山市获评国家农产品质量安全县。试行食用农产品合格证制度，建立种植业、畜牧业主体名录1085家，开具合格证43万余张，附带合格证上市农产品达2万余吨。开展农产品质量安全整治活动，全市开展定量检测1985批次，检测结果合格率达99.7%以上。联合市海洋发展局、公安局等部门开展农产品质量安全源头治理活动，印发宣传资料4万份，出动监管执法人员1000余人次，检查各类生产经营主体400余家，查处农产品质量安全案件16起。

【农药包装废弃物管理】 督导区（市）与农药包装废弃物专业处理企业签订委托处理协议，解决农药包装废弃物回收处理“最后一千米”问题。全市在农药生产经营单位设置回收暂存点1145个，在重点村设置回收暂存点1604个，在农业生产基地设置回收暂存点446个，设置集中贮存点7个，全年回收农药包装废弃物47吨，处理20吨。

（隋军锋）

【精致农业技术交流】 6月9日，山东省农业科学院分别与威海市政府、文登区政府、乳山市政府签署《共建威海农科院合作协议》《共建中日韩精致农业产业技术研究院合作协议》《共建西洋参产业技术研究院合作协议》《共建乳山现代农业产业园合作协议》。举办首届中日韩精致农业学术交流研讨会，会议以“发展精致农业，助力乡村振兴”为主题，邀请中国、日本、韩国等地的8名专家，通过线上线下相结合的方式进行精致农业技术研讨交流，有80余人参加会议。

【良种选育与种质资源保存】 引进苹果、桃、甘薯、马铃薯、中草药等国内外优良新品种108个。新建果树品种资源保存圃10亩，保存品种61个。利用脱毒试管苗技术，保存甘薯、马铃薯种质资源82个。选育的威海苹果新品种“威红1号”获评全国优质苹果评比金质奖。选育优良玉米自交系8个，育成玉米新杂交组合1个。开展西洋参优良单株选育，优选西洋参单株551份。

【农业科技创新】 依托国家、省级现代农业产业技术体系建设项目和山东省重点研发计划项目，开展苹果无袋化生产配套农药基准应用技术集成研究与示范等30余项，授权专利4项，申报省级地方标准6个，制定《矮砧高密度苹果园无袋栽培病虫害防控技术规范》等威海市地方标准2个。

【科技扶贫】 加强对深度贫困地区科技帮扶，先后为重庆市云阳县，云南省昭通市、红河哈尼族彝族自治州，陕西省延安市等贫困地区提供苹果、无花果苗木350株、接穗5000余条，帮助贫困地区开展产业脱贫。1人获评国家苹果产业技术体系扶贫工作先进典型，1人获评鲁渝扶贫协作先进个人。

（丁 荔）

【农业执法】 深化“放管服”改革，梳理完善部门权责清单、政务服务清单355项，取消行政处罚7项、市级行政审批1项、县级行政审批1项，新增行政处罚3项。建立完善行政执法机制，持续推进农业综合执法，确保全市农产品质量安全。开展“双随机、一公开”检查16次，检查企业127家、农产品生产个体189家、农业投入品经营单位159家，纠正各种经营许可事项不规范等违规行为52项，下达责令整改通知3份，查处案件7起。开展农业投入品质量监督抽检行动，全年抽检农药产品160批次、肥料产品38批次。开展农资打假“春雷”行动、农作物种子市场专项检查、农药监督管理集中整治行动等，检查农药生产企业9家次、肥料生产企业5家、农资经营单位145家、兽药经营企业14家、饲料生产企业8家，查获违禁鼠药200余袋（瓶），查处饲料抽检不合格案件1起、农药案件1起。

（唐兆飞　徐　楠）

【农产品抽检】　开展农产品质量安全"利剑"行动、"双随机、一公开"检查等，从资质和管理制度、产地环境条件、投入品管理与使用等5个方面，严厉打击违法违规行为，出动执法人员256人次，检查生产主体189家，查处不规范行为68起，责令整改32家。配合农业农村部、山东省农业农村厅开展农产品例行监测、监督抽检11次，抽检样品745个，合格率99.9%。开展韭菜、草莓、苹果、西洋参等农产品专项监测25次，抽检样品371个，合格率99.7%，不合格产品全部进行立案处理。开展畜产品质量安全监督抽检，其中，省级抽检405批次，市级抽检115批次。

（徐　楠）

农村工作

【概况】　2020年，全市有涉农镇（街道）62个，村2382个，农村人口132万人。威海市深入实施乡村振兴战略，农业农村工作平稳有序发展。

【乡村振兴】　2020年，全市建档立卡贫困人口全部脱贫，年人均可支配收入达9131元，比省定标准高4631元。180个扶贫工作重点村的集体经济收入全部超过5万元，环境面貌全部达到省美丽乡村B级以上标准。威海市产业扶贫经验在全省现场会上推广，威海市获评2019年全省经济社会发展综合考核脱贫攻坚单项奖。农业供给侧结构性改革成效显著。特色产业优势明显，现代苹果规模和水平处于全国领先地位，西洋参产量占全国产量的70%以上。海洋渔业转型升级，省级以上海洋牧场达3处，威海市获评全国水产养殖绿色发展示范区。农业经营主体带动作用增强，市级以上龙头企业有170余家，家庭农场超过1500家，农民合作社有4924家，农业科技进步贡献率突破70%，镇级农业社会化综合服务中心实现全覆盖，文登区乡镇政府服务能力建设典型经验在全国推广。加大农村环境和基础设施建设力度，农村道路"户户通"、无害化厕所改造、居民饮水安全、公交化出行等基本实现全覆盖；城乡环卫一体化群众满意度排名居全省前列，农村生活污水处理率达43.4%；荣成市是全省唯一入选国务院表彰的农村人居环境整治激励县。农民生活水平持续提高，农村社会事业全面发展。学龄前儿童入园率、适龄儿童义务教育入学率达100%，新建农村标准化卫生室1294处、农村幸福院430处，试点建设农村老年餐桌453处，解决农村老年人"一餐热饭"的问题，荣成市"暖心食堂"做法在全国推广；农村居民人均可支配收入达2.34万元，集体经济收入3万元以下村全面消除，集体经济收入10万元以上村达63.1%。基层党组织凝聚力、号召力显著增强，农村网格化治理、新时代文明实践所、综合文化站实现镇（街道）全覆盖，城乡居民文化生活满意度居全省第1位。"信用进农村"工程覆盖率达73%，荣成市"信用+社会治理"、文登区打造镇级"三个服务中心"经验入选全国乡村治理典型案例。推进农村治安防控体系建设，扫黑除恶专项斗争成效显著；普遍实施民主协商议事、村级事务监督等制度，广大农村和谐稳定，群众幸福感、获得感、安全感显著增强。

（刘雅兰）

【农村人居环境整治】　2020年，全市围绕农村人居环境整治薄弱环节、重点任务和关键节点，因村制宜，分类指导，整体推进，坚持整治与管护并重，提升农村人居环境水平。推进农村改厕工程，全年实施农村改厕3506户，建设农村公厕390个。推进农村垃圾治理工程，在荣成市农村实施生活垃圾分类全覆盖的基础上，在其他区（市）逐步推开，全市49个镇、1798个村开展农村生活垃圾分类工作。推进农村群众饮水工程，新增规模化供水村庄554个、管网改造村庄662个，全市村庄自来水普及率达99%以上。推进农村道路"户户通"工程，全年投入资金12.48亿元，完成1234个村庄村内道路硬化。推进农村生活污水治理工程，全年完成1047个村庄生活污水治理，累计完成率43.4%。推进村庄清洁行动，开展省级、市级清洁村庄创建，省级清洁村庄覆盖率达24.9%，市级清洁村庄创建完成率达100%。

【美丽乡村建设】　持续推进"百村示范、千村提升"三年建设行动，坚持以基础设施提档升级为重点，围绕"产业兴旺、生态宜居、乡风文明、治理有效、生活富裕"总目标，强化产业发展和内涵挖掘，建设"村美、民富、业兴、人和"的新乡村。至年底，全市创建省级美丽乡村示范村103个，市级美丽乡村示范村200个。

（吕晓光）

扶贫开发

【概况】　2020年，威海市在产业发展、成果拓展、问题整改等方面集中发力，全市2.42万名脱贫享受政策人口全部达到4500元省定脱贫标准，"两不愁"（不愁吃、不愁穿）质量水平明显提升，"三保障"（义务教育、基本医疗、住房安全有保障）和饮水安全突出问题总体得到解决；180个省定扶贫工作重点村的基础设施和公共服务水平大幅提升，生态环境持续改善，特色产业不断壮大，贫困发生率基本"归零"，全面完成脱贫攻坚目标任务，并通过省级评估验收。

【脱贫攻坚保障】　先后召开全市农村暨扶贫开发工作会议、市扶贫开发领导小组全体会议等12次会议，印发自查评估实施方案、解决相对贫困长效机制试点工作方案等一系列文件，明确主攻方向、战斗路线和攻坚方法。加大资金支持力度，全市财政专项扶贫资金投入1.63亿元，比上年增长15.2%，其中市级财政专项扶贫资金投入6300万元，比上年增长12.9%。

【脱贫攻坚责任落实】　坚持市、区（市）、镇（街道）、村四级书记抓扶贫和党政一把手负责制，开展领导干部遍访贫困对象行动和包村扶贫工作，27位市级领导走访镇（街道）40个、贫困户381户，发现、解决问题263个。夯实扶贫干部和帮扶责任人工作责任，开展专题培训37期，累计培训4640人次；编制《帮扶责任人到户帮扶工作手册》，开展为期4个月的专项电话抽查工作，抽查帮扶责任人7393名，督促帮扶责任人积极履职尽责，综合到位率提高到100%。

【脱贫攻坚成效巩固提升】　特困救助行业政策落实　贫困人口基本养老方面，为全市5438名贫困人口代缴居民养老保险费163.14万元，适龄贫困人口参保率达100%。社会救助保障方面，为1771名贫困人口办理低保、五保待遇，全市享受低保、五保待遇的贫困人口达1.16万人，占贫困人口的47.5%，比上年提高8.03个百分点。贫困残疾人帮扶方面，为贫困残疾人发放生活补贴591.12万元、护理补贴528.92万元，新办理残疾证1140份，实施无障碍改造4661户，适配辅助器具2100套，满足贫困残疾人家庭的个性化需求。

民生保障政策落实　逐一摸排全市276名处于义务教育阶段的贫困学生（威海户籍）入学情况，无一人因贫失学辍学。全面提升医疗服务水平，为1.49万人次贫困人口报销住院费用1.05亿元，新认定患慢性病贫困人口4534人，累计鉴定备案1.56万人，占贫困人口的63.7%，比上年提高13.9个百分点。全面强化住房安全保障，新排查、改造危房194户；集中修缮贫困户住房2285户，累计修缮1.16万户次。全面开展饮水质量检测，采取抗旱打井、改造村内供水管网等措施，综合提升138个扶贫工作重点村用水条件，贫困户水质水量全部达到安全饮水标准。

问题整改落实　3月起，按照“重点村、贫困户、产业项目、政策落实”4个全覆盖的要求，开展为期3个月的自查评估，对180个扶贫工作重点村、2036个“插花村”、1.56万户享受政策贫困户、6298户不享受政策贫困户和一般农户进行拉网式排查，对发现的1031个问题进行分门别类、建立台账，研究整改措施、明确整改主体、落实整改责任，实行挂牌督办。至7月，所有发现问题全部“销号清零”。9月起，开展问题整改“回头看”及“再回头看”工作成效督查，通过问卷调查，群众满意度达100%。11月，省评估验收组对威海市脱贫攻坚工作进行评估验收，充分肯定威海市扶贫经验做法及脱贫质量成效。

【产业扶贫项目发展】　组织各区（市）依托农业新型经营主体，投资8158万元新建产业扶贫项目14个。收回2016年后24个合同到期的债权类产业扶贫项目资金4325.5万元，重建产业扶贫项目13个，与乡村振兴样板片区融合发展。已建成的产业扶贫项目全部按照“四权分置”的要求确权到村，年内到账收益2840万元，项目平均收益率9.1%，带动贫困人口人均实现增收1173元。

【金融引导扶贫】　按照“程序规范、精准投放、能贷尽贷、精准带贫”的原则，全市新增“富民农户贷”“富民生产贷”资金5.3亿元，占全省增量的27.0%，带动贫困人口增收2174万元，累计带动增收6311万元。强化金融风险防范化解，加强贷前审查、贷后管理，264笔金融扶贫贷款均未形成不良贷款。

【稳就业及消费扶贫】　聚焦解决新型冠状病毒肺炎疫情防控时期“用工荒”和“就业难”特殊矛盾，推动产业项目复工复产和贫困劳动力稳岗就业，帮助扶贫企业出谋划策、备工备料，所有产业扶贫项目于4月全部复工复产。帮扶2820名贫困人口返岗就业，其中通过设置护林防火、环卫保洁等公益岗位实现就业的贫困人口1125人。加强产销对接，开展消费扶贫，认定扶贫产品7类68种，帮助销售扶贫农产品1.69亿元，有效解决疫情期间扶贫产品滞销问题。

【动态监测帮扶机制落实】　常态化开展生活困难群众动态监测，重点对“老病残”贫困人口和致贫边缘群体生活情况进行跟踪，将符合条件的22户、44名困难群众纳入即时帮扶范围，按贫困人口帮扶标准落实扶贫政策，有效防范返贫和新致贫现象发生。充分发挥临时救助兜底作用，新冠肺炎疫情发生后，利用电话、微信、短信、必要的上门探视等方式，组织驻村干部和帮扶责任人对全市脱贫享受政策人口进行逐一摸排，全面掌握贫困群众生活情况和健康状况。及时发放防疫及生活物资，累计为贫困户发放口罩4.97万只、消毒用品4766件，蛋、奶、蔬菜等生活物资43.93吨，为113名贫困人口解决外出就医等应急需求，临

6月，贫困户在荣成市崖西镇后高村金银花产业扶贫基地内劳作
（威海市扶贫开发领导小组办公室　提供）

时救助230人。

【社会扶贫主体培育】 围绕助学、助残、扶志扶智等领域开展“精准扶贫直通车”活动260余次，惠及贫困群众5.87万余人次。开展“百企帮百村”活动，181家企业结对捐助180个省定扶贫工作重点村，投入物资价值199.32万元。开展扶贫日活动，累计开展各类扶贫主题活动200余次，走访服务贫困群众2万余人。弘扬扶贫济困的传统美德，各类社会组织及爱心人士等主动参与脱贫攻坚活动101次，累计捐资捐物378.78万元，受益群众2.38万人次。

【解决相对贫困长效机制试点】 探索创新政策落实和工作推进机制，文登区、荣成市两个试点县分别以当地低保标准的1.2倍、1.5倍作为相对贫困线，确定首批相对贫困人口7395户8167人，逐户调查摸排相对贫困人口主要困难和帮扶需求，制定个性化帮扶方案，通过引导发展、政策扶持、资金支持等多种方式，初步建立解决相对贫困的政策保障体系。

【脱贫攻坚宣传】 开展“决战全面小康 决胜脱贫攻坚”重大主题宣传，在市级媒体先后开设《决战决胜扶贫攻坚 威海在行动》《聚焦乡村振兴和脱贫攻坚》等专栏，在中央媒体刊发扶贫稿件91篇，在省级媒体刊发1060篇，在网络及行业媒体刊发1505篇。发挥典型示范引领作用。开展各行业、各层面脱贫攻坚先进集体、先进个人典型案例征集工作，征集先进集体典型案例356个、先进个人典型案例545个，文登区米山镇西山后村“农户+合作社+公司生态旅游开发，助力贫瘠乡村脱贫致富”入选国家旅游减贫案例。征集展示展播“脱贫攻坚·我身边的故事”短视频和“我所经历的脱贫攻坚故事”247个，拍摄宣传片《打通最后一千米——医保扶贫的威海故事》，获得全省“脱贫攻坚·我身边的故事”短视频大赛二等奖。

【威海市—枣庄市扶贫协作】 威海市深化与枣庄市扶贫协作，全年投入财政专项资金2602万元，社会捐赠款物折合人民币275万元，广泛开展产业合作和民生帮扶，帮扶枣庄市建档立卡贫困人口2.1万余人次，持续巩固脱贫成效。

贫困群众帮扶 立足贫困人口需求实施精准帮扶，继续开展民生帮扶工程，投入资金811万元，资助枣庄市建档立卡贫困家庭学生7908人。对200户建档立卡贫困残疾人家庭实施无障碍改造，开展贫困群众技能培训1207人次，帮扶5104名贫困人口实现公益岗就业增收。

民生项目建设 威海市环翠区投入资金220万元重建枣庄市台儿庄区泥沟镇赵庄小学，对原有的瓦房校舍进行拆除重建，并配备安装先进的教学设施设备。威海市文登区投入资金200万元对枣庄市峄城区峨山镇夏庄小学进行升级改造，新建峨山镇夏庄小学教学楼1座，建筑面积1900平方米，可提供学位800个。荣成市投入资金100万元对枣庄市山亭区社区医疗卫生中心进行升级改造，购买紧缺设备，医疗卫生中心由单一基本公共卫生服务扩展到集中医理疗、预防接种、全科医疗等科室为一体的综合基层医疗服务单位。威海市环翠区投入资金60万元在枣庄市台儿庄区泥沟镇和邳庄镇打造乡村振兴项目2个，对泥沟镇沟拳村实施路面硬化工程，对邳庄镇寿沟河田园综合体进行附属设施建设。

经济社会发展助力 威海市三阳纺织服装有限公司在枣庄市台儿庄区建立山东科宏纺织有限公司，投入1亿元收购百斯特（山东）公司厂房及土地，进行智能服装工厂改造，开展产业产品转换升级。威海市商业银行股份有限公司投资设立枣庄分行和滕州支行，开展各类信贷业务37.89亿元，支持枣庄市经济社会发展。将产业扶贫作为脱贫攻坚的根本之策，投入资金955万元集中支持建设枣庄市山亭区甘薯示范基地、峄城区阴平镇循环农业示范园、市中区西花沟智慧大棚产业、峄城区大理峪石榴休闲庄园和15个“大姐工坊”产业扶贫项目，带动就业2200余人次，项目分红受益5000余人次，巩固脱贫攻坚成效。

消费扶贫 两地通过线上线下平台，开展消费扶贫，结合威海市消费扶贫展销月活动，威海市文登区和乳山市邀请结对区（市）扶贫企业到威海市参加展销活动。荣成市采购枣庄市山亭区甘薯扶贫示范基地粉丝、甘薯等扶贫产品金额25.3万元；威海市家家悦集团有限公司等企业收购枣庄市特色农产品6934吨，采购金额达1935.6余万元；迪尚集团有限公司同枣庄市服装企业进行合作，实行订单生产，年度订单贸易额达7536.5万元，带动就业2000余人次。

社会扶贫协作 动员社会力量广泛参与，构建大协作、大扶贫格局，2020年，威海市发动社会力量捐赠枣庄市资金275万元。威海市环翠区长征路小学采购计算机65台，为台儿庄实验小学建成“爱心微机室”1处。威海市环翠区环翠楼街道商圈党委动员辖区企业为枣庄捐赠爱心衣物36箱，威海产业投资集团有限公司捐赠枣庄市儿童服装、鞋袜、学习用品等各类生活学习用品74箱1232件，价值3万余元，解决贫困儿童生活学习需求。共青团威海市委开展“精准扶贫直通车”开进枣庄市活动，投入资金40余万元支持枣庄建设“希望小屋”50个，并开展微心愿、困难儿童救助等活动。

人才技术交流 威海市选派党政干部和专业技术人才37名，赴枣庄市挂职交流，选派5名卫生管理人才和医务人员赴枣庄市开展支医活动。组织教育、农业等人才技术培训12批次，培训枣庄市适用人才2000余人次。威海职业学院（威海市技术学院）与枣庄市经济学校签订联合办学协议，定向招收287名枣庄籍学生进行三二连读高等职业教育。

劳务扶贫协作 发挥互补优势拓展协作空间，两市建立用工信息定期发布机制，发布威海企业招聘信息11期、用工岗位信息3万余个；组织105家企业赴枣庄市台儿庄区举办就业扶贫专场招聘活动，提供就业岗位6080个。

（许琳杰）

农村经济管理

【概况】 2020年，全市深化农村各项改革，加快培育农业新型经营主体，有序推进村党组织领办合作社，发展壮大农村集体经济，扎实开展农村集体“三资”（资金、资产和资源）清理整治行动，保障农民合法权益，促进农村经济持续健康发展。

【农村集体经济组织产权制度改革】 2020年，全市2713个村（居）全部完成产权制度改革工作，占应改革村（居）总数的100%。认定集体经济组织成员151万人，全部发放股权证书。推进股份经济合作社体制机制创新，全市有169个村（居）完成村民委员会事务和集体经济事务分离。

【农村土地“三权分置”】 2020年，全市增加土地流转面积20万亩，累计流转土地总面积126.7万亩，占农村家庭承包耕地总面积的63%。其中，规模流转面积95万亩，占流转面积的75%，规模化流转逐步占据主导地位。

【农村财务与集体资产管理】 全市集中开展农村集体“三资”清理整治行动，引导各类经营主体连片流转土地，综合开发农村未承包到户的山地、闲置宅基地、“四荒”（荒山、荒坡、荒沟、荒滩）等资源，大力发展“边角经济”和乡村旅游经济，全市完成清缴个人欠款2.4亿元、单位欠款4.3亿元，盘活闲置房屋10万平方米、“四荒”地1.4万亩，整治不规范合同9675份，实现资源利用、产业发展与集体增收的互促共赢。

【经济薄弱村发展】 2020年，全市完成注册党支部领办合作社1124家，合作社投入资金合计3.5亿元，增加村集体收益4620万元。实行薄弱村集体经济“清零倍增”计划，按照每村30万元标准，市县两级财政投入资金1.2亿元，重点扶持335个集体经济收入低于5万元的村集体经济发展。全市开展农村集体招投标项目795宗、金额1.5亿元，增加农村集体收入3000余万元。全市集体经济收入高于5万元的村占总数的99.7%，基本消除薄弱村。

【农村信访工作】 2020年，完成省农业农村厅督办件2件，回复阳光问政热线反映问题2个、12345政务服务热线反映问题2个，接待农民上访6次，电话接访12起，完成行风热线回复10起，均按程序及时予以妥善处理。开展农业农村领域信访突出问题专项治理，对信访积案特别是5年以上信访积案进行全面清查，逐县、逐镇进行督导，省农业农村厅推送的20件信访积案全部化解。

（邹　涛）

种植业

【概况】 2020年，全市粮食播种面积171.71万亩，比上年下降5.6%；产量66.15万吨，增长14.1%，单产385.22千克／亩，增长20.8%。其中，小麦播种面积63.23万亩，总产量21.16万吨，单产334.73千克／亩；玉米播种面积91.56万亩，总产量38.22万吨，单产417.43千克／亩。

（王军委）

【病虫草鼠害防治】 2020年，全市全年病虫草鼠害呈中等发生程度，发生总面积69.16万公顷，防治面积73.87万公顷，挽回粮食作物8641.28万千克，挽回油料作物2880.48万千克，挽回果品损失1.89亿千克，挽回蔬菜损失6215.53万千克。全市物理防治面积1.71万公顷，生物防治面积15.58万公顷，生态调控面积3.35万公顷。

【重大病虫防控】 5月3日，小麦条锈病始见病叶，比常年早19天，发生范围包括13个镇（街道），发生面积7933.33公顷，防治面积2.01万公顷。全市设立草地贪夜蛾监测点205个，7月8日首次发现草地贪夜蛾幼虫为害玉米，先后有9个镇（街道）发生，发生面积8.13公顷，全市开展草地贪夜蛾专业化统防统治，防治面积达411.53公顷。

【植物检疫】 2020年，全市设置重大植物疫情监测点41个，开展重大植物疫情监测和防控。实施农作物种苗产地检疫面积6.6公顷，检疫合格种子250千克、植物产品12万千克、苗木100万株，签发产地检疫合格证3份；调运检疫签证19批次，调出检疫合格种子20千克、苗木34.98万株。

【植保专业化防治】 全市有规范化专业防治组织137个、注册登记且在农业部门备案的防治组织26个，统防统治组织从业人员1323人，拥有大、中型施药机械2215台，日作业能力达8947公顷。2020年，全市统防统治覆盖面积达8.92万公顷，病虫害专业化统防统治累计实施面积16.4万公顷。

（董向丽）

【测土配方施肥】 2020年，全市采集化验土壤309份，开展小麦、花生、玉米和苹果等田间试验19项。春播秋种时，及时发布玉米、花生、小麦和果树配方20份。全年推广测土配方施肥技术耕地面积20余万公顷。

【有机肥替代化肥推广应用】 依托果菜茶有机肥替代化肥试点项目，在文登区建设果菜有机肥替代化肥试点县，推广商品有机肥和“堆肥”，加强有机肥资源利用，减少不合理化肥投入，提升耕地质量。2020年，推广商品有机肥应用面积3000亩，推广“堆肥”应用面积1.05万亩，推广沼肥应用面积3300亩。举办培训班5期，培训610人次，引导和带动全市果业有机肥替代化肥技术的推广应用。

（孙洪助）

【农作物新品种试验示范】 完成小麦新品种区域试验品种11个，实施春玉米区域试验品种9个、花生创新团队多点区域试验22个。在文登区宋村镇菜园子村建设威海市市级小麦展示示范中心1处，建成荣成市滕家镇、文登区米山镇、乳山市徐家镇县级农作物新品种展示中心3处。重点打造省级品种跟踪评价与自选品种展示一体化的综合基地，每个展示区开展农作物新品种展示和农作物新品种跟踪评价，展示玉米品种62个、花生新品种32个，跟踪评价小麦品种41个，面积600余亩。其中，“济麦44”“济南17”“烟农 999”“烟农 5158”“鲁原 502”等小麦品种表现突出。展示高油酸花生新品种 10 个，并与全生物降解地膜、花生绿色高效栽培技术相结合进行展示示范。部署 26 个品种参加山东省夏玉米区域试验，选拔威海临港经济技术开发区汪疃镇威海市农业科学院农场、文登区大水泊镇泊岳家村佳禾种业试验基地、乳山市徐家镇东峒岭村好民种业试验基地 3 处开展试验，参试品种分密度 4500 株／亩、5000 株／亩、5500 株／亩 3 组。

（毕建海）

果茶业

【概况】 2020 年，威海市有果园面积 3.38 万公顷，比上年增长 1.9%；水果总产量 118.66 万吨，增长 1.3%。在主要树种中，苹果面积 2.73 万公顷，增长 0.4%，产量 106.21 万吨，增长 1%；梨面积 1364.87 公顷，产量 3.58 万吨，分别下降 6.9% 和 5.1%。全市茶园面积 652.67 公顷，增长 0.3%（其中采摘园面积 334.13 公顷，增长 5.7%），茶叶产量 589.28 吨，增长 23.2%。山东省茶叶创新团队威海综合实验站采取“创新团队技术＋生产物资＋乡村振兴服务队服务”形式，将扶贫与扶智相结合，开展产业扶贫活动，派员赴临沂市莒南县洙边镇，购买茶园专用肥、红豆种等。

【栽培制度改革】 推进全市果树栽培制度改革，加快现代苹果产业高质量发展。年内，国家苹果产业集群项目和省高效特色平台发展（水果）项目分别落户文登区、荣成市，获得国家财扶持政资金约 1.2 亿元、省级财政扶持资金 1880 万元。

【果茶地方标准体系建设】 年内，威海市农业农村事务服务中心果茶站印发《苹果园支架系统架设技术规范》《茶叶质量安全追溯系统建设要求》等省、市果茶地方标准 36 项（其中省级 6 项、市级 30 项），相关标准全部被纳入山东省农业农村厅“一乡一业标准体系”。针对产业实际开展调研，完成《关于茶苗根茎基部皮裂现象的调查报告》《山东省茶园生草与覆盖情况调研报告》等，为相关部门决策提供参考。

【果茶品牌提升】 威海无花果特色农产品优势区入选山东省特色农产品优势区，“威海苹果”“荣成苹果”入选 2020 年度中国苹果产业榜样 100 品牌，“黄胖子”“悦多果业”“齐鲁之秋”“翠虹”4 个品牌入选企业品牌。农业农村部发布《苹果免套袋优质高效生产技术》，威海市农业农村事务服务中心为示范单位。举办威海市第四届知名农产品展暨第十一届苹果擂台赛，有 26 个单位的 63 个样品参赛，评定新品种奖 3 名、样品奖 55 名（其中特等奖 2 名、一等奖 10 名、二等奖 20 名、优秀奖 23 名）、品牌奖 15 名（其中一等奖 5 名、二等奖 10 名）、组织奖 2 名。成立威海茶叶行业协会，推进茶叶产业发展。在江苏省茶业产业体系大会上，威海市提升茶叶品牌知名度和美誉度的做法在会上交流，提升威海茶品牌形象。

【苹果及智慧茶园示范基地建设】 2020 年，全国农业技术推广服务中心、中国苹果产业协会等先后在威海市举办全国果树绿色高效生产技术培训班、苹果化肥农药减施增效技术现场观摩会、中国苹果产业品牌大会等。威海苹果产业发展经验得到国家主管部门和其他省市同行的高度评价。建成智慧茶园示范基地 2 处，基地内建有视频监控、气候采集和联网管理 3 个系统，可实时监测土壤与气象信息、园区环境、生长发育与病虫动态，通过远程控制与大数据处理，实现茶园精准化栽培管理。全省智慧茶园建设与管理技术研修班在威海海高园（石岛管理区）召开，推进全省智慧茶业良种化、生态化、机械化和智能化发展，威海建设智慧茶园经验在全省推广。

【茶业设备研发及实用新技术推广】 年内，山东省茶叶创新团队威海综合实验站建成茶园综合作业平台，开展茶园作业平台回转、茶园修剪、茶园施肥和茶叶烘干装置等机械设备研发，完成样机制作并进行实地验证。针对产业发展要求，根据果茶生产进度，推广应用《北方茶园生物质覆盖技术要点》《北方茶园生草技术要点》《幼龄茶园间作花生栽培技术指导意见》等。明确“生态防护、盘钵大苗、肥水滴喷、遮阴防晒、安全越冬”为北方无性系茶苗成功建园的核心技术要点，该技术有效提高茶苗栽植成活率，相关成果在《中国茶叶》上发表。举办威海红茶和威海绿茶炒茶技能培训班 2 次，参训人员参加山东省炒茶技能大赛活动，威海市获评优秀组织奖。

【防灾减灾】 市农业农村局、农业农

9 月 15 日，威海市首届茶叶加工技能培训班举办

（威海市农业农村事务服务中心　提供）

村事务服务中心在威海电视台设立“春耕战役·稳产保供农技大讲堂”，播出《果园复产》《茶园生产管理技术》等；转发《2020年全省苹果、桃、梨、葡萄、大樱桃和枣园春季管理技术意见的通知》《新冠肺炎疫情防控期间设施水果生产指导意见的通知》等，印发《2020年新冠疫情防控下的春季茶叶生产管理技术指导意见》《新冠肺炎疫情防控期间设施草莓栽培技术》等；采取线上方式进行技术指导，降低疫情对产业的影响。5月，频发冰雹灾害期间，赴文登区、乳山市等受灾严重区域，进行实地调研与技术指导。针对春季低温和虫害爆发、春夏降水频繁和冬季大雪等自然灾害，完成《低温霜冻对烟威地区茶树影响情况的报告》等。

（王林军　王兆顺　王梓清）

畜牧业

【概况】　2020年，威海市畜牧业发展中心克服新型冠状病毒肺炎疫情影响，深入推进非洲猪瘟防控，全力保障企业复工复产，不断强化生猪生产，加快推进畜牧业转型升级。全市生猪存栏68.31万头，出栏89.52万头；牛存栏1.95万头，出栏1.54万头；羊存栏4.22万头，出栏5.83万头；家禽存栏2020.11万只，出栏6308.56万只。肉、蛋、奶产量分别达18.28万吨、17.34万吨和3.76万吨。

【畜牧业复工复产】　围绕畜牧生产、市场供应等方面，突出帮扶精准化，帮扶企业15家，开展实地调研11次。印发《涉牧企业复工参考标准》等安全防控指南，确保生产安全有序。免费为企业发放口罩1.1万只，协助办理运输车辆通行证150个。组织15家规模养殖场与机关食堂、事业单位、天猫电子商务平台等进行产销对接，畅通产销供应渠道。

【动物疫病防控】　开展非洲猪瘟常态化防控，与青岛等地市建立非洲猪瘟联防联控机制。排查各类场户5.8万场次、生猪1123.5万头次，检测各类样品4万余份。建立检疫申报点68个，设立动物疫病防控临时道路检查点12处，建立大型车辆洗消中心2处，备案生猪运输车辆75辆，确保防控标准不降、力度不减。强化免疫无高致病性禽流感和口蹄疫区维持，全面推进牛羊布鲁氏菌病净化，经过3年的整县制、区域化推进，全市建成布病净化县2个、布病净化场3个，市畜牧业发展中心获得全省布病净化工作一等奖。完善疫病监测体系建设，提升实验室能力建设，在全省兽医化验员职业技能竞赛中获得3个类别的奖项。

【生猪供给】　稳定生猪市场供给，认真落实惠牧政策，简化优化服务流程，加快推进生猪生产恢复。2020年，全市拟新建、改扩建猪场166家，完工122家。其中，新建生猪规模场42家、改建82家、扩建42家。全部项目完成后生猪存栏量可增加13万头，其中能繁母猪存栏量增加5000头。

【畜牧产业发展】　提升畜牧产业化水平，推进现代畜牧业产业基地建设，全年完成40个基地建设任务。打造生态循环发展模式，以农养牧、以牧促农，培植农牧循环一体化典型养殖企业10家。创新开展畜禽粪污资源化利用，规模养殖场粪污处理设施配建率达100%，综合利用率达96%以上。落实非畜牧养殖大县全国畜禽粪污资源化利用整县制推进项目资金3000万元，通过整县推进、连片实施，实现畜禽粪污资源化利用、有机肥替代化肥、治理农业面源污染，构建种养结合农牧循环的可持续发展方式。

【畜产品质量安全保障】　开展兽药、饲料管控等9个攻坚行动，加大畜产品质量安全监测抽检力度，全年检测饲料、猪肉、禽蛋、生鲜乳等各类畜产品230批次，合格率100%。推行食用农产品合格证制度，建立养殖主体名录库，纳入名录库管理598家，开具合格证33万张，附带合格证上市的畜产品达1万余吨。开展知名畜产品品牌评选活动，评选威海市知名畜产品品牌10个。组织企业参加全省畜牧业博览会、威海市第四届知名农产品展等，扩大产品知名度。

【智慧畜牧业发展】　推动“大数据+畜牧”深度融合，开展智慧应用基地创建，创建智慧畜牧业应用基地4个、省级智能牧场2个、生猪数字化联合育种企业1个。发挥“互联网+监管+服务”的智慧管理功能，建成政保银企联动监管服务平台，以信用评价体系作为担保支撑，银行根据养殖者的信用得分发放

12月，实验室工作人员对畜产品样品进行检测（威海市畜牧业发展中心　提供）

贷款，克服养殖户无抵押、难贷款等困难，文登区开展试点工作并逐步在全市推广应用，全市全年授信总额230万元。推进保处联动机制建设，扩大保险承保面、承保率，降低畜禽养殖风险，全市新增投保能繁母猪3.81万头，育肥猪84.4万头，保险承保面达70%以上。利用畜牧业大数据分析，推进数字信息技术在畜牧业生产经营、为农服务、价格分析等方面应用。

（邢莉莉）

林　业

【概况】　2020年，威海市林业局牢固树立“绿水青山就是金山银山”的发展理念，遵循“护林保生态，造林增新绿，用林促发展”的总体思路，全力推动林业事业高质量发展，获评全省自然资源系统先进单位。全市完成植树造林面积4067公顷，森林抚育面积8688公顷，实现林业总产值65.83亿元，累计投入资金2.1亿元，完成松材线虫病疫木无害化处理699万株。开展“双联共建、助力扶贫”“送温暖送健康直通车”等扶贫活动，助力脱贫攻坚工作。扶持贫困村发展核桃、碧根果、桑葚、樱桃等特色经济林和绿化苗木面积3100亩，通过分红、土地流转、务工收入等方式，帮扶带动贫困人口500人。引导11家林业龙头企业和示范合作社，通过土地入股、土地流转、雇工等方式，帮扶贫困人口120人。

【林长制建设】　构建四级林长体系，设立市级林长7人、区级林长55人、镇级林长253人、村级林长2608人，在重要生态区域装设林长制公示牌327块，绘制市级林长责任区域图，编制《市级林长工作手册》，实现对265万亩林木林地的“鱼鳞图”管理。全市总林长会议审议通过《市级林长制会议、信息、巡林三项制度》，将全市5790名“一长两员”（林长、森林资源监管员和专职护林员）信息添加到威海市森林防火三维地图信息平台，将全市森林防火队伍、防火物资建设、森林防火管护分布情况与各级林长管理责任无缝衔接，推动全市“一长两员”信息体系搭建。荣成市首批28名志愿者自愿加入“民间林长”志愿队，是全市第一批“民间林长”。

【植树造林】　持续推进“绿满威海·四季多彩”国土绿化行动，重点实施里口山植被恢复、采伐迹地植被恢复、海岸林带绿化等工程建设，在里口山区域创新实行类壤土基质挂网喷播和植物垫围堰方式，恢复植被面积5600亩，完成448个村庄绿化提档升级、222处墓地绿化遮挡和112处矿山绿化，全市有71.6万人次参加义务植树，栽植各类苗木374.8万余株。2个林场、2个义务植树基地被山东省绿化委员会办公室命名为山东省义务植树基地。

【森林防火】　市政府办公室印发《威海市森林防火工作标准体系》，统筹抓好镇级森林管护队队员、检查站值守员、林区巡逻员等队伍建设，加快推进“五网”（道路网、阻隔网、水源网、监测网、通信网）建设。2020年，新建防火通道116.12千米、改造防火通道508.3千米，清理防火隔离带97.6千米，新增防火水罐（囊）129座、防火检查站26处。完善三维可视化系统，对全市森林防火人员装备、基础设施建设情况等信息进行定位定点并予以显示，为森林防灭火提供科学依据。开发森林防火预警系统，在文登区昆嵛山区域率先应用，建成热成高点监控20个，智能卡口130个。开发森林防火可视化对讲平台，新购置对讲机1400余台，全部实现市、县、镇三级可视化、动态化管理。在全市森林景区、国有林场推行扫二维码进山制度，对进山入林人员实行实时化管理。

【林业有害生物防控】　市林业局有害生物防控指挥部印发《威海市松材线虫病疫情拔除攻坚战行动方案》《威海市松材线虫病飞机施药防治方案》《关于科学防控松材线虫病的实施意见》等，加强林业有害生物防治。开展春、秋两季松材线虫病疫情监测普查，对全市121万亩松林进行全面普查。开展全面清理病死松树专项行动，累计投入资金2.1亿元，无害化处理病死松树699万株。实施全域飞机防治松材线虫病媒介昆虫行动，采取“互联网＋航空施药”技术，创新监理和直升机、无人机施药相结合模式，投入资金4617万元，实施直升机飞行作业985架次、无人机飞行作业2.1万架次，飞机防治完成面积215万亩次，有效降低虫口密度。建立市级松材线虫病检测实验室，与国家林业和草原局森林和草原病虫害防治总站、北京林业大学、山东农业大学等签订技术合作协议，全面提升全市检疫检验能力。国家林业和草原局森林和草原病虫害防治总站在昆嵛山、双岛林场设立松材线虫病

6月13日，威海市开展全域飞机施药防治松材线虫病媒介昆虫行动。图为无人机喷洒药物

（威海市林业局　提供）

绿色化学防治试验区，在威海市召开全国松材线虫病专家会商会议2次，对威海市松材线虫病防治工作给予肯定。

【林地保护】 加强林地资源保护管理，对森林督查问题图斑实行销号管理，逐一落实查处和恢复补植工作。规范植被恢复整改标准，通过省派驻自然资源督查组的检查，其中文登区林业执法工作经验作为典型经验在全省推广。开展全员林业执法，处理行政案件50件，罚款145万元，移交刑事案件4起，有效遏制乱砍、乱占、乱挖等违法行为。国家森林督查中疑似违法图斑数由2018年的1264起下降到2020年的303起。落实森林保险理赔，将首批赔偿金额由600万元提升至1200万元。

【自然保护地管理】 年内，先后召开自然保护地整合优化专题会议8次，推进全市自然保护整合优化工作。全市自然保护地由35处整合为23处，解决全市自然保护地内存在的城镇村庄、基本农田、矿业权、重点工程项目等历史遗留问题。五垒岛湾国家级湿地公园建设项目全部完成，湿地保护率达71%，昆嵛山（文登区）自然保护区机构获得中共山东省委机构编制委员会办公室的批复，完成组建工作。

【林业产业管理】 市林业局印发《威海市板栗产业建链强链工作方案》《关于优势干杂果经济林产品全产业链发展意见》，采取“合作社＋基地＋农户”和“企业＋农业大户＋贫困户”的经营模式，发展干果经济林面积1590亩（其中核桃面积260亩，板栗面积1330亩）。推进乡土树种资源建设，乳山市松类省级林木种质资源库、威海市野生药用植物省级林木种质资源库、威海市梅省级林木种质资源库入选省级林木种质资源库，培育造林绿化急需苗木217万株。第八届全国冬青技术交流大会在威海市举办，威海市北美冬青种植数量居全国第1位。组织申报森林旅游康养品牌，威海市华夏城景区、荣成市槎山风景区获评2020中国森林养生基地单位，全市获评中国森林体验基地、全国森林体验基地、中国森林养生基地、中国慢生活休闲体验区（村）、中国森林养生基地单位12处。

（戚俊杰）

水　利

【概况】 2020年，威海市水利建设资金投入位居全省前列，重点水利工程在全省率先完成，“精致城市·精细节水”经验在全国推广，荣成市在全省率先试点河长、湖长、湾长“三长合一”新模式，农村饮水安全两年攻坚行动顺利完成，威海市污水处理提质增效工作获评全省优秀等级。全市平均降雨量886.4毫米，比上年同期（444.0毫米）偏多99.6%，比历年同期（762.3毫米）偏多16.3%。汛期（6月—9月）平均降雨量535.7毫米，比上年同期（293.8毫米）偏多82.3%，比历年同期（541.6毫米）偏少1.1%。至年底，威海市大中型水库蓄水2.44亿立方米，比上年同期（1.14亿立方米）偏多114.8%，比历年同期（2.08亿立方米）偏多17.6%。威海市水务局被中共山东省委、省政府表彰为“勇于创新奖”先进集体，被山东省水利厅、省扶贫开发办公室评为在农村饮水安全脱贫攻坚工作中表现突出集体，获评山东省住房城乡建设系统先进集体。

【水旱灾害防御】 严格落实“党政同责、一岗双责”责任制，将防汛责任层层分解、细化，明确8名包重点水利工程的市级领导，落实大中小型水库度汛“三个责任人”（安全度汛行政责任人、抢险技术责任人、值守巡查责任人）773人，县、镇、村三级山洪灾害预警信息发布人员760人，确保各项工作有人抓、无盲区。在市管工程所前泊水库举行全市水旱灾害防御洪水演练，提升水库防御洪水常备队的快速反应能力，增强人员的实战应急能力。启动全市水旱灾害防御Ⅳ级应急响应，成功应对强降雨。

【水利工程规划计划实施】 2020年，威海市实施中央投资项目21个，完成投资1.38亿元，其中中央投资0.44亿元，年度投资计划完成率100%。市政府印发《威海市重点水利工程建设实施方案》，完成2020年汛前需完成建设任务的12个河道治理项目前期工作。将15个骨干河道治理项目列入“十四五”国家防汛抗旱能力提升规划。文登区水系连通及农村水系综合整治项目入选全国首批水系连通及农村水系县域综合整治试点。完成《威海市“十四五”水安全保障研究》《威海市水利基础设施空间布局规划》《威海市水务发展“十四五”规划》初稿编制，计划实施供水安全保障、防洪减灾、水生态保护与修复等12类工程，匡算总投资160余亿元。长会口水库规划论证、黄垒河地下水库—母猪河地下水库—米山水库前期工作被补充列入2020年市级政府投资前期项目计划并全面启动前期工作。

【河流治理】 2月21日，在全省率先全面复工，实施被列入省重点水利工程建设实施方案的中小河流治理工程12项；6月15日，在全省率先完成建设任务，治理河长88.3千米。经验做法在全省水利建设管理会上作为典型进行交流。

【水库闸站建设】 坤龙邢水库增容工程　主要建设内容为通过实施开挖及抬田措施，适当提高兴利水位，恢复水库兴利库容1285万立方米，估算工程总投资3.9亿元。2018年11月，工程可研报告通过山东省发展和改革委员会批复，12月启动迁占补偿工作；2019年8月开工建设，2020年9月主体工程完工，带动沿岸农业生产发展。

黄垒河地下水库工程　位于黄垒河下游，采用梯级开发方式，通过新建拦河闸、坝拦蓄雨洪资源。主要建设内容为新建拦河闸2座、橡胶坝1座，建设地下防渗墙，同时对河道进行综合整治，估算总投资5.98亿元，可新增蓄水能力4215万立方米。2019年1月，工程可研报告通过威海市发展和改革委员会批复，8月开工建设；2020年年底，一期小观橡胶坝、二期庙东拦河闸完工，三期东浪暖挡潮闸工程全面开工建设，工程蓄水能力设计规模达3100万立方米，可满足两岸生产

7月，黄垒河地下水库工程 （威海市水务局 提供）

生活用水及生态景观用水。

母猪河地下水库工程 主要建设内容为新建橡胶坝2座、新建地下截渗墙3.1千米，估算总投资1.76亿元，工程实施后，可新增蓄水库容2200万立方米。2020年11月，工程全面开工建设，年度完成投资2300万元。

【农村水利建设】 农村饮水安全 开展农村饮水情况调查，组织人员200余人，成立排查组8个，对全市1.56万户贫困户逐户走访，实地调查贫困户水量、水质、供水保证率度等饮水安全情况。强化“水质、水量”2个核心，开展农村饮水工程改造升级。按时完成全市农村饮水安全两年攻坚行动各项目标任务，累计新增规模化供水村庄695个、管网改造村庄935个，配套消毒设备1170套、直饮机855台，打井310眼，农村集中供水率达100%，单村供水村庄实现消毒设备和直饮机覆盖率达100%。开展饮水安全脱贫攻坚工作，因地制宜，分类指导，选取最优措施解决饮水不全问题，坚持“通水入户为主，多种措施共同保障”的原则分类开展问题整改，全市1.56万户贫困户饮水条件全部达到《农村饮水安全评价准则》规定标准。市水务局印发《关于落实农村供水工程水费收缴工作的通知》，各区（市）均出台水价政策文件。采取多种形式广泛开展饮水安全宣传，公布水质情况。

基层水利服务体系建设 强化农村饮水安全管理，全面落实地方政府的主体责任、水行政主管部门的行业监管责任、供水单位的运行管理责任，通过市、县两级政府网站公示责任人及联系电话，主动接受社会各界监督。印发“农村饮水用户明白卡”，逐一注明水利部、省、市、县四级监督热线和镇、村两级服务电话，畅通群众意见反映渠道。

【水生态建设】 2020年，全市完成水土流失治理面积119.11平方千米。其中，坡改梯面积36.60平方千米，水保林面积23.22平方千米，经济林面积4.97平方千米，种草面积0.75平方千米，封禁治理面积21.35平方千米，其他措施面积2.23平方千米。

【水资源管理与保护】 2020年，引用外调水6569.29万立方米，保障城区供水安全。全市用水总量为4.42亿立方米（含非常规水源），万元地区生产总值用水量比2015年下降15.8%，达到省考核指标要求。全市下达用水计划1224项，其中自备水源702项、公共管网522项。严格落实水资源管理制度，超计划取水按有关规定执行累进加价征缴税费。

【河湖管理】 年内，市委书记、市长先后签发市总河长令，召开全市总河湖长工作会议，印发《关于加强河湖长巡查调研推动河湖管理工作提档升级的通知》等文件，明确任务，压实责任，全面提升全市河湖治理、管控能力和水平。加强河湖生态空间管控，严格按时间节点完成7条河道采砂规划编制、411条农村河道划界、界桩埋设及县级以上河湖岸线利用管理规划编制工作并通过省检查组实地督查。强化河湖问题整改落实，加强长效监管。建立以“一张图＋巡查App＋无人机＋问题整改督办”为手段的河湖督查体系，规范河湖管理“查、认、改、罚”各个环节，发现解决各类问题200余个。完成河湖绿化整治三年攻坚任务，完成全市504条河道、16座大中型水库绿化面积3.8万亩，构建涵养水源、保持水土、防治水污染的绿色天然保护屏障。突出示范带动、样板引领，母猪河、羊亭河、凤凰湖等10条（处）河湖全部通过省级美丽示范河湖专家组验收。

【水利工程建设与运行管理】 威海市五渚河崮山水库除险加固工程、乳山市龙角山水库增容工程2个项目获评全国治淮建设文明工地。开展省重点水利工程建设，完成38座小型病险水库除险加固任务，完成投资2500余万元。开展水利工程标准化管理和小型水库管理体制改革，所前泊水库通过省水利工程标准化管理试点示范工程验收，文登区通过省级深化小型水库管理体制改革示范县验收。水利部对威海市暗访检查2次，反馈整改问题75个；省水利厅对小型水库安全运行暗访检查6次，反馈整改问题179个。

【水务改革创新】 在全市年用水量3万立方米以上的企业、学校等重点用水户，设立首批水务经理91名，负责单位节水用水日常监管，同步推进建设余水收集系统、中水回用系统、智能节水系统和动态监控系统，形成“五位一体”节水管理新模式。健全完善水务经理管理制度，开展水务经理业务培训，提高水务经理的业务水平。实施“海贝分”个人信用积分惠民政策，建立信用节水“红黑榜”，出台支持节水科创“研发者”等激励政策。开展奖励社区节水先进者活动，将节水纳入“信用威海”建设，引导居民积极参与节水公益活动。推进实施华能威海发电有限责任公司海水淡化工程，开辟市区第三水源。该项目是威海市首次实施的非常规水水源项目，采用行业领先的热膜耦合集成技术，利用发电公司丰富的热力、电力作为能源来源进行海水淡化，具有能源消耗低、运行稳定可靠、产水量高、制水成本低、经济效益好等优势，开创滨海地区热电企业动能转换新路径。7月3日，水利部召开全国水利系统节约用水工作视频会，在威海市设立分会场，威海节约用水工作经验作为典型在会上进行交流。

【水行政执法】 市水务局印发4个水行政执法规范性文件及《工作制度汇编》，规范执法程序，完善水政执法案件标准化流程。加强水源地日常监管，对19条城郊河道2500余千米的河岸线进行全面排查，在河道、水库周边村（居）发放宣传材料，安装河道“五不准”警示牌，张贴“防溺水”明白纸，切实维护河道、水库安全稳定。全面开展“双随机、一公开”工作，对辖区内非法打井、非法取水行为进行重点排查和严厉打击。采用高科技手段，在黄垒河市管河段布设摄像头10个，实施24小时远程监控。全年处理信访转办件88起，处理非法采砂案件11起，下达各类法律文书54份，责令停止违法行为24次，责令改正违法行为12次，实施行政处罚11次。

【城乡供水】 2020年，城市公共供水管网漏损率达6.5%。城市生活污水处理厂全部达到一级A排放标准，城市污水处理率达98.1%，污泥无害化处置率达100%。城市黑臭水体整治任务全部完成，市区再生水利用率达37%。

米山净水厂改扩建工程 总投资7977万元，新建每天5万立方米的常规处理设施、每天10万立方米的污泥处理设施，改造扩建原有的加药间、二级泵房等设施，铺设球墨铸铁原水管道2千米，与原有的原水管道形成双回路保障。工程于2019年11月开工建设，2020年年底主体完工。

龙山净水厂及配套工程 计划总投资1.13亿元，设计规模为每天5万立方米，采用“预处理+常规处理+臭氧活性炭深度处理”工艺。配套取水泵站位于泊于水库东，设计规模为每天5.5万立方米。取水管、输水管均采用球墨铸铁管材。工程于2020年5月开工建设。

柳林净水厂深度处理工程 计划总投资8600万元，设计处理能力每天10万立方米，采用臭氧活性炭深度处理工艺，主要建（构）筑物有深度处理综合池、污泥浓缩池叠合排泥水池、臭氧制备车间叠合回用水池、配套氧气站、污泥脱水车间各1座。工程于2020年7月开工建设。

威海热电集团有限公司经区（博通）中水深度处理工程 一期工程总投资7920万元，设计中水深度处理规模为每天1.6万立方米，工程于2019年下半年开工建设，2020年年底通水调试。

威海南海新区供水工程 总投资1.89亿元，一期工程新建处理规模每天5万立方米净水厂1座（总规模每天10万立方米），配套建设供水系统管网。其中，净水厂工程总投资9887.58万元，处理规模每天5万立方米；供水系统管网项目总投资9056.55万元，新建原水输水管道21.53千米，新建环海路输水管线5.41千米，新建处理规模为每天5万立方米的原水提升泵站1座。工程于2020年6月开工建设。

（王文文）

农业机械

【概况】 2020年，威海市农机总动力达505.79万千瓦，有农用拖拉机27.31万台、各种配套机具57.52万台（套）。全市农作物综合机械化率提高到92.4%（其中，小麦机收率99.96%、玉米机收率96.6%、花生机收水平99.2%），经济作物综合机械化水平达83%。文登区、荣成市、乳山市获评全国率先基本实现主要农作物生产全程机械化示范县（市、区）和山东省“两全两高”农机化发展示范县；威海市获评整建制率先基本实现主要农作物生产全程机械化示范市。

【农机惠农政策落实】 落实农机购置补贴资金993.15万元、补贴机具747台（套），受益农户542户。落实深松整地作业面积10万亩，其中享受补助的作业面积2万亩，获得中央补助资金60万元。荣成市、乳山市各获得“主要农作物全程机械化示范县”创建补助资金35万元。

【农机化推广】 市农业农村事务服务中心印发《2020年全市农机技术推广工作要点》，在文登区侯家镇举办全市“三夏”生产全程机械化现场推进会，主要演示“小麦机收—秸秆还田（离田）—玉米贴茬精量播种—深松整地机械—植保”、“三夏”（夏收、夏种、夏管）、“一条龙”全程机械化作业模式，重点推广“三夏”、“一条龙”机械作业技术、秸秆综合利用技术、机械深松整地技术、高效植保技术。在乳山市举办全市果园装备现代化现场会和学术研讨会，推广现代果园机械植保机械、割草机械、施肥机械、水肥一体化装备等；在荣成市召开全市秋季粮食作物机械化现场会，主要演示“玉米机收（籽粒收）—秸秆还田（青贮）—小麦免耕精量播种—深松整地”、“三秋”（秋收、秋耕、秋管）、“一条龙”全程机械化作业模式，推广玉米收获（籽粒收获）技术、小麦免耕播种技术、秸秆综合利用技术等。全省农机化技术推广促进农机社会化服务工作观摩交流会在文登区举办。

（刘新兵）

编辑　李传强

海洋与渔业

综　述

【概况】　2020年，全市牢固树立“科学用海、科技兴海、产业强海、生态护海、开放活海”5个导向，召开市委海洋发展委员会第二次全体会议暨全市湾长制工作会议，全力打造创新型国际海洋强市。

【全省海洋牧场建设现场推进会】　8月12日，全省海洋牧场建设现场推进会议在威海市召开。与会代表观摩长青海洋牧场、泓泰海洋牧场和楮岛海洋牧场，参观荣成市海洋食品博览中心，对海洋牧场建设经验、工作形势、发展趋势、未来打算等进行交流探讨。

【全国沿海水产养殖绿色发展经验交流会】　10月27日，全国沿海水产养殖绿色发展经验交流会在威海市召开。与会代表观摩威海长青海洋科技股份有限公司、荣成市泓泰海洋生态休闲旅游有限公司、荣成楮岛水产有限公司3家企业的水产健康养殖示范场，参观荣成市海洋食品博览中心，围绕会议主题分别作专题报告和交流发言。农业农村部渔业渔政管理局向威海市授予国家水产养殖绿色发展示范区称号。

【海洋生态经济国际论坛】　11月12日—13日，2020海洋生态经济国际论坛在威海市举办。论坛以“海洋生态与海洋经济融合发展”为主题，国内外的近百名海洋生态经济领域专家学者以现场和连线方式通过主旨报告、专题研讨等形式分享世界各地在蓝色碳汇与海洋经济生态化研究、海洋生态经济产业化发展、海洋生态经济体系构建等方面的成果和实践经验。论坛期间，山东省海洋局、威海市政府与中国科学院院士焦念志签订共建院士工作站协议书，发布《实施海洋负排放，践行碳中和战略倡议书》，举行“海洋生态保护修复（蓝碳）实验基地”共建启动仪式，与会代表现场观摩威海远遥浅海科技湾区和威海南海新区海洋生态保护修复（蓝碳）实验基地。

【双岛湾海域整治修复项目实施】　加快推进国家“蓝色海湾”整治行动项目——双岛湾海域整治修复项目实施，4月，项目完成初步设计变更并开工建设，至年底，项目合计到位资金2.97亿元，完成退养还滩约40公顷、海湾清淤10.5万立方米，拆除养殖池塘约45万立方米，开工建设长度7.6千米的生态海岸工程。

【海洋经济运行监测评估开展】　5月20日，市海洋发展局举办全市海洋经济运行监测培训班，详细解释海洋统计相关术语、海洋产业分类、具体指标等，分析研判海洋经济发展趋势和面临的新情况、新问题，为科学、精准开展海洋经济运行监测和评估提供重要支撑。年内，建立由1200家涉海企业组成的月度监测数据库，在全省率先开展海洋经济运行监测和评估工作，全面反映全市海洋经济运行情况。

【首个海洋生物医药产业投资基金设立】　9月22日，山东省新旧动能转换海洋生物医药产业投资基金启动。该基金是全市第一个海洋生物医药基金，也是全省首个针对海洋生物医药产业集群设立的产业投资基金。基金计划总规模10亿元，一期规模1.5亿元（其中，

5月20日，全市海洋经济运行监测培训班举办

（威海市海洋发展局　提供）

山东省新动能基金管理有限公司认缴出资4500万元，威海市政府投资引导基金有限公司认缴出资2000万元），重点投资布局海洋医药创新产业项目以及海洋医药领域新产品、新技术、新产业相关机构，海洋药学及生物制药有技术优势的研发型企业或项目，有成长性的海洋药品和医疗器械制造企业或研究机构，引导更多的资金流向威海市的海洋生物医药产业，逐步培育出一批以市场为导向、以自主研发为动力并专注于海洋生物医药产业的优秀企业，推动海洋生物医药产业高质量发展。

9月22日，山东省新旧动能转换海洋生物医药产业投资基金启动仪式举行

（威海市海洋发展局　提供）

【获批省级现代海洋产业技术创新中心】　山东省现代海洋产业（海参）技术创新中心被山东省海洋局、省发展和改革委员会评为2020年山东省现代海洋产业技术创新中心。该中心由好当家集团有限公司牵头，联合中国科学院海洋研究所、黄海水产研究所等8家科研院所共同创建，将重点围绕海参的育苗、养殖、加工、产品等全产业链进行提质升级，瞄准重大核心技术的创新与转移转化，建设成为人才技术一流、创新能力强、示范带动水平高、产业优势突出的产业技术创新平台。

海洋经济

【概况】　2020年，全市海洋生产总值为1027.2亿元，占地区生产总值比重为34%。其中，海洋第一产业增加值219.8亿元，第二产业增加值366.7亿元，第三产业增加值440.7亿元，分别占21.4%、35.7%、42.9%。海洋渔业、海洋旅游业、海洋水产品加工业等成为全市三大主要海洋产业。“十三五”时期，海洋生产总值和战略性新兴产业增加值的平均增速分别为9%和13.2%。第一产业继续保持领先优势，海洋战略性新兴产业成为新的增长点，海洋服务业成为发展海洋经济的新引擎，创新型国际海洋强市初具规模。

【海洋强市建设】　*国际海洋科技城建设*　按照“一城三核、科技引领，多区布局、链式贯通，条块联动、全域覆盖”的思路，全面建设国际海洋科技城，打造北部海洋装备制造聚集区、东部海洋生物产业引领区、南部海洋新经济先导区。加快推进北部远遥浅海科技湾区葡萄滩片区建设，投资1.26亿元的蓝贝海洋科技展览中心、蓝科大厦、蓝创孵化区进入收尾阶段，国家浅海综合试验场先后为海洋装备提供测试服务60余次。

海洋产业攻坚突破　印发《2020年全市海洋产业攻坚突破方案》，从湾区崛起、产业突围、生态经济、科技创新、项目建设、服务保障6个方面开展海洋产业攻坚突破，顺利完成任务。推进海洋经济发展示范区、海洋经济创新发展示范城市、海洋特色产业园区建设，海洋经济发展继续纳入全市目标绩效管理考核。赴浙江大学舟山校区举办全市海洋经济高质量发展专题培训班，提升推动海洋经济高质量发展工作能力。

科研平台建设　与北京大学签订协议共建北京大学威海海洋研究院，北京交通大学海洋大科学研究中心获总校批复，签订“国家海水利用工程技术（威海）中心”共建合作协议，威海市海洋生物健康促进中心挂牌。推进山东大学（威海）海洋科技创新中心、海洋生物医药产业技术研究院、吉林大学威海仿生研究院等8个研发机构建设，建成创新平台10个，引进或培养海洋人才团队27个，实施研发项目30余个。

海洋领域招商引资　推进海水养殖“深蓝行动”，集中签约总投资

2020年威海市海洋及相关产业增加值情况表

表3

产业名称	海洋渔业	海洋水产品加工业	海洋矿业	海洋盐业	海洋船舶工业	海洋工程装备制造业	海洋化工业	海洋药物和生物制品业	海洋工程建筑业	海洋可再生能源利用业	海水利用业	海洋交通运输业	海洋旅游业	海洋科研教育管理服务业	海洋相关产业	海洋生产总值	涉海规模以上企业（家）
增加值（亿元）	216.33	147.43	4.43	0.22	29.55	26.9	2.52	20.77	14.02	7.69	3.4	30.08	215.14	60	248.76	1027.23	810
增幅(%)	5.8	−6.8	10.1	27.9	1	3.8	19.3	0.9	5.5	6.2	−0.8	9.9	1.3	5.3	16.2	4.9	
比重(%)	21.1	14.4	0.4	0	2.9	2.6	0.2	2	1.4	0.7	0.3	2.9	20.9	5.8	24.2	100	

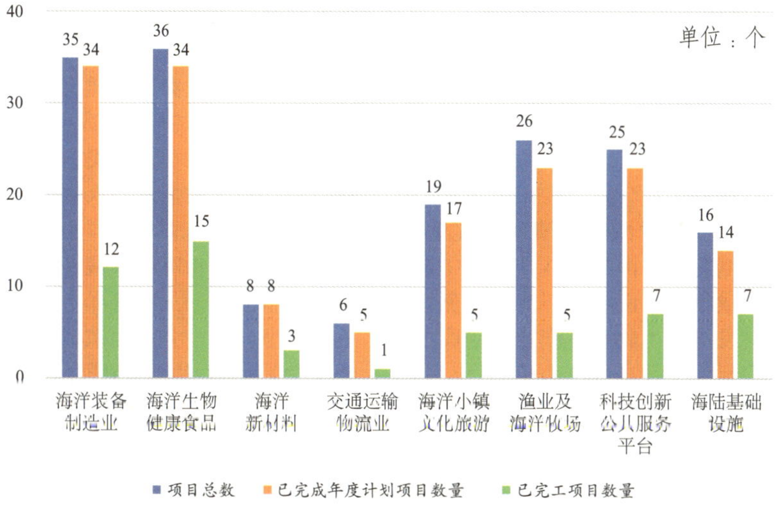

2020年海洋产业重点项目数量分布及完成情况图

43.67亿元的《精致海洋·渔旅产业项目合作协议》等6个深远海装备项目。对接复星国际有限公司、深圳市宝能投资集团有限公司等龙头企业，地中海俱乐部、中国威海·逍遥海旅游度假项目等一批滨海旅游龙头项目落地。

【海洋产业重点项目建设】 2020年，市海洋发展局加强海洋产业项目谋划储备，筛选确定市级海洋产业重点项目171个，年度计划投资237.47亿元，全年实际完成投资230.48亿元，158个项目完成年度投资和建设计划，55个项目建成投产（投用）或具备投用条件。

山东蓝润蔚蓝谷海洋科技产业园　占地33.33公顷，总投资15亿元，是集海藻精深加工、工业观光旅游、海洋生物科技研发、商品物流贸易于一体的综合性海洋科技产业园区。该项目引进日本昆布森株式会社先进生产技术，并与南京医科大学合作，制造海带提取液、海带酵素、调味品、美容医疗保健品、海洋休闲健康食品等全链条产品。项目一期工程完成投资3亿元，海带液提取车间、调味料车间、海苔生产车间实现投产，年可生产海带液2000吨、调味品2万吨，可实现总产值约5.7亿元、利税1.2亿元。

赤山集团南极磷虾高端生物开发产业园　是赤山集团有限公司依托中国水产科学研究院黄海水产研究所打造的现代化综合性南极磷虾产业特色园区。项目总投资10亿元，规划占地面积10公顷，主要建设南极磷虾精深加工、冷链物流库、高端生物制品研发中心及产业化3个板块，主要产品为健康食品、高端生物制品2类，年可生产脱脂磷虾粉1万吨、磷虾油500吨、磷虾海洋食品2万吨，虾青素、磷虾酶、磷虾肽等高端海洋生物医药中间体50吨，年新增总产值可达10亿元。

达威直播电商基地　总规划面积10万平方米，是威海市首个以头部主播为核心，涵盖直播带货、直播运营、供应链选品、品牌孵化、顶层数据、主播培训、主播经纪、供应链金融等服务为一体的综合性直播电商平台，是以海洋风格为主题的直播商业空间，重点构建以威海本地地标特色海产农产品为主、跨境日韩商品为辅的“威海直播模式”。一期项目占地面积2万平方米，于2020年10月20日开业，至年底，完成近100场的素人培训、近1000人的新人主播、近80场直播活动，实现销售额近1亿元。

远遥浅海科技湾区　是威海市国际海洋科技城建设的重要组成部分。湾区沿褚岛—远遥港—靖子头一线，依托国家浅海综合试验场建设，围绕浅海科技，聚集科研院所和知名企业，整合区域创新资源，规划和建设综合服务、研发孵化、成果转化、推广应用、人才培养等基地，构建海洋观测监测装备、海水综合利用装备、海洋通信设备、海洋能源装备4个产业链，目标是将褚岛建成国际知名、全国唯一的海洋科技岛，将远遥港建成全国知名的海洋智能装备港，将远遥湾打造具有国际影响力的浅海科技湾区。

海洋战略性新兴产业发展

【概况】 2020年，全市聚焦海洋生物、海洋装备制造、海洋碳基新材料等6个产业，统筹推进海洋生物与健康食品产业集群和海洋经济创新发展示范城市建设，逐步形成区域特色明显，发展势头强劲的海洋战略性新兴产业发展体系。

10月20日，达威直播电商基地开业　（威海市海洋发展局　提供）

·海洋生物与健康食品产业集群发展·

【概况】 2020年，海洋生物与健康食品产业专班各成员单位着力开展集群发展和骨干企业冲击新目标行动，推动各项工作迈上新台阶，全年集群实现总产值926.79亿元，比上年下降0.3%，实现增加值407.87亿元，增长1.2%。

【发展环境优化】 强化规划引领，处于国际海洋科技城东部板块的威海海洋高新技术产业园将构建“科技研发＋人才服务＋企业孵化＋产业加速”的完整创新链条，打造以生物科技为特色的现代海洋生物产业引领区；加大政策落实力度，调整养殖用海使用金征收标准，最高下调43%，每年可减轻企业负担760余万元。印发《支持海洋企业平稳健康发展的措施》，为企业缓缴1.5亿元海域使用金，将3.5亿元扶持资金由先建后补调整为分段拨付。加快实施《支持海洋渔业转型升级的若干政策措施》，争取上级扶持资金14.7亿元；提升服务质量，深化“放管服”改革，在实现全程实现网上办理的基础上，办结时间压缩70%。实行常态化走访帮扶企业制度，完善推广《支持海洋经济发展政策干货汇编》，建设涉海企业服务平台，协助企业招工近2万人，助力企业复工复产；提升金融服务效能，联系对接金融机构，为12家企业争取授信额度4800万元。持续推进金融辅导员制度，科技支行政策合作银行数量增至14家。

【载体建设】 稳步提升产业园区承载能力和孵化能力，威海（荣成）海洋高新技术产业园、乳山海洋食品产业园、石岛海洋产品精深加工产业园等特色产业园区累计完成投资近30亿元，山东蓝润蔚蓝谷海洋科技产业园一期工程建成投产，南极磷虾产业特色园区和鑫发海洋生物科技产业园完成主体工程建设。推进特色小镇建设，累计完成投资106亿余元，其中2020年完成投资25亿余元。俚岛海带风情小镇、虎山海参小镇、海阳所牡蛎小镇、汪疃苹果小镇、张家产西洋参小镇等特色小镇建设初具规模，俚岛海带风情小镇完成“美丽乡村＋文化＋旅游＋产业”的发展模式建设；张家产西洋参小镇配套建设西洋参研究院和大宗商品交易平台，投产6个产业项目。加大重点项目建设力度，重点推进项目40个，总投资81.68亿元，累计完成投资41.45亿元，其中2020年完成投资16.07亿元。40个项目中有15个项目实现投产，10个项目进入中试或试生产阶段。

【科技支撑】 加强创新平台建设，建立海洋生物健康促进中心，推动海洋食品质量基础设施（NQI）创新产业园落户威海市，强化海洋食品质量管控能力建设。建设威海市海洋微生物技术重点实验室、汇瀚海洋生物医药离岸协同创新中心等5个科技创新平台，其中汇瀚海洋生物医药离岸协同创新中心采用美国加利福尼亚州、威海南海新区双基地模式，实现海洋生物医药异地孵化的突破。加强科技成果对接，建立涵盖海参、贝类、鱼类、藻类全产业链专家库，助推威海人生药业集团股份有限公司与青岛海洋生物医药研究院在海洋生物医药领域开展联合攻关与技术应用，加快海洋生物医药产业的转型升级。完成山东国际海洋高新技术交易中心线下交易展示大厅、服务大厅以及线上交易系统的基础建设并开始试运行，筛选和储备发布科技成果500余项，初步搭建涉海产业高价值专利库、专家库。

·国家海洋经济创新发展示范城市建设·

【概况】 2020年，全市海洋生物、海洋高端装备产业创新发展能力显著提升，高效运转、良性成长的海洋创新生态圈正在形成。山东省新旧动能转换海洋生物医药产业投资基金与润辉生物技术（威海）有限公司、汇瀚医疗科技有限公司、威海人生药业集团股份有限公司签署投资合作协议，推动全市海洋生物医药等新兴产业发展。

【海洋生物医药产业创新发展】 实施抗Ⅱ型糖尿病海洋药物开发、海洋骨科新材料开发等14个转型项目，建设威海（荣成）海洋高新技术产业园，推动

9月，远遥浅海科技湾区　　（威海市海洋发展局　提供）

近100项科研成果进入产业化阶段，构建涵盖海洋创新药物、海洋生物医用材料等10余个领域完整产业链条，形成园区支撑、产业链优化聚集发展格局。

【海洋装备创新发展】 搭建浅海综合试验场、碳纤维制备实验室等5个国家级高端海洋平台，实施海洋装备用碳纤维复合材料、60米水下海工装备等7个项目研发，推动水下观测机器人、水下作业机器人等近20个产品进入产业化阶段。开展产业链补链行动，聚焦技术突破、产品升级和配套服务，引导黄海造船有限公司、威海光威复合材料股份有限公司等10家海洋装备龙头企业带动60余家中小型企业协同创新发展，实现海洋装备产业关键技术多点突破。

【平台公共服务】 聚焦基因育种、健康养殖、活性物质提取等海洋产业增值关键环节，打造特色化海洋产业创新公共服务平台，发挥公共服务平台科技研发、中试、技术转移、培训等综合优势，推动海洋产业高质量发展。创建国家海产品质检中心、国家工程技术研究中心，培育中国（乳山）牡蛎研究院、威海海洋生物医药产业技术研究院有限公司等87家涉海创新型研发机构，成功实现海工装备用关键材料、高品种牡蛎新品种培育等成果转移转化。依托全市产业工程特聘专家支持计划，引导企业与60余家涉海高校院所建立产学研合作关系，创建省级海洋工程技术协同创新中心32处。

海洋渔业转型升级

【概况】 2020年，全市坚持以“创新、协调、绿色、开放、共享”发展理念为引领，创新体制机制，强化综合管理，稳步推进海洋渔业转型升级，加快打造生态良好、布局合理、结构优化、管理高效的海洋渔业发展格局。全市水产品产量达287.33万吨。

· 海洋捕捞 ·

【概况】 全市持续推进近海捕捞向远洋渔业转型，加快压减近海捕捞强度，大力发展远洋渔业，保持海洋捕捞总体稳定。2020年，近海捕捞产量达59.24万吨，远洋捕捞产量达39.6万吨。全市计划拆解渔船281艘，除7艘主动放弃拆解外，全部拆解完毕，压减功率2.34万千瓦。总投资18亿元的南极磷虾产业特色园区一期工程完工。

【远洋渔业基地建设】 2020年，沙窝岛国家级远洋渔业基地完成投资20亿元，港池面积42公顷的中心渔港通过国家验收，渔港功能区、精深加工区、综合服务区投入使用。斐济远洋渔业基地完成国内备案手续，获得斐济共和国土地部签发的为期99年土地租赁合约。加纳远洋渔业基地船舶救生筏站和无线电检测站投入运营。

【远洋作业渔场及船队建设】 2020年，通过开展国际渔业合作交流，全市大洋性渔业作业海域已涉及太平洋、大西洋、印度洋公海渔场，相继开发加纳、科特迪瓦、毛里塔尼亚等专属经济区渔场，与巴布亚新几内亚首次达成20远洋艘渔船入渔意向。全市拆解报废老旧远洋渔船19艘，新建远洋渔船19艘，有专业远洋渔船361艘，其中鱿鱼钓船112艘、金枪鱼延绳钓船108艘、拖网渔船97艘、围网渔船26艘、运输船18艘。获批建造南极磷虾捕捞加工船2艘，船型由黄海造船有限公司自主研发设计，单船投资超过5亿元，年捕捞能力5万吨。

· 水产养殖 ·

【概况】 2020年，市政府印发《威海市养殖水域滩涂规划（2018—2030）》，市政府办公室印发《威海市关于加快推进水产养殖业绿色发展的若干意见》，科学划定养殖空间，明确各养殖海域主导养殖方式和养殖密度，合理确定养殖容量。加快推进水产养殖业绿色发展，《威海市水产养殖绿色发展示范区建设实施方案》通过专家组评审，举办全国沿海水产养殖绿色发展经验交流会，威海市获批国家水产养殖绿色发展示范区。

2020年威海市渔业生产基本情况表

表4

水产品总产量（万吨）					养殖面积（万公顷）			渔业船舶拥有量（艘）			
合计	海洋捕捞	远洋渔业	海水养殖	淡水养殖	合计	海水养殖	淡水养殖	总数	近海捕捞	养殖渔船	辅助渔船
287.33	59.24	39.59	186.31	2.17	8.28	8.02	0.26	10371	4387	5926	58

2020年威海市海洋捕捞主要产品产量表

表5

种类	鱼类													甲壳类						贝类	投足类		其他类
														虾				蟹			鱿鱼	章鱼	海蜇
	鳀鱼	沙丁鱼	鲱鱼	白姑鱼	黄姑鱼	小黄鱼	玉筋鱼	带鱼	梭鱼	鲐鱼	鲅鱼	鲳鱼	马面鲀	毛虾	对虾	鹰爪虾	虾蛄	梭子蟹	青蟹				
产量（万吨）	20.25	0.14	0.10	0.35	0.12	2.11	1.96	4.73	0.23	1.05	5.76	0.97	0.05	0.11	0.11	0.57	0.65	0.35	0.03	2.09	2.69	0.32	0.16

【现代种业发展】 全市新增威海单环刺螠省级原种场、威海百世文蛤省级原种场、乳山大泷六线鱼省级原种场3家省级水产原良种场。至2020年，全市水产原良种场达22处。其中，国家级水产原种场4处，省级水产原良种场18处（原种场11处，良种场7处）。

【海洋牧场建设】 全市新增国家级海洋牧场示范区（全国第六批）3个、省级海洋牧场示范项目3个。至2020年，全市成功创建国家级海洋牧场示范区14个、省级海洋牧场示范项目34个。

【健康养殖示范建设】 重点推进全国水产健康养殖示范创建活动，鼓励企业、合作社和养殖大户按照健康养殖标准，自觉加强基础设施改造，规范养殖生产操作，促进节能减排，扩大辐射带动，提升全市健康养殖水平。与科研院所、高校在水产名优新品种引进、生态养殖、示范推广等方面建立长期的产学研合作关系，取得较好成效。全市15家企业的养殖基地获批国家级健康养殖示范场，19家企业的养殖基地获批省级健康养殖示范场。至2020年，全市获批健康养殖示范场81个，其中国家级健康养殖示范场50个。

【养殖风险防范】 2020年，推动构建“1+4+N”水生动物疫病防控体系，市海洋发展局联合威海海洋职业学院共同建立威海市海洋生物健康促进中心，并于7月3日举行揭牌仪式。

【渔业协会建设】 10月20日，威海市渔业协会召开第三次会员大会，成立水产流通与加工分会，选举分会会长单位、分会会长。大会邀请银行和直播电商基地专业人员围绕优化金融服务和市场支持作专题报告，有效推动企业发展。

·水产品市场与品牌建设·

【概况】 2020年，全市通过申请“中国海鲜之都”称号、推出“威海海鲜”区域品牌、举办威海海鲜节等节庆活动、参加厦门国际海鲜展等展会活动、加强与电商平台合作、建设达威直播电商基地、举办直播带货活动等，提升威海海鲜的知名度和影响力。

【水产品进出口贸易】 2020年，全市有114家企业发生水海产品进出口实绩，完成水海产品进出口总额107.48亿元，比上年下降18.7%，其中出口额83.96亿元，下降15.3%，进口额23.52亿元，下降29%，实现贸易顺差60.44亿元。

【品牌宣传与市场开拓】 7月28日，威海市被中国水产流通与加工协会授予中国海鲜之都称号。在“中国海鲜之都”授牌仪式暨“威海海鲜”品牌发布会上，正式对外推出“威海海鲜”区域品牌，公布品牌形象标识和广告语。市海洋发展局与家家悦集团股份有限公司在济南、青岛、张家口、蚌埠等省内外多个城市联合举办第二届威海海鲜节，开展威海海鲜品牌宣传和产品推介。市海洋发展局组织6家企业参加2020厦门国际海鲜展，设置“威海海鲜”特装展区，向国内外消费者集中推介威海特色海产品。市政府与浙江天猫技

2020年威海市海水养殖主要产品产量表

表6

种类	鱼类						甲壳类				贝类		藻类				其他类		
							虾			蟹									
	鲈鱼	大菱鲆	牙鲆	河鲀	鲽鱼	黑鲪	南美白对虾	中国对虾	日本对虾	梭子蟹	牡蛎	其他	海带	裙带菜	紫菜	江蓠	海参	海胆（万千克）	海蜇
产量（万吨）	0.21	0.08	0.02	0.10	0.02	0.06	0.63	0.25	0.12	0.12	53.87	64.81	44.31	4.48	1.11	4.52	3.42	288.00	0.01

2020年威海市主要水产苗种生产情况表

表7

淡水鱼苗（万尾）		淡水鱼种（吨）	投放鱼种（吨）	海水鱼苗（亿尾）			虾类育苗（亿尾）		贝类育苗（亿粒）		海带（亿株）	海参（亿头）
合计	其中：罗非鱼			合计	其中：大黄鱼	鲆鱼	合计	其中：南美白对虾	合计	其中：鲍鱼		
7350	600	740	740	4.81	0.01	2.58	3850	23	262.63	1.28	71	33.78

2020年威海市主要水产品加工情况表

表8

水产加工企业（家）	水产加工能力（万吨/年）	水产冷库（座）	冻结能力（万吨/日）	冷藏能力（万吨/次）	制冰能力（万吨/日）	水产加工品总量（万吨）	水产品冷冻（万吨）	鱼糜制品及干腌制品（万吨）	藻类加工（万吨）	罐制品（万吨）	水产饲料（万吨）	鱼油制品（万吨）	其他水产加工品（吨）
864	475.05	546	6.51	63.71	1.54	353.68	257.24	25.92	31.27	11.05	24.50	3.41	2910

术有限公司签署《“春雷计划”深度合作框架协议》，将威海市的农海产品资源与天猫技术有限公司的销售渠道结合。达威电商直播基地、盛农岛威海海产品直播中心等电商直播基地投入使用，助力威海海产品宣传推介。年内，先后举办“天猫爱心助农”“京东京心助农”“威海特产地直播带货节”“乡村振兴看威海”等多项电商直播活动，实现销售 3000 余万元。支持威海国际海洋商品交易中心持续发展，至年底，实现大宗海产品线上交易额 20.8 亿元，累计交易额突破 58 亿元，注册交易会员 790 家，累计完成鲍鱼、经济鱼类等质押融资业务 3.37 亿元。

海洋科技创新

【概况】 2020 年，全市推进海洋科技研发机构建设，建成创新平台 10 个。引进或培养海洋人才团队 27 个，启动海洋领域实施产业科技人才团队支持计划。聚力建设国家浅海综合试验场，打造海洋装备产业集聚、成果转化新高地。创建省级海洋工程技术协同创新中心 32 处，获批省级现代海洋产业技术创新中心 1 处。筛选海洋科技研究成果推送给涉海企业，促进成果转化。

【国家浅海综合试验场建设】 持续完善试验场硬件设施及软件系统，布放锚泊式、浮标式试验平台，完成环境安全保障系统安装、实时动态监测系统的改造和建造、服务系统开发，海洋装备测试服务能力进一步增强。承接高校院所、企业试验任务 60 余项，完成载人潜水器“蛟龙号”测试任务。

【海洋科技成果转化】 市海洋发展局积极对接高校院所，搜集最新科技研究成果，形成成果数据 1000 余项，精心筛选 100 余项符合全市海洋产业发展实际，可产业化、经济效益高的涉海科技成果推送给相关企业，累计达成合作意向 100 余项。

【涉海创新平台建设】 2020 年，新引进黄海渔业科技创新研究院、北京大学（威海）海洋研究院、海洋无人装备与技术联合创新中心、国家海水利用工程技术（威海）中心等机构，累计建成相关涉海创新平台 30 余个，开展实施研发项目 100 余个。

【基层渔技推广体系改革与建设】 各区（市）积极推进渔技推广体系改革与建设，完善绩效考评制度，明确主导品种 4 个和主推技术 3 项，遴选技术指导员 59 名，培育科技示范主体 111 户，建设试验示范基地 10 处，全面提升渔技推广体系服务效能，促进渔业科技成果转化。环翠区、文登区、荣成市、乳山市连续第 9 年被列为山东省基层渔技推广体系改革与建设补助项目区（市），获得补助资金 80 万元。

海洋综合治理

【概况】 2020 年，全市海洋综合管理工作以重点项目用海保障、全市无居民海岛开发利用现状补充填报、养殖用海调查、海岸线修测成果审查、海洋生态红线调整、海洋监测预警等工作为重点，着力强化依法管海用海，解决历史遗留问题，大力推进海洋生态文明建设，形成海洋资源利用高效集约、开发保护空间格局逐步优化、海洋生态环境质量持续改善的海洋综合管理事业新格局。

·海域海岛管理·

【概况】 严格执行国务院《关于加强滨海湿地保护严格管控围填海的通知》，采取最严格围填海管控政策，在围填海历史遗留问题处理、海域海岛海岸带整治修复、海域使用金标准调整等方面取得初步成果。深化“放管服”行政审批改革，推进海域有偿使用的落实，提高全市海域海岛管理规范化、科学化水平。开展围海养殖用海普查工作，进一步加强和规范养殖用海管理。

【海域使用】 分别于 7 月 24 日和 12 月 31 日，召开全市海域使用审批领导小组会议，研究审议 89 个用海项目的报批、转报工作。年内，全市完成审批海域使用 402 宗，总面积 6.66 万公顷。严格限制新增围填海，年内未新增围填海项目，实现自然岸线零占用。认真落实《山东省海域使用权招标拍卖挂牌出让管理办法》，全年出让海域 116 宗，面积 3.23 万公顷，成交总额 1.31 亿元。其中，威海市区 25 宗，面积 1.70 万公顷；乳山市 66 宗海域，面积 1.41 万公顷。加大欠缴海域使用金的征收力度，做好征缴企业的服务工作，完成 2020 年市级海域使用金征收任务。

【海域动态监管】 对全市围填海项目进行梳理，选择已开工建设的 14 个重点项目定期开展现场监视监测，全年累计开展现场监测 60 余次，编制技术报告 60 余份。开展岸滩监视监测，重点对威海市区、荣成市北部和乳山湾至银滩的沙滩和渔港码头等进行巡查，累计监测岸段 300 余千米，发现藻类堆积、塑料垃圾多和海岸侵蚀等问题。做好海域使用申请技术审查工作，全年完成 20 余个项目的审查工作，涉及用海面积近万公顷。

【海域海岛海岸带整治修复】 全年完成海洋生态保护修复项目 17 个（其中中央财政资金支持项目 4 个，省级财政资金支持项目 13 个），修复海岸线 15 千米。加快推进国家“蓝色海湾”整治行动项目，开工建设双岛湾海域整治修复工程项目。争取 2020 年度中央资金支持海岸带整治修复项目，威海市浪暖口至和尚洞海岸带整治修复工程通过自然资源部组织的入库评审，获得中央扶持资金 8000 万元。

【无居民海岛开发利用现状补充填报】 为进一步加强无居民海岛管理，全面掌握无居民海岛开发利用现状，在 2018 年无居民海岛开发利用现状填报数据的基础上，开展全市 179 个无居民海岛新增和变化数据的补充填报工作。至年底，基本完成补充填报工作。

【互花米草治理】 市海洋发展局联合市科技局、财政局、生态环境局、林业局印发《威海市互花米草防治工作方案》，全面开展互花米草防治工作。乳山市与山东省海洋资源与环境研究院共同设计研发互花米草治理设备，开展互花米草治理装备试点工作，研发收割船、打捞运输船、拦截网、粉碎打包一体机等设备，试验收割面积达20公顷，效果良好。

【绿潮（浒苔）应急处置】 按照“早关注、早部署、早准备、快处置”的原则，积极做好浒苔灾害应急处置工作。更新拦截网设置，最大限度阻止浒苔上岸；组织开展浒苔船式自动化打捞、浒苔沙滩处置车等新型设备的研发，节约人力资源和成本。年内，争取省级财政支持资金960万元，累计出动船只61艘次、人员210人次，海上打捞大型藻类3860吨；出动人员3169人次、车辆1020车次、大型机械274班次，清理大型藻类11291.3吨。全市处置浒苔总量1.52万吨，进行无害化处置和资源化利用浒苔总量1.41万吨。

• 海洋监察 •

【概况】 2020年，加强全市管辖海域海洋监察执法，严格落实旬巡查、旬报告等制度，发现、解决违法违规苗头问题，依法查处违法违规行为。

【海洋执法行动】 市海洋发展局联合威海海警局等部门开展严厉打击海上非法采砂专项执法行动，全年出动执法船艇15艘次、执法车辆363辆次、执法人员378人次，未发现违法盗挖海砂行为。采取拉网式全面排查和海陆排查方式开展海域使用联合执法专项执法行动，未发现违法围填海行为。核查海域使用疑点疑区，11处疑点疑区均不属于违法围填海区域。开展海岛专项执法行动，根据无居民海岛开发利用程度进行分类检查，未发现违法行为。

【海岸带执法巡查】 严格落实《威海市海岸带保护条例》《加强海洋执法监管工作实施办法》，坚持岸线、海域巡查常态化，严防违法用海行为。对所辖岸线每旬不少于巡查1次，对北部市区岸线每周不少于巡查2次。在海况允许的情况下，对所辖海域每旬不少于1次巡查。严格落实“旬巡查，旬报告”制度，每月分时段报送《旬巡查情况登记表》3次，及时上报并跟踪处置重要情况。

• 海洋预报减灾 •

【概况】 2020年，全市积极开展常规预报，拓展预报服务领域，扩大预报范围，对海洋牧场、海洋公园、海水浴场和重点渔港开展精细化专项预报，全年发布常规预报365期、专项预报1400余期。

【预警预报信息发布】 加强与威海电视台的沟通合作，对预报栏目进行改版升级，持续提供多层次、多角度的海洋预报服务。开展海洋预警报信息发布服务，及时发布预报预警信息。全年累计发布风暴潮、海浪灾害预警信息40余期次，短信35万余条。

【海洋灾害风险防范】 结合“5·12”全国防灾减灾日以及“6·8”世界海洋日，通过设立宣传栏、宣传横幅以及利用微信公众号发布信息等形式，持续开展海洋知识的科普宣传。积极开展灾害应急观测工作，做好灾害期间潮高、浪高等要素的监视监测，编制海洋灾害分析报告4份、季度通报4期。开展应急海域状况分析和预测，对2起应急事件进行跟踪监视和海域环境预报。

【海洋观测运维】 开展小石岛海洋观测站、地波雷达站等海洋观测设施的维护、比对与检定工作，以及海洋观测站4G网络传输升级工作和地波雷达站运维，确保海洋观测设施稳定运行和海洋观测数据的顺利获取。

• 海洋生态预警监测 •

【概况】 2020年，市海洋发展局在全市近岸海域开展海洋生态预警监测工作，全面掌握海洋生态基础状况及趋势性变化，为全市海洋经济发展做好服务支持。

【海洋生态基础监测】 在全市近岸海域布设海洋生态基础监测站位70个，开展水环境、沉积环境和海洋生物监测。全年完成监测任务2次，累计出海43个航次，航行1400余海里，采集各类样品2100余个。

【海洋生态灾害预警监测】 开展全市绿潮（浒苔）监测预警报工作，累计完成船舶监测和实验室分析工作9个航次、岸线巡视工作8个航次，取得水质样品92个、生物样品48个，获取水文气象数据480余个、水质数据560余个、生物数据280余个，形成相关专项通报14期、重点区域绿潮专项预报34期，为针对性开展绿潮浒苔拦截、打捞以及处置等工作提供技术支持。

【专项监测】 开展华能威海发电有限责任公司海水淡化浓盐水排放生态环境监测项目，监测内容包括水文气象、水环境、沉积环境、生物生态、生物质量。年内，布设监测站位10个，完成外业采样和实验室分析工作2个航次，采集水质、沉积物、生物样品260余个，获得监测数据900余个。

• 渔业生态监测 •

【概况】 2020年，在全市近岸海域布设渔业监测站位106个，获取监测数据1.2万余组，为全市养殖环境做好监测服务。完成22处渔港的环境综合整治工作，实现污染防治设施设备全覆盖。

【重点海水增养殖区监测】 2020年，分别于3月、5月、8月和10月开展全市重点海水增养殖区监测工作，在烟威近岸养殖区、荣成片区及乳山文登片区分别布设36个、33个和37个监测站位，采集样品3500余个，获得各类监测数据1.2万余组，编制养殖环境通报4期。组织开展全市重点养殖排水口普查及监测评价工作，全年普查重点养殖排水口80余处，形成专项监测通报4期。

【水生动物病害测报与重点疫病监测】 设立测报点53个，其中常规测报点51个、精准测报点2个，基本覆盖全市主导养殖区域。对刺参、对虾、牡蛎、扇贝、海带、裙带菜、江篱、鲆、鲽、许氏平鲉、罗非鱼等多个品种实施病害测报。

渔业管理

【概况】 2020年，全市聚焦伏季休渔执法管理、渔船管控等关键领域，强化常态化执法监管，严打涉渔违法违规行为。

·渔政管理·

【概况】 2020年，组织开展海洋涉渔“三无”船舶清理、伏季休渔管理等一系列行动，全市近海管理秩序明显好转。

【海洋涉渔“三无”船舶清理】 开展为期1年的清理取缔海洋涉渔“三无”船舶（无船名号、无船籍港、无船舶证书的船舶）专项行动，严厉打击涉渔船舶违法违规行为。印发《关于开展“三无”渔船清理整治专项行动的通知》，督导各区市加强海上执法巡查和港口岸线巡查，持续保持高压态势。印发《威海市全面加强渔船管控工作实施方案》和涉渔“三无”船舶、渔业用工、涉外渔业、渔业安全、渔港管理、队伍整顿6个专项行动方案，持续强化执法检查力度，提升海洋渔船管控水平。开展现场集中拆解活动，拆解“三无”渔船38艘，形成有效震慑。年内，全市查获涉嫌涉渔“三无”渔船23艘（其中主动上缴1艘）。

【伏季休渔管理】 召开全市海洋伏季休渔管理工作视频会议及工作调度会议，印发《关于加强海洋伏季休渔管理工作的通知》《2020年威海市海洋伏季休渔管理工作实施方案》，制定伏季休渔执法编组方案，实行联合执法、交叉执法和班子成员轮流带队执法等制度，严守海上、港口、市场“三道防线”，确保休渔秩序稳定。休渔期间，全市累计查获休渔违法渔船634艘、违禁渔具3846套。

【捕捞渔具管理】 开展“中国渔政亮剑2020”威海市系列专项执法行动，将违禁渔具清理整治执法行动作为重点工作持续推进，开展常态化“清网”行动。结合伏季休渔管理工作，针对重点区域、重点对象、重要时间节点开展违禁渔具重点检查；按照全市渔船管控工作部署，严厉打击使用禁用渔具行为，保护海洋渔业资源。年内，收缴违禁渔具7589套。

【水生野生动物保护】 开展严厉打击水生野生动物违规活动，印发《2020年威海市打击水生野生动物违规活动专项执法行动方案》《关于对全国人大常委会关于全面禁止非法野生动物交易有关决定和〈野生动物保护法〉等贯彻实施情况进行自查的通知》，加大执法检查力度，严厉打击一切非法捕杀、交易、食用水生野生动物违法活动。开展辖区水生野生动物保护督导执法检查，加强水生野生动物保护管理。

【外省籍渔船管理】 市海洋发展局印发《“中国渔政亮剑2020”威海市系列专项执法行动方案》《威海市关于开展外省籍渔船清理整治专项执法行动方案》，联合各部门执法力量，重点抓好海上、渔港码头、流通领域“三大关键环节”，对外省籍渔船实行全流程监管，提高执法效能。进一步优化执法巡查方式，全面加大执法力度，对外省籍渔船作业集中的海域做到不定期、不间断、不定点开展检查，对发现的违法跨界作业渔船进行依法处理。年内，查处外省籍违规渔船301艘。

【涉外渔船管控】 统筹抓好疫情防控和守法守规教育宣传，严格实施跟踪监管，有效防范违规越界、技术违规等情况发生。年内，组织培训涉韩国入渔人员700余人，有314艘渔船入渔生产，配额完成率为80.7%，入渔上报准确率达100%。

【渔船检验】 提高渔船检验效率，实现市级渔船检验业务全程网上办理，全年完成网上办理业务190余项。开展无线电通信设备和电子身份标识专项整治行动，核查渔船107艘。将船长24米以下且主机功率75千瓦以上的非木质渔船监督检验和发证工作下放至县级，至年底，有232艘渔船的监督检验和发证工作下放至县级。全年累计检验渔船199艘（其中初次检验1艘、营运检验163艘、临时检验16艘、拆解注销19艘）。

【渔业海事调查和渔船薪资纠纷调处】 按照渔船水上交通事故调查处理工作要求，指导、协调各区市开展渔船水上交通事故调查处理工作，辖区所有渔船海上交通事故得到及时规范处置，全市未发生较大等级及以上渔船水上安全事故。协调处理渔船务工薪资纠纷71起，涉及金额158万余元。

·渔业安全生产管理·

【概况】 2020年，全市强化责任担当，突出源头治理、风险防控和隐患排查，构建渔业安全生产长效机制，渔业安全生产形势持续稳定。

【渔船安全督查和船位监控】 开展渔业安全生产交叉执法检查，采取座谈交流、查阅资料和现场抽查相结合的方式，抽查渔港码头5处、渔船55艘，查改问题隐患27处。全时段进行渔船船位监控，累计发现船用定位终端和船位异常渔船1491艘次。

【渔业安全技术防控】 围绕威海市海洋渔业监控指挥平台，不断进行监控系统升级，平台海图上新增韩国领海基线，对船位判定更加准确。继续推进海洋渔船通导与安全装备项目建设，加快船用终端更新换代和软件升级，全力提升渔业信息化水平。年内，配备新一代北斗卫星定位终端42台、AIS船舶自动识别系统终端326台和船员自救系统1014台。

【渔业安全生产专项集中行动开展】 以渔业安全生产专项整治三年行动为主线，扎实开展冬春季节渔业安全生产整治、复工复产安全生产检查、安全隐患拉网式大排查、专项治理及大排查大整治等各类检查行动，加大对渔港安全管理不规范、渔船安全生产主体责任不落实、渔业从业人员安全意识不强、海洋牧场平台安全措施落实不到位等问题的整治力度，全年检查涉渔企业、渔

8 月，市海洋发展局开展渔业安全生产专项集中行动
（威海市海洋发展局　提供）

港码头、渔船及海洋牧场平台 1.92 万处（次），整改问题隐患 238 处。

【渔业安全生产宣传教育培训】　开展全市渔业“安全生产月”活动、防范商渔船碰撞安全警示教育活动、渔业安全生产宣传教育“七进”（进企业、进学校、进机关、进社区、进农村、进家庭、进公共场所）及“安全生产法”宣传周活动，举办各类渔业安全培训班 141 场，发放宣传资料 3 万余份，受教育 1.4 万余人次。修订完善《威海市海洋与渔业系统防台风应急预案》，开展渔业安全生产应急救援桌面推演。举办全市渔业安全生产培训班，邀请专家围绕消防安全知识、商渔船防碰撞及渔业船舶安全管理与操作等内容进行授课，培训渔业从业人员 80 人，发放宣传材料 240 份。

【应急值守与应急救援处置】　认真落实 24 小时值班和领导带班制度，及时做好灾害性天气的预警预报和信息发布工作，指导渔民群众有效防范和处置渔业生产安全事故，并根据海上救援指令积极开展渔船民搜救。年内，接收发布各类天气预警信息 124 期，转发禁渔禁航通告 15 期，组织指挥和参与救援行动 42 起，救助渔民 29 人、渔船 3 艘，挽回渔民直接经济损失 2600 余万元。

·水产品质量监管·

【概况】　2020 年，全市海洋发展部门严格按照“经常巡查、普遍抽检、常年培训、严管严罚”的要求，认真履行水产品质量安全监管职责，加强组织领导，落实监管措施，完善长效机制，水产品质量安全水平显著提升，水产品质量安全监督抽检合格率达 100%。

【水产品质量安全整治】　市海洋发展局印发《威海市水产品质量安全专项整治工作方案》，开展渔资打假“春雷”行动，水产品质量安全专项整治，重点品种、渔业投入品、节假日期间风险监测等行动，对全市水产育苗与养殖单位开展“拉网式”检查，强化日常巡查，加大执法力度，及时发现并解决问题，全市出动执法人员 624 人次、检查企业 832 家次。做好食用农产品合格证制度试行、省级食品安全市复审督查等工作，开展落实食品药品安全“四个最严”要求、渔业投入品专项联合执法等专项行动，确保水产品质量安全。

【水产品质量安全监测】　2020 年，全市完成各级水产品抽检任务 1241 批次，其中完成产地监督抽检任务 574 批次、风险监测任务 667 批次。按照科学分配、合理采样的要求，分阶段完成国家级水产品监督抽检样品 57 个，省级水产苗种监督抽检样品 82 个、水产品监督抽检样品 170 个，市级水产苗种监督抽检样品 90 个、水产品监督抽检样品 105 个、投入品风险监测 27 批次、水产品风险监测 210 批次、贝类卫生与风险监测 170 批次、海参专项监督抽检 70 批次、海参专项风险监测 260 批次。抽检品种以海参、大菱鲆、贝类、对虾、蟹类等大宗养殖品种为主，总体合格率达 99.11%。

【水产品质量追溯系统试点建设】　围绕海参、鲆鲽类、对虾、牡蛎等重点品种，确定 110 家龙头企业为追溯试点建设单位进行项目推广，通过水产品检测、监管主体培训、企业动态数据采集等方式，推动构建水产品“信息可查询、来源可追溯、去向可跟踪、责任可追究”的市、县、企业三级水产品质量安全可追溯管理体系。

·渔业资源修复·

【概况】　2020 年，市海洋发展局通过稳定增殖放流规模、加快现代化海洋牧场建设等方式，有效保护涵养海洋生物资源，改善海洋生态环境，提升全市渔业资源种群结构和质量。

【增殖放流】　首次面向社会公开招募水产苗种增殖放流义务监督员 41 名，提升增殖放流工作的透明度和公众参与度。组织举办 2020 中国·威海首届海洋放鱼节公益活动，通过线上、线下等多种形式组织公众参与放流活动，初步建立以政府投入为主、社会投入为辅、各界广泛参与的多元化投入机制，全年增殖放流优质水产苗种超过 25 亿单位。

（丛筱祎）
编辑　于鹏飞

工　业

综　述

【概况】 2020年，全市有规模以上工业企业1116家，从业人员30.4万人，总资产4176亿元。有34个工业行业大类、126个工业行业中类、238个工业行业小类，工业产品种类达3000余种。全市规模以上工业实现营业收入2678.86亿元，实现利润266.78亿元，比上年增长24.2%，营业收入利润率达9.96%，提高2.81个百分点。

【产业结构】 2020年，全市三次产业比重为10.0∶38.5∶51.5，高新技术产业产值占规模以上工业总产值的比重达60.1%，重点培育新一代信息技术、新医药与医疗器械、先进装备与智能制造、碳纤维等复合材料、海洋生物与健康食品、时尚与休闲运动产品、康养旅游七大产业集群，初步形成医药医疗器械等优势产业链10条。新一代信息技术产业、新医药与医疗器械产业、先进装备与智能制造产业、海洋生物与健康食品产业4个产业集群入选山东省“十强”产业“雁阵型”集群名单，其中海洋生物食品产业入选首批山东省特色产业集群名单。

【企业培育】 2020年，实施企业冲击新目标“双百工程”，100家入库企业和100家后备库企业营业收入增长4.9%，其中79家企业营业收入实现两位数增长；对200家创新型企业进行培育，入库企业营业收入增速达21%；建立600家“小升规”企业培育库，183家企业进入规模以上企业行列。至年底，全市工业领域营业收入过10亿元的企业有38家，过50亿元的企业有3家，过100亿元的企业有2家。其中，威海威高国际医疗投资控股有限公司营业收入497.8亿元，迪尚集团有限公司营业收入150.8亿元。

【创新平台建设】 依托“1+4+N”高端平台体系，初步形成1个研究院牵头、4个优势平台支撑、16个专业平台协同的产业创新体系，基本实现重点产业链公共创新平台全覆盖。至年底，全市有省级制造业创新中心3家，国家级工业设计中心4家、省级24家，国家级技术创新示范企业8家、省级10家，省级“一企一技术”研发中心100家，先后有26名高层次人才入选泰山产业领军人才（传统产业创新类）名单。累计培育国家级制造业单项冠军企业（产品）9家、省级20家，国家专精特新“小巨人”企业7家、省级瞪羚企业26家、省级“专精特新”中小企业141家。

【数字化转型】 2020年，全市建成5G基站2045个，上线运行工业互联网标识解析二级节点，成为全省第1个实现规模化运营的二级节点。至年底，累计培育省级以上工业互联网平台试点示范项目17个、山东省5G试点示范企业及项目10个、山东省“现代优势产业集群＋人工智能”试点示范企业14家，全市“上云”企业超过2900家。先后认定市级智能工厂和数字化车间36家，3家企业被列入国家智能制造专项，16家企业被列入省级以上智能制造示范试点项目。

【绿色制造】 至年底，全市有国家级绿色工厂5家、绿色供应链管理企业2家，2家企业入选国家级工业产品绿色设计示范企业，14个产品入选国家级绿色产品名单，威海火炬高技术产业开发区获评国家级绿色园区；累计认定市级绿色工厂19家、绿色供应链管理企业4家，威海南海新区获评市级绿色园区。建成文登化工产业园、南海化工产业园、临港塑料助剂产业园3个省级化工园区，三角（威海）华盛轮胎有限公司、浦林成山（山东）轮胎有限公司等5家企业被认为化工重点监控点。

【重点产业集群发展】 新一代信息技术产业　全市有规模以上新一代信息技术企业129家，资产总额392.9亿元，从业人员4.7万人。主要产品有计算机外设产品、电子元器件、电子信息机电产品、电子测量仪器、通信设备等。2020年，规模以上企业实现营业收入300.99亿元，利润15.48亿元。

新医药与医疗器械产业　全市有医药和医疗器械生产许可证的企业152家，其中规模以上工业企业34家，资产总额1089.33亿元，从业人员近5.3万人。主要产品有医疗器械、医用耗材、化学原料药及制剂、新型中成药及植物药、生物药物及基因工程药物等10个系列2000余个品种规格。2020年，规模以上企业实现营业收入668.55亿元、利润116.51亿元。

先进装备与智能制造产业　全市有规模以上先进装备与智能制造企业228家，资产总额980.8亿元，从业人员7万人。主要产品有大型数控机床、压力容器、电机、风机、工业机器人、航空地面设备、多用途集装箱船、汽车运输船、豪华客滚船、海洋工程船、远洋渔船、专用车、房车、各类子午胎、曲轴、钻夹头等。2020年，规模以上企业实现营业收入616.75亿元、利润58.59亿元。

碳纤维等复合材料产业　全市有规模以上碳纤维等复合材料企业128家，资产总额421.7亿元，从业人员3万人。主要产品有碳纤维及复合材料、医用新材料、镁铝合金材料、新型节能环保建筑材料、新型化工材料、光电光热材料、耐磨材料、稀土功能材料、高性能复合材料、高性能钨钼材料、纳米材料等。2020年，规模以上企业实现营业收入283亿元、利润38亿元。

海洋生物与健康食品产业　全市有规模以上海洋生物与健康食品企业225家，资产总额645.8亿元，从业人员5.8万人。主要产品有海洋生物医药、海洋保健品、冷冻调理食品、即食休闲食品等10类产品，其中冷冻调理食品、浓缩果汁产量居全国前列。2020年，规模以上企业实现营业收入415.8亿元、利润38.8亿元。

时尚与休闲运动产品产业　全市有规模以上时尚与休闲运动产品企业198家，资产总额439.76亿元，从业人员5.3万人。主要产品有纺织服装、游艇、房车、钓具等。2020年，规模以上企业实现营业收入398.23亿元、利润34.88亿元。

【优势产业链发展】　医药医疗器械产业链　全市有规模以上工业企业34家，以威海威高国际医疗投资控股有限公司、迪沙药业集团有限公司为龙头，形成医药与医疗器械较为齐全的产业链条。威海威高国际医疗投资控股有限公司拥有10个系列2000余个品种规格主导产品，其中医疗器械已进入全球15大细分市场中的11个，空心纤维透析器市场占有率居全球前5位、全国第1位；迪沙药业集团有限公司原料药市场占有率居全国前列。威海火炬高技术产业开发区获批国家新型工业化产业示范基地（医疗器械）。

碳纤维等复合材料产业链　全市有规模以上工业企业30家，以威海光威复合材料有限公司为代表，碳纤维生产企业搭建涵盖“装备制造—原丝—碳纤维—织物—预浸料—碳纤维制品—检测分析”的全产业链研发生产能力，填补国内空白。产业链配套企业主要有威海光威精密机械有限公司、威海光威能源新材料有限公司、威海宝威新材料科技有限公司等，本地配套率约50%。

纺织服装产业链　全市有规模以上工业企业127家，“链主”型企业主要有迪尚集团有限公司、威海市金猴集团有限责任公司、威海市联桥国际合作集团有限公司、海马集团公司、威海市山花地毯集团有限公司等，产品主要涵盖服装服饰、家用纺织、地毯、皮革制品、产业用纺织等。迪尚集团有限公司的中国服装设计创新集成平台和威海市联桥国际合作集团有限公司的毛衫纱线资源共享平台获批国家级工业互联网平台。

打印设备及智能服务终端产业链　全市有规模以上工业企业32家，“链主”型企业主要有惠普打印机（山东）有限公司、山东新北洋信息技术股份有限公司，配套企业主要有捷普电子（威海）有限公司、山东华菱电子股份有限公司等，激光打印机年产能达到1000万台，智能终端产品年产能达到145万台，产业链本地配套率超过70%。威海火炬高技术产业开发区获批国家新型工业化产业示范基地[电子信息（智能办公自动化设备）]。

海洋食品产业链　全市有规模以上工业企业253家，“链主”型企业主要有好当家集团有限公司、荣成泰祥食品股份有限公司、威海市宇王集团有限公司等，形成从育苗、养殖、采捕、加工、贸易到市场销售一体化的蓝色产业链条，全市海洋食品加工产量居全国首位。荣成市获评国家新型工业化产业示范基地（食品产业）。

轮胎产业链　全市有规模以上工业企业16家，“链主”型企业主要有三角集团有限公司、浦林成山（山东）轮胎有限公司等，配套企业主要有贝卡尔特（山东）钢帘线有限公司、腾森橡胶轮胎（威海）有限公司、威海市润通橡胶有限公司等，拥有6类5000余个品种产品，涵盖乘用、商用、工业、农业等多个领域的车辆用胎，远销全球180余个国家和地区。三角集团有限公司、浦林成山（山东）轮胎有限公司分列世界轮胎百强排行榜第25位、第35位。

船舶与海工装备产业链　全市有规模以上工业企业100余家，其中造船企业17家、修船企业5家。“链主”型企业主要有招商局金陵船舶（威海）有限公司、黄海造船有限公司等，产品涉及多用途集装箱船、客滚船、重吊船、科考船、豪华邮轮、半潜船等15类40余个品种。威海市成为国内重要的游艇出口生产基地和玻璃钢船艇生产基地，被认定为首批国家级船舶出口基地。

专用汽车产业链　全市有规模以上工业企业52家，其中12家企业被列入工业和信息化部汽车生产企业公告目录。“链主”型企业主要有威海广泰空港设备股份有限公司、荣成康派斯新能源车辆股份有限公司、重汽（威海）商用车有限公司等，拥有天润工业技术股份有限公司、威海伯特利萨克迪汽车安全系统有限公司、山东双连制动材料股份有限公司、明池玻璃股份有限公司等一批产业链关联及配套企业，优势产品涉及曲轴、转向节、刹车片、玻璃等。威海市是全国房车生产集聚区、全球品种最全的空港地面设备生产基地，荣成市获评中国房车产业出口基地。

钓具产业链　全市有规模以上工业企业30家，“链主”型企业主要有威海光威户外装备有限公司、山东环球渔具股份有限公司等，已形成预浸料、竿、饵、轮、导眼等钓具全产业链条，本地配套率达80%以上。威海市是中国最大的钓具生产加工和出口基地，先后获评中国钓具之都、中国钓竿之城、中国轻工业特色区域和产业集群创新升级示范区等。

电机产业链　全市有规模以上工业企业16家，“链主”型企业主要有山东华力电机集团股份有限公司、文登奥文电机有限公司等，产品涵盖船用民用三相异步电动机、高效电动机等1500个品种，形成产品研发、整机装配、分工协作相对完整的产业链条。威海市是国内重要的中小型电机生产基地。

（王力召）

2020年威海市主要工业产品产量表

表 9

产品名称	计量单位	产量
饲料	万吨	32.84
精制食用植物油	万吨	1.56
冷冻水产品	万吨	104.32
焙烤松脆食品	吨	1477.15
乳制品	万吨	3.69
罐头	万吨	5.76
味精（谷氨酸钠）	万吨	1.21
酱油	吨	1791.00
营养、保健食品	吨	5854.06
饮料	万吨	2.14
纱	万吨	2.95
布	万米	4951.26
口罩	亿个(只)	1.36
服装	万件	3.14
轻革	万平方米	249.35
皮革服装	万件	8.14
天然毛皮服装	万件	1.27
鞋	万双	107.75
家具	万件	93.82
纸制品	万吨	27.88
硫酸（折100%）	万吨	8.88
烧碱（折100%）	万吨	6.40
农用氮、磷、钾化学肥料（折纯）	吨	2236.30
涂料	吨	4929.00
化学试剂	万吨	2.52
中成药	吨	381.62
化学纤维	万吨	2.03
橡胶轮胎外胎	万条	3420.02
塑料制品	万吨	5.89
水泥	万吨	166.27
商品混凝土	万立方米	440.67
平板玻璃	万重量箱	966.49
日用玻璃制品	万吨	4.47
生铁	万吨	18.29
钢材	万吨	2.85
黄金	公斤	1902.94
钢结构	吨	5932.00
钢丝绳	万吨	19.40
铸钢件	万吨	19.39
金属切削机床	台	2496.00
起重机	万吨	1.13
泵	万台	9.45
液压元件	万件	6.23
工商用制冷、空调设备	万台（套）	45.69

续表 9

产品名称	计量单位	产量
模具	套	730.00
改装汽车	辆	3336.00
民用钢质船舶	万载重吨	32.24
电动机	万千瓦	1301.55
电力电缆	万千米	1.73
光缆	万芯千米	586.31
显示器	万台	151.11
打印机	万台	459.34
电子元件	亿只	8.16
印制电路板	万平方米	39.49
工业仪表	万台（个）	263.58
钟	万只	18.54
船舶修理	万载重吨	215.02

（于　淼）

企业选介

【山东金洲矿业集团有限公司】 2020年，公司拥有金洲分矿、千岭分矿和富岭分矿3家矿山，资产总额10亿元，职工1000余人，生产黄金1313.88千克，实现营业收入5.54亿元、利润总额1.64亿元，分别比上年增长59.24%、136.20%和342.93%，获评山东黄金集团疫情防控突出贡献奖、安全生产奖、绿色发展奖、改革攻坚奖等。

公司按照“依矿找矿、区域探矿”的思路，深入推进区域探矿攻坚会战，全年完成探矿工程量7605米，新增储量矿石量37万吨，金属量2044.45千克。创新采矿方法，推行高中段机械化盘区上向、下向充填采矿法，建设投产高压辊磨机干粉磨矿项目，深入开展采掘及提升劳动竞赛，确保年度产量指标完成。加大产能提升力度，宋家庄矿区主井各中段开拓工程全面实施，金青顶矿区新选矿厂项目进入收尾阶段。

公司完成千岭矿业有限公司、富岭矿业有限公司的分矿化改革工作，进一步压缩管理层级，提升管理效能。深入开展全面“解剖麻雀”成本压活动，实现可控克金成本下降28.14元／克，降幅26.78%；通过实施工程招投标、电商采购、内部审计等举措，节约资金160余万元。深入实施“科技兴金”计划，年内，7项专利获得国家发明专利授权，2项成果分获中国黄金协会和山东黄金集团科技进步奖一等奖，12项成果获奖。

（张岩峰）

【三角轮胎股份有限公司】 2020年，三角轮胎坚持以全球化品牌战略为核心，以市场为导向，以科技创新为支撑，整体业绩持续增长。全年完成轮胎产量2304万条，销售轮胎2363万条，实现营业总收入85亿元、净利润10.6亿元，分别比上年增长7.5%、增长25%。公司科技创新能力持续提升，全年新增授权发明专利43件，完成国际标准2项、国家标准6项的制定工作。7月2日，公司独立研发的民用航空子午线轮胎30×8.8R15规格产品通过《中国民用航空技术标准规定（航空轮胎）》规定的动态试模拟试验，实现国内民用航空子午线轮胎技术上的“零”突破。

公司设立的助力翱翔慈善基金将威海市实验高级中学的贫困学生列入资助范围，至年底，资助大学生、高中生497人次。公司先后获评山东省履行社会责任示范企业、山东省精神文明建设先进单位、“山东慈善奖”最具爱心慈善企业等。

（于小玮）

【威海中玻镀膜玻璃股份有限公司】 2020年，公司强化技术创新，解决窑炉频繁热修及设备故障问题；升级改造气保空分制氮装置，消除安全隐患，实现节能降耗，每年节省电费约360万元。优化操作工艺参数，降低环保营运成本，全年清理脱硝系统10次，排除脱硫系统故障18次。做好在线监测设备的数据监测、维护工作，确保数据的准确性。全年累计生产各类平板玻璃及在线镀膜玻璃1034万重量箱，离线镀膜玻璃352万平方米，产品一等品率以上91.33%、总成品率92.98%，实现营业收入10.24亿元、利润总额1.18亿元。公司获评2020年度山东省知名品牌、环渤海地区建材行业知名品牌等。

（马　骁）

【招商局金陵船舶（威海）有限公司】 2020年，公司面积140万平方米，可使用海域面积165万平方米，码头岸线2544米（建成1227米），拥有5万吨级船台1座，10万吨级修船坞和造船坞各1座，分别配套400吨、800吨龙门吊等设施，主要产品包括滚装船、客滚船、特种工程船、海工平台等。公司统筹推进常态化疫情防控和复工复产工作，创新运用“云检验”“云签约”等方式，保障生产经营工作有序进行，全年交付船舶3艘，修船（海工平台）90余艘，承接并完成长乐风电项目，实现营业收入19.18亿元。公司获得国家发明专利1项，实用新型专利授权21项；3100米车道高端客滚船获得山东省第三届“省长杯”工业设计大赛金奖，“Stena Estrid”轮获得全球滚装船专业论坛SHIPPAX峰会2020年度最佳概念奖。

（官本旭）

【威海市山花地毯集团有限公司】 2020年，公司下辖5家控股子公司和温泉、桥头2个工业园，占地总面积100余万平方米，有员工1500余人，其中技术研发人员200余人。企业主要生产阿克斯明斯特地毯、威尔顿地毯、单面威尔顿地毯、彩印地毯、方块地毯、簇绒地毯、手织地毯等高端地毯及汽车地毯等产品，拥有地毯毛纱、尼龙及丙纶长丝、纱线及地毯染整、地毯PP纬纱等原材料配套产品，产业链条完整，生产结构灵活，年综合生产能力达1800万平方米。通过2个国际贸易部门、19个驻外分公司办事处、数百家经销商及合作伙伴，建立覆盖国内和全球主要地毯消费地区的销售网络。

2020年8月5日，世界品牌实验室在北京市发布“中国500最具价值品牌”排行榜。公司品牌“山花”以102.15亿元的品牌价值连续十二届入围，为中国地毯行业唯一入围品牌。

（隋明玉）

【海马集团公司】 2020年，公司注册资本1.04亿元人民币，有工业园区3个、员工2300人，主要生产阿克明斯特、尼龙印花、尼龙满铺、尼龙方块和羊毛手工地毯等品种，产品广泛应用于宾馆、酒店、写字楼、影院、航空、游轮等领域。公司积极应对新冠肺炎疫情影响，实施“保生存、保运转、保稳定、保平衡”的措施，于第二季度逐步进入正常运行状态。至年底，公司实现销售收入19.05亿元、利税1.69亿元、创新项目194项，获评山东省全员创新优胜企业、国家绿色供应链管理企业、“规模以上工业企业亩产效益”评价A类企业、山东省纺织行业重点培育品牌企业等。

（褚志伟）

【迪尚集团有限公司】 2020年，公司拥有绮丽集团有限公司、威海纺织集团进出口有限公司2个贸易主体，员工2万余人，产业涵盖服装设计研发、生产加工、进出口贸易、品牌零售、电子商务、金融、物流、房地产开发等多个领域，年贸易额逾18亿美元。公司主要生产高档男女时装、高档毛呢大衣、牛仔服、针织衫、童装、防寒服、休闲服等，年产量1亿件（套），与海外400余家品牌客户保持良好的合作关系，产品销往全球近100个国家和地区。

2020年年初，集团积极应对新冠肺炎疫情，利用海外公司、跨境电商、合作客户等多种渠道，从世界各地采购防疫物资，用于企业员工的防护，并大量向社会捐献。2月9日，公司从70余家下属工厂及外协企业调集设备，开始承接医用防护服生产任务，至3月初，完成国家和省下达的30万件防护服调拨任务，国务院应对新型冠状病毒肺炎疫情联防联控机制医疗物资保障组向公司发来感谢信。为应对国际防护用品需求，公司建成面积1万平方米的10万级净化车间1座，扩大产能，防护服日产量提高至5万件，一次性医用口罩日产量达200万只，产品出口到意大利、英国、法国、西班牙以及东南亚等20余个国家和地区，其中，英国国家卫生服务机构（NHS）将公司列为重点供应商。年内，公司实现销售收入150亿元、利税8.1亿元，获得2020年度威海市地方级税收50强第3名。

（屈 飞）

【威海威高国际医疗投资控股有限公司】 2020年，公司下设威高集团、威高建工产业集团、威高金融控股集团，占地面积600余万平方米，拥有子公司80余家以及上市公司2家、员工3万余人。公司居中国企业500强第375位，中国制造业企业500强第176位，中国民营企业500强第165位，中国民营制造业500强第92位，山东省民营企业品牌价值百强第7位，山东省重点行业品牌价值榜单——医养健康产业10强榜单第2位，连续3年名列山东省高端品牌培育企业榜，获评2020年中国民企卓越管理公司、全国文明单位等。7月，公司与上海证券交易所举行战略合作签约仪式。12月，威高集团南方制造基地在江西省赣州市章贡区开工建设。

2020年，新冠肺炎疫情发生后，公司启动应急机制，开通多条消毒产品、手术衣等物资生产线、医用耗材生产线，生产应急医疗物资，保障疫情防控需求。申请防护服、隔离服、口罩等产品注册证，紧急投入生产。腾出净化厂房作为防护服生产基地，支持迪尚集团有限公司生产防护服。至3月上旬，公司生产手术衣、口罩、防护服、隔离服等应急重要物资150余万件，保证武汉市火神山医院、雷神山医院等100余家医院的物资供应。公司承担威海市胸科医院的内部装修及设备安装工程，医院按时投入使用。3月，国务院应对新型冠状病毒肺炎疫情联防联控机制医疗物资保障组发来感谢信。

2020年，公司举行生物疫苗制药、血液灭活灭菌装备（X射线辐照装备）、感染控制系统工程3个项目开工仪式，项目总占地33.33公顷，拟投资100亿元。公司与中国工程院院士李兰娟团队合作研发的人工肝设备、自主研发的具有中国自主知识产权的Xinsorb心祥支架（生物可吸收冠脉雷帕霉素洗脱支架系统）通过审批并成功上市。以公司为主体的医疗器械国家专业化众创空间被列入科技部公布的第三批国家专业化众创空间示范名单。公司与赛默飞世尔科技（中国）有限公司签署战略合作协议，为客户提供涵盖分子诊断、免疫诊断以及实验室生物安全等领域的精准医疗整体解决方案；与中国科学院苏州生物医学工程技术研究所签署全面战略合作协议，并举行威高（苏州）研究院、中科院苏州医工所—威高集团联合研究中心揭牌仪式。公司作为牵头单位的国家重点研发计划“医用级聚氨酯热塑性弹性体和超高分子量聚乙烯树脂研发、器械制造及产业化”项目启动。

公司积极支持社会公益和慈善事业，开展威高光明行动、威高爱心工程、威高生命接力工程等活动，出资3000万元，成立威高红色胶东文化传承与印迹保护公益基金会，支持文登区开展红色文化资源抢救保护、红色文化研究等工作；新冠肺炎疫情期间，捐款捐物5000余万元。

（王保明）

【迪沙药业集团有限公司】 2020年，公司占地93.33余公顷，有员工近4000人，建成西药制剂、原料药、中药、海洋生物新材料、海洋生物健康产品5个生产基地。

公司制定并有序实施集团品牌战略规划，加快商业生态系统建设。全力保证一致性评价开展，确保各项工艺验证尽快实施，制剂人均产值提高约4.5%，4个制剂产品通过一致性评价，原料药产量比上年增长8%。申报专利38项，获得专利授权12项。启动非密亚大健康生产基地建设，推行新零售、OEM定制、电子商务、网络直播、保健品批发等多种销售模式。迪沙药堂连锁集团成立地市级公司5个，投入运营药店127个；组建审方平台，完成省内地级市公司委托配送工作，探索连锁药店电子商务新零售等模式。全年缴纳税金2.13亿元，成功获批山东省泰山产业领军人才工程。

（于丽丽）

【威海北洋电气集团股份有限公司】 2020年，公司有事业部2个、分公司3家和子公司20余家，包括上市公司1家（山东新北洋信息技术股份有限公司），业务涵盖物联网、智慧城市、云计算、专用打印扫描和电子制造等领域，是集研发、服务、投资、制造于一体的大型高新技术企业，先后获评中国电子信息百强企业、中国软件百强企业、威海市电子信息行业龙头企业等。公司有国家级、省级、海外技术中心和企业博士后、院士工作站13个，在专用打印和扫描、光纤传感、射频识别（RFID）、专用电源等专业技术领域进行重点研究，承担或参与国家“863”计划、科技支撑计划和产业振兴计划等国家级重大科研项目30余项，主持或参与起草国家标准、行业标准85项，授权专利1343项，其中发明专利372项，研发成果先后获得国家技术发明奖二等奖、国家科技进步奖二等奖、国家科技兴检奖一等奖等。

（范立波）

【华能威海发电有限责任公司】 2020年，公司占地面积66.66余公顷，火电运营装机容量200万千瓦，风电运营装机容量5.7万千瓦，光伏电站容量为2万千瓦，供热能力1000万平方米，是一座集火电、风电、光伏、供热、供水等多元一体综合型能源企业。2020年，公司统筹疫情防控与生产经营发展，实现销售收入27.57亿元、利润1.2亿元，纳税1.95亿元，获评全国“安康杯”竞赛优胜单位、中国华能集团公司安全生产先进单位、山东省文明单位、威海市纳税明星企业等。

安全生产　严格执行安全生产“十条禁令”，全面推进安全生产责任制落实，高效发挥各级人员监管监督作用。在中国华能集团公司山东分公司“三创创一流”验收中，单项和总分均列第1位，打造“三创”（创无违章班组、创无障碍设备、创无泄漏现场）治理活动样板。年内，没有发生机组非计划停机事件。

节能减排　强化节能改造和运行优化，综合煤耗比上年降低1.96克每千瓦时，全年减少耗煤2万余吨，减排烟尘等排放物600余吨。在全国火电机组能效对标中，3号、4号、5号机组被评为AAAA级优胜机组；6号机组被评为AAAAA级优胜机组，并获得供电煤耗和厂用电率指标最优奖。3号机组被评为山东网源协调性能十大金牌机组。

提质增效　全年火电完成发电量80.45亿千瓦时、风电完成发电量0.83亿千瓦时、光伏完成发电量2610.11万千瓦时，分别实现利润1.17亿元、232.87万元、289.7万元。持续优化燃料供应结构，采购低价煤40余万吨，降低成本300余万元，减少滞期费500万元，资产负债率比上年降低5.04%。

产业结构调整　积极开展市政供水项目建设，6月，产能3万吨每天的海水淡化项目通过中国华能集团公司批复，9月，工程开工，至年底，土建工程完成30%。加快实施供热设施改造，12月，完成直埋管道施工，实现与管网同步注水冲洗目标。

（祖金川）

【威海热电集团有限公司】 2020年，公司深化体制机制改革，积极提升现代化企业管理水平，优化供热服务质量，完成各项工作任务。

供热保障　完成6家热源公司38台锅炉、22台发电机组等主设备及其配套设施技术改造和检修维护工作，申报国家级技术专利8项；新建、改造管道长度约213.5千米，新建、改造站房295处。

重点工程建设　提高热源保障能力，启动华能威海发电有限责任公司余热利用一期工程，增加供暖面积600万平方米，实施沈阳路至环翠区羊亭镇供热主管网工程，提升羊亭镇区域供暖热源能效水平。建成博通热电公司中水深度利用工程，年产工业用水600万吨；建设海水淡化管道输送工程，设计海水淡化能力5万立方米／日，缓解全市水资源紧张局面。对51个老旧小区供热设施进行升级改造，对热源、站房、管网进行智慧供热改造，提升全市供热管网可靠性。

安全生产　公司始终将安全生产作为工作“底线”“红线”，把安全工作落实到稳定供暖的各个环节。调整安全管理网，确定管理层、中层干部、下属公司的三级安全管理模式，层层压实责任。牢固树立“隐患就是事故”理念，积极开展双重预防体系建设，实现连续安全稳定生产3690天。

供热服务　主动对标《威海市营商环境评价指标体系（试行）》，扎实推进供热业务“同城通办、马上就办、办就办好”改革落地。优化客服系统方案，主动对接12345政务服务热线，坚持“一次办好”原则，推行容缺受理政策，不断简化暖气报装流程，拓宽网络办理渠道，实现多渠道办理报装、缴费、开通、报停、报修、过户业务。

节能环保　始终践行绿色热电发展理念，完善节能环保基础，创新各项治理措施。进行低氮燃烧改造、湿电除尘改造、脱硫设备改造，确保各项环保排放数据达标。配合中水利用项目年实现节水450万吨以上，顺利通过省生态环境厅实地考核督查。

企业改革　加大机制改革力度，组建以管理、服务和决策为主的扁平化集团总部，构筑人事、财务、物资、工程、客服“五统一”集中管控模式，缩减行政部门，并按照“公平、公正、公开”原则，公开选聘中层干部，激发干部干事活力。

（宫淑玉）

编辑　于鹏飞

信息产业

综　述

【概况】　加快新型基础设施建设，市政府办公室印发《关于加快5G网络建设推动5G产业发展的实施意见》，全市累计建成5G基站2045个，开通服务1779个，基本实现市、县核心区域信号连续覆盖。第五代移动通信（5G）人工智能天线、结合智能手机5G基带的云电脑等6个项目入选2020年山东省5G试点示范项目。工业互联网标识解析二级节点实现应用，节点平台通过等保三级2.0认证，累计接入企业17家，标识注册量突破1500万条。

【工业互联网发展】　积极实施工业互联网发展战略，市政府办公室印发《威海市推进工业互联网和人工智能加快发展实施方案》，加快完善推进体系。加大省级以上工业互联网类试点示范项目培育力度，年内，天润工业技术股份有限公司的“天润智能制造工业互联网平台”项目入选工业和信息化部2020年工业互联网试点示范项目；迪尚集团有限公司的“服装个性化定制能力”项目入选工业和信息化部2020年制造业与互联网融合发展试点示范项目；威海天之卫网络空间安全科技有限公司的“SOC2Plat企业安全上云与服务协同管理平台”项目入选工业和信息化部支撑疫情防控和复工复产的工业互联网平台解决方案；威海市联桥国际合作集团有限公司的“毛衫纱线资源共享平台及服务应用示范项目”等8个项目入选省级产业互联网平台示范项目名单。

【人工智能发展】　市政府印发《关于大力推进“现代优势产业集群＋人工智能＋互联网”的实施方案》，赋能特色优势产业高质量发展，累计培育天润工业技术股份有限公司等14家山东省“现代优势产业集群＋人工智能”试点示范企业。广泛开展“企业上云”工作，完成《威海市“企业上云”行动计划（2018—2020）》，全市“上云”企业超过2900家。

【“两化融合”管理体系建设】　以贯彻管理体系标准为抓手，开展典型示范，以点带面多层次延伸，加快推动全市“两化融合”（信息化和工业化的高层次的深度结合）管理体系建设，全市累计109家企业通过国家“两化融合”贯标认定，13家企业入选国家“两化融合”试点示范企业，52家企业入选省“两化融合”试点示范企业。

【大数据产业发展】　加快推进数字产业化、产业数字化进程，发挥大数据创新体系的支撑和带动作用，促进大数据产业高质量发展，山东同域网络安全技术有限公司等4家企业入选山东省大数据发展创新平台名单；威海精讯畅通电子科技有限公司的“SaaS精讯云平台V3.0”项目入选省级大数据“三优两重”（优秀大数据产品、优秀大数据解决方案、优秀大数据应用案例和重点大数据企业、重点大数据资源）项目名单。

（曲小康）

智慧威海建设

【概况】　全市积极开展新型智慧城市试点工作，将新型智慧城市与精致城市建设紧密结合，统一规划顶层设计，全面深化资源整合，扎实推进示范项目建设，运用智慧化手段，推动人工智能、大数据、云计算、物联网等新技术的深度运用，让城市管理更精细、公共服务更高效、居民生活更便利，通过“智慧＋”使生活更美好、城市更精致。作为国家信息化试点城市、国家新型智慧城市试点、国家信息消费试点和省数字化试点城市、无线城市示范和“智慧山东”试点城市，威海市连续3届成为“中国城市信息化50强”城市。11月24日—26日，全省新型智慧城市建设现场培训会在威海市召开。在2020亚太新型智慧城市发展论坛上，威海市获评2020中国领军新型智慧城市。

【政策供给优化】　市政府办公室印发《威海市新型智慧城市建设三年行动计划（2020—2022年）》，开展“1313”行动，建设1个新型智慧城市运行指挥中心，完善基础设施、数据资源、网络安全3个支撑体系，实施智慧政务、为民服务、智慧城管、智慧应急、智慧生态、社会治理、智慧警务、智慧交通、智慧小区、智慧医疗、智慧教育、智慧文旅、数字经济13项示范工程。市政府印发《关于推进智慧住宅小区建设的指导意见》《威海市智慧住宅小区基础设施建设标准（试行）》，推动大数据、物联网、人工智能等现代信息技术与住宅小区的规划、建设、管理、服务深度融合。地方性综合法规《威海市精致城市建设条例》施行，明确要求加快新型智慧城市建设，推进人工智能物联网、云计算、大数据等新一代信息技术的创新应用，促进城市规划、建设、管理和服务的精准化、智能化、便捷化。市政府配套印发《关于支持先进制造业和数字经济发展的若干政策措施》，引导企业加大投入，提升创新设计能力；印发《关于加快5G网络建设推动5G产业发展的实施意见》，明确全市5G网络建设重点任务，培育发展相关产业；印发《威海市推进工业互联网和人工智能加快发展的实施意见》，把发展工业互联网和人工智能，作为推动产业转型升级、加快新旧动能转换、实现高质量发展的重要手段。

【新型智慧城市支撑体系建设】 光纤网络城域互联网出口带宽超过2200Gbps，全市城乡用户全部实现100Mbps以上光纤宽带接入，其中千兆光纤宽带接入率超过20%；全市建成5G基站1887个。市政府与中国信息通信研究院、山东省通信管理局、工业和信息化部威海电子信息技术综合研究中心签订《四方战略合作框架协议》，建成全国第42个、全省第2个工业互联网标识解析二级节点，实现工业互联网标识解析本地化便捷服务，已为5家本地企业提供服务。电子政务“云”延伸至区（市），各区（市）均建立资源池，实现各区（市）自行管理，极大提高上“云”效率。全市统一信息资源共享交换平台延伸至各区（市），实现市域全覆盖、一体化。

【全域一体化进程加快】 坚持“市域一体化，全域智慧化”原则，积极推动全市智慧化建设整体推进、协同发展。荣成市先后投资2亿余元，实施智慧应用项目27个；乳山市入选第三批国家新型智慧城市试点，先后实施智慧项目25个，2个市均获评2020年省新型智慧城市建设县级试点。加强政务信息系统建设，坚持“以市级建设为主，市县两级共建共用”的原则，统筹规划建设一批业务应用平台。建设城市运行指挥平台，按照“一网统管”要求，整合接入市、县两级业务系统和数据，实现全市城市运行态势自动感知；“政通威海”App统筹经济运行、公共服务、社会治理、城市管理、交通运行、环境保护、防灾减灾、公共安全等数据资源，运用大数据分析技术，开展监测评估，强化预测预警，提供移动数据专题分析与可视化应用。整合全市各级各类视频会议，建设一体化视频会议系统，覆盖市、县、镇三级党政群团各部门和教育、卫生机构，并与110、120、119等18个指挥中心联通，已扩容至560家，实现任意场地均可开展协同指挥。建设物业管理平台，实现全市小区视频监控、人员出入等信息汇聚和共享，全面提升物业管理水平。

【新技术应用】 在区块链技术应用方面，威海海关以中韩国际快件为起点，建设中韩区块链跨境贸易直通车联盟链平台，发挥区块链技术安全可靠优势，建设中国和韩国企业、金融、保险、海关等领域跨境贸易数据可信通道，实现两国间数据互换、监管互认、执法互助，提高通关效率。在物联网技术推广方面，市生态环境局应用尾气遥测技术，建设公交出租车辆移动大气检测系统，实现道路空气指标实时动态监测，对市区空气污染防治提供数据支撑。市民政局在全市155家养老机构配电柜里加装传感设备，对电流、电压、温度等参数实时监控，超值自动报警，并向电气安全管理员发出短信，有效保障用电安全。在30余千米的地下管廊建设中采用物联网技术搭建可视、可控的运行环境，自动实时感知管网的运行状态，实现综合管廊的自测、自判、自控、自检的全维度智慧管理。

10月，龙山湖智慧养老服务指挥中心　　　（刘志鹏　摄）

【特色项目建设】 市政府印发《关于推进智慧住宅小区建设的指导意见》，规定现有住宅小区通过改造达到三星级标准，新建住宅小区达到四星级标准；建设城乡一体公共信用信息平台，创新“海贝分”个人信用评价和联合奖惩制度，将全国失信被执行人信息和全市“红黑名单”信息纳入“联合奖惩”信息库，广泛应用于51个部门的299个行政管理服务事项，100余家企业纠正失信不良行为；深入开展警务与政务飞行数据一体化应用，通过中继站点实现控制信号全域覆盖，按照“警政一体、资源复用、服务全市”的业务模式，全方位服务精致城市建设和城市治理现代化，先后完成精致城市建设攻坚突破行动专项巡查、“三线”（铁路线、海岸线、新环山路）环境整治巡查、松材线虫病疫情巡查、近海非法养殖巡查等各类政务飞行任务29项；“信财银保”企业融资服务平台通过大数据信用等级评定，为企业和金融机构搭建互信合作的平台，引导金融机构为诚信中小微企业提供高效、便捷、低成本的信用贷款，有22家银行、1298家企业在线注册登记，协助银行为企业实际发放融资贷款789笔、50亿元。

【社会化合作加强】 积极鼓励社会力量开展新型智慧城市建设。依托威海城市投资集团有限公司投资建设智慧停车综合服务平台，整合接入公共停车场55个，联网车位达1.9万余个，实现停车场管理智能化、规范化、标准化。将车位实时数据与知名数字地图运营商合作，为城市停车提供服务；在新建智慧住宅小区方面，房地产开发商可按照相关标准，自主决定配套信息化设施建设范围和投资规模，计入建造成本；推行垃圾分类工作，引入专业化社会机构进行投资和管理运营，较好地实现垃圾分类投放、售卖、清运、回收全过程一体化管理。

（于凤江）

无线电管理

【概况】 2020年，威海市无线电监测中心依法规范开展各项业务活动，不断加强监测技术设施建设，持续提升无线电台站管理服务水平，切实做好重大活动和各类考试无线电安全保障，深入开展打击“黑广播”、伪基站专项行动，及时查处无线电干扰，全市电磁环境不断优化，空中电波秩序保持良好态势。市无线电监测中心连续13年保持省级文明单位称号，连续7年获得事业单位绩效考核优秀等次，第14次获评部门政务服务先进办事窗口。

【频率台站管理】 至年底，全市有设台单位203个、各类无线电台（站）1.44万部（个）（其中广播电视台32部，高频电台8部，甚高频、特高频电台1953部，卫星地球站4个，公众移动通信基站1.24万个，微波接力站22个，无线接入基站11个，其他台站8个），分布在航空、广电、海事、通信、气象、交通、燃气、建筑、宾馆酒店、洗浴娱乐、小区物业等众多行业和领域，遍布全市境域。市无线电监测中心受理台站设置变更等行政许可28项，通过无线电管理专管员微信群等途径向设台单位介绍电台执照换发、台站审批等业务流程，提供行政审批咨询服务200余次。举办全市业余无线电爱好者培训班，宣传相关法律法规及办事流程。进一步加强无线电发射设备销售管理，累计审核141家无线电发射设备经销商报送资料并及时上传到国家无线电销售备案平台进行网上备案，实现办理销售备案“零跑腿”。利用自主开发的业余无线电学习平台，在全省率先组织业余无线电操作资格验证考试，为48名合格人员核发操作资格证书。持续开展以打击“黑广播”、伪基站为主要内容的非法设置无线电台站专项整治活动，查获“黑广播”发射机3部。

【监测保障工作】 严格落实国家和省站的监测计划，认真开展常规、专项、特殊监测；继续保持对航空导航、广播电视、水上通信等重要频段的重点监测监听，保障相关业务正常进行；重要节日和重大活动期间按要求对相关频段进行24小时监测监听，准确采集数据，合理分析、及时上报监测月报。全年累计监测监听4.6万余小时，全面完成监测任务。完成春节、全国两会、2020国际乒联男女世界杯等重大任务和重大活动期间无线电安全保障工作。全年派出保障人员114人次、监测车辆38车次、技术设备190台次，完成全国高考、会计资格考试等20类38场次重要考试无线电安全保障任务。派出人员22人次、监测车辆6辆次，累计室外监测时间50余小时，行程1000余千米，排查处理无线电干扰投诉2起，及时消除机场飞行安全隐患。多次为威海新机场选址开展电磁环境测试，准确掌握相关频段电磁环境状况，及时发现干扰隐患信号，为新机场选址、建设提供电磁环境技术数据支撑。

【技术设施建设】 对28个监测站、29台套监测检测设备进行定期维护和保养，保障各类设备正常运行。购置5G电磁干扰测量仪，填补查找5G网络干扰的设备空白。完成边海无线电监测网项目建设并于12月8日通过初验，全面提升对辖区重要港口及沿海水域的监测能力和覆盖范围。抽检无线电发射设备6套，规范出具检测报告。推进威海国际机场监测站和机场航空站建设，为飞行安全提供无线电技术支撑。完成课题“威海市城区电磁辐射现状研究”并于12月3日通过专家评审，该课题为科学管理无线电频率资源和台站设置提供相关依据。

（蔡媛媛）

电　信

【概况】 2020年，全市固定电话用户总数为42.07万户；移动电话用户总数为338.98万户。年底城市出口带宽为2200Gbps，宽带用户总数为115.91万户。

【中国联合网络通信有限公司威海市分公司】 2020年，中国联合网络通信有限公司威海市分公司坚持疫情防控和经营发展“两手抓、两不误”，在加快产品、渠道、创新3个转型，提升网络、IT、治企3个能力上持续发力，全面推进互联网化运营转型，助力威海产业升级和经济高质量发展。

网络建设　全年新开通移动互联网站点超1000个，移动互联网网络人口覆盖率达99%。其中，新建5G站点880个，实现市区及县城城区5G信号的连续覆盖，并完成全国第一批5G SA端网业测试。完成宽带网络全光纤化改造，建成全光网城市，FTTH端口比上年增加13.1万个，承载FTTH用户数增加10.5万户。对26个镇（街道）的257个村进行累计600余千米的线路整治工作，对57个老旧小区进行线路改造。

创新引领　持续发挥5G云网融合的一体化综合优势，推动各行业“互联网+”信息化平台建设推广和5G行业应用场景落地。成立专业化支撑团队，承接信息化产品的本地化交付与推广，提供涵盖政务、医疗、金融、旅游等行业的一系列综合信息化解决方案。与多家企事业单位签订5G战略合作协议、建立5G联合实验室，就推进“5G+典型应用场景”进行探索。

服务保障　认真贯彻落实携号转网相关工作，严格遵守行业自律公约，为市民提供高质量的携号转网服务。全力推进提速降费工作，使用5G终端用户的手机上网下行速率是使用

4G终端用户的82倍，持续下调手机流量标准资费，4G产品计费单价降幅达91%，5G产品计费单价较4G最低资费再次压降40%。加强特殊人群服务，累计为300余名残疾人上门办理专属优惠套餐。通过开展“千兆进社区、网络大提速”活动，持续推进家庭宽带提速工作，累计为10余万户居民免费开展宽带网络测速、网络优化等服务。持续加大信息管控力度，助力防范通信信息诈骗，配合市公安局、工业和信息化局等部门，关停涉嫌通信信息诈骗等违法电话号码超1000个，切实维护人民群众的财产安全。

（宋怡范）

【中国移动通信集团山东有限公司威海分公司】 2020年，中国移动通信集团山东有限公司威海分公司以做网络强国、数字中国、智慧社会主力军为总目标，履行央企的经济责任、政治责任和社会责任，加快5G、工业互联网等新型基础设施建设，扎实推进“六稳”“六保”工作，较好地服务威海经济社会发展大局。

基础网络服务　全面开启5G网络建设，累计建设5G基站1100余个，基本实现市区主城区、县城核心区域及各热门景点、核心商业区、交通枢纽区域的5G网络连续覆盖，打造青岛路、文化路2条5G精品路线和刘公岛5G精品红色景区。不断优化4G网络覆盖，补点建设4G基站200余个，优化近2000个小区上网体验；开展家宽网络“补盲”建设，完成800栋楼宇的家用宽带网络建设，移动家用宽带网络基本覆盖全市家庭。开展“宽带义诊”活动，免费为客户优化智慧家庭组网方案，累计服务近700个社区；完善中小企业网络覆盖，重点对商务楼宇和“双创”企业等中小企业群体进行光纤网络覆盖，完成2600余个企业用户的光纤网络入户改造工作。

网络提速降费　推出一系列措施及活动实现流量全面扩容，推动流量资费下降。持续降低国际漫游资费，全球258个国际漫游方向语音资费全部纳入资费123元区，“一带一路”国家实现流量包天不限量。上门开展企业提速降费宣传工作，企业网络接入费比上年下降约28%。

网络信息安全　加强组织与制度保障，成立网络信息安全领导小组，严格信息保护和数据安全管理，开展全员警示教育，切实提升依规经营能力和红线意识、底线意识。认真开展“断卡行动”，协同执法机关核查涉案号码，建立大数据预警模型，主动回访疑似涉诈区域和群体，处理疑似号卡近400个。

经济创新发展服务　坚持创新发展战略，建设运营工业互联网标识解析二级节点（威海），积极培育工业互联网产业升级新业态，为实体经济发展提供良好的基础设施。5月17日，工业互联网标识解析二级节点（威海）正式开放运营，是山东省内第一个上线运营的综合性标识解析二级节点。年内，16家企业接入工业互联网标识解析二级节点（威海）平台，标识注册量累计1399.7万条，标识解析累计5.9万次。

数字化转型赋能　落实“5G+”战略，推进“5G+AICDE”（人工智能、物联网、云计算、大数据、边缘计算）融合创新，推动5G服务升级、云化赋能、生态合作，助力产业转型升级、生产生活有机融合。以工业互联网标识解析二级节点（威海）平台为基础，引进MEC边缘计算，为企业和高校等提供创新解决方案，加快“机器换人”进程，推动新旧动能转换。2020年，与数十家重点企业签约5G战略合作协议，开展工厂、港口、校园、医疗等领域的联合创新试验，打造“5G+无人车间”“5G+智慧电网”“5G+智慧医疗”“5G+海洋养殖”等示范应用。

（崔　冲）

【中国电信股份有限公司威海分公司】 2020年，中国电信股份有限公司威海分公司坚持以人民为中心的发展理念，以建设网络强国为使命，以党的建设为统领，以价值经营为核心，大力实施创新突破和转型攻坚策略，各项工作实现高质量发展。

网络建设　以打造“覆盖广、速率快、体验优、口碑好”的精品5G网络为目标，推进与中国联合网络通信有限公司威海市分公司共建共享，加快完善5G网络覆盖及质量。开展4G/5G移动网络优化攻坚活动，4G用户体验下行速率提升17.4%，用户体验上行平均速率提升22.2%。城域网出口由160Gbps扩容到400Gbps，对89台OLT进行上联扩容，新接入FTTH宽带覆盖小区132个、村151个，全市所有FTTH小区均实现300Mbps光网宽带覆盖。至年底，全市建成5G移动通信基站880个、扇区数2643个，在城区及县城有重点应用需求的区域实现5G网络连续覆盖；

提速降费　针对中小企业、制造业和普通家庭宽带用户，持续开展提速降费专项行动，进一步提升网络服务能力。通过业务融合和新兴业务加载等叠加优惠，不断拉低企业专线资费水平，2020年，全市中小企业互联网专线平均资费下降27.3%。

“服务提升年”活动开展　根据“快速”“优质”“便捷”“准确”4个客户感知视角，明确5类提升项目和54项具体举措，推动全业务服务能力提升。建立一线服务支撑响应机制，投申诉处理及时率达100%，有责申诉发生量下降明显；深化电信普遍服务，加大对残疾人群的资费政策宣传力度，开通便捷办理通道，提升特定用户群体的感知体验。2020年，百万用户有效申诉率月均6.77人次，比上年下降76%；政府监管申诉率月均0.83人次，下降84%。

社会责任履行　持续强化信息安全工作，严格落实党组织网络安全责任制度，制定数据安全管理制度，建立信息安全应急保障体系和应急响应队伍，明确突发事件应急处置流程，利用信息安全扫描监控系统对相关网站实时监控。深入推进防范打击通信信息诈骗工作，落实责任机制和三级联动机制，建立政、警、企三方联动保障机制，加强源头治理，严格实名制管理，建立黑名单拒入网机制，全部电话用户实名登记准确率基本达到100%。大力开展垃圾短信专项治理工作，针对端口类短信进行清单级管理，强化对商业广告短信的管理。针对点对点短信，做好垃圾短信的溯源处理。积极推进携号转网工作开展，保障用户的知情权和转入转出渠道的通畅，确保用户“携得入、转得出、用得好”。

（孙连钊）

编辑　闫拥军

交通·邮政

综　述

【概况】　2020年，威海市交通运输局围绕“重点工作攻坚突破年”要求，打通“大动脉”，畅通“微循环”，统筹做好新型冠状病毒肺炎疫情防控和交通运输发展。市交通运输局获评全国交通运输行业精神文明建设先进集体、山东省抗击新冠肺炎疫情先进集体、威海市精神文明建设先进单位、威海市2020年度工作优秀单位。地方铁路发送旅客99.2万人次，完成货运量84.7万吨。城际铁路发送旅客293.6万人次。民航运输完成旅客吞吐量180.7万人次、货邮吞吐量8858.9吨、全货运航班飞行883架次。水路运输完成客运量222.4万人次、货运量1906.1万吨、港口货物吞吐量3863.2万吨、集装箱吞吐量122.3万标准箱（其中威海港完成集装箱吞吐量100.3万标准箱）。道路客运完成旅客发送量561.6万人次。累计完成邮政行业业务总量29.17亿元。

【基础设施建设】　加快工程建设，完成21个交通大项目投资100亿元，比上年增长92%。莱荣高铁项目完成立项、初步设计和施工图批复，于10月31日正式开工，文莱高速公路项目提前3个月完工通车，桃威铁路电气化改造顺利推进，威海新机场项目选址获批复、预可研通过行业评审。编制重要规划，《威海港威海湾港区、南海港区规划修订》获得省政府批复，《威海市城市轨道交通近期建设规划（2020—2025年）》通过省级专家评审，完成《威海市综合交通“十四五”发展规划》《胶东经济圈交通一体化发展方案》《威海新机场集疏运体系规划专题研究》《威海市全域旅游交通总体规划》编制。加大资金争取力度，累计到位补助资金9.34亿元。

【国内外物流运输】　多式联运方面，全年开行欧亚班列88列，发送货物7100标准箱，分别比上年增长4.8%、4.6%。开通银川—威海海铁联运集装箱班列，完成中西部“无水港”布局。召开中韩整车运输视频会谈并签署会谈纪要，明确试运行路线、承运主体、通关程序等事项。威海国际物流多式联运中心入围交通强国试点名单。海上运输方面，总投资近4亿元的大型豪华客滚船“中华富强”号投入运营，新开通集装箱航线4条，推动内贸航线3条常态化运营，威海港集装箱吞吐量突破100.3万标准箱，比上年增长23%。空中运输方面，新增通航点9个，加密热点城市航线12条，实际周航班量达258班。首次开通至日本大阪的“客改货”货运航班、至天津的国内货运航班，加密至首尔的货运航班，全货运航班每周达26班。

【民生服务】　改善农村交通基础设施。西部环山路新改建和整治提升路段102.6千米，提前一个半月实现全线贯通。新改建农村公路558千米，建成农村客运站点574个，荣成市被列入全省交通强国试点“四好农村路”建设试点。1234个村庄完成农村通户道路硬化任务，符合条件的村庄全部实现“户户通”。提升城乡公交服务水平。围绕“公交都市”创建，新开通和优化调整公交线路42条，新增更新公交车122辆。加快文登区与中心市区公交同城化发展，新开通城际快线3条。印发《威海站长途客运站启用方案》，确保完成新汽车站搬迁启用。

【行业管理】　优化交通服务环境。深入开展安全生产三年集中行动，海上运输、交通工程等重点领域安全形势保持稳定。加强综合执法监管，查处各类违章车辆1468辆。深化“放管服”改革，所有政务服务事项全程网办率达100%，49个事项审批时限压缩到10个工作日内，16个政务服务事项实现当日申请当场办结。淘汰“国三”及以下排放标准柴油货车5226辆，超额完成任务。在全省率先完成公路限高限宽设施和检查卡点专项整治，拆除限高限宽设施20处。扎实开展公路服务品质提升年活动，“十三五”全国干线公路养护管理评价工作通过交通运输部检查验收。全面推进文明建设。强化品牌引领，“文明与您同行”“警的巡防联动”“威海快修直通车”“小蜜蜂班组”等特色服务品牌影响力持续加大。组建11支500余人志愿者队伍，常态化开展创城等志愿服务活动，全市公交车、出租车斑马线礼让率达100%。全系统市级以上文明单位创建率达100%，2人获评全国交通运输系统劳动模范，1人获评全国最美公交司机，10人获评全省最美驾驶员。

（夏国栋）

【威海交通场站管理有限公司】　2020年，威海交通场站管理有限公司以精致服务、精致管理为重点，实现平稳运行，社会满意度达99.84%，连续4年在市属国有企业参评单位中列第1位，获评山东省抗击新冠肺炎疫情先进集体和威海市新冠肺炎疫情防控工作先进集体。“小海豚”志愿服务队获评最佳志愿服务组织。

威海客运中心 2020年，到发旅客521.51万人次，比上年减少40.7%；疏导进站出租车、私家车210.18万辆次，减少35.04%。开通后旅客到发量累计突破3800万人次。新开通终点到莱西、临沂北2处终到站的列车，运行车次途经13个省（直辖市），通达22个终到站。公司坚守在防疫卡口一线计1.89万人次，检测、核验、登记到站旅客259.46万人次，妥善处置红黄码、高温、境外返威海以及中高风险区旅客2576人。围绕“红色枢纽 聚力畅行”党建品牌建设，公司将文明城市创建、志愿服务、爱心帮扶融入日常工作中，打造退役军人服务站、青年志愿服务站，成立退役军人服务队，完善母婴室、吸烟室等设施，完成春运、暑运、国庆等重要节点服务保障工作。

威海市级公务用车调度中心 围绕制度、队伍、平台建设，持续优化公务用车保障标准，再造优质服务流程，开发网络订车手机客户端，重新梳理管理制度37项，全面保障党政机关160家、事业单位155家公务出行，全年完成派车2.92万辆次（其中疫情防控出车量3156辆次），安全运行376万千米，在全年6场大型会议和活动用车保障中做到零疏漏、高标准服务。

（周郝钧）

交通运输综合执法

【概况】 2020年，面对新冠肺炎疫情影响、交通改革持续深入和交通运输市场新情况新问题多重叠加的复杂局面，市交通运输综合执法支队以交通执法核心价值观为导向，协同推进各项工作，成效显著。支队查处违法违规车辆2352辆次，收缴罚款493万元，在全省交通运输综合执法系统执法技能大比武活动中获得二等奖，获评山东省抗击新冠肺炎疫情先进集体、威海市新冠肺炎疫情防控工作先进集体。

8月，执法人员对网约预约车进行检查　　（威海市交通运输局　提供）

【执法价值观体系建设】 不断完善交通运输综合执法社会价值目标体系建设，从执法层面、社会层面、目标层面、部门层面梳理提炼出以“严格、规范、公正、文明;责任、奉献、服务、为民;秩序、安全、畅通、发展;团结、协作、务实、高效”为主要内容的交通执法核心价值观，形成良好执法导向。

【运政专项执法】 严格管控客运市场秩序，先后组织开展打击非法营运车辆专项行动10余次，查处非法营运车辆273辆次。健全完善与市文化和旅游局、市场监督管理局、公安局等部门的联合执法机制，在重点时段开展联合执法，查处违规旅游包车和客运班车86辆次。针对网络预约车与出租车纠纷问题，强化24小时应急处置，并联合有关部门约谈相关公司，最大限度予以严管。严厉打击出租汽车行业违法违规营运行为，围绕巡游出租汽车拒载、绕道行驶、不按规定使用计价设备、异地营运等问题进行集中整治，查处违规出租车35辆次。深化重型货车污染防治，采取错时执法和延时执法、全天轮班检查和突击检查相结合的措施，严厉打击运输车辆篷布遮盖不严、造成路面污染、扬尘等行为，查处扬撒车辆94辆次。与市生态环境局、公安局交警支队等部门建立柴油车辆尾气排放常态化检测工作机制，多部门联合开展路面执法，对过往柴油车进行不定点抽检，并对物流公司、货运场站等重型柴油车辆集中停放地进行现场检查检测，推动全市环境质量持续改善。加强危险品运输车辆检查，按照网格化执法要求，认真对辖区危险品运输企业进行摸排，通过个别走访、发放明白纸等方式，督促企业强化安全责任意识，加强从业人员及车辆的管理，从源头上杜绝违法违规车辆进入运输市场。加强路面执法检查，科学安排执法力量，增加重点区域的检查频次，严厉打击无证经营、非法改装、超范围运输等违法行为，查处危险品车辆33辆次。

【路政专项执法】 加大公路保护宣传力度，组织人员深入企业、工地和公路沿线镇村，向群众发放宣传资料4000余份，提高广大群众知法、守法、爱路、护路的自觉性。严厉查处涉路违法行为，全年检查公路里程16余万千米，清理占道经营、摆摊设点等影响公路路容路貌和安全畅通的行为为170余起。深化超限超载治理，联合市公安局交警支队开展非法超限超载“百日攻坚”整治行动，聚焦重点路段以及各物流园区、建筑工地等重点区域，通过错峰检查、流动检查、重点区域重点整治、普通路面持续监控等方式，加大对货运车辆的执法力度和密度，对发现的超限超载运输问题及时查处并引导车辆到卸货场地进行卸货，查处超限超载车辆203辆次。严格实施“一超四罚”（对超限运输车辆的承运人、装载企业、货运企业、驾驶人实行的处罚制度），对市交通运输局抄告的32家物流企业严格按相关流程进行调查取证，对11家企业给予行政处罚。

【港航专项执法】 常态化开展营运船舶、港口等领域检查，组织开展危险品查堵检查、港口重点领域节前安全专项检查、夏季旅游安全专项执法检查、防汛安全专项检查等系列检查行动，重点加强航运船舶和港口危险货物储存装卸作业执法检查，加大对船舶无证无照、证照不全、过期或超越许可范围从事运输经营、未经审批使用港口岸线等违法行为的检查力度，联合威海海事局等部门开展联合执法检查26次，检查营运船舶72艘，组织暗查港口码头、船舶企业32次。

（张 鹏）

港 口

【概况】 全市港口统称为威海港，是《全国沿海港口布局规划》确定的全国沿海地区性重要港口，由威海湾港区、南海港区、石岛港区、龙眼湾港区和乳山口港区组成。全市有港口经营企业27家（含修造船企业8家和陆岛运输企业5家），有经营性泊位96个，其中商用泊位55个（含万吨级以上泊位33个，泊位最大靠泊等级为7万吨级）、修造船等专用装卸泊位21个、陆岛及旅游泊位20个，有船舶港口服务类企业35家。2020年，全市港口完成货物吞吐量3863.2万吨（其中外贸1184.6万吨）、集装箱吞吐量122.3万标准箱、旅客吞吐量49.4万人次。港航安全生产形势持续稳定，实现“零事故”目标。

【威海港引航站】 2020年，引领中外船舶5550艘次、9898.7万总吨、5165.1万净吨，分别比上年下降7.04%、增长8.95%、增长18.34%，引领250米以上超大型船舶161艘次，引航实现安全无事故。

【威海湾港区】 威海港集团码头作业区 港区东邻华能威海发电有限责任公司，西邻杨家湾，南邻海埠村、沟北村，北邻威海湾，码头岸线总长3925米，陆域面积为210万平方米，水域面积为471万平方米，拥有泊位14个、各种主要港口装卸作业设备186台（套）。开通每月200余个班次的至韩国、日本和中国青岛、大连等港口的国际国内集装箱班轮航线和至韩国仁川、平泽以及至中国大连等港口的国际国内客滚班轮航线，被列为中韩陆海联运试点口岸；开通多条至潍坊、东营、莱州等环渤海港口的散杂货和集装箱中转航线。2020年，完成货物吞吐量2597.7万吨，比上年增长3.6%；集装箱吞吐量100.3万标准箱，增长22.9%；国际国内旅客吞吐量43.6万人次，下降68.2%。

华能威海发电有限责任公司煤码头作业区 位于威海湾港区东南端，是华能威海发电有限责任公司投资建设的企业自用煤炭专用码头。码头全长375米，拥有泊位2个，防波堤长180米，设计年吞吐能力560万吨。码头配备卸船机及输煤系统5台。2020年，完成货物吞吐量327.4万吨。

威洋石油有限公司码头作业区 位于威海湾港区东南端，西邻华能威海发电有限责任公司煤码头，是威洋石油有限公司投资建设的石油专用码头、国家一类开放作业区，主要接卸成品油、液化石油气、燃料油、液体化工品，有经营性泊位2个，配置输油、输气设备和配套的消防、污水处理等辅助设施，设计年吞吐能力200万吨。码头成品油罐区容积18.2万立方米。2020年，完成成品油吞吐量46.6万吨。

【石岛港区】 石岛港作业区 位于荣成市石岛管理区东南端的石岛湾西侧，是集客货、集装箱、散杂货等运输功能于一体的现代化港口和国家一类开放口岸，有经营性泊位15个、主要港口装卸作业设备158台（套、艘）。开通国际客滚班轮航线2条（石岛—韩国仁川、石岛—韩国群山），国际集装箱班轮航线3条（石岛—日本关东、关西，石岛—韩国—日本）。国内集装箱航线1条（石岛—青岛外贸内支线），先后获批中韩陆海联运试点口岸、进口冰鲜水产品指定口岸、进口食用活水生动物指定口岸、荣成海关跨境电商监管场所、进口肉类指定口岸、进口澳大利亚屠宰用肉牛指定海运口岸。2020年，完成货物吞吐量368.4万吨、集装箱吞吐量18万标准箱、客运量3.5万人次。

朱口港作业区 位于荣成市人和镇朱口村，港区面积7900平方米，水域面积500万平方米，有经营性泊位1个，主要从事柴油（船舶燃料油）的装卸。2020年，无货物吞吐量。

荣喜港作业区 位于荣成市人和镇山西头村靖海湾畔，有泊位3个、门座式起重机1台，是国家一类开放作业区，主要从事鱼、货、石油类产品的装卸、储存。2020年，完成货物吞吐量4.5万吨。

好当家港（凤凰尾）作业区 位于荣成市西南端、靖海湾畔，港区面积3.5万平方米，水域面积12万平方米，有经营性泊位2个、16吨汽车轮胎式起重机1台，主要为好当家集团自用。2020年，无货物吞吐量。

【龙眼湾港区】 龙眼港作业区 位于荣成市成山镇西霞口龙眼湾港区内，是全国第一家村办国家一类开放港口，以石油、煤炭、矿建、木材、水产品等散杂货运输为主，有经营性泊位8个、主要港口装卸设备6台（套）。开通龙眼港至韩国平泽客滚班轮航线，先后获批中韩陆海联运试点口岸、进口冰鲜水产品指定口岸、进口食用活水生动物指定口岸。2020年，完成货物吞吐量36万吨、集装箱吞吐量4万标准箱、旅客吞吐量2.3万人次。

马山港作业区 位于荣成市成山镇养鱼池湾，由于该作业区地处荣成大天鹅国家级自然保护区的缓冲区域内，2017年7月后，停止一切经营活动。

【南海港区】 南海港作业区 位于文登区靖海湾港区西岸、泽库镇前岛村南，是新建港口作业区。一期工程建有码头岸线305米、杂货泊位2个，年设计吞吐量107万吨。2020年，完成货物吞吐量30.2万吨。

张家埠老港作业区 位于文登区靖海湾港区北岸，码头岸线总长220

米，有泊位 3 个，港口装卸设备最大起重能力 16 吨，主要经营柴油、液碱、稀盐酸、煤炭、沙石等。2020 年，完成货物吞吐量 8.3 万吨。

【乳山口港区】 主要由乳山港作业区组成。乳山港老港区有泊位 1 个，设计年吞吐能力为 15 万吨；新港区有泊位 2 个，码头全长 390 米，设计年吞吐能力 194 万吨，配备 16 ～ 25 吨散杂货装卸门机 4 台、装载机 6 台、叉车 2 台和清扫机 1 台，最大起重能力 25 吨，主要以矿物建材、煤炭、矿石等散杂货为主。2020 年，完成货物吞吐量 396 万吨。

海　运

【概况】 2020 年，全市有省际水运企业 24 家。其中，从事国内沿海各港间成品油船运输企业 7 家（其中兼营国内沿海普通货船运输企业 2 家），从事国内沿海及长江中下游普通货船运输企业 16 家（其中兼营京唐—莱州—烟台—威海—青岛—日照—连云港外贸集装箱内支线班轮航线运输企业 1 家），从事威海至大连客滚运输业务企业 1 家，有省际运输船舶 71 艘（38.29 万总吨位 4422 客位 332 车位 684 标准箱）。有注册地在威海市的中韩客货班轮企业 4 家，注册地在韩国的中韩客货班轮企业 1 家（受韩国石岛国际海运有限公司委托由荣成石岛国际船务代理有限公司代为行使相关事宜），有中韩客货班轮航线 5 条、船舶 6 艘（7004 客位 1947 箱位）。有市内水路客运企业 10 家［其中载客 12 人以下运输企业 5 家（有船舶 19 艘 162 客位）］、运输船舶 59 艘（4930 客位）。有国际船舶管理公司 8 家，受委托管理船舶 17 艘（8.4 万总吨位）。有国内船舶管理企业 5 家，经营范围均为国内沿海普通货船海务、机务管理及安全与防污染管理，受委托管理船舶 49 艘（26.89 万总吨位）。有经威海市备案的无船承运人企业 38 家。有威海市向交通运输部备案的国际船舶代理企业 41 家。2020 年，全市水运企业完成客运量 222.4 万人次、旅客运输周转量 7824 万人千米、货运量 1906 万吨、货物周转量 155.5 亿吨千米，分别比上年下降 59.3%、85.6%、0.6%、29.3%。

【威海市海大客运有限公司】 从事威海至大连航线的滚装客船运输，注册资本 6000 万元，固定资产 4.39 亿元，有“生生 1”“生生 2”“中华富强”客滚船 3 艘、员工 170 人。2020 年 3 月，渤海轮渡集团股份有限公司出资 3.38 亿元收购公司 66.67% 的股权，成为公司控股股东。9 月 27 日，新建的“中华富强”轮（3.72 万总吨位，7496 载重吨，车道长度 2600 米，服务航速 19.5 节，载客量 2262 人）上线运营，“生生 1”轮下线。年内，运送旅客 25.3 万人次，运输车辆 6.4 万辆，实现营业收入 1.46 亿元、利税 3807 万元。

【威海胶东国际集装箱海运有限公司】 主要从事威海至韩国平泽的客货班轮运输业务，兼营进出口货物的国内、国外运输代理业务。2020 年，公司运营 152 航次，运送旅客 1.02 万人次、集装箱 6.68 万标准箱。

【荣成大龙海运有限公司】 主要经营中国龙眼港至韩国平泽港之间的客货运输业务，是与韩国平泽港航程距离最短且最早通航的航运公司，是交通运输系统安全生产标准化达标二级企业。2020 年，公司进行股权重组，韩国 AI MARKETING 株式会社股权占比 80%，全年运营 152 航次，运送旅客 1.42 万人次、集装箱 3.99 万标准箱。

【威海市升安海运有限责任公司】 注册资本 2540 万元，主要从事国内沿海及长江中下游普通货船运输。2020 年，公司经营“新生生”系列散货船 6 艘、拖轮 3 艘，管理及整套配员滚装船舶 6 艘、集装箱船舶 3 艘。

【威海市旅游码头有限责任公司】 是威海文旅发展集团有限公司全资子公司，从事威海至刘公岛、环刘公岛观光游以及海上观光、垂钓、婚纱摄影等旅游客运业务，是交通运输系统安全生产标准化水路旅客运输二级、港口客运二级达标企业，并通过威海海事局 NSM 体系审核。公司拥有旅游船艇 25 艘，其中威刘航线营运船舶 19 艘 2726 客位、环岛航线营运船舶 3 艘 290 客位、游艇 2 艘、登陆艇 1 艘。岛内码头可同时停靠客渡船 5 艘，候船大厅面积为 6500 平方米。岛外刘公岛客运中心的地上 3 层分别设置候船大厅、售票大厅和旅游服务大厅等，码头拥有固定泊位 6 个、浮码头泊位 4 个、停车位 1200 余个。2020 年，对实名制一码通售检票系统、岛内候船大厅功能区和消防设施进行更新改造，对 8 艘老旧玻璃钢船进行改造，并开工建造 2 艘 200 客位、2 艘 100 客位客渡船和 1 艘 200 客位环岛船，全年运送旅客 147.1 万人次。

【荣成市鸡鸣岛旅游开发有限公司】 位于荣成市港西镇鸡鸣岛村，主要从事鸡鸣岛码头至朝阳角码头间陆岛客渡运输，环鸡鸣岛指定航线海上观光业务，有 300 客位客渡船 4 艘，是交通运输系统安全生产标准化二级达标企业。公司码头位于港西镇虎头角港，海岸线长 24 海里，码头总长 190 米，占地总面积 3000 平方米，有鸡鸣岛及虎头角 2 个泊位。岛内有渔家乐 30 家，可接待游客吃饭、住宿 300 人，岛外设有候船室和售票室，拥有停车位 300 个。2020 年，开通那香海·鸡鸣岛环岛游航线，投入运营“嫦娥 1”“那香海 1”2 艘双体游轮，可承载游客近百位，建成运营游客中心、悬崖咖啡厅、悬崖书吧、老船长咖啡厅等休闲服务场所，全年运送旅客约 23 万人次。

道路运输与管理

【概况】 2020 年，全市有客运车辆 817 辆（含客运包车 477 辆），二级以上汽车客运站 6 个，公交线路 362 条、公交车 2283 辆，巡游出租汽车 2490 辆、网络预约出租汽车注册 1465 辆，营运货车 1.95 万辆，危险货物运输车辆

527 辆，教练车 1014 辆。全市完成货运量 7409 万吨，周转量 169.05 亿吨千米；客运量 1122 万人次，周转量 9.8 亿人千米。

【行业管理】 积极推进行业治理长效机制建设，印发实施《威海市机动车驾驶员培训机构质量信誉考核办法（试行）》《威海市一、二类汽车维修企业质量信誉考核实施办法（试行）》《关于印发威海市危险货物道路运输企业质量信誉考核工作实施方案的通知》，建立健全由市级交通运输管理部门总负责的全行业综合考评制度体系。切实做好出租汽车驾驶员背景核查，严格落实《威海市货运车辆超限超载“一超四罚”实施细则》，年内公告撤销 47 名出租汽车驾驶员从业资格证，实现 224 部货运车辆超限超载违法信息接收、抄送和反馈的闭环管理。

【行业改革】 加大“放管服”改革力度，积极推进机动车驾驶培训监管服务平台与考试系统联网对接，建立准确完备的企业基础信息库，实现全市机动车驾驶培训“一张网”。取消机动车驾驶人培训机构设置教练场地的数量限制，推广使用新版机动车合同，公开培训质量、投诉数据、收退费标准等信息，营造规范公正的行业发展环境。加快实施 I/M 制度（汽车排放检测与维修制度），组织开展 M 站[汽车排放性能维护（维修）技术示范站]遴选、I/M 制度平台建设，统一外观标识，加强规范管理，并于 9 月 7 日启动闭环试运行，实现 I 站（排放检验机构）与 M 站信息共享联网，保证尾气超标车辆得到有效治理。至年底，有 37 家 M 站联网运行。

【行业发展】 9 月 24 日—25 日，中韩陆海联运（威海—仁川）整车运输试运行筹备工作视频会谈在威海市举行，中方和韩方签署会议纪要，并一致同意开展中韩陆海联运（威海—仁川）整车运输试运行，中韩陆海联运整车运输取得实质性进展。启动实施“国三”及以下排放标准营运柴油货车淘汰工作，市交通运输局联合市生态环境局、财政局、商务局、公安局、行政审批服务局印发《威海市国三及以下排放标准营运柴油货车提前淘汰更新补贴实施方案》，牵头成立淘汰工作专班，设置联合办公窗口，采取政府财政奖补资金的方式鼓励车主提前淘汰，11 月 2 日，全市正式受理淘汰补贴业务申请。

10 月，威海交通运输集团有限公司校车　　（威海市交通运输局　提供）

【安全生产】 坚持把安全生产风险分级管控和隐患排查治理双重预防体系建设作为实现企业本质安全的有力保障，以标杆企业为引领，抓示范带动，全面提升双重预防体系建设成效。做好新任道路运输企业主要负责人和安全生产管理人员的安全生产知识和管理能力考核，245 名安全管理人员和企业主要负责人实现持证上岗。组织开展交通运输系统安全生产专项整治三年行动、安全隐患拉网式大排查、“平安行、你我他”等安全活动，深入摸排整治交通运输安全隐患，在道路运输重点领域全面启用危险化学品电子运单系统，实时掌握危险化学品车辆运输过程中的动态和流向信息，提升企业本质安全水平。

（孙佳鑫）

【威海交通运输集团有限公司】 2020 年，公司全力做好新冠肺炎疫情防控工作，制定多种疫情方案、规范和制度，做好班次营运、场所消毒、车辆消杀、人员测温、职工防护、应急值守等工作，同时为民生企业提供车辆运输服务。公司经营层多次分组带队深入各单位调研，推进企业转型升级。各客运分公司、汽车站不断强化运营管理，提升服务；旅游汽车分公司多渠道拓宽通勤班车、旅游包车业务；交运公交公司以服务为中心，提升智能化服务水平；校车管理服务有限公司强化校车管理，普惠更多中小学；石油分公司、金鸽保险代理、机动车驾驶人培训中心等多种经营单位通过加大网络营销力度，维持业务稳定。

（陈　莹）

【威海市联运有限公司】 2020 年，公司加强制度和企业文化建设，规范化、标准化管理水平不断提高；贯彻稳中求快的经营策略，以提高公司产品（服务）质量为重心，以增产节约为重点，以安全生产为保障，各项业务稳步发展。

（傅　俊）

城市公共交通

【概况】 2020 年，全市公交运营线路达 362 条，运营线路总长度达 1.02 万千米，公交车辆达 2283 辆，完成客运总量 1.29 亿人次。其中，中心城区公交运营线路 98 条，运营线路总长度 2754.5 千米，公交车辆 1107 辆，完成客运总量 8954.6 万人次。全市巡游出租汽车达 2490 辆（其中中心城区巡游出租汽车 1551 辆），完成客运总量 3422.4 万人次。全市网络预约出租汽车合规车达 1465 辆，完成客运总量 2183.8 万人次。

【民生服务】 开通、调整公交线路 40 余条，新购置公交车 122 辆。针对客运中心威海站长途客运站的启用，适时调整公交线路及班次，做好交通网络有序衔接。印发《文登区与中心市区公共交通同城化方案》，通过降低“威文快线”票价、推动公交线网衔接等方式，加快文登区同城化发展。市交通运输局、财政局联合印发《关于落实老年人乘坐公交车优待政策的通知》，自 2021 年 1 月 1 日起，60 周岁以上老年人免费乘坐城市公共交通工具。

【运输服务】 实施运输服务提升工程，建设完成城乡公交候车亭 574 个，全面完成《威海市“四好农村路”建设实施方案》中公交候车亭的建设任务。全市 48 个镇（街道）、2475 个建制村全部实现“村村通公交”（其中 3 个海岛村采取船舶通航的方式），实现城乡公交线网全域覆盖。

【文明建设】 9 月，山东省交通运输厅、发展和改革委员会等 11 个部门印发《关于印发绿色出行创建行动实施方案的通知》，威海市被确定为绿色出行创建城市。市交通运输局、发展和改革委员会等 12 个部门联合印发《威海市绿色出行创建工作方案》，通过开展绿色出行创建行动，倡导简约适度、绿色低碳的生活方式，引导公众出行优先选择公共交通、步行和自行车等绿色出行方式，降低小汽车通行总量，提升全市城市绿色出行水平。年内，威海公共交通集团有限公司第一分公司驾驶员王传虎被交通运输部、中华全国总工会评为全国最美公交司机，5 名公交车驾驶员、5 名出租车驾驶员获评 2020 年度山东省城市公共交通运输行业最美驾驶员，10 名巡游出租汽车驾驶员受到“警的”巡防联动成绩表彰。

【威海公共交通集团有限公司】 2020 年，威海公共交通集团有限公司以“建设人民群众满意、党和政府放心的特色精致公交”为目标，构建新板块、推动新管理、打造新形象，形成主业凸显、资源协同、管控高效的新格局。全年完成客运量 9659.4 万人次，营运里程 4805.3 万千米。公司着眼形成“快、干、支、微”公交运营体系，新开杏花村社区线、崮山果农专线 2 条，开通、调整线路 44 条，整合撤销低效线路 7 条，填补文化西路、西城路等路段近 15 千米的服务空白；12 条线路增设 16 个高峰区间车，5 条线路调减平峰班次 7 个，压缩低效里程近 150 万千米；开发定制公交线路，新开高峰定制线路 4 条，至年底全市开通定制线路 22 条，投入车辆 46 部。稳步推进城乡公交一体化，对文登区城乡公交进行升级改造，更新纯电动公交车 15 部，更换 LED 彩屏线路牌 60 块，实现语音自动报站和扫码刷卡乘车全覆盖。全面降低城乡线路票价，接收威海南海新区公交线路 7 条，助推文登区公交同城化发展。

（张　黎）

公路建设与管理

【概况】 2020 年，全市公路系统统筹服务疫情防控和经济社会发展，践行新发展理念，推动“精致公路”建设。省道 201 威东线（环山路）改建工程完成交工验收，文莱高速公路建成通车。

【重点项目建设】 在严格落实疫情防控措施和确保施工安全的前提下，推动公路项目有序复工复产，顺利完成年度目标。全年实施公路重点工程 14 项，争取省及中央投资资金 8.64 亿元。7 月，省道 201 威东线（环山路）改建工程完成交工验收；9 月，文莱高速公路建成通车，正式投入运营，比计划工期提前 3 个月完成；乳山口大桥进入主体施工阶段，主桥、引桥工程统筹实施、同步建设；推进国道 228 丹东线九龙湾至西霞口段旅游公路工程建设，打造精品滨海旅游公路。

【养护质量提高】 严格执行行业技术规范标准，以路网检测“大数据”科学分析为依据，精准实施各类养护维修工程。对发生较大损坏的省道 202 威青线、省道 301 成初线等 5 个路段实施养护大中修工程并全部完工，相关路段路况质量得到实质性提升。对大修或改建超过三年、路面质量指数及破损状况指数均在 85 以上的路段实施局部罩面、灌缝贴缝等预防性养护，有效延长公路使用寿命。对正常运营服务的路段继续做好清扫保洁、路面修复、除雪防滑、附属设施维护等日常养护工作，有针对性地加大省道 201 威东线（环山路）等穿城路段养护力度，公路技术状况总体保持良好状态。9 月，顺利完

9 月，环山快速路　　（朱春晓　摄）

成交通运输部组织的国省干线公路网技术状况检测工作。

【精致公路水平提升】 提升工程质量，全面构建“五项制度”（项目技术质量责任制、材料全程管控制度、第三方专业检测和技术咨询制度、一线骨干人员登记制度、精细化管理制度）标准化建设，完善工程质量管控体系。提升养护管理，重点加大预防性养护工作力度，延长公路使用寿命。提升安全水平，建立健全重点工程、关键工序安全管理制度，采取不定期、抽查暗访等方式对施工现场进行安全检查，将各类隐患消除在萌芽状态。提升环保治理，严格落实扬尘治理“六个百分百”标准（施工区域100%围挡、裸土及物料堆放100%覆盖、施工场地100%洒水清扫、出入车辆100%冲洗、施工道路100%硬化、渣土车辆100%密闭运输），严控噪声污染和水污染。提升项目科技创新，依托乳山口大桥等重点项目，引入勘察设计全过程双院制咨询管理模式，推广BIM技术应用，提升项目管理效率。

【“四好农村路”建设】 2020年，全市完成农村公路提档升级157.77千米，自然村通硬化路4.81千米，大中修路面改善396.751千米，危桥改造30座，客运站点建设574个，县乡路的中等路以上比例达90%。

【农村通户道路硬化】 为彻底解决村内道路泥泞、村民出行不便问题，市交通运输局根据“雨天不踩泥、晴天不起土”的目标，因地制宜、因村制宜的推进工程建设，全年完成道路硬化的村庄1234个，硬化面积1276万平方米，全市符合条件的2254个村庄全部实现通户道路硬化。

（王 斌 房文祥）

铁路建设与运输

【概况】 2020年，威海市地方铁路事业发展中心坚持高质量发展理念，统筹抓好常态化疫情防控和铁路运输生产，推动各项工作取得新突破。全年完成客运量99.2万人次、折算货运量84.7万吨，获评2020年“查保促安康”竞赛活动优胜单位。

【安全生产形势稳定】 牢固树立安全发展理念，认真落实各项安全措施，扎实推进铁路安全生产专项整治三年行动，全面排查整治安全隐患，维护铁路安全生产稳定局面。科学制定2020年度安全生产1号文件，健全完善安全管理制度，扎实推进安全生产标准化规范化建设，建立安全风险分级管控和隐患排查治理双重预防机制，促进铁路安全治理体系和治理能力现代化。组织开展第19个全国“安全生产月”、安全隐患拉网式大排查、秋冬季节消防火灾隐患排查整治以及铁路外部环境综合整治等安全系列活动，强化线路、机车、通信、信号、道口等设施设备检修，保障安全生产。组织开展各类突发事件应急演练，加强重要时期应急值班值守，通过现场实地检查、视频监控检查等方式，督导各项安全措施落实到位，维护安全形势持续稳定。至12月31日，实现安全生产9413天。

【普速旅客列车客票电子化实行】 全面推进普速旅客列车电子客票建设，在客运车站、列车上安装进出站自动闸机、电子客票打印机、手持无线验票验证终端等设备，同步开通使用电子客票系统，实现“无纸化”购票验票乘车，让旅客享受“一证通行”的便利。

【铁路电气化改造接续工程实施】 加强施工管理，优化施工组织，强化安全卡控，加快推进电气化改造施工进度，保障营业线施工安全和运营安全。作为电气化改造的先期工程，11座涵洞病害整治工程顺利完工。立交改造3处铁路平交道口（小庄道口、苘山道口、北郊道口），抽换威海区域非改线地段73.8千米轨枕作为电气化改造的接续工程启动实施。年内，完成3处铁路道口“平改立”和轨道加强工程立项招标工作，完成施工图、邻近营业线和营业线施工方案审查。完成小庄道口框架桥顶进施工作业，完成苘山道口人行道步板、路牙石等拆除，推进下初站至乳山站间的换枕工程建设。

【威海国际物流多式联运中心暨配套产业园项目建设】 2020年，依托市地方铁路事业发展中心文登火车站建设的威海国际物流多式联运中心被纳入交通运输部“交通强国”多式联运一体化方案研究与应用试点名单，并被纳入山东省“十四五”多式联运发展规划，作为行业重点项目推动，威海多式联运基础设施建设正式进入国家和省级规划层面。年内，市地方铁路事业发展中心做好新建集装箱装卸铁路支线、硬化集装箱堆场区装卸区等准备工作，完

2月，农村通户路　　（姚 威 摄）

10月19日，银川—威海集装箱班列开行　　（孙大伟　摄）

善威海多式联运基础设施，提出铁路方面的专业意见建议，为项目提供优质服务。

【银川至威海海铁联运集装箱班列开行】 10月19日，宁夏银川至山东威海海铁联运集装箱班列开行，成功打通威海市与西部内陆地区的海铁联运大通道。该班列编组16辆，满载集装箱标准箱32个，主要运输银川市及周边地区的花岗岩板材、橡胶轮胎等货物，从中国铁路兰州局集团有限公司银川南站出发，以铁路运输方式抵达威海市，再以海上运输方式转运至华南沿海地区。班列初期每周开行1班，采用“一箱到底”海铁联运的新模式，途中不拆卸，减少货损货差和环境污染，提高运输效率，保证运输时效。

【大宗货物“公转铁”推进】 加快运输结构调整，做好铁路货运增量工作，最大限度实现以货补客。采取“引进来”和“走出去”相结合的方式，与永峰集团有限公司、青岛海泉金属制品有限公司、山东恒邦冶炼股份有限公司等企业建立稳固合作关系，推进钢材、轮胎、纯碱、矿粉等大宗货物由公路运输转向铁路运输，促进货运增量创收。

【中欧中亚班列常态化开行】 加强与中国外运山东有限公司威海分公司、山东港口威海港合作，组织召开班列运输分析会，研判货运形势，精准实施增量创收相关政策，开展铁路货运定制化服务和精准化专业化营销，提高货运营销服务质量。不断拓宽货运业务市场，稳定班列货源，采取价格优惠、运到时限保障、合理配置运力等措施，优化班列开行线路和编组计划，持续提升班列开行质量和效益，实现中欧中亚班列每周2列左右常态化稳定开行。全年开行中欧中亚班列88列。

民用航空

【概况】 2020年，威海国际机场集团有限公司在全力做好新冠肺炎疫情防控的基础上，统筹做好安全运行管理、航线网络优化、基础设施建设等重点工作。全年实现运输保障飞行1.91万架次，完成旅客吞吐量180.7万人次；完成货邮吞吐量8858.9吨，其中国际货邮6074.6吨；机场放行正常率达89.01%。公司获评山东省属企业疫情防控先进集体、威海市新冠肺炎疫情防控工作先进集体。

【安全保障能力提升】 公司始终把安全生产摆在突出位置，推进安全管理体系建设，建立安全管理长效机制。从培训宣贯、法定自查、手册修订等5个方面推进SMS（运输机场安全管理体系）建设，加强危险品安全管理体系建设，实现与SMS的融合，其中年度安全运行评估经验做法被中国民用航空山东安全监督管理局进行推广。坚持“基础＋应急”两手抓，全面提升安全管理水平。编写《安全生产应知应会教材》，组织开展安全生产知识竞赛、年度安全复训考核等活动，对新职工培训首次采用与大专院校合作、实行集中封闭式军事化管理的模式，培训质量明显提高。开展应急道面铺设、围界非法入侵、除冰雪等演练76次，应急处突能力得到全面提升。强化风险管控和隐患排查，全面增强防范能力。创新风险管控模式，率先开展风险可视化试点，以机务保障部为试点单位，在工作场所、车辆设备显著位置张贴风险警示卡，明确操作指令、警告及注意事项；创新开发动态风险提示程序，将机务、特种车辆等保障节点的风险防范要求以简洁明了的语言，在A-CDM（机场协同决策）地面调度指挥系统中进行明确，确保安全风险精准提示、即时更新，切实降低岗位操作风险；组织开展安全生产集中整治、空防能力评估等活动，编发风险警示信息，排查安全隐患，做到“发现1处、整改1处、销号1处”。加大智慧化建设投入力度，全面提高安全运行效能。启用A-CDM系统，设置29个节点纳入自动管控体系，设置航班保障电子流程，在飞机到达前，自动分配保障人员工作，并实现电子签单，协同水平和运行效率大幅提升；完成安保工程项目验收，对登机口加装声光报警器，更换双视角、双通道X光机，安装行李自助托运系统，安全保障能力显著提高。

【航线网络构建】 深挖国内航空市场潜力，新增盐城、汕头、太原等国内客运通航点8个，加密北京、上海、成都等热点城市航线12条，引进驻场过夜飞机4架（含天津货运航空驻场过夜全货机1架）。加大国际货运航线开发力度，持续加密威海—首尔全货运航班，首次开通威海—大阪全货运航班。全年威海国际机场通航城市达37个（其中国内城市33个、国际城市4个），有全货运航线3条，高峰周货运航班量达27班。9月，威海市政府和山东省机场管理集团签署战略合作协议，从打造标杆机场、完善航线网络、建成日韩客货中转枢纽、开拓航空物流产业、提升通用航空能力等方面进行深度合作，合力支持将威海新机场建设成为国内干线机场、大型机场、国际机场、航空公司基地机场。12月，威海国际机场集团有限公司、中外运跨境电商物流有限公司、天津货运航空有限公司、玉溪市鹏程运输有限公司四方签署航空物流战略合作协议，重点明确航空公司、物流企业以及包机商的职责，推动威海国际机场货运航空发展。

【基础设施建设】 按照"以建设促发展"思路，积极推进新货库、安保设施改造、停机坪及附属设施扩建、新机场迁建等工程建设。其中，新货库工程完成建设，安保设施改造工程通过中国民用航空华东地区管理局竣工验收，停机坪及附属设施扩建工程基本完成主体工程建设。新机场迁建工作进展顺利，6月，中国民用航空局正式批复新机场场址，并于12月出具预可研行业审查意见。

【服务品牌建设】 开展海关"智慧旅检"建设，实现国际入境旅客"无感通关"。自主研发"威航准"航班信息查询App，便于旅客随时查询航班情况。在"航旅纵横"App上开通失物招领信息发布栏目，最大限度拓展失物招领渠道。将服务礼仪培训纳入新职工培训项目，成立服务礼仪培训教学小组，通过"理论学习＋模特演示"的方式，提升培训效果。健全共管机制，将驻场单位、航空公司、业务外包单位服务工作纳入机场"大服务"管理范畴，完善服务质量约谈机制，机场服务品牌影响力不断提升。

（祝旦帅）

邮　政

【概况】 2020年，全市累计完成邮政行业业务收入（不包括邮政储蓄银行直接营业收入）18.35亿元，比上年增长16.53%。累计完成业务总量29.17亿元，增长27.52%。累计完成邮政寄递服务业务量4255.15万件、业务收入0.71亿元。累计完成快递服务企业业务量9658.27万件，增长25.59%。其中，累计完成同城业务量1101.64万件，增长23.45%；累计完成异地业务量8240.54万件，增长25.69%；累计完成国际及中国港澳台业务量316.09万件，增长30.74%。累计完成快递服务企业业务收入13.41亿元，增长19.50%。其中，累计完成同城业务收入0.67亿元，增长6.22%；累计完成异地业务收入7.37亿元，增长11.85%；累计完成国际及中国港澳台业务收入2.54亿元，增长21.52%。

【基础设施建设】 推进智能快递柜建设。市政府印发《威海市人民政府关于推进智慧住宅小区建设的指导意见》，规定智能快递柜为威海市三星级及以上智慧住宅小区必备设施，配备智能快递柜成为评定星级小区的硬性指标。组织召开智慧住宅小区建设（智能快递柜）推进座谈会，推动智能快递柜铺设，实现末端公共化、平台化、集约化发展。助力快递园区发展。顺丰威海电商产业园项目竣工并投入运营后，推动分拣场地搬迁至园区，整合分拣配送资源，提高运营能力。推动荣成市打造首个快递物流配送服务中心，为荣成市寄递企业免费提供邮件处理中心及仓储场地。邮政、顺丰冷链、京东等快递企业入驻服务中心，为实现快递共配提供保障，其中，邮政邮件处理中心占地1800平方米，日均处理进出口邮件2万余件。

【"快递进村"推进】 坚持因地制宜的原则，在各区（市）分类推进"快递进村"。协同推进"邮快合作"，签订"邮快合作"战略框架协议13份，涉及快递企业6个。在荣成市选择22个邮政农村支局为镇级服务站，建设以村为基础的村级服务站100处，形成市、镇、村三级物流配送服务体系。开展"快快合作"，在乳山市采用分乡镇设点的方式，由各寄递企业主导相关乡镇设点工作，依托农村淘宝店铺及快递超市等，采取统一挂牌的形式集中管理，至年底，完成挂牌的服务站有30余处。

5月2日，成都航空首架过夜飞机入驻威海国际机场　　（李程程　摄）

【绿色邮政推进】 加快绿色邮政推进步伐，市邮政管理局印发《2020年行业生态环境保护工作实施方案》《电商协议用户提供的封装用品、胶带和填充物标准告知书》《"绿色快递、你我同行"倡议书》，协同各寄递企业开展宣传。开展寄递企业生态环保工作情况督导检查2次，检查企业23家，下发责令改正通知书12份，全部整改完毕。开展"无废快递"创建活动，选定圆通速递有限公司威海分公司及刘公岛邮政支局为第一批创建单位，按照标准打造"无废快递"网点。

【行业监管】 以"整合管理资源、提升监管效能、改善服务质量、保障寄递安全”为目标，督促寄递企业严格落实主体责任，确保寄递安全“三项制度”（收寄验视＋实名收寄＋过机安检制度）执行到位。举办全市邮政市场监管重点工作培训班，对《邮政业寄递安全监督管理办法》进行全面解读，全面部署2020年重点工作。分片区举办全市邮政业寄递安全主体责任落实工作培训班，要求企业建立教育培训、监督检查、考核奖惩管理运行机制，企业内部主体责任实现“痕迹化”管理。印发《关于开展实名收寄执法专项行动的通知》，开展实名收寄执法专项行动，检查企业51家，发现问题12个，立案处罚4起。开展寄递企业服务质量专项督导检查，严查企业暴力分拣问题，检查企业及快递网点32家，约谈企业3家。通过邮政快递业监管信息系统平台，与全市56个主要寄递企业视频系统实现24小时专线连接，开展过机安检“网上巡查”和实名收寄率监测、统计，做好安全中心轮班值守、线上实时喊话，要求企业强化酒精、危险化学品和野生动物及其制品等禁止寄递物品的排查力度。加快完善应急管理机制，督导企业结合实际制定或修改应急预案，切实提高应急管理意识。建立全市邮政行业情况通报制度，督促企业及时报告行业突发事件和应急处置信息。做好重大活动期间寄递安全保卫工作，实行24小时值班制度和领导带班制度。

【服务质量提升】 举办申诉处理工作培训班，总结申诉渠道中涉及企业服务质量的案例，向企业反馈分析结果，帮助企业提高服务质量。加强申诉处理与行业监管联动，对企业的违法违规行为进行依法查处，对涉及侵害消费者权益的行为进行调解，挽回消费者损失。关注社会用邮需求，回应群众诉求，参加阳光问政热线活动，现场处理问题。妥善处理申诉案件，帮助消费者维权，全年受理消费者申诉457件，其中有效申诉34件，为用户挽回经济损失17.48万元。受理12345政务服务热线转办案件1384件，全部处理完毕。

（周冬喜）

10月，威海邮政邮件处理中心小件分拣机

（中国邮政集团有限公司威海市分公司　提供）

【中国邮政集团有限公司威海市分公司】 2020年，中国邮政集团有限公司威海市分公司坚持质量第一、效益优先，实现经营发展和新冠肺炎疫情防控“双胜利”，完成业务收入5.58亿元，比上年增长12.3%，实现利润4407万元。

服务质量提升　开展“服务质量提升年”活动，提升普遍服务和特殊服务水平。全年累计收寄普遍服务邮件71.28万件，投递普遍服务邮件79.83万件，全程时限达标率达100%，全市103处邮政网点营业服务均达标，2639个建制村通邮率持续保持100%，《人民日报》当日见报率持续保持100%，全年有效投诉比上年下降33%。推进绿色邮政建设，推行使用绿色包装箱，应用“科学打包法”封装邮件。落实《威海邮政2020年电商扶贫方案》，全年为威海新辉果蔬农民专业合作社销售果蔬近1.2万单，销售额12万元。

项目建设推进　严格落实“管业务必须管安全、管生产经营必须管安全”和“谁主管、谁负责”的原则，印发《创建“平安邮政”实施方案》，加强安防设施建设，对支局监控设备进行更新。推进国际邮件、商业快件、跨境电商“三关合一”建设项目，完成国际邮件监管场所办公区、生产场地、相关检测实验室改造和设备安装等，达到监管要求。建设国内处理场地小件分拣机项目，9月投入使用。推动威海邮政大厦项目建设，完成整体项目的结构鉴定、设计招标、加固工程等11项内容。加大荣成市俚岛支局、乳山市白沙滩支局等10个支局改造力度，提升服务能力。

（林　超）

编辑　于鹏飞

城乡建设与生态环境保护

综　述

【概况】　2020年，市住房和城乡建设系统紧扣“威海要向精致城市方向发展”总目标、总方向、总遵循，统筹疫情防控和住房城乡建设工作，聚焦城市功能短板和民生需求，全力以赴抓“六稳”、促“六保”，圆满完成工作任务。在2020中国幸福城市论坛上，威海市获评中国最具幸福感地级城市。

【城市建设推进】　从不精致的地方入手，完善城市设施，补齐功能短板，提升城市品质。威海市通过住房和城乡建设部无障碍环境城市验收，环翠区卫城、韩乐坊片区入选山东省城市品质提升试点片区名单。丰富顶层设计，施行《威海市精致城市建设条例》，印发《威海市精致城市评价指标体系》，编制完成城市建设领域5项技术导则；开展全国首个“美丽城市”建设试点，明确60项重点任务，启动城市体检行动。围绕完善城市功能，实施9类317项城建工程，累计完成投资345.9亿元。加快推进市生活垃圾焚烧厂扩建项目，建设地下综合管廊2千米、海绵城市12.4平方千米，新增供暖面积516万平方米，城市燃气企业储气能力达1359万立方米，全市实现天然气“镇镇通”，完成人防疏散干道工程。围绕提升城市品质，启动老港片区改造，加快栖霞街、公园路、金线顶区域改造；新增节能建筑施工面积963.3万平方米，新开工装配式建筑133.4万平方米。

【综合管理强化】　持续推进化解城市历史遗留问题，累计办理不动产证15.2万套，“办证难”问题基本得以解决；累计完成217个闲置项目及“半拉子”工程处置；启动中心城区1266.67公顷低效用地整治，盘活低效闲置用地；协调解决城市不精致、不文明、群众不满意问题1284个。针对群众诉求较多问题，指导完成智慧化城市综合管理平台升级，全年受理城管案件10.8万件，处置率达99.6%；从问题较为集中的物业管理入手，出台《威海市物业管理办法》，启动智慧物业信息平台，“红色物业”经验被全省推广。针对市容市貌问题，持续抓好户外广告、门头牌匾等10余类专项整治，组织开展山景线、海景线、铁路线“三线整治”，建成滨海步道75.5千米，整治青荣铁路沿线安全隐患问题137个。

【民生实事办好】　为方便居民生活，组织改造老旧小区48个，打通断头路10条，建成过街天桥9座、公共停车场9处、口袋公园131处、城市绿道35.4千米，新建非营利性自助淋浴设施15处、遮阳遮雨亭69个，新建改建城市公厕24座。为解决住房问题，坚持“房住不炒”，建立房地产领域风险预警机制，出台规范海景房开发销售管理方案，规范房地产市场秩序；新开工棚户区住房改造637套、基本建成6520套，发放住房租赁补贴395户，建成人才公寓2820套。为改善镇村环境，推进14个精致小城镇建设，实施农村危房改造368户，新建农村公厕390个，实现300户以上自然村农村公厕全覆盖，完成农村清洁取暖5.48万户，累计完成1047个村污水治理，在1763个村和社区推进生活垃圾分类，受益群众69.9万户。

11月，韩乐坊片区夜景　　（朱春晓　摄）

【营商环境优化】 以工程建设项目审批制度改革为重点，取消施工许可现场联合踏勘等审批环节和事项9项，实现建设工程项目信息查询、项目图纸共享，申请用户只需提交申请表1份材料，工程建设项目竣工实行“一窗受理、内部流转、联合验收、一窗办结”的办理模式，最大限度减少企业跑腿次数。优化燃气报装，印发《威海市优化营商环境获得用气提标提速提效配套方案》，验收通气时间压缩到0.5～2天。做好建筑市场信用等级评价和“双随机、一公开”动态检查，加大农民工工资清欠保支力度，威海市代表山东省接受国务院保障农民工工资支付工作专项考核，取得优异成绩。

精致城市建设

【概况】 2020年，扎实开展全国首个“美丽城市”建设试点，制定试点方案，明确9个方面60项重点任务，启动城市体检行动。2个片区入选山东省城市品质提升试点片区名单。《威海市精致城市建设条例》通过省人大常委会批准，11月1日起施行。以地方标准印发《威海市精致城市评价指标体系》，编制完成城市园林绿化养护、小游园建设管理、城市道路人行道建设、沥青及水泥混凝土路面养护、城市道路综合整治5项技术导则。开展第二届精致城市评选活动，评选出精致特色街区等8个系列68个示范项目，举办精致城市沙龙角论坛7期。

【上榜中国最具幸福感城市】 11月18日，2020中国幸福城市论坛在浙江省杭州市举行。论坛公布2020中国最具幸福感城市系列榜单，威海市获评中国最具幸福感地级城市。市委书记张海波，市委常委、宣传部部长刘广华出席论坛，张海波作主旨发言。

【《威海市精致城市建设条例》公布实施】 经过山东省人大常委会批准，《威海市精致城市建设条例》于9月28日正式公布，并于11月1日起施行。“条例”内容共87条，分为总则、精当规划与精美设计、精心建设与精细管理、精准服务与精到保障、法律责任和附则6章，是全国第一部关于精致城市建设方面的地方条例。8月，中共中央政治局常委、全国人大常委会委员长栗战书在威海市考察期间给予充分肯定，相关经验做法在《中国人大》刊发。

【标准体系完善】 为科学评价精致城市建设成效，以地方标准的形式印发《威海市精致城市评价指标体系》，提出50个核心指标，涵盖生态环境、城市特色、公共服务、发展动能、社会治理5个方面，使各项工作可量化、可操作。以地方标准形式印发《威海市城市道路综合整治技术导则》《威海市沥青及水泥混凝土路面养护技术导则》《威海市城市道路人行道建设技术导则》3项市政导则和《威海市小游园建设管理技术导则》《威海市城市园林绿化养护技术导则》2项园林技术导则，为城市管理工作提供必要的技术指导。

【2020年度城市体检启动】 根据《关于开展“美丽城市”建设试点推进精致城市建设的实施方案》，启动2020年度城市体检工作，建立包含50个指标的体检指标体系，通过自体检、社会调查、综合评价等方式，对环翠区、文登区以及市区整体进行体检，针对问题提出工作措施，建立项目库，至年底完成初步成果。

【城市品质提升试点示范】 环翠区卫城片区、威海经济技术开发区韩乐坊片区入选山东省城市品质提升试点片区名单，争取省级补助资金2000万元，在全省城市品质提升行动推进暨试点片区建设视频会议上，市住房和城乡建设局代表威海市作典型发言。韩乐坊特色商圈升级改造项目、笔架山文体公园、市民文化活动公园、基于“双四分基本分类法＋智能回收”的生活垃圾分类体系、以信用管理为核心的城市治理体系建设5个项目成功入选全省城市品质提升试点项目。

【精致城市建设攻坚突破行动开展】 制定印发《2020年全市精致城市建设攻坚突破行动方案》，重点在顶层设计、化解城市“成长烦恼”、打造城市精品亮点等6个方面攻坚突破。贯彻落实市委、市政府精致城市建设攻坚突破行动推进会精神，针对排查出的8类1289处不精致问题，采取“日调度、周验收、分区推进、逐处核销”的措施，全部完成整改验收。

【精致城市建设影响力扩大】 组织开展第二届精致城市评选活动，评选精致特色街区、精致口袋公园、精致公园广场、精致绿道步道、精致公共厕所、精致物业小区、精致城市书房、精致校园8个系列68个示范项目。举办精致城市沙龙角论坛7期，会同市委组织部在福建省厦门市组织精致城市专题培训班，提高全市机关干部的精致城市建设理论水平和工作能力。编制完成《威海市2020年精致城市建设典型案例》，发布《精致城市建设简报》17期。

【城市公共服务设施国际化语言环境建设】 制定并印发《威海市城市公共服务设施国际化语言环境建设工作实施方案》，明确工作目标、整改内容、任务分工、实施步骤及保障措施等内容。完成悦海公园及少年路童心园公厕2个示范项目，基本完成城市公共服务设施外语标识整改和二维码推广工作。

城市管理

【概况】 2020年，《威海市物业管理办法》公布施行，启动研发威海市智慧物业信息平台，累计解决物业问题5万余个，“威海市全域推进红色物业提升社区治理水平”项目获得2019—2020年度山东组织工作创新奖。完成威海市智慧化城市综合管理平台拓展升级，处理城市管理案件10.7万件。开展山景线、海景线、铁路线“三线整治”，建成滨海步道75.5千米，整治青荣城际铁路威海段沿线安全隐患问题131个。制定生活垃圾分类管理办法和评分细则，在143个社区和1620个村推进生活垃圾分类，覆盖群众69.9万户。持续抓好建筑扬尘、户外广告、门头牌匾等10余类专项整治，完成环保督察“回头看”反馈问题整改。

【党建引领红色物业工作推进】 制定印发《威海市物业管理办法》等一系列政策文件，构建“1+X”物业管理法规体系，在业委会组建履职、维修资金统筹使用等10余个方面实现突破，允许街道办事处、镇人民政府在特定情况下组建物业管理委员会代行业委会职能，实现商品房维修资金部分统筹和房改房维修资金全部统筹。推动红色物业党建联盟和社区联席会议2个平台工作常态化，全年召开联席会议1000余次，基本实现“小事不出小区、大事不出社区”。充分利用“物业＋执法”“吹哨报到”等机制，解决私搭乱建等难题5700余个。推动将12345政务服务热线中有关小区内求助、咨询类案件解决情况纳入红色物业考核，狠抓小区综合整治不放松，全年累计整治物业问题5万余个。至年底，全市住宅小区物业覆盖率为100%，业委会、物委会总体覆盖率为93.8%，市级12345政务服务热线物业投诉率为0.4%，物业缴费率为87.2%，业主满意度为90.5%。9月，全省加强“齐鲁红色物业”建设提升社区治理水平工作推进会在威海市召开，威海经验在全省推广。“威海市全域推进红色物业提升社区治理水平”项目获得2019—2020年度山东组织工作创新奖。

【城市管理系统智慧化升级】 完成2020年威海市智慧化城市综合管理平台拓展升级并通过省住房和城乡建设厅验收，解决系统平台安全性、稳定性及大数据处理能力等问题，实现框架升级、核心系统升级及地图数据互联网化。实现国家、省级、市级数字城管平台互联互通、数据同步、业务协同，增加共享视频4800路。受理城市管理案件10.8万件，处置10.7万件，处置率99.6%。

【环山路沿线环境整治和绿化提升】 加大巡查管控力度，实现对环山路沿线环境的常态化、长效化管理。完成省道201威东线田和至温泉段（环山路）改建工程景观绿化设计，完成全长22.6千米、总面积46万平方米的道路绿化工程。

【海岸带综合整治修复】 围绕海岸带环境整治修复、海岸生态建设等8项工程，制定《全市海岸带综合整治修复工作项目清单》，建成沿海步道75.5千米，基本完成重点区域整治修复工作，清理非法养殖区域866.67余公顷，清理清运沿海岸线垃圾物料、乱堆乱放区域2600处，出动3100余车次7900余人次，清理垃圾1.2万余吨。

【铁路沿线环境综合整治】 市铁路沿线环境综合治理工作领导小组负责督导推进全市铁路沿线环境综合治理工作。建立青荣城际铁路“双段长”责任制，确定镇、村地方段长76人。市住房和城乡建设局会同市地方铁路事业发展中心明确巡线检查、对接会商、问题处置、信息上报等工作职责和流程，强化路地联手巡视检查、管控，及时发现解决铁路沿线环境问题。整治省派青荣城际铁路威海段沿线安全隐患问题131个，整治桃威铁路沿线环境问题35个、安全隐患问题133个。

9月8日，加强“齐鲁红色物业”建设提升社区治理水平工作推进会在威海市召开 （威海市住房保障公共服务中心 提供）

【空白地和侵占公共用地种植农作物整治】 组织各区（市）对城市规划区内没有植被覆盖、影响城市效果、易起尘土的土地及城市规划区侵占公共用地种植农作物的行为进行集中排查整治，排查整治问题667个，整治面积291.4万平方米。

【遮阳亭及海水浴场设施建设】 2020年，全市新建、改造海水浴场非营利性自助淋浴设施15处（其中环翠区2处、荣成市1处、乳山市2处、威海火炬高技术产业开发区7处、威海经济技术开发区1处、威海南海新区2处），实现所有开放海水浴场全覆盖。在部分学校、公园等人员密集场所周边新建便民遮阳（雨）亭廊69处（其中环翠区5处、文登区15处、荣成市26处、乳山市7处、威海火炬高技术产业开发区4处、威海经济技术开发区4处、威海临港经济技术开发区5处、威海南海新区3处）。

【早夜市管理规范发展】 市住房和城乡建设局印发《早夜市管理标准》《便民摊点精细化管理的意见》《关于占道经营管理的指导意见》等，指导各区根据区位特点分区施策，实施一街一策、一行一策，规范摊点管理，并因地制宜发展“夜经济”。组织各区在特色街区外增加2～3处特色餐饮街，通过协议管理规范其室外就餐经营活动。至年底，科学设置612处1.37万个摊点，施划店外经营场地1100余处、清理超区域经营场地500余处、引导入室经营摊点200余个。

【生活垃圾分类管理】 市政府印发《威海市生活垃圾分类管理办法》，明确规定生活垃圾分类类别、分类设施、收集容器、投放要求等，并对分类收集、分类运输、分类处置、社会参与等提出相应制度要求，形成生活垃圾分类的全链条管理规范。完成城区生活分类垃圾桶、智能垃圾箱等设施更换，组织开展讲座、观摩等活动，开展生活垃圾分类示范片区建设，在143个社区和1620个村推进生活垃圾分类，覆盖群众69.9万户。

村镇建设

【概况】 2020年，全市实施农村危房改造368户，实现建档立卡贫困户住房安全鉴定和保障全覆盖。加强农村改厕规范升级和后续管护，新建农村公厕390个，实现300户以上自然村农村公厕全覆盖。完成农村清洁取暖建设5.48万户，排查整治农村环境卫生问题3051个，入选第二批美丽村居建设省级试点的4个村在全省现场评估考核中被评为优秀。

【农村危房改造和房屋安全隐患排查整治】 市住房和城乡建设局组织各区（市）对贫困户房屋进行摸排，加强对B级房屋的动态监测，全年发现和完成危房改造368户，实现建档立卡贫困户住房安全鉴定全覆盖，完成住房安全保障任务。开展农村房屋安全隐患排查整治工作，排查农房26万户，存在安全隐患的有1854户。其中，用作经营的农村自建房有2.1万户，存在安全隐患的有23户。年内，启动用作经营的农村自建房安全隐患整治。

【农村改厕和公厕建设】 启动实施农村改厕规范升级和后续管护长效机制工作，对64个“离城镇较近、集体经济强的村”全部启动实施厕所粪污并入城镇生活污水管网工作；31个“农业新六产发展较好、发展旅游的村”中，29个村庄启动实施厕所粪污并入污水处理设施工作；35个“有一定集体收入、对粪肥需求不大的村”全部启动实施建设单户或多户分散式污水处理设施工作；对“采用三格、双瓮、粪尿分集式改厕模式的村”，建设改厕服务站46个、渣液中转池20个，实施资源化利用项目14个，开发建设改厕智能管护平台，提高后续管护服务水平。开展农村改厕、危房改造回头看工作，抽查村庄128个、农户1.99万户，现场查看农户7842户，发现各类问题1236个。全面开展农村公厕建设，在全市300户以上自然村建设农村公厕390座，累计在300户以上自然村建设农村公厕612座，实现农村公厕全覆盖。

【农村清洁取暖推进】 2020年，主要采取电采暖（电代煤）模式推进清洁取暖，对实施清洁取暖改造的农户，暂不拆除原有采暖设施，实行冬季采暖“双保险”。组织各区（市）开展冬季取暖用电用气安全检查，开展冬季用电、用气取暖安全宣传教育，累计发放宣传资料22万余份。协调国网山东省电力公司威海供电公司，对农村电采暖用户落实“第一阶梯”电价政策，降低农户采暖费用。全年完成农村清洁取暖改造5.48万户，累计完成改造11.16万户，争取省级补助资金2685万元。

【美丽村居省级试点建设】 推荐环翠区张村镇刘家疃村等7个村申报第三批美丽村居建设省级试点。年底，省住房和城乡建设厅对威海市第一批美丽村居建设省级试点工作开展“回头看”检查，对入选第二批美丽村居建设省级试点的村进行年度评估。检查组对文登区高村镇慈口观村通过“体育+”打造形成的“运动休闲、康复训练”复合村庄发展模式和荣成市港湾街道牧云庵村“厚植‘画村’底蕴、做响‘渔乡画村’品牌”的做法给予高度评价，4个第二批美丽村居建设省级试点村的考评成绩均为优秀。

【精致小城镇建设】 市精致城市建设工作领导小组办公室印发《2020年度威海市精致小城镇建设重点工程项目实施方案》，提升精致小城镇建设水平，全年14个精致小城镇建设重点工程项目139个，完成投资57.34亿元。

【城乡环卫一体化水平提升】 理顺城乡环卫一体化工作机制，将各区（市）城乡环卫一体化工作纳入目标绩效考核，明确工作成员单位、职责分工，建立健全收运处置设施建设、运行管护等工作机制。定期开展农村环境综合整治，每季度组织第三方专业机构对全市农村生活垃圾管理情况进行暗访检查，累计排查整治农村环境卫生问题3051个。

房地产开发与管理

【概况】 2020年，全市新建商品房销售面积444.38万平方米，销售均价7982.01元／平方米，外地人购房比例达38.43%。核发商品房预售许可证869个，批准预售总面积500.38万平方米，实施预售资金监管面积618.94万平方米。全市具有资质的房地产企业有655家（其中一级2家、二级14家、三级79家、四级198家、暂定资质362家），全市备案的中介机构有2557家。棚户区住房改造新开工637套，基本建成6520套，发放住房租赁补贴395户，建成人才公寓4974套。

【房地产市场监管】 整顿规范房地产市场秩序，加强房地产销售管理，实行书面告知制度，要求购房人在购房前，必须在房地产开发企业和中介机构出示的《购买新建商品房须知》和《接受房地产经纪服务须知》上签字，切实保障购房人合法权益。排查房地产开发项目、房地产经纪服务、工程质量安全等5个领域存在的风险问题，划分风险等级，将风险等级为高危和危险等级的项目列入督查，及时掌握相关风险情况，加强防范措施，强化建设领域风险预警机制。完善新建商品房预售价格备案制度，将车位（库）销售价格及租售方案纳入商品房预售价格备案总体管理；实行车位（库）租售公示制度，房地产开发企业取得商品房预售许可证后，须在销售现场明显位置公示车位（库）销售、出租等信息。

【房地产开发企业信用评价】 7月，经过自评、初审、复核、评审等环节，市住房和城乡建设局公布2019年度房地产开发企业信用评价结果，有546家房地产企业申报参加信用评价，其中，63家企业为“信用AAA级”企业，123家企业为“信用AA级”企业，131家企业为“信用A级”企业。

【房地产项目建设条件意见书调整】 优化调整商住用地、棚户区改造用地、商业用地3类房地产项目建设条件意见书模板7次，合并条款2项，取消废止条款1项。重点对新建房地产开发项目地上停车位、装配式建筑、智慧住宅小区、物业用房、环卫设施、电动汽车充电桩6项建设条件提出意见，提升新建小区住房品质和居住环境，至年底，出具项目建设条件意见书41份。

【《威海市区住房保障家庭租赁补贴实施办法》施行】 10月1日，市住房和城乡建设局、民政局、财政局等5部门印发的《威海市区住房保障家庭租赁补贴实施办法》施行。该办法共7章39条，将全市符合住房保障条件的城镇中等偏下及低收入住房困难家庭、新就业无房职工、稳定就业外来务工人员纳入住房租赁补贴的保障范围，明确保障范围、准入条件，细化补贴标准、面积标准，规范申报流程、发放程序，健全审核机制、惩戒体系。

【人才公寓建设】 市住房和城乡建设局对全市人才公寓进行现场督导，重点查看已建成项目手续办理和分配使用情况，在建项目建设进展、装修配套、工期安排和手续办理情况，研究简化验收标准便于各区（市）加快建设进度，督促各区（市）进一步规范人才公寓运营管理工作。至年底，全市建成人才公寓4974套。其中，环翠区66套，文登区354套，荣成市174套，威海火炬高技术产业开发区2741套，威海经济技术开发区375套，威海临港经济技术开发区594套，威海南海新区670套。

【老旧小区改造】 多渠道筹措资金，争取中央、省级及保障性安居工程补助资金3.7亿元，乳山市按照“4+N”模式向中国农业发展银行贷款6亿元。推进老旧小区智慧化改造，筹集改造资金2600万元，26个小区改造后实现封闭管理，48个改造项目达到三星级智慧小区标准。倡导装配式构件，全市10个老旧小区改造采用装配式构件，铺装混凝土路牙石5000米，铺设环保地砖1.2万平方米。至年底，全市完成48个片区、95个老旧小区改造任务，改造建筑面积471.89万平方米，完成投资7.55亿元，惠及业主5.2万户。全市累计完成道路更新94.04万平方米，绿化改造17.47万平方米，粉刷墙体61.36万平方米，污水管网改造5631米，新增停车位1.5万个，安装电动自行车充电桩120个。

【住宅专项维修资金归集使用】 2020年，全市收取维修资金5.50万笔，归集数额4.6亿元。其中，建立、核实楼盘2005栋，追缴开发企业未出售房屋及车库5443.82万元；接收房改房331户，174万元；协调居委会集中交存回迁户维修资金2285户，归集资金1649万元；办理退款业务753笔，退款资金305万元。共计使用维修资金1093笔，使用金额774.78万元。其中，商品房1010笔，金额717.7万元；房改房83笔，金额57.08万元。

市政基础设施建设和园林绿化

【概况】 2020年，全市打通断头路10条，建成过街天桥9座、公共停车场9处，解决行车难、过街难、停车难问题。推进金线顶公园和鲸园文体公园2个综合性公园建设，新建、改建口袋公园131处，新增城市绿道35.4千米、城市绿地面积170.31万平方米，改造升级城市绿地面积471.94万平方米。

【9座过街天桥建成】 在商场、学校、医院等周边人员密集、过街需求量大的地段，全市先后建成并投入使用海滨路幸福门南、海滨路幸福门北等人行立体过街天桥9座。在过街天桥建设中，注重无障碍设施建设，配套亮化、绿化设施，保障群众出行安全。

【断头路打通工程实施】 将所有断头路打通工程列入2020年市级城建重点工程计划中，明确建设内容，落实实施主体，确定完成时限，从市级决策层面保障项目实施。至年底，先后打通城阳路（塔山中路至统一南路）等10条断头路，消除一批道路堵点，优化完善城市路网结构。

【和平路停车场试运营】 12月15日，和平路停车场正式通车试运营。该项目位于威海市立医院院内，占地面积0.7万平方米，总建筑面积1.86万平方米，为地下4层自走坡道式停车场，可为市民提供停车位480个。该停车场采用无梁楼盖结构，有效增加车库层高；内部采用传统坡道设计，实现车辆的内部流通；在竖向交通方面，主要采用自动扶梯、垂直梯、大台阶等方式解决行人通行问题。

10月，海滨路幸福门北人行立体过街天桥　　（张永晨　摄）

【131 处口袋公园建成】 加强口袋公园建设，全年完成星乐公园、利川游园、廉洁文化公园、玉泉河河道公园等 131 处口袋公园建设工程，累计建成口袋公园 215 处，实现居民出行“300 米见绿，500 米见园”的目标。

【综合性公园建设】 新建金线顶公园和鲸园文体公园 2 处综合性公园，总面积约 10.7 公顷，总投资约 3.9 亿元。其中，金线顶公园建设项目总投资 3.5 亿元，占地面积 9.2 公顷，是集文化教育、休闲健身、旅游观光等于一体的综合性公园，至年底，公园地下停车场主体基本完工，景观绿化工程进入施工阶段。鲸园文体公园建设工程总投资 3666 万元，占地面积 1.5 公顷，是具有文体、休闲功能的城市公园，至年底，完成全过程咨询服务招标、可研报告编制及批复、项目招标控制价编制等工作。

【绿道建设】 稳步构建城市绿道系统，注重提升绿道服务功能，做好绿道标识、导示牌及服务设施等配套设施建设。至年底，建设完成城市绿道 13 条、长度 35.4 千米。

【路灯工程实施】 全市实施统一南路（海南路—江家寨立交桥）和统一南路（华夏路—凤林路）2 个路段路灯工程。至年底，统一南路（海南路—江家寨立交桥）路段路灯工程通过验收；统一南路（凤林路—海南路）路段路灯工程完成施工，安装路灯 30 基、高杆灯 1 基，敷设路灯主电缆 1200 米，统一南路（齐鲁大道以北）路段路灯工程完成路灯基础制造 24 基，敷设电缆保护管 960 米、过道钢管 280 米。

公用事业

【概况】 2020 年，全市全社会用电量完成 137.82 亿千瓦时，其中工业用电量 82.46 亿千瓦时。城市公共供水总量为 1.25 亿立方米，其中市区公共供水总量 8259 万立方米。天然气供应量为 2.72 亿立方米，液化气供应量为 4.39 万吨，其中市区天然气供应量 1.26 亿立方米、液化气供应量 1.60 万吨。供热入网总面积为 1.35 亿平方米。

【城乡供电】 2020 年，全市全社会用电量完成 137.82 亿千瓦时，比上年增长 0.91%。其中，工业用电量 82.46 亿千瓦时。国网山东省电力公司威海供电公司获评山东省思想政治工作优秀企业、2020 年度威海市工作优秀单位等。

电网建设提速 高质量编制“十四五”电网规划，全面启动坚强、智慧、绿色、融合“四位一体”的精致电网规划建设，赋能精致城市内涵式发展。召开全市电网发展专题会议，电网项目审批时长缩短 64%，全力打造“电力管线入廊样板”。解决昆嵛站权证办理问题，助力文登抽蓄 500 千伏送出工程开工建设。开工建设 220 千伏福河工程，130 项配农网工程竣工并投入运营。

营商环境优化 全面构建以客户为中心的现代服务体系，实施提升“获得电力”服务水平 10 项举措，持续优化用电营商环境。开展“阳光业扩”服务，高低压客户供电侧办电效率再提高约 50%，实现全要素线上流转和全业务线上交互办理。全面取消客户纸质办电资料，所有办电所需证件均实现线上共享查验，实现全市“房产 + 用电”联合过户。省级及以上园区 10 千伏客户配套电网全部建设至“红线”，城区 160 千伏安、农村 100 千伏安及以下小微企业实现办电“零费用”。在城区取消客户 10 千伏计划停电，打造预安排“零停电”示范区，全市城乡综合供电电压合格率达 99.99%，配网供电可靠率达 99.96%。公司获得电力指标在系统内居第 1 位，相关经验做法被《山东省优化营商环境推进政府职能转变简报》刊发。

央企担当彰显 实施“同舟度时艰，四进送服务”大走访活动，走访客户 12.5 万人次，收集问卷 1 万余份，解决客户重点诉求 19 件。实施欠费不停电、不计滞纳金、非高耗能工商业电价优惠 5% 等“十项护航举措”，为全市各类客户节省电费支出 3.35 亿元。建成并投入运营市级能源大数据中心，开发能源监测分析平台，为准确把握宏观经济运行提供电力数据支撑。深入开展“工业绿动力”等 6 个专项行动，全市年充换电量突破 300 万千瓦时，替代电量达 7 亿千瓦时。全力服务乡村振兴和脱贫攻坚，先后选派 6 名“第一书记”驻村帮扶，扶贫村光伏上网发电量达 223 万千瓦时，发放补贴 160.78 万元，促成消费扶贫金额 183 万元。成功应对用电负荷七创新高的紧张局面，圆满完成 2020 国际乒联男女世界杯等重大活动保电任务。

（金晓鹏）

【城市供排水】 2020 年，全市城市公共供水总量为 1.25 亿立方米；生产运营用水量 4032.5 万立方米，占城市公共供水总量的 32.2%；居民家庭用水量 5043.2 万立方米，占城市公共供水总量的 40.3%；人均日生活用水量

11 月，星乐公园一角　（朱春晓　摄）

为106.69升。其中，市区公共供水总量为8259万立方米；生产运营用水量2750万立方米，占市区公共供水总量的33.3%；居民家庭用水量3109万立方米，占市区公共供水总量的37.6%；人均日生活用水量为118.43升。

威海市水务集团有限公司　2020年，公司完成供水1.05亿立方米，比上年降低4.6%。日均供水28.7万立方米，最高日供水量达33.9万立方米。供水产销差率为11.4%。处理污水8342万吨，增长2.1%，污水处理率98.1%。处置污泥11.4万吨，污泥处理率100%。实施重点工程26项，完成投资5.28亿元，铺设管道397千米。

城市供水保障。实现南圈水库应急调水工程、泊于水库应急调水工程、米山净水厂改扩建工程通水，水源地全部实现联库联网、通盘调度。完成农村规模化供水工程设计，铺设管道74千米，惠及69个村。柳林净水厂深度处理项目、龙山净水厂及配套工程进入全面开工建设阶段。加强从原水到水龙头的全过程水质监管，对水库原水、水厂进厂水、出厂水、关键工艺节点出水、管网水进行全流程监管，对管网末梢水加强跟踪监测，始终保持出厂水水质合格率100%。市区供水总体保持安全稳定。

污水污泥治理。聚焦环保督察重点问题，加快推进威海临港经济技术开发区污水厂改扩建工程，按时实现通水目标，完成育华路污水泵站搬迁工程，开工建设金线顶新建污水泵站项目。坚持长效管理与集中整治相结合，加强排污体系管护，检修泵站设备2652台（次），清淤、疏通管道565处，清挖维修污水井约1204座，吸污1440吨。继续加大对污水乱排超排、雨污混流等整治力度，做好河道清淤保洁。拓展中水市场，在威海城区新设智能取水栓2处，提供24小时自助取水服务；博通热电中水回用项目实现通水，总设计规模3万吨／日。污泥资源化产品基本实现日产日清。

营商环境优化。简化优化供水报装流程，办理环节简化为1个，报装时限压减至0.5个工作日，无需报装书面材料。对符合条件的民营企业、外资企业及个体工商户实行供水报装“零费用”，全年受理报装业务1400余件。全面推行有态度、有速度、有温度的“三度”服务，推出线下“代跑腿”“水管家”和线上报装缴费等服务措施，对用户更名过户、拆表销户等业务办理实行零申请、零跑腿、零资料、零费用的“四零服务”。新冠肺炎疫情期间，对1.31万户符合规定的用户实行用水优惠，对16户租户减免房租。年内，受理水务热线、数字城管平台、12345政务服务热线、政务微博、阳光问政热线等反映的问题10万余件，及时处理率继续保持100%。

（王萌博　孙艳伟）

【城镇供气】　2020年，全市天然气供应量2.72亿立方米，比上年降低4.51%；液化气供应量4.39万吨，增长22.98%。其中，市区天然气供应量为1.26亿立方米，液化气供应量为1.60万吨。至年底，全市各类燃气管网总长度约为6956.4千米（其中低压管网4723千米，中压管网1762千米，次高压以上管网471.4千米），各类燃气用户有90余万户。

燃气安全检查和宣传　督导各区（市）燃气主管部门与各燃气经营企业签订《安全生产目标管理责任书》，全面落实安全生产责任制。开展安全生产专项整治三年行动、瓶装液化石油气专项治理、全市燃气安全生产检查等专项整治活动，累计检查企业128家，发现整改安全隐患174处。组织管道天然气企业加大入户安检力度，重点关注老旧小区用户、农村煤改气用户、空巢老人拆迁安置户，排查隐患并指导用户整改，确保冬季用气安全。全面开展燃气用气安全宣传，结合“防灾减灾日”“安全生产月”活动，开展集中安全宣传活动3次，解答各类用户问题400余个，发放安全宣传资料11万余份。

全市天然气“镇镇通”基本实现　协调管线设计及施工单位，加快推进天然气管网建设，至年底，乳山市诸往镇、育黎镇、崖子镇的天然气管道敷设工程完工，相关设备燃气设施安装到位，全市基本实现天然气“镇镇通”。

天然气产供储销体系建设　6月，全市城市燃气企业形成储气能力1359万立方米（其中自建储气设施能力129万立方米、租赁储气能力1230万立方米），超额提前完成储气任务。

【城镇供热】　2020年，全市供热入网总面积1.35亿平方米，新增入网面积527.39万平方米，完成清洁采暖面积429万平方米；供热站房总量1629个，新增供热站房109个、改造站房319个；全市管网总里程7280千米，新增管网里程444.62千米。升级改造供热管网50.8千米，涉及全市80余个小区。完成供热管网“汽改水”改造工程29个。

热源整合　积极推进《威海市热源统筹、管网规划、核电供水供热一体化规划及研究》编制，年内通过专家评审。威海热电集团有限公司统筹中心城区热源升级改造和华能工业余热利用工程，完成华能威海发电有限责任公司至博通热电临时站管网建设12.28千米。加快推进威海川能热力有限公司替代荣成绿能供热有限公司负责成山区域供暖，新建130吨供热首站1处，敷设6.5千米主管线2条，实施新旧管网对接改造。乳山市热力集团有限公司兼并管理乳山华地热力公司，提升供热保障能力。

华能工业余热利用一期工程推进　根据《威海市供热规划》《威海市热电联产规划》，启动利用华能工业余热供热管网建设项目。该项目供热管网由华能威海发电有限责任公司引出至博通站、望岛站、戚家庄站、金线顶站、曲家河站、热源一厂、南郊热电等热力站，预计增加供热能力约2500万平方米，并在统一南路与天东河交叉口处与石岛湾核电有限公司热源连接。至年底，完成华能工业余热利用一期工程供热管网建设12.28千米，成功投运华能威海发电有限责任公司至博通热电临时站管网。

智慧化服务水平提升　简化工程报装流程，有外线工程供暖报装时限压缩为3.5天，无外线工程报装时限压缩为1.5天。开展线上线下访民问暖行动，保持供热服务电话24小时畅通，建立推广供暖服务微信群80余个，建立群众反映问题台账并定期回访，累计回访12.5万户；采取“走进社区”“特殊群体定期走访”等形式走访小区50余个、入户160余次，发放宣传材料4600余份，征集排查问题100余个，张贴通知8.5万份。优化业务办理流程、改进升级客服软件，居民可以通过银行网点及多个网络平台进行缴费，做到足不出户、一键完成，市区网上交费率达70%。实施汉语、英语、韩语标示工程，对客服中心、办事窗口、换热站、蒸汽管网、热水管网等进行重点标示。

【城市环境卫生】 2020年，全市城市道路清扫面积为4130.93万平方米，其中机械清扫3305.8万平方米，机械清扫率80%；清运生活垃圾113.02万吨，全部日产日清；城市生活垃圾无害化处理量达113.02万吨，无害化处理率100%；有环卫公厕239座，水冲公厕比率100%。

民生公厕建设 2020年，市区新建、改建城市公厕24座，均于年底前完工并投入使用。所有新建、改建的公厕均达到二类以上标准，内部环境整洁明亮、通风良好，男女厕位比例设置合理。公厕内配备洗手液、烘手机等清洁用品，设置具有残障人坐便器、呼叫器等设施的第三卫生间。

深度保洁达标道路创建 为全面提升城市道路保洁精细化水平，全市开展深度保洁达标道路创建工作。11月9日—10日，省住房和城乡建设厅对威海市2020年申报的103条道路进行现场评价验收，103条道路均符合创建标准，全市累计创建深度保洁达标道路229条。

生活垃圾处理 2020年，全市在运行生活垃圾焚烧厂有4座，焚烧处理能力3300吨／日，焚烧处理比例达100%，生活垃圾处理实现“零填埋”，全年产生生活垃圾113万吨，全部实现无害化处理。为进一步提高生活垃圾处理减量化、无害化和资源化水平，年内实施市区生活垃圾焚烧扩建项目，该项目建成后将新增生活垃圾处理能力500吨／日。

建筑业

【概况】 2020年，全市开展2019年度建筑市场主体信用评价工作，评出AAA级企业203家、AA级企业203家。加强质量安全管理，推行住宅工程质量信息公示制度，推广应用预制混凝土产品，扎实开展冬季施工安全检查等系列活动，工程质量安全稳中有升。加强劳务用工管理，393个在建项目全部纳入监管平台，通过平台累计发放农民工工资28.6亿元，威海市代表山东省接受国务院保障农民工工资支付工作专项考核，取得优异成绩。积极推广建筑科技，申报住房和城乡建设部科技示范工程5个、省级示范工程12个，新开工装配式建筑面积133.4万平方米，新建节能建筑面积963.3万平方米。

【建筑市场主体信用评价实施】 开展建筑市场主体信用评价工作，对在威海市从事房屋建筑和市政工程建设活动的建筑市场主体进行信用综合量化评分及信用评级，全市有11类725家企业参加本次信用等级评价，评出AAA级企业203家、AA级企业203家、A级企业255家、B级企业54家、C级企业8家、D级企业2家。首次启用网上信用申报评审系统“威海市建筑市场主体信用等级评价平台”，参与信用评价的企业申报材料均采用电子文档网上申报，主管部门及专家评审实现网络化、分布式作业，全程采用无纸化操作，累计节约成本50余万元。

【招投标交易流程优化】 启用新版威海市建设工程电子交易系统，全面实施电子开标、电子评审、电子监管和交易信息在线汇集、共享、发布，取消纸质文件，实现无纸化办公和“零跑腿”目标，增加CA认证投诉功能，畅通投诉渠道。启用威海市建设工程电子化交易投标保函第三方服务平台，实现电子保函从申请、开具、传输、管理、运用到索赔的全过程在线办理，实现全过程信息化、电子化和无纸化。简化房屋建筑和市政工程招标投标程序，取消招标公告、招标文件等交易文件事前审核，加强招标交易文件事中事后监管，夯实招标人首要责任。根据威海市建筑市场主体信用评价结果对投标保证金实行差别化管理。

【建筑领域农民工工资治欠保支】 建立威海市建筑工程实名制管理平台，将实名制考勤、工资专户分账管理、工资银行卡代发等功能全部纳入平台，实现网上监管。年内，全市393个在建工程项目全部纳入平台，累计通过平台发放农民工工资28.6亿元。组织全市建设主管部门、骨干建筑业企业开展保障农民工工资支付业务培训、住建领域劳务用工风险与防范网络直播培训等。8月，威海市代表山东省接受国务院对保障农民工工资支付工作的专项考核，取得优异成绩，得到国务院考核组高度评价。

【装配式建筑提质扩面】 市住房和城乡建设局印发《关于进一步推进装配式建筑发展的通知》，细化政策措施，加大扶持引导，推进全市装配式建筑高质量发展。组建威海市装配式建筑应用专家委员会，为全市装配式发展及工程项目提供技术咨询、方案审查和建设指导。新增威海建设集团股份有限公司为国家第二批企业类装配式建筑产业基地，威海利东建筑科技有限公司获得2020年度山东省装配式建筑职业技能竞赛暨第三届“中国建设杯”全国装配式建筑职业技能竞赛预制构件套筒灌浆组三等奖、生产环节模具组装团体三等奖。年内，全市新开工装配式建筑面积133.43万平方米。

【绿色建筑高质量发展】 启动《威海市绿色建筑专项规划》编制，开展威海市绿色城市发展关键技术研究，建立绿色发展引领规划建设的指标体系。开展威海市绿色城市建设发展关键技术研究，“威海市绿色城市科技示范项目”通过住房和城乡建设部中期评审。编制《威海市绿色建筑创建行动实施方案》，明确绿色建筑创建目标和重点任务，推动“十四五”时期全市绿色建筑深入发展。推进省级绿色施工科技示范项目建设，威海华发九龙湾中心CBD、国网山东省电力公司威海供电公司运维检修用房等4个项目获评山东省绿色施工科技示范工程项目，华润中心·威海湾九里六期、威海市里口山医院等3个项目获评山东省绿色智慧建造科技示范工程项目。威海市国家（威海）区域创新中心项目获得二星级绿色建筑设计评价标识证书，获得省级生态示范城区补助资金283万元。年内，全市绿色建筑竣工面积517.81万平方米。

【建筑工程质量问题专项防治】 开展住宅工程质量常见问题专项治理，市住房和城乡建设局印发《加强新建住宅工程常见问题防控提升住宅品质工作实施方案》，全面推进住宅工程质量管理标准化。召开全市住宅工程质量常见问题防控暨质量管理标准化现场观摩会，现场设置7个展示区，通过视频动画、图片文字、实物展示、样板间等形式展示质量常见问题防控和推进工程质量管理标准化经验做法，推广工程质量关键工序影像资料留存管理制度，实现质量责任可追溯，观摩学习人数累计500余人次。

【住宅工程质量信息公示实施】 市住房和城乡建设局印发《威海市住宅工程质量信息公示工作实施方案》，细化实施方案，明确工作目标、公示的工程范围、公示内容、公示方式、实施步骤和工作要求等。开展相关技术培训，督促建设单位和各区（市）主管部门按规定通过网络媒介分阶段向社会公示住宅工程质量信息。年内，全市16个新开工住宅工程公示率为100%。

【安全生产专项整治三年行动开展】 自2020年起，全市住建系统开展安全生产专项整治三年行动，印发《威海市住建系统安全生产专项整治三年行动工作方案》，成立工作组，统筹指导推进安全生产专项整治三年行动。建立调度通报、专题会议、工作督办、督查巡查"四项机制"和问题隐患、制度措施"两个清单"，推动各类建筑安全隐患专项排查、安全隐患拉网式大排查、起重机械安全专项排查、安全生产百日攻坚行动同步实施。年内，累计排查整治安全隐患5720处，约谈企业相关负责人74人次，对23家企业和15名执业人员进行信用惩戒，对19家企业行政罚款59.44万元。维修、更换各类检查井、雨水井646座；排查整改供热、燃气隐患问题840处。

【双重预防体系建设】 2020年，市住房和城乡建设局把"建立市级模板、全面普及提升"作为安全生产风险分级管控和隐患排查治理双重预防体系建设的工作目标，围绕深基坑工程、高大模板工程、脚手架工程、建筑起重机械、消防安全5个方面开展风险管控和排查治理，全面推进完善公司、项目部二级双重预防体系运行机制。11月，全市住建系统2020年双重预防体系建设经验交流现场观摩会召开，会议全面推广实施可借鉴、可复制的市级模板。

（邱雅晖）

生态环境保护

【概况】 2020年，全市实施生态环境质量与生态环境保护工作"双领先"战略，统筹推进生态环境高水平保护和经济高质量发展，环境质量继续保持全省领先。土壤污染防治工作顺利通过全国人大常委会执法检查组检查。"无废城市"建设试点工作在全国"无废城市"建设试点推进会上进行典型交流。威海市环翠区威海华夏城被生态环境部命名为第四批"绿水青山就是金山银山"实践创新基地。荣成市好运角旅游度假区获评第一批省级"绿水青山就是金山银山"实践创新基地。辐射环境监管工作获得国家核安全局书面表扬。在2020年生态环境保护执法大练兵知识竞赛中获得全国第2名。空气质量连续五年达到国家二级标准，9项指标均列全省第1位。水环境达标指数列全省第1位，重点河流、集中式饮用水水源地水质达标率为100%，近岸海域水质为全省最优。超额完成省定农村生活污水治理任务。重点行业企业用地调查工作被省生态环境厅通报表扬。威海市生态文明建设情况经省委书记刘家义签发报中共中央办公厅。生态环境满意度民主测评列全省第1位。市生态环境局被省生态环境厅评为优秀等次，获评2020年度工作优秀单位和精神文明建设先进单位。

【经济社会发展服务】 深化"放管服"改革，坚持"应放尽放、能放尽放"，调整下放8项建设项目环评审批权限。加强监管和指导，对威海博通热电股份有限公司改造工程等民生保障工程开辟环评审批绿色通道，对威海市胸科医院集中救治场所、威海市众音环保科技有限公司高性能橡胶助剂等项目实行"告知承诺制"，全年审批项目816个，其中采用告知承诺制项目194个。推进排污许可全覆盖，按照"摸、排、分、清"要求，对33个行业进行清理整顿，在全省率先完成排污许可证核发与登记，核发957张、登记7080家。全面完成第二次全国污染源普查，纳入普查对象9554个，有7个集体和17个个人受到国家、省通报表彰。

【污染物总量减排】 扎实推进污染物总量减排工作，全市污染物排放量实现持续下降，化学需氧量、氨氮、二氧化硫、氮氧化物4项污染物排放量分别完成"十三五"减排任务的111.51%、109.93%、124.40%、115.08%，超额完成减排目标任务。

【"四减四增"三年行动计划推进】 市生态环境局印发《威海市深入推进"四减四增"三年行动确保完成各项任务目标工作方案》，开展三年行动评估。推进产业结构调整，依法依规淘汰落后产能，大力发展"四新经济"（新技术、新产业、新业态、新模式的经济形态），加快园区建设提升，完成"差"评化工企业关闭退出工作。推进能源结构调整，压减煤炭82万吨，提前完成煤炭压减任务；加快推动华能核电厂高温气冷堆、国和一号示范工程、文登抽水蓄能电站等项目建设；新增城市清洁采暖面积429万平方米。推进运输结构调整，启动实施桃威铁路电气化改造，持续推动大宗货物"公转铁"运输，2020年铁路货运量比2017年增加18.6万吨；淘汰"国三"及以下营运柴油货车5281辆。推进农业投入结构调整，推广使用商品有机肥15.3万吨，全市规模养殖场（区）粪污处理设施配建率达100%。

【蓝天保卫战】 狠抓挥发性有机物、扬尘、移动源、重污染天气应对"四个关键问题"。以市区为重点区域，以有机化工、表面涂装、包装印刷、加油站为重点行业，建立400余家涉挥发性有机物企业排放源清单，"一企一策"对70家重点企业实行强化监管和治理提升。采取卫星遥感、走航监测等高科技手段科学治污，建立以用电监控为核心、覆盖72家涉挥发性有机物企业的排污智能管控系统，组织建成区164家加油站落实错峰加油、卸油措施，削减臭氧浓度峰值。针对各类工地、渣土堆和裸露土地等，开展无人机航空巡查；强化区（市）属地责任、行业部门主管责任，实施分类治尘。在63辆公交车、20辆出租车安装物联网移动车载大气监测平台，快速精准治理市区道路$PM_{2.5}$、PM_{10}污染。加大联合执法检查力度，建立入威海主要路口外埠柴油车周查制度；针对物流园区、港口码头等货车集中停放地，实施常态化执法检查；对2978辆“国五”排放标准重型柴油车安装车载诊断远程在线监控终端；组织1.12万台非道路移动机械完成信息登记，严格落实“三个不得使用”（对不编码、身份不明的机械不得使用；排放超标、明显有可视黑烟的机械不得使用；在禁止使用高排放的区域内，不符合低排放规定的机械不得使用）。印发《威海市2020—2021年秋冬季大气污染防治工作方案》，修订完善应急减排清单，做好差异化应急管控，实施精准减排，降低污染峰值、缩短污染时长。严格落实专项督查、问题曝光、销号管理、预警约谈、生态补偿、考核问责“六项机制”，强化大气污染防治驻区专项督查，组织8名督查专员常驻各区（市）实地督导检查，对连续不达标的镇（街道）实施预警、约谈。

【碧水保卫战】 强化重点河流水质管控，实施重点河流水质超标预警、通报、督办，强化水质考核目标完成情况研判，开展重点督导，对水质不能达标的河流，加强巡河频次，及时发现并解决问题。加强黑臭水体治理，完成季度交叉监测，开展市级城市黑臭水体整治环保专项行动，完成碧水保卫战专项督察反馈意见整改。加强饮用水源地保护，持续抓好饮用水水源保护区“划、立、治”3项任务，完善预防、预警、应急3个环节，加强日常监管，开展生态修复，实施系统治理，不断提升饮用水水源地水环境安全保障水平。开展海洋生态保护，推进排污口整治，按照“查、测、溯、治”要求，对重点排污口分批开展监测、溯源，分类推进

9月，副市长周永迪代表威海市在全国“无废城市”建设试点推进会上作典型发言　　（威海市生态环境局　提供）

治理。加大污水处理厂上游企业执法力度，坚决查处超标排放问题。全面落实湾长制，建立湾长制责任清单、任务清单，建成湾长制管理信息系统。推进渤海区域环境综合治理攻坚战，完成22处渔港环境综合整治任务。配合开展海洋环保督察，做好8项反馈问题调度、整改。

【净土保卫战】 压紧压实土壤污染防治责任，将土壤污染防治工作纳入各区（市）考核评价体系，建立联席会议制度，压实23个单位责任。将《中华人民共和国土壤污染防治法》列入全市干部培训内容，在市生态环境宣传教育基地开设土壤专区，扩大宣传覆盖面。全面开展土壤污染状况调查，在农用地方面，对全市19.40万公顷耕地土壤情况进行普查，全市无严格管控类耕地；在建设用地方面，制定土壤污染状况调查工作程序，组织专家对同一区域地块进行集中踏勘和评审，对19宗重点企业用地开展调查，建立周调度、通报制度。加强土壤污染源头预防，将43家企业纳入重点监管名录，委托第三方进行评估，“一企一案”开展技术指导，并纳入“双随机、一公开”监管。出台重金属污染防控方案、重点行业企业排查整治方案，对40家重点企业开展专项整治行动，重点重金属排放削减9%。有序推进受污染地块安全利用，在安全利用类耕地方面，科学制定整改工作方案，采取无人机喷洒叶面肥等技术，对农作物实施安全利用管控，对受污染区域内小麦进行抽样检测，检测结果全部合格；在疑似污染地块方面，严格落实区（市）属地责任，对全市57个关闭搬迁企业用地、42个重点行业用地逐一排查核实，未发现污染地块。严格管控土壤污染风险，在建设用地“准入”环节，将建设用地土壤环境管理要求纳入城市规划和供地管理，编制各类规划时要充分考虑污染地块环境风险，合理确定土地用途，土地开发利用要严格落实土壤环境质量要求；在建设用地“管理”环节，在土地划拨、出让前，涉及用途拟变更为住宅、公共管理与公共服务用地的地块，凡是没有组织专家评审或未通过评审的，一律不办理用地手续。

【“无废城市”试点建设】 建立以市委、市政府主要领导为“双组长”的1个领导小组、6个工作专班、N个责任单位的“1+6+N”工作体系，形成高位推动、上下联动、部门协作、共同参与的工作格局。在解决全面推进大宗工业固体废物趋零增长、农业废弃物全量利用、城市生活垃圾减量化及资源化利用、危险废物全过程安全管控4个方面试点任务4项共性问题基础上，制定海洋经济绿色发展和旅游绿色发展2项个性目标，建立“4+2”试点模式。严格按照源头减量化、过程资源化和末端无害化要求推进5类59项建设指标、4张清单81项重点任务落实落地。9月，在浙江省绍兴市召开的全国“无废城市”建设试点推进会上，副市长周永迪代表威海市作题为《以“无废城市”建设试点为抓手　建设“精致城市·幸福威海”》的典型交流发言。

（王厚海）

编辑　于鹏飞

商　贸

综　述

【概况】 2020年，全市社会消费品零售总额比上年增长0.3%。完成网络零售额152.3亿元，增长13.2%。完成货物进出口总额1614.6亿元，增长15.1%。实现服务进出口125.5亿元，下降5.7%。重点在建内资项目（总投资3000万元以上）223个，总投资额1929.1亿元。新设立外资项目329个，增长20.5%。实际使用外资13.6亿美元，增长11.1%。备案设立境外企业21家，中方协议投资额53.0亿元，中方实际投资额33.6亿元，增长60.3%。

【市场秩序建设】 市商务局印发《威海市商务领域信用管理暂行办法》，完善分级分类工作机制，设立家政、成品油流通、对外劳务合作3个行业分级分类标准。全年归集推送商务领域行政许可信息163条、信用承诺书62份，核实评选选优、资金扶持对象687家次，产生联合奖惩案例37个，发布商务领域红名单17个，出台"海贝分"购车惠民措施4项。印发《2020年威海市商务领域专项整治工作方案的通知》，强化日常监管措施，加大商务执法领域违法违规行为查处力度，维护公平公正经营秩序。开展汽车销售领域经营秩序专项整治行动，整治汽车销售及服务活动中存在的问题，营造汽车销售领域良好营商环境；印制《汽车销售行业行为规范》，在汽车销售企业经营场所张贴，提升消费者自我保护合法权益意识。开展二手车交易市场专项整治行动，对全市21家二手车交易市场进行现场检查，整治登记备案条件不符合、交易档案不健全、未按规定报送交易信息等行为。组织开展成品油市场"自流黑"专项整治，严厉查处成品油流通市场违法违规经营行为，相关工作经验入选山东省环保督察"以督促改见成效"示范案例。全面落实"双随机、一公开"监管抽查机制，对成品油、二手车、预付卡、外商投资、报废机动车等领域116家企业进行执法检查。严厉查纠违法违规经营行为，对10家对外劳务合作企业、1家单用途预付卡备案企业下达责令限期改正通知书；对8家外商投资企业信息年度报告存在的问题下达行政指导通知；对2家未依法缴存备用金的对外劳务合作企业作出"吊销对外劳务合作经营资格证书"的行政处罚。

【市场体系建设】 积极推动以大型农产品流通企业为龙头的产供销一体化发展模式、以连锁超市为主体的"农超对接"发展模式和以农产品批发市场为基础的市场带动型发展模式，连接农民专业合作社546处、生产基地3.5万公顷，直采规模达32亿元。在全省率先开展"区超对接"工作，开设销售专区、专柜150处，年销售额达7亿元。不断升级改造农产品流通设施，改造老旧农产品流通设施面积29.1万平方米，家家悦集团股份有限公司、荣成泰祥食品股份有限公司等新建改造乡镇商贸中心59处，新建、改造经销鲜活农产品超市、便利店、专卖店483处。

【市场运行和消费促进】 持续做好市场运行统计监测，以及微博"农产品每日价格"和微信"商务天气预报"的信息发布工作。全年通过威海商务预报网站发布生活必需品价格及价格分析类信息343条（其中上级和商务部主站采纳17条），发布重点批发市场"菜篮子"商品价格快报69期、商务天气预报46期，引导市民及时了解"菜篮子"价格走势。做好应急处突工作，落实生活必需品应急物资储备，完成市级1000吨冻猪肉和3500吨冬春蔬菜储备。积极做好新冠肺炎疫情防控期间、极端天气等特殊重要时期生活必需品的保供稳价工作，确保生活必需品不脱销、不断档。组织举办系列消费促进活动，开展"惠民消费季"十大主题行动、1000万电子消费券发放、"2020北山之夜"威海市夜间经济启动仪式、首届"夜游威海·畅饮精酿"德国啤酒嘉年华、"新消费·爱生活——山东消费年"韩乐坊街区现场连线活动、威高广场室外展销活动暨"出口产品进步行街"活动、"山东消费年·暖冬消费季"系列精品活动等促消费活动，提振消费市场。强化对全年节假日消费品市场的监测调度，把握节日消费特点，搞好监测分析，确保节日市场繁荣稳定。

【第十一届威海国际食品博览会暨中韩商品博览会】 7月24日—27日，第十一届威海国际食品博览会暨中韩商品博览会举办。博览会以"品质威海，品味世界"为主题，以关注和推动出口食品农产品质量安全为宗旨，以"立足威海、突出日韩、面向东北亚、辐射全世界"为目标，采用线上"云展会"模式举办。线上设威海馆、境内馆、境外馆、进口商品馆（跨境电商馆）、地方特色馆5个展区，展品范围包括海洋产品、农副产品、进口商品、休闲食品、酒水饮料、食品设备及包装等。展会期间，还举办线上采购对接会、线上直播活动、"三同"食品推介会等活动。食博会充分利用信息技术，对官网进行全新升级，将展示交易、智能配对、即时沟通、视频会议、直播营销、支付物流、多种语言检索等功能融为一体，提升展览效果，形成"一站式"全天候网上办展新模式。800余家企业、1128家专业采购商参展，上传展品1.22万件，预约采购对接视频会议1745次，广告总曝光量1871万人次，官网浏览量333万人次，平台直播观看量87.4万人次。

【经济园区】 2020年，全市各省级以上经济（技术）开发区全面推进体制机制改革创新，各项改革任务全部落实落地。威海经济技术开发区获评山东省首批先进制造业和先进服务业融合发展试点，威海南海新区蓝色创业谷获批2020年国家石油和化工中小企业公共服务示范平台。全市省级以上经济（技术）开发区使用外资7.8亿美元，比上年增长1.3%；完成货物进出口874.9亿元，增长25.1%。

对外及对中国港澳台地区贸易

【概况】 2020年，全市企业与219个国家和地区有贸易往来，完成货物进出口总额1614.6亿元，比上年增长15.1%。其中，出口额1165.8亿元，增长26.6%，进口额448.8亿元，下降7.0%。跨境电商零售进出口额34.6亿元，增长74.7%。其中，零售出口额33.9亿元，增长72.3%，零售进口额0.7亿元，增长542.3%。新兴市场开拓力度加大，对"一带一路"国家进出口总额319.8亿元，增长35.8%，占全市进出口总额的19.8%。

【外贸基本盘稳住】 完善稳外贸工作机制，成立威海市稳外贸稳外资工作专班，重点联系90家外贸基本盘企业。建立稳外贸稳外资企业服务队31支，跟踪服务260家企业。印发《"六保三促"稳外贸工作方案》《威海市促进外贸稳增长政策措施》《关于疫情防控期间支持外经贸企业外汇业务发展的指导意见》，编制《稳外贸稳外资政策汇编》，加快外贸稳增长政策落地实施。

【外贸新业态培育】 推进中国（威海）跨境电子商务综合试验区建设，结合"传统贸易＋跨境电商"模式，鼓励威海传统外贸企业通过阿里巴巴等电子商务平台开拓国际市场，全年新增入驻电子商务平台企业73家，累计入驻企业378家，拉动线下出口额约15亿元。支持威海综合保税区建设全模式跨境电子商务创新产业园，跨境电商多模式监管中心通过验收。在全省率先开通跨境电商B2B"9710"和"9810"出口模式，引导符合条件的传统企业由一般贸易向跨境电商B2B出口转移，2020年跨境电商B2B出口6.1亿元。

【国际市场多元开拓】 实施2020年国际市场开拓计划，组织参加重点境外

2020年威海市进出口综合情况表

表10　　单位：亿元

项目	进出口总额			出口额			进口额		
	金额	比上年增长(%)	比重(%)	金额	比上年增长(%)	比重(%)	金额	比上年增长(%)	比重(%)
合计	1614.57	15.1	100.0	1165.82	26.6	100.0	448.75	−7.0	100.0
按企业性质划分									
内资企业	1169.22	27.1	72.4	883.95	45.3	75.8	285.27	−8.5	63.6
其中：私营企业	995.00	34.8	61.6	738.98	51.8	63.4	256.02	1.9	57.1
外商投资企业	445.35	−7.8	27.6	281.87	−9.8	24.2	163.48	−4.3	36.4
按贸易方式划分									
一般贸易	1125.22	32.1	69.7	849.84	46.8	72.9	275.38	1.0	61.4
加工贸易	458.08	−5.8	28.4	305.68	−7.7	26.2	152.40	−1.6	34.0
其他贸易	31.28	−52.2	1.9	10.31	−2.4	0.9	20.97	−61.8	4.7
按商品构成划分									
初级产品	152.44	−14.6	9.4	114.79	−12.6	9.8	37.65	−20.2	8.4
工业品	1462.13	19.4	90.6	1051.03	33.1	90.2	411.10	−5.6	91.6
按大类商品划分									
纺织服装				293.97	24.2	25.2			
农产品				114.83	−12.5	9.8			
轮胎				72.51	2.5	6.2			
渔具				33.99	9.3	2.9			
机电产品				418.66	25.8	35.9			
高新技术产品（包含部分机电产品）				74.06	−3.2	6.4			

展会10场，参展企业41家次。受新冠肺炎疫情影响，3月起境外线下展会全面停滞，为引导企业拓市场、保订单，组织参加中国进出口商品交易会、中国华东进出口商品交易会、山东出口系列“云展会”等境内外线上展42场、参加企业374家次，以远程参展形式组织展会3场、参展企业14家次。建立贸易风险发布机制，发布风险警示113期，涵盖预警信息约640条，引导企业用好出口信用保险，规避贸易风险，有1961家企业投保，支持出口额31.4亿美元。

【防疫物资进出口扩大】 2020年，有1294家企业开展防疫物资进出口业务，进出口额78.4亿元，其中出口额74.1亿元、进口额4.3亿元。为引导企业规范防疫物资出口，积极做好医疗物资出口生产企业“白名单”（取得国外标准认证或注册的医疗物资生产企业）申报和审核工作，全市有14家企业通过“白名单”审核。

中韩自贸区建设

【概况】 2020年，积极创新对韩国合作方式，以打造对外开放新高地为目标，积极推动中韩自贸区地方经济合作示范区建设发展，中韩通道建设、地方合作、投资贸易以及人文交流等领域成果显著。

【“四港联动”建设推进】 交通运输部、海关总署等在威海市与韩国国土交通部、关税厅举行中韩陆海联运（威海—仁川）整车运输试运行筹备工作视频会谈并签署会议纪要，中韩整车运输试运行工作取得阶段性成果。加强海铁联运通道建设，威海国际物流多式联运中心加快建设，稳定开行中欧、中亚、中蒙班列，开通“银川—威海”海铁联运集装箱班列，实现“四港联动”通道西向延伸。加密威海—仁川国际货运航班，启用威海综合保税区多模式监管中心，加快海陆空立体化国际运输大通道建设步伐。口岸营商环境持续优化，口岸综合竞争力不断增强，口岸整体通关效率位居青岛关区前列。“中韩‘四港联动’海空港联动多式联运”入选国务院深化服务贸易创新发展试点最佳实践案例，在全国进行推广。

【地方经济合作深化】 参加《中韩自贸协定》第三次联委会，专题汇报威海中韩自贸区地方经济合作示范区建设情况，争取支持与指导。举办威海—仁川地方经济合作联合委员会第三次工作会议，与仁川对口单位开展对话交流，达成多项共识；参加第四届山东省—仁川友好合作联席会议，积极落实与仁川市商定事项。充分发挥威海馆、仁川馆沟通纽带作用，在威海馆举办中国驻韩国大使与韩国企业家座谈会，借助仁川馆组织仁川企业参加第十一届威海国际食品博览会暨中韩商品博览会、驻威海韩资企业知识产权专题讲座等活动。创新中韩跨境消费维权机制，组织包括仁川市在内的14个中韩重点旅游城市召开视频会议，筹备组建中韩跨境旅游重点城市消费维权协作联盟。

【对韩经贸合作推动】 举办“山东与世界500强连线”韩国专场威海分会场配套活动，浦项化学锂电池负极材料生产项目成为山东省签约项目中合同外资额最大的项目。规划并启动威海中韩自贸区地方经济合作示范区产业园，搭建对韩招商引资、经贸交流平台载体。举办第十一届威海国际食品博览会暨中韩商品博览会、釜山消费品经贸视频洽谈会、2020中韩（威海）跨境电商大会等活动，推动对韩国贸易发展。创新发展中韩跨境电子商务业务，在全省率先启动跨境电子商务B2B“9710”和“9810”业务模式，成功办理全国首票海运跨境电子商务零售出口退货业务，培育玖罗保税商品体验中心、威海综合保税区跨境商品保税购物中心，建设以“线上集成+跨境贸易+综合服务”为主要特征的跨境电子商务综合服务体验基地，对韩国跨境电商出口连续5年列全省第1位。

【对韩多领域交流】 加强与韩国驻青岛总领事馆、庆尚南道驻山东代表处等驻华机构沟通对接，进一步畅通对韩国交流渠道。加快韩国科创城建设步伐，推动智慧谷与韩国京畿大学共建中韩大学科技园、设立京畿大学海外技术转移中心，举办第三届中韩创新大赛暨第二届中韩工业设计大赛，深入推动对韩科技合作。成立人才协会对韩联络处，为中韩企业、高校和科研院所提供人才和科技资源对接服务。举办或参加第二十七届中韩书画交流展、2020海洋生态经济国际论坛、第三届“东亚丝路”帆船赛、2020棒球产业线上发展论坛、2020“冬游齐鲁·好客山东惠民季”启动仪式等精品赛事与活动，推动中韩人文交流合作持续深入发展。

服务贸易创新发展

【概况】 2020年，全市完成服务进出口总额125.5亿元，比上年下降5.7%。其中，完成服务进口额45.2亿元，下降2.5%;完成服务出口额80.3亿元,下降7.4%。

【服务贸易创新发展试点推进】 3月和7月，“中韩四港联动海空港多式联运”“打造特色服务贸易集聚区”被国务院先后列入深化服务贸易创新发展试点最佳实践案例并在全国推广。8月，威海市获批全面深化服务贸易创新发展试点，是山东省唯一连续3次入选的城市。10月，市政府印发新一轮《威海市全面深化服务贸易创新发展试点方案》和《三年行动计划》，全面推动新一轮试点工作。

【服务贸易项目引进】 利用2020年中国国际服务贸易交易会等综合型服务贸易展会平台，宣传推介威海投资环境，有针对性地组织行业重点企业参加展览展示及招商洽谈活动。邀请龙湖集团控股有限公司、北京中关村科技发展（控股）股份有限公司、中国工业设计协会等到威海市投资考察。软银全球服务外包基地、浪潮“一带一路”

国家云服务运营中心、日立解决方案（山东）研发中心、万声日韩服务外包研究院、浪潮优派产教融合双创实训基地等服务贸易项目相继落户威海。

【专业园区载体建设】 打造特色服务出口基地，逐步形成威海火炬高技术产业开发区服务外包、文登区家纺工艺、荣成石岛管理区船舶维修、荣成经济开发区房车制造、乳山经济开发区汽车零部件设计研发等省级特色服务出口基地，推动产业相互协作、协同发展。打造荣成服务外包产业园、环翠文化创意产业园、威海综合保税区跨境电商创新产业园等重点园区。至年底，威海服务贸易产业园引入200余家企业入驻运营，依托龙头企业带动，逐步形成服务外包、电子商务、信息与通信技术等产业发展生态圈。

【企业发展环境优化】 市商务局、财政局印发《威海市鼓励服务贸易创新发展扶持暂行办法》《威海市服务贸易公共服务平台认定管理办法（试行）》等，争取各级扶持资金，鼓励企业新兴服务出口、重点服务出口、开拓海外服务市场和引进大项目等。开展政策宣讲活动，鼓励企业申报技术先进型服务企业，享受所得税减免等优惠政策。

（邵丽娟）

粮食购销与加工

【概况】 威海市发展和改革委员会（简称市发改委）及所辖文登区、荣成市、乳山市发展改革局，履行管理和服务全社会粮食流通职能。市发改委内设粮食职能科室2个，辖直属事业单位2个。2020年，全市累计收购粮食10.9万吨，完成加工总量62.5万吨，实现销售收入36.95亿元。

【粮食安全保障能力提升】 全面做好疫情防控粮食保供稳价工作。新型冠状病毒肺炎疫情发生后，及时启动粮油市场监测日报制度，组织开展粮食库存检查，督导粮油应急加工企业加快复工复产，审核上报疫情防控重点粮食保障企业，争取贷款支持，协调中储粮驻威海企业等加大轮换力度，累计投放地方储备和中央储备小麦、国家临时储备玉米、托市小麦等政策性粮食，助力企业解决用粮、资金难题，确保全市粮油市场供应充足、价格平稳、流通有序。家家悦集团股份有限公司获评全国粮食和物资储备系统抗击新冠肺炎疫情先进集体。建立健全粮食安全保障机制，制定《保粮食能源安全工作方案》，组建粮食市场监测预警信息员队伍和会商专家库，建立完善粮食市场监测预警工作机制；整理制作《威海市突发粮食事件应急预案》应急处置“明白纸”，开展应急演练，进一步优化粮食应急供应网络，实现对全市71个镇（街道）全覆盖。组织抓好粮食收购。克服夏粮减产、农民惜售等困难，统筹组织做好市内收购和市外采购，最大限度掌握粮源，杜绝农民卖粮难问题发生。

【储备粮规范化管理】 完善储备管理体制机制，贯彻《中共山东省委办公厅山东省人民政府办公厅贯彻落实〈关于改革完善体制机制加强粮食储备安全管理的若干意见〉的实施意见》，组建威海粮油发展有限公司，整合粮食资源，完善地方储备管理体制机制，提高储备管理效能。全面落实省核定下达的地方储备粮油计划，建立应急成品粮储备，开展省级储备粮布局威海可行性调研，组织完成地方储备轮换计划和国家进口周转储备大豆出入库任务。深入开展储备粮精细化、科学化、智能化建设。不定期组织开展库存检查，推广应用机械通风、环流熏蒸、计算机粮情检测及空调控温储粮技术，启动政府储备动态监管体系建设，确保各类储备粮油数量准确、质量良好、储粮安全。

【粮食产业发展】 深入推进优质粮食工程项目建设，统筹推进“中国好粮油”示范企业项目建设，山东荣光实业有限公司“中国好粮油”示范项目通过省粮食和物资储备局验收，威海威高食品有限公司总投资1867万元的主食产业园技术更新和升级项目全面完成；认真开展粮食质检机构能力提升行动建设项目，投资500万元购置套检验仪器设备23台。着力打造威海“胶东花饽饽”区域粮油公共品牌。按照省“齐鲁粮油”公共品牌战略规划，坚持高标准定位，深入威海威高食品有限公司、家家悦集团股份有限公司、威海大地食品有限公司等“花饽饽”生产企业实地调研8次，加强与各层级媒体合作，首期投资2000万元的花饽饽文创产业基地落户文登区；坚持以市场为导向，多次组团参加各类推介会、博览会，辖区“花饽饽”生产企业年产值近2亿元。加快推进军粮供应工程项目建设，组织市区和荣成市2个成品粮油配送中心工程项目开工建设，至年底，项目主体工程竣工。

【依法管粮水平提高】 严守安全底线，严格执行“一规定两守则”（《粮油储存安全责任暂行规定》《粮油安全储存守则》《粮库安全生产守则》），签订2020年度安全生产责任书，压实部门监管责任和企业主体责任，研究编制《2020年度粮食领域风险隐患排查风险点和防范处置措施》，制定印发粮食流通企业《安全生产三年整治行动方案》《企业复工复产安全生产检查专项行动实施方案》《安全生产百日攻坚行动方案》，组织开展春季、秋季粮油安全检查、安全生产集中整治行动等，确保各类粮食储存安全；深入开展粮食质量安全提升行动，落实粮食质量安全属地管理责任，结合2019年全国粮食库存数量和质量大清查结果和2020年政策性粮食出库质量监管，组织开展库存粮食质量发现问题整改和安全监测，严守质量安全底线，确保全市库存粮食质量可靠。强化粮食流通监督检查。启用粮食行业“双随机”抽查应用平台，完善企业名录库和执法人员名录库，基本实现“双随机、一公开”监管全覆盖、常态化；结合2019年全国粮食大清查发现的问题，指导和督促全市粮食承储企业坚持问题导向和结果导向，扎实开展问题整改“回头看”，建立健全风险隐患台账，强化政策性粮食库存监管；组织开展粮食收购和政策性粮食出库监督检查，累计开展各类检查30次，出动执法人员74人次，检查各类经营主体36家次，检查各类事权粮食26万吨，维护粮食市场正常秩序。扎实做好粮食安全责任制考核工作。不断健全和完善联络沟通、工作留痕和进度报送“三个机制”，切实发挥粮食安全考核“指挥棒”作用；坚持年度考核与日常指导监督相结合，强化上年度存在问题整改和结果运用，查缺补漏，推进粮食安全各项任务指标全面落实。

（威　伟）

供销合作

【概况】 2020年，威海市供销合作社统筹推进供销综合改革，着力构建为农服务体系、发展农产品流通、壮大社有企业、夯实基层基础，实现高质量发展。

【农业社会化服务完善】 争取文登区政府将2096万元财政专项扶贫资金、2500万元扶持集体经济资金、2550万元后进薄弱村资金交由威海市丰登农业发展有限公司代管，开创国企引领、民企参与的农业投资新机制。采取“基金＋园区＋产业”的模式，打造200公顷冰薯、300公顷小麦、333.33公顷苹果、333.33公顷高油酸花生、666.67公顷玉米5个“订单”农业种植区。与威海市新农创丰登农业发展有限公司合作，推进文登区高村镇莲花城田园综合体和界石镇春分小镇项目建设。完成秸秆还田面积5666.67公顷、应用腐熟剂堆沤秸秆有机肥2万立方米。与山东大学共建新型智慧农业数据平台，对土地实行“身份证”管理，确保未来土地供需的精准匹配。采取土地托管、承接政府购买服务等方式为农民提供服务，年内，供销系统新增土地托管面积1466.67公顷，总数达4666.67公顷，承接政府购买服务项目面积1.75万公顷，为全市1600公顷小麦和玉米办理农业特色收入保险、农业补充商业保险。新组建农业服务公司4个，发展农机服务队23支，吸纳农机手276人，配置大型农机设备430台套，举办科技培训班500余场次，发放明白纸6万余份，培训农民6万人次。支持荣成市惠丰供销合作有限公司购置35吨低温循环式粮食烘干机及配套设备2台，日烘干粮食150吨。

【流通经营网络拓宽】 大力推广农产品直供直销模式，加强与抖音、快手、京东、魔筷等电商平台合作，通过网上农产品直销、时令农产品预订等方式，拓展产销对接渠道。组织参加首届胶东经济圈优质农产品推介会、山东文登樱桃节直播电商创业大赛、“乡村振兴看威海”系列活动之“鲜活海鲜、京东鲜到”嗨吃狂欢节、2020年晋陕豫黄河金三角（曲沃）国际果蔬博览会暨智慧果蔬创新发展大会、第十八届中国国际农产品交易会等系列活动，提升威海农产品品牌和知名度。推动威海市鲁源再生资源有限公司、乳山市供销经贸公司等企业发展再生资源回收利用总部经济，积极参与做好作物秸秆等农业再生资源的回收利用。依托10处农资经营服务企业，落实联采直供、减量化施肥用药等质量安全保障措施。全系统累计供应农资4.7万吨，推广0.01毫米以上标准加厚地膜333.33公顷、生物可降解地膜96公顷；实现电子商务销售额1.3亿元。

【基层组织体系建设】 市供销合作社印发《威海市供销社基层组织培育壮大实施意见》，指导各区（市）供销社做好为农服务中心规范、薄弱基层社改造、土地股份合作社推进等重点工作。加快乳山市大孤山、午极、诸往等基层供销社改造，使其具备农业社会化服务、电子商务、农民培训等多种功能。

【行业扶贫】 认真落实《威海市供销社关于打赢脱贫攻坚战三年行动工作方案》，采取安排贫困户就业、协调富民生产贷办理、为农服务等帮扶措施，帮扶款物计230余万元。采取线上依托扶贫832销售平台等各类电商平台、线下组织各类流通企业密切对接的方式，与重庆市云阳县和山东省枣庄市建立长期稳定的消费扶贫协作关系，设立消费扶贫专柜3个，举办产销对接活动2次，采购、销售扶贫地区农产品95.1万元，签订合约4份，采购意向金额190万元。

（梁志鹏）

烟草专卖

【概况】 2020年，威海市烟草专卖局（公司）坚持稳中求进工作总基调，发扬“一切在于干”的作风，统筹抓好新冠肺炎疫情防控和高质量发展，完成目标任务。全年实现税利7.3亿元、税金5.5亿元，比上年分别增长4.8%、3.3%。

【卷烟市场转型升级】 积极应对新冠肺炎疫情冲击，落实“总量控制、稍紧平衡、增速合理、贵在持续”方针，引导零售户复工复市、诚信经营。持续优化品类布局，一类卷烟增长7.7%，一类细支烟增长25%，鲁产卷烟增长2.2%；全年实现单箱销售额2.97万元，增长2.4%。持续加强营销网络建设，推动终端建设分批达标、持续巩固、有序提升，年内，城镇、农村客户终端提升面分别为87.7%、70.8%，其中现代卷烟零售终端占比达23.6%。持续巩固卷烟零售户诚信互助小组“自运行”长效机制，小组“自运行”占比达41%，零售户卷烟零售毛利率达13%以上。持续扩大云POS系统应用开通使用规模，全市云POS开通用户占比达41%。启动“我与客户共成长”主题活动，评聘零售户培训师16名，以点带面推动零售户队伍经营素质提升。推行“T＋1”配送新模式，全市网上订货率为100%、网上结算率达95%以上。开展卷烟零售户信用体系建设，构建守信联合激励、失信联合惩戒社会管理格局，公司获评零售客户信用体系建设试点单位。

【专卖管理强化】 坚持以“维护国家利益，维护消费者利益”为使命，完善“党委政府领导、部门联合、多方参与”的执法协作机制，保持市场监管高压态势。开展“齐鲁利剑”（2020）专项行动和全市烟草市场整治“使命（2020）——净网溯源”专项行动，全年查处各类涉烟违法案件763起，查获各类非法卷烟1673.03万支，增长59.39%；涉案案值1296.71万元，增长57.91%；查获5万元以上的大要案47起，破获符合公安部、国家烟草专卖局标准的网络案件4起；涉案人员刑事拘留7人，逮捕2人，判刑31人；专卖人员人均、社会人口每万人、卷烟销量每万箱平均查获假烟走私烟数量3项指标均居全省前列。开展真烟异常流动综合治理，强化内管闭环监管和“灰名单”管理，真烟外流总量、外流占销量比重均为全省最低。深入推进专卖信息化和行政许可审批规范化建设，推进“双随机、一公开”监管，公司获评全省专卖许可标准化建设试点单位。统一制定实施全市零售点布局管理规定，做好法制教育、执法监督、法律服务保障等工作，全年开展普法宣传活动20余场次，参与人数1200余人次。

【企业管理规范】 把规范要求落实到企业运行全过程、全方位，以规范管理赋能企业发展。开展“制度优化年”活动，深化制度体系建设，新建制度27项、修订21项、废止39项。开展流程建设“回头看”活动，坚持全面性、规范性、实用性相统一的原则，建立流程586项、新增流程123项，流程建设工作通过省烟草专卖局（公司）验收。以全省智慧物流体系建设试点为指引，持续推动物流环节降本增效，人均配送效率为1233箱／人，单箱物流费用下降6.1%。扎实推进全员、全过程、全方位精益管理，推进精益与业务深度融合，企业16项对标指标提升率为89%。建成创新工作室3个，搭建管理创新工作新平台，科技项目、精益课题、QC课题等9项创新成果获得省烟草专卖局（公司）表彰，21篇论文在国家烟草专卖局、省烟草专卖局（公司）评选中获奖，公司获授权实用新型专利1项、计算机软件著作权2项。

【企业形象巩固】 助力新冠肺炎疫情防控，干部职工捐款7.22万元。开展精准扶贫工作，协调帮扶资金45万元，推进扶贫项目建设。开展“社会妈妈”爱心帮扶活动，女职工筹集善款1.25万元。走访慰问困难零售户、困难职工，送去慰问物资8.2万元。开展机关信用建设，公司被市委确定为“信用进机关”重点推进单位，相关经验在学习强国学习平台、大众网、“信用中国”网站上推广。深入开展安全隐患排查治理，全年实现安全稳定无事故。不断加强企业软实力建设，市烟草专卖局（公司）连续14年保持省级文明单位称号。

（纪　靖）

石油供应

【概况】 2020年年底，全市有在营成品油仓储企业1家（威海威洋石油有限公司）、在营批发企业7家、在营加油站377座（含高速加油站，其中中国石化销售有限公司山东威海石油分公司107座、中国石油天然气股份有限公司山东威海销售分公司41座、威海市大威石油有限公司11座、其他社会加油站218座）。全市成品油日供应量约1267.7吨，其中汽油900.5吨、柴油367.2吨。中国石化销售有限公司山东威海石油分公司和中国石油天然气股份有限公司山东威海销售分公司日均供应成品油约871.2吨。年内，全市成品油（车用汽油、柴油）机出量（加油机销售量）约46.27万吨，其中中国石化销售有限公司山东威海石油分公司约25.38万吨，中国石油天然气股份有限公司山东威海销售分公司约6.42万吨，其他公司14.47万吨。

（邵丽娟）

【中国石化销售有限公司山东威海石油分公司】 作为威海市成品油经营主渠道，担负着全市工、农、渔业生产，交通运输及人民日常生活用油的主要供应任务。2020年，公司实现销售收入21亿元，销售成品油33.66万吨，实现非油品营业额1.17亿元。

安全环保　公司将安全生产主体责任分解落实到每个业务主管部门和各基层单位，完善责任、能力、预防、应急体系建设，坚持做好疫情防控常态化工作，全面提升本质安全水平。坚持开展“四不两直”检查，加强现场安全监管，组织开展季度、专项、换季等安全检查11次，查出问题973项，整改率100%。强化员工安全教育培训，定期开展相关制度及法律法规专题教育培训和各类逃生应急预案演练，切实提升广大职工的安全意识和自救能力。扎实推进安全生产分级管控隐患排查治理双体系建设，以“识别大风险、消除大隐患、杜绝大事故”为主线，全面识别风险。依法依规做好企业环保工作，委托专业机构对相关加油站开展水、土壤检测，完成所有在营加油站的环境影响评价手续。

数质量管理　公司按照“以最严格的管理、最严格的执行、最严格的追责来强化数质量管理”的要求，逐级落实数质量责任，加强油气、非油商品质量管理，形成全员、全天候、全方位抓数质量安全的局面。按照“突击性、针对性、高覆盖性”原则，加大油品质量抽检力度，确保抽检100%合格。开展质量检测、宣传等系列活动，获得群众好评。

（侯名杰）

【中国石油天然气股份有限公司山东威海销售分公司】 是中国石油天然气股份有限公司山东销售公司的全资分公司，主要从事成品油零售和便利店业务。2020年，从保障资源供应、平稳油品价格、维护社会稳定的角度，着力于销售网络的开发建设，致力“创造能源与环境的和谐”。在内部管理方面，坚持以人为本，着力于员工整体素质提升及困难帮扶，内控精细度持续升级。在安全管理方面，深入开展安全培训、QHSE体系检查，严把计质量管理，不断强化全员安全兜底意识。全年成品油销量达6.9万吨。

（邵丽娟）

投资促进与经济技术合作

【概况】 2020年，全市重点在建内资项目223个，总投资1929.1亿元。其中，总投资10亿元以上项目37个，占总数的16.6%；实物工作量3000万元以上项目74个，占总数的33.2%。属于七大千亿级产业集群项目199个，占总数的89.2%。全市新设立外资项目329个，比上年增长20.5%。实际使用外资13.6亿美元，增长11.1%。全市新核准设立境外企业（机构）21家，中方协议投资额53.0亿元，中方实际投资额33.6亿元，增长60.3%。新签对外及对中国港澳台地区承包工程合同额56.0亿元，完成营业额40.4亿元。派出各类劳务人员3381人。

2020年威海市对外及对中国港澳台地区投资情况表

表11

投资国家（地区）	境内企业(家)	设立企业(家)	设立机构(个)	项目总数(个)	中方协议投资额(万美元)
美国	22	23		23	168057.70
中国香港	46	50		50	100392.74
乌拉圭	7	7		7	28035.20
泰国	2	2		2	23742.00
马来西亚	1	1		1	22000.00
韩国	49	38	14	52	14746.16
新西兰	2	3		3	13722.11
科特迪瓦	3	3	1	4	13630.00
斐济	4	4		4	13192.50
阿拉伯联合酋长国	3	2	1	3	11000.00
毛里塔尼亚	3	4		4	8700.00
印度尼西亚	7	6	1	7	7914.61
阿根廷	2	2		2	7868.75
加纳	2	3		3	7650.00
缅甸	5	7	1	8	7642.00
赞比亚	1	1		1	7150.00
巴拿马	2	1	1	2	7000.00
新加坡	9	8	2	10	6885.14
柬埔寨	5	8		8	6360.00
刚果（金）	1	2	1	3	5481.06
英属维尔京群岛	3	3		3	4255.00
伊朗	1	1		1	3000.00
越南	5	6		6	2830.80
莫桑比克	3	6	1	7	2479.48
苏丹	3	5		5	2308.40
毛里求斯	2	2		2	2230.80
斯里兰卡	1	1		1	2200.00
坦桑尼亚	2	3		3	2124.00
墨西哥	1	1		1	1708.00
塞内加尔	2	3	1	4	1572.00
德国	5	4	1	5	1474.48
日本	31	19	17	36	1438.03
刚果（布）	1	2		2	1001.00
埃塞俄比亚	1	1		1	1000.00

续表 11

投资国家（地区）	境内企业(家)	设立企业(家)	设立机构(个)	项目总数(个)	中方协议投资额(万美元)
肯尼亚	3	3	2	5	1000.00
加拿大	2	2		2	831.76
西班牙	2	2		2	831.35
博茨瓦纳	1	1		1	800.00
赤道几内亚	2	2		2	740.00
澳大利亚	3	2	1	3	648.00
马达加斯加	2	2		2	505.00
尼泊尔	1	1		1	500.00
印度	1	1	0	1	500.00
几内亚	2	2	1	3	444.00
吉尔吉斯斯坦	1	1		1	400.00
孟加拉国	3	3		3	385.30
喀麦隆	1	2	1	3	350.00
阿曼	1	1		1	306.00
英国	6	6		6	239.14
荷兰	1	2		2	181.20
尼日利亚	2	2		2	147.50
哥伦比亚	1	1		1	120.00
比利时	1	1		1	100.00
哈萨克斯坦	1	1		1	100.00
纳米比亚	1	1		1	100.00
菲律宾	1	1		1	80.00
乌克兰	1	1		1	49.00
马里	1	1		1	34.00
乌干达	1	1	1	2	29.00
布基纳法索	1	1		1	20.70
多哥	1	1		1	10.00
厄瓜多尔	1	1		1	2.50
俄罗斯	1		1	1	
沙特阿拉伯	1		1	1	
乌兹别克斯坦	1		1	1	
以色列	1		1	1	
意大利	1		1	1	

【招商引资攻坚突破】 实施拓链强链招商、500强精准招商、重点区域活动招商、闲置资源盘活招商、专业队伍招商、市直部门招商、项目推进落实七大攻势行动。

拓链强链招商行动 通过走访调研全市60家骨干企业，摸排拓展外部关联目标企业和平台294家，构建骨干企业拓链招商热力图，引导全市围绕优势产业开展产业链、供应链精准招商。依托惠普打印机（山东）有限公司、美国捷普公司等龙头企业，引进和达成韩国奎科半导体激光器、中国台湾盈太打印机模组等激光打印机配套项目；依托威海威高国际医疗投资控股有限公司，引进天津阳权医用树脂、上海天龙生物亚麻酸制剂等医疗产业配套项目；依托威海拓展纤维有限公司，达

成沥青基碳纤维生产等碳纤维产业项目。引进歌尔集团有限公司总投资40亿元的新型消费电子产品智能化生产项目，达成山东重工集团战略重组威海黑豹汽车等在谈项目。2020年，全市达成产业链合作项目120余个。

500强精准招商行动 对中央企业及各类中国500强企业开展分析研究，遴选出重点对接的目标企业782家，逐个企业分析合作领域和对接点；委托第三方咨询公司分析研究世界500强及行业领军企业，遴选出100家目标企业，提供在华发展动态、合作方向及联络渠道等信息，供各区（市）和相关部门联系对接。2020年，全市引进和达成各类500强投资的在谈项目24个、在建项目17个，促进中粮集团有限公司、歌尔集团有限公司、雅居乐集团等投资的项目扩大投资，与韩国SK集团、中国航空工业集团有限公司、中国医药集团有限公司等500强企业达成多项合作。

重点区域活动招商行动 2020年，全市各级开展小分队外出招商活动计600余批次。市委、市政府领导带队赴珠江三角洲地区、长江三角洲地区、东北地区、北京市、重庆市等地开展经贸促进活动9次，拜访重点企业和高校院所60余家，洽谈推进中国科学院苏州生物医学工程技术研究、北京大学威海海洋研究院、臻迪集团无人机等项目40余个。组织策划全市招商引资视频签约活动，“选择山东”云平台威海专场线上招商会，第二届儒商大会暨青年企业家创新发展国际峰会威海专场活动，第三届威海市市长国际经济咨询委员会年会，“山东与世界500强连线”欧洲、东盟、美国、日本、韩国专场威海分会场活动，2020威海市产业推介会等招商专题活动，宣传推介威海七大产业集群、特色产业园区以及先行先试政策优势。

闲置资源盘活招商行动 整合闲置厂房、生态景观以及半拉子工程、低效用地等资源，结合全市在区位条件、自然环境、产业结构、模式创新等方面的优势，策划包装项目承接载体46个。利用厦门国际投资贸易洽谈会、山东省“选择山东”云平台等，广泛推介发布，多头对接洽谈，引进荣成市即食海苔、威海临港经济技术开发区韩进果蔬等闲置盘活项目13个，通过代建厂房、筑巢引凤方式，引进荣成市芯长征电子模块、威海临港经济技术开发区中电友普光模块、威海南海新区共享充电宝等轻资产项目13个。

项目推进落地行动 实施挂图作战，用好招商引资冲击新目标电子管理系统，加强项目日常跟踪督导。实施领导分包，遴选39个重点项目，由市领导分包推进。实施集中签约，先后举办项目视频签约活动3次，推进签约外资项目28个、内资项目25个。全年全市内外资项目落地率均达40%以上。

专业队伍建设和市直部门招商行动 市投资促进中心完成首轮公开招聘工作，优选出人才10名，建立市场化的绩效考核指标体系和薪酬激励机制，打造一支“懂专业、精技术、强策划、善谈判”的专业招商队伍。威海火炬高技术产业开发区成立招商处7个，威海南海新区成立专业招商局8个，进一步优化和充实招商力量。25个精准招商部门全年推进合作项目100余个。

6月30日，第二届儒商大会暨青年企业家创新发展国际峰会威海专场活动举办 （威海市商务局 提供）

【外商投资管理服务水平提升】 加强《中华人民共和国外商投资法》宣讲，落实外资准入前国民待遇加负面清单管理制度，积极推动落实外商投资信息报告制度，夯实外商投资信息报告数据质量；理顺外商投诉机制，发布《外商投资企业投诉指引》，公布市、县两级外商投诉受理机构名单，保障外商及外资企业合法权益。发挥招商“服务大使”作用，举办线上线下送政策活动，听取外商意见建议，及时解决困难和问题，加强对外开放营商环境建设；组织外商投资企业开展年度投资经营信息联合报告，会同市场监督等部门开展外商投资初始报告、变更报告和年度报告的“双随机、一公开”监督检查，做好服务和监督两条腿走路，2020年，有1673家存量外资企业参加年报申报。

【企业“走出去”发展推动】 制定对外经济合作外派人员应对疫情的措施，指导企业建立完善防控措施和应急预案，联合专家赴企业通过视频对在刚果（金）、肯尼亚等国家的在外务工人员进行疫情防控指导；定期发布世界各国贸易和人员限制措施，及时向企业发布驻美国、澳大利亚、日本等国家使领馆最新领事保护提醒信息，建立在外务工人员信息约2万条。通过开展调查问卷、走访调研等方式，加强与企业的沟通联系，了解企业“走出去”意向，举办威海市“走出去”企业海外战疫经验交流会暨“出入相友·守望相助”爱心捐赠仪式、海外投资保险分享会、新冠肺炎疫情下的国际工程项目不可抗力及其索赔专题会、部分国家专场海外重点市场推介会等活动17次。全年对外实际对外投资额突破30亿元，比上年增长60.3%。

【威海国际物流多式联运中心建设】 引导威海国际物流多式联运中心与威

海国际物流园股份有限公司、威海德宇冷链运输有限公司等在境外设立省级海外仓的企业对接，推动日韩国际海铁联运高速物流大通道业务发展，全年日本、韩国过境运量6341标准箱，占总运量的75%。落实土地使用调整方案，完成土地转让、租赁手续，投入使用中心办公楼，开工建设配套设施。加大宣传力度，制作汉语、日语、韩语等多语种文字宣传材料进行宣传推广。中亚、中欧、中蒙3条国际班列稳定开行，新增威海美海工艺技术有限公司出口日本的海运、天津—烟台内贸船陆海联运、威海市联桥国际合作集团有限公司的空运、浙江万丰奥威汽轮股份有限公司的汽运等业务，全年累计发运集装箱8454标准箱，比上年增长17.8%。其中，中欧班列5708标准箱、中亚班列2198标准箱、中蒙班列548标准箱。

（邵丽娟）

会　展

【概况】 受新冠肺炎疫情影响，2020年上半年威海市会展市场处于停摆状态。下半年，为推进会展业复市，中国国际贸易促进委员会威海市委员会、市公安局和市卫生健康委员会联合发布《关于转发〈商务部 公安部 卫生健康委关于展览活动新冠肺炎疫情常态化防控工作的指导意见〉的通知》《关于加强展会安全管理工作的通知》等，为全市各类会展活动安全有序举办提供制度保障。至年底，全市举办海洋生态经济国际论坛、中国·山东核能（装备）产业发展推介会、第十七届中欧膜产业技术创新合作大会、第二十二届中国科协年会海洋智能装备及智慧海洋论坛（威海）、中国威海国际休闲产业博览会、第十一届威海国际食品博览会暨中韩商品博览会、第十三届中国威海国际渔具博览会等各类会展活动43项，其中展览会14项、专业会议25项、节庆赛事类活动4项。对第十届中国威海国际建筑设计大奖赛暨人居节、山东省第十二次医学工程学术会议暨首届东业医学工程高峰论坛、第二届威海国际花艺文化节、2019威海桨板邀请赛及沙滩铁人三项赛等6项活动给予奖励，有效发挥会展奖励资金引导作用。5月，威海城市品牌运营有限公司入选商务部第二批展览业重点联系企业。

【"会议大使"制度建立】 到有关高校、企业等走访调研，并赴上海、杭州、成都等地考察学习先进经验做法，积极谋划"会议大使"制度的基本思路和对策建议，起草《关于建立"会议大使"制度加快推进城市国际化有关情况的报告》，印发《关于建立"会议大使"制度的实施方案》《威海市"会议大使"选聘工作实施办法》等文件，设立竞会支持、"一事一议"奖励等政策。通过组织相关部门推荐、个人自荐和邀请聘任相结合的方式，征集国内外有关领域专家学者、领军人物、企业高管等候选人26名，并从中遴选出9名聘任为首批威海"会议大使"，聘期五年。积极盘点威海市的优势要素资源，加强与"会议大使"的常态化联络，充分发挥"会议大使"所在领域和行业的资源优势，积极宣传推介威海城市品牌，在推动信息与产业深度融合上用功发力，引进专业性强、层次高的会议落户威海。11月4日，在上海市举办的2020威海市产业推介会上，威海"会议大使"聘任仪式举行，市委书记张海波为获聘的首批威海"会议大使"代表颁发聘书。

【会展业协会成立】 11月30日，威海市会展业协会成立大会举行。大会审议并表决通过威海市会展业协会章程、管理办法、财务管理制度、成立大会选举办法等相关议案，选举产生首届理事会和领导机构。威海市会展业协会是从事会议、展览及相关业务的企事业单位自愿组成的跨部门、跨所有制、非营利性的行业性社会团体，是具有广泛代表性的行业协会，首批会员单位有34家。

【城市会展联盟年会参加】 12月10日，威海市会展主管部门和会展协会代表参加在青岛市举办的胶东经济圈"5+1"城市会展联盟2020工作年会。年会通过《胶东经济圈"5+1"城市会展联盟章程》，明确联盟的宗旨、工作重点和组织架构及运作方式。会议决定建立联盟沟通联系机制、相互协作机制和集体宣传推广机制，实现青岛、烟台、威海、潍坊、日照、临沂6市资源共享，共同打造"经济圈会展"品牌，为胶东经济圈一体化发展贡献力量。

【品牌展会】 2020中国威海国际户外休闲产业博览会　于9月12日—14日在威海国际展览中心举办。博览会是新冠肺炎疫情发生后全市举办的首场全国性专业展会，旨在以展会为平台，将户外产品与时尚休闲生活方式相结合，促进全市时尚与休闲运动产品产业以及康养旅游产业深度融合发展，助推威海市打造国际休闲运动之都。展出总面积2.6万平方米，设国际标准展位600个，全国14个省（直辖市）的377家企业和410家注册采购商参展参会，观展人数超过2万人次。

第十三届中国威海国际渔具博览会　于11月21日—23日在威海国际展览中心举办。展出面积2.5万平方米，设国际标准展位510个，全国15个省（直辖市）的241家企业和356家企业注册采购商参展参会，观展人数达1.5万余人次。

（邹清晓）

编辑　于鹏飞

口　　岸

综　　述

【概况】　2020年，全市口岸完成货物吞吐量3026.53万吨，比上年下降8.9%。其中，外贸货运量1240.31万吨，下降14%；完成集装箱122.33万标准箱，增长19%。威海国际机场运送出入境旅客8.50万人次，下降87.3%。

【口岸开放】　2020年，威海港口岸乳山口港区正式对外启用，完成查验配套设施、办公、生活及专业技术用房建设。12月22日，经海关总署批准，威海港口岸扩大开放至乳山口港区通过国家验收，2个2万吨级泊位正式对外启用。龙眼港口岸东港区舾装码头1号泊位，友联修船（山东）有限公司5号舾装码头1号、2号泊位，黄海造船有限公司码头2号、3号泊位，荣成造船工业有限公司码头1号泊位先后获批临时对外启用。威海港口岸开放水域内8个码头泊位被列入2021年全省海港口岸对外启用计划。

【航线开辟】　9月22日，威海空港口岸首次开通威海至日本大阪货运航线，填补威海至日本空运航线空白。加密威海至韩国首尔货运包机航班，国际货运航班增至每周22班，国际货邮量比上年增长32%。

【区域口岸合作】　8月11日，威海市政府与宁夏回族自治区银川市政府签订口岸合作协议，建立口岸通关协作机制，推动港口物流企业开展对口合作，发展内陆无水港。10月19日，银川至威海铁路货运班列开通。中欧、中蒙、中亚班列实现常态化运行，跨区域口岸合作取得进展，东西互济、海陆联动物流通道进一步拓宽。深化对韩国口岸合作，推进威海与韩国仁川“四港联动”物流一体化工作，中韩“四港联动”海空港联动多式联运获评全国服务贸易创新发展试点最佳实践案例。

12月15日，威海港口岸扩大开放验收会议签字仪式举行

（威海市口岸事务中心　提供）

【口岸营商环境优化】　围绕打造“效率最高、服务最优、收费最低”目标，全面落实口岸“放管服”改革系列措施，深入开展跨境贸易便利化大提升专项行动，形成口岸营商环境新优势。深化国际贸易“单一窗口”推广，出口信用保险、跨境结算、融资信贷等业务得到广泛应用，货物申报、运输工具、舱单等主要业务使用率保持100%。推行“两步申报”“提前申报”“两段准入”等通关模式，深化税收征管改革，探索实施以信用为导向的海事政务服务机制，集装箱港口作业常态化“抵港直装”“船边直提”。严格执行口岸收费公示制度，推动口岸企业在全省口岸收费公示系统公开收费目录清单，实现收费主体和收费项目全覆盖。严格落实国家减税降费政策，继续实施免除吊装移位仓储费用改革，全年为企业减免费用4500余万元。

【口岸综合治理】　优化口岸工作机制，建立口岸工作联席会议制度，形成协作有力、配合顺畅的口岸工作局面。加强口岸现场工作管理，坚持一线工作法，主动深入基层解决口岸领域堵点难点问题，提高外贸企业获得感和满意度。提高口岸管理信息化、智能化水平，威海海关实施“静默监管”模式，开发应用区块链国际寄递业务平台，对企业进行无干扰智慧化高效监管。出入境边防检查部门推广边检行政许可网上窗口，登轮证、挂靠证等行政许可证件实现全程在线办理。威海海事局通过“单一窗口”一站式办理国际航行船舶进出境手续，充分应用科技手段，营造“有求必应、无事不扰”的良好营商环境。筑牢口岸安全联合防控防线，加强口岸公共卫生核心能力建设，强化进出口货物安全准入监管，严格开展卫生检疫和动植物疫病疫情检查，认真执行船舶巡查监护和安全风险评估制度，落实落细国际船舶海上安全管控措施，严厉打击走私、偷登、偷渡行为。

（张朝明）

海　关

·威海海关·

【概况】　2020年，中华人民共和国威海海关监管进出口货运量459万吨，比上年增加10%；监管进出口总值1303.7亿元，下降0.5%；审核报关单47.1万份，下降3.1%；征收税款21.9亿元，下降19.9%；备案加工贸易合同3505份，下降11%；合同备案金额322亿元，增长1.8%；监管进出境船舶1463艘次，下降5.8%；监管飞机1331架次，下降70.6%；监管进出境旅客9.2万人次，下降90.4%；验放进出境快件352.9万件，下降15%；检验检疫货物4.25万批次，货值166.2亿元；健康检查5645人次；办理产地证10万份，增长15.9%；签证金额27.4亿美元，增长15.7%。

【海关监管】　查获进口固体废物4批次、退运18.7吨，立案侦办走私象牙制品案件2起，查发邮寄进境红珊瑚制品、二类管制精神药品“蓝精灵”等情事。

【检验检疫】　严防埃博拉、中东呼吸综合征、拉沙热等传染病传入，截获源自非洲猪瘟疫区的猪肉制品550千克，首次查获禁止入境乳制品，检出不合格危险化学品情事25起，查处危化品伪瞒报情事6起，查发进出口防疫物资申报不实、检验不合格等情事74起。对18项风险开展联研联防联控，查获单货不符情事380起。空港旅检现场连续7个月无“水客”情事。打击走私高压态势持续巩固，立案侦办走私犯罪案件21起，立案办理行政违法案件264起。

【口岸营商环境优化】　全力促进外贸稳增长，制定并落实应对新型冠状病毒肺炎疫情稳外贸措施17项。中韩原产地证书签发数量居山东省首位。推进关税保证保险办理，担保税款突破1亿元。监管跨境电子商务货值32.5亿元、快件297.4万件、邮件61.7万件。向地方报送专报30余篇次，获得中共威海市委、市政府主要领导批示25次。全市全年进出口总值1614.6亿元，比上年增长15.1%。促进对外开放水平提升，加快推动威海—仁川“四港联动”实质性运作，牵头制定《青岛海关中韩陆海联运整车运输业务试运行监管方案》。服务“一带一路”倡议，监管中欧班列货物7470标准箱，货值3.4亿美元。促进威海综合保税区高质量发展，增值税一般纳税人、委托加工、保税维修等政策落地见效。乳山口港通过国家开放验收。优化营商环境，持续压缩通关时间，进、出口整体通关时间分别为18.8小时和1.4小时，在青岛关区主要口岸排名第2位。支持重点企业申请AEO高级认证，全年增加3家，总数35家，居青岛关区第2位。

【监管改革试点】　推行两步申报、两段准入等通关模式，开展企业集团加工贸易监管改革试点、企业ERP系统联网上线。对船舶制造行业量身打造“静默监管”模式，为试点企业减免保证金7900余万元。开展稽查、保税等部门联合作业，提高效率。在进口B类快件领域试点应用区块链技术，上链数据36.7万条，实现全链条监管。打造内部核批法治示范点，建立健全执法领域清单管理体系。

【海关科研攻关】　提高网络安全防护水平，开展业务数据安全专项行动，规范科技设备管理。持续提升科研技术能力，科研项目立项2项，上报税政调研课题39项。其中，对药用硼硅玻璃管的税则调整建议被采纳，企业年节约成本近400万元。对辖区27家企业开展技术性贸易措施调查，威海海关报送的《对哈萨克斯坦技贸措施的评议意见》被哈萨克斯坦共和国采纳。增强实验室软硬件实力，技术中心通过实验室CNAS和CMA双项复评审，新增检测项目800余项，扩大威海市唯一的毒理学检测官方实验室优势，检测能力增长1倍。威海国际旅行卫生保健中心（威海海关口岸门诊部）获批山东省首批新型冠状病毒核酸检测机构资质。

（张乃琦）

7月，威海海关关员在进境快件中查获含有咖啡因的减肥药品

（威海海关　提供）

·荣成海关·

【概况】　2020年，中华人民共和国荣成海关监管进出口货物208.4万吨、价值516.5亿元，监管进出口集装箱

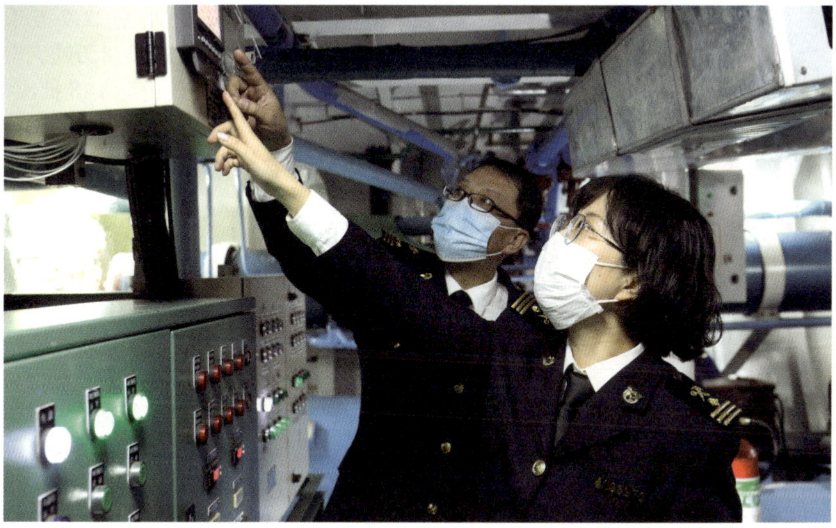

5 月 21 日，荣成海关关员对远洋金枪鱼钓船进行合规性评估

（荣成海关　提供）

16.9 万标准箱，审核报关单量 17.2 万份，监管进出境（港）船舶 3468 艘次，监管进出境人员 11.3 万人次，截获检疫性有害生物 5 批 5 种次、一般性疫情 6 批 7 种次，完成入库税收 6.7 亿元，签发各类原产地证书 1.7 万份、货值 8.7 亿美元。对辖区 6 个开放港区、73 个开放泊位进行全面梳理，综合考虑开放泊位对修造船、远洋渔业等行业影响，临时对外启用龙眼东港区等 4 个泊位。荣成海关疫情防控工作专班获评青岛海关抗击新冠肺炎疫情先进集体，2 人获评先进个人，1 人获评山东省直机关最美职工，1 人获评青岛海关国门战“疫”最美青年。

【打击走私】 开展打击走私洋垃圾、濒危物种、冻品等活动，保持非设关地打私高压态势。立案侦办走私固体废物案 2 起，查扣走私船舶 1 艘以及走私进境的旧机动车部件、旧电脑等固体废物 22 个集装箱计 540 余吨。查获含鲟鱼子酱等濒危物种成分的面膜 8.48 万片。全年立案侦办刑事案件 10 起，案值 14.27 亿元，涉税 2.53 亿元，抓获犯罪嫌疑人 27 名。

【服务企业发展】 支持企业复工复产，建立常态化专班协调机制，实地调研企业 34 家，电话、书面调研企业 176 次，与企业逐一建立帮扶台账，覆盖辖区 30% 进出口企业。编发《稳外贸促发展周报》33 期，编写《海关政策解读》，对重点惠企政策及重点业务进行解读，举办各类政策宣讲会 7 次，覆盖辖区 300 余家外贸进出口企业，培训人员 2000 余人次。开展“非停产式”核查企业 16 家，为企业节约成本 80 余万元。为 120 家企业办理加工贸易手册延期手续，免征保证金 2583.9 万元。解决出口企业出口通关受阻或滞港等实际问题 30 余个，避免经济损失上亿元。山东蓝润水产有限公司取得 AEO 高级认证，荣成市高级认证企业数量达 11 家。疫情期间，办理预约加急通关货物 3264 票，实施目的地查验和下场查验 1138 次，对企业复工复产急需物资优先安排查验 2160 次。通过“少接触”“无接触”方式办理业务 972 次，采用“先放后检”方式查验货物 350 票，收发货人免于到场查验 1588 次。全年荣成口岸进口整体通关时间 13.41 小时，出口整体通关时间 1.02 小时。

【海关业务改革】 提升口岸提货效率，“两步申报”报关单 4281 票通关，应用率 12.5%。“提前申报”模式稳步有序推进，进出口提前申报率分别为 17.7% 和 31.7%。推进原产地证书虚拟审签中心和智能审签工作，优惠原产地证书审签时间由半个工作日缩短至几分钟。推广原产地证书自助打印，全年自助打印原产地证书 1.3 万份，自助打印比例超过 90%。采取便利措施快速办理远洋渔业减免税 498 份，减免税金额 5.03 亿元。承接海关总署进口巴氏杀菌乳监管模式改革试点，大幅压缩通关时间。

【服务跨境电商发展】 办理全国首票海运跨境电子商务零售出口退货业务，辖区 2 个跨境电子商务现场均实现无障碍退货。举办跨境电子商务政策宣讲会，助力企业完成韩国、澳大利亚海外仓的备案工作。全年监管跨境电子商务出口 3207 标准箱、444.9 万票、1.59 亿美元，业务量居青岛关区第 2 位。

（张　斌）

海　事

【概况】 2020 年，中华人民共和国威海海事局服务保障进出港船舶 8 万艘次，比上年下降 36%；货物到达发送量 3816.6 万吨，上升 5.6%；运送旅客 395 万人次，下降 59.5%。全年开展 PSC（港口国监督）、FSC（船旗国监督）检查 248 艘次，滞留船舶 22 艘，开展公司审核 31 次、船舶审核 105 艘次；实施行政处罚 300 起，处罚金额 186.5 万元，分别增长 26.1% 和 31.6%。签发船员证书 9463 本，组织各类培训考试 1.02 万人次。上缴非税收入 5104 万元。威海海事局船舶交通管理中心服务保障成山头水域船舶安全过境 12 万艘次，提供信息服务 9.65 万次，发布海上风险预警信息 72 期。辖区发生水上交通安全事故 3 起，两级搜救中心妥善处置险情 27 起，成功救助 52 人，妥善处置船内危险品泄漏重大险情。先后召开海事监管与疫情防控双调度会 33 次，全面落实“外防输入、内防反弹”总体防控策略。年内，威海海事局获评全国文明单位、山东省书香机关等，所属指挥中心党支部获评交通运输部系统先进基层党组织，威海海事局船舶交通管理中心连续 15 年获评全国青年文明号，威海海事局政务中心获评第四届海事“三化”好形象好品牌先进集体，2 人获评交通运输部系统优秀党务工作者、1 人获评交通运输部系统先进工作者。

10月，威海海事局开展联合巡航和海上隐患拉网式大排查活动

（威海海事局　提供）

总吨位29.8万吨，总功率22.2万千瓦，客位5808个，载货量43.8万吨。审查图纸57套，检验船用产品18批次，检验到位率99%，顾客满意度和船舶检验证书发放合格率均为100%。

【企业发展助力】　强化服务理念，不断增强服务的主动性、自觉性。局领导班子成员分头到辖区船厂及配套产品厂进行走访，了解企业复工复产情况，解决企业实际困难。组织验船师加班加点对船舶设计图纸进行初审，协调省属其他船检机构验船师进行复审，确保4艘船舶全部开工。坚持服务承诺制度，加强与客户的联系，严格落实岗位负责制、服务承诺制、限时办结制，遵循便民原则，提高办事效率。发挥专业优势，服务辖区企业。强化技术咨询服务，宣传贯彻讲解船舶法规规范，帮助企业建立质量自检制度，引导企业加大技术投入，加快技术设备更新换代，加强对技术工人的培训。

【船舶检验】　严格执行审图工作程序，提高审图效率和质量，避免错审漏审。对部分游艇企业设计力量不足、送审图纸质量差、船图不符等情况进行重点督促指导，组织验船师与设计人员对接沟通，提出解决方案。开展船厂评估和开工前检查，加大船舶建造检验力度，提高检验到位率，严格执行船舶法规、技术规范及船舶建造检验相关控制程序，严把船用产品检验质量关，保证船舶建造质量。认真执行《国内航行船舶变更船舶检验机构管理规定》，按规定执行转籍船舶初次检验。提前登船检查老旧船舶，查阅图纸资料，提出整改意见，对于存在重大质量问题的船舶，坚决不同意接收。严格执行船舶营运检验过程控序，严格按照船舶技术法规、规范实施检验，确保检验人员到位，检验项目到位，决不降低检验标准，及时督促整改有关问题。对辖区的老旧船舶、油船及客渡船进行重点检验，全面排查安全隐患，确保船舶具备安全航行技术状态。加大对新版船舶检验质量管理体系文件的学习和宣传贯彻力度，提高全体验船师的质量意识，严格按照体系要求，强化产品实现过程的监视和测量，确保体系有效运行。开展船舶检验质量监控和

【平安海区建设】　推进第4批船舶实施《中华人民共和国船舶安全营运和防治污染管理规则》，客运企业5家和客运船舶15艘依法取得DOC（安全符合证书）、SMC（船舶安全管理）证书。保障“中华富强”轮上线营运，推动鸡鸣岛“精致航线”建设，引入客船智慧治理“AR＋AI”治理模式，加强客船差异化精准监管。做好船舶大气污染排放控制区管理和“限硫令”实施，查处非法排污、燃油超标等典型违法案件7起。查处首起内贸集装箱危险货物谎报瞒报违法行为。编制《常见海事违法行为办案范本》，开展3期《中华人民共和国民法典》宣讲。印发《海上交通安全专项整治三年行动实施方案》，建立问题隐患和制度措施“两个清单”，完成“3个100%”水上交通安全大检查专项任务。查处非法砂石运输船18艘，拆解辖区首艘长期逃避海事监管内河船。开展水上无线电秩序管理专项整治活动，关闭“伪基站”2处，查处水上无线电通信违法违规行为21起。做好海上防台风工作，防抗“巴威”“美莎克”台风，做到“零事故、零伤亡、零污染”。

【海事服务能力提升】　支持港口发展，主动研判《威海港总体规划》布局和港口转型发展定位，助力威海港集装箱实现100万标准箱目标。保障船员权益，辖区注册船员突破3万人，首次发布《威海海员发展报告（2019）》，先后保障滞留英国水域邮轮5批次134名海员回国。优化政务服务，全面做好“一网通办”平台推广运用；聚焦群众诉求，推出“信用办理”“绿色通道”等特色政务服务项目。融入地方发展，制定《“无废航区”建设实施方案》，助力威海“无废城市”建设。会同威海市总工会举办首届船舶通航技能竞赛和第2届船员管理技能大赛，为涉海赛事提供充分保障支持。

【政务服务改革】　提升内部综合管理水平，制定《威海海事局党政工作规则》，构建知事识人体系，完善职务职级并行制度，提升全局党务、业务、内务工作融合度。强化装备信息化建设，承办山东海事局装备管理标准化现场推进会，完成“十四五”规划编制。推进小型无人机、石岛工作船码头、老办公楼拆迁置换等重点项目工程。建立VTS设备三闭环维保体系，开发海巡船艇效能管理评价模型和“心随舟行”小程序，提升保障能力。

（石立磊）

船舶检验

【概况】　2020年，山东省威海船舶检验局检验各类船舶390艘次（其中建造检验209艘次，营运检验181艘次），

船舶检验资料自查活动，核查船检归档资料，及时纠正相关问题。局领导班子成员及质量管理部门人员定期参与现场船舶检验工作，对整个检验活动进行监控，及时督促改正相关问题。

（陈迪波）

5月18日，威海海警局、威海出入境边防检查站海上执法合作协议签约仪式举行

（威海出入境边防检查站　提供）

出入境边防检查

·威海出入境边防检查站·

【概况】 2020年，中华人民共和国威海出入境边防检查站检查出入境人员13.73万人次，比上年下降86.9%；检查出入境交通运输工具2787艘（架）次，下降54.4%。查获在控在逃人员14人次，违法违规人员32人次，违法违规交通运输工具2艘（架）次。威海出入境边防检查站获评全国移民管理系统抗击新冠肺炎疫情成绩突出集体。

【“平安国门”建设】 统筹推进打击整治涉恐、涉跨境赌博、涉电信诈骗等突出问题，开展“砺盾2020”系列专项行动，深化海空兼备的核查办案查缉体系，成立打击跨境赌博数据等专班2个，查获全省首例涉嫌赴境外赌博案件人员2人次，排查锁定“代购”等人员200余人。构建立体化管控体系，牵头形成多警种、多部门参与的口岸管控合力，与威海市公安局、威海海关等部门签订“全面协作”“三共三联”（信息资源共享、区域形势共研、重要信息共查、口岸突发事件联处、口岸重点企业联查、智慧项目联建）合作协议，实现多方战略合作。

【口岸经济发展助推】 深入贯彻边防检查“放管服”改革，以“中韩陆海联运四港联动”省级战略项目试点为契机，对接政策支持和项目难题，研究配套边防检查方案，推进场地及设施建设，为项目落地和固化“海港中涉陆港”新型勤务模式提供支撑。围绕服务跨境电子商务、畅通国际物流通道等方面，印发《优化口岸营商环境10项举措》等配套措施，落实政策支撑、制度保障。服务中韩自贸区建设，全力支持新增加密航线开通运营，助力威海口岸首次开通到日本航线，跟进乳山口港、友联修船（山东）有限公司开放配套设施建设，服务威海港“百万标箱”规划，推行“网上办”“掌上办”“一网通办”服务举措，修订完善口岸企业诚信管理办法，完成全年口岸涉外企业诚信等级评定工作。

（张泽中）

·石岛出入境边防检查站·

【概况】 2020年，中华人民共和国石岛出入境边防检查站检查出入境（港）船舶2480艘次，出入境（港）人员8.06万人次，签发登轮许可证3.06万份，办理新型冠状病毒肺炎疫情期间船员换班4200余人次，查处违法违规案件13起15人次，完成入境和在港船员核酸检测8000余人次。年内，1个执勤队被山东出入境边防检查总站评为抗击新冠疫情成绩突出集体，1人被评为“最美山东边检卫士”，4人立个人三等功，22人记嘉奖。

【口岸管控】 树立总体国家安全观理念，以口岸防回流、打派遣为重点，开展“砺盾2020”专项行动，完善多维化防范、精准化打击、流程化处置工作机制，强化情报搜集、信息核查、分析研判、打击防范力度，切实筑牢口岸反恐维稳战略屏障。以打击政治性

4月13日，石岛出入境边防检查站民警对远洋渔船换班船员进行行李检查及人证对照

（石岛出入境边防检查站　提供）

有害宣传品入境为重点，常态化开展口岸基础数据统计、风险隐患摸排、情报信息攻坚，逐项摸实、精准防范政治性有害宣传品渗透风险，撰写相关情报信息22篇，其中8篇被上级主管部门采用。完善口岸联管联控机制，与海事、海警等部门签订执法合作协议，联合开展口岸专项整治、锚地巡查、处突演练10次，打造信息共享、难点共商、问题共治口岸综合管控体系。加强远洋渔船、船员换班等重点环节管理，建立远洋渔船管控基础数据库，全面加大防远洋渔船擅自出入境、防锚地违法、防无证人员藏匿出境等工作，打造远洋渔船、船员换班服务管控“石岛模式”。

2月19日，龙眼港出入境边防检查站民警在造船企业进行检查

（龙眼港出入境边防检查站　提供）

【边检服务能力建设】 推进边防检查“放管服”改革，印发《服务口岸发展八项举措》《深化“放管服”改革十二项承诺》，主动对接口岸开放和企业发展新需求，打造精准服务石岛边防检查“金招牌”。深入推进边防检查“同心圆”服务品牌建设，在石岛新港、鑫弘码头建立“枫桥式”警务室,以警务室为“圆心”，协调联检单位建立“一站式”通关保障机制，实现边防检查手续即时办、其他涉外手续协助办，提升通关保障效能。深化“互联网+”平台应用，推介应用“网上办理”“一次受理签发”等服务举措，年内网上办理登轮证、搭靠证等边防检查行政许可证2.96万份。

（宋昊瑾）

·龙眼港出入境边防检查站·

【概况】 2020年，中华人民共和国龙眼港出入境边防检查站检查出入境船舶912艘次，出入境人员3.01万人次。签发电子证件5671份，为305名中国籍船员办理换班手续，实现勤务零差错、零事故。紧急救助伤病旅客6人次，查处办理行政案件9起。龙眼港出入境边防检查站被山东出入境边防检查总站评为优秀领导班子、干事创业好班子。1人获评首届“最美山东边检卫士”，3人立个人三等功，25人记嘉奖。在山东省出入境边防检查总站全警实战大练兵比武竞赛中，获得3个单项第1名。在警务实战教官评选中，2人被评为总站警务实战教官。

【口岸安全防控】 强化口岸管控和疫情防控，深入推进“砺盾2020”系列行动，建立口岸专项风险评估机制，加强口岸辖区基础信息摸排和涉疫重点信息核查工作，全年实地走访辖区码头85处，开展应急处突拉动17次，排查口岸重点信息5万余条，向海关等部门推送涉及疫情重点信息2143条，妥善处置5名入境船员体温异常情形，确保口岸安全。加强与荣成海关等部门联系，完善口岸联防联控机制，推行勤务“三分法”（分片驻勤、分区管理、分类施策），精准投放警力，依托“智慧边检2.0”建设，全面推行“勤务精准管理、一线精准查缉、梯口精准管控”的精准管控模式，助推全站业务工作提档升级。

【边检服务】 主动分析研判疫情防控形势，充分了解服务对象、口岸企业困难，针对企业复工复产计划，按照“一企一策一档”原则，研究制定利企便民举措6项,全面启用“港口管理系统”及“网窗系统”，推行各类边检行政许可证件网上审核签发，为口岸涉外企业复工复产和龙眼港东区泊位临时启用提供服务。开展“温暖国门 迎您回家”系列主题活动，推进“枫桥式海港警务区”建设，广泛宣传疫情防控措施和边防检查法律法规。

（郭惠君）

编辑　李传强

旅　　游

综　述

【概况】 2020年，全市接待旅游总人数3238.2万人次，实现旅游总收入393.1亿元。接待入境游客5.2万人次，入境旅游收入1756.5万美元。接待国内游客3233万人次，国内旅游收入391.9亿元。全市有国家AA级以上旅游景区50家，旅行社154家，星级饭店44家，山东省文化主题饭店2家，省级以上农业旅游示范点78个，省级旅游强镇38个，省级旅游特色村73个，精品采摘园32个，星级农家乐60个，开心农场2个。年内，威海市文化和旅游局落实国家、省、市关于支持企业发展应对新型冠状病毒肺炎疫情的政策文件14个，为全市117家旅行社暂退保证金2702万元，威海市文化和旅游局获评全省抗击新冠肺炎疫情先进集体。

（赛序浩）

【威海文旅发展集团有限公司】 2020年，公司配合有关部门打造总体国家安全观刘公岛教育培训基地，完成胶东（威海）干部学院建设，使其成为串联全市红色教育和红色旅游资源的重要支点。筹备布局千里山海自驾旅游公路运营，使其成为推动威海全域旅游高质量发展的重要载体。参与全市红色印迹抢救性保护工程，对口帮扶文登区文登营镇沟于家村，实施红色胶东文化大院项目。推出文旅体验产品，注册成立研学旅行公司和国际旅行社，成立塔山宾馆龙湾分店，发行“威海文旅一卡通”，形成优势互补，促进综合盈利能力提升。实施夜游威海湾，帆船体验刘公岛、鸡鸣岛，“全民来航海”帆船体验等海上项目，打造“小小航海家”研学品牌。系列旅游产品先后获评2020年“十一”黄金周山东省体育旅游精品线路、好客山东游品荟旅游宣传推广典型案例等。与山东港口邮轮文旅集团确定合资成立公司，公司进入实质运作阶段，重点开发海上旅游项目。参加山东港口2020山东半岛城市帆船赛、2020沿海城市帆船赛等赛事活动，包揽比赛冠亚军。采用线上“云展会”模式举办展会，承办第十一届威海国际食品博览会暨中韩商品博览会。开发文旅产业互联网平台，平台一期工程刘公岛“景区云”“视频云”于2020年1月1日正式上线。

（秦　奕）

7月24日，第十一届威海国际食品博览会暨中韩商品博览会直播现场

（威海文旅发展集团有限公司　提供）

旅游规划与项目建设

【概况】 2020年，全市有在建重点文化旅游项目228个，涵盖特色街区、特色小镇、特色演艺、特色温泉、自驾露营地、特色民宿、博物馆集群等板块，全年实际完成投资79.02亿元，威高温泉酒店和威高水世界项目建成营业，一期总投资355亿元的中国威海·逍遥海旅游度假项目开工建设。毕克官美术馆、威海睿海文化创意产业综合开发项目落地。

【文化和旅游项目招商引资】 全面整合市域范围内未开发的优质文化和旅游资源、拟合作提升的项目、“半拉子”工程3类文旅招商资源，形成涵盖全市42个项目的产业招商项目库，制作招商手册和招商视频，完整全面地展示威海市文化和旅游资源。开展精准招商，先后赴西安市、咸阳市、南京市、无锡市等地开展招商活动，20余家相关企业到威海市考察项目。发挥市文化产业协会、文化交流协会、精品旅游促进会等社会组织作用，赴陕西省和江苏省开展招商活动2次。举办第四届中国文旅产业年会，30余家相关企业的负责人参会，实现签约项目5个。

（赛序浩）

11月8日，2020全省“冬游齐鲁·好客山东惠民季”启动仪式举行

（刘志鹏　摄）

旅游宣传与促销

【概况】 2020年，市文化和旅游局通过建设品牌产品体系、创新特色文旅活动、强化全媒体矩阵营销，以推广千里山海自驾旅游公路为突破，充分挖掘大天鹅、温泉、海鲜、海草房、红色文化等特色资源，打造“春游—初见，夏游—热恋，秋游—重逢，冬游—表白”四季旅游品牌产品，提升游客的认同感和体验度。其中，“37.5℃表白圣地 情暖威海”冬游品牌产品获评全省文旅网络营销“最佳创意”优秀案例，列全省第1名。威海市首次通过国家对外宣传平台、新华网等媒体，多层级面向海内外进行形象推介。在《中国推介》节目中，副市长杨丽以《好客中国 精致威海》为题推介威海。拍摄《市长代言，7分钟向世界推介威海》中文、英语、俄语版本宣传片，在国内外150余家平台浏览量累计8000余万次，“文旅威海”微信公众号单条阅读量突破43.5万次。全省冬游齐鲁和自驾游工作现场推进会在威海市召开，威海市千里山海自驾旅游公路的目标定位、建设标准、创意特色、运营模式和营销情况作为典型进行交流。

【“六维看威海”文旅Top10评选活动】 开展“六维看威海”文旅Top10评选活动，邀请广大网友“云游”威海，从90处具有较高知名度、可旅游体验的山、岛、湾、树、浴场和村落中，通过在线点赞投票的方式，评选最美威海旅游资源的前10名，活动累计点击量1197.7万人次。

【寻找“精致威海·最美打卡地”活动】 4月，中共威海市委宣传部、市文化和旅游局联合举办寻找“精致威海·最美打卡地”活动。活动历时7个月，推出打卡点40个，累计网络点击量1.08亿次。

【第四届中国文旅产业年会暨2019“中国文旅风尚榜”颁奖盛典在威海市举行】 7月29日—30日，第四届中国文旅产业年会暨2019“中国文旅风尚榜”颁奖盛典在威海市举行。大会采用“主会场+分会场+线上云直播”的方式实时传递大会动态，20余万人在线同步观看收听。威海市获得文旅投资潜力城市、热门文旅打卡目的地、优秀文旅营销案例等7个文旅风尚榜奖项。

【2020中国（威海）国际海鲜美食节】 7月—8月，2020中国（威海）国际海鲜美食节举办。美食节推出2020半月湾国际沙滩音乐节、威海·青岛啤酒海鲜美食嘉年华、那香海·海洋文化嘉年华、石岛滨海啤酒节4个系列活动，参与市民和游客近20万人次。

【2020全省“冬游齐鲁·好客山东惠民季”启动仪式在荣成市举行】 11月8日，2020全省“冬游齐鲁·好客山东惠民季”启动仪式在在荣成市樱花湖体育公园举行。副省长孙继业，日本、韩国驻青岛领事馆总领事等出席活动。威海市通过政府补贴、企业让利的形式，推出42家A级景区免门票开放政策，该做法被人民网、新华网等媒体报道，被山东卫视《品牌山东》栏目作为“冬游齐鲁”典型案例进行报道。

【“好客山东·精致威海——千里海岸自驾旅游季”活动】 9月，“好客山东·精致威海——千里海岸自驾旅游季”活动启动，先后开展威海主题打卡游、威海寻鲜游、威海首届千里海岸重机摩旅节等系列主题活动。活动依托市区东部环海路和西部环山路，打造全长1001千米的自驾旅游公路，将全市90%以上的全域、全时、全龄、全要素的核心旅游度假资源串珠成链，并链成片。通过丰富创意元素，建设具有网红潜质、体验感强的特色路段和主题化驿站，开发海上自驾游项目，构筑海陆联动、立体发展新格局。“十一”黄金周期间，到威海市进行自驾游的游客占比80%以上，中央电视台《东方时空》以“自驾游”为关键词，对活动进行报道。

（邹家利）

旅游行业管理

【概况】 2020年年底，威海市有星级饭店44家（其中五星级3家、四星级15家、三星级25家），有旅行社154家（其中A级旅行社59家、出境旅社18家）。年内，市文化和旅游局助力企业转型升级，举办新文旅沙龙角系列讲

8月22日，"精致城市 寻味威海""三名三特"颁奖典礼举行 （杨 正 摄）

座3期，近200人次参加，提升行业队伍素质。参与"无废城市"创建工作，评定"无废饭店"34家，经验做法在《中国旅游报》刊登。

【"三名三特"评选活动】 从"寻美食 品健康 嗨特色 享文化"4个方面，开展"精致城市 寻味威海"2020年"威字号""三名三特"（威海餐饮名店、名菜、名点，威海餐饮特色店、特色菜、特色小吃）评选活动。经过网络投票、专家评审，有39个商家、101道美食获得"三名三特"称号。在抖音、快手等短视频平台，《威海日报》、威海电视台及"文旅威海"微信公众号对获奖单位和菜品进行报道，推广威海的餐饮特色及美食文化，打造"精致城市 寻味威海"的"威字号"地方餐饮名片。

【文旅行业政务服务水平提升】 市文化和旅游局承担的市级82项依申请政务服务事项全部纳入市政务服务大厅文化和旅游局窗口集中办理，依申请事项进驻率、一次办好率、可全程网办率均为100%。优化网上办理事项要素，实行容缺受理，提供贴心帮办服务，提高群众的满意度。对省政府下放的10个权力事项进行承接，全年受理各类业务736件，办结736件，按时办结率100%。

【文旅行业市场监管】 加大市场监管力度，采取多部门联合执法检查方式开展网络音乐专项整治、网络表演整治，旅游购物市场、暑期旅游市场检查，打击非法金融摸排检查等。做好"互联网＋监管"填报工作，认领监管事项215个（其中本级监管事项166个），录入产生检查及处罚行为2393条。开展集中整治行动、百日攻坚行动以及重要节点的安全生产检查，检查文旅经营单位1000余家次。按照属地化管理的原则，将市级47家艺术培训类民办非机构的监管职责调整归口至环翠区、威海火炬高技术产业开发区、威海经济技术开发区文化和旅游主管部门，发挥各区（市）监管力量；做好3家文旅行业协会的脱钩工作，清理规范行业协会商会收费。

（宋雨滢）

景区景点

【概况】 威海旅游资源丰富，自然资源与人文资源兼备，有旅游景区（点）80余处。2020年年底，全市有国家AA级以上旅游景区50家，其中国家AAAAA级2家、AAAA级12家、AAA级32家、AA级4家。自然资源以"海、岛、滩、湾、泉、山"为特色，全市拥有海岸线978千米，沿线沙滩细腻绵延，海水碧蓝纯净，有国际海水浴场、文登金海滩、乳山银滩等天然海水浴场10余处，有威海湾、半月湾、九龙湾等海湾16个，有刘公岛、海驴岛等大小海岛168个，有优质地下温泉9处，有昆嵛山、圣经山、里口山、铁槎山、大乳山等山地风景区。人文资源以秦汉文化、民俗文化、道教文化、甲午文化、英租文化为代表。全市登录的不可移动文物点有1497处，各级文物保护单位有202处，其中全国重点文物保护单位4处、省级文物保护单位69处。刘公岛甲午战争纪念地、圣经山摩崖石刻、威海英式建筑、留村石墓群等在全国有重要影响。中国甲午战争博物院获评首批国家一级博物馆，天福山起义纪念馆获评全国爱国主义教育基地。全市初步形成以东夷文化遗存、成山头秦汉遗迹、圣经山摩崖石刻、明清海防遗迹、刘公岛甲午战争纪念地、威海英式建筑、天福山革命遗址等板块为主的人文旅游景观体系。

2020年威海市AA级以上旅游景区一览表

表12

景区名称	级　别	地　址	获得时间
刘公岛风景区	AAAAA	威海市刘公岛	2010年8月
华夏城景区	AAAAA	威海市环翠区华夏路1号	2017年2月
成山头景区	AAAA	荣成市成山镇	2002年10月
赤山景区	AAAA	荣成石岛管理区	2005年12月
天沐温泉度假村	AAAA	威海市文登区张家产镇	2009年11月
汤泊温泉度假区	AAAA	文登经济开发区大连路2号	2010年5月

续表 12

景区名称	级 别	地 址	获得时间
大乳山滨海旅游度假区	AAAA	乳山市海阳所镇	2002年10月
银滩旅游度假区	AAAA	乳山市银滩	2009年11月
仙姑顶景区	AAAA	威海市环翠区望岛村西	2010年5月
林海湾旅游区	AAAA	威海火炬高技术产业开发区北环海路178号	2014年6月
环翠楼公园	AAAA	威海市公园路13号	2014年6月
威海海滨生态公园风景带•“侨乡”号游轮（包括幸福门公园、威海公园、悦海公园和海上公园、“侨乡”号游轮）	AAAA	威海海滨沿线	2014年6月
乳山福如东海文化园	AAAA	乳山银滩旅游度假区	2017年2月
那香海景区	AAAA	荣成市那香海国际旅游度假区	2017年12月
槎山风景区	AAA	荣成市人和镇	2007年10月
圣水观景区	AAA	荣成市崖西镇朱埠村	2002年7月
文登青龙生态旅游度假村	AAA	威海市文登区环城路南麦疃后村	2007年10月
岠嵎山景区	AAA	乳山市乳山寨镇	2009年11月
老虎山生态旅游园	AAA	威海经济技术开发区城子村	2011年12月
荣成市博物馆	AAA	荣成市成山大道东段28号	2012年8月
圣水宫景区	AAA	乳山市冯家镇孔家村	2012年8月
多福山景区	AAA	乳山市白沙滩镇	2012年8月
毛泽东像章珍藏馆	AAA	威海临港经济技术开发区苘山镇正气路	2012年8月
小石岛旅游景区	AAA	威海火炬高技术产业开发区小石岛大连路2-8号	2012年12月
荣成金石湾艺术园区	AAA	荣成市成山镇	2013年9月
石佛山休闲观光园	AAA	乳山市乳山寨镇赤家口村	2013年12月
小汤温泉	AAA	乳山市冯家镇汤上村	2013年12月
康博尔海洋健康博览园	AAA	威海火炬高技术产业开发区初村兴山路115号	2013年12月
安然纳米集团文化产业园	AAA	威海经济技术开发区环山路610号	2014年11月
山泰生态园	AAA	威海市文登区宋村镇下徐村	2015年11月
半月湾风景区	AAA	威海市环翠区孙家疃街道	2015年11月
台依湖国际酒庄生态文化区	AAA	乳山市夏村镇台依湖西岸零零柒酒庄	2015年11月
里口山风景名胜区	AAA	威海市环翠区张村镇	2015年11月
乳山益天生态旅游观光园	AAA	乳山市白沙滩镇玉前庄村北	2016年12月
荣成成山森林公园景区	AAA	荣成市成山镇驻地	2016年12月
荣成东楮岛风景区	AAA	荣成石岛管理区宁津街道东楮岛村	2016年12月
威海韩国不夜城——韩乐坊、韩国风情街景区	AAA	威海经济技术开发区乐天世纪城5号	2016年12月
威海大溪谷文化创意小镇	AAA	文登经济开发区广州东路58-1号	2017年9月
樱花湖体育公园	AAA	荣成市悦湖中路	2017年12月
文登区栗景新天地景区	AAA	威海市文登区米山镇西铺头村北	2018年9月
威海羊亭河湿地公园	AAA	威海市环翠区羊亭镇	2020年1月
荣成甲子山庄	AAA	荣成市石岛管理区宁津街道北场村北	2020年6月
威海海螺湾休闲驿区	AAA	威海经济技术开发区滨海大道1688号	2020年6月
威海市裕红祥丝绸文化馆	AAA	威海市环翠区鲸园街道戚谷疃社区2号楼101室	2020年9月
文登天福山红色旅游景区	AAA	威海市文登区文登营镇天福山	2020年10月
威海回龙山李龙文化民俗园	AAA	威海市文登区宋村镇寺前村	2020年10月
花斑彩石景区	AA	荣成市俚岛镇	2001年12月
马石山风景区	AA	乳山市诸往镇马石山	2015年7月
胶东育儿所	AA	乳山市崖子镇田家村	2017年12月
文登区文山公园	AA	威海市文登区文山东路	2018年9月

（赛序浩）

【刘公岛风景区】 刘公岛位于山东半岛最东端的威海湾内，东西长4.08千米，南北最宽处1.5千米，面积3.15平方千米，最高点旗顶山海拔153.5米，距威海市区2.1海里，是国家AAAAA级景区。刘公岛自然风光优美，素有“海上仙山”和“世外桃源”的美誉。岛上地势北高南低，北部直立陡峭，南部平缓绵延。岛内植被茂密，森林覆盖率达87%，有植物100余种、动物20余种，其中，银杏、水杉、鹅掌楸为国家重点保护野生植物，岛内栖息的200余只野生梅花鹿为国家一级保护动物。国宝大熊猫、国家一级保护动物麋鹿、台湾梅花鹿长鬃山羊相继在岛内安家落户。受海洋调节作用，岛内冬暖夏凉海洋性气候特点明显，全年平均气温在12摄氏度左右，是避暑、度假、疗养的理想之地。刘公岛人文景观丰富，既有上溯千年的战国遗址、汉代刘公刘母的美丽传说，又有清朝北洋海军提督署、水师学堂、古炮台等18处（含日岛）甲午战争遗址，还有众多英租时期遗留下来的欧式建筑，素有“东隅屏藩”和“不沉的战舰”之称。

聚焦“中华民族警醒之岛”的发展定位，景区将教育功能放在首位，持续深入挖掘历史文化内涵。2020年，打造总体国家安全观刘公岛教育培训基地，一期工程总体国家安全观教育展馆和隐蔽战线·特殊力量专题展馆于9月27日建成试运营，刘公岛军民融合国家安全警示教育基地获批山东省军民融合特色基地。中共威海市纪律检查委员会以刘公岛为起点，打造“清廉之路”，创新威海廉政教育模式。定远舰水下考古工作取得进展，长2.86米、宽2.6米、厚0.33米，重约18吨的北洋海军定远舰铁甲于9月17日起吊出水，中央电视台科教频道对其进行报道。接收海军退役110号导弹驱逐舰，将其停靠在刘公岛客运中心西码头，打造驱逐舰军事体验项目。年内，景区先后获评山东省退役军人思想政治教育基地、山东科技大学爱国主义教育基地、山东人游山东红色旅游目的地、全省革命文物保护利用示范典型案例，刘公岛爱国主义教育基地入选全国红色旅游发展典型案例。接待各类教育培训学员1.5万人。稿件《习近平讲述的故事：警钟长鸣·铭记历史教训》被新华社刊发，并被330家媒体转载，阅读量超过1亿次。推进旅游业转型升级，加快文旅融合发展。2020年1月1日，“景区云”“视频云”正式上线，开通文旅产业互联网平台。助力“无废城市”建设，建设“无废景区”。举办2020年中国威海刘公岛水陆两项赛，全市100名运动爱好者参加，山东电视台、大众网等6家媒体对比赛进行报道，当天网络直播观看量达248.3万次。年内，刘公岛景区获得第四届中国文旅产业年会2019年文旅融合标杆项目奖。

中国甲午战争博物院　为国家一级博物馆，其前身为成立于1985年的威海市北洋海军提督署文物管理所，是全国重点文物保护单位刘公岛甲午战争纪念地的专门管理保护机构，负责管理和保护威海湾南北两岸与刘公岛上28处北洋海军和甲午战争遗址。馆址位于刘公岛北洋海军提督署及其附属建筑内。1992年，经国家文物局批准备案，更名为中国甲午战争博物馆。2009年9月11日，经中共威海市委研究，由威海市机构编制委员会批准更名为中国甲午战争博物院。

中国甲午战争博物院陈列馆　由中国科学院院士彭一刚主持设计，于2008年建成开放，建筑面积7622平方米。该馆以《国殇·1894—1895——甲午战争史实展》为基本陈列，分《甲午战前的中国和日本》《日本打开战争魔盒》《民族屈辱与抗争》《警钟长鸣》4个部分进行展示，展陈面积4500余平方米，展出历史照片500余幅、珍贵文物300余件，辅助展品100余件套，以及大量油画、雕塑等艺术展品，是一座全面展示中日甲午战争历史的综合性展馆。

北洋海军提督署　又称水师衙门，建成于清光绪十七年（1891），位于刘公岛西部南坡傍海高地，坐北朝南，背山面海，占地面积1.7万平方米，是中国近代第一支正规化海军的指挥机构。作为刘公岛甲午战争纪念地的代表性文物遗址，是国内保存最完整的军事衙门之一。因是海军提督丁汝昌的驻节之地，故民间又称此为“丁公府”。2010年4月，对北洋海军提督署进行原状复原，2014年7月25日完工向游客开放。本着遵照历史、严格考证的原则，先后对提督署16个厅室按照原有功能进行原貌复原，总计陈列仿制古典家具300件、历史塑像18尊、各类文物200余件，以及瓷器、字画、楹联、枪械等辅助展品1500余件，真实再现北洋海军鼎盛时期的历史风貌。

龙王庙　位于北洋海军提督署西100米处，始建于明朝末年，清末筹建海防，刘公岛成为北洋海军基地，驻岛北洋海军和北洋护军筹资重修。龙王庙为砖木举架结构，四合院布局，由山门（倒厅）、东西厢房和正殿组成，前后两院，房屋14间，连同庙前戏楼占地面积1700平方米，属道教庙观。正殿内正中供奉东海龙王塑像，两侧设有夜叉、龟相塑像，东西两侧内山墙上分别绘有《三国演义》和《封神演义》故事壁画。

丁汝昌纪念馆　原为丁汝昌寓所。建于光绪十五年（1889），位于刘公岛西端，东距北洋海军提督署约200米，坐北朝南，属砖木举架结构。寓所占地面积7000平方米，布局与原安徽巢县汪郎中村丁汝昌故居相似，分三组，左、中、右三跨院落，西院为内寓，东院为侍从住房，中院为丁汝昌办公、住宿和会客的场所，大门两侧为门房和书房。院内有1株百年紫藤，系丁汝昌亲手栽植，老干已枯死，发出的新枝虬曲，生长茂盛，每年5月花团锦簇，清香四溢。光绪十四年（1888），北洋海军成军后，丁汝昌携眷在此居住6年多，又称“小丁公府”。

威海水师学堂　位于丁汝昌寓所西150米处。北洋海军提督丁汝昌奉北洋大臣李鸿章之命，在刘公岛西端择购民地，兴建水师学堂，光绪十五年（1889）开工，次年建成，当年即招收46名驾驶学生授课。花费购地银、工料银合计近1万两，建筑房屋63间，占地面积1.8万平方米。光绪二十年（1894）中日甲午战争爆发时，学堂第一届学生毕业，派登各舰参战。次年2月刘公岛失陷，学堂许多建筑毁于战火，学堂停办。该学堂是清末继福州船政学堂、天津水师学堂、广东水陆师学堂之后的第4所海军学堂，因校址在刘公岛上，故又称刘公岛水师学堂，是全国唯一有迹可循的近代水师学堂。

铁码头　位于刘公岛西端南面海中，呈“丁”字形，系北洋海军成军后，为其舰船提供停泊，补给煤炭、弹药、军械之所。刘公岛铁码头由道员龚照玙主持设计建造，光绪十五年（1889）施工，光绪十七年（1891）竣工，工料总造价15.15万两白银。民国4年（1915），上部被改接成长205米，宽6.9米的铁架；民国24年（1935），因铁板锈蚀进行修建，涨潮时可停靠万吨轮船。中华人民共和国成立后，1953年，将锈蚀的铁板、墩柱和铁框等更新；1971年，增建“丁”字形引桥。

北洋海防炮台　刘公岛上有清代北洋海军时期海防炮台6座，分别为黄岛炮台、麻井子（又称“公所后”）炮台、旗顶山炮台、迎门洞炮台、南嘴炮台、东泓炮台，与威海湾南北两岸炮台遥相呼应，控扼威海湾南北2个海口，均由德国人汉纳根设计。与炮台配套建有地下通道、兵舍、弹药库等，并相互贯通。炮台及配套建筑使用花岗岩砌筑、水泥灌浆，设计合理，工艺讲究，施工严谨，坚固实用。

刘公岛博览园　占地面积5万平方米，有展区6个、展厅19个，采用高新科技与传统工艺相结合的展示手法，全方位、立体化地讲述刘公岛刘公文化、甲午战争和英租历史3个主题文化。海圣殿内，精选30余吨、上千种天然彩色玉石，由江南玉雕艺人精雕细琢而成的彩玉壁画，讲述汉代皇太子刘民历尽艰辛漂泊至刘公岛的传奇经历，集中展现刘民在刘公岛上扶危济困、乐善好施的故事。望海楼，始建于唐代，系登州刺史为迎候武则天东巡所建，后毁于战乱。复建的望海楼，高约30米，为博览园最高点，分为春福厅、夏禄厅、秋寿厅、冬禧厅4层，楼内汇集国内20余位顶尖工艺美术大师的精品杰作，堪称“艺术宝库”。中华海坛，为纪念中日甲午战争110周年而建，与天坛、地坛并称的中华海坛，是国内唯一的祭海神坛，坛中高16.8米的定海神针巍然耸立，古代宝鼎雄浑大气，56条巨龙盘踞坛座，整体架构气势磅礴。英租威海卫历史博物馆，展厅面积1290平方米，通过场景复原、影视蜡像、雕塑等先进展示手段，真实再现作为“七子”之一的威海卫被英国强租32年、刘公岛被英国强租42年的屈辱历史。鲸馆，建筑面积1600平方米，存放世界上岸最大抹香鲸（长约19.6米，重50.1吨）的表皮、骨骼以及重要器官的标本，通过模拟海洋生态环境，以展示标本为主体，综合运用图片、展板、多媒体等高科技手段，全面展示抹香鲸及相关鲸类知识，是国内规模、特色和档次最高的鲸豚科普教育基地之一。钓鱼岛主权馆，于2015年9月7日在刘公岛开放。该馆是全国第一个全面展示钓鱼岛历史与主权的专业场馆，通过近100幅真实的历史图片、翔实的历史资料和珍贵的文物实物，从享有主权、宣示主权、捍卫主权3个角度，深入阐述钓鱼岛的沧桑命运，用历史事实和法理道义阐明钓鱼岛是中国固有领土，中国对其拥有无可争辩的主权。

刘公岛国家森林公园　占地面积266.67公顷，有树木19个科目80余种，野生花草50余种，鸟类50余种，树木以黑松为主，梅花鹿等数十种野生动物栖息园中，听涛崖、五花石、刘公泉、板疆石、贝草嘴等自然景观遍布园中。其中，为纪念北洋海军成军100周年而建的北洋海军忠魂碑，位于刘公岛国家森林公园西部山顶，碑身为白色、六棱形，高28.5米，上书“北洋海军忠魂碑”7个金黄大字。碑文下部两侧是表现北洋海军将士英勇杀敌、浴血奋战的群像浮雕。

刘公岛珍稀动物园　位于刘公岛国家森林公园西部避风朝阳、草木繁茂区域，占地面积3万余平方米。国宝大熊猫馆，于2010年9月30日落成，同年11月5日开馆，中国大熊猫保护中心四川雅安碧峰峡基地的一对名为“竹灵”（雌性，2007年生）、“宁宁”（雄性，2008年生）的国宝大熊猫在馆内安居。台湾梅花鹿和长鬃山羊馆，于2011年5月28日开馆。台湾梅花鹿和长鬃山羊纪念馆，于2012年6月9日建成开放，全程记录台湾梅花鹿和长鬃山羊从台湾迁居刘公岛国家森林公园的全过程。麋鹿馆，于2011年8月2日开馆，国内最大的麋鹿饲养区江苏大丰国家级麋鹿自然保护区的国宝级珍稀动物——麋鹿在馆内安居。

刘公岛艺术馆　利用修复后的英租时期蒸馏塔改造筹建，展陈面积600余平方米。在北洋海军成军130周年和纪念改革开放40周年之际，举办《今昔刘公岛，光影130年》影像展，遴选130幅具有代表性的刘公岛历史老照片及部分摄影家、景区职工的摄影作品，涵盖北洋海军、英租历史、景区发展面貌等影像，诠释刘公岛130年今昔变迁，记录“铭记历史教训，传承红色基因，不忘初心使命”的历史情怀和责任担当。

唐长沙窑瓷器博物馆　2012年，投资230万元修复英租时期英利商行，展陈面积500余平方米。2018年12月1日，辟建唐长沙窑瓷器博物馆，作为威海市公益文化空间项目之一，免费对外开放。展出不同器型唐代瓷器106件，瓷器多为青釉，工艺为贴模烧制，具有西域和波斯域外特色，具有较高艺术价值。

“定远”号纪念舰　2003年投资建成，舰船主体依据素有“亚洲第一巨舰”之称的北洋海军“定远”号旗舰，按照长94.5米宽18米尺寸1∶1复制，真实再现历史场景。作为展示甲午历史，弘扬海权文化，普及舰船知识的综合景区，定远舰是唯一的19世纪铁甲舰复制舰。“定远”号纪念舰于2014年与刘公岛景区实施一体化经营，于2015年12月11日迁至刘公岛客运中心，实现资源共享、优势互补。2018年，定远舰景区完成展陈布局升级改造工程，全舰可供参观的地方分为上下5层，其中甲板上3层为武器装备，舰内2层为历史展厅。经过大量历史资料考证，复原蒸汽机、锅炉舱、煤舱、弹药舱以及官兵生活舱等，填补舰船复制史的空白。2019年12月，纪念舰迁址刘公岛，与刘公岛景区联票运营。

历史选择展馆　系修复利用的北洋海军机械局和屯煤所等历史文物建筑，展馆室内面积3000平方米，展陈面积2.2万平方米。作为胶东（威海）党性教育基地的核心部分，该馆分民族救亡道路的艰难探索、历史在国共两党身上聚焦、历尽苦难的中国共产党、万众归心迈向新中国和书写辉煌的历史答卷5个部分，运用大量历史文献资料图片、展板和油画，以声光电半壁画、LED视频等技术，运用对比、写实的手法，从中华民族复兴历史的大视野，全方位观察中日甲午战争后中国政治舞台上的各种政治力量，回答历史和人民为什么会选择中国共产党。2017年6月，通过中共山东省委组织部统筹推进胶东党性教育基地建设专题研讨会专家验收并正式启用。

东泓炮台展馆　修复利用东泓炮台陈设布展，布设“北洋海军威海卫基地防务掠影”主题展览，分为北洋海军基地威海卫、刘公岛炮台防务体系、威海湾炮台防务体系、“甲午国殇，警钟长鸣”4个部分，通过遗址复原和图文形式系统展示北洋海军威海卫基地的建设背景、过程、设防及历史事件。2019年6月12日，展馆免费向公众正式开放。

总体国家安全观教育展馆　通过修复利用刘公岛北洋海军基地后勤保障设施机器局、鱼雷修理厂等历史文物建筑打造而成，由“警钟长鸣，国家安全的历史警示”“安国之路，捍卫国家安全的辉煌历程”“思危图强，国家安全的时代呼唤”“安国基石，国家安全的根本遵循”4个部分组成，展示总体国家安全观形成与发展的历史渊源、思想基础、时代背景、丰富内涵、践行要求、重大意义。2020年9月27日，该馆试运营，年内接待学员班次100余个，参观者1万余人次。

隐蔽战线·特殊力量展馆　通过修复利用刘公岛北洋海军基地后勤保障设施工程局等历史文物建筑打造而成，由“为了民族独立、人民解放”“为了国家富强、人民幸福”“为了民族振兴、人民向往”3个部分组成，展示隐蔽战线和保密战线在国家安全中的特殊贡献。2020年9月27日，该馆试运营。

（秦　奕）

【华夏城景区】　位于环翠区华夏路1号，占地面积20平方千米，是一座集旅游、大型演艺及餐饮、住宿等服务设施于一体的现代化旅游新城，是国家AAAAA级旅游景区。景区内有全面展示尧舜禹时期历史文化的禹王宫、集中展示胶东民俗特色的夏园，有威海人民防空教育馆，有依照矿坑地势而建的华夏第一牌楼以及杂技、马术等丰富多彩的传统演出，有集海洋观光旅游与科普教育于一体的威海神游海洋世界。其中在矿坑里打造的实景演艺——《神游传奇》秀实现自然景观与人文景观相结合，观众乘坐移动式看台可以欣赏到水、陆、空全方位的跨时空精彩演艺，2017年，被中国演艺联盟评为中国十大实景演艺之一。2019年，景区实施提档升级项目，总投资约25.5亿元，利用3年时间，重点实施生态修复提升9个项目，打造集生态培训、休闲度假、商务会议于一体的国际生态度假区。

【环翠楼公园】　位于威海市区中心地带，包括环翠楼公园和环翠楼广场两部分，是国家AAAA级旅游景区。环翠楼始建于明弘治二年（1489），楼台建在威海卫城的西北角，登楼可见碧波浩渺于城东，绿翠掩映于四周，因兼沧海山川之胜、水光山色之美，遂得名“环翠楼”。后因年久失修逐渐倒塌，经过多次重建重修。民国33年（1944）12月，环翠楼被日伪军焚毁。新中国成立后，于1977年重新修建，1980年竣工。重建的环翠楼，建筑面积800平方米，高16.8米，登上环翠楼放眼远眺，市区景色尽收眼底。园内有动物区、花卉区、游乐区等。2009年，市政府投资5.22亿元对环翠楼公园进行改造，将环翠楼公园面积由14公顷扩建至53.8公顷。2013年1月6日，新环翠楼落成开放。新环翠楼由清华大学教授郭黛姮主持设计，坐落于始建环翠楼旧址之上，建筑主体为明清风格，总建筑面积约7500平方米，建筑主体高度为57.7米。建筑外部均采用黄铜材质装饰，总用铜量达700余吨。建筑功能集观光游览、历史陈列、展览展示、文化交流于一体，以历史文脉贯穿全园，分为一轴（刘公岛—环翠楼—山顶会所组成一条景观轴线）、两脉（山脉和文脉）、三核（入口广场、环翠楼、山顶会所）、四区（民俗风情街区、娱乐活动健身区、历史文化展示区、自然体验游赏区）。

【威海海滨生态公园风景带·“侨乡”号游轮】　位于威海市区海滨沿线，包括幸福公园、威海公园、悦海公园、海上公园、“侨乡”号游轮5个部分，是国家AAAA级旅游景区。

幸福公园　北起体育路，南至金线顶，东与刘公岛隔海相望，西接中心商业区，全长1465米，平均宽度137米，占地面积20公顷，是集旅游、休闲、商业、餐饮、娱乐为一体的综合性开放式公园，由北向南沿海岸线依次分为海韵、海阅、海赋、海情、海翔5个景区。

威海公园　位于市中心南部，面向威海湾，总面积67.6公顷。公园以碧海蓝天为背景，以海洋文化为主题，由北向南，沿海岸线的带状区域依次布局为海伢景区、海恋景区、中心文化广场、海颂景区和海慧景区。公园由护岸、道路、绿化、灯光等部分组成。其中，护岸全长3265.3米，采用以斜坡为主，圆筒、台阶与之结合的3种结构形式，兼具防护与观光双重功能；绿地面积36.1万平方米；铺装面积7.74万平方米；采用多种光源和高新技术产品，形成交相辉映、五彩斑斓的海滨夜景。以威海公园为主体的海滨南路环境绿化美化工程获得2001年中国建筑工程鲁班奖。

悦海公园　位于威海公园南，海上公园北，海滨路以东，东与刘公岛隔海相望，地块形状呈陆地向海面延伸的一个半岛状，南北长1.3千米，东西向最宽处150米，占地面积15.4公顷，绿化面积8.84万平方米。公园以休闲、健身、家园为设计主题，体现以人为本、生态环境、节能环保、突出特色的理念和休憩功能。公园分为休闲运动区、主广场中心区、科普游憩区及海上游乐区。休闲运动区在公园最北侧，设逻辑乐园、娱乐空间、休闲广场；主广场中心区设置整个公园的中心——悦海广场，富有“归航”主题意义的灯塔位于中心位置；科普游憩区以增加科普知识及参与趣味活动为主，设有潮汐广场，展现与海洋有关的潮汐现象，以趣味形式提示生物进化过程；海上游乐区位于公园最南端，结合避风港设置游艇码头，在靠近避风港处设计观鸟平台。

海上公园　位于威海经济技术开发区皇冠小区东侧，北与悦海公园相接，总规划面积217公顷，包括游乐园、人工湖、奇石苑、九龙湾旅游度假区等6个部分。其中，游乐园、人工湖两个景区占地面积13.4公顷，绿化面积6万平方米，硬化面积2万平方米，湖面面积5.4万平方米。公园规划设计博采国内外众家所长，兼具中国江南水乡特色和日韩海岛风光、中西合璧的独特风格。游乐园区北部绿草鲜花，小径迂回，一派田园风光；中部欧式风格的“创业门”气势宏伟；南部湖区拱桥流水，碧波荡漾，如临江南水乡，是集游人休闲、儿童娱乐、生态观光等多功能于一体的大型海上游乐园区。公园被《山东园林》杂志列为1999年全省新建3个优秀公园之一。

“侨乡”号游轮　停泊于威海湾区域。游轮汇集海上观光、高端娱乐、休闲度假等多种功能，推出刘公岛环岛游、公海看日出、青烟威城际游等特色航线，以国内外中高端游客和商务时尚群体为目标游客，打造中国滨海旅游的旗舰品牌。游轮总长95.8米，垂线间长83.8米，宽15.8米，型深（主甲板）5.4米，服务航速不少于15海里，续航力1000海里，载客量500人。游轮有4层游客活动区，包括露天观景甲板、餐饮甲板、娱乐甲板和酒店客房主甲板；设有多功能演艺大厅、观景酒吧、咖啡吧、西餐厅等配套设施。

【仙姑顶景区】　是一座集自然风光、神话传说、道家文化于一体的国家AAAA级旅游景区。仙姑顶是巍峰山脉的主峰，海拔375米，位于威海市环翠区望岛村西北部，距威海市中心约5千米。仙姑庙始建于宋朝建德年间，1992年重修，并根据传说中的仙姑生日，恢复每年农历三月十五的庙会。庙会持续7天，秧歌、锣鼓、耍狮、舞龙等相互竞技，热闹非凡。2010年4月28日，经过3年重新设计和精心打造，景区以“仙姑顶玉文化旅游区”的新形象对外开放，以仙姑文化、玉文化和福文化作为景区主题。从辽宁鞍山引进2000余吨优质岫玉，依托道家文化和民间传说，制作近千件大型玉雕艺术品，品相丰润，富有文化底蕴和传奇色彩，是全国玉石总量最多、单体玉雕最大的旅游风景区。景区内分布有参悟五行哲理的五行门、天人合一的通灵元玉、品茗养生的如意湖及万寿广场、仙禄广场、乾坤玉道、通灵玉道等景观。

【半月湾风景区】　位于威海市环翠区孙家疃街道环海路，是国家AAA级旅游景区。景区礁奇岛多，山拥水裹，林秀海碧，滩平沙细，森林覆盖率68%，负氧离子含量每立方厘米5万个，空气纯净清新，环境优美宜人。景区建有1条总投资10亿元、长10千米的环海景观大道，可欣赏森林、大海、沙滩和奇岩。梭鱼台、铃铛石、蟒眼滩、猫头山、靖子头、龙王庙等传统民俗旅游景点，展示风景区的独特魅力和深厚的文化底蕴。服务驿站、观景台、停车场等配套设施齐全，有帆船基地、游艇等健身项目，绿色骑行、环海健步走、渔家乐等娱乐活动丰富多彩，是休闲、旅游、度假的风景胜地。景区内建有威海市半月湾铁人三项专用赛场，中国铁人三项运动协会将威海铁人三项赛道命名为中国铁人三项运动协会专用赛道，吸引国内外游客游览观光。

【里口山风景名胜区】　是威海“山、海、城”格局的核心，是城市的“绿核”，2004年被省政府批准为省级旅游风景区，是国家AAA级旅游景区，2012年被列为威海市6个重点开发区域之一，是环翠区园区、景区、城区“三区”共融发展战略的重要板块之一。景区定位为城市中心区的郊野公园，本着“服务市民、多元休闲”的理念，依托里口山优美的自然风光和地处城区中央的区位优势，打造成为广大市民闲暇之余享受慢生活的首选目的地及集休闲养生、旅游度假、体育健身于一体的综合性旅游景区。景区有广福寺、里口山登山健身步道、国际山地自行车赛道、里口山农业休闲观光园、里口山书院、里口山写生基地等景点。

【威海羊亭河湿地公园】　位于威海市环翠区羊亭镇，总长度约为6.8千米，总面积85.22公顷，湿地面积36.81公顷，湿地率43.2%，分为湿地入口形象区、湿地科普体验区、运动休闲区等5个区域。公园地理位置优越，生态环境宜人，野生动植物资源丰富，是集生态保护、旅游观光、休闲娱乐为一体的生态型公园。

【裕红祥丝绸文化馆】　位于威海市环翠区戚谷疃社区2号楼1层，面积860平方米，是国家AAA级旅游景区。馆内设游客中心、丝绸与文化展区、柞蚕放养过程展区、威海老纺车展区等展区11个，展示威海的山蚕文化。裕红祥丝绸文化馆先后获评山东老字号、中国传统工艺示范基地、山东省工业旅游示范点、山东省金牌旅游店、省级非物质文化遗产保护单位、“丝绸中国”四星级示范店等。

【天沐温泉度假村】　由珠海天沐集团投资兴建，是国家AAAA级旅游景区，位于威海市文登区张家产镇。度假村温泉区包括室外森林养生温泉和室内温泉SPA馆，可同时容纳1500人沐浴温泉，日最高接待量可达上万人。室外温泉区包括鼋山五福泉、鼋水六德汤、美芦荟温泉区等，设有室外特色功能温泉浴池66个。室内温泉水疗区（含功能池9个）通过一系列的机械功能，利用高压作用使温泉水呈现各种放射性的水柱，高强压地冲击人体各处穴位，促进血液循环，加速毛细血管展开，有效吸收温泉矿物质，同时具有按摩的功效，利于皮肤润滑、解除疲劳等。

【汤泊温泉度假区】　位于文登经济开发区，是一处集天然温泉、休闲娱乐、会务接待、健身养生为一体的综合性休闲度假区，是国家AAAA级旅游景区。汤泊温泉水质清新甘美，出水温度高达78℃，水质澄明清澈，具有祛病、保健等功能，被誉为“温泉中的极品”。其中有极深泉水1眼，采出的泉水可以直接饮用，口感甚佳。区内建有各种温泉泡池60余处，室内、室外、深水、浅水、高温、低温皆有，设施完备，品种齐全，适合不同游客不同季节避暑畏寒的需求。建有28幢温泉湖景别墅，小门独院的温泉泡池，推门可一览水光山色，关门可尽情放松浸泡。

【文登青龙生态旅游度假村】　位于威海市文登区环城路南麦疃后村，占地366.67公顷，2004年正式对外开放。2005年被国家旅游局评为全国农业旅游示范点，是国家AAA级旅游景区，2009年被山东省旅游行业协会评为“好客山东”十佳工农业旅游示范点。度假村按功能划分为纯自然山水观光、休闲娱乐、果菜种植、动物养殖等。主要景点有民俗婚庆广场、水上乐园、罗曼园、罗汉岛、动物园、香岩寺、生态园等。特有的地形地貌形成情侣石、石尊羊、仙人洞等石景，每处石景中都有一段传说，民间仍流传着“八仙过海，雕顶歇脚”的故事。

【山泰生态园】 位于威海市文登区宋村镇下徐村，是借鉴国际先进生态理念打造的现代化农业产业园区，是国家AAA级旅游景区。园区占地面积160公顷，坐拥李龙故里美名，尽享回龙山下灵气，拥有将军墓、神仙脚等多处文化古迹。景区青山绿水、鸟语花香，以生态循环为核心，重点打造5000平方米的园林化酒店、66.67公顷的油桃和草莓采摘园、威海规模最大的户外滑雪场等主题景观，涵盖绿色种植、生态养殖、餐饮旅游、休闲养生等特色项目，融合四季采摘、特色餐饮、主题婚庆、农家乐园、冬季滑雪等综合服务。2015年，成功举办全国冬季户外登山挑战赛暨威海首届滑雪文化节。

【威海大溪谷文化创意小镇】 位于文登经济开发区，规划占地面积512.53公顷，由海泰和信集团于2011年投资30亿元开发，是国家AAA级旅游景区。整体规划秉持依山为骨，养水为魂的主题脉络，划分为动静区域2个。动区主要是集婚庆文化、主题游乐、商务休闲、风情体验等功能于一体的文化产业创意基地，建设“爱情之谷”“浪漫之地”等。静区以养生文化为核心，打造中国四合院博物馆、胶东古村精舍。配备溪谷禅修院、体检中心、温泉SPA养生会馆、国药膳食养生会所、禅意瑜伽俱乐部，为游客提供便捷的服务。

【文登栗景新天地景区】 位于威海市文登区米山镇西铺头村，是国家AAA级旅游景区。景区以“全年长青、四季有花、月月有景、景景宜人”为宗旨，打造威海城郊集休闲旅游、民俗体验、生态采摘等多功能为一体的综合性示范园区，先后获评山东省精品采摘园、山东省旅游特色村。在不破坏生态环境的原则下，打造石榴园、月季园等观赏园区，园区内种植的草莓、蓝莓、树莓、苹果、葡萄等交替上市。

【天福山红色旅游景区】 位于威海市文登区文登营镇天福山，占地面积7万平方米，先后获评国家级抗战纪念遗址、全国爱国主义教育示范基地、山东省重点文物保护单位等，是国家AAA级旅游景区。1937年12月24日，中共胶东特委在此举行抗日武装起义，成立胶东第一支人民抗日武装——山东人民抗日救国军第三军。景区拥有天福山起义纪念馆，天福山起义纪念塔，起义会址，中共胶东特委临时会址，竖旗地址，红旗亭等景点。其中，天福山起义纪念馆建筑面积1020平方米，陈列有关天福山起义的文物与史料140余件。纪念馆通过“唤醒民众求解放”“天福山上举义旗”“浴血抗日战敌顽”“天福铁军展雄风”“党群同心奠根基”5个板块，利用视频、展板、实物、文史资料等形式，展示胶东党组织从创建到发展壮大的历程、胶东根据地军民抗战的经典战例和第27军、31军、32军、41军的发展历程等内容。

【回龙山李龙文化民俗园】 位于威海市文登区宋村镇寺前村，依托国家级非物质文化遗产“秃尾巴李龙王的传说”，聚合发扬李龙文化，传承弘扬“仁孝”文化，是国家AAA级旅游景区。民俗园所在地原为一处闲置学校，2017年，威海李龙文化发展有限公司对面积6000平方米的原有校舍进行仿古改建，建有李龙文化博物馆、民俗博物馆、龙王殿、儒家学堂、文登将军馆等。

【文山公园】 又名召文台公园，是国家AA级景区，因秦始皇召集文人登山而闻名。位于文登城区，公园正门门额所书“文山公园”为中国书法家启功手迹。园门三门四柱的巨大石坊，由花岗岩雕刻而成，阳面对联系文学家、书法家于植元撰书。园内曲径通幽，花木扶疏，美不胜收。主要有召文台、文登学陈列馆、钟楼、文星石亭、哈哈镜等景点。

【成山头景区】 位于荣成市成山镇东端，因地处成山山脉最东端而得名，是国家AAAA级旅游景区。景区内最高点海拔200米，东西宽0.75千米，南北长1千米，占地面积2.5平方千米。景区群峰苍翠连绵，大海浩瀚碧蓝，峭壁陡峻，巨浪滔天，气势恢宏，是理想的避暑胜地。1988年被国务院批准为国家级风景名胜区。2005年10月，在由《中国国家地理》杂志社主办并与全国多家媒体联合评选“中国最美的地方”活动中，成山头风景区被评为中国最美的八大海岸。区内有海驴岛、花斑彩石、俚岛海滨、成山林场、始皇庙、秦代立石、秦桥遗迹、观涛阁和镇龙石等景点。

【赤山景区】 位于荣成市石岛港西北，山海相连，占地面积12.8平方千米，因山石颜色发红而得名，以“东方神山”“佛教圣地”“海岛民俗”“森林公园”而著称，是国家AAAA级旅游景区。景区有赤山法华院、赤山禅院、荣成民俗馆、张保皋传记馆等景观区，另有摩崖石刻、无字天碑、仰天大佛、坐佛石等系列景观，与凤凰湖滨海旅游度假区、海水浴场、天后宫、花村、画村、渔村等连点成线。法华院是威海市最早的开放式佛教寺院，是中国唯一传承中日韩三国友谊的佛教圣地，被誉为“一寺连三国”。

【那香海景区】 位于威海好运角旅游度假区内，是国家AAAA级旅游景区。2012年开工建设，计划总投资100亿元，以10年为周期，建设以旅游度假、健康养生为主，集休闲、养老、娱乐、体育等功能为一体的大型旅游目的地。景区资源丰富，汇集大海、沙滩、黑松林、温泉、港湾、岛屿、河流等多种自然资源，依托全地理型资源开发建设健康医疗中心、水上运动中心、文化艺术中心等10个中心和香海假日酒店、香海尼斯假日酒店等5座酒店，打造旅游服务产业链，承载10余种旅游度假生活方式，打造以休闲型旅游度假为主的旅游景区。

【槎山风景区】 槎山是国家级森林公园、山东最具代表性的省级地质公园、中国原始地迹遗产保护区，1992年被山东省政府批准为省级风景名胜区，是国家AAA级旅游景区。风景区位于荣成市南部黄海之滨，总面积45平方千米，海岸线86千米，主峰清凉顶海拔539.8米。槎山的“槎”字，古代作“筏”字解，船的意思。春夏季节，时有海雾随风漫上岸来，翻卷升腾，形成雾海。时有槎山的部分峰顶浮于茫茫雾海之上，宛如叶叶扁舟，“山如海上槎”，故名槎山。因槎山有9座俊美的峰顶，满山的岩石其色似铁，又称铁槎山或九顶铁槎山。槎山雄伟壮美，道教遗迹众多，自古被称为“大东胜境”。主要景点有云光洞、龙泉井、仙人桥、千真洞、九龙池等。

【圣水观景区】 位于荣成市崖西镇朱埠村，是国家级森林公园、国家AAA级旅游景区，是道教全真派发祥地之一，因观内有一泓“圣水”而得名。圣水观山势坐北朝南，宛如一把太师交椅，30余处自然景观鬼斧神工，有气势磅礴的荣成伟德将军碑廊，记载150余位荣成籍将军的手迹生平。景区是山东省爱国主义教育基地、国防教育基地。

【荣成市博物馆】 位于荣成市成山大道东段28号，是国家AAA级旅游景区、山东省农业旅游示范点。馆展面积2100平方米，以荣成的历史变迁为主线，围绕荣成人与海洋的关系，挖掘荣成人与海的深厚文化底蕴，书写荣成人与海共生的历史，彰显荣成儿女创造的历史奇迹。展馆分家园、史事、古港、业渔、民俗、海魂等展示板块8个，陈列文物1000余件，展示老照片1500余幅，复原古场景3处，运用视频及投影技术8处，有各种鱼类标本50余件。运用文物、图片、场景复原、多媒体等，展示渔家文化及荣成厚重的文化积淀。

【荣成金石湾艺术园区】 位于荣成市好运角旅游度假区内，是国家AAA级旅游景区。园区由威海金石湾文化艺术产业发展有限公司投资建设，集艺术家工作室、艺术品交易基地、艺术主题商业街区等6个功能性区域于一体，是融合各种高品质生活元素的中国当代文化艺术类主题园区。园区规划占地面积50公顷，建筑面积45万平方米，自2008年开工建设，先后投入3亿余元，完成建筑面积5万平方米，建成4000余平方米的金石湾美术馆、1200余平方米的画廊、1.2万平方米的艺术酒店和艺术家工作室60余幢。

【荣成成山森林公园景区】 位于荣成市好运角旅游度假区成山镇国营成山林场驻地，是集餐饮、住宿、会议、娱乐、休闲养生为一体的综合性森林旅游度假公园，是国家AAA级景区。园区有客房55间，可接待120人住宿及用餐、150人会议及聚会，设有素质拓展、真人CS野战、射箭、赶海、垂钓等娱乐项目。公园内保存有全国最为完整的“五七”干校旧址，建有沈秀芹纪念馆、非物质文化遗产展示馆等场馆，免费对游客开放。

【荣成东楮岛风景区】 位于荣成市石岛管理区最东端，是国家AAA级旅游景区。优美的自然环境、丰富的海产资源、浓郁的渔家文化、众多的民间传说、别具特色的海草房民居、悠久的地方特色文化，使东楮岛成为中国最美渔村之一。风景区主要以滨海休闲类、民族风情类、历史文化类为主，景区有海草房观赏园、唐乡主题酒店、乡村记忆馆、海钓采摘体验区、渔家乐特色餐饮区、海草房住宿体验等特色体验项目和人文历史资源。

【樱花湖体育公园】 位于荣成市崖头街道绿岛北湖，是国家AAA级旅游景区。景区以绿岛北湖水域为中心，投资总额1.7亿元，占地面积253.33公顷（水面面积220公顷、绿化面积33.33公顷），将绿岛湖周边自然风光、人文景观与体育竞技紧密结合，打造全民参与型休闲运动主题公园兼生态体验区。建设6000米长、宽8米的环湖健身路，配套可承办国际赛事的环湖自行车赛道、马拉松比赛和皮划艇训练设施。沿湖周边栽植染井吉野、关山樱、早晚樱等20余个品种的樱花1万余株，打造樱花特色景观。设计制作“樱花湖之恋”大型灯光雕塑，配套建设地上和地下停车场、公共自行车车道、观景平台、水循环系统等，为群众提供高品位、舒适的休闲健身场所。每年冬天有大天鹅300余只在此过冬，设置观鸟平台，游人可近距离观赏大天鹅。

【荣成甲子山庄】 依托荣成市朝阳洞山山脉的主峰甲子山建设，总面积86.6万平方米，是国家AAA级旅游景区。甲子山庄将海滨特色旅游、海洋文化和茶文化旅游连接，打造以生态餐饮、度假休闲为主，融娱乐、观光、养生、度假、户外拓展为一体的度假休闲旅游胜地。

【花斑彩石景区】 位于荣成市东北海岸，离岸50余米，是一座长方形海蚀柱，长约35米，宽约20米，高约9米，总体积7000立方米，是国家AA级旅游景区。因体积巨大，造型奇特，色彩艳丽，花纹多变，被誉为大东胜景，清道光年间被列为荣成八大景之一，被誉为“中华海上第一奇石”。

【大乳山滨海旅游度假区】 位于乳山市海阳所镇，以景观独特的大乳山为中心，陆海面积48平方千米，是国家AAAA级旅游景区。景区以乳山口秀丽的海山景观为依托，与大片风景林、生态林、经济林、观花、观叶、观果植物等形成的丰富林相、季相交相辉映。以“养生文化、康体健身”为主线建设景区，开展福地养生、内海休闲、挑战极限等游客参与性养生健身活动。度假区分为大门景观区、荷合双福、东方琉璃世界、海天康乐园等功能分区14个。

【银滩旅游度假区】 位于乳山市东南海滨，在沿海岸线20余千米的带状规划区内，林秀海碧，礁奇滩曲，集山、海、岛、湖、泉、河、林为一体，绵延20余千米长的沙滩，坡缓滩平，沙质细腻松软，洁白如银，“银滩”因此而得名，被誉为“天下第一滩”，是国家AAAA级旅游景区。区内有全国最早的潮汐发电站，拥有蓄水量3000万立方米的潮汐湖，以及珍珠湾、白浪湾、宫家岛、三观亭、仙人桥、万亩海防松林带等自然景观，是天然的旅游度假胜地。

【乳山福如东海文化园】 位于乳山银滩旅游度假区的中部北斗湾地区，是国家AAAA级旅游景区。景区由威海广澳旅游投资有限公司投资开发建设，投资总金额20亿元，规划用地面积113.33公顷，使用海域面积100公顷，以千年厚重的“福文化”“东渡文化”和“东夷文化”为主题，按照国家AAAAA级旅游景区标准规划建设，主要包括一轴（福如东海文化旅游主轴）、二带（滨海景观带和长江路绿化景观带）、四区（福如东海书画院区、度假酒店区、游艇俱乐部区和旅游商业区），旨在打造具有浓厚滨海特色的、集旅游观光和文化体验于一体的精品文化景区。建成对外营业的项目和子景点包括福海龙珠、游客中心、宁海广场、三观亭、文化美术馆等。园区先后获评山东省重点文化产业园区，入选全国优选旅游项目名录。

【岠嵎山景区】 位于乳山市区西约18千米处，西面山脉南北走向，分水岭为乳山、海阳两市边界，是国家AAA级旅游景区。景区四周众山险立，区内相对高度极大，2条宽阔幽深的沟谷分别自西北、西南宛然向东，汇成人字形而至于东面山口。特殊的地质条件造就岠嵎山特异的自然风光，山上奇石林立，千姿百态，如禽似兽，似人如物，堪称一座天然石雕园。主峰玉皇山海拔589米。

【圣水宫景区】 圣水宫，又名玉虚观，位于乳山市冯家镇孔家村，是国家AAA级旅游景区、省级重点文物保护单位，名列《中国名胜辞典》之中。景区群山绵亘，峰奇谷幽、林岚深邃、清泉奔涌，素有“小昆嵛”之美誉，自然人文景观丰富。唐贞观年间在此建庙曰“圣水宫”。其鼎盛时期在金元时期，曾是全真教三大圣地之一。景区总投资1.2亿元，规划面积1.6平方千米，是以道教养生为主题的养生文化名山。

【多福山景区】 位于乳山市嶝崮山，面积10余平方千米，主峰神仙顶海拔395.95米，是《山海经》所述《列姑射日》中的一座海上仙山，是国家AAA级旅游景区。景区以古刹、庙会、圣水、奇石而闻名，山巅天然形成的“负阴抱阳”独特景观令人称绝。山上建有1000余年历史的碧霞宫及近700年历史的青龙禅寺等古庙名刹，有玉液天池、圣水泉、长寿泉等名泉圣水6个和玄武献寿、青龙飞天、招财金蟾等奇石景观72处，山顶有一“寿星石”栩栩如生，神仙顶因之得名。传统庙会始于明万历年间（1573—1620），每年农历四月十五前后举行盛大庙会。

【石佛山休闲观光园】 位于乳山市乳山寨镇赤家口村西，是国家AAA级旅游景区。景区建有正华茶场、正华山庄（三星级酒店），茶园10余公顷、果园20公顷，温室大棚13座、特色动物园1处、垂钓场1处、原生态山谷（情人谷）1处，特色观光园内栽种各种热带植物、沙漠植物、珍奇植物等。正华山庄可同时供100余人住宿，300余人就餐。动物养殖区有梅花鹿、马鹿、孔雀、珍珠鸡、火鸡、野猪等多种观赏及食用动物。

【小汤温泉】 位于乳山市小汤村南，总面积3公顷，规划建设热带雨林区、星级酒店、特色餐厅3个区域，是国家AAA级旅游景区。热带雨林区内种植热带植物种类数百种，区内配套设施可供1000人同时沐浴，配有先进的按摩冲浪泡池、电脉冲池、煮蛋池、牛奶池等，有康体理疗中心、水吧、自助餐及购物超市等各种休闲养生娱乐设施。星级酒店客房可容纳约300人住宿；综合楼内设有20～150人不等的会议室，多功能厅可容纳200余人，配有现代化的会议设施设备，有可供500余人就餐的生态餐厅。

【台依湖国际酒庄生态文化区】 位于乳山市夏村镇台依湖西岸，是国家AAA级旅游景区。景区由台依湖集团有限公司投资开发建设，以台依湖水域为中心，投资总额30亿元，规划用地面积6666.67公顷，拟建设300座大小风格各异的酒庄，打造集葡萄种植与酿造、现代农业、科普文化、采摘体验、休闲旅游与度假为一体的综合项目。建成对外营业的项目包括007酒庄、私家葡萄园种植区、房车营地、天鹅湖、养殖场—鹿苑—孔雀园区、薰衣草花海、希望沙滩（儿童游乐沙滩）、海盗船餐厅、水上高尔夫、婚庆礼堂等子景点，打造万亩葡萄园、千亩水景、千亩公园、百亩湿地生态景观4个。

【乳山益天生态旅游观光园】 位于乳山市白沙滩镇徐家埝村北，是国家AAA级景区。园区规划占地面积65.33公顷，计划总投资2.12亿元，坚持生态优先的原则，将现代特色农业与生态旅游相结合，规划道观人文区、生态采摘区、商务餐饮区等功能区5个，是一座集体育休闲、采摘体验、宗教养生、旅游观光、商务活动等为一体的现代旅游景区，先后获评山东省农业旅游示范点、山东省精品采摘园。

【马石山风景区】 位于乳山市西北部马石山上，主峰海拔467米，占地面积53公顷，是国家AA级旅游景区，系“马石山十勇士”诞生地、马石山惨案遗址。1943年1月25日，胶东区行政主任公署在陵墓前侧立马石山殉难军民之墓；2月18日，立马石山殉难军民纪念碑。1971年始建烈士陵园，修建烈士纪念堂；1972年在马石山主峰修建抗日烈士纪念塔。1985年，上将许世友、少将林浩为陵园题词。景区先后被省政府批准为省级烈士纪念建筑物重点保护单位、山东省爱国主义教育基地、省级文物保护单位，2014年8月，被国务院列入首批国家级抗战纪念设施、遗址名录，2015年11月，被列为国家级爱国主义教育基地。作为5个抗日英雄群体之一，“马石山十勇士”入选民政部公布的首批300名著名抗日英烈和英雄群体名录。2013年起，乳山市投资5000余万元对马石山风景区整体进行改造，景区占地面积1.69公顷，建筑面积2927.5平方米。主要包括重建马石山十勇士纪念馆、乳山革命纪念馆和宣传教育中心，成立威海马石山红色教育基地。

【胶东育儿所】 位于乳山市崖子镇田家村，是国家AA级旅游景区。景区由胶东育儿所纪念馆、胶东育儿所旧址2部分组成，建筑面积7520平方米，展室10处，展陈面积1030平方米，反映在生死考验面前，乳娘挺身而出用朴实无私的行动谱写大爱篇章的感人事迹，集中展现“忠心向党、大爱无疆”乳娘精神的传承与发展。

【林海湾旅游区】 位于威海火炬高技术产业开发区北海岸，冬暖夏凉，四季分明，属于典型的海洋性气候，是国家AAAA级旅游景区。环海旅游路浴场景区与刘公岛、中央电视台威海影视城连在一起，形成一道独特的滨海风光。景区陆地面积80.7公顷，海域面积200公顷，由国际海水浴场、林海公园和国际休闲帆船基地3部分组成。

国际海水浴场　东起玛珈山、西至烟墩山，海岸线长2800米，是一个自然天成的半月形海湾。景区景观层次丰富，以沙滩、海水为主要基调，突出蓝天、阳光、沙滩、大海、绿树、青草的和谐统一。各项设施精心设置，游人可到海中畅游，可进行运动、休闲、娱乐。浴场内更衣、冲洗等配套服务设施齐全，快艇、摩托艇、海盗船等游乐项目丰富，海上救护、环境保护等管理措施健全。

林海公园　依托环绕国际海水浴场的千亩防护林带，在充分保护松林原始风貌的前提下，利用林间原有的地势地貌，建设以休闲、文化、娱乐、健身等功能于一体的综合性休闲区。公园总占地面积32.7公顷，有幸福大道、儿童乐园、婚庆广场、健身广场等景点。

国际休闲帆船基地　有各种帆船100余艘，利用国际海水浴场自然优势，以海陆一体、协同发展的“蓝色经济”为创新发展模式，打造亚洲最大、最具影响力的休闲帆船基地。基地主要开展帆船帆板驾驶培训、海上运动休闲娱乐、组织各类海上赛事、航海设备特色展览。基地取得国际帆联认证，是国际帆联指定中国培训基地、国际航海组织重点关注发展联动协会成员、国际帆联NOCSP活动指定训练基地。

【小石岛旅游景区】　位于威海火炬高技术产业开发区大连路，由威海西港小石岛旅游服务有限公司开发建设，是国家AAA级旅游景区。景区陆地面积1000平方米，海域面积186.67公顷，是国家级刺海参种苗培育基地，胶东半岛最大最优质的刺海参养殖基地，省级休闲渔业游示范点，2009年5月投入运营，投资1500余万元。景区内有乘船出海观光、垂钓、特色餐饮3个旅游项目，有游艇码头1个，旅游客船7艘。

【康博尔海洋健康博览园】　位于威海火炬高技术产业开发区初村镇兴山路115号，占地面积9.07公顷，是威海康博尔生物药业有限公司投资开发建设和管理的集海洋健康文化展示、海洋健康品研发加工、旅游观光、休闲健身娱乐于一体的海洋健康主题综合旅游景区，是国家AAA级旅游景区。景区主要有海洋健康博物馆（规划在建）、海洋健康品研发加工展厅、海洋微生态药浴疗养中心、3000米海岸线观光体验等功能区，设有海洋健康产品超市、游客接待中心、停车场、健身器材等配套设施。

【老虎山生态园】　坐落于威海市区东南，南枕老虎山，北望威海湾，规划面积266公顷，是威海经济技术开发区金城实业发展公司打造的现代农业生态旅游园区，是国家AAA级旅游景区。园区融地域文化与生态绿色为一体，有以生态为主题的原生态森林、农业采摘园等景点16个，在挖掘丛氏姓氏文化历史的基础上，新增丛氏宗祠堂等仿古建筑。

【安然纳米集团文化产业园】　位于威海经济技术开发区环山路610号，占地面积7.8公顷，是国家AAA级旅游景区。景区由威海安然投资集团有限公司投资开发建设和管理，是集纳米技术文化展示和体验、纳米级活性多肽保健食品和纳米微元纺织品研发加工、旅游观光、休闲健身娱乐等于一体的纳米健康主体综合旅游景区。景区设有纳米科技文化馆、纳米纺织品车间观光长廊、纳米级生物活性肽保健食品车间和水机车间观光长廊等功能区；设有游客接待中心、餐饮中心、纳米技术研发中心、游客娱乐中心、游客健身广场等功能设施；设有孝爱广场、纳米技术文化墙、感恩泉等主题文化景点，弘扬中华传统孝爱文化和纳米健康文化。

【“威海韩国不夜城”——韩乐坊、韩国风情街景区】　位于威海经济技术开发区乐天世纪城。占地面积5.6公顷，总建筑面积约10万平方米，是国家AAA级景区，是国内首家韩文化主题商业景区。景区有韩国商业步行街、丽水门、庆会楼、韩国民俗体验馆、韩国茶艺体验馆、精品夜市、各种主题的韩国文化休闲广场及风情街等，是中韩友谊、文化、艺术、商品、旅游、信息沟通交流中心，韩国品牌、商品在中国的展示中心及贸易集散地，建筑、民俗、旅游、饮食、非物质文化遗产等韩国文化在中国的体验中心。

【海螺湾休闲驿区】　位于威海市滨海大道1688号滨海旅游景观公路新城服务区，与大海仅一路之隔，地理位置优越，自然环境优美，是国家AAA级旅游景区。项目一期占地面积32.4公顷，总投资约1亿元，根据功能划分为公路服务区、休闲娱乐区和民宿餐饮区，分别建有加油站、生态停车场、汽车充电桩、海螺展馆、骑行驿站、特色餐饮等，打造“服务＋休闲＋旅游”模式。景区建筑参照省级非物质文化遗产“海草房”进行建设，主体均为框架结构，外墙选用特色石材砌筑而成，以威海渔家独有的海草、虎皮石为特色技艺进行表现，内部装修采用现代简约格调。景区内的奇遇小螺号成长乐园目标定位3～12岁儿童，围绕“欢乐休闲、亲子互动、研学旅行”为主题进行开发，打造全国首家以儿童为主题的户外成长乐园及研学旅行目的地，是合家欢聚、寓教于乐的亲子体验空间。

【毛泽东像章珍藏馆】　位于威海临港经济技术开发区蔄山镇正气路22—1号，建筑面积约3000平方米，国家AAA级旅游景区。馆内收藏各个时期的毛泽东像章、军功章、奖章、勋章、纪念章150余万枚，收藏20世纪60年代毛泽东的塑像及相关的瓷器、书籍、宣传画等藏品。

（赛序浩）

编辑　李传强

财政 · 税务

财 政

【概况】 2020年，全市一般公共预算收入252.39亿元，完成预算的101%，比上年增长1%。一般公共预算收入，加地方政府债务转贷收入、返还性收入、转移支付收入和上年结转结余等203.80亿元，共计456.19亿元。全市一般公共预算支出350.42亿元，完成预算的109%，增长2.1%。一般公共预算支出，加上解省级支出和结转下年支出等105.77亿元，共计456.19亿元。

市本级一般公共预算收入9.70亿元，完成预算的104%，增长12.4%。市本级一般公共预算收入，加地方政府债务转贷收入、返还性收入、转移支付收入、各区（市）上解收入和上年结转结余等181.29亿元，共计191亿元。市本级一般公共预算支出75.50亿元，完成预算的127.3%，增长12.2%。市本级一般公共预算支出，加上解省级支出、返还性支出、补助各区（市）支出和结转下年支出等115.49亿元，共计191亿元。

【疫情防控支持】 从应急性阻击，到常态化防控，不断优化支出结构，做好资金保障。聚集上级补助资金、市县公共卫生投入、社会捐助资金合力，全市累计投入疫情防控资金7.2亿元，支持市胸科医院扩建，建设高水平疾病预防控制中心，实施医院重症病区、发热门诊改造，提升医疗救治能力；支持防疫物资和医疗设备购置，保障摸排、筛查等工作开展需要，迅速遏制疫情蔓延势头；及时制定并落实患者救治，医务人员和防疫工作者保障，以及养老服务机构、社区防疫补助等政策，疫情防控工作有序开展；加快全市应急物资保障体系建设，提升应急物资储备和生产保障能力。针对疫情防控工作特点，及时出台疫情防控资金管理办法，建立财政资金支付和政府采购绿色通道，高效拨付使用，严格规范管理。

【企业复工复产助推】 坚持统筹疫情防控和经济社会发展，支持企业加快复工复产、实现稳定经营。全面落实减税降费政策，第一时间制定实施细则、做好政策解读，开展常态化送政策上门服务企业活动，帮助困难企业办理延期纳税，指导企业充分用好房产税、城镇土地使用税阶段性减免等政策，实现减税超过16亿元；落实养老、医疗、失业、工伤等社会保险阶段性减免或降低费率政策，减轻企业和社会缴费负担36亿元。积极应对疫情对企业生产经营造成的影响，落实重点物资生产企业用工补贴和贷款贴息政策，保障防疫物资加快生产；建立引进市外人力资源激励机制，组织实施外地务工人员集中接返，保障企业用工稳定；落实服务业用工补贴政策，发放1000万元电子消费券，激发居民消费，稳定服务业发展。全市复工达产各项指标位居全省前列，获得省奖励资金2450万元，数额列全省第1位。

【企业发展助力】 全力支持经济平稳运行、高质量发展，加强涉企资金整合，瞄准12项重点攻坚突破任务，着力推进重要产业、重点平台、重大项目建设。大力发展实体经济，为威海光威集团有限责任公司等7户冲击新目标达标企业提供奖励扶持，出台促进先进制造业和数字经济发展政策，支持321个项目加快推进。出台稳外资稳外贸阶段性扶持政策，加大出口信用保险补贴力度，鼓励企业扩大进出口规模，促进跨境电子商务等外贸新业态发展。坚持创新驱动，支持企业创新研发、产学研合作、科技人才引进等工作开展，加快推动“1+4+N”创新平台体系建设。发挥基金杠杆作用，新设立规模1亿元的市级天使投资基金，设立总规模5.5亿元的新医药与医疗器械产业基金、碳纤维及复合材料产业基金、海洋生物医药产业基金，助推创业企业和特色优势产业加快发展。围绕破解企业融资难题精准发力，设立企业信用保证基金，强化政府融资担保增信，加快“信财银保”企业融资服务平台推广，引导银行为全市中小微企业发放贷款51亿元。着力改善政府采购营商环境，实现政府采购全流程电子化管理，在全省首批开通政府采购网上商城，为企业参与政府采购活动提供便捷条件。

【城乡发展推进】 倾力打造精致城市，多渠道筹集资金，稳步推进棚户区改造，支持实施48个老旧小区综合整治，推动特色商业街区改造和社区菜市场建设，改善居民生活环境；保障重大基础设施加快建设，莱荣高铁、乳山口大桥、坤龙邢水库等重大项目建设稳步推进；加大生态保护和环境治理投入，支持“无废城市”建设试点，进一步健全完善生态文明建设财政奖补机制，全市生态环境质量稳步提升。大力实施乡村振兴，保持涉农投入持续稳定增长，全市累计投入统筹整合资金34.8亿元，助力打造乡村振兴齐鲁样板威海篇；落实农业稳产保供政策，拨付惠农补贴资金7.3亿元，保证农业增产、农民增收；巩固提升扶贫成果，加强对非扶贫重点村的扶持，支持消除集体经营性收入5万元以下薄弱村335个；强化金融惠农，支持推广8个地方优势特色农业保险，对政策性农业信贷担保费给予全额补助，推动金融机构为农业适度规模经营主体发放贷款14.7亿元。

【民生改善】 始终把保障改善民生作为财政工作的优先选项，落实民生政策，办好民生实事。进一步提高城乡居民最低生活保障、特困人员供养、孤儿基本生活保障等政策标准，强化特殊群体生活保障。提高居民基础养老金标准，全市38.3万人直接受益。提高居民基本医疗保险、基本公共卫生服务补助标准，支持新建147处标准化卫生室，增强医疗卫生服务保障能力。坚持“就业就是最大的民生”原则，加大创业担保贷款政策保障力度，支持开展“线上+线下”职业技能培训，在全省率先设立就业风险储备金，保障全市就业形势稳定。启动社会救助和保障标准与物价上涨挂钩联动机制，为64.8万人次发放临时价格补贴。全力保障教育投入，实现从学前教育到高等职业教育财政保障全覆盖，支持新建幼儿园20所，新建、改扩建中小学19所，全市大班额全面消除。推进公共文化服务体系建设，实施文化惠民工程，支持实施A级收费景区（温泉景区除外）冬季门票全免政策。完善政法经费保障机制，深入推进平安威海、法治威海建设，增强人民群众安全感。

【重点项目资金筹集】 把握国家扩大地方政府债券发行规模的机遇，主动适应债券分配方式变化，筛选申报一批利长远、补短板的重点项目，争取新增专项债券资金94.77亿元，为全市48个重点项目提供资金保障。积极做好中央直达资金争取工作，累计获批抗疫特别国债、特殊转移支付等直达资金19.7亿元，全部直达基层，直接惠企利民。严格落实政府过紧日子的要求，在年初预算压减的基础上，对差旅费再压减30%，对公务接待费、会议费、培训费再压减60%，对无法执行的因公出国（境）费全部收回，对财政支出分类实施“红黄绿”预警管控，勤俭办事、节用裕民。

【预算管理改革】 深化预算管理改革，加大“四本预算”（一般公共预算、政府性基金预算、国有资本经营预算和社会保险基金预算）统筹力度，突出优先保障重点，严格预算执行管控，建设专项资金管理平台，推动涉企专项资金申报、审批、拨付、公开全流程一网通办。落实基层“三保”（保基本民生、保工资、保运转）责任，出台县级“三保”风险防控应急预案，建立工资专户资金定期调度机制，强化对财力困难区（市）的支持，坚决守住“三保”底线。开展预算绩效管理改革攻坚年活动，市级部门整体绩效管理试点范围扩大到58个，组织实施163项事前绩效评估、497个事中绩效跟踪和421个事后绩效评价，结合绩效跟踪在全省首创建立年度预算停止执行报备制度，引导部门对无法正常执行的项目进行主动申报，调减、收回资金2.1亿元。严格地方政府债务管理，有序化解存量债务，稳妥推进政府融资平台公司市场化转型。深化国有金融资本管理改革，助力威海市商业银行股份有限公司在香港交易所上市，引导督促地方金融机构防范金融风险、服务地方发展。

（徐祥钊）

税　务

【概况】 2020年，威海市税务系统组织税收收入312.4亿元，增幅列全省第3位，其中市县级收入完成193.76亿元。组织非税收入7.71亿元，组织社会保险费收入39.77亿元，代收工会经费0.88亿元。在山东省税务系统绩效管理考核中列第4位，获评2020年度绩效管理先进单位。

【组织收入】 以机制建设保证收入质量，确定“以收入质量倒逼管理质量提升”的思路，成立市、县两级税费收入组织调度及应急保障工作领导小组，建立统筹收入组织、税种管理、风险管理、市县局任务落实的“四位一体”收入调度机制，提高收入质量，促进经济税收协调可持续发展。聚焦收入结构优化，重点对市县级收入占税收收入比重，市县级收入中增值税、企业所得税和个人所得税（以下合称“主体税种”）占比，房产税、城镇土地使用税、土地增值税、耕地占用税和契税（以下合称“五税”）五税种占比等内容进行分析监控，实行跟踪督导、按季讲评、核查落实、整改通报的质量评价闭环机制，切实推动全市税务系统积极抓收入、调结构，促进税收提质增量。市县级收入中主体税种占比较上年提高2.8个百分点，五税收入占全省比重由2019年的7.1%降至6.5%。以税源管控提升税收基数，实时掌握全市705户重点企业、纳税50强企业、100家冲击新目标企业税源变化，通过风险管理实现收入18.31亿元，清理欠税3.8亿元，稽查查补入库2.06亿元，合计完成24.17亿元，贡献率7.7%。

【税种管理】 强化税种专业化、精细化管理。开展改革影响分析，增值税、消费税政策效应分析和涉税信息日常监控，推进货物和劳务税基础管理。完善企业所得税监管体系建设，强化事前“按需服务”、事中“校验提醒”、事后“风险防控”工作机制，促进纳税人提高税法遵从度；建立企业所得税要素管理和分级监控工作机制，促进税务人员履行法定职责；开展税种联动管理，加强重点事项、重点行业风险管理，提升企业所得税后续管理水平，企业所得税完成57.77亿元，比上年增长13.1%，增收6.68亿元。推进个人所得税汇算清缴工作，坚持清理存量、控制增量的原则，做好异常数据清理，加大个税政策宣传辅导及自然人税收管理系统的推广应用力度，个人所得税完成16.08亿元，增长7.0%，增收1.06亿元。严控地方税种收入质量，加强财产和行为税管理，加强风险比对分析与核查；持续深化征收管理，加强对房产税、土地使用税基础数据的动态管理，建立后续管理长效机制；组建专家团队，对重大项目开展土地增值税清算业务指导。10个地方税种合计完成税收收入102亿元，下降5.8%。

【社保费和非税收入管理】 健全政府主导下的部门协作机制，明确税务机关在已划转的社保费和非税项目上的征收主体地位，在“政府主导、部门配合”思想指导下，分层次、分渠道、分人群做好社保费和非税收入征缴宣传和辅导工作；明晰市县管理职责，推进市县非税收入管理机构实体化运行，提高统筹能力和管理层级，切实为基层减负，持续推动非税收入治理效能；建立完善风险防控机制，组建应急处理团队，积极妥善应对出现的问题；畅通缴费人问题反映渠道，完善反馈机制，快速响应缴费人诉求，保障社保费和非税项目征缴工作协调有序开展。全年组织社会保险费收入39.77亿元，组织非税收入7.71亿元，代收工会经费0.88亿元。

【风险管理】 统筹全市风险管理实体化运行，集中分析税收风险，健全风险分析和风险应对的方法体系，开展风险管理质量评价；统筹各级风险应对部门实施项目式、划区域的风险应对，实施规模以上企业和重点行业的风险应对时，引导相关专业化税源单位配合开展工作。制定风险管理实体化运行方案，持续优化两级风险管理部门的人员配备并注重能力提升，开展实体化风险剖析、分行业专项风险分析和评估检查、行业纳税人和重点税源、事项的风险分析，形成分行业、分事项的分析模板和应对指引，定期开展税收经济分析、实体化应对任务质量复核和应对质量工作讲评工作，形成科学、高效的实体化管理长效机制。加强风险分析和风险任务推送、应对的统筹管理，运用税收大数据开展案头分析，运用风险导向下的“双随机、一公开”监管和信用评价结果，开展差异化管理，提高风险防范的针对性和准确性。年内，通过风险管理实现收入18.31亿元。

【税收执法】 主导统筹税收法制监督管理体系建设，组建重大执法事项决策审核团队，公职律师、法律顾问团队，执法风险应对团队和法制事务支持团队，统筹业务部门统一全市政策执行标准，组织实施执法内控和执法督察，实行日常化法制监督，统筹实施重点执法风险应对，开展税收执法质量评价，对执法监督发现的问题提出征管建议。进一步优化税收执法方式，加强事中事后监管，以最严格标准防范逃避税，避免因不当征税影响企业正常运转。

【国际税收】 发挥税收服务“走出去”企业职能，落实境外所得税收优惠政策，实施企业清册管理，维护“走出去”企业税收权益。组织实施对全市单一功能外资企业关联业务进行特别纳税调整。推进全市预约定价谈签和协议监控执行。对全市非居民企业税收进行管理和监控。贯彻落实税收协定相关政策。

【税务稽查】 加大打击虚开骗税案件查处力度，抓好重点行业专项整顿，强力推进大案、要案的查处，增强稽查震慑力。开展查管协作，强化以查促管，提升税收监管质效。深化稽查机构改革，理顺稽查局与跨区域稽查局之间、稽查部门与辖区内税务局之间的工作关系，构建上下贯通、左右衔接的稽查体系。加强稽查专业化建设，实施稽查人员和手段的专业化管理。实行稽查案件绩效评分考核，提高稽查工作质效。实施税警联动破获“3·23”机动车发票案件。年内，稽查查补入库2.06亿元。

【税收监管】 遵循“基层所盼就是上级所做，上级所做就是基层所得”的理念，坚持“做精市局、做实县局、做专分局”定位，推进机关实体化运行。市县两级梳理职能38项、岗责79项、任务清单161项，优化调整人员329名，提升8类47项复杂业务事项的管理层级，全面理顺各自承担的工作事项明细、标准及时限，提高落实质量，任务按期完成率从不足70%提升至96.65%。通过提供方法指引、实施“制度变事项”工作法、加强信息共享、提供服务支撑等，统筹发布各类监管任务308项，每项任务均附带工作指引、操作方法，确保基层快速理解、直接上手，提升落实效率。强化对一线业务支援，经筛选过滤后，全年向基层下发任务497项，下降65.32%，有力减轻基层负担。通过统筹制定预警指标、提升风险防范层次，扎口风险管理和分级分类应对，在全市范围内建立“防火墙”，实现对系统内各类风险的高效防范。

【服务发展】 树牢“以纳税人为中心”理念，深化“放管服”和“一次办好”改革举措，营造良好营商环境。加强“非接触式”办税推广应用力度，借助“智税管家”平台，实现“非接触式”服务双重分流，到服务大厅办税纳税人流量比上年下降40%以上，网上办税率超过90%，增长31%。搭建“三级一体”纳税服务质量监控体系，及时提醒纳税人防范涉税风险。重点税源企业实行专人联系，组建税收专家顾问团队，落实“一户一策”要求，“强制性”落实各项政策，不断提升纳税人满意度和获得感。全力支持新冠肺炎疫情防控，精准兑现各项优惠政策，助力经济社会发展。年内，全市落实各项政策新增减税降费19.99亿元，其中地方级收入13.02亿元。全年兑现改善民生、鼓励高新技术、促进小微企业发展等11类政策减免99.62亿元，增长10.57%；办理出口退（免）税79.38亿元，增长3.6%；办理留抵退税9.12亿元，增加7.42亿元，缓解企业资金压力，助推企业转型升级，助力小微企业增强活力。

（孟新华）
编辑 侯志杰

2020年度威海市财税地方贡献50强企业

威高集团有限公司
威海市商业银行股份有限公司
迪尚集团有限公司
三角集团有限公司
成山集团有限公司
威海建设集团股份有限公司
家家悦集团股份有限公司
惠普打印机（山东）有限公司
赤山集团有限公司
豪顿华工程有限公司
山东威海烟草有限公司
威海北洋电气集团股份有限公司
华能威海发电有限责任公司
天润联合集团有限公司
威海华府置业有限公司
迪沙药业集团有限公司
山东达因海洋生物制药股份有限公司
金猴集团有限公司
威海光威集团有限责任公司
威海城市投资集团有限公司
华夏文化旅游集团股份有限公司
石岛集团有限公司
威海电美世光机电有限公司
黄海造船有限公司
山东威达集团有限公司
威海万达房地产发展有限公司
贝卡尔特（山东）钢帘线有限公司
威海市山花地毯集团有限公司
文登威力工具集团有限公司
威海兴茂置业有限公司
山东鑫发控股有限公司
威海港集团有限公司
威海火炬高技术产业开发区盛德实业有限公司
山东万恒置业投资有限公司
威海信泰房地产开发有限公司
山东荣成农村商业银行股份有限公司
好当家集团有限公司
威海产业投资集团有限公司
山东环球渔具股份有限公司
威海昊阳集团有限责任公司
海泰和信集团有限公司
中国工商银行股份有限公司威海分行
荣成翠湖房地产开发有限公司
山东荣城建筑集团有限公司
荣成慧华置业投资有限公司
荣成泰祥食品股份有限公司
威海海马地毯集团有限公司
山东吉威医疗制品有限公司
威海市水务集团有限公司
文登碧桂园房地产开发有限公司

金　　融

综　述

【概况】 2020年，全市金融系统强化政策导向，引导金融机构加大信贷投放力度，优化融资结构，为全市经济恢复和持续回升创造良好的金融环境。全市实现金融业增加值128.6亿元，比上年增长6.9%，占地区生产总值的4.3%，提高0.2个百分点。金融业实现税收33.77亿元，占全部税收的10.8%。至年底，全市有银行业金融机构31家。其中，政策性银行1家、国有银行6家、股份制银行8家、城商行6家、农村中小金融机构8家、外资银行1家、民营银行1家。年底全市本外币存款余额4732.78亿元，比年初增加481.83亿元，增长11.3%；本外币贷款余额3396.61亿元，增加512.61亿元，增长17.8%，增幅居全省第2位。全市有保险机构54家，其中财产险公司分支机构29家、寿险公司分支机构25家。全年实现保费收入119.24亿元，比上年增长5.5%；赔款支出35.18亿元，增长12.6%。

【资本市场发展】 2020年，全市有境内外上市公司19家，总股本达184.46亿股，总市值约3100亿元，通过首发、增发、配股等方式累计从股票市场融资346.77亿元。年内，新增在新三板挂牌企业1家，挂牌企业累计达36家；新增在区域股权交易市场挂牌企业75家，挂牌企业累计达361家。2010年—2020年，全市非金融企业发行非金融企业债券120只，融资1011.6亿元；存续债券60只，存续债券金额521.83亿元。2020年，新发行非金融企业债券26只，金额198.2亿元。威海国际海洋商品交易中心实现大宗海产品线上交易额20.8亿元，累计交易额突破58亿元，注册交易会员790家，完成鱿鱼、经济鱼类等质押融资业务3.37亿元；标准化改造监管仓库10个，可视化监管库容超过1.5万吨。

【地方金融组织发展】 2020年，全市有各类地方金融组织84家，涵盖小额贷款公司、民间资本管理公司、融资担保公司、典当行、融资租赁公司等领域。全市有小额贷款公司19家，注册资本32.3亿元。至年底，贷款余额29.70亿元，全年实现营业收入1.58亿元、营业利润1755.6万元。全市有民间资本管理公司11家，注册资本19.8亿元；全年实现投资92笔、15.24亿元，营业收入1.23亿元，上缴税收3267.2万元。全市有融资担保公司12家，注册资本合计31.5亿元。其中，5家为国有独资企业、4家为国有控（参）股企业。至年底，在保责任余额31.55亿元，在保户数5148户。全市有持证典当行15家，注册资本合计3.54亿元，典当余额2.07亿元。全市有融资租赁公司26家，其中法人机构16家、威海市分公司10家，全部为外商独资或中外合资公司。

（翟琳琳）

宏观调控

【概况】 2020年年底，全市社会融资规模存量4346.8亿元，比上年增加691.8亿元，多增212.2亿元，增量达上年的1.4倍。全市本外币贷款余额3396.6亿元，增加512.6亿元，多增157.2亿元，增量达上年的1.4倍，增长17.8%，高出全省平均水平4.4个百分点，居全省第2位。全市本外币存款余额4732.8亿元，增加481.8亿元，增长11.3%。

【货币政策落实】 贯彻落实健全货币政策和宏观审慎政策双支柱金融调控政策，促进货币政策有效传导，稳定金融供给。加强宏观审慎评估，做好法人信贷调控，保持信贷投放稳定增长。2020年，全市10家地方法人银行贷款增加413.4亿元，比上年多增145.4亿元，居全省第4位。落实中国人民银行3000亿元、5000亿元、1万亿元再贷款再贴现政策，引导金融机构为企业提供融资支持，全年在威海市投放资金117.16亿元，其中发放再贴现资金42.12亿元。持续深化贷款市场报价利率（LPR）改革，引导贷款利率下行，12月全市贷款加权平均利率5.1%，比年初下降0.40个百分点。

【稳企业保就业】 落实普惠小微企业贷款延期还本付息政策和普惠小微企业信用贷款支持政策，全市金融机构为6235户企业办理贷款延期还本付息105.11亿元；发放信用贷款余额306.68亿元。印发《2020年政金企对接活动方案》，建立“1＋N”常态化对接机制，组织开展银企对接活动18场，对接企业和项目4600余个，发放贷款418.7亿元。持续开展首贷培植行动，重点关注受新型冠状病毒肺炎疫情影响较大的未获贷民营和小微企业，成功培植首贷企业3823户、贷款余额

47.83亿元，分别是上年的1.6倍和2.2倍。印发《威海市金融支持稳企业保就业工作方案》，开展“金融诊疗”助企行动，筛选确定需帮扶企业462家。至年底，实现462家需帮扶企业“问诊”全覆盖，为其中225户企业发放贷款67.67亿元。

【信贷结构优化】 加大对重点领域和薄弱环节的支持力度，强化金融支持绿色产业和精准脱贫。在全省率先探索地方性绿色金融认定标准，筛选确定绿色企业81家、绿色项目112个。召开绿色金融与绿色产业融合发展座谈会、绿色金融改革创新暨试验区创建座谈会，明确将水产养殖业绿色发展、“无废城市”建设、绿色工业、“精致城市”建设作为绿色金融重点支持方向。加大各类扶贫贷款投放力度，实现全市180个省定贫困村帮扶全覆盖，助推全市建档立卡贫困人口实现全部脱贫。立足“信用县”创建工作，切实发挥农村信用体系建设的信息支撑作用，实现贫困户建档立卡和有信贷需求贫困户的信用评定全覆盖。

【金融风险防范化解】 紧扣“监测、监管、处置”3条主线，突出金融维稳。成立协调小组，对于暴露的风险点，设立风险处置专班，研判相关风险、加强联合处置。制作《威海市金融风险图谱》，强化银行业风险监测处置，督促金融机构加大不良贷款防控力度，推动落实风险处置。至年底，全市银行业不良率为0.99%。充分发挥金融司法合作平台作用，通过金融案件快处机制、网上立案和案件审判执行“绿色通道”，加大金融纠纷案件处置力度，推动全市第1家破产重整案件执行完毕，银行债权无损失。加强对高风险机构早纠工作，全市实现高风险机构“清零”。加大存款保险标识启用工作推进力度，全市金融机构所有网点均启用存款保险标识。

【外汇试点创新】 大力推进跨境金融区块链服务平台试点工作，全年办理融资业务1446笔，居全省首位。拓宽区块链服务平台应用场景，威海市入选首批全国资本项目真实性审核试点工作城市。持续做好试点工作，对试点主体做好事前评估、事中事后管理，通过贸易便利化试点办理业务810笔、4653万美元。办理服务贸易付汇电子税务备案511笔、4.77亿美元。在全省率先开展中韩自贸威海示范区优质企业跨境人民币便利化试点，为38家企业办理业务1201笔23.39亿元，创新推出韩元信用证与中韩货币互换项下韩元贷款结合，发放中韩货币互换项下韩元贷款1.42亿韩元，实现授信的循环使用，避免汇兑风险。强化宏观审慎管理，全年办理跨境人民币实收实付192.3亿元，比上年增长24.9%。

（姜金赤）

金融监管

【概况】 2020年年底，全市银行业资产总额6282.48亿元，比年初增加728.32亿元，增长13.1%。负债总额5945.83亿元，增加677.42亿元，增长12.9%。不良率首次降至1%以内。全市银行业不良贷款继续保持“双降”，余额33.57亿元，比年初减少14.79亿元，不良率0.99%，下降0.69个百分点。全年处置不良贷款43.40亿元，其中出清大额不良贷款3户13.3亿元。全市保险业保费收入119.09亿元，比上年增长5.5%，赔款及给付支出36.32亿元，增长10.7%，保险业提供就业岗位3.31万个，提供各类社会风险保障5.71万亿元。

【经济发展助力】 搭建“金融点子送春风”“百行进万企”等4个平台，打通企业“需求端”与银行“供给端”通道。联合市地方金融监督管理局组建金融辅导队，为中小微企业结对辅导。聚焦上级金融惠企政策落实，联合有关部门印发金融支持实体经济文件7份，提出融资纾困等意见30余条。开展应急贷款试点工作，指导银行机构对试点企业走访对接，满足企业融资需求。印发支持外贸健康发展等相关政策，开展金融支持复工复产专项自查督查，对金融惠企政策落实情况进行督导检查，推动各项政策有效落实。开展“便捷获得信贷”专项活动，指导各银行机构优化信贷流程，对申贷材料实现“明白纸”一次性告知，并研发创新产品，通过线上操作，提高审批效率。加大消费者权益保护力度，妥善处理各类信访举报件。加强金融消费者宣传教育，开展送金融知识下乡等活动。

【银行业监管】 强化监管指导，对威海市商业银行股份有限公司开展风险排查，促进内控水平提升，指导该行发行30亿元无固定期限资本债券。10月12日，威海市商业银行股份有限公司在香港交易所主板挂牌上市。建立6项机制，创新非现场监管指标预警体系，加强威海蓝海银行股份有限公司流动性风险管控，开展专项评估，巩固风险防控基础。引导农商行机构良性发展，加大

10月12日，威海市商业银行股份有限公司香港交易所主板上市庆祝仪式举行

（威海市地方金融监督管理局　提供）

风险化解力度，缓释村镇银行信用风险，编制风险处置规划，加快风险化解。

【保险业监管】 加强保险业监管，组织调研小组赴荣成市开展实地调研，提出监管措施，促进渔业保险市场健康发展。开展专项整治工作，督导保险机构全面评估存在问题，制定实施方案，现场督导规范建设情况。聚焦重点领域、风险机构开展市场乱象问题整改。建立月度车险监测、人身险风险监测和履职回避常态化机制，构建涵盖风险监测和人员管控的长效监管机制。从管理人员、自查自纠、风险化解、行业自律方面，将监管重点集中于关键人员、关键环节。

【金融风险防控】 加快大额授信风险化解出清，对多家银行负责人进行约谈，督导各机构建立包干处置机制，制定不良贷款处置计划，通过批量转让、核销等多种方式加快风险处置出清。推进不良贷款处置，召开全市不良贷款处置化解工作会，对存量不良贷款风险处置滞后的银行机构下发通报、非现场监管意见书，并约见负责人谈话。开展多轮信用风险早期排查，督导各机构完善风险监测台账，做好清单管理。加强分析研判，督导银行机构做好风险防控预案防范风险。

【行业规范建设】 制定工作配档表与季度进展调度表，明确规范建设具体任务27项，明确行业规范建设方向。研究制定高管考核方案，将行业规范建设工作要求纳入考核，进一步压实责任。开展“银行保险高管面对面”监管沙龙活动，搭建信息交流平台，开设行业规范建设活动专刊，协调大众网等媒体开展“高管面对面”访谈等活动。督导各机构每月开展1项亮点工作，每季度开展1次合规培训，每季度组织1次合规测试，每半年开展1次警示教育大会，动态组织员工开展行为自查。开展“规范建设1＋1”精品项目和示范单位创建和评选，编印《成果汇编册》，通过典型引领推动辖区整体规范建设深入开展。持续加大重点领域整治力度，开展现场检查，加大问题整改力度。

（王　晔）

【金融风险监测预警】 2020年，威海市地方金融监督管理局依托“金安工程”大数据监测平台，加强对企业资金链、存续债券、上市公司、负面舆情等各类风险监测研判，按照高、中、低3级预警，先后推送风险线索23条，均得到有效处置。在全省率先开通个人投资理财风险咨询公益服务热线，印发《非法集资有奖举报奖励办法》，核实发放奖励资金2笔2500元、实物奖励价值8000余元。

【非法金融活动打击】 在全省创新开展打击非法金融活动专项整治行动，年内非法集资案件数量、涉案金额、涉及人数比上年分别减少65.6%、68.1%和82%。组建工作专班，对全市913家投资理财类中介机构进行100%拉网式排查。其中，劝导注销、集中吊销、列入经营异常名录430余家。陈案积案审结压降率为81%。在全省率先完成本地法人P2P网络借贷平台出清任务，化解2家平台存量业务1.6亿元。12月，国务院处置非法集资部际联席会议办公室充分肯定威海市相关工作经验，并予以全国推广。

（翟琳琳）

金融服务

【概况】 2020年，威海市金融系统落实金融支持新冠肺炎疫情防控和稳企业保就业政策，不断畅通结构性货币政策传导渠道，加大小微、涉农、制造业等重点领域和薄弱环节的金融支持力度。

【企业发展支持】 市政府办公室印发《2020年政金企对接活动方案》，创新“1＋N”常态化银企对接机制，开展对接活动12场。在新冠肺炎疫情期间，开展服务业、外资外贸等线上专场对接活动，稳定企业资金链条。聚焦住宿餐饮、文化旅游、批发零售等领域，开展为期1个月的“积极应对疫情　助力相关服务业健康发展”对接活动，累计发放贷款6万笔、25.05亿元。聚焦326家稳外贸稳外资基本盘企业，汇总26家银行创新特色产品106项，搭建产品服务库，办理融资业务409笔、34.8亿元。制定“金融10条”“保市场主体9条”等措施，落实中国人民银行3000亿元、5000亿元和1万亿元再贷款再贴现政策。采取延期、展期、无还本续贷等手段帮助企业接续资金链条，累计为中小微企业提供续贷支持资金471.6亿元，对112.7亿元贷款、1.2亿元利息实行延期支付。修订鼓励金融业发展奖励办法和绩效考核办法，增加信贷投放、支持先进制造业、金融风险防控3个专项考核，全年信贷投放创历史新高，其中上半年全市贷款增幅居全省第1位。年内，优化信贷结构，制造业贷款比上年增加38.3亿元，增长9.4%。普惠型小微企业贷款增长46.1%，测算贷款利率5.3%，连续11个季度下降。信用贷款增长43.7%，其中企业信用贷款增长35.1%。民营经济贷款余额1107.4亿元，增长11.7%。

【经济发展助推】 综合运用贴息贴保、风险补偿、应急转贷等手段，为企业融资提供增信分险支持。科技支行政策合作银行实现市域全覆盖，为209家科技型企业发放贷款27.09亿元，比上年增长55%。拓展“人才贷”政策受益范围，合作银行发展到11家，累计为市级以上高层次人才及其所在企业发放贷款27笔、1.4亿元，威海市经验做法被《山东政务信息》刊发，入选全省优化营商环境工作典型案例。推进知识产权质押融资，设立风险补偿基金，全年促成知识产权质押登记73件、质押金额8.2亿元，分别增长289%和460%。在全市实施金融辅导工作制度，优选金融辅导员215名，组建辅导队66支，与1104家企业建立对口帮扶关系，实行“一企一策”，帮助解决融资需求148.72亿元，融资需求满足率、其他需求满足率和专项攻坚完成率分别达93.7%、96.5%和91.0%。威海市金融辅导工作获评全省优秀等次，在全省金融辅导经验交流会议上作典型交流，经验在全省推广。

【金融营商环境优化】 构建以投资者教育、制度建设、权利救济、法治供给为主线，涵盖事前、事中、事后的全链条保护机制，印发政策文件23个，梳理总结本地实际案例50个，报送典型经验做法5篇，完成优化营商环境指标测评。开展便捷获得信贷专项攻坚行动，年底小微企业平均办贷环节3.23个，比年初减少0.21个；办理时间6.18天，减少0.67天；申请材料6.78件，减少0.73件。推进民营和小微企业首贷培植行动，培植首贷企业3823户、47.83亿元，分别是上年的1.6倍和2.2倍。

【直接融资发展】 加快推动企业对接多层次资本市场。加强后备资源培育，召开企业家座谈会，威海市政府与深圳证券交易所签订战略合作协议，共建威海资本市场培育基地。按照“实用、特色”原则，开展资本市场培训培育活动8场。推进规模企业规范化改制，年内完成改制85家，累计改制1144家，改制率69.0%。积极推动企业上市挂牌，深入实施上市三年攻坚计划，威海市商业银行股份有限公司在香港交易所主板上市，是全市首家、全省第3家上市的地方法人银行，募集资金净额32.66亿港元，单体募集金额居全省第3位。4家企业处于上市审核阶段，1家企业处于中国证券监督管理委员会山东监管局辅导阶段。威海市A股上市公司市值突破2000亿元。

【债券融资发展】 加大发债主体培育力度，全年发行非金融企业债券26只、金额198.2亿元，比上年增长17.6%。威高集团有限公司在新加坡交易所发行1.5亿美元可交换债券，利率2%，是香港联合交易所上市全流通公司首次在境外发债。荣成市财鑫投资公司发行资产证券化产品，规模13.55亿元，是国内市场首单以海域使用权权益作为基础资产的资产证券化项目。威高医用高分子制品公司在香港发行7年期人民币计价绿色债券10亿元，由国际金融公司全额认购，是全省首笔在境外发行的以人民币计价的债券。

【金融改革深化】 提升区域金融产业竞争力，深化区域金融合作，市政府与工商银行山东省分行、进出口银行山东省分行签订合作协议，威海市与青岛等4市地方金融监督管理局签订《胶东经济圈一体化金融战略合作协议》。深化法人机构改革，召开威海市商业银行改革发展领导小组会议，在全省地方法人银行中率先实现机构网点全省全覆盖。处置农村商业银行问题股份64户、10.18亿股，压降贷款18.67亿元，处置股份数量占上年年底存量的72.9%；处置不良贷款17.03亿元，不良率降至3.1%。发展绿色金融，推进国家绿色金融改革创新试验区创建工作。至年底，全市绿色贷款余额248.71亿元，比上年增长82.5%。

（翟琳琳）

银　行

【概况】 2020年年底，全市有银行业金融机构31家，总资产6282.5亿元，总负债5945.8亿元，各项存款余额和贷款余额分别比上年增长13.1%和12.9%，实现利润47.1亿元，增加9.6亿元。

2020年年底威海市银行业金融机构本外币存贷款情况表

表13　　　　单位：亿元

机构名称	存款余额	贷款余额	机构名称	存款余额	贷款余额
中国工商银行股份有限公司威海分行	363.17	282.22	中国光大银行威海分行	43.75	65.47
中国农业银行股份有限公司威海分行	372.94	252.44	平安银行股份有限公司威海分行	6.11	15.84
中国银行股份有限公司威海分行	283.81	217.31	威海市商业银行股份有限公司	808.33	362.71
中国建设银行股份有限公司威海分行	308.87	259.49	齐鲁银行股份有限公司威海分行	15.30	24.60
交通银行股份有限公司威海分行	157.63	119.25	齐商银行股份有限公司威海分行	32.75	26.84
中国邮政储蓄银行股份有限公司威海市分行	364.82	125.96	青岛银行股份有限公司威海分行	193.09	125.89
中国农业发展银行威海市分行	42.00	246.04	日照银行股份有限公司威海分行	33.03	22.48
中信银行股份有限公司威海分行	139.16	66.63	烟台银行股份有限公司威海分行	46.48	61.33
招商银行股份有限公司威海分行	85.76	71.89	农村商业银行	793.73	501.67
上海浦东发展银行股份有限公司威海分行	87.79	103.77	村镇银行	29.66	18.41
中国民生银行威海分行	87.45	64.26	韩国友利银行威海分行	7.04	8.39
兴业银行股份有限公司威海分行	67.58	83.01	威海蓝海银行股份有限公司	285.01	223.64
恒丰银行股份有限公司威海分行	54.36	79.85			

说明：农村商业银行、村镇银行为该系统合计数

（姜金赤）

【中国农业发展银行威海市分行】 2020年年底，中国农业发展银行威海市分行各项人民币存款余额42.00亿元，各项存款日均余额58.2亿元，各项存款人均余额5818.8万元；各项贷款余额246.04亿元，比年初增加30.5亿元，累计投放各类贷款52.46亿元；国际业务累计结算1.68亿美元；实现内部资金转移定价（FTP）利润3.7亿元，比上年增加3600万元。发挥政策性金融"当先导、补短板、逆周期"的调节作用，对乳山市土地矿山综合整治项目投放资金3亿元，新增耕地面积963.47公顷；推动黄河流域生态保护和高质量发展，对文登区农村饮水安全工程发放贷款6.7亿元，为11个镇提供水源，覆盖村庄51个，惠及人口134万人；对荣成市伟德山林业生态修复保护工程项目发放贷款6.7亿元，惠及2000户城乡居民；对荣成市成山、港西片区生态综合整治项目发放贷款3.5亿元，改善海岸线生态环境。累计支持普惠型小微企业10家，发放贷款5870万元。累计批复乡村振兴项目库19个、金额103亿元。对乳山市老旧小区改造暨热力提升项目审批贷款6亿元，已投放2亿元。对荣成市热电联产项目累计发放10.75亿元，惠及居民6万余人、企业100余家，每年将减少标准煤耗量156万吨。为环翠区温泉镇冶口村改善人居环境建设项目审批贷款4.8亿元，改善717户居民生活环境。发放疫情防控和复工复产贷款33亿元，支持水利等基础设施建设，促进疫情防控和社会经济恢复。支持粮食购销储工作，全年发放贷款1.64亿元用于粮食收购。发放涉及扶贫贷款3.59亿元，帮扶贫困人口62人，资助贫困大学生25人，为贫困地区招商引资20万元。收回风险贷款500万元，收回基金1.08亿元，连续5年不良贷款保持"零余额"。持续降低企业融资成本，对纳入复工复产绿色通道的企业，在原优惠利率的基础上给予首年优惠，让利734.5万元；发放生猪贷款平均利率为3.1%，让利30万元；发放普惠小微企业贷款平均利率为3.1%，让利30万元；对小微企业在执行原优惠利率的基础上给予首年优惠，让利1211万元。全年提前到位项目资本金13亿元，新增营销非贷客户86户、存款余额1.78亿元，签约银联商务客户32户，累计交易量达1.54亿元。在全省率先接入农民工工资支付平台，开办23户，年底余额5176万元。累计营销发债资金22.58亿元。严格落实各项风险防控措施，坚持精细化管理，不断提升信贷工作合规管理水平，有效防范化解重大金融风险。

（楚鹏飞）

【中国工商银行股份有限公司威海分行】 2020年年底，中国工商银行股份有限公司威海分行各项存款余额363.17元，各项贷款余额282.22亿元，全年新发放贷款111亿元，比上年增长22%。对接重大项目、重大工程，以服务供给侧结构性改革为主线，扎实推进战略合作协议落实，做好稳投资、促消费、惠民生等领域金融服务。开展"春笋行动"助推制造业升级改造，全年制造业贷款单边增长5.8亿元。大力发展供应链融资，助力产业链龙头企业以及研发中心、关键零部件生产环节发展。依托系统优势，统筹国际和国内市场，为全市企业连通国际资金渠道，全年实现跨境人民币业务量47亿元，占全市业务量的25%。开展支持新冠肺炎疫情防控、复工复产等专项行动，全行员工捐款超过16万元。开展"春润行动"，加大信用类贷款投放力度，支持企业复工复产，年底信用类贷款余额比年初增长17%。支持实体经济发展，通过减息降费等方式，降低企业成本，落实延本延息政策，对普惠贷款应延尽延，通过调整结息周期、贷款展期、再融资等方式，降低客户还本付息压力。推动精准扶贫与乡村振兴衔接，开展消费扶贫"春暖行动""金秋行动"，帮助扶贫产品进超市、进企业，协助销售贫困地区农产品700万元。强化存量风险化解和增量风险防范，稳定信贷资产质量，维护区域金融稳定。全年处置不良贷款9.6亿元，年底不良贷款余额、不良率实现双下降。

（王泽林）

【中国农业银行股份有限公司威海分行】 2020年年底，中国农业银行股份有限公司威海分行各项存款余额372.94亿元，各项贷款余额252.44亿元，缴纳税金5383万元。全力支持供给侧改革，强化集群项目支撑，助力重大基础设施建设，支持重点企业发展，为8个重点项目投放贷款17.02亿元；为荣成市人民医院、乳山市人民医院、威海市立第三医院发放贷款1.5亿元，保障医疗物资采购需求。以"惠农e贷""强村贷"为主要产品，搭建农村数据平台，通过金融科技服务乡村振兴，全年发放强村系列贷款2.02亿元；制定推广西洋参、渔船等产业集群服务方案9个，"惠农e贷"、扶贫贷款比年初分别增加2.24亿元、9706万元。优化民生支付结算渠道，实现各领域民生类缴费全覆盖。推出"抵押e贷""纳税e贷"等产品，加强金融辅导，帮助企业解决资金难题，普惠贷款增速高于全行贷款增速52.6个百分点。开展标准化服务提升工作，优化网点服务环境，畅通客户服务渠道，通过"金穗惠农通"服务点开展金融知识宣传，实现私人银行财富管理工作室全域覆盖，用好客服联动"E事通"系统，客户体验持续改善。全年实现信息系统安全生产，没有案防风险、安全事故及违规事件发生。开展公益活动，组织新冠肺炎疫情捐款19.77万元。年内，威海分行先后获评山东银行业良好银行、工作优秀单位、省级文明单位等。

（鞠玲玲）

【中国银行股份有限公司威海分行】 2020年年底，中国银行股份有限公司威海分行本外币各项存款余额283.81亿元，本外币各项贷款额217.31亿元。全面助力企业复工复产，建立新冠肺炎疫情防控项目信贷审批绿色通道，对因疫情受困企业提供全方位融资支持。对83户中小微企业贷款实施临时性延期还本付息，涉及贷款5.92亿元。发挥国际化优势，制定《"稳外贸、稳外资、促发展"专项金融服务方案》，助力外贸、外资发展。年底"两增两控"（贷款金额和户数的增加，控制不良贷款和小微企业的贷款成本）普惠贷款余额19.06亿元，比年初增加5.68亿元，增长42.5%，高于各项贷款31.39个百分点；重点关注"融资贵"难题，4次下调普惠型小微企业贷款利率。创新工作形式，举办科技企业银企对接会，完成全省首笔海域使用权抵押登记。加大对基础设施、新旧动能转换等领域项目的营销支持力度，新增棚改贷款、隐性债务置换贷款20余亿元；支持威海市海洋经济高质量发展，累计支持海洋经济相关企业113户，核定授信总量45.45亿元；投产上线多银行现金管理平台，与市属10个国有集团公司、100余家国有企业进行全方位合作。重点支持民营企业发展，切实降低民营企业贷款周转成本，为重点骨干企业提供融资支持。至年底，全行民营企业贷款余额达54.87亿元，比年初增加2.15亿元，占对公授信的57.4%，民营企业贷款在新增贷款投放中占比68.1%，不良率0.99%。开展行业规范建设深化年活动，创新设置“基层直通车”精品项目，推进代职管理与清零行动。深入开展合规文化提升年活动，扎实推进“平安中行”建设，保持连续23年“零案件”“零事故”。落实消费者合法权益保护制度，连续2届担任市金融消费权益保护协会会长单位，金融消费者权益保护考核列全省第1名。2020年，威海分行机构考核列全省第1名，获评机构等级“A+”、省行级“中银优秀集体”，连续9年被国家外汇管理局威海市中心支局评为银行外汇业务合规与审慎经营评估A级银行。

（尚加力）

【中国建设银行股份有限公司威海分行】 2020年年底，中国建设银行股份有限公司威海分行各项存款余额308.87亿元，比年初增加2.68亿元；各项贷款余额259.49亿元，增加29.49亿元；全年投放表内、表外综合融资160亿元，增加21亿元；缴纳税金7300万元。助力区域经济发展转型和产业升级，对接省、市两级新旧动能转换重点项目、重点领域，支持客户37户，投放资金39.33亿元。支持基建、制造业领域项目，年底基础设施贷款余额45.33亿元，增加10.73亿元；制造业贷款余额32.02亿元，增加4.97亿元。加大民营企业支持力度，年底民营企业信贷余额57.33亿元，增加11.65亿元。服务“一带一路”倡议，支持外贸企业发展，累计发放表内外贸易融资14.47亿元。助力乡村振兴，年底全口径涉农贷款增加12亿元，比全部贷款平均增速高23.7个百分点，打造寻山集团有限公司“裕农通海产养殖金融生态圈”项目，该项目入选农村特色支付“一市一品”省级重点项目。优化信贷结构，优先支持行业贷款26亿元，比对公贷款平均增长高21个百分点。支持低碳经济、循环经济发展，年底绿色信贷余额达13.62亿元，比年初增加8.43亿元。年底监管考核口径普惠贷款余额25.84亿元，增加8.63亿元。在全市首推小微企业退役军人创业扶持贷款，“小微快贷”系列产品入选威海市精品项目。编制威海市住房价格指数，年底实现住房租赁融资2.44亿元。持续发挥金融科技赋能，优化农民工工资监管平台，实现年代发农民工工资21万余笔、金额超17亿元。在所辖营业网点打造养生、旅游、便民、扶困等6个特色“劳动者港湾”，将金融服务延伸至非金融领域。优化风险防控，强化风险管理，全年处置不良贷款1.38亿元，实现已核销资产现金回收5020万元；至年底，不良贷款余额8411.45万元，不良率0.3%。新冠肺炎疫情期间，为全市防控机构赠送“守护保”保险，保额5.1亿元；为85家疫情防控企业投放资金6.07亿元，为3113户小微企业解决融资难题，累计投放资金38亿元；为1200余个客户提供延期服务，支持小微企业复工复产的做法被中央电视台专题报道。开展警示教育，强化内控合规管理，通过全国文明单位复查，全年无监管处罚、无案件事故及严重违规事件。

（王晗莹）

【交通银行股份有限公司威海分行】 2020年年底，交通银行股份有限公司威海分行本外币各项存款余额157.63亿元，比年初增加3.36亿元；各项贷款余额119.25亿元，增加23.75亿元。小微贷款余额38.81亿元，增加1500万元；涉农贷款余额44.1亿元，增加12.04亿元；实现经营利润1.92亿元；不良贷款余额1.70亿元，增加3673.48万元，不良贷款占比1.4%。聚焦“专项债、普惠、基金销售”3项重点工作，持续推进7类重点项目建设，推动分行深化改革和转型发展。完成新冠肺炎疫情防控专项贷款业务，投放疫情专项贷款2.7亿元，居系统内省辖分行第1名。服务实体经济，公司板块累计申报重点项目18个，融资总额66亿元，实现重点项目投放金额27亿元；解决科技型企业融资需求，全年为56家科技企业发放贷款6.24亿元，比上年增加3.05亿元。推广网银结售汇和线上汇增利业务，提高国际业务综合化服务水平，提升客户经理财富管理能力。完善制度建设，压实管控责任，未发生案件和重大违规、违纪事件。

（张军辉）

【中国邮政储蓄银行股份有限公司威海市分行】 2020年年底，中国邮政储蓄银行股份有限公司威海市分行总资产达394.22亿元，各项存款余额364.82亿元，比上年增加52.75亿元；各项贷款余额125.96亿元，增加22.65亿元。其中，个人贷款余额84.78亿元，增加14.92亿元；公司贷款余额42.49亿元，增加7.73亿元。全年发放贷款90.12亿元，不良贷款率0.3%。强化新冠肺炎疫情防控信贷支持，对接抗疫名单企业4户，发放贷款4000万元。支持小微企业复工复产，发放贷款335笔、14.16亿元，对经营困难企业开展无还本续贷业务，主动下调利率，提供展期、续贷、变更还本方式贷款109笔、3.06亿元。服务“三农”发展，普惠涉农贷款增加3.49亿元，扶贫贷款增加3.6亿元。加强与农业发展信贷担保公司合作，通过“农担贷”业务为500余户农户发放贷款3.44亿元，解决客户融资难题。推进极速贷、网商贷等互联网贷款产品，普惠小微贷款余额28亿元，增加5.88亿元，户数增加891户。加强基础设施建设支持力度，全年发放贷款9.29亿元。为8个项目新增授信53.88亿元。主动降低防控新冠肺炎疫情企业贷款利率，降低普惠小微、公司贷款授权价格，让利854万元，降低企业融资成本。发挥结算优势，为城乡居民提供各类民生服务，实现代收民生类服务金额8.38亿元，代发民生类服务金额15.96亿元。形成以住房贷款、综合消费贷款为核心，以创新合作类贷款为特色的消费信贷产品体系。降低客户融资成本，投放再就业贴息贷款4.12亿元，贷款余额6.51亿元，累计服务各类创业人员超过4500户。持续做好退役军人服务，发放退役军人贷款1755.4万元。

（王 静）

【山东省农村信用社联合社威海审计中心】 2020年年底，全市农村商业银行各项资产总额946.62亿元，比上年增长13.0%；各项存款余额798.4亿元，比年初增加72.69亿元；各项贷款余额503.8亿元，增加56.32亿元；实体贷款余额416.94亿元，增加38.67亿元。全市农村商业银行加大对民营企业、小微企业和“三农”的支持力度，对复工复产企业贷款给予支持，推出“防疫关爱贷”“复工租金贷”“应急贷”等专项信贷产品，全年新增政策性贷款38.65亿元。依托“首贷培植”行动，开展“百行进万企”融资对接活动，举办银企对接会、产品推介会等活动。落实国家减负让利政策，制定8个方面措施20条，全年新增普惠型小微企业贷款22.21亿元，比上年增长46.2%；服务客户8886户，增加2837户，增长46.9%；办理无还本续贷业务余额68.58亿元，减费让利1472.4万元。提升服务效率和服务便捷性，全年新设智慧柜员机337台，线上申贷平台服务客户3.33万户，授信20.98亿元。创新“银行+龙头企业+农户”产业扶贫模式，开发“参农贷”“大姜贷”等金融产品，全年挂职金融干部203人，涉农贷款余额226.04亿元，扶贫类贷款55亿元，比上年增长12%。年内，威海审计中心获评省属企业文明单位，威海农村商业银行股份有限公司获得山东省金融财贸系统五一劳动奖状，荣成农村商业银行股份有限公司获评“中国农村金融 金融扶贫突出贡献机构”，文登农村商业银股份有限公司行获评省属企业五四红旗团委，乳山农村商业银行股份有限公司获评全国农村金融十佳绩效管理机构。

（林华勇）

【山东威海农村商业银行股份有限公司】 2020年年底，山东威海农村商业银行股份有限公司资产总额214亿元，比年初增加37亿元；各项存款余额171亿元，增加25亿元，增长17.0%；各项贷款余额130亿元，增加22亿元，增长20.3%。其中，零售类贷款64亿元，增加20亿元。强化风险化解，不良贷款余额、占比实现“双降”，不良贷款余额比年初下降1.58亿元，下降1.79个百分点。资本充足率为16.2%，提高0.1个百分点。推出“防疫快贷”“复工租赁贷”“抗冠特色服务贷”产品，向涉新冠肺炎疫情行业创新推出“供应链”贷款，发放“疫情关爱贷”32户、金额3341万元，发放“复工租金贷”66户、金额720万元。公司全体员工向市慈善总会捐款20万元，定向建设威海市传染病医院扩建工程。推出“知识产权质押贷”“复工租金贷”等信贷产品60余款，助力企业复工复产满足社会各界各类客户融资需求，月均投放信贷2亿元。公司先后获得山东省财贸金融系统“五一劳动奖状”，获评全省农商银行职工信赖的职工之家等。

（黄 杰）

【威海市商业银行股份有限公司】 2020年年底，威海市商业银行股份有限公司资产总额2676.02亿元，比上年增加429.66亿元，各项存款余额增加352.80亿元，各项贷款余额增加278.42亿元。全年实现净利润16.48亿元，比上年增加1.25亿元，增长8.2%。持续加大信贷供给，融入全市经济社会建设，各项业务实现平稳健康快速增长。资本充足率达15%以上，各项监管指标全面达标并向好改善。推进“两端型零售银行”改革，推动业务增长。辖济南、天津、青岛等分支机构120家，在山东省地方法人银行中率先实现机构网点全省全覆盖，提升服务区域经济社会发展能力。10月12日，公司在香港交易所主板上市，募集资金净额32.77亿港元，全部用于补充核心一级资本。持续优化金融服务供给，加大对战略性新兴产业、高端装备制造业、民生事业等实体经济的信贷投放力度，降低小微企业融资门槛，持续提高信贷可获得性。公司连续5年获评全国十佳城市商业银行，先后在山东省政府组织的地方金融企业绩效评价中排名第1位，主体信用评级为AAA级。

（王 晶）

保 险

【概况】 2020年，全市有市级保险公司54家，其中财产险公司29家、人身险公司25家；有各类专业中介法人机构3家、中介分支机构87家。全市保险业实现保费收入119.25亿元，比上年增长5.5%。其中，财产险公司实现保费28.17亿元，增长2.5%；寿险公司实现保费91.08亿元，增长6.4%。全年为社会承担各类风险责任4.3万亿元，支付各项赔款和给付保险金35.18亿元。其中，财产险公司支出16.71亿元，人身险公司支出18.47亿元。全市保险业上缴各类税金4.9亿元，提供就业岗位近3.3万余个。威海保险业慈善公益基金划拨善款3万元，助力湖北省武汉市新冠肺炎疫情防控，支取公益基金7万余元帮助6个因病致贫的家庭及贫困村改造。

【实体经济服务】 开展农业保险产品和服务模式创新，国内首款政策性牡蛎养殖海浪波高保险落地，全年承保面积166.67公顷，提供风险保障1000万元。服务地方特色农业，全年承保牡蛎养殖风力指数保险、西洋参种植保险等，保险面积1317.2公顷，累计为养殖户提供风险保障8921.48万元。全年承保政策性能繁母猪和育肥猪252万头，承担风险7.8亿元。

【消费维权保障】 2020年，威海市保险行业协会受理有效投诉案件124件。涉及财产险公司15家，投诉中主要涉及车险承保、车险理赔等问题；人身险公司14家，投诉中主要涉及给付纠纷、承保纠纷等，全部在期限内办理完毕。完善保险纠纷诉讼调解对接机制，与威海市中级人民法院联合印发《关于建立保险纠纷诉讼与调解对接机制的实施意见（试行）》，为保险行业长远发展提供司法保障和服务。威海市保险纠纷人民调解委员会受理保险纠纷案件120件，涉案金额1.56亿元。其中，“12378”服务热线转办91

2020年威海市财产险公司经营情况表

表14　　单位：万元

机构名称	保费收入	赔款支出	机构名称	保费收入	赔款支出
中国人民财产保险股份有限公司威海市分公司	80345.59	47966.38	渤海财产保险股份有限公司威海中心支公司	1976.82	1093.36
中国太平洋财产保险股份有限公司威海中心支公司	27253.42	15400.65	长安责任保险股份有限公司威海中支心公司	2030.25	2147.32
中国平安财产保险股份有限公司威海中心支公司	41384.69	27230.41	中国人寿财产保险股份有限公司威海市中心支公司	13925.94	8531.71
华泰财产保险有限公司威海中心支公司	2530.98	1327.84	安盛天平财产保险股份有限公司威海中心支公司	1817.39	1157.30
天安财产保险股份有限公司威海中心支公司	2492.94	1504.80	泰山财产保险股份有限公司威海中心支公司	2172.19	1144.27
太平财产保险有限公司威海中心支公司	12050.62	6619.01	浙商财产保险股份有限公司威海中心支公司	2850.31	2659.12
永安财产保险股份有限公司威海中心支公司	1964.04	1354.72	紫金财产保险股份有限公司威海中心支公司	1408.89	431.29
中国大地财产保险股份有限公司威海中心支公司	15602.20	8298.01	英大泰和财产保险股份有限公司威海中心支公司	1105.42	433.69
阳光财产保险股份有限公司威海中心支公司	20988.42	13393.85	国任财产保险股份有限公司威海中心支公司	2925.91	1679.33
华安财产保险股份有限公司威海中心支公司	1576.11	881.48	华海财产保险股份有限公司威海中心支公司	10990.88	4424.64
中华联合财产保险股份有限公司威海中心支公司	21387.66	12260.54	安诚财产保险股份有限公司威海中心支公司	3602.51	1844.34
大家财产保险有限责任公司威海中心支公司	1311.77	522.52	亚太财产保险有限公司威海中心支公司	2383.17	967.76
都邦财产保险股份有限公司威海中心支公司	672.38	1502.94	中煤财产保险股份有限公司威海中心支公司	1284.33	312.58
安华农业保险股份有限公司威海中心支公司	2482.46	1343.10	中路财产保险股份有限公司威海中心支公司	803.59	469.64
永诚财产保险股份有限公司威海中心支公司	336.32	175.51			

2020年威海市人身险公司经营情况表

表15　　单位：万元

机构名称	保费收入	赔款支出	机构名称	保费收入	赔款支出
中国人寿保险股份有限公司威海分公司	300544.45	66718.19	平安养老保险股份有限公司威海中心支公司	1142.62	637.78
中国太平洋人寿保险股份有限公司威海中心支公司	22964.19	14625.15	农银人寿保险股份有限公司威海中心支公司	22584.44	2518.51
中国平安人寿保险股份有限公司威海中心支公司	90859.20	10781.87	中国人民人寿保险股份有限公司威海中心支公司	11179.56	6994.17
新华人寿保险股份有限公司威海中心支公司	82958.62	23109.99	中国人民健康保险股份有限公司威海中心支公司	716.86	167.01
泰康人寿保险有限责任公司山东威海中心支公司	36847.33	16662.45	华夏人寿保险股份有限公司威海中心支公司	35784.32	4449.70
太平人寿保险有限公司威海中心支公司	134318.32	16496.73	恒安标准人寿保险有限公司威海中心支公司	1565.43	699.83
长城人寿保险股份有限公司威海中心支公司	8392.63	5680.10	富德生命人寿保险股份有限公司威海中心支公司	15559.77	2659.34
民生人寿保险股份有限公司威海中心支公司	8472.77	2059.82	阳光人寿保险股份有限公司威海中心支公司	12870.19	508.65

续表 15

机构名称	保费收入	赔款支出	机构名称	保费收入	赔款支出
中信保诚人寿保险有限公司威海中心支公司	6560.60	288.06	百年人寿保险股份有限公司威海中心支公司	13035.10	966.58
中宏人寿保险有限公司山东分公司威海营销服务部	5284.10	389.64	天安人寿保险股份有限公司威海中心支公司	52654.58	2938.33
华泰人寿保险股份有限公司威海中心支公司	4259.34	246.74	同方全球人寿保险有限公司威海中心支公司	1408.43	90.92
国华人寿保险股份有限公司威海中心支公司	15974.87	660.57	德华安顾人寿保险有限公司威海中心支公司	1695.80	147.12
建信人寿保险有限公司威海中心支公司	23194.62	4272.68			

件，消费者自诉 7 件，与环翠区人民法院诉调对接 22 件，成功调解 40 件，为消费者挽回经济损失 61.2 万元。推进反保险欺诈工作，确立以保险公司、调查公司、公安机关、行业协会四位一体的打击保险新模式。全年接收公司有效报案线索 10 件，侦结 9 件。

（林玮玮）

【中国人民财产保险股份有限公司威海市分公司】 2020 年，中国人民财产保险股份有限公司威海市分公司为全市 564 家大中型企业、710 余艘船舶以及进出口贸易行业、工业生产行业、交通运输业等提供风险保障 6335 亿元，实现保费收入 8.03 亿元，累计处理各类赔案 5.78 万件，支付赔款 4.8 亿元，缴纳税金 9776.8 万元，公司风险保障规模、保费规模、赔付规模及税收贡献均居威海财产保险行业首位。发挥保险功能作用，免费向全市新冠肺炎定点救治医疗机构相关科室的医护人员及其家庭成员、威海援鄂医疗队人员及其家庭成员捐赠每人最高 50 万元、全市总额 1000 万元的保险保障，将新型冠状病毒感染人员、疫情处置工作人员纳入政府救助保险保障范围内，支付救助金 56 万元。助力企业复工复产，结合社会需求，创新开发法定传染病责任险、“复工保”等产品，帮助企业降低风险；对部分符合条件的客户免费延长保险期限，减轻企业负担。借助“山东人保”微信公众号等，推广线上无接触承保和理赔服务。深化产品创新，助力破解融资难题。针对个人、小微型企业贷款难题，开办个人信用贷款保证保险业务。2020 年，小微企业及个人客户获得银行贷款 1411.62 万元。开办首台（套）重大技术设备责任保险、重点新材料首批次应用综合保险等业务，为全市 8 家企业提供首台（套）重大技术设备和新材料产品风险保障。开办短期出口贸易信用保险业务，主要保障出口企业在经营出口业务过程中存在的商业风险或因进口国的风险出现的损失，为 7 家出口企业承担风险保障 22.76 亿元。为全市农业生产提供风险保障 11.23 亿元，涵盖农、林、牧、渔等行业。开发和承保蓝莓、茶叶、葡萄、生姜等特色农产品险种，开办春玉米最低收入保险，为近 4400 公顷春玉米提供风险保障 4650 万元。

（王 永）

【中国人寿保险股份有限公司威海分公司】 2020 年，中国人寿保险股份有限公司威海分公司实现总保费收入 30.05 亿元，比上年增长 8.1%，占威海寿险市场份额的 33%。公司年度各类业务赔（给）付金额超过 6.6 亿元，缴纳税金超过 2500 万元。公司内设职能部门 12 个，下辖环翠、文登、荣成、乳山 4 个区（市）支公司，面向社会各类团体、企事业单位、个人提供健康、养老、意外、理财等产品。公司开办城镇居民大病、职工大病、贫困人口扶贫特惠保险、计生失独家庭住院护理津贴保险、退役军人抚恤定补人员重大疾病保险等业务 10 余项，累计承保有效客户数 247.6 万人。公司先后获评山东省教育厅、省计划生育协会学生平安保险工作、计划生育保险工作先进单位等。

（赵 林）

【中国太平洋财产保险股份有限公司威海中心支公司】 2020 年，中国太平洋财产保险股份有限公司威海中心支公司实现保费收入 2.72 亿元，缴纳税金 3184 万元，市场份额居威海保险市场第 3 位；各类业务赔（给）付款 1.54 亿元。公司秉承“诚信天下、稳健一生、追求卓越”的企业核心价值观，塑造“诚信、敬业、进取”的“太平洋保险”品牌。发挥保险保障作用，助力社会各界复工复产。新冠肺炎疫情期间，开展“致敬平凡——您在一线，我在身边”保险赠送活动，为全市在抗击新冠肺炎疫情一线的公职人员无偿提供总保额 15 亿元的意外伤害和风险保障，为向武汉市运送医疗物资的企业员工无偿提供 250 万元保额的意外伤害和风险保障，为防疫物资生产企业无偿提供 600 万元保额的风险保障。针对复工复产企业推出传染病疫情防控综合保险产品，助力企业恢复生产。针对新旧动能转换项目，提供工程保险、财产保险、责任保险等保障。对于涉及首台（套）重大技术装备和新材料首批次应用的企业，配套首台（套）重大技术装备保险、新材料首批次应用综合责任保险等业务，为企业提供保障。

（王居正）

【中国太平洋人寿保险股份有限公司威海中心支公司】 2020 年，中国太平洋人寿保险股份有限公司威海中心支公司实现保费收入 2.30 亿元，比上年下降 4.7%；赔（给）付款 7.68 万件，赔（给）付款金额 1.46 亿元；缴纳税金 118.82 万元。公司下设支公司 5 家，有正式员工 87 名、营销员 1165 名，与兼业代理机构建立良好的业务合作关系，为客户提供全方位的保险保障服务。公司通过持续的产品创新和服务创新，满足客户多方面需求，开办险种200余个，覆盖人寿保险、年金保险等多个领域。

（宋思樱）

【中国平安财产保险股份有限公司威海中心支公司】 2020年，中国平安财产保险股份有限公司威海中心支公司实现保费收入4.14亿元，累计提供风险保障超过4377亿元，支付赔款2.72亿元，缴纳税金5989万元。公司设综合管理部、车险部、客服理赔部、团体业务分部、个人综合金融业务部等，下辖5个支公司，有员工150余人。公司承保3个项目的首台套技术装备保险，保费393.95万元。坚持“支农惠农”“金融扶贫”战略定位，开展春玉米最低收入保障保险，保额2004.9万元。承保商业性林木火灾保险，覆盖面积666.67公顷，保额4000万元。开展文登区西洋参种植保险，保额628.5万元；开展牡蛎风力指数保险，保障面积199.23公顷，保额1490万元。为全市在抗击新冠肺炎疫情一线的医护、疾控人员及其家属提供专属意外风险保障，人均保额50万元。推行线上化理赔工作，开通理赔通道“平安E企宝”，实现线上极速报案、自助理赔、在线解答。

（曹丽欣）

【中国平安人寿保险股份有限公司威海中心支公司】 2020年，中国平安人寿保险股份有限公司威海中心支公司实现保费收入9.09亿元；全年理赔案件1.72万件，支出赔款1.08亿元；缴纳税金718.47万元。公司内设人事行政室、财务室、销售管理部等，下辖4个支公司及4个营销服务部，有员工2929人。公司推进“智慧客服”“金管家”等在线保全、理赔项目，为客户提供快速、便捷的保全、理赔服务。打造高科技平台，通过科技升级不断引领保险行业服务升级，客户足不出户可办理相应保单保全业务。金管家应用程序支持保单贷款、生存金领取、受益人变更等保险业务在线办理，实现客户自主自助操作，全年完成10.08万笔，占业务总量的91.8%。

（高　森）

【泰康人寿保险有限责任公司山东威海中心支公司】 2020年，泰康人寿保险有限责任公司山东威海中心支公司实现保费收入3.68亿元，理赔案件2151余件，赔付支出1.67亿元，至年底，累计有效客户9.23万人。公司有机构11家，设3个支公司、5个服务部。泰康健保通医疗网络是泰康保险集团公司与威海部分医疗机构建立的医险合作体系，通过健保通网络直联为客户提供“一站式”理赔服务，实现出院即理赔。

（王　民）

【新华人寿保险股份有限公司威海中心支公司】 2020年，公司实现保险业务收入8.30亿元，比上年增长14.9%。坚持“快理赔、优服务”的服务理念，公司全年理赔9370件，支付客户保险金5267.64万元。公司辖5个支公司和1个营业部，形成基本覆盖全市的机构网络，员工超过3100人。公司以客户需求为中心，通过智慧服务、科技赋能，提升公司理赔时效，客户的理赔申请从立案受理到审批结束平均0.47天。助力复工复产，公司向1800名公交司机每人捐赠20万元的风险保障；扩展产品的保险责任，将新冠肺炎纳入范围，多次延长有效期。公司广泛参与捐资助学、关爱环卫工人和残疾人等公益慈善项目，先后获评“诚信企业　金尊奖”、全国“红梅玉杯支持学雷锋贡献奖”等。

（周明玉）

证　券

【概况】 2020年，全市有证券机构21家、期货机构1家，设有证券分公司2家、证券营业部29家、期货营业部1家。全年实现各类证券交易额8022.94亿元，比上年增长70.7%。全市有证券、期货从业人员（不含证券经纪人）约400人。

（翟琳琳）

【中泰证券股份有限公司威海分公司】 主要负责管理中泰证券股份有限公司设在威海市的证券营业部，经营证券投资咨询、证券承销与保荐等业务。分公司下设5个部门，设立证券网点8家。公司通过丰富的投资品种，先进的服务手段，完善的网点布局，不断提升服务水平。2020年年底，威海分公司有员工132人，投资开户数逾18万户，托管客户资产逾140亿元。全年实现证券交易（A股＋基金）3765亿元，为企业实现融资80余亿元，上缴税金1200余万元。

（王　斌）

【海通证券股份有限公司威海高山街营业部】 营业部代理沪深A股、B股、基金、权证等交易品种，提供自助委托、网上委托等交易方式，通过股票质押式回购业务、融资融券等产品，实现快速、期限灵活的融资服务，为客户提供市值管理、产品托管等增值服务，提供股票及债券发行与上市、并购重组等服务。2020年，营业部凭借互联网金融大数据应用平台，开展直播形式的投资者咨询业务，为客户提供场景化、智能化、精细化的金融服务。全年新增开户6766户，实现交易量1392亿元。

（王　丁）

【中国中金财富证券有限公司威海营业部】 经营业务范围涵盖证券经纪、证券投资咨询、证券交易、证券承销与保荐等业务，致力于帮助客户制定财富规划，为客户提供专业的投资解决方案。2020年年底，威海营业部有员工15人，完成交易总额（A股＋基金）577余亿元。

（梁　琰）

【中信证券（山东）有限责任公司威海文化东路证券营业部】 营业部经营证券经纪、证券投资咨询、融资融券、证券投资基金代销、代销金融产品等，有员工29人。2020年，营业部完成交易总额（A股＋基金）472亿元，营业收入952万元，缴纳税金225.6万元，客户总数1.96万户。

（宋志远）

编辑　李传强

科学技术

综　述

【概况】 2020年，全市科学技术系统深入实施创新驱动发展战略，加快建设创新型城市，强化高端创新载体建设，加速集聚国内外高端创新资源，大力培育创新型企业群体，推动高新技术产业加速发展。“1＋4＋N”高端创新平台体系成型成势，引进北京大学威海海洋研究院、激光与光电子信息技术研究院，全市创新平台总数达1013家（其中国家级平台26家、省级平台337家）。国家科技型中小企业达1136家，高新技术企业达738家；全年高新技术产业产值占规模以上工业总产值的60.1%，高新技术产业投资占工业投资的59.7%，均居全省第2位。登记技术合同1676项，技术合同成交额109.61亿元，比上年增长92.6%，4个县级行政区全部获评省级技术转移先进县。全市综合科技创新水平指数居全省第4位，创新环境指数居全省第2位，企业创新指数居全省第3位，创新绩效指数居全省第4位，创新产出指数居全省第4位，创新资源指数居全省第5位。

【科技计划】 科技创新投入产出显著增强，2019年全社会研发投入66.94亿元，比2018年增长14%，占地区生产总值的2.26%，提高0.24个百分点。2020年，市本级财政科技资金直接投入1.68亿元，全年落实科技创新项目300余个、金额2.5亿余元。1032家企业获批研发后补助资金1.90亿元（其中省级补助资金9472.81万元）。33家企业在第九届中国创新创业大赛（山东赛区）暨2020年山东省中小微企业创新竞技行动计划中晋级，占全省的14.7%，居全省第2位。97家企业获批2020年度山东省技术创新引导计划（中小微企业创新竞技行动）补助资金1836.34万元，占全省的20.7%，居全省第1位。市级重点科技创新项目建设成效显著，100个市级重点科技创新项目完成投资18.9亿元，申请专利809件、授权专利281件，发表论文184篇，引进人才806人，开展研发项目478项，形成新产品418个，全年实现经济效益11.41亿元。

【高新技术及其产业】 大力培育科技型企业，壮大创新骨干力量，全市国家高新技术企业净增236家，达到738家，比上年增长47%；国家科技型中小企业达1136家，是上年度的1.8倍，超额完成全年任务目标的62.3%。国家高新技术企业、国家科技型中小企业拥有省部级以上研发平台300余个，形成国家或行业标准400余件，拥有知识产权超过2万件。围绕人工智能、区块链、云计算等领域，启动实施新兴产业“金种子”科技型企业繁育工程，发布新技术、新模式、新产品44项。引导全市孵化载体向专业化、市场化、高质化发展，新增国家级众创空间、国家专业化众创空间1家，国家级孵化机构达25家，省级26家，推动38家科技孵化机构为在孵企业和创业团队减免房租费用2315.85万元。13家企业入围中国创新创业大赛全国赛，数量增长30%，6家企业入选全国赛优秀企业名单，居全省第3位。为158家高新技术企业减免所得税8.52亿元，兑现企业研发费用加计扣除优惠35.67亿元。全市科技成果转化贷款合作银行增至18家，为101家科技型中小企业发放科技成果转化贷款4.90亿元，增长38.5%。全市高新技术产业产值占规模以上工业总产值的60.1%，高于全省平均水平15.02个百分点，居全省第2

5月29日，威海市人民政府与北京大学签订合作协议，共同建设北京大学威海海洋研究院　　（威海市科学技术局　提供）

位，比上年提高10.62个百分点；高新技术产业固定资产投资占工业固定资产投资的59.7%，高于全省平均水平13.2个百分点，居全省第2位。

科技成果

【“1＋4＋N”创新体系】 2020年，区域高端创新平台体系成型成势，以威海市产业技术研究院为龙头的“1＋4＋N”高端创新平台体系发展迅速，创新体系成员达17家，实现区（市）和重要产业集群全覆盖。延伸成立创新机构49家，孵化企业136家，引进高端创新团队32个（其中院士团队14个），集聚500余名高端人才，服务重点领域企业241家。引导10亿元社会资本投资重大项目4个、设立子基金2只，20个产业化项目全部达产后可实现产值10亿元。威海市产业技术研究院牵头创建山东省高端医疗器械创新创业共同体，集聚行业骨干企业70余家，新建高水平创新平台3个，突破关键核心技术5项，加快推动高端医疗器械产业创新发展。威海市科学技术局制定《威海市“政产学研金服用”创新创业共同体建设工作指引》，启动培育碳纤维及复合材料、现代海洋产业、水处理及膜技术3个市级创新创业共同体。

2020年威海市“1＋4＋N”创新体系成员一览表

表16

平台名称		
1院		威海市产业技术研究院（郭永怀高等技术研究院）
4平台		哈尔滨工业大学威海创新创业园
		工业和信息化部威海电子信息技术综合研究中心
		山东大学威海工业技术研究院
		高性能医疗器械创新中心
N平台	创新机构	山东船舶技术研究院
		青岛大学威海创新研究院
		威海创新园
		威海海洋生物医药产业技术研究院
		中科乳山牡蛎研究院
		山东海洋信息技术研究院
		山东高达高纺织服装研究院
		威海经济技术开发区天智创新技术研究院
		吉林大学威海仿生研究院
	共同体	威海市碳纤维及复合材料创新创业共同体
		威海市水处理及膜技术创新创业共同体
		威海市现代海洋产业创新创业共同体

【企业研发平台】 企业自建研发机构稳步发展，新获批建设省级技术创新中心3家，医疗器械、碳纤维2家省级技术创新中心通过绩效评价。新增省级创新平台45家、市级创新平台84家，全市创新平台总数达1013家，其中国家级26家、省级337家。全市规模以上工业企业研发投入占全社会研发投入的97.6%，研发机构建有率达22%，研发活动开展率达35%，比上年提高18个百分点。

2020年威海市新型研发机构备案一览表

表 17

机构名称	依托单位	主管部门
威海市产业技术研究院	威海市产业技术研究院	威海市科学技术局
青岛大学威海创新研究院	青岛大学威海创新研究院	威海市环翠区科学技术局
山东中欧膜技术研究有限公司	山东中欧膜技术研究有限公司	威海市环翠区科学技术局
威海海洋生物医药产业技术研究院有限公司	威海海洋生物医药产业技术研究院有限公司	威海市文登区科学技术局
荣成市慧海创达生物科技有限公司	荣成市慧海创达生物科技有限公司	荣成市科学技术局
威海市半岛茶叶研究所	威海市半岛茶叶研究所	乳山市科学技术局
山东海洋信息技术研究院	山东海洋信息技术研究院	威海火炬高技术产业开发区科技创新局
威海经济技术开发区天智创新技术研究院	威海经济技术开发区天智创新技术研究院	威海经济技术开发区科技创新局
威海泓淋电源与信号连接技术研究中心	威海市泓淋电力技术股份有限公司	威海经济技术开发区科技创新局
威海富力悦心生物科技有限公司	威海富力悦心生物科技有限公司	威海经济技术开发区科技创新局
迪尚华绮彩源研发中心	威海迪尚华绮毛纺织有限公司	威海临港经济技术开发区科技创新局
威海圆环先进陶瓷研发中心	威海圆环先进陶瓷股份有限公司	威海临港经济技术开发区科技创新局
威海海洋信息科学与技术研究院	威海海洋信息科学与技术研究院	威海南海新区科技金融局
吉林大学威海仿生研究院	吉林大学威海仿生研究院	威海南海新区科技金融局
山东汇银新能源高温集热管研发中心	山东汇银新能源科技有限公司	威海南海新区科技金融局
汇翰海洋医药研究院	汇瀚医疗科技有限公司	威海南海新区科技金融局

2020年威海市新建市级重点实验室一览表

表 18

实验室名称	依托单位	主管部门
威海市大数据协同安全技术重点实验室	哈尔滨工业大学（威海）	威海市科学技术局
威海市高端船舶减振降噪重点实验室	哈尔滨工业大学（威海）	威海市科学技术局
威海市粒子探测器制备及辐射监测重点实验室	山东大学（威海）	威海市科学技术局
威海市海洋物质活性评价重点实验室	山东大学（威海）	威海市科学技术局
威海市船舶与海洋工程水动力重点实验室	山东船舶技术研究院、哈尔滨工业大学（威海）	威海市科学技术局
威海市船舶流固耦合动力学重点实验室	山东交通学院威海校区、招商局金陵船舶（威海）有限公司	威海市科学技术局
威海市出生缺陷防控重点实验室	威海市妇幼保健院	威海市科学技术局
威海市智能感知与信息处理重点实验室	山东捷讯通信技术有限公司	威海市环翠区科学技术局
威海市海洋天然药物重点实验室	威海人生药业集团股份有限公司	威海市环翠区科学技术局
威海市数字骨科重点实验室	山东省文登整骨医院	威海市文登区科学技术局
威海市精密热模锻技术与装备重点实验室	荣成华东锻压机床股份有限公司、哈尔滨工业大学（威海）	荣成市科学技术局
威海市棘皮类生物功能成分综合利用重点实验室	山东海普盾生物科技有限公司	荣成市科学技术局
威海市织物功能助剂重点实验室	山东艾文生物科技有限公司	乳山市科学技术局
威海市废气智能治理及检测技术重点实验室	威海捷诺曼自动化股份有限公司	威海经济技术开发区科技创新局

2020年威海市新建市级工程技术研究中心一览表

表 19

中心名称	依托单位	主管部门
威海市现代果业装备工程技术研究中心	威海新元果业技术服务有限公司	威海市环翠区科学技术局
威海市汽车玻璃预处理智能装备工程技术研究中心	威海市银河光电设备股份有限公司	威海市环翠区科学技术局
威海市环保复合镀工程技术研究中心	合鸿新材科技有限公司	威海市文登区科学技术局
威海市轮胎硫化胶囊工程技术研究中心	威海市润通橡胶有限公司	威海市文登区科学技术局
威海市酶催化精细有机合成工程技术研究中心	迪嘉药业集团有限公司	威海市文登区科学技术局
威海市智能化旅居车工程技术研究中心	荣成名骏户外休闲用品股份有限公司	荣成市科学技术局
威海市高性能烧结钕铁硼稀土永磁材料工程技术研究中心	有研稀土（荣成）有限公司	荣成市科学技术局
威海市医用灭菌包装材料工程技术研究中心	威海恒瑞新型包装材料有限公司	威海火炬高技术产业开发区科技创新局
威海市血管介入器械工程技术研究中心	山东维心医疗器械有限公司	威海火炬高技术产业开发区科技创新局
威海市即时检测医学工程技术研究中心	威海纽普生物技术有限公司	威海火炬高技术产业开发区科技创新局
威海市智慧电务工程技术研究中心	易霸科技（威海）股份有限公司	威海火炬高技术产业开发区科技创新局
威海市智能电子灌封设备工程技术研究中心	威海爱恩吉智控精机有限公司	威海经济技术开发区科技创新局
威海市特种游钓艇工程技术研究中心	威海市金运游艇有限公司	威海临港经济技术开发区科技创新局
威海市碳纳米管薄膜工程技术研究中心	山东碳垣纳米科技有限公司	威海临港经济技术开发区科技创新局
威海市新能源汽车热管理工程技术研究中心	威海市科博乐汽车电子有限公司	威海南海新区科技金融局
威海市船舶智能机舱工程技术研究中心	山东交通学院威海校区	威海市科学技术局
威海市工业机器人系统集成应用工程技术研究中心	威海职业学院（市技术学院）	威海市科学技术局

2020年威海市筹建市级技术创新中心一览表

表 20

中心名称	牵头建设单位	所属区（市）
威海市光纤材料及应用技术创新中心	威海长和光导科技有限公司	威海市文登区
威海市花生精深加工技术创新中心	华隆（乳山）食品工业有限公司	乳山市
威海市西洋参产业技术创新中心	威海金颐阳药业有限公司	威海市文登区
威海市游艇技术创新中心	威海西港游艇有限公司	威海市环翠区

【创新服务】 新型冠状病毒肺炎疫情期间，市科学技术局、财政局拨付专项资金6840万元，出台支持企业复工复产专项政策20条，惠及科技型企业500余家。市科学技术局印发《关于加快对日科技创新合作的若干措施（试行）》《威海市新型研发机构管理办法》等，开展“四送四听”（送政策、送信息、送人才、送技术，听需求、听问题、听意见、听智慧）服务企业活动，解读政策问题246个。编印《科技创新政策实务手册2020》，通过“云观摩”“线上解读”等方式开展送政策活动，走访企业1000余家，为企业解决实际困难200余个。推进科技资源开放共享，“科技云”平台整合科技文献资料和知识产权数据超过3亿篇（项），全市用户下载使用累计超过3万篇（项）。“科技云”平台大型科学仪器共建共享入网仪器总量1511台（套），原值10亿元，为企业提供网上预约服务290单，服务合同额409万元。

【科技服务业】 9月11日，中国生产力促进中心协会成立25周年暨威海科技服务业创新发展合作大会举办，首次专题围绕科技服务业创新发展搭建合作交流平台。全国60余名科技界专家和高端科技服务机构代表参加会议，达成合作意向30余项，现场签约8项，成立生产力共想学院山东分院，进一步聚集高端服务资源。市科学技术局印发《威海市科技服务机构培育发展工作方案》，建立科技服务机构培育发展评价机制，重点围绕科技服务业8个领域分类建立评价体系，引导激励全市

9月11日，中国生产力促进中心协会成立25周年暨威海科技服务业创新发展合作大会举办　　　　（威海市科学技术局　提供）

科技服务机构持续健康发展。年内，全市科技服务机构达328家，比上年增长188%，科技服务机构培育的国家高新技术企业达268家，增长135%。

【技术交易】 推进技术合同认定登记“一网通办、一次办好”，在全省率先完成省级下放的标的额1000万元以下技术合同认定登记权力事项的承接，全年完成登记技术合同1676项，技术合同成交额109.61亿元，为全市40余家企业和科研院所认定免税技术合同43项，协助企业享受税收优惠9000余万元。环翠区、文登区、荣成市、乳山市获评首批山东省技术转移先进县（市、区）。全市获评中国技术市场协会金桥奖1项、山东省技术市场协会科技金桥奖4项。山东国际海洋高新技术交易中心获批建设山东省国家技术转移人才培养基地（海洋特色培训基地），并纳入到省“1＋4＋N”技术市场体系。引进培育省级以上技术转移服务机构12家，备案市级技术转移服务机构80家，培养技术经纪人467人。

【科技成果】 2020年，全市获批省级科学技术奖励10项，比上年增长43%。其中，自然科学奖二等奖1项，科技进步奖一等奖1项、二等奖2项、三等奖6项，威海市单位均为第一完成人。2016年—2020年，通过协同创新、自主创新，获批省级以上科技奖项44项，其中国家级6项。

2020年威海市获评省级科学技术奖项目一览表

表21

奖项	项目名称	完成单位
山东省科技进步奖一等奖	国产碳纤维复合拉挤集成技术开发及能源领域工程应用	威海光威复合材料股份有限公司 山东大学 威海拓展纤维有限公司 中国石油天然气股份有限公司吉林石化分公司 国网山东省电力公司电力科学研究院 天津工业大学 山东山大天维新材料有限公司
山东省科技进步奖二等奖	腰椎失稳性疾病中西医结合治疗体系的创建及应用推广	山东省文登整骨医院 上海中医药大学附属龙华医院 山东省文登市整骨科技开发有限公司
	特色儿童药关键技术体系构建及规模产业化	山东达因海洋生物制药股份有限公司 山东大学
山东省科技进步奖三等奖	高效、低噪、高可靠性大型轴流风机叶轮关键技术研发及产业化	威海克莱特菲尔风机股份有限公司
	叠层细筛精准分级回收选煤厂煤泥技术研发与应用	威海市海王旋流器有限公司
	骨质疏松性colles骨折的三阶梯治疗关键技术及临床应用	山东省文登整骨医院 中国中医科学院望京医院
	纳米可控高通量血液透析膜制备及其滤器产业化	威海威高血液净化制品有限公司
	传染病微粒子化学发光检测体系研发及产业化	威海市立医院 威海威高生物科技有限公司

续表 21

奖项	项目名称	完成单位
山东省科技进步奖三等奖	无磷多功能多元共聚物阻垢分散剂	威海翔宇环保科技股份有限公司
山东省自然科学奖二等奖	随机切换系统的稳定性与滑模控制	哈尔滨工业大学（威海） 中国石油大学（华东） 潍坊学院、东北大学 中国海洋大学

科技合作与交流

【国内科技合作与交流】 聚焦企业需求广泛对接创新资源，强化科技合作，开展“云上对接”、威海企业创新需求对接会等活动20余场次，推送40余家高校院所的技术成果2000余项，促成合作100余项。发挥科技创新优势，全年开展“双招双引”活动40余次，威海市政府与中国科学院沈阳分院签署全面科技合作协议，与哈尔滨工业大学签署“十四五”期间深化校地合作协议。威海市政府与北京大学签订共建北京大学威海海洋研究院合作协议，打造海洋战略研究、海洋科研、产业推进、国内外合作交流的基地及科技、人才资源引进孵化的高端载体，推动与院士专家开展项目合作对接。威海市政府、环翠区政府与中国科学院院士姚建铨团队共建的激光与光电子信息技术研究院正式运营。该院聚焦激光与光电子、信息光学相关技术，在海洋、医疗、工业智能装备等领域开展技术研究和成果产业转化，注册落地国珑智能科技等科技产业项目6个。融入胶东经济圈一体化发展，青岛、烟台、威海、潍坊、日照5市科学技术局签署科技创新合作战略合作协议，确立科技创新合作框架，推动创新资源融通共享。深度参与半岛科创联盟建设，组织全市45家企业、科研机构加入半岛科创联盟，引进青岛檬豆网络科技公司在威海市设立分公司，开展创新链补强及供应链、创新链协同服务。围绕全市产业集群发展，引进、培育一批领军型人才（团队），年内，获评科学技术部创新人才推进计划2人、省企业科技特派员8人，科技领域入选泰山产业领军人才工程人才项目13个，为产业创新发展提供智力支撑。

【产学研项目转化】 强化产学研项目转化，大力支持中科院—威高计划、市政府—省科学院产学研协同创新基金合作项目实施转化。实施市政府—省科学院产学研协同创新基金项目12项，合同金额1762万元，带动企业投入研发费用近5000万元；中科院—威高计划支持合作新项目2项，“十三五”期间支持项目25个，实现产业化项目8个，建设创新平台5个、创新团队3个，引进中国科学院院士2名、中国工程院院士2名，攻克“卡脖子”关键技术14项，申请发明专利33件，发表论文46篇，获得医疗器械产品注册证5件，制定产品企业标准5项，累计创造经济效益30余亿元。

【国际科技合作与交流】 新冠肺炎疫情期间，与日本、韩国及欧洲等国家的创新机构开展交流，征集俄罗斯、英国、芬兰等国家技术成果200余项向全市企业推介，组织企业线上参加中国—芬兰高技术领域线上对接会等活动，开展技术合作对接，吸引国际优质创新资源集聚转化。3月，第三届中韩创新大赛暨第二届中韩工业设计大赛在中国、韩国启动。大赛以“携手新合作、激发新动能、共创新未来”为主题，面向两国电子信息、先进制造、海洋科技等技术型企业，有362个国内项目、163个韩国项目报名参赛，评选创新项目及工业设计获奖项目24个。11月20日，大赛颁奖活动通过线上线下在中国、韩国同步举行，现场签约项目37个，成立中韩高校创新创业共同体11所，全年引进韩国创新型企业128家，注册资金8.95亿元。市科学技术局印发《关

10月16日，威海市政府与中国科学院沈阳分院全面科技合作战略协议签约仪式举行（威海市科学技术局　提供）

11 月 20 日，第三届中韩创新大赛暨第二届中韩工业设计大赛颁奖活动在威海市举办　　（威海市科学技术局　提供）

于加快对日科技创新合作的若干措施（试行）》，对落地的日本科技型企业给予资金和孵化双重扶持，对到威海市创新创业的日本高端人才给予经费资助、项目扶持、政策服务。10 月，首届中日创新大赛在日本启动，有电子信息、智能制造、医疗器械等领域 52 个重点项目参赛。11 月 29 日，大赛决赛通过视频连线方式举办，威海市获评优胜奖项目 8 个、入围奖项目 7 个，签署落地意向书项目 15 个。

【第十七届中欧膜产业技术创新合作大会】 10 月 15 日，第十七届中欧膜产业技术创新合作大会在威海市召开。大会由山东省科技厅、威海市人民政府、中国膜工业协会、欧洲膜学会联合主办，主题为“新格局、新膜法、新合作”，5 万余人次线上观看直播，近 100 位中国、欧洲的专家和企业代表共同聚焦膜产业发展，开展技术合作交流，推动威海市膜产业升级发展，现场签署合作协议 4 项，达成合作意向 7 项。中欧水处理及膜技术创新产业园二期建筑面积为 2.8 万平方米，园区先后引进入驻从事膜技术研发、膜材料生产、膜组件开发、膜工程承接等领域企业 25 家。

【国外智力引进】 试点打造全省首家外国专家驿站，印发《外国专家驿站管理办法》《外国专家驿站运营机构管理办法》，采取“1 + N”的建设模式，立足实际探索各具特色的服务模式，设计驿站运行功能 7 个，提供全链条、专业化、打包式服务 24 项，受理 225 名外国专家进站申请。建立企业走访常态化机制，通过线上云会议等形式，常态化、精准性、小批量开展对接交流活动，为用人单位推介高层次外国专家 113 人，与 17 人签订合作协议。开展高层次外国专家走进产业技术研究院、外国专家中秋联谊会等活动，促进外国专家与企业的对接合作。加大高层次外国人才引进使用力度，入选省级以上引进外国专家项目 7 个，评选市级引进外国专家项目 7 个。做好外国专家管理服务工作，为各国优秀人才在威海市工作创造良好条件，15 名专家获得威海友谊奖，1 名专家获得齐鲁友谊奖。建立外国专家绿色服务通道，为专家提供便利化优质服务，实行外国人到华工作许可“不见面”审批、全程网办，年内，在威海市的外国人才有 1554 人，居全省第 3 位。

（修鹏远）

气　象

【概况】 2020 年，威海市气象局深入推进气象现代化建设，加强科技创新，开展基层气象防灾减灾能力建设，为全市提供气象保障服务。

【气象现代化建设】 完成温雨多融合传感器、天气现象智能视频仪和酸雨自动观测系统的建设，固态降水观测站点增至 14 个。完成地面观测自动化改革，完成“中华富强”号船载自动站迁建升级。完善“威海气象服务”微信公众号，面向社会公众正式发布格点图形预报产品并实现风浪等要素的动态展示。

【气象服务】 全年制作各类服务材料 996 期，发布大雾、雷电、暴雨、台风、

9 月，SC004 船载自动气象站　　（威海市气象局　提供）

寒潮等各类预警信号110次。完成山火扑灭和溢油泄漏事故等应急事件处置的气象保障服务，准确预报“巴威”“美莎克”台风和各类强对流天气过程。完成“5·18”暴雨和入冬后多次暴雪、寒潮天气过程气象服务。开展增雨作业5次。完成2020国际乒联男女世界杯等赛事保障服务，为重点工程建设提供综合气象服务。

【科技创新】 完善威海市气象服务综合业务平台功能，与智能网格预报产品对接，实现快速制作格点预报产品。加强对海雾、海上大风、冷流降雪、强对流等灾害性天气的客观预报技术方法研发，开展数值预报分类型对比检验。开展强对流天气演变特征及成因分析研究，引进冰雹云判别技术及人影作业预警系统并实现本地化应用。开发旅游景点气象服务平台，推动专业气象服务提质增效。

【社会管理】 严格落实“双随机、一公开”和“互联网+监管”，确保监管行业持续安全稳定。完善重点单位信息库，对部分企业开展安全生产专项检查，全年开展防雷安全检查374次、施放气球安全巡查55次。

【气象科普宣传】 在“3·23”世界气象日、“5·12”防灾减灾日等时间节点，采取线上线下方式开展气象科普宣传进农村、进学校、进社区等活动，增强群众防灾意识和能力。文登区气象局获评全国气象科普教育基地，乳山市气象局气象科普公园建设项目被纳入乳山市2021年便民利民实事项目。

【防灾减灾】 实施应急气象服务平台本地化改进并在相关部门推广应用。构建气象灾害防御机制，建立重污染天气应对机制及联席会议制度。与市自然资源和规划局、水务局联合发布山洪灾害气象预警信息，汛期与市应急管理局联合值班。年内，启动应急响应6次。围绕海洋强国战略，制定海洋牧场气象灾害风险预警发布标准，威海市气象局被确定为海洋牧场气象灾害风险预警唯一试点单位。

9月，工作人员在爱伦湾海洋牧场开展海洋气象服务 （威海市气象局 提供）

【气候概况】 2020年，全市气温比常年偏高0.7℃，属正常；降水偏多18.4%，属正常；日照时数偏少12.3%，属正常。

气温 2020年，全市平均气温为12.9℃，比常年偏高0.7℃，比上年偏低0.5℃。其中，环翠区年平均气温最高，为13.6℃，文登区、荣成市、乳山市年平均气温均为12.7℃。全市年极端最高气温出现在8月17日市区，为33.9℃；年极端最低气温出现在12月31日乳山市，为零下12.0℃。

降水量 全市年平均降水量873.3毫米，比常年偏多135.6毫米，比上年偏多455.1毫米。乳山市全市年降水量最少，平均降水量763.7毫米；荣成市最多，平均降水量1039.1毫米。

日照 2020年，全市日照时数平均为2175.3 小时，比常年偏少304.7小时，比上年偏少158.1小时。其中，环翠区最多，日照时数平均为2417.8小时；文登区最少，日照时数平均为2035.8小时。

台风 8月24日夜间至27日，受8号台风“巴威”影响，全市大部分地区普降大雨，局部暴雨，全市平均降水量38.4毫米。其中，环翠区平均降水量51.8毫米，文登区平均降水量43.4毫米，荣成市平均降水量37.0毫米，乳山市平均降水量21.3毫米，最大降水量出现在荣成市瓦屋石村，降水量90.4毫米。此次台风过程并未造成直接经济损失。

冰雹 5月17日凌晨左右，受高空冷涡影响，威海市部分地区遭遇冰雹袭击，冰雹直径为5～10毫米。

（周浩亮）

编辑 李传强

教　育

综　述

【概况】 2020年，全市有幼儿园338所，义务教育阶段学校188所（其中普通小学97所、普通初中91所），普通高中17所，中等职业学校（不含技工学校）18所，特殊教育学校4所，高等教育学校11所；有幼儿园在园幼儿7.98万人，小学教育在校生12.72万人，初中教育在校生9.34万人，普通高中教育在校生3.06万人，中等职业教育在校生1.94万人，高等教育在校生11.28万人（其中普通本科、专科在校生10.93万人，研究生2941人，成人本专科534人）。年内，威海市教育局制定新型冠状病毒肺炎疫情防控工作规范、开学条件核验工作方案等规范性文件40余项，开展延期开学期间线上教学及师生心理疏导，对全市1069所各级各类学校进行开学条件核验，恢复教学秩序。全市558所学校、幼儿园的44.6万名在校（园）生及4.1万名教职工于春季和秋季全部安全返校，《山东威海："四抓四保障"坚决打赢延期开学"防疫保学战"》在《山东教育报》刊发。完成疫情常态化防控条件下中考、高考等20余项国家级重大考试服务保障工作。全面推进职业教育发展新高地建设，威海市有关经验做法在全省教育改革发展专题研讨班工作会议上进行交流。稳步推进校园消防安全专项整治工作，整治完成率达100%，威海市校园安全工作在全省中小学幼儿园"三防"（人防、物防、技防）建设情况通报中获得第1名。在省政府首次开展的对市级政府履行教育职责评价中，威海市获得优秀等次第2名。环翠区、文登区、荣成市、乳山市全部通过首批全国义务教育优质均衡发展县省级验收，市教育局获评山东省抗击新冠肺炎疫情先进集体。

11月16日，威海临港经济技术开发区永乐路小学正式启用。图为新生入学
（孙大伟　摄）

【基础教育优质均衡发展】 开展居住区配套幼儿园整治工作，全市60所居住区配套幼儿园整治任务完成率100%；全市省级示范园增至180所，占幼儿园总数的54.4%，高出全省平均水平30余个百分点；普惠性幼儿园覆盖率达91.6%。全面完成校园消防安全专项整治工作，6所义务教育薄弱学校校园校舍建设项目全部竣工。全面消除大班额问题，累计投资6.4亿元，建设并投入使用解决城镇中小学大班额问题项目学校6所，在全省率先实现小学每班不超过45人、中学每班不超过50人的标准班额。19个中小学新建、改扩建项目全部开工，其中，年内完工并投入使用10个，增加学位9175个。20所幼儿园新建项目主体全部完工，其中投入使用3所、具备使用条件9所。控辍保学任务全面"清零"，全市429名义务教育阶段建档立卡贫困儿童实现"应入尽入"。

【教师队伍建设】 市教育局印发《关于进一步加强新时代师德师风建设的实施意见》，规划重点任务14项。大力弘扬高尚师德师风，评选2020年"威海最美教师""威海市教书育人楷模"各10名；培育市级师德涵养基地15个、教师实践教育基地10个。持续开展中小学在职教师参与有偿补课专项治理活动，对学术不端、师德失范的教师实行一票否决。印发《第二期威海教育名家工作室建设管理办法（2020—2023）》，评选第2期威海教育名家工作室主持人13位，组建齐鲁名师名校长领航工作室志愿者服务团队4个和威海教育名家工作室志愿者服务团队13个，深入对口帮扶学校、薄弱学校开展现场指导活动。遴选专家为全市小学和初中校长进行全员“订单式”培训，组织全市教师参加省级“互联网＋教师专业发展”全员培训、山东省万名骨干教师培训、国家和省培训计划，提升教师综合素质。推动高水平专业化教师队伍建设，拓宽人才选聘类型，引进获得省内技能大赛二等奖以上的优秀师范类毕业生等技能型人才。2020年，以直接面试直招形式引进重点高校优秀毕业生289人，实现“双一流”（世界一流大学和一流学科建设）高校毕业生、获得省内技能大赛二等奖以上的优秀师范类毕业生引进总量比上年翻1番。组织培训枣庄市、重庆市云阳县骨干教师150余名；组织名师团40余人赴重庆市云阳县、青海省门源回族自治县、山东省枣庄市开展名师送教活动；选派36名教师赴受援学校支教，为当地新课改下教育科研发展和教育教学转型发挥作用。

10月，威海经济技术开发区悦海小学小学生开展体育活动

（威海日报社　提供）

基础教育

【学前教育】 2020年，全市有幼儿园338所，比上年增加19所；有教学班2582个，在园幼儿7.98万人（其中女幼儿3.86万人），增加1695人。全市学前教育三年幼儿入园率达99%以上。全市有幼儿园教职工9431人（其中园长499人、专任幼儿教师5356人），专任教师中具有高中以上学历的5306人，占幼儿教师总数的99.1%，下降0.56个百分点。

【义务教育】 2020年，全市有义务教育阶段学校188所。其中，普通初中91所（含九年一贯制学校37所），普通小学97所。初中、小学分别比上年增加1所和5所。全市有义务教育阶段在校生22.06万人，增加8143人。全市有义务教育阶段教职工1.86万人，增加600人，其中专任教师1.71万人，增加755人。全市有小学教职工8846人，其中专任教师8248人，增加323人。

【特殊教育】 2020年，全市有独立设置的特殊教育学校4所。全市招收特殊教育学生31人，比上年减少75人；有在校生480人，减少37人。全市有特殊教育学校教职工197人，其中专任教师169人，增加8人。专任教师中受过特教专业培训的有109人，占总数的64.5%。生师比为2.84 ∶ 1，低于上学年的3.21 ∶ 1。

【普通高中教育】 2020年，全市有普通高中17所（包含十二年一贯制1所）。全市普通高中教育招生1.12万人，比上年增加772人；有在校生3.06万人，增加838人。全市普通高中有教职工4194人，减少17人。其中，专任教师3809人，增加43人，生师比为8.02 ∶ 1。专任教师学历合格率为99.0%，具有研究生学历的比例为7.9%。

【学前教育优质普惠发展】 培育市级游戏教育实验区2个、游戏教育实验园25所。文登区游戏教育实验教师培训做法在全省推广。组织全市优质示范园“结对帮扶”薄弱幼儿园，帮扶薄弱普惠性民办幼儿园、农村乡镇幼儿园占比超过80%，促进幼儿园整体上档升级。

【义务教育优质均衡发展】 优化义务教育招生入学工作，保障教育公平，全市4所民办义务教育学校招生全部纳入审批地统一管理。环翠区、文登区进行义务教育招生管理信息化平台建设试点，实现义务教育招生入学“一网通办”。环翠区、文登区、荣成市、乳山市通过首批全国义务教育优质均衡发展县省级验收。

【普通高中教育优质特色发展】 深入实施新高考背景下普通高中课程教学改革，推进普通高中课程基地和特色高中建设，全市有普通高中改革发展重点任务省级试点学校8所。遴选首批市级普通高中课程基地建设试点项目8个，市级财政拨付资金600万元用于高中课程基地建设。《探索课程基地建设推动育人模式转型》入选2019年度全省基础教育改革典型案例。

【城镇居住区配套幼儿园整治】 市和区（市）两级分别成立整治工作领导小组，按照“查改结合”“卡点推进”“一园一案”整治原则，先后开展3次摸底排查和复核，累计摸排居住区配套幼儿园191所，确定列入整治范围的配套幼儿园60所。市教育局、财政局等部门按照整治职责要求，组成督导检查小组，先后3次现场督导检查配套区幼儿园27所，重点关注进度缓慢或整治措施未落实到位情况，及时解决难点、卡点问题。先后对3个区（市）进行约谈，对2个区（市）下发督办通知单，对如期完成整治任务且投入使用的幼儿园下发补助近60万元，提升幼儿园办园质量。

6月5日，威海市长征路小学开展爱眼护眼主题活动 （威海日报社 提供）

【基础教育国家级优秀教学成果推广应用示范区建设】 2020年，利用威海市“教研、科研、培训、信息化”机构和功能有机整合优势，建立“教研问题化、问题课题化、课题课程化、课程系列化”的递进式教科研实施新机制，深入推进有效教学、生命化课堂等重点领域和项目研究。市教育局印发《威海市市级教学成果奖励办法》，科学界定教学成果，规范评选程序，明确奖项设置。组织首届基础教育市级教学成果奖评选，评选市级教学成果54项，发放奖励资金50余万元。制定《2020—2021年成果推广应用工作方案》，在威海“智慧教育云”平台上开辟优秀教学成果推广专栏，提供开放式学习平台和“菜单式”服务，建立成果推广应用重点实验校107所，组建成果推广研究共同体36个，在市域范围内整体推广应用教学成果，威海市入选基础教育国家级优秀教学成果推广应用示范区。

【素质教育】 举办威海市第三届中小学生现场作文大赛和校园朗读者比赛，开展中小学生“好书伴成长”读书征文活动，弘扬优秀传统文化。举办“AI赋能 智联你我”威海市第九届中小学生科技节，展示科技创新教育成果。开展全市中小学生视力普查和抽测，普查25万名中小学生裸眼远视力及近视患病情况，抽取1.6万名学生开展三级视力测试，建立各级学生视力档案。对全市中小学进行体质健康测试，抽取42所学校8960名学生进行体质健康复核，提升体质健康水平。举办全市校园艺术节舞蹈、器乐大赛，参赛节目98个，参加师生3000余名，40余项作品获奖并参加省级比赛。全市2篇劳动教育案例被编入省级劳动教育案例选编。

职业教育

【概况】 2020年，全市有中等职业学校18所(其中普通中等专业学校11所、职业高中学校7所)。中等职业学校招生7357人，比上年增加1005人；有在校生1.94万人，增加233人。全市中等职业学校有教职工2494人，增加10人。其中，专任教师1996人，增加31人，生师比为9.72 ： 1。专任教师学历合格率为96.0%，具有研究生学历的比例为7.7%。专任教师中专业课、实习指导课教师有1164人。

【职业教育创新发展】 市教育局印发《威海市落实职业院校办学自主权实施方案》《关于完善威海市职业院校绩效工资内部分配办法的指导意见》等5个文件，促进职业教育体制机制创新和结构优化。统筹全市专业设置，重点培育中职高水平专业群6个，淘汰改造专业23个，新增新能源汽车维修、智能养老服务等急需紧缺专业38个。组建由政府、行业企业、学校等共同参与的专业建设行业指导委员会11个，在专业设置中赋予行业企业更多的参与权、话语权和指导权，确保专业建设规划落地实施。深化校企合作，以产教融合型企业建设为重点，推进产教融合向纵深发展，全市18个企业获得省级产教融合型企业认定，数量列全省第2位。推进集团化办学，遴选中职现代学徒制项目4个，新组建教职集团5个，全市职业教育集团认定备案总量增至13个。其中，威海职业教育集团被山东省教育厅推荐参评国家第二批示范性职业教育集团。建设产教融合型实训基地20余处，威海市公共实习实训中心投入使用，成为教育与产业发展对

11月23日，威海市职业教育创新发展高地建设工作推进会召开

（刘志鹏 摄）

接平台。文登区职业中等专业学校承办2020年全国职业院校技能大赛改革试点赛中职组焊接技术赛项，威海市选手获得全国职业院校技能大赛一等奖1项，获得省职业院校技能大赛一等奖5项、二等奖10项、三等奖12项。

民办教育

【概况】 2020年，全市有民办教育学校、幼儿园169处，招生1.43万人，在校生4.46万人。其中，幼儿园155处，招生1.01万人，在园幼儿3.16万人。民办小学1处，招生312人，在校生1613人。民办初级中学1处，招生626人，在校生2001人。民办高级中学1处，招生133人，在校生233人。民办完全中学1处，招生451人（初中招生36人、高中招生415人），在校生1101人（初中生94人、高中生1007人）。民办十二年一贯制学校1处，招生881人（小学招生240人、初中招生221人、高中招生420人），在校生2849人（小学生1052人、初中生779人、高中生1018人）。民办普通中等专业学校3处、职业高中6处、附设班1处，招生1773人，在校生5204人。

【民办教育和继续教育发展】 推进民办学校分类登记管理，规范设置标准，开展校外培训机构专项整治、“双随机、一公开”抽查等系列专项工作，联合检查、不定期巡查累计近100次，累计查处停办违规机构106家。完成全市522家民办教育机构年检工作并公示结果，民办教育机构年检优秀31家，合格470家，基本合格13家，停办4家，申请延期年检4家。举办全民终身学习活动周活动，培育优质课程资源和学习品牌。开展“百姓学习之星”“终身学习品牌项目”和社区教育优质课程资源遴选活动，评选市级社区教育优质课程资源43个、“百姓学习之星”2人，4个终身学习项目获评省级奖项。

（刘 凯 曲燕飞）

技工教育

【招生培养】 2020年，全市技工教育全日制招生2408人，毕业生1434人，毕业率达97%，就业率99%，留威海就业率94%，为企业输送车工、电工、烹饪工等技能人才。建立健全技工教育与普通教育沟通衔接机制，深化人才培养模式改革，通过订单冠名培养、共建实训基地等校企合作形式，深化技工教育产教融合发展。2020年，全市有技工院校校企合作企业101家，涉及专业50余个，共建校内外实训基地31个，提供实习岗位1007个，实习人数1698人，订单培养在校生906人。

【学生资助与安全管理】 完成技工院校免学费和助学金发放工作，8所技工院校发放省、市免学费资金2111.5万元、助学金90万元。加强校园新冠肺炎疫情防控常态化管理，成立全市技工院校联合核验组，对8所技工院校进行实地开学条件核验，持续落实常态化疫情防控要求。对校园安全全面排查，建立健全技工院校安全管理责任体系，从严落实安全工作措施，防范校园安全事故。

【扶贫攻坚】 市人力资源和社会保障局印发《着力解决“两不愁三保障”突出问题工作方案》《技工院校“五免一享”政策落实情况“再回头看”工作实施方案》，开展技工院校扶贫工作。2018年春季学期至2020年秋季学期，全市技工院校有威海市户籍建档立卡贫困学生87名，全部享受“五免一享”政策，免学费57.7万元，免住宿费4.97万元，免教材费4.6万元，享助学金16.2万元。技工院校面向建档立卡学生免费提供勤工俭学岗位，为建档立卡毕业学生免费推荐就业岗位。

（丛海平 王 蕾）

高等教育

【概况】 2020年全市有山东大学（威海）、哈尔滨工业大学（威海）、威海职业学院、山东药品食品职业学院、山东交通学院威海校区、山东外事职业大学、哈尔滨理工大学荣成校区、威海海洋职业学院、北京交通大学（威海）、山东铝业职业学院威海校区、威海技师学院11所高等院校。在校全日制本专科招生3.77万人，在校生11.28万人。

（刘 凯 曲燕飞）

【山东大学（威海）】 创建于1984年，位于威海火炬高技术产业开发区玛珈山南麓，是山东大学与威海市政府联合共建的多学科、开放式、综合性大学校区。校区设有学院12个和教学部1个，本科招生专业有35个，涵盖文学、艺术学、法学、经济学等8个学科门类，可在24个一级学科招收硕士研究生、18个一级学科招收博士研究生，可在17个一级学科招收博士后，形成培养博士生、硕士生、本科生、国际学生等多层次的教育体系。2020年，学校有全日制统招本科生1.45万余人，国际学生600余人，博士、硕士研究生1900余人；有教职工1200余人，其中专任教师827人，副高及以上职称511人。加强干部队伍建设，有18名年轻干部充实到领导岗位，全年派出和接收校内双向挂职人员44人，选派8名干部教师到市政府部门挂职锻炼。全年召开新冠肺炎疫情防控工作专题会59次，做好疫情防控工作常态化督导检查，开展专项督查工作37次，推进安全稳定工作一体化建设，遏制各类校园安全事故发生。年内，2人获评山东大学优秀共产党员、1人获评山东大学优秀党务工作者、1个基层单位获评山东大学先进基层党组织。

管理体制机制改革 制定《管理体制机制改革实施方案》，建立“1＋4＋N”工作体系，协同推动“优化运行机制、增强发展动能、提升管理效能、做好特色服务”并进，为校区改革发展强力赋能。形成落实改革各项工作成果27项，制定完善强化特色增值服务、推进“放管服”改革等制度，保值增值服务体系基本确立。

学科建设与科学研究　“空间学科”深度参与“子午工程II期”建设和“地球观测与导航”重点研发计划，启动国家重点实验室联合申报工作，“天问一号”有关论文等4项研究成果在业内权威杂志发表。在东北亚研究方面，进一步推动国别问题研究和智库建设，国际问题研究院入选中国智库索引（CTTI）来源智库，1项成果获得外交部表彰。威海前沿交叉科学研究院获批成立，环境经济学研究团队在Nature子刊、Cell子刊等学术刊物发表多篇论文，2人入选全球高被引科学家名单。提升科研水平，承担国家重大、重点项目能力显著增强，获批自然科学领域国家重点研发计划项目1项、国家自然科学基金重点项目2项、其他类别项目27项，获批人文社科领域国家社科基金等各类国家级项目20项、教育部人文社科研究项目10项，年度科研立项经费超过1.2亿元。先后在《人民日报》《光明日报》等发表理论文章8篇，被各级政府采纳智库成果9件。

人才队伍建设　遴选全职杰出人才16人，其中双聘院士1人、加拿大皇家院士1人，入选全职杰出人才数量比上年增加60%。2人获评泰山学者青年专家，1人获得省海外高层次人才专项资助。制定《威海校区专任教师高级职务岗位方案》，优化师资队伍结构，提升师资队伍建设水平。加强师德师风建设，1人获评山东大学优秀教师、1人获评山东大学先进教育工作者、1个单位获评山东大学先进集体。

教育教学与人才培养　持续改善学生的层次结构和学科结构，减少专业8个、减招200人。强化专业课程建设，获批国家级、省级一流专业22个，4门课程入选国家级、省级“金课”。全国新文科工作会议在威海校区举办，展示办学成果和特色，教育部给予充分肯定。在全国数学建模、挑战杯等赛事中获得国家奖25项、省级奖118项，智能车代表队在全国比赛中获得一等奖5项、二等奖1项，总成绩列全国第1名。

地方经济发展服务　山东大学威海工业技术研究院加入半岛科创联盟，先后成立技术研究中心5个，与威海市7个单位签署合作协议，1项合作项目获评2020年山东省科技进步奖一等奖。合作共建威海高新区山大实验学校签约仪式举行，山东大学附属威海市立医院（筹）揭牌，共建区域健康医药大数据协同创新平台，助力“健康威海”建设。

（顾　炜　赵林林）

【哈尔滨工业大学（威海）】　哈尔滨工业大学威海分校于1985年经航天工业部批准成立，2002年更名为哈尔滨工业大学（威海）。学校设有院（系）13个、教学部1个、本科专业42个，其中新工科专业9个，共享校本部博士点27个和硕士点39个，单独设有船舶与海洋工程、海洋科学一级学科硕士点2个，拥有山东省重点学科8个，山东省特色专业6个，船舶与海洋工程和海洋科学是哈尔滨工业大学“985工程”重点建设学科。2020年，学校有教职工916人，其中专任教师576人，教授98人、副教授295人；有全日制在校本科生1.08万人，研究生919人。

教育教学改革　新冠肺炎疫情期间，开展网络在线教学，调整教学计划与教学方式，所有教学环节均在“云端”进行，春季学期实现100%开课，线上开课625门、1124门次，参与教师597人，累计线上学习学生超过110万人次，学生出勤率超过98.6%。成立应对新冠肺炎疫情在线教学质量督导专家组，校领导、督导专家深入在线课堂听课。开展教育教学思想与改革大讨论系列活动，提交教学研究论文80余篇。召开新工科再深化研讨会，线上线下参会2万余人。推动教学模式改革，开设新工科数学基础课程，成立哈工大（威海）未来技术学院。打造“形势与政策”精品课，开展新思想概论课试点教学。加强一流专业和一流课程建设，获批山东省一流专业1个，申报国家级一流专业2个；获批山东省一流课程5个，山东省本科教学改革研究项目重大子课题、培育项目、重点项目等9项，建设各类型通识课48门。推进线上线下混合式教学模式改革，推进实验室建设和教学信息化建设，加强优质在线教学资源引进及建设，提升教学管理信息化服务水平。

科学研究　申报各级各类基础研究项目250项，获得国家自然科学基金资助18项、山东省自然科学基金资助47项、中央引导基金1项。申报国家重点研发计划项目13项，获批项目1项、课题1项，参与4项；组织2020年制造业高质量发展工作项目8项，获批4项；申报省级重大（重点）项目12项，获批4项；获批山东省教育厅2020年山东省高等学校“青创科技计划”2项。立项国家社科基金年度项目1项、教育部一般项目3项、国家语言文字工作委员会科研项目1项，申报国家社科基金高校思想政治理论课研究专项等国家级项目10余项、省级人文社科项目40余项。获得吴文俊人工

6月14日，威海市人力资源和社会保障局、环翠区政府与哈尔滨工业大学（威海）合作协议签约仪式举行　（孙大伟　摄）

智能科学技术进步奖一等奖1项、中国机械工业协会科技进步特等奖和二等奖各1项、国家金桥奖二等奖1项。申请专利167件，授权专利140件。

师资队伍建设　制定《关于基层党组织加强师德师风建设的实施意见》，形成师德师风建设长效机制。构建高层次人才引进长效机制，建立新加坡、澳大利亚等海外人才引进工作站，引进专任教师39人，申报国家级人才计划1人，入选省泰山学者青年专家3人、山东省理论人才“百人工程”人员1人，推荐校本部青年拔尖人才计划8人次、2020创新人才推进计划5人、省JMRH专家5人、省委军民融合发展委员会办公室专家智库7人、国家国际科学技术合作奖评审专家4人、省自然资源专家库专家3人。引进思想政治教师14人，举办辅导员招聘活动3次，提前完成招聘计划。

学生工作　新冠肺炎疫情期间，发放困难学生补助60余万元。开展线上学习打卡、学习笔记分享、志愿服务等系列活动，5名学生获得抗疫先进个人省级表彰，104人获得校级抗疫先进个人表彰。加强书院建设，开设书院通识课程19门，弘扬传统文化，提升学生综合素养。2020年，学生获得各类创新创业类赛事奖项443项，其中国际级奖励37项、国家级奖项213项，7名学生获得全国大学生英语竞赛国家级特等奖，获得第十二届全国大学生数学竞赛国家奖349项。发表SCI论文61篇，申报发明专利11项。

招生和就业　2020年，校区在全国30个省（直辖市、自治区）录取学生2714人。其中，国家专项计划学生189人、高校专项计划学生62人、综合评价招生130人。举办线上线下就业双选会12场，参会企业达5081家。建立完善的就业指导体系，推进智慧就业信息网改版升级，开通就业心理咨询和就业帮扶线上咨询，提供就业指导服务。

对外合作与交流　提升国际化办学层次，海洋科学与工程国际学院中英合作办学项目完成首批招生。召开2020世界大学校长高峰论坛，各国在线观看会议直播的人数达30万人次。开展国际交流，出国（境）留学学生291人；拓展20余所世界名校的线上留学项目，开展线上“国际文化月”“欧美澳名校展”等各类活动20余场，在线参与学生2000余人。

（谷　静）

【威海职业学院（威海市技术学院）】　位于威海火炬高技术产业开发区科技新城，2000年10月经山东省人民政府批准、教育部备案成立。2020年4月22日，学院正式更名为威海职业学院（威海市技术学院）。学院占地面积193.08万平方米，产权校舍建筑面积40.96万平方米。2020年，学院固定资产总值11.18亿元，其中教学、科研仪器设备资产总值2.41亿元，信息化设备资产1.05亿元。图书馆建筑面积2.3万平方米，有纸质图书118.93万册、电子图书103万册。有计算机6650台、多媒体教室285个、网络信息点数1.80万个，上网课程数达906门，管理信息系统数据总量达92GB。设置院（系）12个，开设高职教育专业60个，涵盖装备制造、交通运输等专业大类14个，其中国家重点专业10个。有教职工1197人，其中，专任教师833人，具有高级职称的254人，占30.5%。有全国模范教师1人，国家级教学团队2个，省级教学名师8人，省级教学团队9个。招录新生7534人。学院新冠肺炎疫情防控工作被教育部应对新冠肺炎疫情工作领导小组学校稳定组通报表扬。学院微信号列《中国青年报》发布的2019—2020全国高职院校官微排行榜第2名。学院获评高校教育新闻宣传先进单位、2020山东最佳社会声誉高校、2020山东最具影响力教育政务融媒体。

专业建设　学院形成计算机、电子通信、机械设计与制造等专业群19个。撤销与合并专业13个，新增大数据技术与应用专业，应用电子专业调整为电子信息工程专业、船舶动力工程专业调整为自动化生产设备应用专业（船舶方向）。

产教融合　学院被省教育厅推荐为“鲁班工坊建设联盟”发起单位，牵头组建的威海职业教育集团获评省级示范性职业教育集团。成立中果研济南果品研究院威海分院暨果蔬产业创新技术联盟和中果研（威海）现代农业研究院，牵头成立全国职业教育社会培训合作联盟和全国高职院校爱国主义教育培训基地合作联盟。与中国生产力促进中心协会共建生产力共想学院威海分院，与吉林大学共建威海仿生研究院北海分院。引进乌克兰院士图尔科维奇，建设山东省院士工作站。

师资队伍建设　引进全国技术能手5名、齐鲁首席技师6名和省技术能手3名。在山东省职业院校教学能力大赛中获得一等奖3项、二等奖1项、三等奖1项，总成绩列全省第2位。学院教师团队获得全国职业院校教学能力比赛二等奖。

毕业生就业　2020届毕业生初次平均就业率为91.7%，专业对口率为78.7%，毕业生创业率为2.1%。

国际交流　开展上海合作组织国

10月17日，吉林大学威海仿生研究院与威海科博乐汽车电子、威海职业学院、威海光威复合材料合作协议签约仪式举行　　（孙大伟　摄）

家职业学校防疫网上交流活动2次，与上海合作组织国家青年平台举办第六届“模拟上合组织”活动，获批与韩国水原大学、俄罗斯阿尔泰波尔祖诺夫国立技术大学中外合作办学项目。

（谢鹏程）

5月29日，山东药品食品职业学院迅腾产业学院揭牌仪式举行

（山东药品食品职业学院 提供）

【山东药品食品职业学院】 始建于1958年，隶属山东省市场监督管理局，总占地面积69.53公顷，校舍面积24万平方米。2020年，有教职工633人，高职在校生1.26万人。学院以“为药品食品事业服务，为人民群众健康服务”为办学宗旨，主要为全省药品食品生产加工企业、批发零售企业、医院药房、药物研究机构、药品食品检测监督部门等培养高素质技能型人才，开设药品生产技术、食品营养与检测等专业37个。2020年，学院主持国家职业教育教学资源库2项，在省青年教师教学比赛、全国医药行业特有职业技能竞赛、创新创业大赛等比赛中获奖50余项。立项省部级及以上课题9项，获批省高等学校科学技术奖1项、中外合作办学项目2个、省级科研创新平台2个、传统技艺技能传承创新平台2个，开设校企合作专业12个。学院入选2020全国职业院校产教融合50强，获评“全国职业院校官微十强”、山东省政务新媒体先进单位。

人才队伍建设　学院制定《双师型教师资格认定及管理办法》等制度，认定双师型教师222人；聘任客座教授、产业教授和特聘教授40人；制定《2020年—2023年聘期专业技术岗位评聘实施方案》，完成313人岗位评聘工作。

科研和社会服务　学院获批山东省绿色制药技术协同创新中心和科技成果转化和转移基地，立项省、市级科研课题67项。新冠肺炎疫情初期，学院研发团队完成瑞德西韦母核片段公斤级工艺研发。2020年，科研和技术服务经费达600余万元。围绕市场监管系统、医养健康领域行业企业开展培训30余期，线下培训9000余人次。面向全省开展执业药师继续教育线上培训4万余人次，开展执业药师及市场监管系统骨干人员公益类公需课线上培训4.2万余人次。

创新创业教育　开展大学生创新创业项目辅导专项培训，组织“互联网+”大学生创新创业案例分析报告会，丰富学生创新创业实践活动。与威海市企事业单位对接，开展大学生SYB创业培训、大学生育婴员培训，累计培训课时达4400节；推进学院的众创空间建设，学院“智·健康”众创空间获批国家级众创空间。

招生和就业工作　2020年，学院录取新生5183人，学生专升本录取人数483人。毕业生就业率和就业质量始终稳居在全省前列，供需比在1∶7以上，企业满意度95%以上。学院获评2020年度毕业生最受用人单位认可高校、招生宣传最具公信力高校等。

国际交流合作　学院获批中外合作办学项目2个，加入中国教育国际交流协会，入选“高端技能型、应用型人才联合培养百千万交流计划”项目。申报中国、泰国合作办学——公共卫生“3+0”项目，申报韩国美容健康合作交流研究中心、日本养老服务研究中心2个特定国家或区域交流合作研究中心。制定《留学生引进及管理办法（试行）》等3项制度，加大留学生引进力度，强化规范管理。获批首批职业教育对德合作试点示范单位。

（谷 群）

【山东交通学院威海校区】 位于威海市双岛湾科技城和兴路1508号，占地面积66.67公顷，建有山东省“十二五”高等学校科研创新平台建设工程重点实验室——船舶与海洋运输实验室等大型重点专业实验室30余个，是以培养涉海类和涉外类专业人才为重点的大学校区。2020年，校区有教职工300人，其中教授16人、副教授48人、博士70人、硕士155人。校区设有学院3个和基础教学部1个，开设本专科专业15个和硕士培养方向4个，有全日制在校学生4190人。校区后勤保障处资产与楼宇管理科获评山东省高校后勤系统新冠肺炎疫情防控工作先进集体，1人获评山东省高校后勤系统新冠肺炎疫情防控工作先进个人。

教学科研工作　校区积极推进课程与学科建设工作，“船体结构”和“轮机工程”材料获批山东省一流课程；获批省级教研教改项目1项、省级研究生质量提升计划项目2项，获得省级青年教学比赛二等奖1项。全年引进博士5人、硕士4人，教职工博士比例达23.2%。完成船舶动力工程技术、船舶润滑油检测等12个实验室的建设与改造，船舶与港口工程学院完成340万元的实验室设备购置。校区获批市厅级以上科研平台（机构）3个。其中，威海市船舶流固耦合动力学重点实验室获批2020年威海市市级重点实验室，威海海洋信息技术研究院获批威海市新型研发机构和山东省新型研发机构。实现合作项目立项71项，合同总金额达1032.64万元。校区教师获批国家社科基金1项、省自然科学基金项目2项、山东省社科类项目4项；威海市社会科学界联合会课题结题4项；教科研课题立项15项,发表论文97篇（其中，SCI论文9篇，SSCI论文1篇，EI论文22篇，中文核心期刊6篇）；授权发明专利8项，实用新型专利24项，软件著作权30项；出版专著3部；出版译著1部；获得山东省高等学校科学技术奖1项。

学生工作　加强大学生思政教育和日常教育管理，开展主题教育活动19场次。组织海韵讲坛、创新创业沙龙活动11场、学术科技竞赛活动10项。获得校区大学生学术科技竞赛校级以上奖项506项。其中，A类赛事获得省级银奖3项、铜奖5项，获得国家级奖项37项、省级奖项85项、校级奖项384项；国家级大学生创新创业训练计划立项6项，省级立项76项；获批山东省大学生创业大赛、全国大学生船舶能源与动力创新大赛等科技竞赛奖项11项;学生创立公司2家，发表论文16篇，专利授权24项；获得山东省研究生优秀成果奖1项；获评"大学生学术科技之星"10人。大学生"三下乡"活动团队获评省级实践团队，"心娴思敏"自媒体平台被中国青年网、大众网等媒体报道。

产学研和社会培训　2020年，校区建立产学研合作基地5个，招收航海技术本科生37人。完成25个船员培训项目的课程确认和设备设施的升级改造，开展海船船员合格证、适任证书培训、考试，合格证通过率达92%。完成各类培训113期、培训8198人次，培训收入122万元。

招生就业　2020级校区普通本科新生报到率达93.7%。举办校区2020届毕业生春季网络双选会，参会企业136家，提供岗位6454个，供需比达1∶7.88。举办山东省2020年高校毕业生就业招聘活动航海类专场，参会企业83家，提供岗位3443个，供需比达1∶4.3。建立航海类企业信息库100家，陆上企业信息库163家，成立青鸟驿站和威海市大学生就业创业指导站。

（吕　静）

【山东外事职业大学】　创建于1999年，2004年7月，经山东省人民政府批准、教育部备案，改建为山东外事翻译职业学院，成为全日制普通高等职业院校。2018年12月，经教育部批准升格为本科院校。2019年5月，更名为山东外事职业大学。学校设威海和济南2个校区，占地面积116.83公顷，校舍建筑面积42.3万平方米，设有外国语学院、国际事务研究院、国际交流学院、国际商学院等教学单位16个。开设本科、专科专业57个，在校生1.5万余人，形成文学、经济学、管理学、工学、法学等多学科协调发展的专业建设格局。2020年，学校按照职业本科试点要求，推进教育教学改革，制定职教高地建设实施方案，确定重点任务13项，推动学校职业本科教育试点工作深入开展，促进建设项目落地实施。学校组建新冠肺炎疫情防控工作领导小组，做到疫情防控零事故。逐步展开东西协作对口帮扶工作，对帮扶学校进行调研，与西藏自治区日喀则市职业技术学校及日喀则市教育局对接，就帮扶事项达成一致意见。学校先后获评2020年度融媒传播最具创新力高校、融媒传播最具影响力高校，2020年度毕业生最受用人单位认可高校、山东最佳社会声誉高校。

教学工作　学校获批学前教育、音乐表演、大数据技术与应用、舞蹈表演本科专业4个，新增美术、口腔医学、幼儿发展与健康管理专科专业3个，撤销、停招与区域经济发展不匹配的专业，优化专业结构。新冠肺炎疫情期间，学校借助"职教云""智慧树"等平台建设线上课程教学空间，开设在线课程497门，学生平均到课率达94.2%。完成在线课程建设50余门，引入校外优质课程12门。2020年，学生参加山东省职业院校技能比赛和"外研社杯"英语技能比赛等各类技能竞赛200余项，获得团体或个人一等奖30项、二等奖51项、三等奖85项。其中，获得山东省装配式建筑职业技能竞赛一等奖，在全国总决赛中获得二等奖。

科研工作　2020年，学校获得校外项目立项21项。其中，山东省社会科学规划研究项目2项、省软科学研究计划一般项目1项、省社会科学界联合会人文社会科学项目1项、省教育科学"十三五"规划课题5项、省艺术科学重点课题4项、"传统文化与经济社会发展"专项课题4项、艺术教育专项3项。学校获得2020年度山东省高等学校人文社会科学优秀成果奖二等奖1项、三等奖2项，省高等学校思想政治优秀成果奖三等奖1项，通过项目主管部门验收校外科研课题8项。

学生工作　依托辅导员发展与研究中心开展学习培训活动，推动学校辅导员队伍的专业化、职业化。62人通过国家教育行政学院全国高校辅导员网络培训示范班培训，75人通过国家教育行政学院全国高校心理危机预防干预网络培训并获得结业证书。秋季学期，学生工作队伍中有8人承担思想政治课教学任务，全面提高辅导员作为教师和管理人员双重身份的专业能力和综合素养。年内，12名学生获评2019年度山东省高等学校优秀学生，6名学生获评2019年度山东省高等学校优秀学生干部，3个班级获评2019年度山东省高等学校先进班集体。

产教融合与创新创业　扩大校企合作范围，合作企业实现学校专业全覆盖，建立校外实习实训基地162个。实习模式向订单式培养、工学交替、双主体办学、校企共建实训基地等多种形式转变。开展创新创业培训工作，创新创业学院牵头培训本科新生1781人，学生上课出勤率99.8%，培训合格率100%，完成"零投诉、培训到课率90%以上、培训合格率90%以上"3个目标。完成大学二年级864人的线下创业培训。

（刘忠伟）

【哈尔滨理工大学荣成校区】　2006年，经黑龙江省和山东人民政府批准，哈尔滨理工大学与山东省荣成市政府签订协议，组建哈尔滨理工大学荣成校区。校区占地面积51.33公顷，建筑面积25万平方米。2020年，荣成校区坚持以工为主，理、经、管、文、艺相结合的多科性学科特点，开设本科专业23个，有教学系（部）12个、教职工634人（其中教授17人、副教授24人、博士30人）、在校生7300余人。

教育教学　完成2020年春季学期在线教学工作，学生返校后实现线上线下有效衔接，确保教学工作有序开展。采用竞赛及立项的方式资助10门课程，新增智慧教室1间，完成计算机标准化考场建设工作。教师申报黑龙江省教育科学规划领导小组办公室2020年度重点课题4项、2021年项目2项、2020年黑龙江省教育教学改革课题3项；组织黑龙江省教育科学规划领导小组办公室课题结题2项、省教改结题1项、校级教育教学研究项目结题9项。组织督学听课850余人次，组织3726人次学生参与评教，参评比例81.6%。

师资队伍建设　2020年，评审推荐教授1人、副教授3人、中级定职14人。印发《哈尔滨理工大学非定向攻读博士学位教学人员管理暂行办法》《哈尔滨理工大学荣成学院合同制人员队伍建设实施方案（试行）》等，推动师资队伍健康有序发展。

科研建设　教师发表A类论文10篇、B类论文4篇、C类论文1篇。获批发明专利2项，主持省自然科学基金项目1项、省社科一般项目1项、省社科扶持共建项目1项。与企业签订横向课题9项，合同金额151.85万元。结合威海市企业技术需求设立科研培育基金项目，立项57项（其中A类8项、自然B类29项、社科B类20项），与5家企业签署校企合作协议。完成实训课培训，累计开课225次，参与实训课程人数1982人，完成1198人的山东省创业培训补贴申领工作，落实补贴资金143.76万元。获得山东省大学生科创大赛三等奖1项、黑龙江省大学生创业大赛二等奖1项；获得“学创杯”全国大学生创业综合模拟大赛总决赛二等奖，“学创杯”全国大学生创业综合模拟大赛省赛一等奖2项、二等奖1项。开展学科建设、平台建设和专业建设大研讨活动。

对外交流　拓宽师生国际合作与交流渠道，与新西兰坎特伯雷大学签订学生联合培养协议。完成7名交换生的出国留学派出工作，办理13名学生赴韩国、5名学生赴日本留学相关手续。聘用1名日本籍教师，组织外籍专家完成威海营商环境评价调查工作。

学生工作　开展爱国主义系列教育，实现在校生全覆盖。2000余人参与暑期社会实践活动，1名教师、3名学生分别获评山东省暑期社会实践活动优秀指导教师、先进个人。2020年，黑龙江省理工类招生超出控制线126分，软件工程专业招生超出控制线159分，黑龙江省文史类招生超出控制线97分，山东省常规批录取超出控制线127分；开展线上线下相结合的招聘模式，组织大型线上招聘会2场，中型线下招聘会4场，线下专场招聘会102场，接待用人单位178家，发布招聘信息2000余条；开展“选择威海，筑梦未来”主题招聘活动周，2020届毕业生2317人的初次就业率为80.2%，升学率14.4%。为86名困难学生发放临时困难资助金4.95万余元。

（王梓榕）

【威海海洋职业学院】　是经山东省人民政府批准、教育部备案的国有公办全日制普通高等专科学校，有在校生1.14万余人，教职工460余人。2020年，在全省83所高职院校办学质量年度考核中列第31名，在全国1488所高职院校综合实力排行榜中列第416名。平稳理顺体制机制，落实运用好办学自主权，将内设机构增设、优化调整为23个，内部调整配备中层干部55人。

教育教学改革　入选工业机器人应用编程“1+X”试点证书10个、考核站点7个，参与考核学生总体通过率达95.8%。省级一类职业技能大赛累计奖项居全省第16位。明德学院开设选修课60门，扩展校外研学基地10个。师生共同策划编演的话剧《佩瑜怀瑾》被山东省教育厅《教育工作简报》专版刊登。学院是山东省第一批内部质保体系诊改工作实施方案审核通过院校，获评全国智慧校园50强、山东省第二批教育信息化示范单位。

师资队伍建设　2020年，学校引进高层次人才7人，聘用省级技能人才19人。新认定高级“双师型”素质教师4人、中级“双师型”素质教师29人，“双师型”教师总数达192人。入选山东省教学名师1人、山东省高等学校青创人才引育计划团队1个。

产教融合与合作发展　牵头组建省级职教集团3个，共建混合所有制二级学院4个，参与修编国家级职业技能标准2项、省级职业技能标准1项。学院入选教育部智能制造领域中外人文交流人才培养基地项目第二批筹建合作院校，获评2020职业院校产教融合50强、山东省产教融合示范单位（基地），电子商务专业获评山东省校企融合示范性品牌专业。

招生就业创业　山东省夏季高考首次志愿普通专业一次投满，投档情况在全省排名第23位，录取分数排名第29位。打造就业服务“云”矩阵，2020届毕业生总体就业率97.4%。双创基地累计入驻企业70余家，大学生众创空间获批省级众创空间，学院入选全国高职院校双创100强，承办山东省首届大学生直播带货大赛。

社会服务　建成山东省船舶智能装置与系统应用技术协同创新中心，获批山东省第三批职业教育技艺技能传承创新平台2个。与威海市海洋发展局共建威海市海洋生物健康促进中心。聚焦乡村振兴、经略海洋等发展战略，开展技术技能、创新创业、传统文化等培训6200余人次。

（张　涛）

【北京交通大学（威海）】　位于威海南海新区，是北京交通大学在威海设立的事业单位。威海校区下设党委办公室、校区办公室、教务管理办公室等部门13个。2020年，威海校区有在校学生2511人。其中，全日制统招本科生2115人、第二学士学位学生123人、自主招生学生28人、国外高校借读学生123人、国际学生122人；有教职工236人。其中，常驻校区的教师及管理人员有131人，在校区授课的北京交通大学北京主校区、英国兰卡斯特大学主校区和美国罗切斯特理工学院主校区授课教师有105人。

师资队伍建设　校区师资队伍以北京交通大学和外方合作院校教师为主，校区自聘教师8人，其中体育课教师6人、环境专业课教师1人、大学物理公共课教师1人。年内，校区首次采取现场直播方式，组织校区全体新教职工远程在线参加入职系列培训。推进校区属地化师资队伍建设，保障校区的基础教学水平。落实威海市相关人才政策，扩展校区社会服务方式，改善教职工福利待遇，增加人才吸引力。完成16名教职工的生活津贴申领工作，每位教职工可获得地方政府发放的生活津贴每年2.4万元。

教学工作　新冠肺炎疫情期间，校区成立校区网络教学协同工作组、疫情期间线上教学支持服务组，各部门协同合作，确保疫情期间网上教学工作顺利进行。建设 Moodle 双语课程平台，支持课件、视频等资源，具有作业、讨论、考勤、测验等功能。为满足中外合作办学同步课堂、线上教学等教学需求，校区拨款将 60 间教室全部配置线上线下同步教学平台。

招生与就业　2020 年，学校统筹招生资源，威海校区中外合作办学本科招生指标 600 人，报到 545 人。其中，信息管理与信息系统专业招生 107 人，通信工程专业招生 77 人，计算机科学与技术专业招生 107 人，环境工程专业招生 71 人，会计学专业招生 75 人，工商管理专业招生 73 人，数字媒体艺术专业招生 35 人。与总校电子信息工程学院合作，计划招收通信工程专业第二学士学位学生 180 人，录取 202 人，实际报到人数 123 人。受全球新冠肺炎疫情影响，被国外高校录取的中国留学生无法出国攻读学位，经教育部批准，学校获批自主招生计划指标 104 人，面试录取 67 人，实际报到 28 人。北京交通大学兰卡斯特大学学院 2020 届首批毕业生和 2020 届北京交通大学与罗切斯特理工学院合作办学项目毕业生 305 人，升学率 72%，就业率 83%。

社会服务　校区志愿者为威海南海新区一线防疫值守人员提供后勤服务，参与 2020 国际乒联男女世界杯志愿者服务。山东省科普教育基地接待参观者 300 余人。新冠肺炎疫情期间，接收美国伊利诺伊大学厄巴纳－香槟分校借读生 88 人、美国罗切斯特理工学院借读生 21 人、澳大利亚迪肯大学借读生 14 人。校区培训中心引入社会专业培训机构，协助开展雅思、托福语言等专业证书培训。

（丁鹏彦）

【山东铝业职业学院威海校区】　位于威海南海新区，有冶金化工系、机械工程学院、互联网学院等教学单位 12 个；开设有色冶金技术、工业机器人、旅游管理、幼儿发展与健康管理等专业 39 个，形成以有色冶金技术、有色机电为特色的专业群，其中有色冶金技术、碳素加工技术专业为山东省独有。2020 年，有在校生 1.2 万人，2020 届毕业生 3311 人，就业率为 95.0%。学院履行服务地方的职能，针对各企业多样化用工需求，采取“一企一策、分批供应”服务措施，组织 300 余名学生开展毕业设计与顶岗实习。面向中铝集团各成员企业、社会行业企业、地方政府开展各类职业技术技能培训，自主开发培训课程体系 19 个，举办各级班次 130 余个，培训 1.37 万人次。完成省级课题立项 5 项，省级及以上大赛获奖 42 项。学院团委获评山东铝业有限公司五四红旗团委，汽车工程学院党支部获评山东铝业有限公司先进党支部。学院获评 2020 年度山东铝业有限公司“不吃老本立新功、优化指标创新高”对标竞赛先进单位、威海市大学生就业创业服务指导站、山东省融媒传播最具创新力高校等。

（张　娜　勇亚楠）

【威海技师学院】　位于荣成市学院路 2006 号，占地面积 50 公顷，建筑面积 9.8 万平方米，建有办公区、教学区、实习教学区、生活区和休闲活动区等。学院是经人力资源和社会保障部、山东省人民政府批准成立，以培养技师和高级工为主要目标，同时承担企业在职职工高技能人才和各类职业教育培训机构师资培训任务的全日制高等技工院校。2020 年，学院有教职工 135 人，其中高级职称 39 人、中级职称 56 人，“双师型”教师占比达 79% 以上。招生总人数 1232 人，在校生总人数达 2938 人。

课程和专业设置　开设数控技术、烹饪与营养、幼儿教育、工业机器人应用与维护等专业，重点发展与哈尔滨理工大学荣成学院合作培养的本科预备技师班，与德国莱茵科斯特有限公司合作创办的中德智能制造技能人才双元培养卓越技师班。

校企合作与职业技能培训　加大校企合作，与企业签订战略合作框架协议，进一步推进校企资源共享。稳步推进省“新型学徒制”试点项目，职业教育与企业之间实现无缝对接。发挥山东省“金蓝领”培训基地、威海技师站的作用，按照各项规章制度和标准开展 2020 年“金蓝领”培训。

职教高地建设与智能装备研发　学院加强以智能餐饮装备研发为龙头的烹饪专业和冷链物流专业建设。引进德国双元制机电一体化培养标准和德国 AHK 机电一体化认证体系，实行职业培训与国际标准接轨，率先实现国际职业资格认证新突破。学院烹饪骨干教师团队与哈尔滨工业大学（威海）自动化研究所研究团队联合，坚持标准化研发原则，利用信息网络、智能制造等技术，按照客户个性化网络预订，根据中餐制作程序，为客户提供无人化、智能化、标准化餐饮服务。11 月，炒菜、面条、饺子等 12 条智能餐饮流水线通过专家鉴定，申报国家专利 50 项。

（张芝芹）

编辑　李传强

文化·传媒

综　述

【概况】　2020年，威海市以创建国家公共文化服务体系示范区为契机，聚焦群众公共文化服务需求，完善公共文化设施布局，优化公共文化服务配置，提升公共文化服务效能，打造更加精致的公共文化服务体系，大力传承红色文化、活化传统文化、做优现代文化，形成威海现代公共文化服务建设的生动实践。

【国家公共文化服务体系示范区创建】　将创建第四批国家公共文化服务体系示范区作为提升公共服务水平的重要抓手，以优异成绩通过示范区验收，人均文化事业费、万人拥有公共文化设施面积、文化站设施平均面积、城市书房数量、牵头制定公共文化类省级地方标准、群众文化生活满意度6个可量化指标居全省第1位，文化公益创投、文化时间银行、公共文化服务体验师3个项目在全国首创实施。牵头制定4项山东省地方标准，威海市成为全省唯一的公共文化领域省级地方标准制定城市。各区（市）文化馆、图书馆、博物馆、美术馆4馆齐全，图书馆、文化馆2馆全部达到国家二级以上标准。将栖霞街、公园路等13条街区改建成文化主题鲜明的历史文化街区。全市72个镇（街道）全部建有高标准的综合文化站，其中65个达到国家一级站标准，占比90%。建成覆盖所有村（社区）的综合性文化服务中心2748个。

【红色资源挖掘保护利用】　组织实施红色文化调查、保护2项工程，梳理红色印迹474处，完成抢救保护131处，优化升级市级爱国主义教育基地21处，完成胶东军区卫生四所、郭永怀故居等一批修缮工程，实现一战华工纪念馆建成布展并对外开放。加强红色资源开发利用，推进建成红色胶东展馆，推动加快建设红色胶东干部学院，加强文艺作品创作规划和选题策划，制定重点文艺作品创作目录，组织文艺工作者走进基层实地采风，做好现代京剧《郭永怀》的打磨提升以及电视剧《落地生根》，纪录电影《大洋追鱼记》，长篇报告文学《永恒的守望》《红色胶东》，话剧《乳娘》，音乐剧《彭润芝》，歌曲《七子之歌·威海卫》等的创作，纪录电影《胶东乳娘》获得休斯敦国际电影节纪录单元金奖，现代京剧《郭永怀》被列为中共山东省委宣传部十大重点文艺创作项目。《红色文化大众化宣传普及机制》获评全省2020年度社会科学工作创新提升优秀案例。

【文化志愿服务与诚信建设融合新机制创设】　把文化志愿者作为公共文化社会化工作的重要力量，结合社会诚信体系建设，创新开设“文化志愿服务时间银行”项目，记录文化志愿者服务时间，储入各自的“文化志愿服务时间银行”账户，并按照服务时长获得信用积分和信用评级，信用积分和信用评级可换取文创产品奖励。项目实施后，全市文化志愿团队达4000余支，文化志愿者4.8万余人，全年开展文化志愿服务活动3万余场次。

【文化惠民工程实施】　新建城市书房5处，全市城市书房总数41处，设置24小时共享书柜25处，城市15分钟阅读圈初步形成。举办“群星大讲堂”“艺术讲坛”等公益讲座1500场，开展尼山书院公益活动1500次，完成送戏下乡1.3万余场，完成“寻梦威海主题演出进基层”活动，为100个省级贫困村进行演出。建设完成文化馆、图书馆总分馆制村级服务点300个，将公共文化服务不断延伸到基层。打造“书香威海·全民阅读”品牌，在市图书馆设立绘本馆，举办2020中国绘本展（威海展）。提升农家书屋服务效能，荣成市在全省率先实现农家书屋百姓自主选书全覆盖。13家单位和3名个人在全省第五届全民阅读活动中获表彰，2人被评为省优秀农家书屋管理员。威海市联桥国际合作集团有限公司被评为山东省版权示范单位、园区（基地）。

【历史文化资源传承与保护】　加强非物质文化遗产保护工作，威海市9个市级非遗项目入选第五批省级非物质文化遗产名录公示名单。威海市非物质文化遗产展示馆正式开馆；环翠区环翠楼街道入选第三批全省“非遗助力脱贫、推动乡村振兴”典型乡镇（街道）；荣成出台的“百千万英才计划”获评2019年度山东省非物质文化遗产保护十大亮点工作。山东省非遗保护经验交流现场会暨全省非遗保护工作业务骨干培训班在威海市举行。以国家级非物质文化遗产代表性项目“秃尾巴老李的传说”为素材排演跨界舞台剧《李龙传奇》。编制《威海市特色博物展馆名录》，汇总梳理各类展馆404处，建成特色博物展馆59处。推动一战华工纪念馆布展并对外开放。开展一系列革命文物保护利用工作，完成刘公岛北洋海军基地后勤保障设施、乳山胶东军区卫生四所、荣成郭永怀故居三项修缮保护工程，实现对外开放。完成定远舰遗址第二期水下考古调查工作。威海市博物馆举办的“穿过硝烟的记忆——红色胶东革命文献展”获得全省博物馆十大精品陈列展览优秀奖。

（谭艳华）

文学艺术

【概况】 2020年，威海市文学艺术界联合会组织全市文学艺术工作者，深入一线，创作时代精品，全市文学艺术取得丰硕成果。全市全年出版文学艺术类书籍、音乐专辑、影视作品等60余部。

【诗歌】 史怀宝的诗歌《出征》获得全国抗疫诗歌征集大赛二等奖，阿华和苏军的诗歌《幸福都是奋斗出来的》《太阳，天上的一棵金鸡》分别获得山东省作家协会“聚焦八大发展战略助力九大改革攻坚行动”主题征文一、二等奖。王志伟的诗词《玄武湖印象》获得玄武湖诗词楹联大赛优秀奖。张学杰出版诗集《吟墨》，肖德军出版诗集《不想见到你》《把酒独听风》。阿华在《诗刊》《解放军文艺》《诗选刊》《广西文学》发表组诗《萱草还没有开花》《海上的星辰》《敬畏》《大地册页》。东涯在《山东文学》《中国诗歌》《文学港》《延河》发表组诗《遗址之上》《积雪覆盖原野》《雨水和寂静》《东涯的诗》。史怀宝在《山东文学》《作家报》《中国诗》发表组诗《总想背着母亲爬上山顶》《出征》《沙场》等。宋彩霞在《中华诗词》《兵团日报》多期发表诗词40余首。苏军在《浙江诗人》《阳光》《散文诗》发表组诗《美好从一枚纽扣开始》《与太阳对话》《核桃树有着爷娘的慈祥》。冰岩在《鸭绿江》发表组诗《想起去年的桃花》。兆艮在《浙江诗人》发表组诗《边缘》。钟岩松在《飞天》发表组诗《步行着走进春光的人》。孙双立、王志伟、夏照强、丁波钧、孙世伟、王谡贞、宋晓燕、韩斌、陈静等在《十月》《鸭绿江》《青年文学》《作家报》《中华诗词》《辽宁青年》《美中时报》发表诗歌或散文诗。市诗词楹联学会挖掘梳理威海“卫城八景”的历史源头和文化底蕴，组织创作楹联作品214篇，举办威海“卫城八景”诗书展，并编印成书。

【小说】 宋潇凌出版的小说集《温凉的时光刀》被中国作家协会列为“新世纪作家文丛”第五辑。何学滔的闪小说《午夜免单》获得“方川杯”世界华语闪小说大赛优秀奖。于书淦出版长篇小说《于氏春秋》。周海亮在《小说月报（原创版）》发表中篇小说《浮生》。刘爱玲在《广西文学》《安徽文学》《西部》发表短篇小说《长满绒毛》《南瓜小姐》等。冯继芳在《小说选刊》《天池小小说》发表短篇小说《张主任的哲学》等，短篇小说《那不只是一场雨》入选2019年中国微型小说排行榜。吴昊燕在《山东文学》《当代小说》发表短篇小说《过敏》《无影》等，岛子在《啄木鸟》发表短篇小说《巡更人梅江水的一夜》，史怀宝在《东方文学》发表短篇小说《跪生》。反腐倡廉小说集《形式主义现形记》收录丛桦、荣海鸿、林乐光、张策秀、蔄红伟、林涛等的小说作品。

【报告文学和散文】 徐承伦、王成强（荒田）出版长篇纪实文学《威海传》。邢爱琴的散文《期盼春天的相逢——我和孩子的抗疫故事》获得山东广播电视大学“同心战役 书写青春”防疫抗疫故事征文比赛一等奖。卞传忠出版散文集《空谷足音》，周海亮出版散文集《阳光划破你的脸》，杨机臣出版纪实文学作品集《威海，中韩交流的门户》和散文集《乡愁何时了》，陈强伦出版散文集《故韵乡情》，兰鹏燕出版散文集《秋声鸿影》，王德松出版文史专著《古村落里的梁氏庄园》，梁翠丽出版散文集《蔚蓝色的记忆》，王艳秋出版散文集《草木引》，刘建文出版散文集《文怡花絮》，张淑艳出版散文集《燕语无痕亦美丽》，高明光出版散文集《最时光》。袁学强在《时代文学》发表纪实散文《“牛百岁”时期的胶东农村》。刘方计、荒田、宋吉英、于秀芬、单增科等在《中国报告文学》《文学百花苑》《青海湖》《澳华文学》《上海故事》等发表报告文学和散文作品。威海市作家协会、乳山市作家协会、威海昌阳书院等举行红色文化采风活动，在《威海文艺》上推出史怀宝、宋明磊、荒田、马洁、原君芳等作家的散文专题。

【文学理论】 孟文博出版论著《掘开历史的地表——郭沫若前期文艺论著版本校勘之发现与研究》，梁艳出版论著《天一生水——中国当代生态文学中的水世界》，于京一出版论著《“异域”想象：中国新时期边地小说研究》，崔春出版论著《现代性的追寻：论1919年以来的中国新诗》《大海深处放飞的翅膀——北岛与〈今天〉的文学流变》，管恩森出版论著《老子的帐幕——理雅各、林语堂英译〈道德经〉辩读》，张超出版论著《释放数据的力量：数据新闻生产与伦理研究》。张红军的论文《在人处自然的关系场域中思考科技与人文问题》在《中国高校社会科学》发表后被《中国社会科学文摘》选载；贾大山论文《跨文化认同的流变与升华：“人类命运共同体”的内涵再释》在《扬州大学学报》发表后，被《高等学校文科社会文摘》转载。贾象丽、洪树华、江全志、李丁、李缙英等相继在《文艺争鸣》《中国出版》《中国比较文学》《当代作家评论》《名作欣赏》等省级以上学术杂志发表论文。

【摄影】 全市有131人次181幅作品入选或在全国大奖赛上获奖，41人68个作品入选省级大赛或获奖。宋林继的摄影作品《最美渔村——中国崂山青山村》获得亚太国际摄影艺术展览澳大利亚国际摄影巡回赛旅游组人文类金牌、2020澳大利亚第二届SPRING国际摄影展览旅游组金牌奖，作品《苗家节日》《苗家人的手艺》《登泰山》获得第四届亚太国际摄影艺术展金、银、铜牌，《嘻嘻藏狐》获得2020澳大利亚第二届SPRING国际绶带奖，作品《“妈妈”的爱》获得2020上海国际“郎静山摄影艺术奖”慈善摄影大赛金牌奖。吕涛的摄影作品《龙腾盛世》《圆梦》获得2020第四届亚太影艺金鹰奖评审金鹰奖和第十三届山东国际大众艺术节暨山东省高校摄影大赛一等奖。白淑珍的作品《传承》获得2020上海国际郎静山摄影艺术奖慈善摄影大赛金牌奖，《较量》获得中共中央宣传部“我爱我的祖国”微视频摄影作品大赛三等奖。李秉森的作品《2020年春节成山头》获得首届国际老年大学线上艺术比赛二等奖。宋晓新的作品《美景如画——长白山》获得第二届“金华表”杯国际摄影大赛CLLO勋带奖。于华的作品《坝上驼影》获得首届国际老年大学线上艺术比赛二等奖。周德峰的作品《雪地奔马》获得“大美中国，我是践行者”全国摄影大赛一等奖。车庆学的作品《禅到妙处》获得香港第十届全国摄影艺术展览百佳奖。王士波的作品《分享》获得2020上海国际郎静山摄影艺术金像奖。马世民的作品《古船与天使》获得首届锦绣中华金鼎奖摄影大赛银奖。高军波的作品《天鹅湖之吻》获得首届锦绣中华金鼎奖摄影大赛铜奖。刘建东的作品《松雀》获得2020“塞黑马”三国摄影巡回大赛金奖。张书卿的作品《和谐相处》获得中国2020上海国际郎静山摄影艺术奖慈善摄影大赛金牌奖。9月17日，市文联主办“精致城市·幸福威海”威海市优秀摄影作品展，全市183名会员的1000余幅作品参展。12月7日，“难忘的记忆”——威海市抗击疫情摄影专题展暨作品捐赠仪式在市群众艺术馆举行，展出系列抗疫作品115幅，展览结束后全部捐赠市档案馆收藏。

【音乐】 曲波、李富胜作词的《全民战疫》，曲波作词的《儿女情长》《口罩后面的美》《爱是桥梁》获得山东省“众志成城·共克时艰”抗击疫情公益宣传优秀作品视频类一等奖。曲波作词的《感动》《全民战疫》入选全国优秀歌曲展播，作词的《遍地英雄》《拱手礼》获得“2020年度‘声暖人心·致敬榜样’公益歌曲展播”活动“抗击疫情”优秀展播奖，《再见还在情里见》入选“中华唱响”推广歌曲。戚建波为抗疫组歌《一个医务工作者的日记》《使命》《相信祖国》《为心灵点一盏灯》《勇敢向前》等作曲，作曲的《我的中国》《小村来客》入选中国当代歌曲创作精品工程“听见中国听见你”年度优秀歌曲。林红作词的《盼望》《我有一个家》《你在儿女心上》《阳光心情》，戚寒秋作词的《女同桌》《快乐音符》等先后在《词刊》《歌曲》发表。林红作词的《轻轻唱起国歌》入辑《山东省抗疫歌曲专辑CD》。林红作词、刘玉娣作曲的《多想看看你的模样》、林红作词、马国君作曲的《感谢中国》在“学习强国”学习平台发布，林红作词、陈小宁作曲的《啊，五星红旗》《祖国，我深深的爱着你》在新华社客户端发布。原所强作词的《红色草原》入选“心中的歌”——庆祝中国共产党成立100周年全国优秀歌词征集100首。清瑢作词的《美丽生活唱起来》入选中国当代歌曲创作精品工程“听见中国听见你”2020年度华东地区优秀推选歌曲。

【艺术研究】 曹桂红出版专著《基于成果导向的音乐教学课程发展研究》，郭瑾出版专著《声乐艺术与演唱教学指导》，张欣然出版专著《钢琴演奏与内心听觉》，常丽出版专著《钢琴艺术与教学实践新视角》，纪维剑出版专著《中国竹笛音乐史》，郭敏出版专著《中国民族民间舞编创与教学理论研究》。荚立刚出版专著《展示一段不可忽视的历史，契丹帝国绘画艺术探微》，曲笛鑫出版专著《媒介融合时代汉族民间舞蹈及其发展传播研究》。姚桂丽出版专著《吕剧艺术传承与发展路径研究》，曲轩出版专著《UI设计的理论与实践》。曲波出版音像专辑《红色胶东》《爱是桥梁》，陈国亮出版专辑《陈国亮钢琴独奏音乐会2019（威海）》《陈国亮钢琴独奏音乐会2019（韩国）》《2018陈国亮钢琴独奏音乐会》《2007陈国亮钢琴独奏音乐会》。张欣然出版专辑《张欣然钢琴独奏音乐会专辑CD》《张欣然钢琴演奏作品专辑CD第二集》《张欣然钢琴演奏作品集专辑CD第一集》，张兵出版专辑《古典之光——张兵声乐作品专辑CD》，刘怡汝出版专辑《刘怡汝手风琴专辑系列 我和我的祖国（DVD）》，袁莉出版专辑《袁莉钢琴协奏曲专辑CD》，常丽出版专辑《常丽 钢琴奏鸣曲专辑CD》。郭瑾在《人民音乐》上发表论文《安新县北边吴村吵子会（大鼓队）调查研究》，张铁成、曹桂红、郭瑾在《北方音乐》上发表论文《新中国十七年红色经典管弦乐文艺思想探析》《中小学音乐类教师培养现状与思考》《欧洲音乐中对“古希腊主题”进行阐释的戏剧学前提》等。

【美术】 安立的综合材料绘画作品《故乡的海》、公玉春的综合材料绘画作品《脉》入选第三届全国（宁波）综合材料绘画双年展。杨洁的中国画作品《依靠》入选第五届“八贯通神”哈尔滨美术双年展，杨洁的油画作品《痕系列之一》、刘传珂的油画作品《退潮》入选“家园与共生”——2020第二届深圳大芬国际油画双年展。崔锡玲的中国画作品《天鹅来了》入选“时代画彩”2020中国百家金陵（中国画）画展，崔锡玲的中国画作品《快乐向前冲》、于相珍的中国画作品《昆嵛山地情幽幽齐鲁风》入选“同源”第二届全国中国画展，姜妍滢的油画作品《码头鸥歌》入选多彩全国女画家作品展，孟庆波的中国画作品《梦游家园》、王兴远的中国画作品《脊》入选2020雨花满天全国山水画作品展，邱剑的油画作品《晌午——渔归》入选第八届全国（大芬）中青年油画展。杨洁的油画作品《痕系列之二》入选第十届“民族百花奖”中国各民族美术作品展，王雯的农民画作品《扬帆起航正当时》入选“决胜全面小康”第二届全国农民画作品展，裴墨石的中国画农民画作品《新城听泉》《归园田居图》《家山居旅欢喜图》入选“伯年国艺”全国山水画、第二届湖南中国画双年展、“万年浦江”全国中国画（手卷）作品展。于向志的油画作品《红色赞歌——新时代石油》入选中国文联2020年青年文艺创作扶持计划资助项目，袁亮东的油画农民画作品《风和日丽之六》入选首届“时代中国”全国美术作品展，王智赋的中国画作品《潮》入选第十一届全国工笔画作品展，刘传珂的油画作品《沉寂》入选第四届“朝圣敦煌”全国美术作品展，侯盾的油画作品《清风》入选第二届“香凝如故”全国美术作品展，张爱丽的水彩画作品《赶节人》入选第二届深圳国际水彩画双年展，崔霞的中国画作品《上枝拂青云》入选第三届“邮驿路 运河情”全国美术作品展和“多彩·2020”全国女画家作品展，潘汝洁的油画作品《阳光灿烂的日子》入选百年梦圆——2020·中国百家金陵画展。谭绍静的中国画作品《春山晨曦图》《烟云处琴声长》分别入选第二届公望富春·中国山水画作品展、2020“万年浦江”全国中国画手卷作品展。李志英的年画作品《乳娘》、姜岩的美术作品《赤壁赋》入选泰山·第五届中国女书画家作品展。

【民间工艺】 在2020年第十二届中国（山东）工艺美术博览会上，威海市代表队获得15个金奖，5个银奖。其中，杜龙池的锡镶作品《君子茶具》、李江玉的锡镶作品《锡镶建兰图》、李涛的装裱作品《古画揭裱修复》、孙海燕的面艺作品《威海花饽饽——汉风国韵》、王军好的面艺作品《问莲鱼说》、鞠英波的鲁绣作品《春华秋实》、石鹏的鲁绣作品《老子石像》、田世科的鲁绣作品《梅兰竹菊》、王培万的鲁绣作品《归》、王平的鲁绣作品《环翠楼》、张延茹的剪纸作品《初心》、刘冰的内画作品《八仙过海》、马金霞的内画作品《玻璃画百子图》、王绍禄的漆贝作品《八仙吉祥图》、于文政的葫芦雕刻作品《中国力量》获得博览会金奖。马聘的面艺作品《威海花饽饽——龙凤呈祥》、徐安明的陶瓷作品《古韵》、李江玉的锡镶作品《十二属相建盏杯》、李涛的装裱作品《古画揭裱修复》、王军好的面艺作品《老威海八大件》获得博览会银奖。

【漫画】 高瞻的水墨插画书《顾爷爷讲中国民间故事》，获得中国民间文艺最高奖"山花奖"。李强的漫画作品《廉之语》获得全国"钱潮杯"清廉漫画大赛一等奖。于昌伟的漫画作品《换车梦实现啦》获得第六届天地之中杯文化遗产漫画大赛优秀奖。李强的抗疫漫画书《看我巾帼战"疫"七十二变》入选中共中央宣传部2020年"原动力"中国原创动漫出版扶持计划。单继新的漫画作品《"小康树"》《"扶贫"》、于昌伟的漫画作品《捉迷藏》入选庆祝2020年中国农民丰收节"全面建成小康社会"漫画大展，邵丹的漫画作品《钟南山漫像》入展2020年"战胜疫情"国际公益网络漫画展。李强的漫画作品《"短"期效益》、王者光的漫画作品《试比高》、于昌伟的漫画作品《也算"留守儿童"》入选"子恺杯"第十三届中国漫画大展。

【戏剧】 在第十三届山东国际大众艺术节暨山东省第八届戏剧红梅大赛上，黄天宇获得器乐类一等奖，董茜获得表演类一等奖。马乐童、刘梓怡分获京剧《锁麟囊》《穆桂英挂帅》表演业余组一等奖；王嘉菲、郭怡彤分获《卖水》京剧表演业余组一、二等奖；田雨萱和腾馨文、郭怡彤分获京剧《贵妃醉酒》表演的一、二等奖；曲奕臻、张唯忽、李豫欣均获京剧《太真外传》《梨花颂》《谢瑶环》表演业余组二等奖。威海市和各区（市）戏剧家协会获得优秀组织奖。李作举、邓玉花演出的吕剧小戏《永远不会忘》获得山东省第三届农民戏剧展演月优秀小戏奖。市京剧协会开展2020威海市京剧广场演出活动，演出500余场次。

【电影曲艺】 韩文仕制片、曹毅编剧的电影《致命暗流》和韩文仕制片、朱江华导演的电影《塞上暖阳》获得国家电影局的公映许可证，电影《塞上暖阳》获得2020年度电影精品专项资金资助。于燕新在《电影文学》发表电影文学脚本《金桥缘》。井建民导演的纪录片《大洋深处钓鱿人》入选第33届中国电影金鸡奖提名名单。在山东省第三届少儿曲艺展演上，严振轩、苏子易、曹恩表演的快板书《我为中华唱赞歌》、严振轩表演的快板书《哪吒闹海》、任家朋表演的评书《消费买药》获得最佳表演奖。

【书法】 宋同良出版专著《书法意境创作与鉴赏》，杨秉忠出版编著《当代书法嵌名书法联》。鞠仁波的书法刻字作品《山栖谷隐》获得第十一届全国刻字艺术展入展奖。郭慧的小楷书法作品获得墨子文华奖全国书法展入展奖。万洪湲的书法作品《帛书礼记选抄》入选中国书法家协会书法培训中心2019教学成果评审。威海市书法家协会春节前举行"迎春纳福"福字展活动，展出福字120幅，开展文化下乡活动，全年书写春联、福字1600余套，创作书法作品500余幅。

（史怀宝）

群众文化

【概况】 2020年，市文化和旅游局以国家公共文化服务体系示范区创建为抓手，聚焦群众需求，完善设施布局，优化服务配置，探索创新路径，全市公共文化服务体系建设取得积极成效，有力助推"精致城市·幸福威海"建设。

【公共文化服务标准化体系打造】 引入标准化理念和管理手段，建立科学规范的标准体系，提升公共文化服务质量和水平。市文化和旅游局、图书馆、技术监督信息研究所联合制定《威海市城市书房建设规范》《威海市城市书房服务规范》2项威海市地方标准，市文化和旅游局牵头制定《村（社区）综合性文化服务中心服务规范》《公共文化（群众艺术）馆服务规范》《公共博物馆服务规范》《公共美术馆服务规范》4项山东省地方标准，威海市成为全省唯一的公共文化领域省级地方标准制定城市。

【便捷"一站式"文化数字服务平台建设】 建设威海公共文旅云平台、中央网络课堂系统、文化系统总分馆业务管理系统、大数据互动展示数字墙、全景导览系统、数读威海系统。市群众艺术馆和图书馆每周各设置1堂中央网络课程，通过中央网络课堂系统，将内容传送至各区（市）文化馆、图书馆及17个镇级服务点，实时与专家老师进行互动交流，实现公共文化资源的均等化，打通公共文化服务"最后一公里"。

【文化公益创投试点开展】 市文化和旅游局与中共威海市委宣传部、市财政局联合印发《威海市关于开展公共文化服务公益创投试点的实施意见》，在全市层面以制度化形式更大范围推开公共文化服务公益创投工作。市文化和旅游局向社会发布公告，征集公益创投项目。社会组织实地调研乡村群众需求设计服务项目，市文化和旅游局与专业第三方机构合作，对项目进行初审，并通过"项目方案＋路演"形式进行公开评选，评选出23家社会组织的25个项目。社会组织在开展乡村服务过程中，"送文化"丰富群众文化需求，培养当地文化团体，实现"种文化"的目标，第三方机构进行全程指导监督。《人民日报》《中国文化报》等媒体、文化和旅游部地方交流专刊对威海市开展公共文化服务公益创投试点工作进行专题报道。

【“信用+文化时间银行”】 市文化和旅游局与市发展和改革委员会联合印发《关于开展新时代文明实践“文化志愿服务时间银行”项目试点的实施方案》，在公共文旅云平台设置《文化志愿者》版块，通过《时间银行》栏目，鼓励和支持文化志愿者为城乡社区提供服务。按照一定规则记录服务时间，将服务时间储入志愿者“文化时间银行”账户，并提供相关免费文旅产品、信用积分等回馈激励。“文化时间银行”与威海公共文旅云平台相结合，与威海“海贝分”个人信用积分平台相联通，参与服务的文化志愿者可以获得双积分。

【“书香威海·全民阅读”品牌打造】 在市图书馆设立绘本馆。绘本馆有绘本12万本，分为阶梯阅读区、静读区、儿童剧场、阶梯创作区等功能区，并打造中国最美绘本创作与研发基地，进行相关文创产品的研发。举办2020中国最美绘本评选工作，评选最美绘本图书400部（其中中国原创绘本200部，引进绘本200部）。9月25日，2020中国绘本展（威海展）举办，展出高仿绘本400余幅，绘本图书400部。绘本展期间，举办中国（威海）绘本创作与创新交流会、绘本出版与创新交流会、绘本亲子阅读推广交流会等多场研讨交流会。市文化和旅游局与市总工会合作，将流动图书车开进工地，为务工人员提供图书借阅服务，“流动服务+精准配送”为外地务工人员撑起“阅读的天空”。

【精致城市书房评选】 在威海市第二届精致城市评选活动中，组织开展精致城市书房系列评选。经过认真筛选，形成全市范围内20处城市书房的候选名单。经过专家评审、线上投票等环节，荣成市樱花湖城市书房等10处城市书房入围。

【《威海市公共文化服务办法》立法后评估】 市文化和旅游局成立评估工作小组，邀请专家学者、公众代表、法律工作者等人员参加，制定工作方案，针对《威海市公共文化服务办法》的立法程序、内容合法性、立法技术规范性、信息完备性、社会效益性、目的正当性以及政策兼顾性7个方面进行评价，进一步了解公民需求，促进公共文化立法的规范化和制度化。

【文化惠民工程实施】 新建荣成市黎明城市书房、凤凰湖城市书房，文登区观云山居城市书房、泉都碧玉城市书房、生产里城市书房。举办“群星大讲堂”“艺术讲坛”等公益讲座1500场，开展尼山书院公益活动1500次，为市民提供高质量艺术培训。建设完成300个文化馆、图书馆总分馆制村级服务点，将公共文化服务不断延伸到基层。完成优秀传统文化讲座进基层试讲培训活动100场。大力开展戏曲进乡村工作，组织各区（市）专业文艺团体、民营剧团、庄户剧团等，采取送戏下乡与镇、村（居）自行演出相结合的方式，演出1.3万余场。

6月，荣成市樱花湖城市书房一角　　（威海市住房和城乡建设局　提供）

【文化和旅游公共服务机构功能融合试点工作推进】 按照“易融则融、能融尽融”的原则，以构建适应群众需求的文化和旅游公共服务体系为目标，探索推进文化和旅游公共服务机构功能融合试点工作，荣成市文化馆入选国家文化和旅游功能融合试点单位，文登区图书馆入选省级试点单位。“非遗+旅游”荣成经验在文化和旅游部全国培训会议上进行典型交流。

（孙小童）

【非物质文化遗产保护工作】 威海市非物质文化遗产展示馆建成开馆，成为向公众宣传普及非物质文化遗产保护知识、展示威海市非物质文化遗产保护工作成绩、陈列非物质文化遗产精品的重要窗口，被纳入“重现永恒艺术之旅”精品旅游线路，先后接待团体研学人员2000余人，入馆参观体验观众5000余人次。采取多种形式开展非物质文化遗产宣传展示活动。举办“金鼠迎春”——迎新春威海市剪纸艺术大展，组织威海市优秀非遗项目参加各类线下及线上的展示、比赛等活动；开展“文化和自然遗产日”线上直播活动，当日线上观众达22万余人次。开展“非遗进校园”“非遗进社区”活动，分别走进环翠区竹岛社区、华能威海发电有限责任公司举办非遗体验展示活动，指导威海火炬高技术产业开发区第二小学开展非物质文化遗产特色社团建设并举办讲座。9月，全省非物质文化遗产保护经验交流现场会暨全省非物质文化遗产保护工作业务骨干培训班在威海市举办，山东省内以及青海省海北藏族自治州的非物质文化遗产工作者与业务骨干参加会议。

【文艺演出】 7月17日至10月2日，“我和我的祖国——‘精致城市·幸福威海’2020广场文化活动”举办，演出50场，参与活动的演职人员近2500人次，观众人数达10万余人次。市群众艺术馆海洋影院放映公益影片230场，观众1.15万人次。开展“我们的中国梦——文化进万家”系列活动，先后走进威海经济技术开发区、荣成市、文登区等地，开展送春联、送福字、送演出活动，参与观众2000余人次。全年录制、举办威海市庆祝建党99周年文艺晚会等各类文艺演出活动49场，完成流动演出进基层活动18场。

（王　娜　辛海蛟）

文　博

【概况】　2020年，市文化和旅游局组织开展市区英式建筑、乡村老建筑、革命文物等特色文化资源专题调查，预先对部队管用英式建筑的保护利用开展可行性研究，实施刘公岛北洋海军基地后勤保障设施、荣成郭永怀故居等文物保护工程10项。协调配合开展威海湾甲午沉舰遗址第二期调查，补充推荐第六批省级文物保护单位。履行文物保护监管职责，指导建设单位依法履行建设工程文物保护许可手续。各博物馆开展“云研学”活动，优化服务模式，进一步发挥公共服务效能。年内，全市6家国有博物馆举办基本陈列和专题展览55个、临时展览46个，接待观众150余万人次。市博物馆举办的“穿过硝烟的记忆——红色胶东革命文献展”获得第五届全省博物馆十大精品陈列展览优秀奖，中国甲午战争博物院举办的“海军精英　甲午忠魂——北洋海军爱国将士事迹展”入选国家文物局向社会推介的100项2020年度“弘扬优秀传统文化、培育社会主义核心价值观”主题展览推介项目，“军地共建——北洋海军基地‘警钟长鸣’”获评2020全省革命文物保护利用示范典型案例。加大文物征集力度，全年征集入藏展品1238件（套），其中各类抗疫见证实物（资料）225件（套）。组织开展文物安全百日攻坚集中行动，规范考古和建设工程文物保护工作，落实文物安全责任。采取政府购买服务方式落实市区文物保护巡查看护职能，确保不发生文物安全责任事故；加强文物安全行政检查，开展消防安全交叉检查。加强公益文化空间运营监管，推动特色博物展馆建设。拓宽文物宣传渠道，持续扩大文物工作影响。

【特色博物展馆建设】　组织对全市特色博物展馆集群建设情况进行摸底调查，形成《威海市特色博物展馆名录》资料库，对年内建设的107个特色博物展馆统筹推进。至年底，59个展馆建成开放，一批乡村老建筑得到修缮利用，大量革命史实资料得到挖掘和展示。

【一战华工纪念馆开放】　7月1日，一战华工纪念馆对外开放。馆内设“劳工神圣”主题展览，展览面积720平方米，分世纪大变局、最佳招募地、万里赴戎机、遗留何处去、大潮起东方5个部分，展出华工铜手镯、帽徽、证件、日记、纪念章等文物近200件，系统展示14万华工奔赴一战西线战场的历史。一战华工纪念馆地处当年华工培训和登船旧址处，以优美的自然风光、独特的外观设计和新颖的展陈方式引起社会各界广泛关注，《大众日报》《齐鲁壹点》和“学习强国”学习平台等媒体多次进行报道和推送。

8月，一战华工纪念馆一角　　（李传强　摄）

【威海湾甲午沉舰第二期水下考古调查】　8月10日至9月25日，威海市文物局配合国家文物局水下文化遗产保护中心、山东省水下考古研究中心继续在威海湾开展第二期水下考古调查。此次调查发掘面积300平方米，提取包括高283.2厘米、宽260厘米、厚30.3厘米、重18.7吨的定远舰铁甲以及各式枪炮子弹等文物1700余件，为甲午海战史、近代海军史和舰船史等研究提供重要的实物资料。

【革命文物资源调查】　10月29日至11月14日，威海市文物局配合省古建筑保护研究院，对全市革命文物进行调查和复查，登录威海市革命类不可移动文物98处，为编制《山东省革命文物保护利用规划》提供重要数据支撑。其中42处不可移动革命文物和24件(套)馆藏可移动革命文物被纳入省文化和旅游厅公布的《山东省第一批革命文物名录》。

【博物馆评估定级】　12月21日，中国博物馆协会发布第四批全国博物馆定级评估结果，威海市博物馆、荣成博物馆由三级博物馆升级为二级博物馆，威海临港经济技术开发区毛泽东像章博物馆晋级三级博物馆。

【公益文化空间运营管理】　市文化和旅游局制定《公益文化空间运行评估办法》，修订《公益文化空间运行评估细则》，从政策层面保障公益文化空间规范化、标准化发展。召开全市公益文化空间工作推进会，提升公益文化空间发展质量，探索完善公益文化空间运营监管模式。指导寿山石博物馆备案为非国有博物馆，为公益文化空间的发展指明方向。

（于佳鑫）

图 书

【概况】 2020年，市图书馆新增图书19.97万余册，馆藏总量183.26万册，年流通133.4万人次，年文献外借54.22余万册次，举办读者活动680场次。市图书馆获评第二批全国家庭亲子阅读体验基地，2019年全省市、县（市、区）级公共图书馆绩效评价优秀单位。完成全市354家印刷企业年度报告工作，对全市317家出版物发行单位组织开展2020年出版物发行单位年度核验，完成新闻出版统计年报工作。在荣成市召开山东省2020“新时代乡村阅读季”农家书屋百姓自主选书示范活动启动仪式暨经验交流会，提升农家书屋服务效能。

【全民阅读工作开展】 在中共中央宣传部、农业农村部组织举办的“我爱阅读100天”打卡活动中，威海市文化和旅游局获得优秀组织奖，荣成市文化和旅游局获评“全国十强县”，环翠区文化和旅游局获评“全国百强县”。1人获评最美乡村阅读推广人，1人获评最美农家书屋管理员，2个作品获得“书香农家·助力小康”主题朗读大赛优秀作品一等奖。6月16日，山东省2020“新时代乡村阅读季”农家书屋百姓自主选书示范活动启动仪式暨经验交流会在荣成市召开。荣成市在全省率先实现农家书屋百姓自主选书全覆盖。荣成市、环翠区乡村阅读经验做法被“学习强国”学习平台采用。

【威海绘本馆建设】 9月25日，威海绘本馆正式对外开放。该馆位于市图书馆二楼公共大厅南侧，面积2000平方米，分为静读区、阶梯创作区、活动区等，藏有中外绘本图书12万册。开馆当天，举办中国绘本展（威海站）活动，展出中外优秀原创绘本400余部。

【尼山书院】 新冠肺炎疫情期间，猜灯谜、尼山书院培训课等全部改为网上进行，3月—5月，开展直播48场，收看人数4万余人。春节、端午节等节日期间，举办送春联、猜灯谜、诗会、雅集等传统文化活动。年内，尼山书院开展线上线下传统文化公益培训583场，参与线下培训活动人数近2万人次。

【总分馆制建设】 以“提质增效”为原则，稳步推进总分馆制建设。全年为城市书房、共享书柜、基层服务点、流动图书馆车配送图书13.6万册，新建基层服务点7个；推出流动图书车学校、社区专线，到望岛幼儿园等8所幼儿园（学校）、威高花园等社区，累计开展流动服务30余次；与市总工会合作，开展“流动图书馆进工地”活动，关爱务工人员文化生活，工作做法先后被《工人日报》《大众日报》《齐鲁晚报》《威海晚报》等媒体报道。

【阅读推广品牌建设】 继续加强全市读书朗诵大赛、全市少儿诗词大赛、全市少儿故事大王比赛、“聪聪伴成长”故事会、“阅宝起航”等品牌活动建设。新冠肺炎疫情期间，“聪聪伴成长”故事会在网络上直播52场，并延伸拓展手工、游戏、角色扮演等趣味活动，且有3D电子读物、VR科技互动等多元体验。“阅宝起航”活动向威海市区3岁以下低幼家庭赠送“阅读大礼包”300份。

【数字化服务】 为顺应现代化阅读需求，市图书馆增加超星电子书借阅机、数字国学馆及触控一体机、3D智慧阅读平台、朗读亭、库客云、VR设备、3D电影活动区等一系列数字阅读设备。在新冠肺炎疫情防控闭馆期间，先后上线“中文在线”“上业百科”“宝宝智库”“中华诗词数据库”等国内知名专业数据库，转发国家图书馆可用数字资源，弥补闭馆造成的“阅读空白”。

（迟心昊）

文化产业

【概况】 年内，市文化和旅游局完善规划蓝图，培育重点项目，打造新型业态，推动全市文化产业平稳发展。

【电影市场】 受新冠肺炎疫情影响，全市影院自除夕起全部停止营业。7月19日，市文化和旅游局开展检查验收，指导全市影院严格落实疫情防控要求，恢复经营秩序，安全有序开展放映工作。全年新增威海市横店电影城欧乐坊店、乳山市橙天影城、威海市嘻加影城3家影城，全市影院总数达31家，银幕数201个，座位数2.07万个，电影票房总收入3634.71 万元。

（张雅婷）

【图书发行】 2020年，新华书店发行图书1.57亿元，比上年减少7.6%；实现利润549万元，减少59.2%。分片划区实行网格化管理，及时了解信息，把握发展趋势，教材教辅发行工作稳步推进，全年发行教材教辅1.21亿元，完成全市中小学生“课前到书，人手一册”的任务。稳步提升政治类图书发行，统一征订《习近平在厦门》《习近平在宁德》1300余套，码洋15万元；发行《中华人民共和国民法典》，码洋13万元；为9个基层点配送农家书屋用书25.8万元；为2个街道办事处配送图书28万元。《习近平谈治国理政》第三卷合计征订11.05万册，实现销售码洋884万元。稳步拓展研学旅行工作。组织研学团次28次，参加人数1613人，实现收入20万元。

（刘雪峰）

文化市场管理

【概况】 2020年，威海市辖区内有各类文旅经营单位842家。其中，互联网上网营业服务场所140家，娱乐场所57家，印刷企业250家，书店163家，影院24家，文物单位163家，旅行社36家，A级景区9家。开展网吧、校园周边、旅游市场等场所专项整治行动18次，出动执法车辆1629车次、检查人员1.37万人次，检查娱乐场所

6850家次、互联网上网服务营业场所2.64万家次、印刷企业2018家次、书店1840家次、旅行社5536家次、星级饭店2534家、A级景区2924家次，责令整改348家次，收缴非法出版物189册，劝导群众自行拆除非法私装设施42余（套），查获“黑广播”案1起，立案查处擅自安装和使用地面接收设施酒店1家，对1家在新冠肺炎疫情期间未验证委托印刷单位的印刷企业实施行政处罚。协调1起计算机软件侵权投诉案件达成合解。全年受理各类举报投诉170余条，群众满意率100%。

【文化市场监管】 全面规范出版印刷和经营行为，每月组织开展印刷企业巡查活动1次，着重检查出版物印刷企业和具有出版物印刷能力的印刷企业。开展校园周边、早市、夜市等出版物市场专项检查，对出版物经营场所疫情防控措施、安全生产制度、出版物经营活动等情况进行重点检查。开展旅游市场专项执法检查。强化文化娱乐市场监管，在工作日、双休日、晚间等各时间段对网吧、KTV、电子游戏厅等文化娱乐场所进行高频次巡查，严厉打击各类违法违规行为，特别是对网吧、KTV接纳未成年人等严重违法行为从重处罚。开展信息网络非法传播视听节目专项整治，对辖区内网站非持证机构违规开展互联网视听节目进行监看与排查，对辖区内户外大屏幕、楼宇电视和移动车载电视等公共视听载体进行梳理统计，建立台账并进行法规宣传，全市公共视听载体均未涉及违规行为。整顿卫星电视传播秩序，对三星级以上宾馆饭店持有境外卫星电视节目许可证进行“证、实、协议”清查。开展无“小耳朵”创建活动，采取媒体宣传、入户规劝、协助拆除等措施，达到整治目的。积极配合市公安局和无线电监测中心等部门，抓好打击治理“黑广播”违法犯罪专项行动工作。开展网吧管理软件在线率专项整治行动，利用网络监管平台、工作群每天有针对性发布网上巡查结果，分区域列明不在线和抽查数据异常网吧名录，各网格化监管小组主动认领，实行限期销号管理。按照省、市“双随机、一公开”监管检查要求，制订“双随机、一公开”牵头检查事项6项，包括网吧、娱乐场所、营业性演出经营活动、艺术品经营单位等检查，完成部门联合检查任务12项，未发现违法违规问题。

【黑恶势力和非法金融线索挖掘】 按照有黑扫黑、无黑除恶、无恶治乱的原则，坚持细实兼顾，覆盖文化和旅游市场领域每个行业、场所，重点对行政处罚案件、消费者投诉举报案件进行深度摸排，发放《文化旅游行业领域扫黑除恶专项斗争调查问卷》200余份，暂未发现涉黑涉恶线索。

（范丽萍）

报刊·网络

【概况】 2020年，威海日报社全力做好新闻舆论、媒体融合、媒体经营等各项工作，承担的山东宣传网供稿工作列全省地级市第1名，参与的全省建好用好“学习强国”学习平台总体工作列全省地级市第2名。

新闻舆论工作　推出“在习近平新时代中国特色社会主义思想指引下”系列报道，深入宣传中共中央总书记习近平重要讲话精神和党中央的决策部署，全面报道威海市贯彻落实的创新实践和典型经验；推出“坚决打赢疫情防控的人民战争、总体战、阻击战”系列报道，全面报道全市上下团结一心、共抗疫情、复工复产的思路和举措；推出“重点工作攻坚突破年”系列报道，围绕精致城市建设、双招双引、项目建设、企业冲击新目标、脱贫攻坚等重点工作，全面报道各级各部门攻坚突破的决心和行动；推出“创建全国文明城市　奋力夺取‘三连冠’”系列报道，全面报道全市创城行动。围绕联系服务群众“五个一”、机关作风大改进行动等阶段性重点工作，采写编发大量稿件，讲好威海故事，传播威海好声音。

媒体深度融合　威海日报社从报社内部、威海区域、全国范围3个维度大力推进媒体深度融合发展。日报社内部“报网端”等自有媒体深度融合，打造以“Hi威海”新闻客户端为核心的融媒体中心，旗下传统媒体与网络媒体实现“一体策划、一次采集、多种生成、多元传播”；与威海区域新媒体深度融合发展，各区（市）和开发区、40余个市直部门、20余个镇（街道），均在“Hi威海”新闻客户端上建立新闻发布频道，随时发布各类政务资讯，形成以“Hi威海”新闻客户端为平台的新闻发布格局；与国内知名新媒体深度融合发展，构建起拥有《人民日报》客户端、新华社客户端、央视频客户端、今日头条、新浪、搜狐等32家合作平台的新媒体外宣矩阵。年内，威海报业新媒体和外宣矩阵发布新闻报道19.32万篇次，总流量8.18亿人次，形成“中心发力、辐射全国”的大外宣格局。其中，“Hi威海”新闻客户端用户总数52.8万，年发布稿件3.48万篇，网络总流量3.69亿人次。

（衣　学）

【《威海日报》】 《威海日报》是中共威海市委机关报，由威海日报社出版。2020年，《威海日报》设新闻和专刊2个版块，每周出版6期。新闻版块常设《要闻》《综合新闻》《理论与实践》《城事快报》《区域报道》《时事新闻》等版面；专刊版块常设《特色小镇》《健康专刊》《海岬》等版面，每期4个版。

重点报道和活动策划　积极做好习近平新时代中国特色社会主义思想和党的十九大和十九届二中、三中、四中、五中全会精神的宣传报道。开设《在习近平新时代中国特色社会主义思想指引下——新时代新篇章新作为》《深入学习贯彻党的十九届五中全会精神》等专栏，深入展示全市上下贯彻落实的具体行动和先进经验。在中共中央总书记习近平视察威海两周年之际，策划推出《习近平总书记视察威海两周年》特刊，刊发8个版、22篇稿件。开展“坚决打赢疫情防控的人民战、总体战、阻击战”系列主题报道，聚焦工作大局，聚焦关键节点，聚焦抗疫一线，持续推出《坚决打赢疫情防控阻击战》《抗疫英雄谱》等专栏专版报道，刊发相关稿件700余篇、约170个版。聚焦全市12项重点工作攻坚突破任务，先后开设《重点工作攻坚突破进行时之“双招双引”暨项目建设进行时》《精致城市建设在行动》《打造对外开放新高地》《民生保障攻坚突破在行动》《企业冲击新目标》等一系列专栏专版，刊发稿件近600篇。开展创建全国文明城市、奋力夺取“三连冠”系列主题报道，开设《聚焦创建全国文明城市奋力夺取三连冠》《我是文明观察员》等专题专栏，刊发稿件近200篇、专版30余整版。聚焦全市作风大改进行动，开设《深入开展干部作风大改进行动》《身边的榜样·典型故事》《海平线》专栏，刊发专版20余个、稿件100余篇，展示干部作风改进的新成效、新风貌。策划组织打赢脱贫攻坚战收官之年的宣传报道，开设《脱贫攻坚一线见闻》《乡村振兴暨脱贫攻坚在行动》《乡村振兴金秋巡礼》《走向我们的小康生活》《全面建成小康社会·基层调研行》等专栏，累计发稿近200篇。

特色专刊　开设常态化专刊，以《健康专刊》和《特色小镇》为载体，对威海医疗卫生事业、乡村振兴和文化事业等进行多方位、多角度的宣传报道，全年刊发专刊50余个版。策划推出《牢记嘱托 攻坚突破 奋力开创“精致城市·幸福威海”全新局面》特刊，刊发8个版、22篇稿件。推出特色专刊《理论与实践》，全年刊发15个版；《海岬》专刊着力聚焦威海创建国家级公共文化服务体系示范区的创新举措和经验作法，策划推出系列报道，刊发14个版。

融媒体传播　牢牢把握正确的舆论导向，弘扬主旋律，传播正能量。新冠肺炎疫情暴发后，威海日报社通过微信、微博等媒介，采用图文、图表、H5、微视频、直播等方式，及时准确发布信息，为统筹疫情防控和经济社会发展情况营造良好的舆论氛围。创新形式，做好重大主题报道的宣传。策划制作H5产品《习近平总书记视察威海两周年特别策划——精致威海 全新突破》，并通过微信、微博及时播发；围绕精致城市、“双招双引”、乡村振兴等主题，运用图片、直播、微视频等多种形式进行播报，其中5次观摩活动通过新华社“现场云”进行直播，获得近100万人次关注。加大对外合作力度，先后与澎湃新闻、凤凰新闻、今日头条、网易新闻、搜狐新闻、一点资讯、抖音、快手等媒体平台建立合作关系，增加传播渠道，讲好威海故事，传播威海好声音。

（邓志云　徐连涛　刘元玉）

【《威海晚报》】　《威海晚报》由威海日报社（威海报业传媒集团）主办，是威海市唯一的综合性都市生活类平面媒体，创刊于1995年10月1日，每周出版5期，是威海市影响力最大的城市生活报。

主题宣传　始终把聚焦中心工作，做好主流舆论宣传情况放在重中之重，牢牢把握正确舆论导向，唱响主旋律、弘扬正能量。策划组织一系列重大主题宣传报道，先后对学习习近平新时代中国特色社会主义思想、十九届五中全会、抗击疫情、脱贫攻坚、乡村振兴、创建全国文明城市、精致城市建设、创建国家公共文化服务体系示范区、重点工作攻坚突破年、全市干部作风大改进行动推进会等进行重点报道。新冠肺炎疫情期间，推出《在防控的日子里》《身边的榜样·抗“疫”群英谱》《威海战“疫”最美新闻工作者》《春风正好 英雄荣归》《以国之名致敬英雄》等策划报道，及时全面报道疫情防控进展情况，以及全市上下团结一致共同抗疫的感人故事。在疫情防控形势持续向好和进入常态化后，针对威海市复工复产复市等情况策划推出《春暖花竞开——聚焦我市正常生活秩序快速有序恢复》《活色生香新“夜”态——聚焦威海夜经济快步有序复苏》《晚报公益行动 助力复工复产》等专题报道。围绕“重点工作攻坚突破年”主题，独家策划推出《重大工程探进展》等栏目，聚焦威海重点工程和重点项目，以实地探访的形式向市民传递一线工程进展情况，展望项目前景，倾听市民心声。独家开设的《口述史》栏目，通过挖掘重大事件、重点工程背后的故事，重温不畏艰难、战天斗地、勇踏征程的感人记忆。

民生报道　先后策划推出“向威海人民汇报——2019民生实事成绩单”“向着幸福出发·民生实事探现场”“幸福触手可及——2020民生实事年中报”“幸福向前冲——小晚带你看民生”“精致威海 幸福答卷——2020民生成绩单”等系列报道，聚焦民生实事建设，充分展现城市的点滴变化和百姓的幸福生活。

活动策划　先后策划实施40余场次线下活动，策划组织“山东省城市都市媒体总编威海采风”大型外宣活动，全省地级以上城市的晚报、都市报总编辑、知名记者到威海市进行3天的采访，并在《济南时报》《青岛早报》《烟台晚报》《泰山晚报》等几十家报刊刊发100余版的报道内容。

融媒体建设　扎实推进传统媒体和新兴媒体的融合发展，充分发挥融媒体优势，努力提升晚报融媒体的权威性和传播力、引导力、公信力和媒体品牌影响力，致力打造“精致晚报”。全年先后有50余个版面入选业内微信公众号“编前会”的《每周精选》栏目，向全国推荐威海。年内，新闻作品分别获得中国晚报赵超构新闻奖一等奖、山东省市地报好专版好专栏一等奖、山东新闻奖媒体融合作品复评二等奖等各类奖项29次。

（朱凯辉　邵春涛）

【《威海广播电视报》】　2020年，《威海广播电视报》整合资源，初步实现单一平面媒体向融媒体转型，确保全年52期报纸如期安全优质出版发行，在今日头条、抖音等媒体上开设官方账号，今日头条号“威海广播电视报”粉丝25万人，抖音号“威海头条”粉丝164万人。新冠肺炎疫情发生后，报社及时在新媒体矩阵推送疫情信息、抗疫先进典型、防疫措施，编辑记者全天在线16小时以上、平均每天发稿40余条。配合复工复产、精致城市建设、脱贫攻坚、文明城市建设、“双招双引”现场观摩推进会，利用新媒体图文、视频同步推送图文2000余篇、短视频7000余条（点击量过亿次的报道4条）。

（楚　德）

【威海政府网】　威海市人民政府网站简称威海政府网。2020年，威海市政府网站不断丰富发布内容，加大政策解读力度，加强常态化监管，严格规范内容审核，着力提升网站服务能力。强化信息发布更新。开设重点工程与重大项目、三大攻坚战、乡村振兴、海洋强市、精致城市建设、民生实事等专题；实现往期政府公报电子化，2003年—2018年政府公报（合计124期）实现数字化上网入库；重新梳理政府信息公开目录，规范公开指南内容、设置统一的信息公开页面规范模板；新冠肺炎疫情期间，威海政府网开设“新型冠状病毒感染的肺炎疫情防控专栏”专题，发布疫情相关信息5536条，转载疫情防控工作计划、复工复产政策措施、高校学生放假返校等重要信息；定期维护网站内容更新，全年累计更新信息2.3万条，不断做实做细网站内容建设。加大政策解读力度。发布各类政策解读1200余条，通过文字解读、音视频解读、图文解读等多种方式实现灵活解读，提高政策解读力度，让广大群众更加及时、全面、透彻了解政策。统一开展政民互动交流。建设全市统一的政民互动平台，实现与威海市12345政务服务热线平台数据无缝对接，全市互动交流栏目实现统一平台管理，形成“网站受理、后台办理、网站反馈”的运转体系和“统一受理、部门分办、结果公开、群众评议”的运行机制，为政府向市民提供信息服务和接受市民监督建立有效便捷渠道。建立常态化监测机制。将全市45个政府网站纳入全国政府网站大数据监测平台，加强网站信息监测力度，通过系统7×24小时监测、网站纠错系统实时告警、威海市政府网站“钉钉”工作群全天候值班等方式，发现问题即时整改，做好政府网站内容保障工作。健全绩效评估机制。坚持以评促改、以评促建、以评促用，引入第三方评估机构，对全市政府网站开展绩效评估，科学设置指标体系，推动网站总体运行质量不断提升。加强网站业务培训。采取邀请专家授课、工作人员现场解疑释惑、区（市）和部门之间相互交流切磋等方式，多次组织召开政府网站建设交流培训会议，提升网站工作人员的综合素质和业务能力。规范平台实名制管理。推行网站内容发布实名制管理，并对政府网站群实名制管理情况集中进行检查，将单位提供的实名制账号信息与网站群平台后台系统进行一一对应，关闭未提供实名制信息的账号，明确各单位网站信息发布先审后发制度，优化内容审核机制，确保每条信息的发布人员和审核人员都可查可溯。提高站群安全保障能力。对政府网站进行安全等级保护测评，网站安全与网站开设同步规划、同步建设、同步实施。对政府网站进行实时监测，网站无法访问或出现错敏词等情况第一时间告警提示，确保网站内容安全。2020年，在中国软件评测中心开展的第十九届（2020）中国政府网站绩效评估中列全国地市政府网站第10位，在清华大学2020年中国政府网站绩效评估中列全国地市级政府网站第6位，在中国信息化研究与促进网等机构联合组织的2020年中国优秀政务平台推荐及综合影响力评估中获得地市级政府网站2020年度中国政务网站领先奖。

（肖婷婷）

【威海新闻网】 威海新闻网是威海地区最早开通、具备国家互联网新闻信息服务许可资质的综合性门户网站，是百度、360、今日头条等搜索引擎获取威海新闻的主要源头，也是全市最大的PC端新闻发布平台，日均访问量10万PV（单页点击率），用户总量5.6万人。2020年，开设“争当新时代现代化强省建设排头兵 开创精致城市·幸福威海建设全新局面”等专题报道43个；通过专题直播形式开展新闻发布会专题报道86场；策划《寻味》《呈现》《海鲸号》《夜读》等原创栏目14个，采写原创稿件180篇以上。全年发布新闻稿件3万余篇，总浏览量1300万次以上。

（王 岚）

【威海传媒网】 威海传媒网由威海广播电视台主办，是威海市唯一具有视听新闻发布资质的综合性门户网站。2020年，推出《聚焦十九届五中全会》《决战决胜脱贫攻坚威海在行动》《聚焦新旧动能转换，推动高质量发展》《走向我们的小康生活》《全面建成小康社会基层调研行》《聚焦重点工作攻坚突破年》《文明健康，有你有我》《好网民在山东》《创建全国文明城市，奋力夺取“三连冠”》《感人瞬间系列微电视微视频》等大型专题栏目，发布新闻1000余条。新冠肺炎疫情发生后，开设《众志成城，抗击疫情，威海打响抗击疫情阻击战》栏目，开展“抗击疫情——走近‘逆行者’”“‘疫’路有我——党旗在防控一线高高飘扬”“爱心捐赠为疫情防控雪中送炭”等报道，全方位反映全市人民齐心协力抗击疫情的感人故事。加强《问政》栏目舆论监督力度，《网上行风》全年直播220期，受理网上问题800余个，回复率100%。

【“威海市广播电视台”微信公众号】 “威海市广播电视台”微信公众号是威海市广播电视台官方微信公众号，粉丝人数25万人。年内，发稿2400余篇，利用新华社直播平台积极参与政务直播，直播“乡村振兴观摩行”等各类活动60余场，现场发布报道3000余条，观看人数总量500余万人次。

（楚 德）

【“Hi威海”新闻客户端】 “Hi威海”新闻客户端是威海市唯一获得国家互联网新闻信息服务许可资质的App，是集新闻传播、信息发布、政民互动、便民服务等功能于一体的新媒体服务平台。2020年，“Hi威海”新闻客户端开设头条、政务、区（市）、部门、镇街、Hi视频、天下、独家、权威发布、红色胶东、瞰胶东、志愿、精致、社会、聚焦、那香海、康养、工业、海洋19个频道。围绕市委、市政府的中心工作，客户端聚焦重点工作攻坚突破年、创建全国文明城市、决战决胜脱贫攻坚、疫情防控等重大主题，注重宣传形式创新，充分运用图表、视频、H5、直播等形式开展报道，全年开设相关专题26个，制作各类图表报道201篇，发布短视频报道605篇，开展各类视频、图文直播49场，制作H5作品16个，相关报道总阅读量突破1亿人次。开展寻找“精致威海·最美打卡地”活动，融合各级主流媒体、社会热点新媒体平台等，推介展示威海40个最美打卡地，发布文章3500余篇，总流量超过1.1亿人次，搭建面向国内外宣传威海、推介威海的“超级媒体矩阵”。先后与《人民日报》客户端、新华社客户端、今日头条、山东宣传网、搜狐、新浪、凤凰等32个新媒体平台融合发展，构建起面向全国宣传威海、推介威海的新媒体外宣矩阵。年内，以“Hi威海”新闻客户端为中心的威海报业新媒体和外宣矩阵发布新闻报道19.32万篇次，总流量8.18亿人次。全年总用户52.8万人，日活数5万人左右，平均日活率9.5%，实现新闻流量3.69亿人次。

（张军涛）

【"掌上威海"微信公众号】 "掌上威海"是威海日报社的官方微信公众号之一，粉丝量为12万人。年内，先后开设《海鲸号》《夜读》《寻味》《呈现》《鲁威渔医号》等原创栏目，发布原创稿件180篇以上。2020年年底，"掌上威海"视频号开通，发布原创视频32个，粉丝量近1万人，浏览量73.7万人次。

【"威海播报"微博号】 "威海播报"是威海日报社的官方微博，粉丝量为32万人，6月4日—5日，全市乡村振兴观摩会期间，发起"瞧咱家乡新变化"话题讨论，总流量415.5万人次。

（王 岚）

广播·电视

【概况】 2020年，市广播电视台统筹抓好以舆论引导为重点的各项工作，新闻宣传、节目生产、媒体融合、经营创收、技术运维、队伍建设等各项工作取得新成绩，获得2019年度山东电视宣传先进集体奖和2019年度山东广播宣传先进集体一等奖，连续18年获评全省文明单位。全年有42件作品获得省级以上奖励，其中8件获得山东省新闻奖，34件获得山东省广播电视奖。

【重点宣传】 在广播电视主频道《威海新闻》栏目相继推出《学习贯彻党的十九届五中全会精神》《学习贯彻党的十九届五中全会精神 深入开展干部作风大改进行动》《记者蹲点·五中全会精神在基层》3个重点专栏，统筹运用威海传媒网、"我的威海"App等新媒体，采制播发重点报道500余篇，展示中国共产党十九届五中全会精神在威海市落地生根的生动实践。开设《决战决胜脱贫攻坚》《全面建成小康社会·基层调研行》《聚焦·乡村振兴攻坚突破》等专栏，采播重头稿件近百篇，以事例、史料和数据大力宣传威海精准脱贫、全面建成小康社会的经验成效。1月31日至2月19日，在威海电视台公共频道、广播交通文艺调频，同步启动疫情广播电视应急播出机制，并在新媒体平台开通"听见威海""威海头条"两个号，协同"观威海"融媒体矩阵，相继开设10个防疫抗疫专题专栏，采编播发报道1300余条，下载、制作播出抗疫公益广告130余个版本，累计播出时长400余小时，向社会公布疫情动态，宣传普及防控常识，回应民众关切热点，澄清社会谣言，记录一线典型故事，打造"24小时不落幕的新闻发布会"。《威海新闻》《直播威海》等主要新闻栏目，围绕精致城市建设、企业冲击新目标和七大产业集群培育、招商引资和项目建设、对外开放等12项重点目标任务，坚持点面结合，全年发稿300余篇。开办《创城进行时》《我是文明观察员》《啄木鸟行动》等专栏，反映文明创建成果，公益广告在广播电视主频道黄金时间的播出占比继续超过50%，助力全国文明城市创建。全年在中央电视台发稿52条（其中《新闻联播》12条），在省电视台发稿1100条（其中《山东新闻联播》330条），在中央人民广播电台《新闻与报纸摘要》节目发稿11条，在省人民广播电台《山东新闻》发稿135条。

【节目创新创优】 威海电视台《威海新闻》节目首次尝试使用虚拟演播室，运用声、光、电等技术配合主持人的全程串联，多次以主持人演播室现场视频连线的方式，与无法实地接触的采访对象交流，丰富节目表现形式。办好《直通12345》《群众诉求督查曝光台》《阳光问政热线》专栏，通过一把手接听热线、现场回答提问、线下记者暗访、跟踪反馈等形式，督促解决百姓群众"急难愁盼"问题，全年《直播威海》节目接听观众热线2万余条，《阳光问政热线》节目现场接听电话500余个，群众满意率超过97%。

【安全优质播出】 完成4K超高清演播室建设，融合网络直播技术，充分利用演播室资源进行高质量的多机位切换网络直播，为体育赛事、大型文艺活动等超高清电视节目制作提供技术保障。完成环翠楼发射台调频广播发射机更新。完成大型活动的直播录制播出工作10余次。首次采用IP技术进行信号传输，对全国乒乓球锦标赛等赛事进行连续直播。

【媒体融合】 发起成立山东城市广电新媒体联盟，致力实现成员台资源共享、业务协同推广、区域抱团发展，扩大城市广电新媒体传播的覆盖面，推动城市广电媒体加速转型。建成闪电云融媒体指挥系统，构建适应广电新媒体的开放式云服务平台，促进形成智慧融媒生态圈。整合广电媒体资源、政务资讯、便民信息，初步建成集视听新闻发布、重大活动直播、行风政风互动、智慧便民服务等功能于一体的新闻客户端——"我的威海"，在实现《威海新闻》《直播威海》《阳光问政热线》等重要栏目手机端播出，为全市提供快捷的信息发布视听平台。利用新华云直播平台，对2020年企业冲击新目标誓师动员大会、乡村振兴暨脱贫攻坚推进会议、全市"双招双引"暨项目建设推进大会等重大会议及现场观摩活动进行网络直播。威海市广播电视台微信平台粉丝近30万人，活跃用户5万余人，微信日阅读总量过1万人次。快手号"听见威海"粉丝总量超270万人，单条最高观看量超1.4亿人次。"观威海"融媒体矩阵粉丝总量超过650万人，短视频和文章的总点击量超过50亿人次，短视频播放量过亿的作品有10条。

（楚 德）

【广告管理】 组织开展"梦娃""图说我们的价值观"等主题公益广告的展播工作。组织辖区播出机构积极参与2019年度广播电视优秀公益广告作品评选，有7件优秀作品获奖，其中一等奖1件、二等奖3件、三等奖3件。组织开展广播电视宣传管理制度落实情况专项自查自纠工作，重点检查播前三审制、重播重审制、播音主持人持证上岗制等制度的执行情况，确保广播电视节目导向正确。组织广播电视播出机构播出秩序整治工作，开展规范擅自增设频道频率，擅自调整名称、定位、呼号、传输方式、覆盖范围，未经备案播出养生类节目等违规行为。开展减肥传奇瘦身贴广告、违规医药广告等广告整治工作，督促播出机构严格遵守广告播出法律法规，维护主流媒体公信力。

【县级广播电视台标准化建设】 开展县级播出机构标准化建设回头看工作，巩固标准化建设成果。对照《山东省县级广播电视台标准化建设实施方案》，重点检查县级台基本运行情况、财政保障机制建立情况、内部管理机制健全情况、频道频率开办情况、广告播出规范情况、节目版权合法情况等，并通过省广播电视局的实地检查。在县级融媒体中心的验收工作中，威海市所辖县级融媒体中心均以优秀等次通过验收。

【广播电视和网络视听统计调查】 组织基层统计单位开展广播电视和网络视听统计调查工作，制定实施方案，完善组织机制，细化工作流程，完成2020年度广播影视系统季报、快报和年报的统计工作任务。

（张雅婷）

【山东广电网络威海有限公司】 2020年，山东广电网络威海有限公司以深入推进实施“改革深化、保户增收、智慧广电、服务用户、提质增效、党建和队伍建设”6个提升工程为抓手，不断加快推进广电网络升级改造，大力拓展多领域业务，积极参与威海智慧化、信息化城市建设，全年实现营业收入2.42亿元。

用户服务　提升服务管理，规范服务人员话术，严格落实“限时办结制”，全年用户满意度一直保持在99%以上。加大服务监督考核力度，印发《投诉考核管理办法》《营业厅日常运营巡检办法》，不定期进行抽检，有效减少服务问题的发生。加速推动“服务营销一体化”建设，拓展在线支付渠道，开发微客服平台功能，为用户提供更加便捷的服务。

市场营销　全面实施“一增二转三提升”扩增用户战略，将保户增收工作做精做细。结合新春用户大拜访、智能换新季、决战四季度等活动分阶段开展主题营销竞赛，以智能终端为主要产品稳基数、促回流，带动融合业务发展，全年组织开展线上直播活动12次，发展智能终端用户8.23万户，宽带用户13.31万户。行政人员采取脱产支撑、节假日支撑等方式开展服务，走访服务1099人次，累计工作时间8792小时，安装智能终端4073户，缓解安装积压问题。

智慧转型　公司以拓展集客业务为主要抓手加速智慧转型。针对镇（街道）、村（居）信息公开需求，打造建设威海临港经济技术开发区“监督在线”电视服务平台，助力“透明村居”建设。在新冠肺炎疫情防控期间，发展应急广播和“户户响”业务，承建完成全市应急广播系统，覆盖63个镇（街道）、2428个村（居），终端数量达8428个。对2.55万栋楼（村）实施FTTH网络改造，改造率达73%。组织威海至文登环网第二路由线路建设，强化骨干环网可靠性。完成IPTV核心平台建设工作，启动GPON设备部署，实现组播万兆扩容，有效提高直播业务稳定性。加快广电5G建设，在威海港建成广电标准700兆基站试点，为5G业务开展打好基础。

体制机制改革　贯彻落实“三个创新”（管理模式、用人机制、分配办法创新）工作要求，全面完成市级公司改革，打造精简高效的市、县两级管理机构，建立完善经营业绩和岗位责任相匹配的业绩考核和收入分配体系。优化选人用人机制，加强干部队伍建设，建立各类管理人员常态化“能上能下”、职工常态化“能进能出”、职工收入常态化“能增能减”机制，有效激发职工队伍活力与干事热情，构建现代化企业经营管理体系。

提质增效　公司坚持控投资、降成本、清欠款、去库存，实现提质增效。严格执行全面预算管理和预算奖惩兑现，坚持以收定支原则，强化利润导向。对常用物资全面询价压低采购价格，全年节约物资采购资金47万元。自行开发网格经理物料管理系统，实现维修物料领用、使用、结存全程精准管控，有效实现国有资产的保值增值。

（孙　玺）

档案工作

【概况】 2020年，全市档案工作切实履行为党管档、为国守史、为民服务的职责，综合业务建设顺利通过省档案馆组织的专家组测评，成为全省首批达到“规范”级标准的市级综合档案馆。“档案安全智慧防护研究”项目通过山东省档案局科技项目专家组验收，“威海市域档案信息资源共享服务研究”项目在省档案局立项。威海市档案馆被评为全省档案宣传工作先进集体。8月，威海市档案馆被列为胶东（威海）党性教育基地现场教学点。

【档案征集】 档案业务指导与接收　与市扶贫开发领导小组办公室联合制定《威海市精准扶贫档案管理实施细则》，涵盖市、县、镇、村四级精准扶贫档案工作，对精准扶贫档案管理全过程进行详细指导。与市国有资产监督管理委员会对接，对国有企业退休人员档案规范管理进行指导。对市生态环境局垂直管理改革中的档案移交工作进行专业指导，重点对市环境监测站档案资料进行摸底监督和指导移交。到市主题教育领导小组办公室等10个单位进行档案业务指导。指导接收市直部门文书档案86卷1.77万件，专业档案3802卷，民生档案4227卷，“不忘初心、牢记使命”专题档案7卷278件。

重大活动档案征集　与市书法家协会、摄影家协会、剪纸学会举办“众志成城　抗击疫情”主题展览，征集书法作品125幅、摄影作品113幅、剪纸作品116幅，征集“精致城市·幸福威海”建设电子照片105幅、视频6个。与市体育局对接，征集2019中国女子职业高尔夫巡回赛韩亚航空高尔夫公开赛、2019横渡刘公岛海湾公开水域游泳国际邀请赛、齐商银行杯2019年中韩帆船赛、2019威海铁人三项世界杯赛4项国际赛事和2019徒步中国·威海千里海岸线全国徒步大会、2019年中国威海HOBIE帆船亚洲锦标赛暨中国家庭帆船赛2项全国赛事的档案资料98件、照片755张、实物25件、视频139GB。接收荣成市档案馆2019年涉及市级的8个重大活动档案，其中照片38张、光盘2张。

疫情防控档案征集　印发《威海市档案馆关于做好新型冠状病毒感染的肺炎疫情防控工作文件材料收集归档工作的通知》，对全市各级各部门疫情防控档案工作提出要求，明确归档范围和整理标准。指导市疫情防控工作指挥部17个工作组，根据各自分工，细化职责和归档流程，档案工作与疫情防控工作同步推进。通过远程方式多次与市卫生健康委员会、商务局等5个单位开展档案业务交流指导，确保疫情防控档案得到有效收集和安全保管。通过多个媒体发布《威海市档案馆面向社会公开征集防控新冠肺炎疫情档案的公告》，征集疫情防控照片3850张、音视频资料165条、实物148件。

档案开放鉴定与查阅利用　举办全市档案解密清理和开放鉴定业务骨干培训班，进行馆藏档案开放鉴定。对革命历史档案文件级目录60卷585件档案的划控情况进行登记，150件档案被列为可公开利用档案。接待查档人员364人次，提供文书档案2.75万件、录音录像档案384盘、图书资料49册、专业档案158卷。

【档案宣传教育】　普法宣传　市档案馆组织全馆人员收看省、市专家关于新修订的《中华人民共和国档案法》讲座，并召开座谈会、宣讲会开展学习研讨。通过收看《中华人民共和国民法典》专题报告会、市委理论中心组专题报告会，树立法治观念，提升法律知识水平。

国际档案日宣传　6月，到农村集市和社区开展档案宣传活动，到文登区和威海临港经济技术开发区对扶贫档案管理进行现场指导服务，并制作专题片在威海电视台和山东卫视播出，在“学习强国”山东学习平台、“山东省档案馆”微信公众号和山东省档案信息网进行宣传。与市住房与城乡建设局、市交通运输局、威海日报社等单位开展合作，刊发“国际档案日”公益广告，推送宣传标语短信。与山东昆嵛电视广告有限公司合作，制作档案专题宣传片《筑梦兰台》。

展览教育　依托《档案威海　奋进威海》《中共威海历史展》《威海市家庭档案珍藏展》《一战华工世纪颂》等展厅资源，广泛开展爱国主义教育，建立展览接待团队，制作宣传册4000余册，通过发布公告、进农村（社区）发放宣传册等形式，扩大档案馆作为爱国主义教育基地和胶东（威海）党性教育基地教学点的影响力。年内，接待130批次3700余人参观。

【档案数字化建设】　市域馆际共享系统　2月，着手研发威海市域馆际共享系统，8月系统开通，11月正式上线开放使用。全市7家综合档案馆统一接入馆际共享系统，储存全市文书、图书、婚姻、职称、照片、房产6个门类档案数据8.93万条，实现线上跨馆查阅利用档案，达到“群众少跑腿，数据多跑路”目的。

示范数字档案馆　按照“全国示范数字档案馆”测评标准，制定工作方案，采购设备，完善功能，有序推进。完成文书档案开放鉴定13.61万份，档案目录校对、密级筛选29.73万条，专业档案目录著录13.99万条，已废止或失效档案数据标注215条。完成录音磁带75盒、视频资料光盘89张、文书档案1008卷6.96万件的数字化转化工作。开展专题档案整理上传工作，录入社会记忆工程、铁人三项赛事等专题照片档案2.65万张，文件、录音、录像8472件，整理和上传全市重大活动照片9779张、重大活动视频875件。威海市档案馆顺利通过国家档案局初验。

（纪　清）

社科联工作

【概况】　2020年，威海市社会科学界联合会完善机制、统筹力量，在社科普及、学术研究等方面取得较好成绩。

【社科普及】　立足威海特色，突出红色主题，与市委市政府中心工作相结合，与新时代文明实践相结合，与理论宣讲相结合，积极开展威海市第十七届社科普及活动周活动，线上科普与线下科普同步推进、同频宣传，举办活动63场（次），着力打造威海市“到群众中去”社科普及惠民品牌，《红色文化大众社科普及机制》获评省社会科学界联合会2020年度社会科学创新提升优秀案例。创建省级社科普及示范镇（街道）9个，省级社科普及示范村（社区）32个，社科普及示范单位的辐射带动作用不断增强。

【社科研究】　着力搭建学术平台，8月7日，威海市、青岛市、烟台市、潍坊市、日照市5市社会科学界联合会联合发起成立胶东经济圈一体化发展智库联盟，着力为推动胶东经济圈一体化高质量发展提供智力支持。积极开展学术活动，12月13日，举办以“精致·幸福·现代化”为主题的山东社科论坛——精致城市建设研讨会，形成一批有价值的社科成果，进一步总结提炼国内外精致城市建设经验，提升精致城市品质内涵，提炼可借鉴可复制的精致城市威海样板。持续开展应用性研究，紧扣威海市经济社会发展的重大理论和实践问题，重点围绕12个方面的攻坚突破、精致城市建设、乡村振兴生态环保、党的建设、意识形态等主题开展市级社科重点课题研究，评选市级社科优秀成果81项。

【社团管理】　对全市社科类社会组织进行系统调研，摸清底数，并按照“分清责任、搞好服务、抓好监管”的原则，以学术性、非营利性、社会价值性为主要依据，对全市市管社科学术社团进行界定，印发《威海市市属社科类社会组织规范化管理暂行办法》，从业务职责、注册流程、法人治理、监管制度等方面进行规范化管理，明确业务主管部门职责，强化意识形态工作的主体责任。

【威海市社会科学优秀成果奖评选】　威海市第二十三次社会科学优秀成果奖评选评选出获奖成果81项，其中特别奖1项，一等奖10项，二等奖27项，三等奖43项。

威海市第二十三次社会科学优秀成果奖获奖名单一览表
（排名不分先后）

表 22

奖项	题目	申报渠道	作者
特别奖	精致花儿朵朵开 幸福暖风习习来 威海走上高品质小康路（调研报告）	中共威海市委宣传部	林一龙 谭艳华 王东普 郭智生
一等奖	箕氏朝鲜史（著作）	山东大学（威海）	苗 威
	孟子的“天爵人爵”思想及其对新时代公职人员职业伦理构建的价值（论文）	山东大学（威海）	马秋丽
	论音乐艺术院校声乐教学模式改革——“以生理学系统声乐教法”为例（论文）	山东大学（威海）	王 岩
	法理在指导性案例中的实践运用及其效果提升（论文）	山东大学（威海）	孙光宁
	中韩进出口贸易及韩国商品集散地形象研究（论文）	山东大学（威海）	魏文忠 颜相子
	基于语料库的日常会话评价功能研究（著作）	山东大学（威海）	李艳娇
	基于家族属性和性别属性的女性高层管理人员创新战略研究（论文）	哈尔滨工业大学（威海）	李晓琳 李维安
	母猪河流域污染调查与综合防治对策研究（课题）	中共文登区委宣传部	胡恩丽 李 建 颜海波 孙 炜 于欣鑫
	威海国际海洋科技城品牌建设与推广研究（课题）	威海南海新区工委办公室	赵明波 于盈盈 李 博 王大瑜 丛永平
	全市基层医疗卫生机构现状调研报告（资政）	威海市卫生健康委员会	王月海 徐 鑫 宋佳佳 高德兴
二等奖	Sustainability of Hotel, How Does Perceived Corporate Social Responsibility Influence Employees' Behaviors (酒店业可持续发展 企业社会责任如何影响员工行为)(论文)	山东大学（威海）	孔海燕 布乃鹏 袁 悦 王康萍
	China's carbon emission peak pre-2030: Exploring multi-scenario optimal low-carbon behaviors for China's regions（2030年中国碳排放达峰路径：基于分区域、多情景最优低碳行为的分析）（论文）	山东大学（威海）	孙作人
	论北村宗教小说的文化表征及偏执危机（论文）	山东大学（威海）	于京一
	朝鲜半岛新形势下深化中韩安全合作的思考（论文）	山东大学（威海）	毕颖达
	莫拉利斯《死亡纵队长》中的生命政治（论文）	山东大学（威海）	李晓丽 李保杰
	吉川英治《三国志》改写研究（著作）	山东大学（威海）	武 鹏
	环境冲突治理中的结构固化与功能障碍（论文）	山东大学（威海）	张 乐
	提升威海乡村振兴文化软实力的思路与对策研究（课题）	山东大学（威海）	赵姗姗 黄艳涛 邵 宁 邢 萍 于迎雨
	Exploring the different combinations of technological capability and technology management capability in different stages of new product development(新产品开发不同阶段技术管理能力和技术能力的要素联动效应研究)（论文）	哈尔滨工业大学（威海）	刘业鑫 吴伟伟 高鹏斌 刘康佳
	“包产到户”：农村体制转型下的资源分配——以山东省淄川区沈家村为研究对象（论文）	哈尔滨工业大学（威海）	徐 蕴
	美丽威海生态环境制度建设问题研究（课题）	哈尔滨工业大学（威海）	郭小靓 李成超 李友仕 魏 豪 宋美桦
	英汉双语者与本族语者在优先论元结构使用上的差异性研究（论文）	哈尔滨工业大学（威海）	姜翔宇 陈 亮
	威海改革开放实录（著作）	中共威海市委党史研究院	中共威海市委党史研究院
	指向核心素养的思维导图深度开发策略探析——以初中区域地理为例（论文）	中共环翠区委宣传部	房晓飞
	兰台见证——荣成70年大事记（著作）	中共荣成市委宣传部	李军战

续表 22

奖项	题目	申报渠道	作者
二等奖	传统 传承（著作）	威海市文化和旅游局	荆国胜
	以科技为杠杆 以品牌为支点 撬动海洋产业高效发展——乳山市做大做强牡蛎产业的做法与启示（资政）	中共乳山市委宣传部	刘佳强 杨绍平 丛众华
	新冠肺炎疫情对我市农村基层组织治理能力的考验与建议（课题）	中共乳山市委宣传部	王晓玉 冷颖超
	海关视角看威海综合保税区发展（资政）	威海海关	宋西林 赵 莎
	威海市海洋渔业发展战略研究（课题）	威海市海洋发展局	刘缵延 王吉明 赵祖龙 王 利 唐 敏
	我市海岛开发保护存在的问题及建议（资政）	中共威海市委办公室	范平海 李忠良 王 桐
	锡镶春秋（我的守艺人生）（著作）	威海职业学院(威海市技术学院)	谷 伟
	关于大力倡导尊师重教切实提升教师职业幸福感的调研报告（资政）	中共威海市委统战部	陈鲁美 刘美江 连华明 董 丹 陈晓英
	休闲旅游背景下民宿开发与地域文化的融合研究——以山东省威海市为例（课题）	威海职业学院（威海市技术学院）	王莉莉 甘晓燕 曲永青 田 文 赵 明
	新时期科技成果转化存在的主要问题及对策研究（论文）	中共文登区委宣传部	陈 艳
	孔颜乐道：中国人的幸福心理学（著作）	中共文登区委宣传部	解英臻（笔名解真）
	关于如何做好威海市儿童青少年近视防控工作的探讨（课题）	威海市卫生健康委员会	孙 靖 胡 艳 王 丽 孙云云 张 莉
三等奖	Enhancing Destination Image and Competitiveness：A Tourism Planning Approach（旅游目的地形象与竞争力提升研究）（著作）	山东大学（威海）	布乃鹏 Hong Genxiao Steve Pan 孔海燕
	中国区域绿色创新效率收敛性研究(论文)	山东大学（威海）	吕岩威 谢雁翔 楼贤骏
	浙江九姓渔民方言研究（著作）	山东大学（威海）	刘 倩
	莫言小说《丰乳肥臀》韩译本误译研究（论文）	山东大学（威海）	郑冬梅 李海菊
	红色文化资源数字化传承利用研究—以威海为例（课题）	山东大学（威海）	孙 克 杨子林
	文化软实力“潜”与“显”的唯物史观解读（论文）	山东大学（威海）	郝书翠
	思想政治教育领域前沿热点研究可视化分析（论文）	山东大学（威海）	韩巧霞 徐国亮
	走高端，提品牌，创高效——文登西洋参产业发展现状与对策（资政）	中共威海市委党校	宋佶武 张远娜
	公共文化服务新形态“城市书房”建设研究——以威海市环翠区为例（课题）	中共环翠区委宣传部	张黎曙
	高中生物有效教学实践创新研究（著作）	威海市教育局	孙巧玲
	基于文本解读的高中英语单元整体教学实践研究（著作）	威海市教育局	于振华
	青春写作课（著作）	威海市教育局	张淑霞
	为生命行走（著作）	威海经济技术开发区党政办公室	于艳丽
	基于大数据文本分析的威海市旅游市场认知研究（课题）	北京交通大学（威海）	殷 平 余 晹 申鹏霞 郝悦行 陈俊彤
	企业共享用工服务机制及数据档案库建设研究（课题）	威海市人力资源和社会保障局	王吉会 季 伟 朱海娟 刘 平 邢伊爽
	荣成市探索智慧党建模式推进全面从严治党的基层延伸、（论文）	中共荣成市委宣传部	刘玲玲
	荣成“志愿+信用”激发乡村振兴内生动力研究（课题）	中共荣成市委宣传部	张坚栋 赵旭光 尹选芹 王 静
	小学语文全景式阅读教学（著作）	威海火炬高技术产业开发区党政办公室	丁莉莉
	中医药知识科学普及及实践路径创新研究（课题）	威海市卫生健康委员会	史 玲 唐莉丽 周 瑾 连增福 丛 榕
	威海地区电子商务精准扶贫路经研究（课题）	中共荣成市委宣传部	任文杰

续表 22

奖项	题目	申报渠道	作者
三等奖	绿色评价撬动核心素养发展（著作）	荣成市第二十一中学	张启胜
	初中英语“目标—评价—教学一致性”的实现路径（论文）	中共乳山市委宣传部	李　静
	国内外海洋高新技术产业发展分析及对威海的启示（论文）	山东交通学院威海校区、威海经济技术开发区科技局	樊　鑫 宋新刚 邓　旭 刘　璐
	威海市全域旅游可持续发展对策与保障研究（课题）	山东交通学院威海校区	胡海峰 李　晓 王连海 刘新建
	胶东花饽饽技艺“活态”传承与乡村振兴（课题）	山东药品食品职业学院	蘧晓晓 王小岳 路　娜 张丽华 于效军
	荣成市海洋产业发展现状及发展方向探讨（课题）	中共荣成市委宣传部	张　琦 郭文学 徐海涛 马贵范 辛　波
	关于推进我市新型研发机构发展的建议（资政）	中共威海市委统战部	宋　明 陈鲁美 丛晓红 于振浩 于文燕
	从“被动接受”到“合作共创”：基于演化视角的智慧城市理论发展框架（论文）	山东交通学院威海校区	楚金华
	服务山东新旧动能转换的东北亚航运中心建设	山东交通学院威海校区	王连海 马　强 郭俊杰
	东威海明代军事设施现状调查报告（论文）	威海市文化和旅游局	刘晓燕 梁玮晏
	乡村振兴战略下中国小镇油画产业化研究（课题）	威海职业学院（威海市技术学院）	钟美丽 李善荣 徐桂洪 潘汝洁 邹春艳
	PSR模型下的威海滨海湿地生态保护研究（课题）	山东交通学院威海校区	高　源 田　博 姜国友 于　水
	数字经济赋能威海经济高质量发展机制与路径的研究（课题）	威海职业学院（威海市技术学院）	张诚洁 徐桂红 张剑嵩 王松武
	基于精致城市建设的社区管理研究（课题）	威海职业学院（威海市技术学院）	解丽娟 孙述威 卫明杰 黄海燕
	大学生诚信评价体系构建原则及途径（论文）	威海职业学院（威海市技术学院）	姜　霞 董　先
	高校服务威海乡村振兴研究与实践（课题）	威海职业学院（威海市技术学院）	郭志强 冯英涛 徐　杰 田　丽 胡　玲
	全域旅游背景下乡村旅游发展的调查与思考——以文登区为例（课题）	中共文登区委宣传部	王进华 杨建文 刘华兰 李鲁静
	小学创客教育校本课程建设研究（课题）	中共文登区委宣传部	张海芳 曹传胜 孙　凤 初朝霞 邢明芳
	初中数学教学研究与设计剖析（著作）	中共文登区委宣传部	夏世珍
	“六治融合　一网联动”市域社会治理现代化的威海实践与探索（课题）	中共威海市委政法委员会	孙新强 曹志武 高金武 郑笑冬 许鹏飞
	关于在我市积极发展冰雪运动的调研报告（资政）	威海市政府调研室	陶　杰 朱　旭
	小学优质课程有效实施的探索与实践（著作）	中共文登区委宣传部	于俊玲
	一位信息技术教师的专业成长之路（著作）	中共文登区委宣传部	于天虎

（邢　奎）

编辑　侯志杰

卫生健康

综　述

【概况】　2020年，全市卫生健康系统坚持把人民生命安全和身体健康放在首位，统筹推进新型冠状病毒肺炎疫情防控和卫生健康事业改革发展，疫情防控取得重大阶段性成果，各项重点任务稳步推进。威海市被确定为全国开展“信用+综合监管”工作试点市，连续8届获评全国无偿献血先进市，在全省群众医疗卫生服务满意度考核中居第2位，荣成市获评国家卫生城市，在全省率先实现国家卫生城市创建市域全覆盖。全市千人口执业（助理）医师数、注册护士数、床位数分别达3.51人、3.92人、7.0张，全市人均期望寿命提高至81.97岁，居民健康素养水平达23.1%。

【医药卫生体制改革】　坚持医保体制改革、卫生体制改革与药品流通体制改革联动，强化工作督导，确保医改政策落实。制定威海市医疗卫生服务体系建设实施方案等医改配套政策，强化改革的系统性、整体性、协调性，医改政策体系更加完善。2020年，全市公立医院医疗收入比上年下降8.1%；药占比23.3%，下降2.1个百分点；医务性收入占比稳定在30%以上，公立医院收入结构逐步优化。深入实施药品采购“两票制”（药品从药厂卖到一级经销商开一次发票，经销商卖到医院再开一次发票），全力做好国家组织的前三批112种药品集中采购中选结果落实工作，年可节省医疗费用1.31亿元。全市先后开展5类普通医用耗材、创伤固定类高值医用耗材、血液透析类低值医用耗材3轮市级集中带量采购，3轮集中采购中选价格平均降幅分别达57%、35.2%和65%，年可累计节省医疗费用支出2800万元。全面取消公立医疗机构医用耗材加成，每年节省耗材支出5000余万元。继续实施2.0版家庭医生签约服务，组建家庭医生签约服务团队711个，全人群签约率达34%以上，重点人群家庭医生签约率达73.6%以上。加强基层人才队伍建设，招聘基层在编卫生技术人员228人，选派镇卫生院业务院长22名。整合全市107家医疗机构，组建市立医院、市中心医院、市中医院3个医疗保健集团，设立集团联合党委，将集团重大决策、发展规划等纳入党委决策。推进集团内部资源整合下沉，强化医疗服务网格化管理，形成信息化统一框架。威海市立医院医疗保健集团开展影像中心建设，实现市立医院与市妇幼保健院的业务协同；威海市中心医院医疗保健集团扩展心电诊断中心，建立影像诊断、供应消毒、5G远程会诊等系统，实现手术直播、远程操控手术和会议直播；威海市中医院医疗保健集团将院内系统扩展到集团成员单位，实现在基层卫生院可使用市中医院院内系统完成注册建卡、医嘱开具、收费及使用微信平台进行中药配送等服务。

【卫生应急】　参与重大事项及应急事件医疗保障及救援，完成威海市海洋智能装备及智慧海洋研讨会、2020国际乒联男女世界杯等重大活动的医疗卫生保障，采购11台自动体外除颤仪（AED）用于重大赛事医疗卫生救援。加强应急队伍建设，提升应急救援能力。调整补充市级卫生应急队伍14支，组织参加中毒应急处置规范化、航空紧急医学救援等培训班，培训卫生应急队员和医疗卫生机构相关人员700

9月30日，威海市立医院医疗保健集团揭牌仪式举行

（威海市卫生健康委员会　提供）

余人次。与市人民防空办公室、消防救援支队等部门联合进行重要经济目标防护、重大交通事故医疗救援等应急演练10余次。

【卫生健康依法治理】 12月16日，《威海市突发公共卫生事件应急办法》经市政府第93次常务会议审议通过，自2021年2月1日起施行。开展《威海市控制吸烟条例》相关立法前期调研。市卫生健康委员会严格执行规范性文件制定程序，制定政府规范性文件12件、部门规范性文件13件。加强合同审查、备案管理工作，严格履行行政决策法定程序。合法性审查部门文件40件，合法性审查直属单位标的额超过500万元的合同12件，提高决策法治化水平。

【卫生健康宣传教育】 按照公开透明、及时依法、统一规范的原则发布新冠肺炎疫情信息，在威海市人民政府网站开设疫情防控专题，每天发布疫情通报和通知公告、防控知识等信息。参加市政府新闻发布会2次，解答疫情防控问题。通过网络平台、广播电视台、社区志愿者、宣传车、宣传栏等，开展线上线下疫情防控知识宣传教育。在各公交车站、医院等公共场所电子屏播放疫情防控知识。组织专家对疫情形势和防控知识进行解读并将其录制成视频进行广泛传播，利用全媒体刊发科普知识和防控举措。针对受疫情影响在家上网课的学生，组织科普专家在线上进行爱眼护眼知识健康教育。全国爱牙日——健康科普进校园活动获评山东省2020年全国科普日优秀活动。开展“5·12”护士节宣传，制作宣传海报，编制宣传标语，在全市100余个公共场所、公交车和出租车电子屏上循环播放，在市区9处地标性建筑连续播放宣传标语，发送宣传短信近300万条；在6家媒体开通专栏，重点宣传近30名优秀护理个人和10个团队的事迹；为全市10名优秀护士典型录制宣讲视频，开展线上展播，点击量超过5万人次。举办威海市庆祝第三个“中国医师节”抗疫宣讲报告会，对新冠肺炎疫情防控救治中表现突出的医疗团队和个人进行表彰，邀请疫情防控救治中表现突出的个人作宣讲报告。拍摄并播放致敬医师节短视频，展示医生职业风采。

【爱国卫生工作】 荣成市获评国家卫生城市，国家卫生城市创建实现市域全覆盖，荣成市埠柳镇通过国家卫生乡镇复审，全市5个镇（街道）获评国家卫生乡镇，全市国家卫生乡镇（含在审乡镇）比例达30%。推进基层卫生创建工作，全市5个镇（街道）、367个村获批省级卫生乡镇、卫生村，全市省级卫生镇、卫生村比例分别达69.1%和48.6%。开展以“防疫有我、爱卫同行”为主题的爱国卫生月活动，编印发放《新冠肺炎防控知识手册》《新冠肺炎居家消毒与防护指南》等宣传材料37万余份，通过报社、微信、微博等媒体发布《开展爱国卫生运动携手助力疫情防控倡议书》4.25万余份，开展爱国卫生月宣传活动120余场次。

【智慧医疗】 开展威海市全民健康信息平台建设及运行维护，整合3项信息化财政预算资金，建设升级市级平台、惠民便民平台、基层医疗机构医疗信息等系统。制定《加快推进电子健康卡普及应用工作方案》，在全市开展全民健康信息平台对接、惠民便民平台对接、电子健康卡全流程改造等工作，至年底，全市二级以上公立医院均完成居民电子健康卡应用环境改造，16家二级以上医疗机构对接惠民便民平台，实现网上预约挂号、门诊缴费、检查报告查询等服务，累计发放电子健康卡（码）170.2万张。推进“互联网＋医疗健康”品牌建设，打造智慧服务品牌，促进卫生健康服务转型升级。

【健康城市建设】 市政府印发《关于贯彻健康中国行动推进健康威海建设的实施意见》，推进实施“健康威海”建设15个专项行动，成立健康中国行动威海推进委员会，组建推进委员会办公室和专家咨询委员会，成立专项行动工作组15个，印发15项专项行动三年计划。推进“健康细胞”工程，在全市开展健康社区、健康家庭、健康企业、健康机关（单位）、健康学校创建活动，命名威海市健康细胞示范单位118个。推进落实“无烟”环境创建工作，与山东大学合作开展控烟立法调研，开展无烟单位创建工作，印发《2020年威海市无烟单位创建工作方案》，命名221个机关、404所学校为2020年度威海市无烟单位。

【健康产业发展】 2020年，全市医养健康产业实现增加值413.05亿元，占地区生产总值的13.7%。推进重点项目5个，2020年计划投资12.8亿元，年度实际完成投资12.94亿元，威海市康养旅游产业集群年度投资计划完成率达130.4%。加快项目资金投入，威高未来城项目年度计划投资1.5亿元，实际实现投资3.19亿元，投资完成率达212.6%。第二届儒商大会暨青年企业家创新发展国际峰会重点推介健康产业项目4个，中日医养健康产业对接交流洽谈会重点推介威高未来城等产业项目。起草加强与韩国仁川市加强交流与合作的意见，提出具体措施5条，在医疗技术、康复保健、康养旅游等领域建立合作。

【医养结合】 深入推进医养结合示范创建工作，环翠区孙家疃街道、荣成市港西镇获批第二批省级医养结合示范镇（街道），威海市中心医院颐养康疗中心建成投入使用。至年底，全市有医养结合机构38处，医养结合床位总数达1.35万张，比上年增加25%。对威海市建设全省医养结合示范先行市领导小组成员进行调整，更新医养结合专家库成员，组建安宁疗护专家组，威海市入选省级“安宁疗护试点市”，确定包括二级以上医院、基层医疗卫生机构、护理院、养老机构在内的试点单位17家，在全市范围内启动安宁疗护试点工作。市卫生健康委员会与山东广电网络威海有限公司签署医养健康智慧服务平台项目战略合作协议，先期在环翠区开展试点。向省卫生健康委员会推荐山东省医养结合服务品牌项目3个，推荐省级智慧健康养老应用试点企业1家。举办老年医学、老年护理业务培训班3期，培训全市医养结合机构医护人员400余人次。开展农村医养结合工作调研，形成专题调研报告并获得市政府调研报告三等奖。

【老年健康工作】 威海市老龄工作委员会印发《关于积极应对人口老龄化的

实施意见》，开展“十三五”老龄事业发展和养老体系建设规划评估工作，市卫生健康委员会联合多部门制定《关于建立完善老年健康服务体系的实施意见》。修订《威海市老龄工作委员会议事规则》，对威海市老龄工作委员会成员进行全面调整。威海市老年大学、山东省万福苑养老股份有限公司获评全国“敬老文明号”，4人获评敬老爱老助老模范人物。下拨长寿补贴和高龄津贴资金，重阳节期间为全市279名百岁老人发放长寿补贴100万元，市及各区（市）领导分别走访慰问老年公寓、敬老院等。开展老年健康宣传周活动，实施老年人心理关爱项目试点，荣成市、文登区、威海临港经济技术开发区271名60岁以上老人被录入国家老年人信息关爱系统。2020年，“银龄安康”保险投保60.3万人，理赔9000余人次，赔付金额达984.6万元。落实省政府《关于进一步优化老年人优待政策的通知》，自2021年1月1日起，实施60岁以上老年人免费乘坐公交车、游览景区等各项优待政策。

【行业作风建设】 市卫生健康委员会印发《2020年加强行风建设提升群众基本医疗服务满意度工作方案》，成立由主要负责人任组长的行风建设专班，委托第三方社会评价机构每月组织开展群众满意度电话测评1次，每月随机抽取3000名患者进行电话回访，全年完成满意度测评8次，回访群众2.36万名。制定《2020年卫生健康系统优化流程改善服务任务清单》及评分表，重点落实工作措施12项，细化目标任务，明确完成时限。开展优化流程改善服务专项督导考核8次，检查范围覆盖各级各类医疗机构114家次。行风建设专班受理政务服务热线和各项投诉，及时回应群众关切，提升群众满意度。强化政务服务热线管理，印发《关于进一步规范政务服务热线和咨询投诉管理工作的通知》，完善办理流程，明确办结时限，建立月度分析通报制度，提升办理质量。开展行风上线活动4次、12345政务服务热线上线活动1次，办理2300余项政务服务热线和电话投诉，审核不合理诉求申请300余份，印发政务服务热线办理情况通报8期，公布政务服务热线办理典型工单34例。发挥行风监督员作用，向28名卫生健康行风监督员书面征求意见建议，收集反馈意见3条，并进行整改落实。

新型冠状病毒肺炎疫情防控

【预防控制】 *居家和集中医学观察* 市卫生健康委员会制定《居家隔离医学观察指南》，组建6支现场指导组对各区（市）居家隔离人员的居家隔离措施进行抽查。规范集中医学观察点设置管理，根据疫情进展连续更新5版《威海市集中医学观察指南》，派驻医护人员早晚测量体温、询问登记健康状况，组建4支专家组对集中隔离点进行指导验收。新冠肺炎疫情期间，全市验收符合标准要求的集中隔离点46处、房间4507间。

新冠肺炎监测和流行病学调查 各级医疗机构强化新冠肺炎病例的诊断和报告意识，加强对发热、干咳等呼吸道症状病例的监测，各级疾病预防控制中心均成立流行病学调查小组，接到疑似病例、确诊病例和无症状感染者报告后，24小时内完成个案调查并通过网络直报系统上报。每日对疫情形势进行分析汇总，评估全市疫情发展趋势，累计完成分析报告70余份、调查报告60余份。加强密切接触者的判定、追踪和管理，完成密切接触者集中隔离医学观察和检测“清零”工作，至年底，全市检测和医学观察密切接触者2332人，解除医学观察密切接触者2330人。

境外新冠肺炎疫情输入防控 规范做好入境到威海发热人员排查诊疗，在威海市入境点威海国际机场安排专用救护车至少3辆，对威海海关判定并移交的确诊病例、疑似病例、密切接触者、有发热和咳嗽等症状患者，及时转运至定点发热门诊医疗机构。入境威海市人员集中隔离点均安排专用救护车，对发热、咳嗽等症状患者及时转运至定点发热门诊医疗机构。至年底，累计核酸检测5.14万人次、血清抗体检测2.08万人次。

疫情重点地区人群疫情防控 落实湖北省到威海市和吉林省、河北省等疫情重点地区流入威海市人员排查与管理。至年底，疫情重点地区到威海（返威海）人员累计核酸检测13.13万人次、血清抗体检测4.77万人次，其中湖北省到威海（返威海）人员累计核酸检测1.33万人次、血清抗体检测1.25万人次。

核酸检测“应检尽检” 市委新冠肺炎疫情处置工作领导小组（指挥部）办公室印发《关于扎实做好核酸检测“应检尽检”工作的通知》，科学调配采样和检测资源，合理安排检测人员，全市每天出动采样人员均在200人次以上；确定以市、县两级疾病预防控制机构为主体，医疗机构和第三方为补充的核酸检测机构，合理设置采样点，采取预约采样和上门集中采样等多种灵活方式，加快采样速度，提高核酸检测工作效率。各检测机构采取人员轮班、设备不停的方式，24小时运转，做到当日采样、当日检测、当日报告。至年底，完成10轮“应检尽检”任务，累计摸排检测单位10.80万个、人员80.01万人次。

新冠病毒疫苗接种 根据《关于做好重点人群新冠病毒疫苗接种摸底统计工作的通知》，严格按照重点人群接种对象范围，指定专人进行摸底调查和统计上报工作。全市摸底1169个单位，应种人数有9.30万人，有接种意愿人数达6.54万人。制定《威海市重点人群新型冠状病毒疫苗紧急使用工作实施方案》《威海市重点人群新冠病毒疫苗免疫接种实施方案》，不断完善疫苗储运、异常反应监测处置、接种培训等方案，确保各项工作流程规范。全市设疫苗接种点101处，其中儿童常规门诊90处，狂犬病暴露处置门诊8处、临时接种点3处。举办新冠病毒疫苗培训班8次，累计培训1306人次，培训合格率和持证上岗率均达100%。对接财政部门，落实资金支持，全力保障疫苗采购、冷链管理和接种点运行。至年底，全市接种1.1万人、1.24万剂次。其中，进口冷链食品从业人员4745人，海关、边防检查工作人员370人，医务工作人员3884人，

交通运输工作人员796人，社会保障工作人员774人，公安一线工作人员417人，出国人员280人，新冠肺炎隔离场所工作人员211人。进口冷链食品工作人员和海关、边防检查等工作人员的接种任务基本完成。

新冠肺炎疫情防控指导和保障　推进企事业单位全面复工复产，抽查并指导近50家企业落实疫情防控措施。会同教育部门开展学校开学条件核验工作，派出疾控专家近100余人次指导100余所中小学疫情防控。加强海上疫情输入防控工作，配合市公安局等部门做好海上疫情输入事件应急处置准备。做好早期668名密切接触者集中隔离医学观察和检测“清零”工作。保障各类会议和考试60余场，指导制定疫情防控工作方案和应急预案，切实做好各类活动的疫情防控工作。

【新冠肺炎医疗救治】　按照“四集中”（集中患者、集中专家、集中资源、集中救治）原则，通过派驻的形式累计调配重症医学、呼吸与危重症医学、感染性疾病等专业医护人员49名，对确诊病例在市胸科医院进行集中医疗救治。后续按照省统一安排，转移患者28名至烟台奇山医院，其间，抽调医师13名、护士18名组成医疗队到烟台奇山医院负责威海市转送病例的救治工作。调配24名医护人员支援武汉市抗击新冠肺炎疫情，调配2名实验室检测技术人员支援新疆维吾尔自治区核酸检测。加强发热门诊及医疗救治能力建设及管理，在全市二级及以上综合医院、中医医院、妇幼保健院全部设置发热门诊和留观室，设置发热门诊17家。明确定点及后备医疗机构，市级定点医疗机构1家，县级定点机构4家，后备医疗机构5家。按照“宁可备而不用，不可用而无备”原则，推进市胸科医院扩建工程，用时15天即竣工投入使用，新增负压床位185张。全市二级以上综合性医院总床位数为6060张，全市新冠肺炎疫情救治床位有662张，占总床位数的10.9%。组建省级医疗队、市级医疗队各1支，每支150人（其中医师30人、护士120人）。定点医疗机构落实医疗服务和疫情防控所需的药品、试剂、防护用品等储备，满足满负荷运行30天需求。提升新冠核酸检测能力建设。具备核酸检测能力的医疗卫生机构（含第三方检测机构）达30处，日核酸检测能力达6.3万管，至年底，全市完成核酸检测171.89万人次，血清检测11.07万人次。加强核酸检测实验室生物安全管理，对完成核酸检测实验室改造拟开展新冠核酸检测的实验室均进行现场核验。全面加强核酸检测队伍建设，全市组建核酸检测队9支138人，加强核酸检测人员技术培训，组织市级核酸检测培训2次，700余人参加省级核酸检测考试并取得合格证书。市委新型冠状病毒肺炎疫情处置工作领导小组（指挥部）办公室印发《威海市新冠病毒核酸全员检测应急预案》，全市设置核酸采样点2733个，落实各采样点负责人、采样人员、物资储备等要求。

2月9日，威海市第三批援鄂医疗队赴武汉市汉阳区方舱医院进行医疗援助
（威海市卫生健康委员会　提供）

【医院管理】　严格落实预检分诊制度，强化病区及陪护人员管理。加强医疗机构落实防控措施指导，对医院的发热门诊建设管理、预检分诊流程管理、院内感染控制等各项工作进行全面细致检查，建立台账，充分发挥院内感染质控中心专家作用，加强督导检查，定期组织“回头看”，提升院内感染防控能力。市卫生健康委员会印发《关于贯彻落实国家、省冬春季疫情防控及省督导组工作要求的通知》，对发热门诊医疗设备设施、地巾及抹布消毒、儿科门诊等10个方面问题提出高标准要求，要求各区（市）、开发区、各医疗机构党委召开院感防控的专题会议，研究防控措施，制定整改方案，限期整改完成。制定《建立新冠疫情常态化防控期间院感管理巡查制度》，落实各级各类医疗机构院内自查、院间互查、院感质控中心抽查、卫生健康主管部门督查的4级院感巡查制度，做到医疗机构“零感染”。

【新冠肺炎疫情应急保障】　制定《威海市新冠肺炎疫情控制应急预案（试行）》《威海市应对秋冬季新冠肺炎疫情应急预案》《全市新冠病毒核酸全员检测应急工作预案》，其中《全市新冠病毒核酸全员检测应急工作预案》在全省关于全员核酸检测工作预案制定情况的通报中列第3位。开展疫情应急处置演练，对疫情发现与处置、标本采集、初步流调等进行全环节演练。市政府办公室印发《威海市应急物资储备体系建设规划（2020—2030年）》《威海市新冠肺炎疫情防控重要医疗物资储备（配备）指导方案》，为疫情应急物资保障提供依据。

【新冠肺炎疫情信息发布与“抗疫”典型宣传】　全力做好新冠肺炎疫情“零报告”“日报告”工作。自2020年1月22日起启动零报告、日报告制度，严格按照报告内容、报告时限、报告频次高质量完成上报工作，为全市防控决策提供重要的参考和支撑，得到省卫生健康委员会的通报表扬，4个单位获评全省新冠肺炎疫情信息上报先进集体，8人获评先进个人。强化正面典型宣传，对援鄂和救治一线医务人员进行宣传报道，举办援鄂队员返回欢迎仪式2场，将援鄂队员的大幅海报在威海客运中心威海站、幸福门等地标性建筑大屏幕上进行滚动播放。组织卫生健康系统各单位参与威海市“感动威海”事迹宣讲，获得优秀组织奖以及一等奖3件、二等奖7件、三等奖5件。先后开展“威海援鄂医疗队”“全国抗击新冠疫情先进个人”“抗击新冠疫情全国三八红旗手”等典型人物和先进事迹的主题宣传，抗疫先进个人1人入选省卫生健康委员会典型事迹报告团。歌颂医务人员的公益音乐短片《天使的模样》，被省卫生健康委员会、“学习强国”学习平台等转发，点击量超10万余次。组织系统内各单位分别在网站和微信公众号上开通“使命”“援鄂手记”等抗疫一线系列典型报道，展示“最美逆行者”的生活轨迹和抗“疫”现场，第一时间分享抗“疫”成果，增强大众战胜疫情的信心和决心。

【防治疫情一线医务人员关心关爱】 做好后方保障工作，第一时间发出致全市奋战在防治疫情一线的广大医务工作者、全市援鄂医疗队全体队员的慰问信，组织赴湖北省一线医务人员的家人发出家书40余封，传递组织和家人关心关爱。制定和落实关心关爱政策，市委新冠肺炎疫情处置工作领导小组（指挥部）印发《关于全面落实关心关爱疫情防控一线医疗卫生人员若干措施的通知》。成立关心关爱小组，走访慰问援鄂医疗队员及一线医务人员家属，帮助解决生活困难。24名援鄂医疗队员获颁英才卡，享受威海市高层次人才待遇。对7名非在编援鄂医疗队员启动招聘“绿色通道”，通过直接考察方式招聘入编。提拔重用全市卫生健康系统在疫情防控一线表现突出的干部36名，其中“火线提拔”人员16名。严格按政策落实各项补助，市委组织部及市卫生健康委员会党组拨付专项党费79.3万元，慰问在疫情防控一线的医务工作者，并支持集中救治医院党组织购买疫情防控药品、物资。第一时间拨付省医务工会发放的援鄂医疗队员及一线救治团队慰问金68万元。严格按照各级文件精神，为符合条件人员发放临时性工作补助等603.93万元。严格执行省委组织部、省财政厅要求，按一线人员比例划拨党员支持新冠肺炎疫情防控自愿捐款资金438万元。

医疗服务

【便民惠民服务】 提升县域基层服务能力，按照《威海市进一步改善医疗服务行动计划（2018—2020年）实施方案》，将改善医疗服务行动作为“三双”（双命名、双提升、双满意）行动的载体，精心组织、协同推进。三级医院建立预约诊疗制度、远程医疗制度和处方点评等制度。全市二级以上公立医疗机构能够提供线上、电话、现场3种预约模式。实施分时段预约挂号，三级医院能够精确到20分钟，二级公立医院能够精确到30分钟；大型设备检查实施分时段预约检查，三级医院能够精确到30分钟，二级公立医院能够精确到40分钟（胃肠镜、磁共振检查等除外）。开展分娩镇痛试点工作，开展椎管内分娩镇痛人数4300余人次，进一步加强麻醉医疗服务。继续扩大日间手术试点范围，医院总数达7处、病种33个，全年全市开展日间手术1.09万余例，占择期手术量的11%，医疗费用实行按病种结算，不列入医疗机构总额预付范围内。

【医疗质量管理】 加强专科建设，落实质控管理，提升服务质量。推进全市临床精品特色专科和健康服务业品牌建设，提升专科服务能力，打造一批具有技术优势、行业知名度及社会影响力的精品专科。将市级精品特色专科建设工作，纳入市委、市政府英才计划支持范围，会同市发展和改革委员会、市场监督管理局开展市级临床精品特色专科创建，全年建成威海市临床精品特色专科5个，总数达12个。通过功能定位调整，差异化发展特色优势专科，新创建省级重点专科15个、全省优质服务单位3个。年内，山东大学附属威海市立医院（筹）、市立三院滨州医学院实践教学医院正式挂牌。充分发挥市级医疗质量控制中心作用，编制《2019年度威海市医疗质量控制工作情况报告汇编》，印发至各医疗机构，要求各医疗机构对应整改。加强质控体系建设，审核公布新增的威海市消毒供应、DRG、呼吸内科3个医疗质控中心组成人员名单，确定36个质控中心2020年市级医疗质量重点控制项目（病种）105个，开展质控中心专项质控培训、检查、质控指标评价等工作。

【医疗服务管理】 完善重点疾病防治康复体系，推进胸痛中心、卒中中心等中心建设，明确建设布局和进度。召开胸痛中心建设启动会议、胸痛联盟成立暨培训会议，进一步整合医疗资源、优化诊疗流程，持续提升心脑血管疾病、创伤等急危重症救治水平。建成国家级高级卒中中心2处、国家级胸痛中心6处（含基层）。全部二级综合医院完成胸痛中心建设，各区（市）均建成卒中中心。强化对口支援帮扶，提升县级医院能力。针对青海省海北州门源县卫生健康事业发展现状，开展组团式医疗帮扶，新冠肺炎疫情期间不误对口支援，选派10名医务人员对青海省门源县中医院进行对口帮扶。强化城乡医院对口支援，派遣专家驻点帮扶，全年派驻人员224人次，诊疗门急诊患者2.35万人次、住院患者3808人次，开展住院手术402台次，会诊1091人次，新建临床专科1个、开展新适宜技术2个、开展新项目3项；培训县医院医务人员1211人次，接收县医院派出学习人员39人次；三级医院积极组织参与大型义诊活动，并将对口帮扶医院纳入义诊活动范围。加强“平安医院”建设，维护良好医疗秩序。市卫生健康委员会联合市委宣传部等11个部门印发《关于转发省卫生健康委等11部门〈关于进一步做好新形势下医疗纠纷综合处置工作的意见〉的通知》，建立完善医疗纠纷多元化解长效机制，推动完善院内调解、人民调解、行政调解、司法调解相结合的医疗纠纷综合调解体系，指导医疗机构加强医疗质量管理，强化风险防控，妥善化解医患矛盾纠纷。举办全市医患沟通专题培训班等，办理各渠道投诉纠纷360余起。会同市公安局强化“警医联动”机制建设，研究推进二级以上医院警务

5月21日，威海市志愿援青第四批医疗队赴青海省门源县开展医疗援助
（威海市卫生健康委员会　提供）

室建设措施，强化医院及周边巡防守护及医疗现场管控。2020年，与市公安局建立警医联动机制，出动警力9次，医院保安现场处理纠纷493次，未发生暴力伤医和严重扰乱医疗秩序事件。

【院前急救】　2020年，全市院前医疗急救工作量继续保持上升势头，市120急救指挥中心接入呼救电话23.47万个，派出救护车7万余次，平均每日派车量194辆次，急救任务量比上年增长11%，40处急救站中有23所农村急救站获得市级财政奖励144万元。投入资金40余万元，对120急救指挥调度系统进行升级，全市120急救网络中有61辆救护车安装车载终端，提高120急救效率。加强急救行为监管，对5家医院发出问题反馈整改通知单5件，督导其按时整改。新冠肺炎疫情期间，全力保障疑似和确诊患者的转运工作，全市负压救护车由120急救指挥中心统一调度，并增加30辆备用救护车作为转运车。2月12日，一天内将威海市28名确诊患者全部安全转运至烟台奇山医院。根据新冠肺炎疫情需要，调整120调度员疫情期间接线流程，完善调度工作手册，将急救指挥中心调度员岗位纳入政府购买服务范围，提高工作积极性。

【血液管理】　市政府印发《威海市无偿献血管理办法》，健全无偿献血激励关爱和工作推进机制，推出献血特殊贡献者享受免费公交、免费门诊、免费景区的“三免政策”，首批发放无偿献血荣誉卡3514张。推进核酸检测工作，全年核酸检测血液标本总数为4.35万人份，比上年增长3.6%。全年无偿献血4.36万人次，采血总量17.96吨，分别增长4.0%和7.0%，千人口献血率15.37，居全省首位。威海市连续8届获评全国无偿献血先进市，威高广场献血屋获评全国最美献血屋，威海市无偿献血管理经验在全省无偿献血工作会议上进行交流。

【卫生教育】　加强临床重点专科人才队伍建设，实施2020年重点专科（学科）人才培养“122工程”，选拔优秀人才分别赴国外、省内外医疗机构进修学习，发挥全市临床重点专科（学科）高层次卫生技术人才引领带动作用，全面提升高层次卫生人才质量和创新能力。“十三五”期间，威海市“122工程”累计选派学员150余名，市英才计划专项资金支持500余万元。2020年，深入推进住院医师规范化培训工作，市立医院、市中心医院、市中医院3个国家培训基地招录学员175名；参加2020年住院医师规范化培训结业考核学员207名，通过率92.3%。核拨住院医师规范化培训中央补助资金402万元，省级配套资金106.5万元。加快全科医生转岗培训及临床药师培训，全年招收全科医生转岗培训学员111名，按照“合格一人，补助一人”原则，核拨2018、2019级全科医生转岗培训基地补助资金22.98万元。至2020年，全市累计转岗培训全科医生788名，全市有注册全科医师611名，每万名人口中有全科医生2.15人。威海市完善全科医生培养与使用激励机制，打造居民健康“守门人”经验，作为典型案例收录于国家卫生健康委员会科技教育司和国家卫生健康卫生发展研究中心编写的《全科医生培养与使用激励机制改革典型案例》。依托山东大学、哈尔滨工业大学等高校资源，深入推进校地合作，共建“齐鲁医学医联体”工作，建立健全科技创新体系，加快研究型医院建设。各医疗机构加强高层次人才培养、学科建设、科技创新及产业转化，为提升医疗服务能力注入动力，持续推进人工智能等高科技在医疗领域的研究。“腹腔镜下腹股沟疝无张力修补日间手术”作为省第12批适宜卫生技术推广项目，面向山东省内二级医院进行培训推广。加强继续医学教育工作，申办国家级继续医学教育项目1项、省级15项、市级97项，培训6211人次，参加全省公共课程考试医务人员1.78万人次。对全市8215名参加晋升、续聘人员进行学分审核认定。严格实施实验室生物安全监管，开展全市病原微生物实验室生物安全专项检查，组织实验室、院感防控、疾控专家现场核验新冠核酸检测实验室30家，并完成相关核酸检测实验室及实验活动备案。

中医药事业

【概况】　2020年，全市有中医类医院14家。其中，公立中医医院4家（其中三级中医医院3家），社会办一级以上中医医疗机构10家，社会办中医、中西医诊所（门诊部）218家（其中中医备案制诊所50家）；有开放床位数3510张、中医药专业技术人员2248人。

【中医药管理体系完善】　年内，威海市成立以市委书记任组长、市长任副组长的市促进中医药发展工作领导小组。市促进中医药发展工作领导小组第一次会议召开，印发《市促进中医药发展工作领导小组会议纪要》《市促进中医药发展工作领导小组工作规则》《市促进中医药发展工作领导小组办公室工作细则》，中医药议事协调机构不断健全和完善。改革中医药管理机构，市委机构编制委员会办公室印发《关于加强中医药行业行政机构和促进单位建设有关事项的通知》，撤销市卫生健康委员会原内设的中医药科，设立中医药发展科、中医药科技教育科和中医药产业科3个科室。

【中医药综合改革】 推进中医优势病种支付方式改革工作，在全省率先将符合住院条件且非治疗期间不需在院治疗的针灸类病人纳入医保报销范围，允许其在当日治疗结束后离院。继续优化中医日间病房政策，试点医疗机构由8家增至44家，试点病种由24种增加至36种，患者次均住院费用下降约1100元，年累计节省患者费用230万元，减少医保基金支出近310万元。持续推进中药饮片集中配送工作，在文登区试点建立中药饮片集中配送中心的基础上，新增荣成市、乳山市2处集中配送中心，3处配送中心累计投资800余万元，占地面积1100余平方米，日均服务群众470余人次，日均调剂中药饮片3600余付，实现药材统一采购、饮片统一炮制、成药统一配送、医保一站结算，在全省率先实现中药饮片集中配送县域内全覆盖。威海市中医药综合改革试验区的经验做法分别在国家中医药管理局组织的综合改革试验区建设研讨班和集中调研座谈会上进行典型交流，中医药综合改革试验区建设的医保改革案例入选中央全面深化改革委员会办公室地方案例。文登区中医药工作经验做法在全省卫生健康工作暨党的建设工作会议上进行交流。

【中医药服务能力提升】 加强基层建设，持续提升基层医疗卫生机构中医药服务能力，以群众“不得病、少得病，少得大病”为目标，在全市基层推广以艾灸为代表的中医适宜技术，在全市范围内开展中医适宜技术惠民工程。由政府出资近150万元购置10万件艾灸健康礼包，依托国医堂设置免费艾灸体验馆、建立宣教驿站，逐步推动基层医疗机构服务结构调整转型。对各级中医院、各基层医疗卫生机构的80余名技术骨干进行培训。年内，项目服务群众40万余人次，依从率超过70%，疗效确切率达60%，颈肩腰腿疼等慢性病患者就诊频次下降15%以上，药费支出下降人数比例达20%。

【中医药人才队伍建设】 创新培训手段，利用医疗机构远程会诊系统全覆盖的便利性，充分发挥威海市中医院的带动作用和师资力量，搭建中医药基层培训平台，建立健全中医药适宜技术网络培训机制，促进优质师资资源下沉基层，全面提升培训效率和培训覆盖面，4家中医院培训并考核合格464人。在全省率先启动中医类别全科医生转岗培训工作，财政设立专项资金47.12万元给予支持；完成734人的中医类别国家执业医师资格考试工作和2020年度中医住院医师规范化培训学员招生工作；举办威海市中医药“三经传承”沙龙研讨会及中医药名医义诊活动，邀请全市中医领域名家举办讲座义诊，组织全市优秀中青年人才参加讲座；完成全省乡村中医师“3 + 3”能力提升培训项目，12名参训人员通过省级结业考核。完善中医药工作激励机制，全市获评山东名中医药专家3人、山东基层名中医6人、山东省中医药杰出贡献奖2人、威海市基层名中医19人、全市中医药工作先进集体10个和先进个人100人。

【中医药专科建设】 加强优势病种管理，通过开展中医优势病种定额结算、中医日间病房等途径持续提升专科服务能力。积极参与齐鲁中医药优势专科集群建设，其中文登整骨医院被确定为齐鲁中医药优势专科集群骨伤科牵头单位，威海市中医院心血管科、康复科、针灸科，荣成市中医院针灸科及心血管科，乳山市中医院心血管科6个专科被确定为齐鲁专科集群的成员单位。

【中医药文化传承和普及】 市卫生健康委员会印发《威海市2020年中医药文化宣传活动实施方案》，明确工作任务，成立中医药工作宣教中心，建立中医药宣传信息报送制度。组织中医中药中国行大型主题活动，参加山东省中医药健康素养调查，组织中医药专家走进社区、厂矿、学校、机关，举办讲座、义诊，免费开展三伏贴贴敷服务，发放宣传材料。开通“威海中医”微信公众号，利用新媒体开展中医药宣传，总用户数8856人，总点击次数32.06万次。加强中医药文化建设，新增全省中医药文化宣传教育基地2处、中医药文化建设示范单位1处。

疾病预防控制

【疫情信息管理】 2020年，全市强化重点传染病防控，进一步规范传染病信息报告及突发公共卫生事件管理，全市全年报告各类传染病27种1.38万例（其中法定传染病19种1.22万例），传染病疫情报告率达95%以上，整体疫情管控平稳。报告突发公共卫生事件1起、相关信息192起，发出预警信息887条。处置高温中暑死亡病例事件1例，处置威海市K1068次列车新冠肺炎聚集性疫情、全市首例人感染H9N2禽流感疫情、3起输入性新冠肺炎疫情、1起手足口病聚集性疫情和2起病毒性腹泻聚集性疫情等突发公共卫生相关事件，均得到有效控制。按周、月、季度撰写疫情分析和突发公共卫生事件评估报告78期。

【艾滋病防控】 坚持预防为主，综合干预。市卫生健康委员会联合市委宣传部等11个部门印发《威海市遏制艾滋病传播实施方案（2020—2022年）》，确定乳山市为示范区参与新一轮艾滋病综合防治示范区创建工作。制定威海市人民政府防治艾滋病工作委员会工作规则和办公室工作细则，调整威海市人民政府防治艾滋病工作委员会成员单位及成员。11月30日，市政府防治艾滋病工作委员会成员单位联络员会议召开，通报全市2020年艾滋病疫情防治形势并部署下一步重点工作，部分高校参加会议并进行交流发言。开展艾滋病重点人群和大众人群宣传干预，参加省卫生健康委员会、教育厅举办的“知艾防艾 健康同行”艾滋病主题创新设计大赛，全市作品投稿总量居全省第2位，有5幅作品获得三等奖和优秀奖，市疾病预防控制中心获得优秀组织奖。完成1个国家级、2个市级艾滋病高危人群干预检测项目。威海市工作经验在全省艾滋病病例报告和随访管理培训班进行交流。健全检测网络，扩大检测范围，全年组织艾滋病筛查实验室28家、艾滋病检测点91家，开展抗体检测36万人次。注重医防结合，优化治疗流程，全市艾滋病抗病毒治疗覆盖率95.7%，居全省第1位。艾滋病治疗病例病毒载量检测率99.7%，连续2年居全省第1位。10月，完成《威海市艾滋病防治“十三五”行动计划》自评，艾滋病防治3个“90%”核心指标及7类15项具体指标全部完成。

【结核病防控】 市卫生健康委员会联合市发展和改革委员会等8个部门印发《威海市贯彻落实遏制结核病行动计划（2020—2022年）工作方案》，推进全市结核病防治工作。加大对糖尿病患者、病原学阳性患者的密切接触者以及老年人等重点人群的结核病筛查力度，加强患者治疗管理，提高患者成功治疗水平。对病原学阳性肺结核患者开展耐药结核病筛查工作，提高结核病防治工作质量。全市肺结核患者病原学阳性率达68.6%、高危人群耐药筛查率达100%、新病原学阳性患者耐药筛查率达100%，均居全省第1位。加强结核病防治知识宣传，市疾病预防控制中心获评山东省“百千万”志愿者结核病传播活动优秀组织单位，山东大学（威海）“肺部无核”结核病宣传团队获评国家级百千万结核病传播活动优秀志愿者团队。开展威海市结核病防治“十三五”终期评估工作，威海市获评山东省“十三五”结核病防治规划实施先进单位。提前完成麻风病规划总体目标，新确诊麻风病新发病例1例。完成《威海市预防与控制梅毒规划（2010—2020年）》自评工作，15个指标均达到考核要求。

【呼吸道、肠道、自然疫源性传染病防控】 进一步做好全市春夏季传染防控工作，落实流感监测、腹泻病门诊开诊、手足口病个案流调、发热伴血小板减少综合征诊疗等综合防控措施，H7N9、狂犬病等15种乙类传染病实现“零”报告。成功处置新冠肺炎确诊病例39例和无症状感染者疫情，避免暴发流行。

【公共卫生监测】 实验室开展传染病、突发公共卫生事件应急及各类公共卫生检测3.9万项次。在文登区和荣成市13所学校开展学生常见病和健康影响因素监测，完成学生近视及其影响因素专项调查和学生传染病知信行专题调查，完成12所学校教学生活环境卫生监测任务。全市完成鼠密度监测有效夹2725个，蚊密度监测布防诱蚊灯180个，蝇类密度监测72次，有效粘蟑纸的蜚蠊密度监测720张及登革热媒介伊蚊调查1702户。全市完成73家医疗机构的监测任务1890份，威海市新增托幼机构省级监测点1个，全市完成27家托幼机构的监测任务600份。完成6个城市饮用水监测点水的日常监测任务60份；在城乡饮用水监测方面，完成城市供水监测点68处和农村饮用水监测点140个监测任务，监测样品419份，城市监测范围覆盖所有市政供水企业，农村覆盖到所有镇。

【免疫规划】 不断完善预防接种服务体系，强化预防接种服务管理，加大预防接种单位标准化建设力度，规范全市预防接种门诊90个、预防接种点2个、狂犬病暴露处置门诊85个和产科接种室20个。全市有智慧化预防接种门诊3所。强化免疫规划疫苗接种，在巩固儿童常规接种基础上，加强流动儿童及大年龄组儿童的接种管理。全市接种免疫规划疫苗53.76万剂次、非免疫规划疫苗45.78万剂次，各类疫苗接种率均达95%以上，接种数量和接种率恢复到新冠肺炎疫情发生前水平。将国产13价结合肺炎疫苗等新疫苗纳入采购供应，缓解部分疫苗供应紧张状况。推进预防接种信息化管理，全市推广预防接种App（应用程序），App绑定人数达14.36万人，2019年后出生儿童绑定率达92.3%，城区预约接种率达90%以上，在全省率先普及精准预约接种。全面实现预防接种扫码接种，扫码接种率达99%以上。完善预防接种体系，全市7～8岁儿童的AC流脑第2针疫苗接种率比上年提高1.8个百分点，流动儿童AC流脑第2针接种率首次达到90%，开展免疫接种网络系列培训班21期，培训人数近2000人次。推进重点人群新冠病毒疫苗接种。

【慢性病防控】 推进开展“一评二控三减四健”（健康评估，控烟、控酒，减盐、减油、减糖，健康体重、健康口腔、健康骨骼、健康心理）专项行动，组建112支健走队伍参加全国第五届“万步有约”健走激励大赛，威海市获得全国优秀地市三等奖。强化慢性病综合防控示范区动态管理，创建国家级慢病综合防控示范区3个、省级示范区1个。开展高血压达标、糖尿病医防融合试点、心脑血管病等慢性病高危人群筛查和干预等项目；加强与市教育局等部门合作，在全市中小学开展“三减”（减盐、减油、减糖）进校园活动，各学校同步开展形式多样的健康主题活动，完成实物巡展7场，收集35份“三减”电子小报参加省级评奖，威海市被省卫生健康委员会评为优秀组织地市。在巩固提高死因、肿瘤、心脑血管报告的基础上，开展住院伤害报告工作，完成死亡、肿瘤、心脑血管等监测报告6万余份。

【地方病防控】 落实联动机制，加大地方病防控力度，召开全市地方病防治协调会议，通报全市地方病攻坚行动进展和自评情况，梳理各部门需要完善的资料和工作要求。全年完成小学生盐碘检测808份、尿碘检测841份，孕妇盐碘检测432份、尿碘检测437份。完成小学生甲状腺B超检测400人，水氟检测15份，小学生氟斑牙检查41人，实现精准防控地方病。

【疟疾消除】 落实消除疟疾各项技术措施，严格执行“1-3-7”防控模式，完成“三热病人”（临床诊断疟疾、疑似疟疾、不明发热病人）血检2486人，报告输入疟疾病例10例，处置疫点13个。对病人规范治疗，救治危重症病例1人，无死亡病例发生，有效预防输入性病例再传播，保持无本地感染病例发生。首次开展近海海产品异尖线虫监测，采集海产品22种，检测异尖线虫感染率为63.2%，初步摸清环翠区近海鱼类异尖线虫感染情况。

【儿童龋病防控】 市卫生健康委员会联合市教育局印发《关于做好2020年儿童龋病防治工作的通知》，结合新冠肺炎疫情防控要求，采用组织医疗队进学校按规范提供服务、暑假前统一发放免费窝沟封闭预约通知单等方式，开展口腔健康检查，预防儿童第一恒磨牙龋齿发生。对全市二年级学生的口腔健康筛查工作、档案建立、龋病防治宣传教育、窝沟封闭实施和复核工作等情况进行评估，形成汇总统计并通报。全年全市免费为学生进行口腔筛查2.35万人，为1.22万名符合窝沟封闭条件且自愿接受的学生实施窝沟封闭。

【精神卫生】 2020年，落实《关于加强严重精神障碍患者救治救助与服务管理工作的实施意见》和《威海市严重精神障碍患者救治救助工作实施方案（试行）》，对登记在山东省精神障碍信息系统中的在管符合条件的严重精神障碍患者实施免费救治，全年门诊免费救治1.67万人次，住院免费救治2162人次。持续开展重性精神障碍患者评估，对于在排查和随访中确定的危险性评估3级及以上的患者，第一时间依规收治入院治疗。落实居家治疗患者追踪管理，对失访、拒访和离家出走、离开本地的患者，及时通报有关部门进行追踪随访，调查摸清患者去向，落实流入地管控责任，做到服务管理无遗漏。全市在册严重精神障碍患者1.19万人，报告患病率达4.21‰。市卫生健康委员会联合市财政局等6个部门印发《威海市精神卫生机构能力建设工作推进方案的通知》，建立全市精神卫生重点工作月台账，全市改扩建精神卫生机构3家，增加业务用房面积1.87万平方米，增设床位848张。开展全市精神卫生工作队伍建设情况调研，选派2名符合条件的人员参加全省精神科医师转岗培训。全面推进卫生健康系统心理服务体系建设，联合市委宣传部等12个部门印发《威海市社会心理服务体系建设三年行动计划（2019—2021）》，确定文登区、荣成市为社会心理服务体系建设省级试点，全市90%以上镇卫生院、社区卫生服务中心设置心理咨询室，为社区居民开展心理咨询服务。

卫生健康综合监督

【概况】 2020年，全市卫生健康综合监督工作以深入开展“综合监督重点任务攻坚年”活动为主线，坚持问题导向，聚焦疫情防控和主责主业，压实工作责任，持续加大执法力度，各项工作均取得新进展。

【综合监管制度建设】 市政府办公室印发《关于改革完善医疗卫生行业综合监管制度的实施意见》，明确相关部门监管责任。市卫生健康委员会印发《医疗卫生行业综合监管制度重点工作任务分工》，明确机关各科室职责分工。将全市医疗卫生行业综合监管情况纳入威海市2020年督查检查考核计划，对全市各级工作开展情况进行督察。建立联席会议制度，召开市深化医药卫生体制改革领导小组相关成员单位专题会议，对督察情况进行通报。建立部门联合抽检、医疗美容综合监管、医保基金监管联动、警医联勤联动等工作机制，形成对医疗卫生行业综合监管的合力。

【执法能力建设】 开展《中华人民共和国民法典》《中华人民共和国基本医疗卫生与健康促进法》学习宣传活动，市卫生健康委员会机关和直属医疗机构4541人参加国家工作人员法治培训和在线考试。邀请专家授课指导，举办能力提升业务培训班5期。在全市公共法律知识竞赛中，选派的3支代表队分获二等奖、三等奖、优胜奖，市卫生健康委员会获得优秀组织奖。在全市2020年行政执法案卷评查中，2份案件获评全市优秀执法案卷。在全省卫生行政执法优秀案例评查中，威海市获评团体一等奖，6个案例均获评省级优秀典型案例；2个案例被国家卫生健康委员会综合监督局评为优秀典型案例。

【监督执法长效机制建设】 市卫生健康委员会印发《威海市卫生健康领域“信用+综合监管”试点工作实施方案》等文件，召开威海市“信用+综合监管”试点工作推进会议，推动全市试点工作的开展。推进职业卫生分类分级监督执法试点工作，荣成市、乳山市被确定为国家职业卫生分类分级监督执法工作试点单位。12月17日，省职业卫生分类分级监督执法试点工作推进会在荣成市召开，荣成市、乳山市试点经验分别作为典型进行交流。发挥社会监督作用，建立社会监督工作机制，制定《威海市打击非法行医举报奖励办法（试行）》《威海市用人单位职业卫生违法行为举报奖励办法（试行）》，鼓励社会公众积极参与打击各类违法行为，全

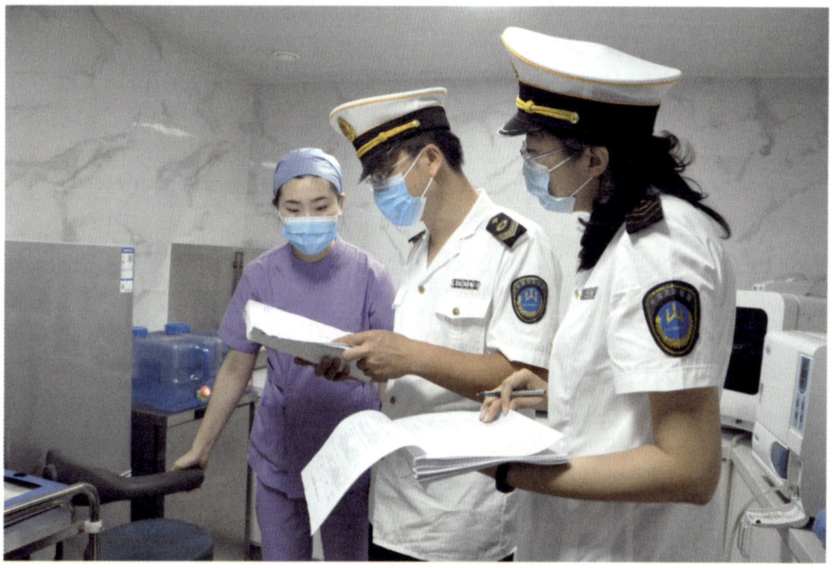

7月22日，威海市卫生健康综合执法人员开展非公立口腔诊疗机构量化分级复核工作 （威海市卫生健康委员会 提供）

市落实举报奖励2起，发放举报奖励资金1000元，公布行政处罚典型案例10个。开展联合随机抽查机制，印发《2020年威海市随机监督抽查计划工作实施方案》，全市各级按时完成抽检任务并向社会进行公示。全年抽取任务1189单，完结率100%，完成率96.6%，立案128起，罚款4.23万元；发起或参与部门“双随机”检查3起，抽查养老院18家、餐饮具集中消毒服务单位2家、旅馆120家，发现未按规定公示应当公示信息的2家，责令整改21家。

【执法检查】 以问题为导向，全市集中开展基层和民营医疗机构依法执业、基层医疗机构病历管理专项整治、一级以上医疗机构依法执业自查、经营性公共场所集中空调通风系统等专项治理活动10余个，严肃查处违法违规行为。至年底，全市查办卫生健康领域行政处罚案件1178起，比上年增长43.4%，人均办案数13.1件。全市监督检查业户1.21万户，监督覆盖率达100%。

【职业健康监管】 开展职业病防治规划实施情况终期评估，通过组织各区（市）、开发区自评，协调有关部门收集数据完善评估内容，各项指标均达到规划目标。开展尘肺病防治攻坚行动，印发《关于进一步扎实推进尘肺病防治攻坚行动的通知》，建立季调度制度，层层压实责任，确保攻坚行动取得实效。组织尘毒危害专项治理，全市纳入治理范围的85家用人单位的各项指标均达100%。深入村、户进行随访和调查，全市调查职业性尘肺病患者720人。市卫生健康委员会印发《2020年威海市工作场所职业病危害因素监测工作方案》等6个方案，充分发挥各项目承担机构和监测单位作用，完成职业病防治项目监测任务。强化职业卫生培训工作，全市开展职业卫生培训规范化课题研究，全年培训管理人员5056人，《职业卫生培训规范化研究》课题获得省卫生健康委员会2020年度卫生健康政策研究重点课题优秀奖。结合新冠肺炎疫情防控，助力企业复工复产，采取“两优两减”措施（优化查体布局、优化查体流程、减少人员聚集、减少报告时限），开通职业健康查体“绿色通道”。3月—5月，为139家企业、1774名新上岗员工提供预约健康检查服务。提升职业健康监管能力和执法水平，加强执法业务培训，全市职业健康监管执法人员培训率达100%。采取集中执法、专项执法和联合执法多种形式，对用人单位、职业卫生技术服务机构、职业健康检查机构和职业病诊断机构开展监督检查。全市监督检查用人单位1146家次、职业健康检查机构14家次、职业病诊断机构4家次、职业卫生技术服务机构2家次，处罚案件131起，罚款22万元。完成调查用人单位2257家，全市用人单位职业病危害现状调查覆盖率达100%，申报职业病的用人单位2067家，培训主要负责人和职业卫生管理人员5056人，开展职业健康查体7.38万人，新诊断职业病45例。

妇幼健康与人口家庭

【概况】 2020年，全市稳妥实施全面两孩政策，严格落实母婴安全5项制度，加强出生缺陷综合防治，提高出生人口素质，促进人口家庭发展。

【妇幼保健】 市卫生健康委员会制定《威海市孕产妇新型冠状病毒感染的肺炎防控管理工作方案》《疫情防控期间孕产妇疾病救治与安全助产工作应急预案》，确定确诊或疑似孕产妇救治定点机构，依托威海市心理援助热线及全市突发事件心理援助队伍，对孕产妇进行心理疏导。依托“健康快直播”等网络平台，组织相关专家围绕新冠肺炎疫情期间孕妇产检、新冠肺炎孕产妇分娩救治等相关事项进行培训。强化风险防控保障母婴安全，深入实施母婴安全行动计划和健康儿童行动计划，严格落实母婴安全5项制度。强化风险关口前移，对孕产妇实施妊娠风险“五色”分类动态评估和高危孕产妇专案管理，调整危重孕产妇救治专家组，完善应急预案，畅通绿色通道，实施多学科联合会诊。开展危重孕产妇抢救成功案例交流，与市总工会联合举办危重孕产妇救治技能竞赛，加强应急演练，提高危急重症救治能力。2020年，全市孕产妇系统管理率达96.5%，7岁以下儿童健康管理率达97.6%。

【出生缺陷综合防控】 健全完善婚前、孕期和新生儿期出生缺陷3级防控体系。全市进行免费婚孕前优生健康检查2.5万人、孕妇免费产前血清学筛查9526人、免费孕妇无创DNA检测1262人、免费孕妇遗传性耳聋基因筛查1.14万人、羊水穿刺产前诊断1525人，对52种新生儿遗传代谢性疾病免费筛查1.36万人，对筛查或诊断出的阳性患者均给予及时干预指导或治疗。预防艾滋病、梅毒和乙肝母婴传播项目实现城乡全覆盖。

【人口监测与家庭发展】 加强人口出生信息动态监测，开展全员人口基线抽样调查和全面两孩政策实施效果调查。2020年，计生WIS（育龄妇女信息管理系统）统计全市出生人口1.31万人，其中二孩出生0.49万人，占比37.2%，全市出生人口性别比继续保持在合理范围。严格落实计划生育各项奖励扶助救助政策，全年全市确认各类计划生育奖励扶助对象41.94万例，发放奖扶资金3.01亿余元。

【计划生育协会工作】 新冠肺炎疫情发生后，全市12万名计划生育协会会员、1万余名志愿者参加城乡联防联控，推送防疫宣传资料30余万份。印发改革实施方案，科学界定职责任务。开展群众性宣传教育活动，举办各类宣传服务活动3491场次，参加人数19万人，发放宣传单、健康读本23万份。打造“生殖健康”品牌，威海市中小学生综合实践教育中心青春健康教育基地获评国家级青春健康示范基地。关怀关爱计划生育家庭，开展“暖心行动”，全年组织生育关怀志愿者为计划生育特殊家庭开展暖心服务3200件次，全年帮助维护群众合法权益1600余件次。搭建优生优育服务平台，开展“优生优育进万家”宣传和讲座活动600余场次。

（王泽珣）
编辑　李传强

体　育

综　述

【概况】　2020年，威海市体育局在疫情防控常态形势下，推动各级体育场馆设施有序向社会恢复开放，线上线下联动举办各级各类体育赛事活动634项次，参与人数144.5万人，其中大中型群体活动91项次。开展全民健身线上赛事活动59项，参与人数20余万人，打造居家健身、线上赛事新模式。建成城市社区10分钟健身圈，人均体育场地面积达3.07平方米，培训各级社会体育指导员3028人。竞技体育改革持续深化，省县级体校办学改革试点现场会在威海市文登区召开，参加山东省锦标赛获得金牌50.5枚。举办经国务院批准的唯一国际赛事——2020国际乒联男女世界杯比赛，实现疫情防控"零输入"、赛事组织"零纰漏"、安全问题"零发生"。承办全国乒乓球锦标赛和省锦标赛、冠军赛13项，举办市级锦标赛暨市运会预赛项目16项。举办8个项目的裁判员培训班，培训裁判员近300人。体育产业稳步发展，威海市体育产业总产值198.34亿元，居全省第4位，增加值73.11亿元，占地区生产总值2.5%，居全省第1位，比上年提升2个位次。打造国际休闲运动之都，举办"沃克森琦杯"2020年中国威海刘公岛水陆两项赛等赛事。印发《威海市体育局关于印发促进体育消费十项措施的通知》，实施体育消费行动。打造胶东经济圈体育协同发展新标杆，签约成立胶东经济圈体育协同发展联盟、城市足球联盟、城市网球联盟、山东半岛帆船城市联盟。中国铁人三项运动协会与威海市政府签订战略合作备忘录，中国铁人三项运动协会威海办公室等5个项目落地揭牌，威海铁人三项赛获评国家体育产业示范项目。体育彩票销售5.53亿元。获得山东省居民消费财政奖励考核第一档第三名，获得山东省第十届全民健身运动会优秀组织奖，环翠区、文登区、荣成市、乳山市获评山东省第十届全民健身运动会先进单位。

【体育文化】　5月25日，山东省体育局公布山东省首届体育微视频、微电影征集大赛获奖名单，威海市体育局获得优秀组织奖，获得微视频类一等奖1个、三等奖1个、优秀奖2个、入围奖6个，微电影类优秀奖1个和最佳城市体育宣传片1个，作品数量、入围数量、获奖数量及质量均居全省首位。威海市体育局获评山东省体育宣传工作优秀组织单位，获得山东省体育新闻奖优秀组织奖。组建新时代文明实践全民健身志愿服务队，传承"我健身、我健康，我健身、我快乐"的健身文化。结合竞技争光、选树体育名人活动，利用各级媒体平台弘扬拼搏向上、奋勇争先的体育精神。

（刘　洁）

【山东省威海体育训练中心】　2020年，山东省威海体育训练中心在全国比赛中获得金牌4枚、银牌2枚、铜牌1枚。其中，男子橄榄球队和女子橄榄球队连续3年包揽全国橄榄球锦标赛冠军，刘诗颖以67.29米获得全国田径锦标赛女子标枪冠军，孙世辰以58.40米获得全国田径锦标赛男子铁饼冠军，女子手球队获得全国女子手球锦标赛亚军，冯彬以59.55米获得全国田径锦标赛女子铁饼亚军，孙钊以2.20米获得全国田径锦标赛男子跳高季军。中心认真履行全省橄榄球和手球项目管理职能，严格落实"一赛事一方案"和空场比赛要求，圆满完成省橄榄球和手球项目赛事组织工作。为推动橄榄球项目普及发展，举办山东省青年U18十五人制橄榄球锦标赛，该比赛是全国范围内首个十五人制省级锦标赛。

（赵　斐）

群众体育

【概况】　2020年，落实省、市级体育彩票公益金，推动体育设施建设，维修42个村健身器材502件。组队参加山东省第十届全民健身运动会羽毛球、乒乓球、龙舟等28项比赛及第三届山东省冬季全民健身运动会等省级及以上比赛。举办威海市第十届全民健身运动会、威海市第三届冬季全民健身运动会。开展各级各类体育赛事活动634项次。培训各级各类社会体育指导员3028人，全市社会体育指导员达1.6万人。探索搭建"体育威海"智慧健身平台，群众可随时随地找到身边的健身场地。为3600名群众免费提供体质监测服务并开具运动处方。联合市应急管理局、卫生健康委员会等部门开展专项高危险性体育场所安全检查。

【威海市第三届冬季全民健身运动会】　1月9日，由威海市体育局主办，文登区教育和体育局承办，威海山泰种植养殖生态园有限公司协办的威海市第三届冬季全民健身运动会在文登区山泰滑雪场举办。比赛设置五人制雪地掷沙包、雪地托球跑和双板滑雪3个项目，各区市近100名选手参加比赛。

【威海市2020年冬泳日活动】 1月1日，由威海市体育局、市游泳协会承办的威海市2020冬泳日活动在威海国际海水浴场举行，全市200余名游泳爱好者参加活动。威海市连续举办16届冬泳日活动，全市冬泳健身人口从不足100人发展到400余人。

【2020年全国新年登高大会】 1月1日，由中国登山协会、威海市体育局主办的2020年全国新年登高健身大会在环翠区里口山举行。大会以“登高望远览山川 贺岁迎新促健康”为主题，全程7.5千米，路线为里口山国家健身步道。1000余名登山爱好者参加大会。

【“全民健身日”活动】 8月8日，2020年威海市全民健身日启动仪式暨威海市第十届全民健身运动会柔力球比赛在市乒羽健身中心举行，全市240人参赛。活动期间，威海市体育馆、网球场、网球馆、乒羽健身中心等公共体育场馆面向市民免费开放。环翠区在半月湾帆船基地举行启动仪式暨沙滩铁人三项比赛，在威海公园举行第十届全民健身运动会健步行活动；文登区在文登学公园举办启动仪式暨太极拳比赛；乳山市在人民广场举办启动仪式。

【2020年中国威海刘公岛水陆两项赛】 9月12日，由威海市体育局、市文化和旅游局、威海文旅集团有限公司主办的“沃克森琦杯”2020年中国威海刘公岛水陆两项赛在刘公岛举办，70名选手参赛。比赛设置横渡刘公岛公开水域游泳及环刘公岛越野跑2个比赛项目，竞赛总距离为22.1千米。其中，游泳项目全程4.5千米，从威海湾九里海水浴场出发，至刘公岛旅游码头结束；环刘公岛越野跑项目全程17.6千米。

【威海市第十届全民健身运动会】 3月—10月，威海市第十届全民健身运动会举办。运动会设羽毛球、棒垒球、门球、柔道、广场舞等比赛48项，参与人数3.5万人次。倡导居家健身，打造线上比赛新模式，设线上比赛23项。

【威海市线上第九套广播体操大奖赛】 4月—7月，威海市体育局、市总工会等部门联合举办2020年威海市线上第九套广播体操大奖赛，19个代表队参赛。7月25日—31日，比赛进行网络投票，参与网络投票4.79万人次，浏览量达40.6万人次。

【持杖健步走交流活动】 11月15日，2020“鲁滨逊”杯“11+11”持杖健步交流活动在威海文化广场举行。活动路线从威海公园文化广场出发，至悦海公园、灯塔、海上公园、九龙湾公园折返回起点，全程11.11千米。10余个持杖健步走俱乐部近1000名户外爱好者参加活动。

（和弋斐）

9月12日，2020年中国威海刘公岛水陆两项赛举行

（威海文旅集团有限公司　提供）

竞技体育

【概况】 2020年，威海市承办国际级赛事1项（2020国际乒联男女世界杯）、国家级赛事2项［2020全国乒乓球锦标赛、2020中国山地自行车联赛（第一站）——山东·环翠站］、省级专业比赛13项。统筹疫情防控和竞技体育改革，参加2020年山东省锦标赛获得金牌50.5枚、银牌23枚、铜牌46枚。举办威海市第六届运动会暨2020年威海市锦标赛17个项目预赛，开展8个项目教练员、裁判员培训班，培训学员近300人。向省级以上运动队及高等院校输送优秀运动员49人。审批二级运动员96人，评选威海市高水平后备人才训练基地10所。

【山东省沙滩排球锦标赛（甲组）】 8月21日—24日，由山东省排球运动管理中心、荣成市人民政府主办的2020年山东省沙滩排球锦标赛（甲组）在荣成市滨海公园举行。比赛是2020年山东省首个锦标赛，全省10个地市的男女41支队伍参赛。

【山东省羽毛球锦标赛】 8月26日至9月5日，由山东省乒乓球羽毛球运动管理中心主办，威海市体育局承办的2020年山东省羽毛球锦标赛在文登区体育馆举行。比赛分5个组别，设男子团体、女子团体、男子单打、女子单打、男子双打等比赛项目，全省15支代表队约600名运动员参赛。

【山东省男子橄榄球锦标赛】 9月6日—8日，由山东省威海体育训练中心主办，威海市体育局承办的2020年山东省男子橄榄球锦标赛在威海体育场举行。比赛设男子甲组、乙组 2 个组别，竞赛项目为英式七人制橄榄球，全省 12 个地市 346 名运动员参赛。威海市代表队获得男子甲组第 4 名。

【山东省足球锦标赛（男女甲组）】 9 月 6 日—22 日，由山东省足球管理中心、山东省足球协会主办，威海市体育局承办的 2020 年山东省足球锦标赛（男女甲组）在威海临港经济技术开发区全民健身中心足球场举行。9 月 6 日—13 日进行女子甲组比赛，9 月 15 日—22 日进行男子甲组比赛，全省各地市男女各 15 支队伍 710 名运动员参赛。威海市代表队分获男子甲组第 6 名和女子甲组第 9 名。

【山东省三人篮球锦标赛】 9 月 19 日—21 日，由山东省体育局、山东省教育厅主办，山东省篮球运动管理中心、威海市体育局承办的 2020 年山东省三人篮球锦标赛在文登体育馆举行，全省 39 支队伍 168 名运动员参赛。威海市代表队获得男子组第 2 名，并获得体育道德风尚奖。

【山东省棒垒球锦标赛、冠军赛】 9 月 23 日—27 日，由山东省小球运动联合会主办的 2020 年山东省棒垒球锦标赛、冠军赛在威海临港经济技术开发区全民健身中心举行，全省 11 支棒球队和 7 支垒球队近 400 名运动员参赛。威海市代表队分获棒球锦标赛冠军、垒球冠军赛季军。

【山东省田径锦标赛】 9 月 23 日—24 日，由山东省田径运动管理中心主办的 2020 年山东省田径锦标赛（短跨、跳跃、全能项群）在威海体育场举行，全省各地市 1016 名教练员、运动员参赛。比赛分甲、乙 2 个组别，设 100 米、200 米、110 米栏、400 米栏等项目。威海队获得金牌 3 枚、银牌 2 枚、铜牌 1 枚。9 月 27 日—28 日，由山东省田径运动管理中心主办，威海市体育局承办的 2020 年山东省田径锦标赛（投掷、中长跑项群）在文登区体育公园体育场举行，比赛分男子甲组、乙组和女子甲组、乙组 4 个组别，田赛设铁饼、铅球、标枪、链球 4 个项目，径赛设 800 米、1500 米、3000 米、2000 米障碍跑等 6 个项目，全省 15 个地市 730 余名运动员参赛。

【全国乒乓球锦标赛】 10 月 1 日—10 日，由中国乒乓球协会、山东省体育局、威海市人民政府主办，威海市体育局、威海南海新区管理委员会承办的 2020 年全国乒乓球锦标赛在威海南海新区奥林匹克中心举行。比赛设男子团体、女子团体、男子单打、女子单打等 7 个项目。10 月 1 日—4 日进行男女团体比赛，10 月 5 日—10 日进行 5 个单项比赛。有 28 支队伍，近 300 人参赛。

【山东省 BMX 自由式锦标赛】 10 月 18 日—22 日，由山东省射击自行车运动管理中心主办，威海市体育局承办的 2020 年山东省青少年 BMX 自由式锦标赛在威海市 BMX 自由式小轮车场地举行。比赛设半管跳高赛和气垫大招赛 2 个项目，全省 6 个地市 36 名运动员参赛。威海市首次承办该项赛事，威海市 10 名队员参赛并包揽比赛全部奖牌。

【中国山地自行车联赛】 10 月 31 日至 11 月 1 日，由中国自行车运动协会、山东省体育局主办，山东省射击自行车运动管理中心、威海市体育局、环翠区人民政府承办的 2020 中国山地自行车联赛（第一站）——山东·环翠站在中国·环翠轻户外运动小镇举行。赛道全长约 5 千米，约 500 人参赛。赛事期间还举办儿童平衡车比赛和赛事嘉年华活动。

【山东省县级体校办学模式改革试点现场会召开】 11 月 5 日—6 日，山东省体育局、省教育厅联合在文登区召开山东省县级体校办学模式改革试点现场会。会议旨在深入贯彻落实国家体育总局、教育部印发的《关于深化体教融合促进青少年健康发展的意见》，加快推进全省体教一体化融合发展步伐，夯实全省竞技体育后备人才基础。文登区教育和体育局作典型发言，推介“六个一体化”县级体校办学模式改革经验。

【山东省橄榄球冠军赛】 11 月 7 日—14 日，由山东省威海体育训练中心主办，威海市体育局承办的 2020 年山东省橄榄球冠军赛在威海体育场举行。比赛为英式七人制橄榄球，设男子甲组、乙组，女子甲组、乙组 4 个组别，全省 12 个地市 435 名运动员参赛。威海市有 3 支队伍 41 名运动员参加男子甲组、女子甲组和女子乙组 3 个组别的比赛。

【国际乒联男女世界杯】 11 月 8 日—15 日，由中国乒乓球协会、山东省体育局、威海市人民政府主办，迪尚集团有限公司冠名赞助的 2020 国际乒联男女世界杯在威海南海新区奥林匹克中心举行。11 月 8 日—10 日进行女子世界杯比赛，11 月 13 日—15 日进行男子世界杯比赛，21 个国家和地区的

10 月 31 日，2020 中国山地自行车赛（第一站）——山东·环翠站在中国·环翠轻户外运动小镇举行
（张书卿　摄）

11 月 9 日，迪尚 2020 国际乒联女子世界杯比赛现场　　（王晓光　摄）

42 名运动员参赛。中国队包揽男女冠亚军，樊振东实现三连冠，陈梦首夺女子世界杯冠军。2020 国际乒联男女世界杯组委会（威海）获评全国体育事业突出贡献集体。

【山东省乒乓球冠军赛】 11 月 25 日—30 日，由山东省乒乓球羽毛球运动管理中心主办，威海市体育局承办的 2020 年山东省乒乓球冠军赛在文登区体育馆举行，比赛分甲 A、甲 B、乙 A、乙 B、乙 C、乙 D 共 6 个组别，设男子团体、男子单打、男子双打、女子团体、女子单打、女子双打 6 个项目，全省 12 支代表队约 500 人参赛。

2020年威海市参加山东省锦标赛成绩一览表

表 23

项目	组别	小项	运动员	名次
拳击	男甲	64公斤	王立倩	第一名
	男甲	91公斤	宋豪杰	第一名
	男甲	69公斤	闫富琨	第二名
	女甲	57公斤	朱婧怡	第三名
	女甲	80公斤	陈鸿宇	第三名
	男乙	63公斤	田发明	第三名
	男甲	56公斤	刘新成	第三名
	男甲	60公斤	隋晨阳	第三名
举重	男甲	61公斤	蒋　毅	第一名
	男甲	67公斤	尹叶强	第一名
	男乙	96公斤	马深奥	第二名
	男乙	102公斤	冶建明	第二名
	男甲	+109公斤	邢元林	第三名
跆拳道	男甲	78公斤	马景浩	第一名
	女甲	42公斤	闫雨倩	第二名
	女甲	49公斤	杨于遥	第二名
	女甲	68公斤	徐艺轩	第三名
	女乙	46公斤	胡佩颖	第三名
	女甲	44公斤	王书亭	第三名
空手道	女甲	59公斤	丛依婷	第三名
摔跤	女乙	53公斤	梁青涛	第二名
	女甲	50公斤	杨　灿	第三名
	女甲	72公斤	于欣彤	第三名
	男甲	65公斤	林　彬	第三名
	男甲	74公斤	郑锦程	第三名
	男甲	97公斤	盛富航	第三名
	男乙	80公斤	李嘉伟	第三名

续表 23

项目	组别	小项	运动员	名次
柔道	男子乙组	+100公斤	林 栋	第一名
			张高强	第三名
	男子乙组	无差别	张高强	第三名
	男子甲组	团体	公 正	第三名
			李 文	
			刘文煜	
			邵志成	
			王伟杰	
			谭晓军	
			于中韩	
	女子甲组	−57公斤	宋佳怡	第三名
	女子乙组	+78公斤	林 瑾	第三名
			尹静霏	
	女子甲组	−70公斤	陈 丽	第三名
	女子甲组	−78公斤	刘 丹	第三名
	女子乙组	−70公斤	宫 子	第三名
	女子甲组	团体	肖羽男	第三名
			丛 琳	
			王舒琪	
			张琳苹	
			李盈盈	
			邹丽红	
			王育涵	
乒乓球	男子团体	甲A	杨明坤	第一名
			王浩天	
			于彭辉	
			陈兴达	
			孔思渊	
	男子双打	甲A	杨明坤	第一名
			王浩天	
	男子单打	甲A	杨明坤	第一名
			王浩天	第二名
	女子团体	乙D组	杜禹诺	第一名
			郑轶菲	
			王晨静	
			张仁晓	
	女子单打	乙D组	王晨静	第二名
篮球	男子	三对三	袁宝祺	第二名
			曲子豪	
			王子毅	
			孙梓皓	

续表 23

项目	组别	小项	运动员	名次
足球	女子丙组	团体	温如意	第二名
			隋家孺	
			代明阳	
			刘雨欣	
			孙韵雯	
			单慈蕊	
			张佳诺	
			丛希桐	
			殷　缘	
			于雯雯	
			李佳欣	
			李家玉	
			杨文慈	
			栾　翁	
			王馨苗	
			张潇然	
			张赛涵	
			胡欣然	
			王艺颖	
			苗馨文	
			朱紫怡	
			邵美儒	
			刘雨露	
	男子丙组	团体	贾云杰	第三名
			陈孜轩	
			李　想	
			潘奂潼	
			刘超然	
			宋翰哲	
			何从乐	
			张佳诚	
			李佳骏	
			席政德	
			李圣宇	
			王朝贺	
			王瑞阳	
			孙浩栋	
			苏中汉	
			夏带文	
			王　浩	
			李玖泽	
			刘思成	
			于丰瑞	
			尹明煦	
			张富康	
			张文轩	

续表 23

项目	组别	小项	运动员	名次
游泳	女子乙C	蝶泳全能	孙一诺	第二名
	男子甲B	50米蝶泳	孙圣杰	第二名
现代五项	女甲	个人	孟　鑫	第一名
赛艇	男子乙组	公开级4—	宫锦桐	第一名
			付昱洋	
			张君維	
			周良威	
	女子乙组	公开级2—	赵梓淇	第二名
			迟嘉璐	
	女子乙组	公开级1X	王子祺	第三名
	男子乙组	公开级2—	雷启石	第三名
			田野润丰	
网球	男子乙A组	团体	张馨水	第一名
			张召宇	
			于城野	
			毕明涛	
			林春翔	
	女子乙A组	团体	牛姝雯	第二名
			李彦妮	
			宋姝霏	
			李文迪	
	女子乙A组	单打	牛姝雯	第二名
	女子乙A组	双打	牛姝雯	第三名
			李彦妮	
	男子乙B组	双打	姜鸣鸣	第三名
			吴天宇	
	女子甲组	团体	林于琦	第三名
			张美慧	
			谷卓然	
			高　源	
田径	女子甲组	三级跳远	郑苡辛	第一名
	女子甲组	跳远	郑苡辛	第二名
	女子乙组	跳远	王思越	第三名
	男子乙组	跳远	张盛铭	第一名
	男子乙组	三级跳远	张盛铭	第一名
	女子乙组	200米	邱子桐	第二名

续表 23

项目	组别	小项	运动员	名次
田径	男子甲组	800米	王　乙	第二名
	女子乙组	100米	邱子桐	第三名
	男子甲组	1500米	李　武	第三名
	女子乙组	800米	王冰妍	第三名
	女子乙组	10000米竞走	李措加	第三名
皮划艇	女子乙组	500米K2	张潇文	第一名
			张秀珠	
	女子乙组	1000米K4	杨小容	第一名
			张美慧	
			赵芯稼	
			张冰冰	
	女子乙组	200米K1	张潇文	第二名
	女子乙组	500米K1	王清怡	第三名
	女子乙组	1000米K1	张秀珠	第三名
帆船帆板	激光帆船		谷吉喆	第一名
铁人三项	男甲个人		李　武	第一名
			宋　嘉	第二名
	男甲团体		李　武	第二名
			宋　嘉	
			董禹岱	
	男乙个人		苏　灿	第二名
小轮车	男甲竞速个人		陈于诚	第一名
			赵庆洋	第二名
	男子自由式		文家豪	第一名
			徐铭研	第二名
			迟翔宇	第三名
	女子自由式		吕思婷	第一名
			徐淑涵	第二名
			张　慧	第三名
场地自行车	男子甲组	4千米个人追逐	徐迎春	第三名
山地自行车	男子乙组	个人赛	唐宇乐	第三名
武术套路	男子甲组	棍术	杨飞宇	第二名
	男子丙组	棍术	金延隆	第三名
	男子丙组	枪术	史吉硕	第三名
	男子甲组	南拳	张保硕	第三名
武术散打	男子甲组	60公斤级	班更硕	第一名
	男子甲组	80公斤级	高树恒	第三名

（孙建春）

体育产业

【概况】 2020年，威海市深入挖掘铁人三项、帆船等体育竞赛表演活动的潜力，持续实施“一区市一品牌”战略，加快实施“体育+”行动，重点发展全民健身、体育彩票销售等本体产业，全面发展场馆服务、培训教育等类型产业，成功创建国家体育产业示范项目和省体育产业示范基地1处、省体育产业示范项目1处，威海铁人三项赛、荣成滨海国际马拉松2项赛事获评2020中国体育旅游精品项目，荣成滨海国际马拉松被评为银牌赛事和最美赛道特色赛事，乳山女子半程马拉松暨健康中国马拉松系列赛获评自然生态特色赛事。荣成市沿海徒步精品线路、威海帆船体育线路获评省体育旅游精品线路。荣成市获评2020年度山东省体育产业示范基地，锦湖轮胎高尔夫公开赛获评2020年度山东省体育产业示范项目。威海体育场馆、文登区体育公园被山东省体育局命名为2020年度山东省体育服务综合体。体育产业稳步发展，推动中国铁人三项运动协会与市政府签订战略合作备忘录，中国铁人三项运动特色学校、中国铁人三项运动人才培养与训练基地等5个项目落地揭牌。威海市体育局印发《关于印发促进体育消费十项措施的通知》，实施体育消费行动，联合15个健身场馆、俱乐部推出2500万元健身大礼包并在清明节假期期间免费发放健身卡4494张，吸引1.8万人次参与健身。威海市被列入山东体育消费季试点城市之一，25个健身场馆俱乐部参与山东体育消费季活动、1个滑雪场参与山东省冰雪消季活动。威海、青岛、潍坊、烟台、日照、滨州、东营7个地市共同签约成立山东半岛帆船城市联盟。全年体育彩票销量达5.53亿元。

【威海市青少年帆船联赛】 7月26日，由威海市体育局提供指导、市帆船协会主办、市常春藤国际帆船俱乐部承办的威海市青少年帆船联赛在环翠区半月湾举行，比赛船型为OP帆船，全市20名8～15岁的选手参加比赛。

【“百城联动，为体育产业纾困”威海体育·好物分享活动】 8月19日，由威海市体育局和北京斯迈夫体育文化产业有限公司共同主办的“百城联动，为体育产业纾困”威海体育·好物分享活动暨2020斯迈夫体育展览会（线上版）举办。活动通过抖音平台展示威海体育企业、推介体育产品，有15万人参与，线上直接成交额18.8万元。

【“山东港口杯”仙境海岸半岛城市帆船拉力赛（威海站）】 9月14日，2020年“山东港口杯”仙境海岸半岛城市帆船拉力赛在滨州市起航，历经东营、潍坊、烟台、威海、日照5个停靠站，全长约1040海里，有8支代表队近100位运动员参赛。9月21日，2020“山东港口杯”仙境海岸半岛城市帆船拉力赛（威海站）在威海湾举行。

【2020年全国海钓锦标赛（山东威海站）】 9月26日—27日，由中国钓鱼运动协会指导，山东省钓鱼协会、威海市体育局、威海市海洋发展局、威海南海新区管理委员会主办的“威海南海万和”杯2020年全国海钓锦标赛（山东威海站）在威海南海新区万和钓鱼基地举行。比赛项目为团队船钓混合鱼重量积分赛，是威海市连续第4年举办此项赛事。全国20支队伍80名运动员参赛。

【6项赛事获评山东省品牌体育赛事】 11月19日，山东省体育局公布山东省首届品牌体育赛事评选结果，2019年威海铁人三项世界杯赛获评2019山东省十大精品体育赛事，2019荣成滨海国际马拉松赛获评2019山东省十大马拉松赛事，2019第二届丝绸之路东亚（中韩日）丝绸之路国际帆船拉力赛、威海千里海岸线全国徒步大会、2019中国威海HOBIE帆船亚洲锦标赛3项赛事获评山东省首届品牌体育赛事精品赛事，2019中国·环翠山地自行车公开赛获评山东省首届品牌体育赛事自主知识产权赛事。

【荣成滨海国际马拉松线上赛】 12月9日—13日，荣成滨海国际马拉松线上赛以咕咚应用程序为平台正式启动。比赛由荣成市教育和体育局主办，分为马拉松（42.195千米）、半程马拉松（21.0975千米）、天鹅创意跑（2千米）3个组别，赛道以荣成滨海沿线作为主要路线，将十里河公园、市民文化广场、滨海公园等特色城市景观串珠成链。全国16.8万人参赛。

【中国铁人三项运动协会30周年文化活动暨中国铁人三项运动协会与威海市人民政府签约仪式举行】 12月16日，中国铁人三项运动协会30周年文

9月21日，“山东港口杯”仙境海岸半岛城市帆船拉力赛（威海站）在威海湾举行
（威海市体育局 提供）

化活动暨中国铁人三项运动协会与威海市人民政府签约仪式举行。中国铁人三项运动协会与市政府签订战略合作备忘录，中国铁人三项运动特色学校、中国铁人三项运动人才培养与训练基地等5个项目揭牌，威海市成为全国唯一打通铁人三项运动员升学通道的城市，获评中国铁人三项运动协会成立30周年杰出贡献城市，哈尔滨工业大学（威海）、威海汤泊温泉度假有限公司获评杰出贡献奖，1人获评中国铁三风云人物。其间，中国铁人三项运动协会组织召开协会理事会、会员代表大会，举办协会成立30周年文化展和中国铁三“荣耀30周年”接力等主题活动。

【体彩实体销售】 2020年，销售体彩5.53亿元，市场占有率61.8%，年度计划完成率112.0%，站点数量达503个，为国家筹集公益金1.48亿元，为全市筹集公益金4427万元。

（林霄燕）

体育设施

【概况】 2020年，威海市体育设施人均场地面积3.07平方米，实现市、县、镇、村四级全覆盖，建成城市社区10分钟健身圈。坚持问卷先行、需求导向的原则，配备群众真正喜欢、需要、满意的健身器材，威海市体育运动学校自由式小轮车场地、荣成新体校等建成投入使用，新增社会足球场20块，为30片场地配备350件健身器材，为42片场地维修维护器材502件。

【镇级全民健身中心建设】 全年新建或改建镇级全民健身中心9处，其中，荣成市5处、乳山市2处、威海火炬高技术产业开发区1处、威海临港经济技术开发区1处，全市镇级全民健身中心实现全覆盖。室外场地标准为建筑面积2000平方米以上，至少能长期开展体育活动项目5个，以球类和操舞类活动为主，且能够实现功能转换。室内场地标准为总建筑面积不少于200平方米，至少可以开展室内运动项目5个。

【威海体育场】 位于威海市文化中路90号，是威海市政府投资兴建的综合性体育场，总建筑面积3.8万平方米，可容纳观众3.1万人。工程于1999年10月1日动工建设，2003年7月8日通过综合验收。体育场的主体结构为桩基础现浇框架结构，看台罩篷采用全张拉空间索膜结构。体育场工程设计被评为山东省“泰山杯”奖；塑胶场地是国际标准的400米环形跑道，被国家体育总局评定为国家一类比赛场地。

【威海体育馆】 位于威海市文化中路92号，建于1997年9月，建筑面积1.75万平方米，可容纳观众4600人。馆内设有中央空调、音响、电子屏幕等设备，是集体育活动、贸易洽谈、商贸展销等为一体的多功能综合性场馆。

【威海市全民健身中心】 位于威海市区花园中路139号（市体育场北门西侧），南临文化中路，西临福山路。中心集健身、休闲、娱乐为一体，于2012年开工建设，整体布局分为成人健身区、儿童健身区，分室内和室外两部分。室内部分配备青少年体育培训、有氧器械、自由重量器械等健身设施和国民体质监测室。室外部分，成人健身区建有橄榄球足球训练场、网球场、篮球场等设施。其中，橄榄球足球训练场长107米，宽60米，南北方向可布置成一片标准的橄榄球或足球训练场地，东西方向可布置成2片标准的7人制足球场地；网球场有室外场地11片，并配备有更衣室、淋浴间等相应设施；篮球场占地面积2200平方米，包括标准场地2片和练习场地1片；沙滩排球场地2片，每片场地长25米、宽16米；小轮车训练场包括450米标准赛道1条和60米小轮车爱好者使用的练习赛道4条；门球场占地面积600余平方米；另有健身路径器械31套。儿童健身区包括儿童迷宫、儿童乐园、儿童游泳池等设施。

【威海乒羽健身中心】 位于威海市体育中心区域西南角，福山路与文化路交会处，是威海市最大的专业化乒羽健身场所，总建筑面积2.9万平方米，2015年4月11日正式启用。地下一层车库建筑面积约6600平方米，设计车位103个。一层建筑面积约5220平方米，为体育用品专卖；二层建筑面积约5230平方米，为综合健身场馆；三层建筑面积约5150平方米，为乒乓球场地，有国际比赛指定球台40副，拥有独立带空调、卫生间和休息室等功能的VIP乒乓球室4间；四层为羽毛球场地和看台，有符合国家专业比赛的羽毛球场地29片，面积约4000平方米。其中，包括VIP羽毛球场地2片，配有带空调、卫生间、淋浴间和休息室等独立功能的包间4个，看台座席数600余个。

【威海市儿童游泳馆】 位于威海市体育中心区域东南角，是威海市首家儿童游泳馆，建筑面积约800平方米，2015年5月31日正式启用。馆内建有适合0～8周岁以内不同年龄儿童的游泳池，主要用于婴幼儿早期游泳训练和推广普及少儿游泳运动。游泳项目主要有游泳拓展训练课、戏水游泳课、普通游泳训练课。其中，游泳拓展训练课为特色项目，由专业游泳教练指导，根据儿童的能力和年龄的不同，整个课程分为9级标准。

【威海市游泳馆】 位于威海体育场东南侧，威海体育馆东侧，南邻文化中路，规划用地面积约1.8公顷，总建筑面积约3.8万平方米，总投资约3.5亿元。2019年8月28日，威海市游泳馆及附属设施建设项目通过竣工验收。该项目按照省级绿色建筑二星级标准进行设计建造，主要包括比赛池、训练池、戏水池及相关的辅助用房。整体建筑分地上5层，地下1层。其中，地下一层为车库，地上一层设有配套商业用房，二层为训练池（21米×50米、8条泳道），三层为比赛池（25米×50米、10条泳道），四层为戏水池和1130座的观众看台，五层为设备层。

【里口山国际山地自行车赛道】 位于威海市环翠区里口山风景名胜区，2015年7月28日开工。国际山地自行车赛道由美国IMBA（国际山地自行车赛道联盟）驻中方代表按照国际赛事标准设计，满足市民各种休闲健身骑行活动。赛道主要由休闲绿道、技巧公园、标识系统等组成。赛道一期工程总长14千米（其中休闲绿道9千米、中高级赛道5千米），有技巧公园1处、驿站2处、赛道专用标示牌55处，并在沿线修建防火蓄水池6处。休闲绿道与健身、休闲、观光的功能相一致，体能要求较低，适用于普通市民，中高级越野赛道利用自然山势中崎岖起伏的地形构造出坡度、弯度、难度，体能要求较高，适用于专业人士且配备专业运动装备。技巧公园由美国IMBA研发的山地自行车骑行训练系统，利用堆土、木桥和石块形成连续多个自然坡度、弯度，训练骑手的柔韧性和协调性，用以提高选手的操控能力。

【里口山国家级登山健身步道】 是山东省首条国家级登山健身步道，国内首条山海景观登山健身步道，经国家体育总局批准，由国家体育总局登山运动管理中心认证。地处威海中心区域，青山向海，依托佛顶—大青顶—邓家寨—姜家疃等优越的自然资源和层次分明的山海景观，结合牛仙山等里口山独有的民俗文化特点，着力凸显生态、休闲、健康、美丽、文化5个元素。全长200千米，其中一期修建45千米，A级路线24千米，B级路线13千米，C级路线8千米。A、B级以运动健身休憩为主，体能要求较低，适用于普通市民；C级路线以极限探险为主，适用于专业户外人士且配备专业户外运动装备。一期步道全程建有福德庄、塔山公园、北葛水库、桃花苑等出入口9个。按照《国家登山健身步道建设标准》，步道全程为非硬化土石路面。路线全程设一级导视装置8组、二级导视装置9组、三级导视63处、太阳能定位灯杆以及休憩和景观点多处。

【文登体育公园】 位于威海市文登区文山路东首城市文化商务区，占地面积30公顷，一期工程投资5亿元。规划建设体育馆、体育场、训练馆、学生宿舍及附属设施等。竞技体育运动学校建筑面积1.07万平方米，投资2000余万元，可容纳500余名学生就读、食宿和训练，2009年11月，校舍建成并投入使用。体育场建筑面积4.03万平方米，可容纳观众2.75万名，可承接国内外各级各类田径比赛。体育馆建筑面积为2.65万平方米，可容纳观众5450名，可承接篮球、排球、乒乓球等比赛项目。

【威海市体育运动学校教学训练综合馆】 于2016年投入使用，总投资3780万元，建筑面积7484平方米。地下一层为重竞技训练场馆，地上一层为篮、排球场地，五层为阶梯教室，场馆南区为办公区。

【荣成市文化体育中心】 位于荣成市桑沟湾畔，主要由体育场、体育馆和市民健身中心组成。2008年被国家体育总局命名为山东荣成国家队夏训转训基地，被山东省体育局命名为山东省优秀运动队训练基地、山东省体育后备人才训练基地。

荣成市体育场　2007年竣工，位于桑沟湾畔，总投资3.2亿元，建筑面积5.82万平方米，可容纳观众3万人。场内设体育运动学校、运动员公寓及文化设施、400米标准橡胶跑道。体育运动学校总面积为7430平方米，主要设施有教室、实验室及举重、摔跤、柔道、体操训练房等设施。运动员公寓面积3780平方米，配备客房105间，多功能厅1200余平方米，设有宴会厅、接待室及休闲娱乐设施等。

荣成市体育馆　2007年竣工，位于桑沟湾畔，总投资2.4亿元，建筑面积3.04万平方米，建筑高度45米，可容纳6548人。

荣成市民健身中心　2008年竣工，位于桑沟湾畔，体育场西侧，投资1800万元，占地面积6万平方米，设田径、网球、篮球、手球和链球等标准场地。

【威海市环翠区全民健身中心】 位于威海市环翠区张村镇大光华国际学校南侧，占地面积7.7万平方米，分2期实施。一期工程建成篮球场4片、羽毛球场4片、笼式足球场2片；二期工程建设标准足球场、门球场各1片，健身中心、服务中心各1处。

【威海市文登区全民健身中心】 位于威海市文登区文山路东首，改建面积约2万平方米。依托区体育公园进行建设，在原有场地（标准足球场2片、篮球场4片、网球场4片、手球场和排球场各1片）的基础上，增建笼式足球场2片，室外灯光排球场、篮球场各1片，连片灯光门球场8片，改建室内羽毛球场15片，健身路径36件。

【荣成市全民健身中心】 位于成山镇裕兴路北，荣成市第六中学东，占地面积11.8万平方米，室外体育场建有羽毛球场2片、篮球场4片、排球场2片、标准足球场1片、笼式足球场1片、健身路径1处；室内体育馆建有篮球场1片、羽毛球场2片、乒乓球场1片。

【乳山市全民健身中心】 位于乳山市新华街南，幸福二路北，幸福三路东，幸福一路以西区域，占地面积约10.7万平方米，一期工程建有篮球场2片、网球场2片、羽毛球场3片、乒乓球场1片以及健身广场、健身步道、停车场等。二期工程建有篮球场2片、足球场3片（其中笼式足球场2片）、排球场2片、健身路径50余件。

【威海经济技术开发区全民健身中心】 位于威海经济技术开发区乐天体育公园内，2015年改建，面积约1万平方米。中心建有笼式足球场2片、篮球场4片、网球场6片、羽毛球场6片、排球场2片、门球场4片。

【威海临港经济技术开发区全民健身中心】 位于威海临港经济技术开发区江苏东路南，占地面积约7.8万平方米，总投资1800万元，2015年竣工。建设标准足球场2片、网球场4片、篮球场4片、排球场2片、棒球场1片、门球场1片和乒乓球场4片，配套建设健身路径、淋浴房、商店、停车场、漫步道等。

【青鸟盛地足球公园】 位于威海市口腔医院南侧，占地面积1.12万平方米，工程总投资1800万元，属政府投资和社会资金共同建设，分时段免费开放。建设管理方为青鸟盛地体育发展有限公司，建有标准足球场1片、7人制足球场1片、5人制足球场3片和篮球场1片。

5 月，俯瞰威海火炬高技术产业开发区华田体育公园　　（丛培彬　摄）

【威海火炬高技术产业开发区华田体育公园】　位于威海火炬高技术产业开发区田和街道南部（城际铁路线北侧），西接新田路，东临南苑路及城际铁路隧道口，依托佛顶山下特有的丘陵地形地貌，设计占地面积7.7万平方米，建有足球场、篮球场、网球场、金色童年游乐园等户外活动场所。

【威海临港经济技术开发区足球场】　位于威海临港经济技术开发区全民健身中心内。2019年3月，对原足球场地实施改造工程，将原场地升级为棒球和足球兼用，以棒球为主的场地，以承接国际级赛事。工程4月完工，占地面积2.04万平方米，总投资200万元，属政府投资建设，免费对社会开放。

【威海市植物园专项运动场】　位于威海市植物园内，2019年6月完工。工程占地面积1500平方米，总投资30万元，建设管理方为威海市植物园管理有限公司，免费对社会和游客开放。建有篮球场1片、门球场1片和健身路径12件。

【凤鸣谷健康主题公园】　位于威海市环翠区北环山步道东侧，菊花顶东区北侧，2018年5月完工。工程占地面积1.5万平方米，总投资1300万元，属政府投资建设，建设管理方为环翠区鲸园街道办事处，免费对社会开放。建有活动广场、游乐场、步道和健身路径20件。

【威海经济技术开发区百尺所文化广场】　位于威海经济技术开发区百尺所农村社区，2016年6月完工。工程占地面积4000平方米，总投资95万元，村民可免费健身。建有篮球场1片、健身路径13件。

【乳山仿真冰场】　位于乳山市城西全民健身中心室内，由闲置厂房车间改建，总面积300平方米，长25米，宽12米，设有仿真冰壶赛道2条，可进行仿真冰球的训练和比赛。工程于2019年8月完工并投入使用，是全市首个室内仿真冰场。

【威海南海国际沙滩运动基地】　位于威海南海新区海景路东首，占地面积6.67公顷，是集专业赛事、休闲运动、社会娱乐于一体的大型沙滩基地。基地分沙滩比赛、沙滩娱乐、海水浴场、餐饮住宿等功能区6个，内设的专业比赛场地及公共娱乐场地占地面积4公顷，可同时容纳2000余人现场观赛。沙滩比赛区设沙滩足球场地2片、沙滩篮球场地2片、沙滩排球场地8片、沙滩手球场地8个。沙滩娱乐区设沙滩足球、沙滩摩托赛、沙滩排球、儿童游乐园等。休闲公园区包括香水海海洋公园、万亩松林区等。海水浴场区设置帆船冲浪、露天浴场、潜水体验区等。海水泳池区设公共露天游泳池，包括深水区和儿童浅水区。公共配套区包括洗手间、淋浴间、比赛器械临时储藏间等。餐饮住宿区为碧海逸林度假酒店，步行百步即可到达训练比赛场地。2017年4月，基地获批国家沙滩手球训练基地。

【威海南海新区奥林匹克中心】　位于威海南海新区大学路南、科研路西、金海路东，毗邻金花河。项目总占地面积约13.33公顷，规划建设比赛馆、羽毛球训练馆、乒乓球训练馆及附属配套的酒店等。

9 月，威海南海新区奥林匹克中心外景　　（威海市体育局　提供）

（刘　洁）

编辑　李传强

社会生活

人力资源和社会保障

• 综述 •

【概况】 2020年，威海市举办纪念哈尔滨工业大学建校百年暨2020中国威海·国际英才创业大会、“感受精致城市——高端人才走进威海”等引才活动，拓宽高层次人才引聚渠道，强化人才引进工作。全市城镇新增就业3.41万人，城镇登记失业率为2.39%。发放创业担保贷款9.47亿元、各类创业补贴1673.3万元。全市企业职工基本养老保险参保122.31万人，基金收入达64.37亿元，发放养老金108.82亿元，连续第16年调增企业退休人员养老金。

【行风建设】 推动窗口建设提质增效，市人力资源和社会保障局（简称市人社局）严格执行首问负责制、一次性告知制、服务承诺制和限时办结等制度，健全人力资源社会保障公共服务标准体系，打造质效一流的服务窗口。开展多种形式的岗位练兵，围绕行风建设、大厅规范管理服务等内容，举办全市人社系统行风建设及窗口人员服务能力综合提升培训班，规范全市人社系统业务经办服务流程。开展行风常态化监督，对全市人社服务窗口开展明察暗访3次，采取电话抽查，抽查政策落实、业务经办等，及时反馈问题，立查立改；以全省人社系统窗口单位行风建设专项整改行动为契机，全面深入查摆问题短板，从严从实整改，切实提高为民服务水平。构建行风建设长效机制，全面落实“窗口吹哨，科室报到”“吐槽找茬”等工作机制，开展人社“快办”行动。采取电子评价器、向群众发放调查问卷等方式，强化对窗口工作人员工作纪律、服务态度的监督和测评，提升窗口工作人员服务群众的质量和效率。

【信息化建设】 加强数字政府建设，全面提升共享数据质量。引入第三方网络安全专业机构，对信息系统和网络进行针对性加固。“威海人社发布”微信公众号将社保自助终端、“威海人社”手机应用程序整合，打造“掌上社保大厅”。构建线上服务体系，开辟山东政务服务网社保服务渠道，服务事项有48项，全程网上办理率达93.8%。推行社保基金电子票据应用，实现企业缴费全程网上办理；推行劳动能力鉴定网上申报，实现足不出户完成劳动能力鉴定申报。依托大数据库构建“ABCD”数字认证服务体系，通过数据比对核查的方式，实现96.9%的社保待遇领取人员“静默化”认证。开通社会保障卡邮寄服务，实现社会保障卡补换、申领的线上办理；持续增加社会保障卡发放数量，全市累计制发社会保障卡258万张，实现社会保障卡加载残疾人证；推进全市电子社会保障卡签发工作，实现电子社会保障卡扫描登录，全市签发量达103万张；推进第三代社会保障卡建设。建成威海市就业服务平台，上线应用远程视频面试等功能。注册企业4093家，注册求职者1.66万人，投递简历2.86万份。举办民营企业、外商投资企业等线上专场招聘会9场；在线发布“岗位微超市”236期，为3150家重点企业推送岗位信息1.9万个。联合威海电视台开设网络直播栏目《威海云招聘》，现场介绍企业情况、发布岗位信息，全年举办45期，累计观看近87万人次。创建“惠企政策”平台，注册企业9254家。建立全市统一的企业间员工余缺调剂资源库，提高人力资源配置效率，23家企业发布“缺工岗位信息”1040个，帮助企业实现员工余缺调剂400余人次。搭建线上数字零工市场，发布企业短期用工和家政服务项目信息，8家家政服务机构和经营性人力资源机构入驻，发布家政服务项目和零工岗位95个。

【内审监督】 健全内控审计长效机制，对社会保险基金、就业补助资金、职业技能提升专账资金使用情况开展内部审计。创新监督方式，深入挖掘潜在风险，开展全市职工养老保险提前退休专项检查、失业保险基金管理内控专项检查等工作，对8个方面25个风险点进行全面督促整改。

【“法治人社”建设】 加强行政规范性文件管理，制定规范性文件1件、废止1件、宣布失效1件；完成99件经济合同合法性审核。举办行政规范性文件和经济合同管理培训座谈会，提升市直人社系统行政规范性文件制发质量及经济合同管理水平。落实行政执法人员持证上岗和资格管理制度，按要求开展行政执法人员清理工作，全局有行政执法人员50人，培训率和持证率100%。严格执行重大执法决定法制审核制度，完成2起行政处罚案件法制审核工作。组织参加行政执法案卷评查活动。落实法律顾问制度，办理行政复议案件2起、行政诉讼案件4起，行政机关负责人出庭应诉率达100%。推行“双随机、一公开”监管方式，开展“互联网+监管”，完成11个监管事项认领工作，录入监管行为信息120余条。加强领导干部和工作人员学法用法，通过各种形式，深入学习法律法规。组织全系统工作人员参加人社法治知识网络竞赛，受到山东省人资源和社会保障厅通报表扬。落实“谁执法、谁普法”责任制，制定年度普法计划，深入开展“法律六进”（进机关、进乡村、进社区、进学校、进企业、进单位）活动。拓宽普法宣传渠道，打造人社“七五”普法专栏，利用报纸、电视、广播和互联网等进行宣传，开播服务企业普法公益网课21期，完成“七五”普法收官验收工作。

【“放管服”改革深化】 推动流程再造，动态调整政务服务事项标准化实施清单，全省通办业务为27项、跨省通办业务为16项；129项依申请政务服务事项平均承诺办结时限由11.4天压缩为2.2天。编制政务服务事项零基础模板122套。公布“容缺受理政务服务事项清单”“证明事项告知承诺制清单”，对31项服务事项中的44个材料实行容缺受理，确定社会保险经办业务6项和专业技术人员资格考试报名18项开展证明事项告知承诺制。在服务大厅设立“一链办理专区”，实现5类事项“一链办理”，推行首批“一链办理”事项6项。在各级社保大厅、基层服务平台推行社保综合柜员制，实现业务一窗通办；在全省率先推行银行社保柜员制，首批将31项业务延伸到13个工商银行网点办理，方便企业和群众就近办理业务；在“综合柜员制”窗口设置电子社会保障卡扫码墩，群众通过手机可办理业务。梳理编制市级依申请“一次办好”事项清单122项，编制相应的服务指南和工作手册。

【信访咨询】 2020年，解答群众咨询电话5100个；接待群众信访人访1160件、1700余人次；处理信访事项29起，妥善处置各类矛盾纠纷。参加阳光问政热线直播栏目10次，办理群众反映问题163个。全年接听群众电话18.6万个，比上年增长47.6%；办理12345政务服务热线转办件2573件，增长6.5%；办理政民互动件88件。

·人才队伍建设·

【人才引进】 2020年，举办纪念哈尔滨工业大学建校百年暨2020中国威海·国际英才创业大会，以“深化校地融合，助力创新发展”为主题，融合举办“大学—城市发展”主旨演讲等5个板块10场活动。山东省副省长、中国工程院院士凌文，哈尔滨工业大学常务副校长、中国科学院院士韩杰才等80余位高端人才和知名专家参会，签约人才技术项目25个。举办“感受精致城市——高端人才走进威海”活动，融合举办创业导师走进威海创新园、中国博士（后）科技服务团威海行2个国家级活动，邀请中国科学院和中国工程院院士4名、人力资源和社会保障部创业导师7名、中国科学院研究员10名及海内外人才50余名到威海市与企业对接洽谈，签订共建国家海水利用工程技术（威海）中心、共建中科（威海）院士专家创新发展中心等合作协议11项。举办海外高端人才项目线上视频路演对接活动，邀请5位乌克兰院士与21家企业、机构视频连线交流，有4名院士与威海市企业达成合作协议。分产业分领域开展海外高层次人才“云对接”活动，遴选95个项目与企业对接，有6个人才项目与威海市企业对接，初步达成合作意向4个。大力支持留学回国人员在威海市领（创）办企业、落地发展，1名留学人员入选人力资源和社会保障部2020年度高层次留学人才回国资助，1名留学人员入选第七届山东省留学人员回国创业奖，4家留学人员创业企业获得威海市留学人员创业企业一次性资助资金。11名留学人员项目在留学人员来鲁创业大赛中获奖并入选留学人员来鲁创业启动支持计划，占全省三分之一，累计获得扶持资金205万元。拓宽高层次人才引聚渠道，设立海内外引才工作站7家，累计设立工作站18家。新增市级专家服务基地6家和乡村振兴专家服务基地10家，推荐2家单位成功申报省级专家服务基地，3家单位成功申报省级乡村振兴专家服务基地。

9月23日，“感受精致城市——高端人才走进威海”活动重点人才项目合作签约仪式举行 （孙大伟 摄）

【高层次人才队伍建设】 围绕“人才兴威攻坚突破”主题主线，持续完善人才政策体系，拓展人才发展平台，优化人才发展环境，充分激发高层次人才创新创造创业活力。完成国家百千万人才工程、政府特殊津贴、泰山产业领军人才（产业技能类）等各类人才工程的推荐和选拔工作。其中，1人入选国家百千万人才工程，2名专业技术人员获批享受政府特殊津贴。做好公派出国留学项目的人员组织实施和联络工作，有3人完成省公派出国项目学业回国，2人获得国家公派出国留学资格。实施博士后人才聚集计划，全年新招收博士研究人员25人，累计招收博士后研究人员140人。3家企业获批国家级博士后科研工作站，4家企业获批省博士后创新实践基地。开展“中国博士（后）科技服务团”走进威海活动，邀请19名博士（后）到威海市对接交流，达成合作意向9个。在省内率先建立威海博士后创新创业服务联盟，邀请全国各地20余家高校科研院所加入，构建多方联动的“产学研用”合作机制。发挥博士后资金导向作用，组织实施好博士后资金资助工作，其中，4个项目获批中国博士后科学基金第67批面上资助，6个项目获批省博士后创新项目资金资助。开展2020年威海博士后资金资助评审工作，2家基地获得建站资助，3名博士后研究人员获得项目配套奖励资助，16个项目获得启动资金资助重点资助。

【职称制度改革】 市人社局印发《关于优化职称评审管理服务工作的通知》，助力营造良好营商环境。全市首家企业职称自主评审试点单位威海建设集团股份有限公司开展建设工程技术中初级职称评审，省批复同意在威海临港经济技术开发区开展碳纤维复合材料特色专业职称评审。转发省人力资源和社会保障厅等6个部门《关于加快落实基层职称制度的通知》，推进落实“定向评价、定向使用”的基层职称制度。全面推广使用山东省专业技术人员管理服务平台，全市取得副高级以上职称1172人，上报正高级职称材料86人、副高级职称材料214人。

【专业技术人员培训】 组织省级继续教育基地开展水产绿色健康养殖技术等3个省级专业技术人员知识更新工程高研班，参与培训人员约200人。充分发挥“威海市专业技术人员继续教育服务平台”和“威海专技”手机应用程序功能，提供公需科目以及54个系列（专业）2500余个学时的省级以上专业科目课件，为全市各类专业技术人员随时随地自主开展在线学习打造便捷通道，年内，在继续教育平台注册学习的专业技术人员有8.5万人，比上年增长18.1%，其中注册学习的“冲击新目标”等企业专业技术人员2.4万人，增长84.6%。疫情期间，继续教育服务平台设置《加强企业疫情防控 助力企业复工复产》培训专栏，为专业技术人员、企业驻厂员等建立培训便捷通道，累计参训8776人。

【高技能人才队伍建设】 2020年，全市新增高技能人才2039人，完成全年计划的127%，高技能人才达9万人。组织职业技能鉴定2.5万人，合格发证2.04万人。完成技能领军人才推荐选拔，1人获评全国技术能手，6人获评齐鲁首席技师，4人获评山东省技术能手，49人获评市级高技能人才。举办2020年度威海市职业技能竞赛，选拔28名选手参加第一届全国技能大赛山东省选拔赛，17人获得省选拔赛前三名(其中3人获得国家比赛二等奖)。组织中等职业教育技能大赛、少先队辅导员技能大赛等，通过各类技能竞赛晋升技师职业资格8人，晋升高级工职业资格33人，晋升中级工职业资格40人。推进企业搭建企业人才培养平台，通过紧密结合生产实际，扎实开展传授技艺、技术攻关、高技能人才培养等活动。威海市文登技师学院获评国家级高技能人才培训基地，天润工业技术股份有限公司、威海广泰空港设备股份有限公司获评齐鲁技能大师特色工作站。市人社局印发《威海市技能大师工作室管理办法》，在全省率先将乡村技能大师工作室纳入评选范围，评选首批威海市技能大师工作室22家。落实高技能人才奖励政策，提升技能人才待遇。组织申报2020年度高技能人才奖励资金工作，发放奖励资金193.2万元。

【职业培训机构管理】 开展民办职业培训机构年度报告工作，市直42家民办职业培训机构中有合格单位33家、不合格单位9家。加强民办职业培训机构党建工作，撤销2家职业培训学校党支部，新组建职业培训支部委员会，选取职业培训学校为民办职业培训机构党委党建工作示范点。

【乡村人才振兴】 在全省首创乡村振兴首席专家制度，在文登区先行先试后，在全市推广，120余名专家学者作为“新村民”深度参与乡村建设，相关经验做法得到中共山东省委副书记杨东奇，省委常委、宣传部部长于杰的批示肯定，在全省乡村人才振兴工作推进会议上作推广交流，并被《人力资源和社会保障部工作信息》《大众日报》等媒体报道。加快乡村振兴专家服务基地建设，建成省级乡村振兴专家服务基地4家、市级乡村振兴专家服务基地20家，累计开展服务基层活动45次，服务基层1700余人次。开展乡村振兴样板片区调研，及时了解农村一线人才培训需求，举办“‘三农’发展与农产品质量”“巾帼创客电子商务”等大讲堂4期，培训各级样板片区涉农企业(园区)、家庭农场、农民专业合作社的经营管理者、新型职业农民及农村妇女925人。结合实施职业技能提升行动，深入乡村基层一线，与农（渔）家乐和民宿旅游一体店的经营管理者、镇（街道）及村干部等进行交流座谈，开展实地考察调研。全年组织开展威海鲁菜师傅培训1963人次，提升乡村旅游品质和乡村振兴人才培训品牌。深入各级乡村振兴样板片区广泛开展乡村振兴技能培训直通车等专项活动，免费开展乡村旅游、电子商务、养老与母婴护理等实用技能培训187批次8989人次。

【高层次人才服务】 完善高层次人才服务工作政策体系，成立由531人组成的“全链条保障”服务专员队伍，从邀请人才到威海市考察、持续推动项目落地，到人才配偶安置、子女入学、交通出行等方面，提供全面精致、无缝衔接服务。打造“一站式”线上线下服务平台,开通“人才威海”微信公众号，建成省内首个线上绿色通道服务平台“英才威海网”，全面推行“一站受理、预审反馈、集中办理、全程督办、统一建档”的标准化服务。打造高层次人才“一站式”服务中心，设立人才服务专线，提供汉语、韩国语24小时服务咨询，主动对接服务、开展服务监督等。设立市及各区（市）高层次人才服务窗口，集中受理高层次人才服务事项，服务高层次人才2300余人次。高层次人才服务工作经验在全国高层次人才服务窗口工作现场会上进行交流。

【人事考试】 印发《威海市人事考试巡视人员库使用管理办法》，新增巡视人员20人，基本实现库内人员轮巡。投入资金35万元，建设考点2个、标准化考场50个，升级和加强远程监控管理，完成与省级监控平台对接。加强多部门沟通协作，增强考试安全保障能力。全年协调区（市）教育部门安排考点58个、使用考场1600余个，查处各类违纪违规人员4人。全年完成

17项5.3万余人次的考试任务，连续12年“零事故、零差错”。

·就业创业工作·

【就业工作】 2020年，全市城镇新增就业3.41万人，城镇登记失业率为2.39%。

就业政策落实　市人社局印发《应对疫情稳就业实施细则》和《保居民就业方案》，出台稳就业保居民就业各项优惠措施40条。为15家疫情防控重点物资生产企业发放一次性用工补贴339.18万元，为297家新吸纳就业企业发放一次性吸纳就业补贴92.5万元，为吸纳应届毕业生企业发放大学生吸纳就业补贴84.3万元，为1.26万名灵活就业人员发放社保补贴5714.64万元。

稳岗返还政策实施　扩大企业稳岗返还享受范围，将企业上年年底裁员率放宽至不高于5.5%，30人以下的企业裁员率放宽至20%。自主开发系统，精简申报材料，全年为6562家企业发放稳岗返还8534.9万元，惠及职工32万人。

公共就业服务　开展省级“四型就业社区”（充分就业、积极创业、智慧就业、标准服务）创建工作，夯实基层公共就业平台，获批省级“四型就业社区”8个。召开全市失业保险经办工作座谈会，开通失业登记网上申请平台，完成与全国统一服务平台的对接，推进落实失业保险“畅通领、安全办”。

高校毕业生就业　实施“三支一扶”（支农、支教、支医和扶贫工作）招募计划，将招募范围扩展到28周岁以下的全日制高校毕业生和非全日制研究生，上岗79人。组织实施2020年度“万名大学生聚集计划”生活津贴申报，为3527人发放生活津贴6086.4万元。在10所驻威海高校设立大学生就业创业服务指导站，为高校毕业生提供政策咨询、就业创业指导等“一站式”综合服务，鼓励驻威海高校毕业生在威海市就业创业。

企业用工服务　发动人力资源服务机构向迪尚集团有限公司等防疫物资重点生产企业输送熟练缝纫技工近700人次，向用工企业输送普工1000余人次，助力企业复工复产。对为企业批量引进劳动力或毕业生且实现稳定就业的人力资源服务机构和院校，给予每人600元的一次性奖励，对具有初级工、中级工、高级工、技师和高级技师职业资格的，分别给予700元、1000元、2000元、3000元和5000元的一次性奖励。开展跨区域招工工作，赴河南省、河北省等9个省开展跨区域劳务对接活动，与目标城市签订人力资源合作协议49份、校地合作协议25份，建立劳务合作基地23个。陕西省渭南市、河南省濮阳市等地人社部门和人力资源服务机构到威海市回访考察。组织13家企业到内蒙古自治区通辽市参加专场招聘会，提供岗位877个，达成意向225个，7家企业、各区（市）公共就业服务机构分别与院校签订实习就业协议，达成合作意向。组织全市重点企业参加“山东—名校人才直通车”山东大学（威海）和哈尔滨工业大学（威海）双选会等活动，赴吉林大学、大连理工大学、东北师范大学开展引才推介和招聘活动，累计达成意向671个。“双一流”高校系统审核通过“双一流”高校到威海市就业毕业生686人，完成年度计划的118.3%。

人力资源服务业发展　举办2020威海人力资源高峰论坛、市级人力资源服务从业人员培训班等活动，300余家企业、近2万人参会。指导市人力资源服务业协会分别赴南京市、郑州市开展省级人力资源服务业高级经营管理人员研修培训活动，培训管理人才50余人。开展全省人力资源服务大赛威海地区选拔赛，选拔优秀选手参加全省比赛，取得优秀组织奖和三等奖2个。开展行业交流、学习分享和供需对接等活动，形成资源共享局面。扩充企业服务专员队伍，全市人社系统625名干部职工对接服务工业企业1007家；落实省级人力资源服务业发展资金重点扶持项目5类6项，补助资金110万元。至年底，全市人力资源服务机构总数突破400家，累计帮助实现就业和流动人数30万人次。

【创业工作】 加大创业扶持力度，提高创业担保贷款额度，将符合条件的个人创业担保贷款最高额度由15万元提高至20万元，合伙创业最高额度提升至60万元。全年发放创业担保贷款4873笔、9.47亿元，比上年增长92.2%；发放各类创业补贴1270笔、1673.3万元，累计扶持创业6143人，吸纳带动就业1.84万人。举办威海市第三届创业大赛，设立4个组别，吸纳报名参赛项目200余个。在第五届山东省创业大赛中，2个项目获得一等奖，1个项目获得二等奖。开展省级创业型城市（县区）、街道（乡镇）创建活动，5个街道（镇）获评省级创业型街道（乡镇）。

·培训工作·

【“以工代训”补贴政策实施】 在全省首家创新实施支持企业复工复产“以工代训”阶段性职业技能培训补贴政策，对疫情期间新录用职工开展生产岗位以师带徒式“以工代训”的企业，给予每人600元的一次性培训补贴。至6月，为223家企业发放“以工代训”阶段性补贴6592人次。

【企业稳岗扩岗支持计划实施】 市人社局、财政局转发山东省人力资源社会保障厅、省财政厅《关于进一步加大以工代训力度支持企业稳岗扩岗的通知》，支持中小微企业和外贸、住宿餐饮、文化旅游等大型企业对新吸纳的就业困难人员等群体开展以工代训，支持符合条件的困难企业对在岗职工开展以训稳岗，均按每人每月500元、最长补贴6个月的标准给予企业补贴。至年底，366家企业开展“以工代训”4.08万人。

【“线上+线下”职业技能培训】 市人社局、财政局印发《关于做好新冠病毒肺炎疫情防控期间职业技能培训工作的通知》，第一时间暂停线下职业技能培训活动，全面实施百日线上免费职业技能行动，将线上培训群体范围扩大到所有城乡就业创业群体，且对农民工、离校2年未就业大学生、建档立卡贫困劳动力及贫困家庭子女4类群体落实参训生活费补助，充分调动各类群体参加线上职业技能提升行动的积极性，至6月月底，全市完成线上培训4.2万人次。5月，开始有序恢复线下职业技能培训工作，重点对线上培训合格人员开展线下实操培训，全年完成“线上+线下”职业技能培训12.61万人次，完成年度培训计划的434.8%，培训专业涉及钳工、焊工、车工等工种15个及创业培训。其中，开展农村转移就业劳动者职业技能培训8989人，完成年度目标任务的138%；完成就业技能培训10.27万人次、创业培训2.33万人次。

【企业技能人才培训】 把提升企业一线职工技能水平作为职业技能培训攻坚突破重点方向，在鼓励企业开展“以工代训”和岗位技能培训的基础上，通过“政府买单、培训机构列单、企业选单”和“院校与企业结合、理论与实训结合、线上与线下结合”的“3+3”培训模式，大力开展企业新型学徒制培训和“金蓝领”培训，为207家“冲击新目标”企业和规模以上企业开展新型学徒制培训604人、“金蓝领”培训2433人。全年培训企业一线职工6.16万人次。

【职业培训补贴审核发放】 健全“培、管、审”相分离、“现场检查+信息化监控+跟踪回访”全程监管、“初审—复核—公示—审批”四级把关的补贴审核发放机制，加大实名制审核力度，做到培训补贴发放及时、规范、安全。全市发放职业技能培训补贴8442.26万元。其中，发放以工代训补贴2569.08万元、线上培训补贴789.49万元、四类群体生活费补贴13.95万元。

【培训基础能力建设】 积极做好重点产业职业技能培训指导、一般性职业技能培训、劳动者培训需求和职业技能培训机构目录“四个目录”发布工作，引导城乡劳动者自主选择培训机构和培训项目。参加山东省职业技能提升行动“三优”资源征集遴选活动，威海市推荐的6套教材入选优质培训教材，8位教师入选优秀培训教师，4套课件入选优选网络课件。

• 社会保险工作 •

【基本养老保险】 *企业职工养老保险* 2020年，全市企业职工基本养老保险参保122.31万人，基金收入64.37亿元，发放养老金108.82亿元。为全市37.83万名企业退休人员调整并补发养老金，人均增长6.9%，月人均增加140.55元。企业离退休人员月人均养老金2146.12元。为企业军队转业干部退休人员调整并补发养老金，人均月养老金4879元，人均月调增271元，人均增长5.9%。实施企业职工基本养老保险省级统筹工作，向省归集历史结余基金102.81亿元，其中归集投资运营资金20亿元。落实国家、省阶段性减免企业社会保险费政策，免征各类中小微企业、以单位方式参保的个体工商户2020年2月—12月社会保险费的单位缴费部分；减半征收各类大型企业、民办非企业单位、社会团体等各类社会组织2020年2月—6月社保费的单位缴费部分，为2.8万家企业减免养老保险费28.74亿元。执行城镇职工基本养老保险单位缴费比例16%的政策。社保缴费基数下限继续执行2019年标准，个人缴费的个体工商户和灵活就业人员可按月、季、半年或年缴费，减轻缴费压力0.66亿元。完善职工基本养老保险缴费政策，妥善处理职工养老保险历史遗留问题，为全市5570名职工办理补缴手续。推进企业社会保险费征缴职责划转到税务部门。

机关事业单位养老保险 2020年，全市机关事业单位养老保险参保11.6万人，基金收入30.16亿元，发放养老金27.90亿元。连续第5年与企业职工同步调增机关事业单位退休人员养老金，为4.05万名机关事业单位退休人员调整并补发养老金，人均增长4.1%，月人均增加基本养老金221.44元，达到5582.36元。继续推进机关事业单位养老保险制度改革，做好新老办法平稳衔接运行。落实中央省属驻威海单位参保工作，做好改革后退休人员养老金待遇计发工作，为全市1257名机关事业退休人员重新核定并补发待遇。

居民养老保险 全市居民基本养老保险参保91万人，基金收入13.55亿元，发放养老金9.93亿元。完善威海市居民养老保险待遇确定和基础养老金正常调整机制，自2020年7月起，威海市居民养老保险基础养老金标准由每人每月130元提高至154元，高于省标准12元、国家标准61元，惠及全市38.4名老年居民。落实社保精准扶贫政策，全市2.4万名建档立卡贫困人员全部纳入参保范围，为1.3万名符合条件的贫困人口代缴居民养老保险费400.6万元，为全市年满60岁以上的3.6万名贫困人口按月足额发放居民养老保险待遇6134万元。

被征地农民养老保障 落实被征地农民养老保障政策，全市参保被征地农民81.8万人，落实到被征地农民个人账户资金18.7亿元，落实账户资金占全部应落实资金总额的93%。

【工伤保险】 全市工伤保险参保63.74万人，基金收入1.53亿元，为5617名工伤职工和1109名供养亲属发放工伤保险待遇3.1亿元。连续16年调增一至四级工伤职工伤残津贴、生活护理费和工亡职工供养亲属抚恤金标准，按时足额将1616名职工补偿待遇发放到位。自2020年5月起，将工伤保险费率下调20%，为全市2.8万家企业减免工伤保险费2.37亿元。市人社局、财政局等部门联合印发《关于开展工伤预防工作的实施意见》，将工伤保险体系关口前移，推进工伤预防、工伤补偿、工伤康复“三位一体”的工伤保险制度体系建设。全年认定工伤4416起，比上年下降13.7%，申请劳动能力鉴定3846人。在全市范围内试行定点协议医疗机构工伤医疗费用联网结算工作，减轻用人单位和职工垫付资金的压力。推进胶东经济圈社保一体化发展，建立工伤认定调查协作制度，实现劳动能力鉴定互认和医学专家库资源共享。

【失业保险】 2020年，全市失业保险参保61.1万人，基金收入2.8亿元。扩大失业保险保障范围，实施失业补助金政策，全年为5.09万人发放失业补助金3508.66万元。连续第14次上调失业保险金标准，达到每人每月1719元，为2.1万名失业人员发放失业保险金2.27亿元。为12.58万人次发放临时价格补贴1874.81万元。成立强化风险应对稳就业工作专班，制定应急预案，在全省率先设立就业风险储备金1030万元，全力做好风险应对稳就业工作。

【社保基金监督】 配合市审计局对全市2017年7月至2019年12月的基本养老保险基金进行审计，接受省人社厅对减税降费和企业养老保险省级统筹检查，开展全市社保经办风险自查、减免社保费检查、养老保险精准扶贫检查，排查梳理风险点4个方面53项，对社保工作进行全面“体检”。严格规范和执行社保稽核规程，加大欠费催缴力度，稽核单位1643个，稽核46.6万人次。稳步推进大数据资格认证平台建设，健全与市医疗保障局、公安局等7个部门的信息共享机制，对待遇领取人员开展全方位行为轨迹分析，实现静默状态下的无形认证，认证率达98%。完善“互联网＋监管”新模式，在建成社保运行监控系统的基础上，运用大数据技术，积极建设社会保险基金运行分析平台，年底形成一期社保大数据分析报告，为强化基金管理和风险防控提供数据支撑。

•劳动关系协调和权益维护•

【劳动关系管理】 2020年，市人社局加强与市总工会、企业和企业家联合会及工商业联合会等单位的协调沟通，充分发挥劳动关系“三方”协调机制作用，开展和谐劳动关系创建活动，全力支持企业复工复产稳定劳动关系。制定《威海市2020年“和谐同行”企业培育共同行动工作实施方案》，四部门分别与企业结对培育，帮助企业构建规范有序、民主协商、和谐稳定的劳动关系。4家培育企业全部达到省级劳动关系和谐企业标准。及时发布威海市2020年人力资源市场工资价位，在对512户企业4.94万名在岗职工2019年工资收入水平调查的基础上，及时向社会公布283个职位（工种）的人力资源市场工资价位。完成全市713家样本企业薪酬调查。印发《关于公布2018年度市管企业负责人基本年薪基数的通知》，认定2019年度市管企业负责人基本年薪基数为7.02万元。

【劳动保障监察执法】 农民工工资支付保障　市政府办公室印发《关于贯彻落实〈保障农民工工资支付条例〉工作方案》，明确各部门的职责分工，确保保障农民工工资支付各项制度落到实处。创新监管平台应用机制，将农民工实名制、考勤管理与工伤保险参保理赔、工资发放挂钩，实现一次信息录入，多方信息共享，累计录入全市在建工程项目466个、农民工17.7万人，实际在场人员6.9万人。农民工工资专用账户开户率和银行线上代发工资率均为100%，累计发放工资15.3亿元。2019年度保障农民工工资支付专项考核列全省第1位，完成迎接国务院实地督察工作。

人力资源市场秩序清理整顿　在全市开展清理整顿人力资源市场秩序专项执法行动，成立专项执法行动小组9个，采用“双随机、一公开”方式检查人力资源服务机构和用人单位249户，检查涉海船单位25户、船舶15艘次。全市处理违法线索28件，清退违法所得1.95万元，清除互联网虚假招聘信息61条，移送公安机关侦办涉嫌诈骗嫌疑线索5件。

劳动保障书面审查　制定书面审查工作实施方案，将落实带薪年休假、发放防暑降温费、规范劳务派遣行为作为重点内容，将新成立及上年度被举报投诉的用人单位作为重点对象开展审查。全面推行劳动保障网上年审，降低对用人单位的执法干扰，全市线上审理用人单位2.32万户，线下采用“双随机、一公开”方式抽查用人单位1809户。协调解决一般性劳资纠纷5780起，上报群体性突发事件2起，维护劳动者的合法权益。

投诉举报案件依法查处　畅通线上、线下多种投诉举报渠道，充分发挥劳动保障投诉举报联动平台的作用，规范投诉举报处置工作流程，实施网上办案、阳光办案，及时反馈案件办理进度。全市立案处理案件89件，结案73件，协调处理案件6835件，按期结案率100%。

要案和突发性舆情处置　建立“1＋N＋7”欠薪预警和处置工作机制，实现“一网受理”“多点线索收集”“七项预警处置机制”，有效提升群体性突发性事件预警上报和举报投诉案件在线流转、线上办理工作效率。全年收到上级交办案件56件，办结率100%。

劳动保障信用体系管理　加强行政执法与行政司法的衔接，特别是与市公安局、中级人民法院的业务交流和工作衔接，提高恶意欠薪和疑难复杂案件的处结能力。完成对3304户用人单位的劳动保障守法诚信等级评价，将2户用人单位列入“黑名单”实施联合惩戒，移交涉嫌拒不支付劳动报酬犯罪案件4起。

【劳动人事争议处理】 2020年，全市仲裁机构立案受理3360起，比上年减少9.14%，涉及劳动者4606人，减少15.2%。其中，10人以上集体争议案件33起，涉及劳动者675人。当期审结案件3373起（含上年度未结案件66起），结案率98.5%，为企业和职工挽回经济损失9096.81万元。在审结案件中，通过调解结案2358起，通过裁决结案912起。其中，终局裁决485起，终局裁决率53.2%。强化法律政策宣传，引导企业依法用工。在“威海人社发布”微信公众号开辟《以案说法》专栏，每周1期，以典型案例引导企业依法用工、规范管理。开设劳动争议预防大讲堂，强化动态监测预警，健全应急处置机制，印发《关于妥善处置新冠肺炎疫情引发劳动人事争议突发群体性案件的应急预案》，加大风险预测预警力度，将矛盾化解在萌芽状态。提升仲裁工作效能，实行电话预约立案、网上传递仲裁法律文书、视频庭审等方式，避免人员聚集。推行要素式办案，在全省首次书面审理劳动人事争议案件，简化办案程序，缩短审理时限，实现不开庭审理劳动人事争议案件。畅通农民工仲裁维权通道，各级仲裁机构设立农民工工资争议速裁庭，实行快立、快审、快调、快结，保护农民工的工资权益。全市受理涉及农民工争议案件124起，涉及农民工245人，比上年分别下降23.0%和27.1%；当期结案123起，为农民工挽回经济损失292.6万元。全市各镇（街道）均开通并使用劳动人事争议在线调解管理平台，开展网上调解劳动人事争议工作，充分发挥基层调解组织第一道防线作用。全市基层调解组织受理调解申请927起，涉及劳动者1206人，达成调解协议864起，为劳动者挽回经济损失741.47万元。

（丛海平　王蕾）

民　政

【概况】 2020年，威海市民政局获评全国民政系统抗击新冠肺炎疫情先进集体、山东省抗击新冠肺炎疫情先进集体。威海市入选全国社会救助改革试点，是全省唯一入选的地级市。入选民政部、联合国儿童基金会“护童成长”项目试点。威海市文登区争创全国乡镇政府服务能力建设典型经验，列“助力实施乡村振兴战略”领域第1名。民政信息化建设获得2020大数据“星河Galaxy”行业大数据应用案例奖，是全国唯一以政府部门身份获奖的案例。1家公办养老机构改革案例入选全国优秀案例，《威海党建引领激发社会组织参与社会治理能力》获评2020年度全省社会治理创新优秀成果。在山东省民政厅对16个地市的综合评估中，威海市评估结果列全省第1位；省民政厅相继在威海市召开全省养老服务工作现场会和全省推进社会组织高质量发展现场会，推广威海市经验。在省民政厅组织的全省民政工作创新案例中，威海市入选案例4个。

（史明辉）

【基层政权和社区治理】 积极参与新冠肺炎疫情防控，做好人员排查、社区防控等工作，协调发放社区工作者疫情防控补助。市民政局印发《2020年推进乡村振兴重点工作任务》《“六治一网”市域社会治理2020年度“自治”工作要点》，推进任务落实。在全市开展“精致幸福社区”示范创建活动，评选出示范典型30个。印发《威海市社区工作准入清单》《集中整治规范村（社区）“牌子多”问题的实施方案》，有效减轻社区负担，提升社区服务效能。加强信用进社区工作，确定28个示范社区重点推进，打造一批亮点品牌。荣成市崖头街道河西社区“红色信用六步闭环”工作法等3个工作法获评全省优秀社区工作法。

（刘朋日）

【社会救助】 1月—5月，城乡低保标准分别为每人每月650元和470元，农村特困人员基本生活保障标准为每人每月620元；6月，城乡低保标准分别提高至每人每月690元和530元，农村特困人员基本生活保障标准提高至每人每月690元，城市特困人员基本生活保障标准继续保持为每人每月900元，城乡集中护理标准按照自理程度分别为每人每年10990元、5495元和3297元；10月1日起，城乡低保标准分别提高至每人每月787元和588元，城乡低保比例为1.34∶1。全市城乡低保保障对象有1.33万户1.8万人，发放保障资金9560.5万元。其中，城市低保保障对象有1242户1698人，发放保障资金1261.1万元，农村低保保障对象有1.2万户1.62万人，发放保障资金8299.4万元。城乡特困供养对象有1.15万人，发放保障资金12461.1万元。其中，城市特困供养对象有309人，发放保障资金398万元；农村特困供养对象有1.12万人，发放保障资金12063.1万元。临时救助人次达1506人次，救助资金408.2万元。

（毕　巍）

【养老服务】 突出政策引领，强化养老供给。市政府办公室印发《威海市推进养老服务高质量发展的实施意见》，市、区（市）两级全部发布基本养老公共服务清单，明确各部门履行基本养老公共服务职责。2020年，建成社区食堂47处、农村老年餐桌453处，覆盖1000余个社区、村庄，日均为2万名居家老人提供助餐服务。兜牢特殊困难老人保障底线，为低保、特困、重点优抚对象等6类特殊困难群体，每月免费提供30～60小时的居家养老服务，为1029名符合条件的老人购买社区居家养老服务，为9840名经济困难老年人发放生活补贴和护理补贴。实施敬老院改造提升计划，提升改造敬老院13处，改造床位1914张。至年底，含日托和不含日托1000名老年人床位数分别达到64张和48张，全市护理型床位占比达48.7%。新建面积1000平方米以上的镇（街道）养老服务中心7处，推进286处日间照料中心、460个农村幸福院100%规范运营。实施社区养老设施配建行动，新配备养老服务用房361处，配建率达88.2%。

坚持改革创新，树立养老品牌典型。在全省率先试点开展失智老年人防走失工作，为具备行动能力的失智老年人发放定位手环。山东省养老服务工作现场会在威海市召开，威海市构建城乡老年人助餐服务体系经验做法和打造县域养老服务体系经验做法作为典型进行交流。公办养老机构改革案例入选全国49个优秀案例，打造农村区域性养老中心典型案例入编全国农村养老工作现场会参会案例，荣成市依托志愿服务开办“暖心食堂”案例，获评第二批全国农村公共服务典型案例。7月，组织14家养老机构参加2020中国山东·青岛国际养老产业与养老服务

11月27日，威海市关爱失智老年人“让爱回家”项目暨防走失智能手环发放仪式举行　（威海市民政局　提供）

博览会，山东万福苑养老股份有限公司和浙江日立解决方案有限公司威海分公司分别获评2020山东省最具影响力十佳养老服务品牌和2020山东省最具发展潜力十佳养老创新项目。青岛、烟台、潍坊、日照、威海5市组建胶东半岛养老服务联盟，达成合作框架协议。1个项目入选全国第一批培训疗养机构转型发展养老服务业试点项目，2个项目入选全国第二批城企联动普惠试点项目。做好养老机构安全生产和疫情防控工作，为养老机构协调口罩近41万个、364桶84消毒液等防疫物资及生活物资。加大扶持力度，制定养老服务行业2项疫情防控补贴政策。在全省率先搭建养老机构智慧消防平台，推广物联网和远程智能安防监控技术，对全市所有养老机构用电安全、消防防水系统、燃气使用情况进行24小时实时监测和智能风险管理。市民政局印发《关于认真防范和处置养老服务领域非法集资工作的通知》等，对全市养老机构开展多次专项排查整治活动。

（曲桂贤）

【社会组织管理】 2020年，全市登记社会组织2183个。其中，社会团体610个、民办非企业单位1563个、基金会10个。启动“威海红帆”社会组织党建计划，创新实施“行业＋标准”提升、“区域＋枢纽”支持、“社区＋培育”覆盖、“项目＋人才”培养、“信用＋监管”整治5项工程，打造“党建带社、以社管社、社社共建”的发展模式。7月，全省推进社会组织高质量发展现场会召开，威海市工作经验在会上交流。实施“党旗飘扬·爱满滨城”社会组织公益实践项目，打造社会组织公益实践项目60个，服务群众超3万人次。联合市行政审批服务局印发《关于全域推进镇街枢纽型社会组织建设大力培育发展社区社会组织的通知》，拨付资金164.5万元，支持各区（市）、镇（街道）、社区枢纽型社会组织发展，至年底，市、区（市）、镇（街道）、城市社区社会组织综合服务平台和服务场所总数达310个，全市备案社区社会组织达6116个，满足社区多元化治理需求。全面推开全市230个行业协会商会与行政机关脱钩改革工作，助推政社分开、权责明确、依法自治的现代社会组织体系建设。加强社会组织综合监管，在全市社会组织领域开展专项行动，责令整改、行政约谈社会组织72个，撤销21个、注销42个，依法取缔（劝散）非法社会组织3个。威海市民政局获评全省反洗钱工作先进集体。

（孔 非）

【社会事务】 *殡葬改革* 在全省率先出台市县两级殡葬设施规划，经市政府批复予以实施。市县两级均建成公益性公墓1处，每个镇均建成2处以上节地生态绿色公益性公墓。联合市林业局开展交通干道两侧等重点区域墓地绿化美化管理行动，栽植苗木12.6万株，绿化美化公墓223处。联合市市场监督管理局开展制售封建迷信和超规格殡葬用品整治活动，发放政策明白纸18.4万份，签订不制售违规殡葬用品承诺书的商家1532家，没收违规殡葬用品1000余份。在全省公益性公墓建设工作会议上，威海市典型工作经验进行交流。

困境儿童关爱保护 完善全市农村留守儿童关爱保护和困境儿童保障工作联席会议制度，推进市县两级5处未成年人救助保护中心建设，开通“12349”未成年人救助服务热线，健全困境儿童关爱保护工作机制，环翠区被民政部、联合国儿童基金会确定为“护童成长”儿童关爱服务体系建设试点。开展“福彩圆梦·孤儿助学”活动，为27名孤儿提供每人每学年助学金1万元。推进孤儿健康关爱行动，为114名孤儿免费体检并建立健康档案。全市机构供养孤儿基本生活费人每人每月1760元，社会散居孤儿每人每月1400元，事实无人抚养儿童参照社会散居孤儿待遇予以保障，重点困境儿童基本生活费每人每月980元，全年为420名孤困儿童发放基本生活费362万元。加强困境儿童关爱保障队伍建设，对市、区（市）、镇（街道）、村（居）四级儿童福利工作人员进行培训，实现困境儿童关爱保障队伍培训全覆盖。威海市工作经验在全省儿童福利工作会议上进行交流。

流浪乞讨人员救助保护 市民政局、公安局等11部门联合印发《全市开展生活无着的流浪乞讨人员救助管理服务质量大提升专项行动工作方案》，全面开展流浪乞讨人员救助安置工作。市救助管理站开展网络开放日活动，发放救助联系卡2000余张，全年为49名流浪乞讨人员寻找到亲属，接待救助574人次，受助人员累计住站8764天次。

婚姻登记工作规范化建设 全市婚姻登记机构实现场所建设规范化、服务设施信息化、服务内容拓展化，为群众提供便捷高效的婚姻登记服务。8月1日起，全市施行市域通办，并在新闻媒体上提前进行公告，威海市户籍的内地居民可在全市任一内地居民婚姻登记机关办理结婚登记、离婚登记和补领婚姻登记证业务。2020年，全市办理结婚登记1.17万对，离婚登记5719对，补领结婚登记3586对，涉外登记46对，登记合格率100%。

（梁锦江）

【区划地名】 市民政局印发《镇级行政区划调整组织实施工作规程》，对镇级行政区划调整组织实施总体方案编制、组织机构和职责、信息发布、挂牌运转和总结评估等方面进行明确规定。开展平安边界建设工作，印发《第六轮县级行政区域界线联合检查工作方案》，对环翠—文登线、海阳—乳山线2条行政区域界线进行联合检查。指导边界毗邻双方签订平安边界睦邻友好协议书。对威海市管理的41颗县级行政区域界线界桩，每月开展巡查1次，并通过智能手机定位系统及时上传巡查情况。对市区2条道路进行命名，对1条道路的起止点进行调整。对33个住宅小区进行命名，对2个住宅小区进行调整范围。确定地名专家库成员11名，征集地名相关书籍260本、地名杂志180册、地图100张、地名照片80张、地名纪录片50集。指导各区（市）全面完成第二次全国地名普查档案的整理工作，并通过省级验收。3个单位获评山东省第二次全国地名普查先进集体，5人获评山东省第二次全国地名普查先进个人。

（王书清）

【社会工作】 严格组织省市两级和谐使者推荐评选工作，威海市有8人获评第四届齐鲁和谐使者，20人获评第四届威海和谐使者。联合市扶贫开发领导小组办公室启动2020年度社会工作参与脱贫攻坚公益创投活动，实施社会工作脱贫示范项目12个，提供各类服务5600余人次，涵盖农村特殊困难群体救助帮扶、农村留守儿童和困境儿童关爱等多个领域。发动全市社会工作从业人员参加社会工作者职业水平考试，全年全市取得社会工作者职业水平证书672人。

（张玉秀）

慈善事业

【概况】 2020年，威海市各级慈善组织依法依规募集慈善款物，广泛开展新冠肺炎疫情防控社会捐助、慈善大病救助、遇困高考新生救助等慈善救助活动。至年底，全市慈善组织募集款物2.17亿元。其中，募集疫情防控款物总值1.61亿元（疫情防控捐款8333.48万元，疫情防控物资价值7812.1万元），企业捐款及认捐慈善基金捐款491万元，冠名慈善基金1560.6万元，定项及日常捐款323.32万元，中华慈善总会援助药品总值3231万元。市慈善总会募集款物1.24亿元。全市支出善款2.7亿元，惠及困难群众7.15万人。其中，市慈善总会支出善款1.24亿元，惠及困难群众3.94万人。在全市开展“威海慈善奖”评选表扬活动，表彰爱心企业17家、个人25名、项目6个、冠名慈善基金3个。

【慈善助医】 全市支出助医款4175.28万元，开展慈善大病救助、慈善光明行、冠名慈善基金助医等活动，惠及大病患者9890人。其中，市慈善总会支出347.52万元，救助大病患者2029人。

【慈善助学】 开展遇困高考新生救助、三角轮胎“助力翱翔”在校大学生救助等活动，支出善款1566.36万元，救助全市遇困小学、中学、大学生5825人，实现全市户籍遇困学生救助全覆盖。其中，市慈善总会支出助学款615.06万元，惠及遇困学生1562人次。

【慈善助老、助困】 全市支出善款2083.55万元，开展建筑业农民工“关爱行动”、威高集团情系老兵关爱老党员等活动，救助遇困群众5.38万人次。其中，市慈善总会支出善款784.99万元，救助3.38万人次。

【慈善助残】 全市支出善款30.86万元，开展贫困残疾人帮扶等活动，惠及残疾人83人。其中，市慈善总会支出善款10.16万元，帮扶残疾人23人。

12月16日，2020“慈善威海”颁奖典礼举行　　（威海市民政局　提供）

【援助药品发放】 威海发药点免费发放格列卫、达希纳、易瑞沙、泰瑞沙、爱必妥5种援助药品，发药价值3231万元，惠及重病患者1896人次。威海发药点于2015年设立，至2020年年底，累计发放药品总值2.06亿元，惠及重病患者1.08万人次。

（刘舒悦）

退役军人事务

【概况】 2020年，全市退役军人事务系统用心用情用力为退役军人服务，退役军人服务保障体系建设、思想政治和权益维护、移交安置、优待抚恤、就业创业和双拥共建等水平稳步提升。9月11日—15日，全国第二期地级市退役军人服务中心负责人现场培训会在荣成市召开。英烈褒扬、服务保障体系建设、权益维护工作在退役军人事务部相关会议上作为典型进行交流，军休工作在省有关会议上作为典型进行交流。创新“社会为我，我为社会”退役军人“双向服务”新模式，相关做法得到中共山东省委领导和退役军人事务部领导批示肯定，被中共山东省委办公厅和退役军人事务部转发，并在全省全国现场会上作为典型进行交流。探索基层服务站与人民武装部共建共享新路径，从征兵入伍、部队服役、转业安置全流程梳理结合点，找准切入点，实现闭环管理。威海市军队离退休干部服务管理中心获评省级文明单位。全年有5个宣传作品在齐鲁英烈文化创作大赛上获奖，在省级以上平台发表政务信息12篇，在媒体发布宣传稿件222篇。全市退役军人积极参与疫情防控，开展志愿服务活动7500余次，捐款捐物达4000余万元。退役军人尹力军获评山东最美抗疫退役军人，戚恩雨获评全国先进工作者，王文水获评全国劳动模范，并获评山东省首届“优秀兵支书”，记录其事迹的微视频《“参”爱这片土地》在退役军人事务部组织的微视频大赛中获得优秀奖。

（范曙光）

【移交安置】 2020年，完成计划分配军队转业干部和由政府安排工作退役士兵的安置任务，计划分配军队转业干部安置到公务员岗位的比例达94%，由政府安排工作退役士兵安置到事业单位的比例达55%。在全省率先完成保险接续任务，办结部分退役士兵基本养老保险补缴，补缴金额1.51亿元。开展军休干部医养结合试点工作，探索军休医养结合新模式，高标准完成试点工作。做好企业军队转业干部服务管理工作，全年审核发放补助经费4000万元，定期与企业军队转业干部进行座谈，开展"八一"建军节、春节期间走访慰问工作。

（赵振畲）

【退役军人服务保障体系建设】 加强全市退役军人服务中心（站）规范场所建设，达到全国示范型建设标准镇（街道）服务站标准的有70余个，验收通过率100%。荣成市崖头街道退役军人服务站入选全国十大"枫桥式"基层服务站，崖头街道退役军人服务站站长卢淑丽获评全国"百名优秀主任（站长）"。全国地级市退役军人服务中心负责人和骨干现场培训班在荣成市召开。在退役军人50人以上的党政机关和企事业单位、公共交通服务站所建设服务站，该做法被纳入全省新时代退役军人工作标准予以推广。在全省率先完成退役军人建档立卡精准服务，完成信息采集。成立退役军人志愿服务队，并组织集中授旗仪式，全市退役军人志愿服务组织达300余家，办理好事4345件。

（魏庆安）

【优待抚恤】 全市退役军人系统广泛开展退役军人和优抚对象走访慰问活动，发放慰问信、春联和联系卡，悬挂光荣牌。全市200余个政府投资兴办的公园全部落实退役军人免门票游览政策，1032家公共服务机构、19家公立医疗机构设置"现役军人、退役军人和其他优抚对象优先"标识；实现退役军人免费乘坐公交车，发放"崇军卡"；投入560万元，在全省率先开展优抚对象意外伤害和重大疾病保险工作，为优抚对象赔付207万元。对260名抗战老兵事迹进行抢救性挖掘保护，组织"致敬·2020清明祭英烈"和9月30日向烈士敬献花篮仪式，在全社会倡树崇尚英雄、缅怀先烈的良好风尚。威海市英烈褒扬工作经验在《中国社会报》上刊发，并在全国会议上进行交流。

（邵敏巍）

【退役军人就业创业】 2020年，全市组织退役军人专场招聘会15场，为退役军人提供就业岗位。举办全市退役军人创新创业大赛，报名参加项目42个，获得省级奖项目3个。对退役军人进行技能培训。新冠肺炎疫情期间，为小微军创企业发放退役军人创业扶持贷款2749.4万元。为退役军人就业创业搭建平台，建成多处产业园。

（孟凡勇）

【双拥工作】 2020年，威海市第8次获评全国双拥模范城，荣成市首次获评全国双拥模范城，柳富林获评全国爱国拥军模范，乳山市获评省级双拥模范城。在全省率先印发《关于做好驻威部队军人随军家属就业安置工作的意见》，为未就业随军家属发放生活补助金。常态化组织"军事日"和"地方日"活动，不断强化军地互动。全力为部队办实事解难题，解决部队实际问题。文登区出资为部队解决门市房清偿纠纷，支付部队土地置换征地补偿，减免部队供暖接入市政大管网配套费用；荣成市投资修建道路；环翠区出资改造民兵训练基地。全力做好过往部队饮食供应，为驻威海部队调配口罩、消毒液及其他防疫物资，保障部队练兵备战。全年走访慰问驻军单位223次，走访立功受奖家庭267户，赠送慰问金、慰问品，营造崇军拥军浓厚氛围。完成《书记话双拥》访谈节目，展示威海市双拥工作风采。

（王　颖）

12月23日，威海市退役军人西洋参产业园揭牌仪式举行

（威海市退役军人事务局　提供）

医疗保障

【概况】 2020年，全市基本医疗保险参保人数263万人，基本实现城乡全覆盖。居民医保一档、二档缴费标准分别为450元和650元。基金全部实行统收统支的市级统筹，职工基本医保政策范围内报销比例达86.96%，居民基本医保政策范围内报销比例达63.7%。全市4万余名困难人员（建档立卡贫困人口、特困人员、低保对象、贫困重度残疾人）实现基本医保、大病保险、医疗救助全覆盖，减轻困难人员医疗费用1.05亿元，落实困难人

员参保补贴1911.37万元。医疗救助制度持续完善，全年救助8.20万人次、金额1862.7万元。扩大人员保障范围，对确诊、疑似患者以及留院观察人员执行同等医疗保障政策，一律先就医后结算。多措并举支持企业复工复产，出台阶段性降费政策，全年减轻企业和职工费用4.9亿元。解决企业资金周转困难，向全市协议定点医疗机构预付医保基金2.14亿元，专门用于向医药生产和配送企业支付医药款。推行医保业务“不见面”经办，全年办理各类医保经办事项140余万件，“不见面”办理率超过98%。关心关爱一线医务人员，为105家疾病预防控制和医疗机构的1.17万名医护人员赠送人身意外伤害保险，对1万余名医务工作者给予医保医师和医保信用加分激励。威海市医疗保障局先后获评全省抗击新冠肺炎疫情先进集体、2019年度全省脱贫攻坚先进集体等。

8月21日，国家医保智能监控示范点中期现场推进会在威海市召开

（威海市医疗保障局　提供）

【医疗保障制度体系建设】 完善大病保险制度，扩大职工大病保险保障范围，对参保职工经医保报销后，个人负担超过1.8万元起付标准以上的部分予以补偿。提高大病保险特药保障待遇，参保人员使用大病保险特药起付标准以上部分的补偿比例由60%提高到80%。将参保人员治疗戈谢病、庞贝氏病和法布雷病3种罕见病的特效药品费用纳入大病保险保障范围。长期护理保险制度持续完善，职工长期护理保险实现全覆盖，全年为1.33万人次参保职工减轻护理负担1762万元；继续开展居民长期护理保险试点，为威海南海新区412人次参保居民减轻护理负担24万元。完善异地就医管理制度，将群众未按规定备案发生的异地就医费用纳入报销范围。优化生育保险制度，调整提高生育保险待遇和计划生育手术费用。全面启动居民“两病”（高血压、糖尿病）门诊保障工作，将“两病”门诊检查和用药费用纳入医保支付范围，2020年为全市“两病”居民群众减轻负担3652.75万元，政策范围内平均报销比例达63.5%。

【重点领域改革】 深入推进国家中医药综合改革试验区建设，中医药医疗保障经验做法作为山东省唯一医保改革典型案例上报中央全面深化改革委员会办公室。加快医保支付方式改革进程，在全省率先推行中医、恶性肿瘤放疗、心理科和护理院等“日间病房”试点工作，中医日间病房试点医疗机构扩大至44家，中医诊疗项目进一步扩大；获评首批DRG（疾病诊断相关分组）付费省级试点，DRG付费在威海市部分医疗机构先行试点。全面落实国家、省集中带量采购政策，在全省率先成立涵盖所有公立医疗机构的药械采购联合体，开展全省首例高值医用耗材集中带量采购，推进跨区域联盟采购，累计为群众减负2.2亿元。深化医疗服务价格改革，在全省率先全面降低930余项检查检验项目价格，每年减轻群众检查检验费用负担约1.3亿元。新增医疗服务项目70余个，适当提高800余项体现医务人员技术劳务价值的项目价格，提升医务人员获得感和积极性。

【医保基金监管】 在全市持续开展打击欺诈骗保专项行动，公开曝光欺诈骗保的典型案例，持续保持打击欺诈骗保高压态势，医疗保障“双随机、一公开”工作被纳入山东省医疗保障局试点。全年检查定点医药机构2290家，检查覆盖率100%；处理违法违规医药机构571家，处理违法违规参保人员10人；暂停结算405家，解除医保协议17家，行政罚款10家，移交司法机关10起；追回基金9436.79万元，行政罚款145.23万元；兑现举报奖励2起，奖励金额1587元，公开曝光53起。推进国家智能监控示范点建设，打造独具威海特色的智能监控系统，建设成果列全国32个试点城市第2位(列所有试点地级市第1位)。

【医保服务提升】 深入推动经办服务流程再造，全部经办事项办理时限由190个工作日缩减至80个，办理时限整体缩短57.9%，申办材料内容整体精简44%，市直医疗保障服务窗口获评山东省医保经办服务标准化窗口，市医疗保障服务大厅获评市级“部门办事大厅”优秀等次。在全省率先实现医保信息系统迁移“上云”并独立专网运行，系统稳定性提高50%，结算速度加快3～5倍，群众办理业务平均时间缩短三分之一，深入推进“网上办”“掌上办”，高频民生事项不见面办理率达98%以上，在医保信息化硬件网络建设评估中，威海市排名全省第1位。强化医保经办内控管理，经验做法作为全省医疗保障系统唯一典型推荐至国家医疗保障局。在全省医保系统率先成立专门的投诉举报科室，日均受理群众各类政策咨询和投诉举报160余件，全年医保信访和12345政务服务热线投诉件办理情况满意率100%。

（于　斌）

住房公积金管理

【概况】 2020年，威海市住房公积金管理中心坚持稳字当头，统筹兼顾，推行惠民助企政策，扎实开展作风大改进行动，不断优化营商环境，统筹推进疫情防控和业务工作，主要指标稳中有升，制度覆盖面显著扩大，风险防范扎实有效，全市住房公积金继续保持平稳健康发展的良好态势。年内，全市新开户单位1188家，实缴单位6865家，增加单位805家；新开户职工3.99万人，实缴职工39.99万人，增加职工2.7万人；缴存额45.46亿元，比上年增长7.0%。提取额33.9亿元，增长29.8%，占当年缴存额的74.6%，提高13.11个百分点。发放个人住房贷款5864笔20.72亿元，分别增长44.7%和60.5%。累计发放个人住房贷款9.49万笔241.66亿元，分别增长6.5%和9.4%，贷款余额123.85亿元，增长0.6%。个人住房贷款余额占缴存余额的77.2%，下降5.47个百分点。增值收益1.97亿元，减少4%。至年底，缴存总额352.55亿元，比上年增长14.8%；缴存余额160.51亿元，增长7.8%；提取总额192.04亿元，增长21.4%。

【住房公积金缴存基数和缴存比例调整】 根据国务院《住房公积金管理条例》，对2020年度住房公积金缴存基数和缴存比例进行调整。2020年度职工住房公积金缴存基数按照职工本人2019年度月平均工资总额核定，工资总额按照国家统计局《关于工资总额组成的规定》计算。2020年度职工住房公积金月缴存基数最高限额调整为1.78万元，最低限额为2010元。职工本人和单位住房公积金缴存比例分别不低于5%、不高于12%。缴存住房公积金确有困难的单位，经本单位职工代表大会或工会讨论通过、报威海市住房公积金管理中心批准后，可申请降低缴存比例或缓缴，待单位经济效益好转后，再提高缴存比例或补缴。

【住房公积金阶段性支持政策】 2020年6月30日前，住房公积金缴存企业因受新冠病毒肺炎疫情影响，无法按时足额缴存住房公积金的，经企业职工代表大会或者工会讨论通过后，可向威海市住房公积金管理中心申请缓缴，缓缴期限至2020年6月。缓缴期间，缴存时间连续计算，不影响职工正常提取和申请住房公积金贷款；职工需办理账户转移或销户提取的，企业应当先为其办理补缴。企业申请缓缴时，应同时向公积金中心提交补缴方案，并在9月30日前补齐欠缴的住房公积金，补缴金额按照缓缴前的缴存基数和缴存比例计算确定。对因感染新冠肺炎住院治疗或隔离人员、疫情防控需要隔离观察人员、参加疫情防控工作人员以及受疫情影响暂时失去收入来源的人员，可灵活调整其住房公积金贷款还款安排，合理延后还款期限。疫情防控期间未能正常还款的，可不作逾期处理，不作为逾期记录报送征信部门。在疫情防控期间，对购建房提取、提前结清贷款提取、既有住宅增设电梯提取等有受理时限要求的提取业务，延长受理时限至疫情结束后的3个月。对受疫情影响支付房租压力较大的租房职工，可在本年度内分两次提取住房公积金用于支付房租，提取额度不超过本年度最高限额。对受疫情影响的企业，经职工代表大会或者工会讨论通过后，可按规定申请降低住房公积金缴存比例，单位和个人缴存比例最低不低于5%。待疫情结束后，企业可根据自身生产经营情况，自主选择恢复原比例。对受疫情影响不能建立住房公积金制度或者不能按时足额缴存住房公积金的企业延期启动执法程序。对职工反映企业不能按时足额缴存住房公积金的问题，以协调为主，疫情期间暂时不启动执法程序。

【部分资金使用政策调整】 提高贷款额度，夫妻双方均符合贷款条件的贷款额度由最高50万元提高到60万元。对双一流大学生加大信贷支持，双一流大学毕业生申贷条件由连续正常缴存12个月放宽到6个月，贷款额度不与公积金账户余额挂钩。加装电梯可提取公积金，申请人提供经业主共同确认的出资协议及一年内的出资证明，可以提取本人及配偶的住房公积金，提取额不能超过出资的费用。恢复执行异地贷款政策，户籍属于威海市辖区范围的职工，在外地就业并缴存公积金，在威海市购买住房可以申请公积金贷款。恢复执行商业贷款转公积金贷款政策，缴存职工已办理商业住房贷款不超过3年，且所购房符合现行公积金贷款条件的，可在提前一次性还清商业贷款后1个月内申请公积金贷款，贷款额不超过一次性还清商业贷款的金额。取消二次申请公积金贷款年限限制，首次公积金贷款结清后再次申请公积金贷款，不受间隔3年的时间限制。开展公积金余额抵扣公积金贷款业务，公积金贷款职工可以通过网上服务厅和手机应用程序申请夫妻双方公积金余额抵扣部分贷款本金。提高无自有住房缴存职工支付房租提取住房公积金的额度，将每人每年最高6000元提高到每人每年最高9600元。推进胶东5市间住房公积金互认互贷，职工在青岛、烟台、潍坊、日照4市缴存住房公积金，在威海市购房申请异地贷款或作为配偶参与申贷的，取消户籍限制。

（王漓江）

民族·宗教

【概况】 威海市属少数民族散杂居地区。2020年，全市有46个少数民族，总人口7.5万人，占全市总人口的2.7%。其中，少数民族户籍人口2.2万人，暂住人口5.3万人。朝鲜族占少数民族总人口的27.2%，满族占少数民族总人口的23.1%，佤族占少数民族总人口的8.6%。

【宗教事务行政事项规范】 完成宗教工作“互联网+监管”、大数据平台及政务服务系统维护更新等基础工作，完成3处场所审批设立工作。完成省宗教数据平台信息提报更新，在全市宗教信息员中推广使用宗教事务平台手机应用程序，录入全市宗教活动场所、宗教团体等基础信息。更新威海政务云平台标准化事项库，做好“一网通办”总门户事项齐全性排查，优化办事流程，完善优化政务服务事项、服务指南要素和材料目录。

【民族团结进步创建】 2020年，环翠区码头小学、文登区文昌中学、威海火炬高技术产业开发区恒山实验小学和威海经济技术开发区瑞翔电子有限公司被命名为省级民族团结进步示范单位；3个单位及3名个人被山东省政府表彰为山东省民族团结进步模范集体和模范个人；11个单位获评威海市民族团结进步示范单位。新冠肺炎疫情期间，“爱心拉面”活动发起人马志华主动组织部分拉面店业主先后为80余个卡点现场制作拉面1万余碗，“爱心拉面”群体获评威海市抗击疫情最佳志愿服务项目，马志华被评为全省抗击疫情优秀志愿者。

【宗教政策法规宣传】 成立宗教法规政策宣讲团，开展宗教政策法规宣传。完成执法人员编制及执法证考取工作。开展宗教政策法规学习月活动，培训干部7000余人次，受众群众3万余人次。投入30万余元，打造省级普法宣传教育基地。举办全市宗教教职人员培训班。以“铸牢中华民族共同体意识，助力全面建成小康社会”为主题，开展系列主题宣传等活动，参与人员2万余人次。

【“宗教慈善周”活动】 新冠肺炎疫情期间，宗教界捐款捐物90万余元，市佛教协会、基督教协会受到市委、市政府通报表彰。开展统战连心桥活动，引导各宗教团体参与爱心服务活动，投入善款25万余元，出动志愿者500余人次，广泛开展助残帮困、关爱学子、义务献血等活动，购买3万余元扶贫物资，助力脱贫攻坚。

【宗教领域安全督导】 新冠肺炎疫情期间，全市50处宗教场所第一时间关闭，确保宗教领域疫情防控到位。下半年，在加强管控确保安全稳定的基础上，对40余处宗教活动场所有序开放，保证信教群众宗教生活需求。加大季节性防火及大型宗教活动督导检查、安全生产检查力度，确保宗教领域安全稳定。

（李晓娟）

人民生活

【居民收入增长】 2020年，全市全体居民人均可支配收入4.11万元，比上年增长3.9%。其中，城镇居民人均可支配收入5.04万元，增长2.8%；农村居民人均可支配收入2.34万元，增长5.3%。全体居民人均消费支出2.53万元，下降0.6%。其中，城镇居民人均消费支出3.13万元，下降1.6%；农村居民人均消费支出1.38万元，增长0.6%。全体居民食品烟酒消费支出占消费总支出的25.8%。其中，城镇居民食品烟酒消费支出占消费总支出的25.4%，农村居民食品烟酒消费支出占消费总支出的27.8%。四类收入“三增一减”，经营收入显著下降。全市居民人均工资性收入2.46万元，增长7.0%，增速下降1.1个百分点，占人均可支配收入的59.8%，拉动全市居民人均可支配收入增长4.1个百分点；人均经营净收入6694元，下降12.3%，增速下降17.9个百分点，占人均可支配收入的16.3%；人均财产净收入2796元，增长4.9%，增速下降2.0个百分点；人均转移净收入7047元，增长11.6%，增速居四类收入之首，下降0.3个百分点。农村增速快于城镇，城乡差距继续缩小。新冠肺炎疫情发生后，农村居民失去大量就业机会，农产品的销售和运输受到限制，严重影响农村居民收入增加。随着疫情防控形势好转，农村由于人口分散，经济活动率先恢复，农村居民外出务工逐步恢复正常，农产品销售渠道逐渐畅通，农村居民收入增速不断加快，并超过城镇居民。农村居民人均可支配收入增长5.3%，增速高出城镇居民2.5个百分点。城乡收入比由上年同期的2.21 ∶ 1下降至2.16 ∶ 1，城乡居民收入差距进一步缩小。

【社会保障体系完善】 2020年，全市有224.92万人参加基本养老保险，连续第16次调增企业退休人员养老金，惠及全市41.88万名退休人员，居民基础养老金标准提高至每人每月154元。参加基本医疗保险262.99万人，居民医保补助标准提高到每人每年550元；有2.10万人领取失业保险金，享受工伤保险待遇职工5617人，享受生育津贴待遇女职工0.99万人。

【居民生活品质提升】 2020年，居民消费价格比上年增长2.5%。其中，食品烟酒价格增长9.0%，衣着价格增长2.1%，居住价格下降2.1%，生活用品及服务价格下降0.1%，交通和通信价格下降4.4%，教育文化和娱乐价格增长4.6%，医疗保健价格下降0.2%，其他用品和服务价格增长2.9%。

（于　淼）

社会风尚

【见义勇为】 陈德忠　威海市水务集团初村供水公司羊亭办公区保安。2020年7月某天，陈德忠在单位值班，突然听到屋外路人呼救，一名十五六岁的年轻女孩轻生跳河，陈德忠拿起屋里的长把雨伞，快速向河边跑去，同时拨打110报警电话。陈德忠用伞把勾住女孩衣服，用力向岸边拖拽，同时呼喊周围晨练群众帮忙，将女孩救上岸。被救女孩父母专程到陈德忠家中感谢，并放下现金1万元，陈德忠将钱悉数返还。

戚忠　王凤山　戚忠，威海市公交集团鲁东机动车驾驶培训有限公司教练员。王凤山，黑龙江籍退休职工。2020年10月3日下午5时40分，驾船在刘公岛北三连岛附近海域钓鱼的戚忠和王凤山等人发现远处的一艘小型渔船上有浓烟升起，迅速驾船前往察看。小渔船上两名男子点燃救生衣，正在求救。救起2人后，戚忠等人又驾船将故障船只拖回岸边。

袁奇　文登宏利客运有限公司出租车驾驶员。2020年2月22日，一名

50岁左右操外地口音女士搭上袁奇驾驶的出租车，不停催促加快车速。袁奇主动询问后，得知这名女士的儿子因为胳膊骨折在医院住院治疗，无力支付手术费，欲跳河轻生。袁奇快速驾车赶到目的地，同时该女士的2位亲属也紧随赶到现场。该女士的儿子见到众人，情绪激动，纵身跳入约2米深的河中。其亲属们随即跳河救助，拖着轻生男子游向橡皮坝，水中3人逐渐体力不支。由于不会游泳，袁奇趴在橡皮坝上在亲属配合下将该男子拖上橡皮坝，并将其拖到岸上。被救男子生命无恙，袁奇没有收取出租车费，驾车离开。

梁德平　中国南方航空股份有限公司退休职工。2020年8月26日，乳山市市民夏女士和儿子被海面风浪卷进深水区。两人一边挣扎一边呼救，情况紧急。在附近游泳的71岁的梁德平，顶着风浪游过去。梁德平抓住男孩的泳圈，奋力将其拖到岸上，梁德平再度返回，将男孩的母亲救上岸。

冯　建　乳山市冯家镇冯家村党支部委员。2020年8月10日上午，外出办事的冯建开车经过冯家村河边，听到河里有人呼救。冯建跳进水里，将落水者托出水面，并游回岸边，并对其进行心肺复苏和人工呼吸，随后送至医院，落水者经救治顺利康复。

（摘自威海新闻网）

【2020年“中国好人榜”威海好人】

刘彰蔚　男，汉族，中共党员。2013年，创建“红马甲行动”制度，为过质保期的客户及其他不属于公司的客户提供免费的家装质量检测及家装系统的维护和检修，每年进行一次。倡导诚信理念，率先启动先行赔付制度，在媒体及行业中公开承诺诚信经营，接受社会监督。刘彰蔚带领员工积极参与社会公益活动，先后捐款20余万元，并以自己的名字在环翠区慈善总会设立捐助基金，用于扶持贫困和残障学生。刘彰蔚先后获评威海市环翠区优秀共产党员、山东好人之星等。2020年1月，入选“中国好人榜”，获评诚实守信好人。

李双举　男，1959年7月出生，威海市环翠楼街道西北村社区思源党支部书记，双举海参专卖店总经理。2020年，新冠肺炎疫情期间，李双举捐款11万元，并投身到疫情防控的志愿服务中，同时发动公司全体员工和加盟商捐款5万余元。李双举将50余箱计25万元的野生海参送到24名援鄂医护人员家中，向医护人员表达敬意。双举海参店先后获评消费者满意单位，文明诚信个体工商户等。2020年，李双举入选“中国好人榜”，获评助人为乐好人。

柏　军　梁文强　2020年6月20日下午，柏军和女儿在中央电视台威海影视城大风车景区附近的海滩玩耍，遇到一位女士求助，离岸边300余米的海里有2个孩子溺水，柏军迅速跳入海中，奋力向孩子游去。附近陪着妻儿散步的梁文强听到呼救，冲向海中奋力施救。两个人很快游到孩子身边。退潮海浪较大，水势急，梁文强救起其中1名孩子。在附近海域的付百强听到有人呼救，开着摩托艇赶到现场，将小男孩和重度溺水的柏军一起带回岸边。小男孩在柏军的保护下，安然无恙，而呛水过多的柏军被送上岸时，陷入昏迷之中。医护人员和派出所民警将柏军、梁文强送至医院，梁文强经救治后康复，柏军经抢救无效离世。柏军用自己的生命，救回溺水儿童。2020年11月，柏军、梁文强入选“中国好人榜”，获评见义勇为好人。

耿　博　男，1988年7月生，中共党员，国网山东省电力公司威海供电公司输电运检三班班长。耿博在工作中带动班组成员自觉学、主动学、相互学，增强处理设备缺陷、解决技术难题的能力，保障电网安全稳定运行。新冠肺炎疫情期间，耿博离开患肝硬化末期的父亲和怀孕8个月的妻子，组建党员突击队，梳理重要保电线路87条，完成“一线一案”编制工作。其间，耿博日行3万步以上，确保对重点医院和防疫物资生产企业保电线路每日巡视6次，及时处理导线覆冰等重大隐患2处，使用无人机巡视发现缺陷53处，并完成134处重点区段测温工作；通过输电线路可视化监控系统，完成2754处特殊区段监测，发现隐患34处，所管辖的重点保电线路未发生任何跳闸事故。耿博及其创新团队开展技术攻坚、课题攻关等活动，先后获评国家专利成果38项、市公司以上创新成果10项。经过4个月的攻关，国家电网系统第一套无人机带电作业软体挂设专用工具投入使用，平均作业时间减少2天，为企业减少经济损失上千万元，该项成果获得山东省优秀质量管理小组一等奖、山东省职工技术创新成果三等奖和山东省科学技术奖三等奖。耿博不断提升自身技术能力，是山东省第1批、威海供电公司第1个取得无人机驾驶员资格的员工，主导开发的输电线路运维辅助决策系统等获得省公司认可并在全省推广；参加山东省首届无人机技术与应用竞赛获得第1名。2020年12月，耿博入选“中国好人榜”，获评敬业奉献好人。

（摘自威海文明网）

编辑　李传强

区（市）概况

环翠区

【概况】 2020年年底，环翠区总面积387.39平方千米，大陆海岸线长约43千米。辖9个镇（街道）、220个村（社区），户籍人口35.22万人（含桥头镇）。全年实现地区生产总值386.85亿元，按可比价格计算（下同），比上年增长3.7%。其中，第一产业增加值30.03亿元，第二产业增加值117亿元，第三产业增加值239.82亿元。三次产业结构为7.8∶30.2∶62.0。固定资产投资增长4.8%。社会消费品零售总额增长1.2%。对外贸易进出口总额183亿元（含桥头镇），下降17.2%。其中，出口额150.7亿元，下降7.2%；进口额32.3亿元，下降44.8%。完成一般公共预算收入41.72亿元，一般公共预算支出32.24亿元。

全年实现农林牧渔业总产值54.99亿元，下降1.7%。花生总产量941吨，蔬菜总产量1.93万吨，果品总产量1.42万吨。水产品产量（不含远洋捕捞产量）32.50万吨。完成造林面积13.3公顷。年底农业机械总动力8.39万千瓦，完成机耕作业面积706.6公顷、机播面积707.6公顷、机收面积774.6公顷。有市场主体7.38万户，新登记市场主体1.25万户。规模以上工业企业113家，实现工业增加值增长2.4%、营业收入增长3.8%、利润总额增长22.5%。高新技术产业产值占规模以上工业总产值比重为75.41%。实现建筑业总产值137.8亿元，增长0.4%。

全区有中等职业学校2所，在校学生979人；义务教育学校33所，在校学生5.52万人，在编教职工3382人；幼儿园62所，在园幼儿1.72万人，教职工2343人。有国家工程技术研究中心1家、省技术创新中心1家、省工程技术研究中心10家、省重点实验室3家、院士工作站4家、省新型研发机构1家、市工程技术研究中心30家、市重点实验室5家、市技术创新中心3家、市新型研发机构5家、市创新创业共同体1家。获批山东省科技进步奖三等奖1项，登记技术合同金额12.2亿元。全年授权发明专利123件，授权专利数1967件。有民间艺术团体276个，文化馆2个，公共图书馆2个，美术馆2个，博物馆1个，电影院8座。有国家A级以上旅游景区9家，省级农业旅游示范点18个，省级旅游特色村13个。有卫生机构375所，实有床位1310张，专业技术人员4103人。举办区级以上体育活动6次，在省、市体育比赛中获得团体第1名13个。举办群众性体育活动160次，参与群众4万余人。

全区城镇新增就业4742人，城镇登记失业率1.15%。城镇居民人均可支配收入5.18万元，农村居民人均可支配收入2.26万元，分别增长2.9%、5.2%。有10.75万人参加城镇职工基本养老保险，4.75万名离退休职工享受养老保险，发放养老金13.91亿元。城乡居民养老保险参保人数达2.39万人，有1.43万名城乡居民每月领取养老金，全年发放养老金3308万元。城镇职工基本养老、失业、工伤保险参保人数分别比上年年底增长5.14%、5.45%、2.58%。全区有各类养老机构25家，床位3208张，收养人员917人。（注：因区划调整，部分数据没有进行迁移，除括注外，其他数据均不包含桥头镇）

【“双招双引”工作推进】 出台“英才汇翠”人才新政20条，政策引导和激励作用明显，全区引进培育市级以上高层次人才22人，新引进高校毕业生比上年增长30.2%，兑现人才扶持资金增

7月，望岛河游园　　（李传强　摄）

长33.6%。建设威海创新园专业分中心9处，引进信息技术、新材料等领域高层次人才30余人，培育泰山产业领军人才7人。深化党委联系专家和人才服务专员制度，累计为各领域人才及用人单位解决问题1200余件。年内，引进外资过1000万美元、内资过1亿元项目20个。环翠区获评山东省人才工作先进单位、2019年度山东省“招商引资招才引智”专项评价先进县。

【精致城市建设】 环翠区实施区级城建重点工程77项、“城市双修”（生态修复、城市修补）工程39项和海绵城市建设工程14项，滨海步道环翠段全线基本贯通。加快推进特色街区打造，新威附路历史文化街区等3处特色街区投入运营，环翠区卫城入选山东省城市品质提升试点片区名单。坚持精致社区与红色物业建设同步推进，新打造精致社区样板社区27个，18个红色物业示范项目通过市级验收。

【乡村振兴】 环翠区打造清怡茶园等特色产业项目35个，12349农副产品物流园、博宇水产两个千万级农产品加工项目投产。实施农村居住环境综合整治七大专项行动，新创建省级美丽乡村2个、市级美丽乡村5个。稳步推进农村宅基地“三权分置”（所有权、承包权、经营权三权分置）改革，盘活宅基地2167栋，流转耕地100公顷。加强基层党组织建设，组建6个农村区域党建联盟，党支部领办合作社14家。年内，环翠区获评2020中国乡村振兴百佳示范县市。

【法治政府建设】 环翠区着力营造法治化营商环境，加强行政执法规范化建设，完善多元化矛盾纠纷解决机制，严格落实行政复议应诉工作责任。落实普法责任制，指导普法成员单位积极履职履责。落实重大行政决策合法性审查程序，加强规范性文件管理，行政规范性文件均按规定实行“三统一”（统一登记、统一编号、统一印发）制度及备案要求。10月，环翠区通过法治政府建设示范区实地复核，获评首批山东省法治政府建设示范区。

【远遥浅海科技湾区建设】 为加快海洋强区建设，环翠区以科技力量推进经略海洋建设，打造远遥浅海科技湾区，湾区北至褚岛北部浅海试验场，南至远遥渔港，西至远遥嘴，东至靖子头，陆域面积78公顷，海域面积616公顷。年内，环翠区投资1.26亿元，完成蓝创1～5号楼装修改造工程、蓝贝海洋科技展览中心展陈深化设计及部分改造工程、蓝科大厦的土建安装和幕墙工程、湾区入口改造工程以及盐碱地生态系统示范基地工程。海洋无人装备与技术联合创新中心、无人机应用服务中心、浅海综合试验场、海洋大数据中心、国家海水利用工程（威海）中心5个项目签约入驻湾区。

2020年威海市环翠区镇（街道）基本情况表

表24

名称	村（社区）（个）		总面积（平方千米）	总人口（万人）		一般公共预算收入（亿元）	名优特产
	村	社区		户籍	常住		
环翠楼街道		17	4.39	4.18	3.77	5.80	老刺参、海米
鲸园街道		16	6.45	7.46	10.00	4.05	丝绸
竹岛街道		25	19.64	8.70	10.90	7.30	鲐鱼片、鲅鱼片、赤贝
孙家疃街道		8	18.00	1.69	2.67	1.50	海参、对虾、鹰爪虾、扇贝、小黄鱼
嵩山街道	9	3	31.79	1.63	4.22	1.29	苹果、蝴蝶兰、蓝莓、锡镶壶、蘑菇
张村镇	4	15	49.03	3.40	11.91	5.81	里口山蟠桃、草莓、双岛海参
羊亭镇	25	8	76.54	2.39	3.17	3.31	贝草夼杏、北上夼樱桃、宝丰猕猴桃
温泉镇	19	13	66.59	2.83	4.96	2.04	山花地毯、威海卫啤酒、草莓、樱桃
桥头镇	51	1	111.17	2.90	2.52	0.77	苹果、羊汤、花生

（于海龙）

文登区

【概况】 2020年年底，全区总面积1364平方千米，大陆海岸线长约169千米。辖14个镇（街道）、654个村（社区），户籍人口52.4万人。全年实现地区生产总值474.67亿元，比上年增长3.2%。其中，第一产业增加值57.37亿元，第二产业增加值184.24亿元，第三产业增加值233.06亿元。三次产业结构为12.1∶38.8∶49.1。固定资产投资增长7.5%。社会消费品零售总额下降0.4%。对外贸易进出口总额125.42亿元，增长13.9%。其中，出口额100.1亿元，增长21%。一般公共预算收入44.21亿元，一般公共预算支出58.54亿元，分别增长–2%、2.7%。年底金融机构本外币各项存款余额699.57亿元，本外币各项贷款余额492.45亿元，分别比年初增长6.9%、12.6%。

全年实现农林牧渔业增加值增长2%。粮食播种面积3.61万公顷，粮食总产量 20.88 万吨，油料播种面积 1.55 万公顷，水果总产量 12.95 万吨。水产品总产量 25.64 万吨，肉类总产量 6.21 万吨，禽蛋总产量 2.76 万吨，奶类总产量 0.6 万吨。年底有农业机械总动力 142.22 万千瓦，农业产业化重点龙头企业26家。有各类市场主体6.24万户，新登记市场主体 1.23 万户。规模以上工业企业 148 家，实现业务收入 211.13 亿元，增长 2.7%，实现总产值增长 6.5%。高新技术产业产值占工业总产值的比重为 50.35%，增长 11.37%。

全区公路通车里程 1944.5 千米（含农村公路、国省道）。公交车运营线路总长度为905千米，有公交车204辆，客运量 1138.53 万人次，运营里程 1171 万千米。道路长途旅客周转量 37.6 万人次、货运量 1434 万吨。港口完成货物吞吐量 8.2 万吨。

全年完成城建重点工程 54 项，完成投资 7.3 亿元。保障廉租家庭 115 户，发放补贴 49.12 万元；公共租赁住房分配 52 套。城市集中式饮用水水源地水质达标率保持 100%，供热普及率 98%，燃气普及率 100%，全年空气质量优良以上的天数达 346 天，优良率达 94.8%。有国家 AAAA 级旅游景区 2 处、AAA 级旅游景区 6 处；四星级饭店 1 家、三星级饭店 4 家；国家级工农业旅游示范点 4 个、省级工农业旅游示范点 10 个。

全区有普通中等专业学校 3 所，在校学生 4370 人；普通高中 4 所，在校学生 6060 人；义务教育学校 39 所，在校学生 3.34 万人；特殊教育学校 1 所，在校生 107 人，教职工 44 人；幼儿园 49 所，在园幼儿 1.11 万人，教职工 744 人。有省级工程技术研究中心 19 家，威海市级工程技术研究中心 18 家；院士工作站 4 家；获得山东省科技进步奖 2 项，发明专利申请量 1962 件、授权量 555 件。有省级以上孵化器 4 家，在孵企业 127 家。有文化馆 1 个，公共图书馆 1 个，博物馆 1 个，文物管理机构 1 个，电影院 3 座，艺术表演团体 1 个。有 152 人次在省级以上比赛获得名次，有 6 人次在全国比赛中获得名次，其中 1 人次获得冠军、2 人次获得亚军。有卫生机构 388 个，床位 5056 张，卫生技术人员 5283 人。

全区城镇新增就业 5555 人，城镇登记失业率 2.4%。城镇居民人均可支配收入 4.76 万元，农村居民人均可支配收入 2.49 万元，分别比上年增长 2.7%、5.4%。有 48.9 万人参加养老保险，51.3 万人参加基本医疗保险，9.6 万人参加工伤保险，9.4 万人参加失业保险。有各类养老机构及收养性社会福利单位 49 家，有床位 1.09 万张，入住人员 6300 余人。城镇居民最低生活保障 393 户 500 人，发放保障金 350 万元；农村居民最低生活保障 3283 户 4104 人，发放保障金 1922 万元。保障农村特困对象 2822 人，其中集中供养 1255 人，分散供养 1567 人，发放农村特困供养资金 3009 万元。年内，文登区获评中国乡村振兴百佳示范县、山东省第二批乡村振兴“十百千”工程示范创建县、山东省第一批省级农村改革试验区、首批省级城乡融合发展试验区、“打好污染防治攻坚战”专项评价先进县、山东省技术转移先进县、第三批节水型社会建设达标县、第二批深化小型水库管理体制改革示范县、山东省优质五金工具基地、省级牛羊布病净化县、省级科普示范县等。

【黑豹汽车重组】 11 月 10 日，山东重工集团战略重组威海黑豹汽车签约仪式在济南市举行。山东重工集团、中国重汽集团与威海市政府、文登区政府共同签署战略合作协议，山东重工集团对威海黑豹汽车进行全面战略重组，预计 5 年内汽车产量将达到 15 万辆。

【乡村振兴】 引进建设新农创春分小镇、花饽饽文创产业基地等乡村振兴产业项目 84 个，新增规模流转土地 3466.6 公顷，培育发展镇域特色优势产业，初步形成“一镇一品”的发展格局。文登区打造镇级服务中心、经济中心、治理中心的做法在 2020 中国“三农”发展大会上进行典型交流，并入选中国“三农”十大创新榜样名单、第二批全国乡村治理典型案例。深化校地合作，推动乡村振兴，8 月，清华大学乡村振兴工作站山东文登站正式授牌。实施农村人居环境整治，农村垃圾无害化处理率达到 95% 以上，市级清洁村庄实现全覆盖。

【红色印迹专项基金成立】 6 月 6 日，威海威高国际医疗投资控股有限公司捐资 3000 万元，成立威海市文登区威高红色胶东文化传承与印迹保护公益基金会。6 月 28 日，天润工业技术股份有限公司、威海市力钰实业有限公司、海泰和信集团有限公司、宏安集团有限公司 4 家企业共同捐资 1000 万元，成立威海市文登区昆嵛红色基因传承基金会。两支基金会的成立为文登区红色印迹保护与红色基因传承工作提供有力的资金支持。

11 月 10 日，山东重工集团战略重组威海黑豹汽车签约仪式举行

（中共文登区委党史研究中心　提供）

2020年威海市文登区镇（街道）基本情况表

表 25

名称	村（社区）（个）		总面积（平方千米）	户籍人口（万人）	一般公共预算收入（亿元）	名优特产
	村	社区				
龙山街道	16	6	32.8	4.6	1.00	苹果、葡萄、草莓、桃、蓝莓、软枣、猕猴桃
天福街道	7	7	30.2	6.1	2.48	苹果、桃子、花生
环山街道	7	7	39.5	6.4	1.32	花饽饽
文登营镇	70	1	124.8	2.4	0.50	猕猴桃、苹果、桑葚（茶）、黄瓜、圣女果、蝴蝶兰、百合、樱桃、菊花茶
大水泊镇	89		123.4	3.4	0.32	文登花香菇、西洋参、黄精、苹果、大樱桃
张家产镇	64		106.4	2.9	0.31	西洋参、东汤村粉条、安子泊土姜、岚村蜜桃、黑番茄、缢蛏、海参、河豚
高村镇	46		96.7	2.8	0.11	脉田糖瓜、沙柳西红柿、西山蜜桃、万家草莓
泽库镇	21		59.5	2.0	0.13	刺参、对虾、海马、各种海水鱼类、鲅梢、鱿鱼、虾米、梭子蟹、爬虾、蜢子虾酱、大饽饽、蛤类、海螺、缢蛏、牡蛎
侯家镇	37		72.2	2.2	0.24	花饽饽、对虾、西洋参、海蜇皮、蠓子虾酱、苹果、生态蔬果、槟榔糕
宋村镇	52		115.0	3.7	0.35	昌阳牌无公害蔬菜、山泰桃、优味谷花生、绿之源西红柿、威石黄瓜、羊肚菌、浩瀚蓝莓
泽头镇	45		84.3	3.4	0.30	白羽鸡、鸽子、蒲公英、金鸡菊、银杏、丑梨、苹果、软枣猕猴桃、黄芪、黄芩、黄精
葛家镇	68		185.3	5.0	0.30	文登苹果、文登大樱桃、文登蟠桃、文登葡萄、梨、花生
米山镇	40		85.2	2.0	0.35	鲈鱼、鲢鱼、草莓、蓝莓、火龙果、葡萄、桃子、花生、柿子、灰树花
界石镇	65		188.7	2.9	0.39	樱桃、苹果、葡萄、蓝莓、杏子
文登经济开发区	1	5	19.5	2.6	5.90	桑葚、葡萄

（孙颖昊）

荣成市

【概况】 2020年年底，全市总面积1526平方千米，大陆海岸线长近500千米，辖22个镇（街道）、833个村（社区）。户籍人口65.2万人。全年实现地区生产总值943.2亿元，比上年增长2.0%。其中，第一产业实现增加值135.2亿元，第二产业增加值299.0亿元，第三产业增加值509.0亿元。三次产业结构为14.3 ∶ 31.7 ∶ 54.0。固定资产投资下降13.8%。社会消费品零售总额增长0.5%。对外贸易进出口总额258.7亿元，增长0.7%，其中，出口总额193.7亿元，增长2.8%；进口总额65.0亿元，下降5.2%。一般公共预算收入63.7亿元，一般公共预算支出100.0亿元，分别增长0.1%、0.3%。年底金融机构本外币存款余额981.6亿元、本外币贷款余额701.3亿元。保险机构保费收入19.0亿元，支付各项赔款和给付6.0亿元。

全年实现农林牧渔业增加值138.0亿元，增长4.5%；实现渔业总收入1000.2亿元，增长7.0%。粮食总产量20.1万吨，肉类总产量2.2万吨，禽蛋产量4.8万吨，水产品产量125.1万吨。完成造林面积1133.33公顷。年底全市农业机械总动力215.4万千瓦，机耕面积2.7万公顷，机收面积4.9万公顷，机播面积5.0万公顷。有农民专业合作社1940户，国家级农业产业化重点龙头企业9家。有市场主体7.85万户，新登记市场主体1.30万户。全年工业用电量13.8亿千瓦时，下降4.5%。规模以上高新技术产业产值占规模以上工业总产值比重为42.8%。有资质以上建筑业企业115家。

全年完成港口货物吞吐量456.6万吨、集装箱吞吐量22万标准箱，分别增长11.0%、增长4.0%。海运完成客运量35.7万人次、货运量381.0万吨，分别下降67.2%、17.7%。青荣城铁荣成站进出旅客总人数152.9万人次。年末公共汽车运营线路105条，运营线路总长度2724千米。农村公路通车里程1438千米。新增机动车1.6万辆，机动车保有量24.4万辆。完成邮政业务总量1.5亿元、电信业务主营业务收入5.0亿元，分别增长14.8%、0.8%。全年空气质量优良以上的天数达359天，优良率达98.4%。有国家AAAA级旅游景区3处、AAA级旅游景区8处；五星级旅游饭店1家、四星级5家、三星级7家。

全市有普通高等院校1所，在校生0.7万人；高等职业教育院校2所，在校生1.4万人；普通高中3所，在校生0.8万人；初中24所，在校生2.1万人；小学22所，在校生2.7万人；中等职业学校2所，在校学生0.3万人；特殊教育学校1所，在校生146人。有工程技术研究中心41个、企业技术中心47个、工程实验室22个、企业重点实验室7个、院士工作站4个、国家级博士后科研工作站4个、博士后创新实践基地4个、产业技术创新战略联盟7个、工业设计中心12个、技术创新中心2个、孵化器和众创空间4个。全年专利授权1330件，其中发明专利授权81件。有文化馆1个，公共图书馆1个，博物馆1个，电影公司1个，电影院11座，广播电台1座，电视台1座。全市在册医疗机构759处，有床位4173张、卫生技术人员5108人。举办山东省青少年沙排锦标赛（甲组）、山东省第十届全民健身运动会“万人骑行”赛，承办威海市锦标赛暨第六届市运会预赛排球、OP帆船2项比赛。

全市城镇新增就业7906人，城镇登记失业率3.66%。全年全体居民人均可支配收入3.85万元，增长3.7%。其中，城镇居民人均可支配收入4.86万元、农村居民人均可支配收入2.55万元，分别增长2.7%、5.1%。年底职工基本养老、失业、工伤、职工基本医疗、生育保险参保人数分别为28.2万人、10.8万人、12.7万人、20.5万人和14.8万人。居民基本养老保险和医疗保险参保人数分别为28.3万人和41.6万人。全市投入资金1370万元，将3103名城乡低保对象纳入保障范围；临时救助312人，发放救助款103.4万元。有城乡特困人员4408人，发放供养资金4454.0万元。有困境儿童91名，发放补助83.7万元。有8753名残疾人，发放两项补贴1159.2万元。慈善大病救助2420人，拨付1071.6万

2020年荣成市镇（街道）基本情况表

表26

名称	村（社区）（个）		总面积（平方千米）	户籍人口（万人）	一般公共预算收入（亿元）	特色特产
	村	社区				
港湾街道	3	10	30.84	5.34	16.72	海产品、花卉
斥山街道	26	5	48.36	3.46		盛家火烧、牡蛎、海带、苹果
东山街道	29	0	43.24	1.65		花生、苗木、茶叶
王连街道	31	0	61.36	1.64		苹果、中药材、茶叶
桃园街道	14	2	19.93	1.15		海参、牡蛎、猕猴桃
宁津街道	45	1	67.17	2.26		对虾、海参、鲍鱼、花生
崖头街道	4	21	58.71	13.40	10.65	牡蛎、海带、扇贝、鹰爪虾、海参
崂山街道	18	1	59.21	2.08	1.04	草莓、大樱桃、牡蛎
寻山街道	28	3	50.14	2.15	1.00	海带、龙须菜、扇贝、鲍鱼、牡蛎
城西街道	31	1	53.23	1.82	0.28	苹果、花生、玉米
俚岛镇	71	1	106.22	3.32	2.45	海带、鲍鱼
成山镇	52	3	122.74	3.66	6.42	海带、海参、茶叶
埠柳镇	37	0	96.54	2.00		无花果、苹果、地瓜
港西镇	21	1	49.14	1.48		海参、扇贝、海带、无花果
夏庄镇	30	0	50.33	1.11	0.19	苹果、花生、板栗
崖西镇	46	0	84.01	1.80	0.21	苹果、葡萄、无花果、金银花
荫子镇	39	0	47.63	1.22	0.15	花生、苹果
滕家镇	41	0	84.03	2.50	0.28	苹果、花生、草莓、西洋参
大疃镇	45	0	70.72	1.55	0.17	苹果、草莓、西洋参、葡萄
上庄镇	42	0	84.93	2.27	0.21	西洋参、苹果、葡萄
虎山镇	45	1	115.25	3.47	1.13	刺参、鲍鱼、杂色蛤、梭子蟹、蛤蛏
人和镇	84	1	121.71	5.87	1.89	海米、虾皮、地里歪（小型贻贝）

9月4日，荣成市新时代文明实践“三级书记”党的创新理论宣讲活动举办
（中共荣成市委党史研究中心　提供）

元。年内，荣成市被认定为国家全域旅游示范区，“放大信用建设先行优势开辟乡村治理全新路径”入选第二批全国乡村治理典型案例，“依托暖心食堂构建新型农村养老服务体系”入选第二批全国农村公共服务典型案例。

【获国务院通报表彰】 5月，国务院办公厅发布《关于对2019年落实有关重大政策措施真抓实干成效明显地方予以督查激励的通报》，荣成市2019年开展农村人居环境整治成效明显，获国务院通报奖励。

【入选全国新时代文明实践中心建设先行试验区】 5月，中共中央宣传部、中央文明办从全国500个试点县（市、区）中选取10个工作基础好、代表性强的县（市、区），作为新时代文明实践中心试点工作的先行试验区，荣成市被确定为新时代文明实践中心建设重点联系县，由中共中央宣传部联系指导。

【获评全国双拥模范城】 10月20日，全国双拥模范城（县）命名暨双拥模范单位和个人表彰大会在北京市举行，荣成市获评全国双拥模范城。

【蝉联全国文明城市】 11月20日，全国精神文明建设表彰大会在北京市举行，荣成市蝉联全国文明城市称号，宁津街道东墩村获评全国文明村。

（姜　潇）

乳山市

【概况】 2020年年底，全市总面积1664.88平方千米，大陆海岸线长约199千米，辖15个镇（街道）、601个村（社区）。全年实现地区生产总值280.41亿元，比上年增长2.1%。其中，第一产业增加值53.82亿元，第二产业增加值93.10亿元，第三产业增加值133.49亿元。三次产业结构为19.2 ∶ 33.2 ∶ 47.6。固定资产投资增长3.4%。社会消费品零售总额下降0.7%。对外贸易进出口总额63.4亿元，增长5.1%。其中，出口额54.1亿元，增长15.4%；进口额9.2亿元，下降31.1%。一般公共预算收入27.90亿元，一般公共预算支出38.22亿元。年底金融机构本外币各项存款余额471.68亿元、本外币各项贷款余额248.39亿元，分别比年初增长11.57%、20.27%。全年保险机构保费收入7.52亿元，下降5.73%；赔付支出2.64亿元，增长0.12%。

全年实现农林牧渔业总产值增长5.7%。粮食播种面积3.47万公顷，粮食总产量20.63万吨，水产品总产量49.04万吨。成片造林面积1053.33公顷。年底有农业机械总动力104万千瓦。完成水土流失治理面积3654公顷，水土流失综合治理面积达5.98万公顷。规模以上工业企业104家，实现营业收入114.02亿元、利润5.01亿元。高新技术产业产值占规模以上工业总产值比重为34.7%。完成建筑业总产值增长6.05%。

全市有公交车营运线路79条、公共汽车393辆，年客运量321万人次，运营里程1116万千米；出租车270辆，年载客量282.9万人次，运营里程2912.2万千米。有陆岛交通航线2条、客渡轮4条，客运量1.91万人次，旅客周转量17.1万人千米。乳山口港完成货物吞吐量396万吨。建成区面积36.54平方千米，绿化覆盖面积1668.20公顷，绿化覆盖率45.65%；用水、燃气及生活垃圾无害化处理率均为100%，污水处理率98%。

全市有各级各类学校149所。其中，城区小学4所、城区初中3所、九年一贯制学校15所、高级中学3所、特殊教育学校1所、竞技体育运动学校1所、高等院校1所、中等职业学校1所、幼儿园45所（其中民办22所），民办培训机构75处。有各级各类在校学生5.11万人。全年认定高新技术企业17家、科技型中小企业60家。有文化馆、公共图书馆、美术馆3个，艺术表演场馆3个，乡镇综合文化站15处，城市书房4处，博物馆、文学馆2个，文物保护中心1个。有各类卫生计生机构526个，医疗卫生机构实有床位2224张、卫生技术人员2951人。在市级以上体育比赛中获得金牌160枚。

全市城镇新增就业5279人。城镇居民人均可支配收入4.24万元，农村居民人均可支配收入1.98万元，分别增长2.8%、5.5%。参加企业职工养老保险9.15万人，收缴保险费5.12亿元；居民养老保险8.22万人，收缴保险费0.65亿元；医疗保险46.36万人，收缴保险费（含生育保险）7.21亿元；工伤保险6.95万人，收缴保险费0.12亿元。农村低保人员7312人、城市低保人员191人，年累计发放保障金3600余万元。

【文明城市建设】 乳山市坚持城乡统筹发展，提升城乡公共服务，实施文化惠民工程，推动文明城市建设不断完善。通过发挥榜样力量、强化规则意识、倡树诚信友善等举措，引领建设崇德向善的城市。打造“志愿乳山”品牌，以省级第二批新时代文明实践试点市建设为契机，组织各类志愿服务活动。挖掘红色文化资源，传承乳娘精神，提升“母爱乳山”品牌知名度。11月20日，全国精神文明建设表彰大会在北京市举行，乳山市蝉联全国文明城市称号。

【乡村文化振兴】 乳山市按照“5+N”模式（“5”即打造一批新时代文明实践示范点、乡村记忆馆、传承家风家训示范村、群众性评比活动、文化旅游线路，“N”即特色文化产业项目或文化品牌节庆活动）精心谋划，重点突出乡村治理、红色文化、文旅融合等主题，分片打造，实现全市样板片区“一区一品牌、一片一特色”。开发乳山市文明实践智慧云平台，全市601个村全覆盖设立农村远程“大喇叭”，打造市—镇—村三级宣讲阵地600余处，成立新时代文明实践宣讲团，打造“理响乳山”宣讲品牌；围绕文明实践，注册志愿服务队伍795支，开展志愿服务活动1.6万余次；建设市级新时代文明实践中心，实现601个村、29个社区新时代文明实践阵地全覆盖。建设马石山和胶东育儿所2处红色教育基地和一批红色主题美丽乡村，打造覆盖46个沿线村红色文化片区，依托60余处历史文化展览馆、乡村记忆馆开展全民爱国主义教育；推进红色印迹抢救保护工作，修缮保护中共胶东特委诞生地、胶东公学历史陈列馆等118处；打造红色民俗研学游线路、乡村休闲游、24个文化和旅游融合的网红“打卡地”。以创建国家公共文化服务体系示范区为契机，完善提升628个基层综合文化服务中心，举办文化惠民演出3100余场，创作文艺作品850余个；开展千户家风家训示范工程，在“精致农家”示范户中培育家风家训示范户1000户。

【政务服务“一链办理”】 5月12日，山东省政府办公厅印发《山东省政务服务“一链办理”实施方案》，乳山市被列为山东省“一链办理”县级试点。乳山市按照“一窗受理·一次办好”改革要求，在事项标准化基础上，以企业和群众“办成一件事”为导向，再造关联事项“一链办理”主题服务流程。至年底，梳理发布“一链办理”事项19个。

【乳山口港区对外开放】 12月15日，山东省口岸办公室、青岛海关、山东海事局等部门组成验收组对威海港口岸乳山口港区对外开放进行现场验收。验收组一致认为威海港口岸乳山口港区达到口岸对外开放要求，同意威海港口岸扩大开放通过验收。海关总署发文批准《山东威海港口岸扩大开放现场检查验收会议纪要》，标志威海港口岸乳山口港区通过国家验收，2个2万吨级泊位正式对外启用。

【威海西部环山路乳山段通车】 乳山市加快推进威海西部环山路乳山段新建工程，路线全长119.5千米，起点为冯家镇上口村，终点为乳山口跨海大桥，途经冯家镇、下初镇、午极镇、崖子镇、诸往镇、乳山寨镇6个镇69个村庄。按照“先打通，后提升”的思路，实施62.26千米道路改造工程，道路按三级公路标准建设，路面宽8米，为沥青混凝土路面。其中，新建22.32千米，改建28.7千米，改造穿村改线路段11.24千米，全线新建大桥4座、中桥5座。12月，西部环山路乳山段通车运行，串联圣水宫、胶东育儿所、马石山红色教育基地、大乳山、岠嵎山等10余处景区景点，辐射“三花”故里田园综合体、双山乡村现代休闲农业产业园区等各类休闲采摘观光园30余处。

【莱荣高铁项目乳山段建设】 10月，莱荣高速铁路正式开工建设，线路全线设站7座，西起莱西市，向东依次经莱阳市、海阳市、乳山市、威海南海新区、文登区至荣成市，设计速度350千米每小时，线路长度192.81千米，总投资296.9亿元，工期为3.5年，其中乳山段长44千米。项目建成后，乳山市结束无高速铁路历史。

【玫德集团乳山产业基地项目落户】 8月6日，乳山市政府与玫德集团有限公司签订乳山产业基地项目合作协议，双方联手打造短流程智能制造产业园区，围绕装备智能制造、工艺创新、节能减排、环保治理等方面开展深度合作。玫德集团有限公司计划总投资20亿元，在乳山市建立生产基地，完善威海鑫山集团有限公司原有产业基础，对炼铁板块和短流程铸造板块进行技术升级改造、扩建，打造现代化工厂。

【“‘小远落’你在哪里，寻找乳儿之2020回乳娘家乡看看”系列活动举办】 7月5日，乳山市举办“‘小远落’你在哪里，寻找乳儿之2020回乳娘家乡看看”系列活动。活动期间，专家学者和乳儿代表参加纪录片《胶东乳娘》观礼暨弘扬传承乳娘精神座谈会；山东艺术学院电影学院党性教育基地、专业创作与社会实践基地揭牌仪式在乳

8月6日，玫德集团乳山产业基地项目签约仪式举行　　（宋潇颖　摄）

山市崖子镇田家村胶东育儿所纪念馆举行；13位乳儿代表探望乳娘，参观胶东育儿所旧址、中共胶东特委诞生地历史陈列馆和胶东公学历史陈列馆。

【《胶东乳娘》获得休斯敦国际电影节金奖】 由山东艺术学院、新华社山东分社、中共乳山市委宣传部联合摄制的纪录电影《胶东乳娘》获得第53届休斯敦国际电影节记录单元雷米奖金奖。该电影系山东省扶持的精品项目，纪录二战时期在胶东乳山一带，乳娘群体无私哺育保护1223名乳儿的故事。

【"乳山牡蛎"品牌建设】 乳山市持续开展牡蛎产业品牌化、标准化建设，国内牡蛎行业首部产品标准《地理标志产品 乳山牡蛎》正式发布为山东省地方标准。5月10日—13日，"乳山牡蛎"作为乳山市区域品牌参展2020年云上中国品牌日活动，央视网对活动进行转播。

【乳山市中小学综合实践教育基地开班】 10月26日，乳山市投资4亿余元建造的中小学综合实践教育基地开班运行。该教育基地系乳山市面向全市各学段在校学生建设的公办学校，总占地面积约17.07公顷，总建筑面积5.6万平方米，由主校区、农业实践区和军事训练区3个部分组成。

【乳山市人民医院医疗综合体项目实施】 2020年，乳山市实施人民医院医疗综合体项目。该项目按照现代化三级甲等综合医院规模建设，实现全流程信息化管理，打造医疗科研、健康管理、康复理疗、医养结合四位一体的医疗综合体，计划投资16.11亿元，占地面积约12.31公顷，编制床位995张。

2020年乳山市镇（街道）基本情况表

表27

名称	村（社区）（个）		总面积（平方千米）	常住人口（万人）	一般公共预算收入（亿元）	名优特产
	村	社区				
城区街道	19	17	37.21	16.40	3.31	蓝莓、苹果
夏村镇	45	12	99.90	3.80	0.86	葡萄酒、蓝莓、草莓、苹果、樱桃、水蜜桃
乳山口镇	41	3	89.21	3.26	0.43	牡蛎、秦米、蜢子虾酱、对虾、鲅鱼、梭子蟹、蓝莓、不老莓
海阳所镇	39	14	98.67	2.12	0.45	牡蛎、茶叶、大姜、木耳
白沙滩镇	47	11	104.10	3.80	0.53	鲁酱、圣仙酒、大姜、牡蛎、蓝莓、乳山绿茶、"烟薯25"地瓜、草莓、苹果酵素
大孤山镇	36	10	95.98	1.60	0.27	茶叶、大姜、黑猪肉、苹果、册梨
南黄镇	33	9	89.33	1.43	0.07	羊肚菌、胶东花饽饽、不老莓、新高梨、榛子、无花果、茶叶、牡蛎
冯家镇	53	14	135.76	1.84	0.36	羊汤、苹果、羊肚菌、丹参
下初镇	37	9	126.31	2.70	0.51	苹果、蓝莓、樱桃、芦笋、猕猴桃、大姜、花生、桑葚
午极镇	35	8	109.99	2.39	0.24	蓝莓、大姜、苹果、猕猴桃、蓖麻
育黎镇	42	8	110.09	3.30	0.12	葡萄、苹果、草莓、菌类、大姜
崖子镇	58	14	187.05	3.67	0.12	苹果、樱桃、板栗、核桃
诸往镇	49	11	160.17	3.67	0.36	苹果、桃子、大姜、板栗、葡萄、樱桃、蜂蜜
乳山寨镇	44	11	135.92	3.14	0.15	草莓、茶叶、苹果、梨、大姜、旱稻、海参、牡蛎、对虾
徐家镇	23	7	69.29	1.69	0.67	牡蛎、花生制品、果汁、无花果、草莓

（孙方圆）

编辑 于鹏飞

开发区建设

威海火炬高技术产业开发区

【概况】 2020年年底，威海火炬高技术产业开发区（简称高新区）总面积145.59平方千米，大陆海岸线长46.5千米，辖3个镇（街道）、83个村（社区），常住人口28万人。全年实现地区生产总值435.32亿元，按可比价格计算（下同），比上年增长5.2%。其中，第一产业增加值2.01亿元，第二产业增加值242.99亿元，第三产业增加值190.32亿元。三次产业结构为0.5∶55.8∶43.7。固定资产投资增长15.3%。其中，房地产开发投资22.9亿元，下降23.5%。社会消费品零售总额下降0.2%。对外贸易进出口总额293.2亿元，其中出口额224.5亿美元，分别增长24.4%、28.1%。公共财政预算收入29.0亿元，公共财政预算支出18.3亿元，分别增长4.1%、−7.7%。

全年实现粮食播种面积0.1万公顷，粮食总产量0.95万吨，水产品总产量2.45万吨，肉、蛋、奶总产量2157.2万吨，分别增长−9.6%、69.6%、4.7%和22.4%；成片造林面积66.67公顷。其中，新造林面积6.67公顷，退化林修复面积60公顷。年底有农业机械总动力5.1万千瓦；农田有效灌溉面积400公顷，其中节水灌溉面积123公顷；农业产业化省级重点龙头企业1家、市级重点龙头企业4家。规模以上工业企业有147家，实现增加值增长6.4%，实现主营业务收入1105.4亿元、利税181.2亿元、利润143.7亿元，分别增长0.2%、16.1%、22.9%。资质以上建筑业企业有44家，增加值20.1亿元。

全区公路通车里程193.48千米（含农村公路、国省道、高速公路）。全年完成电信业务总量0.31亿元，邮政业务总量0.63亿元，分别增长5.07%、21%。完成城建重点工程37项，完成投资31.1亿元。棚户区改造基本建成住房1087套。年底城市建成区绿化覆盖率51.3%。有国家AAA级及以上旅游景区3家。

全区有普通高等院校5所、在校生6.4万人，中等职业学校2所、在校生0.16万人，普通中小学16所、在校生2.3万人。有省级以上孵化器和众创空间15家（其中国家级孵化器2家、国家专业化众创空间6家），科技孵化总面积达80万平方米。有工程实验室、企业技术中心、工业设计中心、重点实验室、工程技术研究中心等省级平台31家、市级平台51家。专利申请量3065件，授权专利2204件，万人有效发明专利拥有量57件。有博物馆2个，电影院6座，城市书房7个。有医疗卫生机构185个、床位564张、卫生技术人员1123人。全年举办群众性体育活动8次，新建社区、镇（街道）体育工程设施等3处，在市级以上体育比赛中获得团体冠军7个、亚军6个、季军3个，50余人次获得奖牌。

全区城镇新增就业4339人，城镇登记失业率1.12%。有9.98万人参加养老保险，18.27万人参加基本医疗保险，7.79万人参加工伤保险，7.14万人参加失业保险，参保人数分别增长5.6%、12.98%、2%、6.37%。发放保障金321.4万元，将240名低保对象纳入保障范围，保障全市五保老人149人。有敬老院1所，收养性社会福利单位有床位2202张。

【“一城三园”建设】 “一城”即统筹双岛湾科技城和初村科技新城，打造总面积63平方千米的科技创新城；“三园”即科技创新城内医疗器械与生物医药产业园、电子信息与智能制造产业园、科技创新园。2020年，引进惠普产业链实施项目4个、总投资3.85亿美元，捷普电子（威海）有限公司二期项目、香港亿和精密工业（威海）电子产业园等实现投产，激光打印机整机产能突破1000万台。预防类生物制品疫苗研发与产业化项目（一期）增补入选2020年省重大项目名单。医疗器械与生物医药产业园获评全省首家医疗器械国家专业化众创空间，园区品牌价值604亿元，列全省优质产品生产基地第1位。

【体制机制改革】 10月，高新区采取“管委会＋公司”模式开展体制机制改革工作，月底改革完毕。组建高新控股集团公司，作为平台公司具体承接开发建设、产业培育、投资运营、专业服务等职能。精简机构，按照“1+10+4”（1个纪工委+10个内设机构+4个派出机构）模式重组工作机构架构，工作机构由原来的23个压缩至10个，压减率56%。实行全员岗位聘任制，所有岗位均通过全区竞争、双向选择的方式选聘。通过公开竞聘聘任580人，其中低职高聘82人、高职低聘44人、分流人员110人。跨部门交流68人，部门与镇（街道）双向交流41人，到国有企业任职8人。随职能上划市直部门37人，接收市直部门下放3人。全区干部队伍整体平均年龄降低2.6岁，大学本科以上文化程度占比上升4.5%。拓宽选人用人视野，面向全国公开招聘30周岁以下优秀人才23名。建立激励考核机制，制定绩效考核办法，实行考人、考事有机结合，激发干部队伍整体活力。

【欧乐坊零点夜市和O'Park商业广场开业】 6月30日晚，高新区夜享经济启动仪式暨欧乐坊·零点夜市开幕式举行。欧乐坊·零点夜市集合“夜宴、夜游、夜嗨、夜购、夜游”全方位业态，以购物休闲、文化、健身为主要形式，形成包括“食、游、购、娱、体、展、演”在内的多元夜间消费市场。9月26日，欧乐坊O'Park商业广场开业。商业广场建筑面积4万余平方米，以欧洲风情建筑为特色景观，是集餐饮美食、休闲娱乐、商务金融、教育培训、新媒体电商、医美康养、夜间经济等多态商业功能于一体的大型城市综合体。

7月，威高水上乐园（威海火炬高技术产业开发区管理委员会办公室 提供）

【威高水上乐园开园】 7月6日，威高水上乐园开园。乐园占地面积10万平方米，总投资约4亿元，按照国家AAAAA级旅游景区标准打造，年可接待游客30万人次。乐园中有超级“大喇叭”、双龙过山车、造浪池、趣味水堡等30余项游乐设施，为游客提供与全球潮流同步的水上游乐体验。

2020年威海火炬高技术产业开发区镇（街道）基本情况表

表28

名称	村（社区）（个）		总面积（平方千米）	户籍人口（万人）	公共财政预算收入（万元）	名优特产
	村	社区				
怡园街道		25	25.86	9.76	1893	海参、扇贝、苹果、梨、沙、“神龙泉”矿泉水、渔具
田和街道		16	14.43	8.64	1602	鱼竿
初村镇	41	1	105.30	2.61	424	黄胖子苹果、初村虾酱、烤鸡蛋、含金山蜂蜜、卧龙山泉、草莓、地瓜、蓝莓、圣女果

（张楷昕）

威海经济技术开发区

【概况】 2020年年底，威海经济技术开发区（简称经技区）总面积168.4平方千米，大陆海岸线长约44千米，辖5个镇（街道）、77个村（社区）。户籍人口16.25万人。全年实现地区生产总值319.37亿元，比上年增长1.1%。其中，第一产业实现增加值6.38亿元，第二产业实现增加值119.49亿元，第三产业实现增加值193.5亿元。三次产业结构为2.0∶37.4∶60.6。固定资产投资增长4.3%。其中，房地产开发投资71.31亿元，下降34.6%。社会消费品零售总额增长0.3%。对外贸易进出口总额372.34亿元，其中，出口额260.11亿元，分别增长13.3%、57.9%。公共财政预算收入27.6亿元，公共财政预算支出20.71亿元，分别增长4.2%、4.4%。

全区实现农林牧渔业及辅助性活动增加值6.77亿元，下降0.9%。粮食种植面积2083.6公顷。年底有农业机械总动力12.83万千瓦，农田有效灌溉面积3230公顷，规模以上农业产业化重点龙头企业12家。规模以上工业企业138家，实现产值300.7亿元，增加值增长0.5%；实现营业收入288.41亿元，下降5.6%；实现利润12.76亿元，增长32.9%。产品销售率96.67%，提高2.75个百分点。建筑业增加值19.96亿元，增长11.5%。

全区农村公路通车里程为169.9千米。完成邮政业务总收入7150.5万元。完成通信业务总量2.46亿元，年底固定电话交换机总容量5.9万门、用户总数3.59万户，移动电话交换机总容量49.63万门、用户总数34.34万户。完成城建重点工程26项，完成投资37.33亿元。全区空气质量指数优良率为92.1%。有国家AAA级旅游景区4处、开放式公园4个。人均公园绿地面积25.83平方米，建成区绿地率为43.43%。

全区有各级各类学校64所，在校学生3.92万人，专任教师2542人。其中，中等专业学校1所，在校学生498人；九年一贯制学校4所，在校学生9250人；初中3所，在校学生5584人；小学11所，在校学生1.16万人；幼儿园45所，在园幼儿1.22万人。获得省级科技奖1项，专利申请量2395件，专利授权量798件，签订产学研合作协议20项。有文化馆1个，电影院3个，有镇（街道）综合性文化站5处，村（社区）综合性文化服务中心76处，城市书房4处，镇（街道）图书馆分馆2处，图书馆基层服务点13处，农家书屋75处。有各级各类卫生机构223所，实有床位1825张，有卫生技术人员2133人。组织举办体育赛事和活动20余场次，在市级以上体育比赛中获得金牌57枚。

全年全体居民人均可支配收入4.79万元，增长3.9%。其中，城镇居民人均可支配收入5.18万元，增长2.9%；农村居民人均可支配收入2.26万元，增长5.2%。全体居民人均消费支出3.29万元，下降1.0%。其中，城镇居民人均消费支出3.57万元，下降2.0%；农村居民人均消费支出1.45万元，增长1.0%。有10.09万人参加基本养老保险，9.8万人参加职工医疗保险，8.3万人参加居民医疗保险，2114人领取失业保险金，655名职工享受工伤保险待遇，1323名女职工享受生育津贴待遇。有各类养老机构8家、床位1080张，收养人员569人。为低保对象473人发放低保金618.4万元。有特困人员供养机构2所，投入资金252万元，供养特困人员58人。年内，威海市泓淋电力技术股份有限公司获批设立国家级博士后科研工作站，威海翔宇环保科技股份有限公司申报的无磷多功能多元共聚物阻垢分散剂科技成果获得2020年度山东省科技进步奖三等奖。

9月15日，威海中韩自贸区地方经济合作示范区产业园揭牌暨重点项目集中签约仪式举行　　（威海市商务局　提供）

【体制机制改革】 2020年，经技区坚持市场化改革取向和去行政化改革方向，强力推动开发区"瘦身强体"，聚焦主责主业，重塑开发区体制机制优势。深化"大部制"改革，进一步理顺开发区体制机制。将桥头镇整建制划归环翠区，采取"飞地经济"模式与环翠区合作共建桥头产业园，优化发展布局。推行全员岗位聘任制，干部全员进行择优竞岗，有53人进行交流，84人得到提拔重用，平均年龄由46.5岁下降到43.5岁。实行全员绩效考核评价机制，建立具备激励性、市场化、灵活性的绩效考核和薪酬体系，激发干部干事活力动力。至10月，全区体制机制改革任务全面完成。

【中韩自贸区建设】 2020年，威海中韩自贸区地方经济合作示范区产业园在经技区建立。产业园位于威海湾以南、五渚河以北、威海港以西区域。经技区管理委员会成立产业园建设指挥部，下设工作专班5个，明确目标任务31项，分解落实责任，形成沟通有序、统筹有度、推进有力的工作机制，产业园建设取得成效。9月15日，威海中韩自贸区地方经济合作示范区产业园揭牌暨重点项目集中签约仪式举行。

2020年威海经济技术开发区镇（街道）基本情况表

表29

名称	村（社区）（个）		总面积（平方千米）	户籍人口（万人）	税收收入（万元）	名优特产
	村	社区				
皇冠街道		14	24.97	6.10	9.88	
凤林街道		10	10.18	2.95	4.86	
西苑街道		11	8.66	2.83	5.85	
崮山镇	14	7	50.87	1.81	3.39	无花果
泊于镇	16	5	73.72	2.55	0.89	无花果、草莓

【入选全国试点最佳实践案例】 7月31日，国务院服务贸易发展部际联席会议办公室发布《关于印发深化服务贸易创新发展试点经验和第二批“最佳实践案例”的函》，经技区服务贸易创新发展试点入选第二批最佳实践案例。

（徐敬侠）

威海临港经济技术开发区

【概况】 2020年年底，全区总面积296.1平方千米，辖3个镇、167个村（社区），常住人口10.16万人。全年实现地区生产总值96.02亿元，增长4.9%，三次产业结构为4.3∶62.5∶33.2。固定资产投资增长3.9%。社会消费品零售总额增长0.7%。对外贸易平稳运行，合同外资1.38亿美元，下降9.4%；实际到账外资0.84亿美元，下降13%。一般公共预算收入8.59亿元，增长6%。一般公共预算支出8.59亿元，增长6%。

全区加快推进乡村振兴综合试点工作，汪疃镇麓源果乡样板片区升级为齐鲁样板省级示范区。山东樱聚缘农业科技发展股份有限公司、山东文峰集团有限公司、威海神山葡萄科技股份有限公司等一批农业产业龙头持续做大，新增省级农业龙头企业1家、市级家庭农场3家。培育各类新型经营主体超过400家，规模经营面积突破3333.33公顷。农村改革稳妥推进，全区顺利完成农村集体产权制度改革。推动实施重点水利工程建设及河湖绿化整治工作，完成东母猪河东李家夼—西李家夼段、东宋家—郭格庄水库段治理工程，治理河道9.6千米，完成投资2018万元。按照重点建设、以点带面的思路，实施各类节水改造工程，对区管理委员会办公楼进行节水型机关改造。完成2个省级、4个市级美丽乡村示范村建设，实现全域美丽、全域共建、全域共享，打造生态宜居的农村生活环境。

全区有规模以上工业企业98家，规模以上工业增加值增长12.4%，总产值127.67亿元，增长5.7%，实现利润17.29亿元，增长38.4%。有规模以上批发业企业10家、零售业企业9家、住宿业企业1家、重点服务业企业8家，实现服务业增加值31.89亿元，增长0.5%。设立总规模1亿元的航融临港（威海）股权投资基金，产业基金设立实现突破。平台载体加快培育，顺丰速运产业园、恒融冰球馆、市民文化中心高标准建设。乡村旅游不断提档升级，新建太公缘农耕部落“水上民宿”和“花为媒”精品民宿，打造樱聚缘威海金苹果、鸿树林SOD功能大樱桃、汪疃葡萄、五彩谷草莓等水果品牌。

全区城市建成区面积27.47平方千米，人均公园绿地面积42.13平方米，城镇化率达64.19%。完成浙江路、香水路等3.2千米给水管网和浙江路、香水路、玉泉河道等10千米污水管网工程建设，提升城市排水收集输送能力。完成嘉和路南延、西苑路西延等5条新建道路工程，新增道路总里程1.5千米；完成江苏东路、开元东路等10条道路绿化工程以及省道303线、威石路2条交通主动脉的综合整治提升工程，完成绿化面积36.8万平方米；省道303线镇区段全长1.1千米，实施路面大中修、绿化提档升级及线杆下地等工程；对玉泉河公园、天润家居街角公园、冰球馆游园、恒融世家地产游园4座公园（游园）进行景观提升，完成绿化总面积10.7万平方米，栽植乔灌木3000余株，地被植物2万平方米。续建林泉河湿地公园，完成1.4千米的河道整治及景观提升，完成绿化面积13.7万平方米。

全区有中等职业学校1所、在校学生1413人，普通高中1所、在校学生1681人，普通初中3所、在校学生3732人，小学5所、在校学生4816人，九年一贯制学校1所、在校学生929人，外籍人员子女学校2所、在校学生412人，幼儿园14所、在园幼儿3131人。投资1亿元的永乐路小学投入使用，投资1420万元建设黄岚小学综合楼。新增高新技术企业16家，完成国家级科技型中小企业评价62家。新增省级新型研发机构1家、市级新型研发机构2家、市级工程技术研究中心2家、省级工程实验室1家、市级工程实验室1家、省级企业技术中心3家。有医疗卫生机构48所、床位153张、卫生技术人员188人。采取“1+3”建设模式（每个镇设省级标准化村卫生室1个、市级标准化村卫生室3个）新建改造村卫生室41所，招聘乡村医生21名。在没有建设村卫生室的村设置村卫生室服务点，实行乡村医生巡诊制和居民用药代办制，成立家庭医生团队36支，实现基层卫生服务全覆盖。对各卫生院老旧设备进行更新提档升级，为群众营造舒适的就医环境，诊疗条件和水准大幅提升。承办体育竞赛5项，8所中小学校获评全国软式棒垒球实验学校。

全区城镇居民人均可支配收入5.18万元，增长2.9%，农村居民人均可支配收入2.26万元，增长5.2%。有2.77万人参加企业基本养老保险，2.57万人参加职工基本医疗保险，2.38万人参加失业保险，5.70万人参加工伤保险，4.03万人参加居民基本养老保险，6.22万人参加居民基本医疗保险。全年排查精准扶贫户1023户1655人，有313户409人享受城乡低保待遇，283人享受城乡特困待遇，10人享受孤儿、事实无人抚养儿童及困境儿童待遇。

全区将村（社区）划分为245个基层网格单位，配备245名专兼职网格员，初步构建“党建引领、多网融合、一网覆盖”的基层网格化治理机制。全年累计完成劳动仲裁案件260起，信访积案化解率100%。统筹推进“六治一网”（实施政治、自治、法治、德治、智治和信治，实施网格化治理提升工程）社会治理创新工作，按照“党建引领、市级统筹、县域为主”的推进模式，构建“五个一”（一个平台、一个网格、一支队伍、一个系统、一套机制）工作体系，打造维护社会稳定、化解矛盾纠纷、服务人民群众的坚实“壁垒”。

【瑞泰科技光模块项目启动】 瑞泰科技光模块项目由香港普林瑞光科技有限公司、友普控股有限公司和北京普林瑞光科技有限公司合资建设，主要从事高速率光模块设备与器件的自主研发和批量生产。产品在国际5G通讯商业应用领域技术领先、适配性强，广泛

6月，瑞泰（威海）电子科技有限公司工作人员正在进行精细作业
（威海临港经济技术开发区管理委员会办公室　提供）

应用于5G通信设备中，具有用地少、档次优、产能高等特点。项目规划建设8条生产线，全部建成达产后，年可生产50余万只光模块。5月启动建设，至年底，5条器件线及1条模块线已调试运营，正在进行小批量试生产。

【高赛华运产业园项目投产】　高赛华运产业园项目由威海高赛金属制品有限公司项目投资建设，总投资2.34亿元，占地面积4.33公顷，建筑面积2.6万平方米，主要生产畜禽运输车、饲料运输车、冷藏车等多类型、多吨位的特种车辆，年可生产特种运输车1400辆。

2020年威海临港经济技术开发区镇（街道）基本情况表

表30

名称	村（社区）（个）		总面积（平方千米）	户籍人口（万人）	税收收入（亿元）	名优特产
	村	社区				
草庙子镇	31	6	82.49	2.22	6.15	打铁豆腐、苹果、花饽饽
蔄山镇	65	6	111.18	3.68	1.44	玫瑰花茶、玫瑰花精油、玫瑰花饼、薰衣草制品、大夼草莓、大屋葡萄、北申格桑葚、多肉植物、山马于西瓜、汶口小米、山马埠猕猴桃、东黄岚玫瑰
汪疃镇	58	1	102.51	2.62	0.39	汪疃葡萄、樱桃、桑葚、草莓、苹果、葡萄酒、黑猪、汪疃花饽饽、大花生

（丛　琳）

威海综合保税区

【概况】　2020年，威海综合保税区围绕“全市对外开放功能区”定位，启动实施“八大攻坚突破行动”，推动园区进入全面起势、突破发展新阶段。全年完成固定投资5.2亿元，比上年增长136.4%；完成税收收入7496万元，增长51%；完成外贸进出口额155亿元，增长77%；实际到账外资3163万美元，增长480%；跨境电商出口额16.7亿元，增长129%。

【“双招双引”工作】　成立招商引资攻坚小组和专业领域招商专班3个，采取多种方式拓展招商资源，全年外出招商40余次。在江苏省苏州市开展驻点招商，在广东省深圳市开展代理招商，组织举办威海进口商会推介会、阿里速卖通出口推介会、荣成外贸企业推介会，参加第十一届威海国际食品博览会暨中韩商品博览会、中国国际进口博览会等活动，促进项目合作。对接重点项目，凌仁万国产业园、LG汎韩仓储物流等13个重点项目签订合作协议或达成合作意向。强化重点项目跟踪，建立“招商大使”制度，实行全程领办、定期督导调度，推动韩松半导体、讯鹏机电等9个项目外资到账或启动运营。加快推动园区企业转型升级，成功推动常州光洋轴承股份有限公司收购威海世一电子有限公司。

【新业态培育】　规划建设全模式跨境电商创新产业园，产业园总投资约8亿元，总建筑面积27万平方米，被列为省级重点项目、入选全省服务业特色小镇培育名单、获批省级服务业创新中心。重点搭建多模式电商监管中心、快件分拨中心、仓储物流中心、电商创业中心、国际商品展示交易中心和跨境电商综合服务平台“五中心一平台”功能体系，建成电商快件监管中心和一级分拨中心，投入使用仓储物流中心，正在建设电商创业中心、国际商品展示交易中心；搭建跨境电商综合服务平台，引进专业化运营服务公司，为电商企业提供从集货、仓储、展示到支付、结汇、配运等全流程服务，至年底服务企业130余家。创新业务形态，开通全省首单跨境电商出口退货业务，在青岛关区开通跨境电商B2B“9710”和“9810”出口模式，引导符合条件的传统企业由一般贸易向跨境电商B2B出口转移。建设网红孵化基地，为入孵企业提供主播培训、内容运营、直播带货等综合服务；搭建满足国外中小品牌展示营销、网络直播等服务功能的跨境秀场，举办拼多多国际招商推介会、威海口岸跨境分销与代购交流沙龙等活动，累计吸引近千家企业到场对接；承办2020中韩（威海）跨境电商大会，开通跨境新零售直购店2个、展示展销商品4000余种，签约微观科技区块链、中通菜鸟备货仓等项目6个。菜鸟“9610”直购进口业务稳定运行，全年实现业务量1000万单。

【精致园区建设】 举行基础设施及配套项目开工仪式，年内实现主体设施完工14.7万平方米。加大园区环境保护和配套建设力度，推进生活垃圾分类，自来水、污水一体化运营和人行道、绿化、亮化工程建设，完成基础设施设计优化、管线综合布线优化论证工作，完成洛阳路、天津路、达州路等路段雨污管道施工，洛阳路、天津路北段、达州路北段等道路实现竣工，竣工面积6.3万平方米。优化营商环境，新冠肺炎疫情期间，积极服务企业申请办理中韩“快捷通道”和“一般通道”，保障企业稳定运转，先后服务20余家企业30余人次；协助企业办理工商注册、税务登记、股权变更等手续，累计提供代办服务180余次。

【改革创新推进】 主动对标国内自贸试验区，复制推广自贸区开放政策47项，认真落实国务院《关于促进综合保税区高水平开放高质量发展的若干意见》，推动14项政策落实落地。推动“四自一简”（自主备案、自定核销周期、自主核报、自主补缴税款、简化业务核准手续）改革，1家企业获批全省首家综合保税区内AEO高级认证企业。深化供配电机制改革，降低企业用电成本，威海综合保税区获批第五批全国增量配电改革试点。

（刘 威）

威海南海新区

【概况】 2020年，全区总面积259平方千米，大陆海岸线长约85千米，辖1个镇、43个村（社区）。全年实现地区生产总值81.95亿元，比上年增长5.9%。其中，第一产业增加值12.74亿元，第二产业增加值46.39亿元，第三产业增加值22.82亿元。三次产业结构为15.5%：56.7%：27.8%。固定资产投资增长11.6%。一般公共预算收入完成9.83亿元，增长18.33%。其中，税收收入完成7.86亿元，税收比重为79.95%。积极落实各项税费减免政策，累计兑现减税降费优惠1.51亿元、新冠疫情防控优惠2745万元。外贸进出口总额251亿元，增长94.6%。

全区在建工程69个，总面积约437万平方米，年内竣工项目8个，竣工面积36.4万平方米。调度的省级重点项目有6个，全年完成投资19.02亿元，完工项目3个。调度的市级重点项目有30个，全年完成投资48.5亿元，完工项目18个。4个“冲击新目标”企业项目全部完工。全区纳入全市招商引资管理平台的在谈项目有34个，签约项目有26个，重点在建项目有26个。全年招商引资项目实物工作量完成14.7亿元，实际利用外资2.65亿美元。润辉生物技术（威海）有限公司、威海蓝谷材料分析研究院有限公司获批2020年度中央引导地方科技发展资金项目；威海市科博乐汽车电子有限公司获评省级瞪羚企业、第九届中国创新创业大赛全国赛优秀企业。

全区加快推进新建道路绿化建设，遵循“道路建成、景观跟进”的目标，打造景观道路11条，新增绿化面积约37万平方米；完善香水河流域下游景观建设工作，新增景观面积约168万平方米（含水面），恢复岸线4.1千米，五垒岛湾国家湿地公园达到国家湿地公园验收标准。完成金来路、龙跃路等20条道路硬化及雨水工程，长度16.87千米，硬化面积25万余平方米；完成香水河东路、海逸路等22条道路路灯工程；完成香水河西路景观桥等6座桥涵工程；完成海跃路、海馨路等6条道路人行道新建工程，长度4.9千米，铺装面积2.8万平方米。完成烈士纪念碑及纪念广场建设。

全区全面实现市级清洁村庄目标，6个村庄完成省级清洁村庄创建。建设省级美丽乡村1个和市级美丽乡村3个。完成25个村道路“户户通”工程和16个农村公厕项目，实现300户以上村庄农村公厕全覆盖。完成25个村庄通户道路硬化工程，硬化面积约40万平方米。

南海实验中学、南海新区第二实验小学及海馨幼儿园投入使用，海澜郡居住小区配套幼儿园完成建设。新

3月，威海南海新区一角　　（威海南海新区管理委员会办公室　提供）

招聘教师45名，打造首批名师名校长团队。新增创新平台17个，其中1个国家级、6个省级、10个市级平台。发明专利申请49件，授权2件；实用新型申请268件，授权175件；外观专利申请7件，授权7件。增加4个省级以上高层次人才和创业团队，获评省级乡村振兴专家服务基地1家、备案省级博士后创新实践基地1个、市级产业领军人才1名、威海市产业紧缺人才1名、威海市有突出贡献技师1名。中国乒乓球协会训练基地、中国乒乓球协会青少年训练基地落户威海南海新区奥林匹克中心并举行揭牌仪式，举办2020国际乒联男女世界杯、全国乒乓球锦标赛、全国海钓锦标赛等体育赛事和南海新区第六届龙舟邀请赛、篮球邀请赛、缠丝功三级社会体育指导员培训班等群众体育活动。成立南海新区慈善总会，接收新冠肺炎疫情防控专项捐款223.05万元，接收捐赠物品折价约813.35万元；投入8.04万元救助大病困难居民26人。

全区完成机构调整、全员竞聘等系列改革工作，干部整体年龄、学历、专业结构得到优化。

【艺术展馆群打造】 启动建设梅兰芳大剧院、邢陶艺术研究所。8月29日、11月6日，威海南海新区昆仑子艺术馆、江文湛艺术馆开馆，并举办威海南海新区首届全国书画名家邀请展。全区通过建设江文湛艺术馆、昆仑子艺术馆、邢陶艺术馆、于昌伟漫画馆等，打造集书画创作展示、文化馆藏、文物艺术品收藏、陶艺展览、雕塑艺术、漫画展示等功能于一体的中国当代艺术展馆群，丰富群众精神文化生活，提升城市文化品位。

【学校建设】 按照智慧校园标准，新建第二实验小学、南海实验中学、青苗国际学校3所学校，总投资6.8亿元，设置96个教学班，可容纳学生5000余人。9月1日、10月26日，南海新区第二实验小学、南海实验中学正式投入使用。

【2020国际乒联男女世界杯】 11月8日—15日，由中国乒乓球协会、山东省体育局、威海市人民政府主办的迪尚2020国际乒联男女世界杯在威海南海新区举行。其间，8日—10日进行女子世界杯比赛，13日—15日进行男子世界杯比赛，21个国家和地区的42名运动员参赛。中国队包揽男女冠亚军，樊振东实现三连冠，陈梦首夺女子世界杯冠军。2020国际乒联男女世界杯组委会（威海）被国家体育总局评为全国体育事业突出贡献集体。

（于莎莎）

各区（市）开发区

【威海环翠省级旅游度假区】 位于威海市环翠区西部，东接嵩山街道，西与初村镇相邻，南邻羊亭镇，北与田和街道接壤。2020年，全区面积49.04平方千米，辖19个村（社区），户籍人口3.38万人，有义务教育阶段学校5所。完成地区生产总值35.2亿元，增长3.5%；完成固定资产投资24亿元，增长33.5%；实现财政总收入10.25亿元，一般公共财政预算收入5.81亿元；实现农民人均纯收入2.61万元，农村经济总收入96.04亿元；对外贸易进出口总额23.13亿元。三次产业结构为1.5 ∶ 65.8 ∶ 32.7。坚持优先发展现代服务业，全年实现限额以上批发业销售额4.39亿元，增长18.7%；实现限额以上零售业销售额2.06亿元，增长24.3%。推动国有土地出让，挂牌出让13宗52.39公顷。处置4宗7.79公顷闲置土地。投资1456万元，修建改造道路6条；投资529万元，敷设里口山路管网、和徐疃工业园区管网，全长约1.4千米；投资546万元，对雍江街、昆仑路绿化景观进行改造，绿化面积4.3万平方米。开展专项集中整治行动230余次，处置数字城管、数字村（居）案件1.42万件；对易产生扬尘的空地实行洒水降尘并用滤网进行覆盖，滤网遮附面积约55万平方米；查处并拆除违法违章建设173余处，拆除面积9124平方米；妥善解决垃圾渣土乱倒、“探头”经营等难点问题。

【环翠北海省级旅游度假区】 位于威海市区北部，东、北两面临海，东望刘公岛，西接威海火炬高技术产业开发区，南与市区毗山相连，区位优势突出，旅游资源丰富，被誉为“市区后花园”“城市会客厅”。2020年，辖区面积18平方千米，辖8个社区，户籍人口1.75万人，有中学1所、小学2所、公办幼儿园3所、社区卫生服务中心1所。完成固定资产投资6.8亿元，增长4.78%；内资完成实物工作量6751.93万元，实现外资到账500万美元，实现进出口总值11.44亿元；实现税收9366万元、一般公共预算收入1.5亿元；实现集体经济总收入23.761亿元，人均纯收入2.01万元；实现批发业营业额3.44亿元、限额以上批发企业销售收入3.44亿元、限额以上餐饮企业营业收入455.3万元、限额以上住宿企业营业收入849.6万元。6个区级重点产业项目总投资27.5亿元。举办第21届中国遥测遥控科技大会、第22届中国科协年会海洋智能装备及智慧海洋论坛（威海）、第3届“太空与海洋”创新发展高峰论坛、海洋试验技术需求研讨会，承办2020“北山之夜”威海市夜间经济启动仪式暨北山街开街仪式。突出抓好“中国油画小镇”、特色街区和项目建设，形成以31.5千米环海艺术长廊串联益海路艺术核心区（学术基地）、北海油画产业区（培育基地）、半月湾休闲体验区（产业基地）功能布局。投资648万元，修复葡萄滩西侧海堤，改造老旧小区415处，建设社区食堂2处，打造远遥“口袋”游园，整治远遥中心渔港环境。投资1480万元，恢复靖子湾海岸线沙滩自然生态，新建中国油画小镇时尚活力运动公园。

（于海龙）

【文登经济开发区】 位于文登区北部，北临威海市区，南接威海临港经济技术开发区，管辖面积64平方千米。2020年，开展体制机制改革，采取“开发区党工委（管委会）+文登金滩投资管理有限公司”管理体制，内设6个部门，核定工作人员70人，实行全员聘任制。全区完成固定资产投资70.7亿元、规模以上工业企业主营业务收入137.5亿元、地方级税收5.91

亿元，实际利用外资到账1.14亿美元，对外贸易进出口总额72.24亿元。全区在建项目31个，其中3个项目被列为省级重点项目，9个项目被列为市级重点项目。新引进绿谷新材料孵化基地项目、金叶高纯氟化物建设项目、昊宇橡胶助剂项目等19个项目，新开工新元化工高端新材料生产项目、云龙防护服应急保障基地建设项目等18个项目。投资3.5亿元，实施广州路、金山路、珠海路等12条道路综合改造工程，道路硬化面积46万平方米，敷设改造地下管网27.8千米，改造增设路灯900余基。投资2.8亿元，对17个路段进行绿化改造，对银河和杜营河进行综合改造，改造绿化面积73.2万平方米，新增绿化面积44万平方米。新增口袋公园3处、公共卫生间4处、公共停车场2处，综合整治背街小巷4处。

（王丽淑）

【荣成经济开发区】 位于荣成市中部，辖区总面积60平方千米。2020年，全区完成公共财政预算收入1.23亿元，固定资产投资18.8亿元，内资实物工作量3.2亿元，实际利用外资3700万美元，规模以上企业产值49.8亿元。开发区重点打造生物科技、信息技术、新材料、房车4个主导产业集群，拥有工业企业1157家。其中，高新技术企业31家，A股主板上市企业1家，“新三板”上市企业2家，规模以上工业企业56家，“独角兽”“瞪羚”“单项冠军”“隐形冠军”企业5家。

【威海海高园（石岛管理区）】 2020年11月，荣成市石岛管理区（挂石岛旅游度假区牌子）与威海（荣成）海洋高新技术产业园实行园区合一，成立威海海高园（石岛管理区），辖区总面积270.7平方千米，大陆海岸线长约125千米。年内，全区有规模以上工业企业84家，纳税过千万企业17家，地方级税收过千万企业8家。有市级以上科技创新平台69个、唐启升院士工作站1处、高新技术企业21家、科技型中小企业28家，与50余家高校院所开展130余个项目合作，承担省级以上科技项目58个，获批市级以上科技奖32个。有A股主板上市、新三板及区域股权交易中心挂牌企业24家，各类金融、保险机构26家。有国家一类开放口岸石岛港，有万吨级泊位14个，停泊船位最大可达5万吨，获批进口冰鲜水产品指定口岸、进口肉类指定口岸等口岸资质7个，开通直达韩国群山、日本东京等国际国内航线6条。有国家级海洋牧场示范区2处、省级海洋牧场示范项目3处、全国休闲渔业示范基地4处、省级休闲海钓钓场6处、国家AAA级以上旅游景区3处、省级工农业旅游示范点1处。城镇、农村居民人均可支配收入达4.86万元、2.55万元，分别增长2.8%、5.1%。

【荣成市好运角旅游度假区】 位于荣成市北部，辖区总面积280平方千米。2020年，实现地区生产总值101.56亿元，增长1.2%。其中，第一产业增加值25.28亿元，第二产业增加值23.17亿元，第三产业增加值53.11亿元。固定资产投资48.4亿元，公共财政预算收入6.42亿元，公共财政预算支出6.42亿元。对外贸易进出口总额21.6亿元。全年水产品总产量42.93万吨，渔业总收入222.86亿元。全区有规模以上工业企业22家，国家级科技型中小企业6家，入库威海“千帆计划”企业4家，市级以上研发平台15个。建成各类旅游度假设施50余处，有国家AAAA级以上旅游景区4个、省级服务业特色小镇2个。有普通中小学7所、在校生4987人，有医疗卫生机构63个、床位390张、卫生技术人员384人。各类福利院有床位520张、供养老年人265人。年内，获评全省“绿水青山就是金山银山”实践创新基地，那香海文旅度假小镇获评首批山东省康养旅游示范基地。

（姜　潇）

【乳山经济开发区】 位于乳山市南部。2020年，完成体制机制改革，管辖面积为34.45平方千米，大陆海岸线长约35千米，辖41个村。围绕新能源（汽车）、装备制造2个主导产业，建设新能源（汽车）科技、装备制造、海洋食品、临港产业4个产业园区，创新打造智能装备南园、北园和高铁装备产业园3个特色“区中园”。突出招商引资工作，成立专业招商队伍4支，分产业、分区域进行精准招商，年内累计外出招商30余次，对接项目60余个，成功签约威巴克消毒液、宏科新材料、高端家具定制等项目。以科技创新为引擎，推动伯特利、华信食品、双连制动、佰德信、振华等20家企业实施技改扩规工作，新增高新技术企业6家。加强园区基础设施建设，完成湛江路人行道工程，无锡路、中山路道路改造工程，中山路、无锡路、惠州路道路绿化提升等，实现绿化面积约3万平方米、人行道铺设面积约3.5万平方米、道路硬化面积约2万平方米。

（丁鲁亮）

【乳山市滨海新区】 位于乳山市东南部，区域规划总面积348.94平方千米，大陆海岸线长约21.7千米，辖银滩旅游度假区、白沙滩镇、海阳所镇、徐家镇及海湾新城，常住人口10万余人。2020年，滨海新区整合生态、岸线、康养等资源优势，构建文化旅游、康养产业、先进制造、人工智能、生物科技5个产业体系，打造胶东五市产业承接区、滨海休闲度假养生区、国际化精致城市示范区。年内，实现地方财政收入0.87亿元。开工建设粤商大健康辅具产业园、银滩风情海岸2个重点项目，运营实施“网红培训基地+电商带货”、安徽鸿旭养老、华药创新平台、丽豪跨境电商、辰南贸易、品罗检验检测、北京直通车7个服务业项目，签约国家商用密码安全产品产业化基地、新零售业态、银滩特色商业街3个项目。投入1.05亿元，实施路政工程、停车场、停车港湾、候车亭建设。完成长江路东段拓宽、太行山东路续建等工程，建设改造党校东停车场、滨海公园停车场，修补路面100余处、面积约4000平方米，渠化改造道路平交路口50处，更新隔离护栏约3000米，维修保养交通标识约200处。

（徐园园）

编辑　于鹏飞

人　　物

市领导简介

·中国共产党威海市委员会·

王鲁明　中共威海市委书记、党校校长。山东海阳人。1961年11月出生。1976年12月参加工作。1980年12月加入中国共产党。1976年12月至1981年3月，为总参第五通信团六连战士。1981年3月至1982年1月，为青岛绒布厂工人。1982年1月至1983年12月，为青岛市邮电局报务员。1983年12月至1989年8月，为青岛市邮电局宣传科、办公室干部（1984年9月至1987年7月在青岛市职工业余大学政治学专业大专班学习）。1989年8月至1992年12月，任青岛市委研究室正科级秘书。1992年12月至1994年3月，任青岛市委研究室综合处副处长。1994年3月至1995年9月，任青岛市委研究室综合处处长。1995年9月至1998年4月，任青岛市委研究室副主任（1994年5月至1997年7月在青岛海洋大学在职研究生班企业管理专业学习）。1998年4月至2001年4月，任青岛市政府调查研究室副主任。2001年4月至2004年1月，任青岛市政府副秘书长、调查研究室主任。2004年1月至2008年2月，任青岛市城阳区委副书记、区长（2002年9月至2005年6月在中国海洋大学环境科学与工程学院环境科学专业学习，获工学博士学位）。2008年2月至2009年12月，任青岛市城阳区委书记，青岛出口加工区党工委书记、管委会主任（2006年5月至2008年9月在长江商学院高级管理人员工商管理硕士专业学习，获高级管理人员工商管理硕士学位）。2009年12月至2010年4月，任青岛市委常委、城阳区委书记，青岛出口加工区党工委书记、管委会主任。2010年4月至2017年4月，任青岛市委常委、秘书长。2017年4月至2018年10月，任青岛市委常委、副市长。2018年10月至2018年12月，任威海市委书记。2018年12月至2020年3月任威海市委书记、党校校长。

张海波　中共威海市委书记、党校校长。山东威海人。1969年5月出生。1991年7月参加工作。1988年7月加入中国共产党。1987年9月至1991年7月，在青岛大学物理系应用物理专业学习。1991年7月至1993年10月，任青岛大学外文系政治辅导员。1993年10月至1997年5月，任青岛大学团委副主任科员。1997年5月至1999年1月，任青岛大学团委主任科员（1997年8月至1998年1月在青岛团市委挂职）。1999年1月至2000年6月，任青岛大学团委副书记。2000年6月至2002年1月，任青岛大学团委副书记，挂职任章丘市委副书记。2002年1月至2002年12月，任青岛大学党委组织部正处级组织员，挂职任章丘市委副书记。2002年12月至2004年2月，任章丘市委副书记（正县级）。2004年2月至2006年10月，任章丘市委副书记（正县级）兼明水经济开发区管委会党委书记。2006年10月至2007年1月，任济阳县委副书记、代县长（2005年4月至2007年1月在清华大学公共管理学院MPA专业学习，获公共管理硕士学位）。2007年1月至2011年1月，任济阳县委副书记、县长。2011年1月至2012年3月，任济南市历下区委副书记、区长。2012年3月至2017年4月，任济南市副市长。2017年4月至2017年7月，任济南市委常委、副市长。2017年7月至2018年1月，任威海市委副书记，市政府副市长、代市长、党组书记。2018年1月至2020年3月任威海市委副书记，市政府市长、党组书记。2020年3月起任威海市委书记、党校校长。

闫剑波　中共威海市委副书记，市政府市长、党组书记。山东诸城人。1971年12月出生。1994年8月参加工作。1992年6月加入中国共产党。1990年9月至1994年7月，在兰州大学地理科学系经济地理学与城乡区域规划专业学习。1994年8月至1995年10月，任德州地区建委干事。1995年10月至1997年7月，任德州市规划建筑设计院规划设计室主任。1997年7月至1998年9月，任德州市建委城市规划建设管理科科员。1998年9月至1999年10月，任德州市建委城市规划建设管理科主任科员。1999年10月至2000年12月，任德州市城市规划管理处副主任、市建委城建科主任科员。2000年12月至2001年1月，任德州市交通局副局长。2001年1月至2001年5月，任德州市城市规划局局长。2001年5月至2005年2月，任德州市建委副主任、党工委委员，城市规划局局长（副县级）。2005年2月至2006年12月，任德州市建委副主任、党工委委员，城市规划局局长（正县级）。2006年12月至2007年2月，任禹城市委副书记、副市长、代市长。2007年2月至2008年7月，任禹城市委副书记、市长。2008年7月至2010年4月，任禹城市委副书记、市长，禹城高新区管委会主任。2010年4月至2011年11月，任禹城市委书记，禹城高新区党工委书记（2009年3月至2011年5月在大连理工大学管理与经济学部高级管理人员工商管理硕士专业学习，获工商管理硕士学位）。2011年12月至2016年1月，任临沂市委常委、临沂高新技术产业开发区党工委书记。2016年1月至2018年4月，任菏泽市委常委、副市长，市政府党组副书记，市行政干部管理学院院长。2018年4月至2018年8月，任济宁市委副书记。2018年8月至2019年5月，任济宁市委副书记、宣传部部长。2019年5月至2020年3月，任济宁市委副书记、宣传部部长，市委教育工委书记，市红十字会会长。2020年3月至2020年4月，任威海市委副书记，提名为威海市市长候选人。2020年4月至2020年7月，任威海市委副书记，市政府副市长、代理市长、党组书记。2020年7月起任威海市委副书记，市政府市长、党组书记。

张宏伟（女） 中共威海市委副书记。山东梁山人。1972年6月出生。1992年7月参加工作。1990年6月加入中国共产党。1990年9月至1992年7月，在莱阳农学院农经系农业经济管理专业学习。1992年7月至1993年6月，任淄博市临淄区永流乡经管站办事员。1993年6月至1994年6月，任淄博市临淄区永流乡建设环保土地委员会副主任。1994年6月至1997年3月，任淄博市临淄区永流乡党委委员（1993年8月至1996年4月在中央党校函授学院本科班经济管理专业学习）。1997年3月至1999年3月，任淄博市临淄区团委副书记（1998年3月至1999年2月在团省委青农部挂职锻炼）。1999年3月至1999年8月，任团省委青农部副主任科员。1999年8月至2001年5月，任团省委青农部主任科员。2001年5月至2002年10月，任团省委办公室副主任。2002年10月至2003年1月，任团省委常委、办公室副主任。2003年1月至2003年5月，任团省委常委、权益部副部长。2003年5月至2008年8月，任团省委常委、权益部部长（2000年9月至2003年6月在山东省委党校在职干部研究生班经济管理专业学习；2006年2月至2007年1月挂职任国家开发银行信用管理局局长助理）。2008年8月至2009年9月，任团省委常委、组织部部长（2006年9月至2009年1月在大连理工大学软件工程专业学习，获工程硕士学位）。2009年9月至2011年12月，任省社会主义学院副院长、党组成员。2011年12月至2015年5月，任泰安市委常委、新泰市委书记。2015年5月至2018年6月，任临沂市委副书记（2011年9月至2015年6月在山东大学马克思主义学院马克思主义中国化研究专业学习，获法学博士学位）。2018年6月至2018年9月，任临沂市委副书记、宣传部部长。2018年9月至2019年1月，任莱芜市委副书记。2019年1月至2020年8月，任威海市委副书记。

贾瑞霭（女） 中共威海市委副书记。山东莱阳人。1967年12月出生。1991年7月参加工作。1996年7月加入中国共产党。1987年9月至1991年7月，在吉林大学法学系法学专业学习。1991年7月至1995年1月，任东营市妇联权益部科员（1991年10月至1992年10月借调东营市政府办公室工作）。1995年1月至1996年4月，任东营市妇联法律顾问处副主任。1996年4月至1998年7月，任东营市政府办公室综合二科副主任科员。1998年7月至1999年12月，任东营市政府办公室综合二科主任科员。1999年12月至2001年9月，任东营市政府办公室综合二科副科长、主任科员。2001年9月至2002年12月，任东营市政府办公室秘书三科科长。2002年12月至2003年1月，任广饶县委常委。2003年1月至2007年1月，任广饶县委常委、宣传部部长。2007年1月至2008年2月，任广饶县委常委、组织部部长（2004年9月至2007年6月在山东省委党校在职干部研究生班经济管理专业学习）。2008年2月至2009年2月，任东营市妇联主席、党组书记[2006年9月至2009年1月在中国石油大学（华东）经济管理学院企业管理专业学习，获管理学硕士学位]。2009年2月至2009年4月，任东营市东营区委副书记、副区长、代区长。2009年4月至2010年9月，任东营市东营区委副书记、区长。2010年9月至2012年2月，任东营市东营区委书记。2012年2月至2015年8月，任东营市委常委、东营区委书记。2015年8月至2019年1月，任东营市委常委、宣传部部长。2019年1月至2020年10月，任东营市委常委、宣传部部长兼市委教育工委书记。2020年10月起任威海市委副书记。

王　亮 中共威海市委常委，市政府副市长、党组副书记，市行政审批服务局党组书记。山东荣成人。1963年1月出生。1981年7月参加工作。1984年4月加入中国共产党。1979年9月至1981年7月，在荣成师范学校史地专业学习。1981年7月至1983年5月，任荣成县第十五中学教师。1983年5月至1984年7月，任荣成县政协办公室秘书。1984年7月至1987年9月，任荣成县委办公室秘书。1987年9月至1988年10月，任威海市政府办公室秘书。1988年10月至1990年1月，任威海市政府办公室副科级秘书。1990年1月至1991年9月，任威海市政府办公室正科级秘书（1987年10月至1990年12月，在山东省高等教育自学考试汉语言文学专业大专学习）。1991年9月至1992年2月，任威海市政府办公室秘书科科长。1992年2月至1992年8月，任威海市政府办公室调研科科长。1992年8月至1994年4月，任威海市政府办公室副县级秘书、调研科科长。1994年4月至1997年6月，任威海市政府办公室副主任、党组成员。1997年6月至1999年6月，任威海市政府副秘书长、办公室党组成员。1999年6月至2001年6月，任威海市政府副秘书长、办公室党组成员，调查研究室主任（1998年9月至2001年6月，在吉林大学经济学院国民经济学专业学习，2001年6月获经济学硕士学位）。2001年6月至2002年12月，任威海市政府副秘书长、办公室党组成员，调查研究室主任，信息产业局局长。2002年12月至2003年1月，任威海市环翠区委副书记、代区长。2003年1月至2005年2月，任威海市环翠区委副书记、区长。2005年2月至2005年3月，任文登市委副书记、代市长。2005年3月至2006年

2月，任文登市委副书记、市长。2006年2月至2006年3月，任文登市委副书记、市长，市政协主席。2006年3月至2006年5月，任文登市委书记、市政协主席。2006年5月至2007年11月，任文登市委书记、党校校长。2007年11月至2011年11月，任文登市委书记、党校校长，市人大常委会主任。2011年11月至2011年12月，任文登市人大常委会主任。2011年12月至2012年2月，任威海市委宣传部部长，文登市人大常委会主任。2012年2月至2012年4月，任威海市委宣传部部长。2012年4月至2017年3月，任中共威海市委常委、宣传部部长。2017年3月至2018年11月，任威海市委常委，市政府副市长、党组副书记。2018年11月起任威海市委常委，市政府副市长、党组副书记，市行政审批服务局党组书记。

侯世超 中共威海市委常委、秘书长。山东乳山人。1963年4月出生。1980年10月参加工作。1986年12月加入中国共产党。1980年10月至1983年7月，任乳山县水产供销公司和尚洞水产站职工、团支书。1983年7月至1985年7月，任乳山县水产良种场会计。1985年7月至1989年3月，任乳山县玻璃厂财务科科长、办公室主任、副厂长。1989年3月至1990年9月，任乳山县水产研究所干部。1990年9月至1992年11月，任乳山县水产局企业管理股副股长（1989年8月至1992年6月，在中央党校函授学院大专班经济管理专业学习）。1992年11月至1994年12月，任乳山县（市）海阳所镇副镇长。1994年12月至1995年12月，任乳山市海阳所镇党委副书记、副镇长。1995年12月至1998年1月，任乳山市冯家镇党委副书记、镇长。1998年1月至2000年3月，任乳山市冯家镇党委书记（1999年4月至7月，在威海市委党校第九期中青年干部培训班学习；1997年9月至2000年1月，在山东省委党校业余本科班经济管理专业学习）。2000年3月至2001年1月，任乳山市政府党组成员、办公室主任。2001年1月至2005年2月，任乳山市委常委、办公室主任兼市直机关工委书记。2005年2月至2006年12月，任乳山市委副书记、办公室主任兼市直机关工委书记（2006年2月至5月，在山东省委党校第十八期县委书记培训班学习）。2006年12月至2007年12月，任威海市林业局副局长、党委副书记（正县级）。2007年12月至2009年1月，任威海市林业局局长、党委书记。2009年1月至2010年2月，任荣成市委副书记（正县级）。2010年2月至2011年11月，任荣成市委副书记、市长。2011年11月至2015年6月，任荣成市委书记、党校校长（2009年9月至2012年6月，在山东省委党校在职干部研究生班经济管理专业学习）。2015年6月至2015年7月，任威海市委常委，荣成市委书记、党校校长。2015年7月至2015年8月，任威海市委常委、统战部部长，市社会主义学院院长，荣成市委书记、党校校长。2015年8月至2016年2月，任威海市委常委、统战部部长，市社会主义学院院长。2016年2月起任威海市委常委、秘书长。

刘 运 中共威海市委常委、组织部部长。山东平邑人。1969年7月出生。1991年7月参加工作。1989年7月加入中国共产党。1987年9月至1989年9月，在临沂师范专科学校外语系英语专业学习。1989年9月至1991年7月，在聊城师范学院英语系英语专业学习。1991年7月至1992年11月，任山东省引进国外智力领导小组办公室干部。1992年11月至1996年1月，任山东省引进国外智力领导小组办公室科员。1996年1月至1999年3月，任山东省引进国外智力领导小组办公室副主任科员。1999年3月至2001年6月，任山东省引进国外智力领导小组办公室主任科员（1996年9月至1999年7月，在山东大学国际政治经济关系学院科学社会主义与国际共产主义运动专业学习）。2001年6月至2003年9月，任山东省外国专家局主任科员。2003年9月至2008年11月，任山东省人事厅专业技术人员管理处副处长（2002年9月至2005年6月，在山东大学政治学与公共管理学院科学社会主义与国际共产主义运动专业学习）。2008年11月至2013年1月，任山东省留学人员和专家服务中心主任（2005年11月至2009年6月，在山东大学经济学院应用经济学博士后科研流动站经济学学科从事博士后研究工作）。2013年1月至2013年7月，任山东省人力资源和社会保障厅专业技术人员管理处处长、省留学人员和专家服务中心主任。2013年7月至2015年5月，任山东省人力资源和社会保障厅专业技术人员管理处处长（2014年3月至2014年7月，在山东省委党校第二十四期中青班学习）。2015年5月至2016年9月，任山东省人力资源和社会保障厅人才开发处处长。2016年9月至2016年12月，任山东省人力资源和社会保障厅副巡视员。2016年12月至2020年6月，任威海市委常委、组织部部长。

傅广照 中共威海市委常委、政法委书记，市法学会会长。山东龙口人。1963年2月出生。1984年7月参加工作，1985年5月加入中国共产党。1980年9月至1984年7月，在莱阳农学院农学专业学习。1984年7月至1986年5月，任蓬莱县北沟镇团委书记。1986年5月至1987年1月，任蓬莱县委组织部干事。1987年1月至1987年12月，任龙口市直关党委干事。1987年12月至1992年12月，历任龙口市委组织部组织科、企干科干事，办公室副主任、主任。1992年12月至1993年9月，任共青团龙口市委副书记（主持工作）。1993年9月至1995年12月，任龙口市黄山馆镇党委书记。1995年12月至1997年12月，任龙口市黄山馆镇党委书记、人大主席（1995年9月至1997年12月，在山东省委党校研究生班经济管理专业学习）。1997年12月至2001年1月，任蓬莱市副市长。2001年1月至2002年12月，任莱阳市委副书记、副市长。2002年12月至2003年1月，任烟台市牟平区委副书记、代区长。2003年1月至2006年12月，任烟台市牟平区委副书记、区长（2006年2月至12月，在山东省委党校中青年干部培训班学习）。2006年12月至2007年3月，任乳山市委书记、党校校长。2007年3月至2011年11月，任乳山市委书记、党校校长，市人大常委会主任（2005年10月至2007年7月，在大连理工大学EMBA专业学习）。2011年11月至2011年12月，任乳山市人大常委会主任。2011年12月至2012年4月，任威海市政府党组成员。2012年4月至2015年4月，任威海市政府副市长、党组成员。2015年4月至2017年3月，任威海市人民政府副市长、党组成员，市委高校工委书记。2017年3月至2019年11月，任威海市委常委、政法委书记。2019年11月起任威海市委常委、政法委书记，市法学会会长。

刘广华 中共威海市委常委、宣传部部长，市委教育工委书记。山东烟台人。1962年9月出生。1983年12月参加工作。1985年12月加入中国共产党。1980年9月至1983年12月，在山东广播电视大学烟台分校机械专业学习。1983年12月至1986年5月，任烟台市芝罘区物价局物价员。1986年5月至1987年4月，任烟台市芝罘区委组织部干部科干事。1987年4月至1989年5月，任烟台市芝罘团区委副书记。1989年5月至1990年4月，任烟台市芝罘团区委书记。1990年4月至1993年2月，任烟台市芝罘区黄务镇党委副书记、镇长。1993年2月至1995年9月，任烟台市芝罘区黄务镇党委书记。1995年9月至1998年1月，任招远市委常委、宣传部部长（1993年9月至1996年7月，在山东农业大学经济管理专业在职学习）。1998年1月至1998年12月，任招远市副市长。1998年12月至2000年1月，任招远市委副书记、副市长。2000年1月至2002年12月，任烟台市莱山区委副书记，高新区工委副书记，中俄基地工委副书记、管委副主任。2002年12月至2006年12月，任烟台市莱山区委副书记，高新区工委副书记、管委主任，中俄基地工委副书记、管委主任，亚太经合园区管委主任。2006年12月至2007年1月，任烟台市国资委党委副书记。2007年1月至2008年2月，任烟台市国资委主任、党委副书记（2004年9月至2007年6月，在山东省委党校在职干部研究生班经济管理专业在职学习）。2008年2月至2011年11月，任栖霞市委书记、党校校长，市人大常委会主任。2011年11月至2012年4月，任烟台市政府党组成员。2012年4月至2012年5月，任烟台高新技术产业开发区管委会主任（副厅级）、市政府党组成员。2012年5月至2013年2月，任烟台高新技术产业开发区管委会主任（副厅级），市政府党组成员，烟台东部高技术海洋经济新区建设指挥部副总指挥兼办公室主任，市城市建设发展有限公司董事长、党支部书记。2013年2月至2013年7月，任烟台高新技术产业开发区管委会主任（副厅级）、市政府党组成员、烟台东部海洋经济新区建设指挥部副总指挥。2013年7月至2013年8月，任威海市政府党组成员。2013年8月至2016年7月，任威海市政府副市长、党组成员。2016年7月至2017年3月，任威海市人民政府副市长、党组成员，威海综合保税区管委主任、工委书记。2017年3月至2018年12月任威海市委常委、宣传部部长。2018年12月起任威海市委常委、宣传部部长，市委教育工委书记。

邹积军 中共威海市委常委，威海军分区司令员。山东烟台人。1965年9月出生。1981年9月参加工作。1983年9月加入中国共产党。1981年9月至1984年9月，在济南陆军学校学习。1984年9月至2017年11月，在部队服役。2017年11月至2020年12月，任威海市委常委、威海军分区司令员。

任敬喜 中共威海市委常委，市纪委书记，市监委主任。山东寿光人。1966年12月出生。1989年7月参加工作。1986年11月加入中国共产党。1985年9月至1989年7月，在山东大学哲学系哲学专业学习。1989年7月至1992年2月，任青岛经济技术开发区管委办公室秘书。1992年2月至1993年9月，任青岛经济技术开发区工委办公室副主任科员。1993年9月至1996年1月，任青岛经济技术开发区工委办公室调研处副处长。1996年1月至1998年5月，任青岛经济技术开发区工委、管委（黄岛区委、区政府）政研室副主任（1995年9月至1997年12月在山东省委党校经济学专业研究生班学员）。1998年5月至2001年2月，任青岛经济技术开发区工委、管委（黄岛区委、区政府）办公室副主任、区机关事务管理局局长。2001年2月至2002年12月，任青岛市统计局副局长（2002年4月至2002年11月在青岛市第三批中青年干部赴美国伊利诺宜大学培训班学习）。2002年12月至2003年5月，任青岛市崂山区委常委、办公室主任。2003年5月至2005年12月，任青岛高新区工委常委、崂山区委常委、办公室主任。2005年12月至2008年5月，任青岛市崂山区委常委、办公室主任（2004年9月至2007年6月在青岛大学自动化工程学院系统理论专业学习，获理学博士学位）。2008年5月至2012年4月，任青岛市纪委常委，市监察局副局长（2007年12月至2010年4月在北京交通大学应用经济学领域从事博士后研究工作）。2012年4月至2013年2月，任青岛市纪委常委，市监察局副局长，市委第一巡视组组长。2013年2月至2014年7月，任青岛市委第一巡视组组长。2014年7月至2015年3月，任青岛市纪委副书记、市委第一巡视组组长。2015年3月至2018年1月，任青岛市纪委副书记。2018年1月至2019年8月，任青岛市纪委副书记、市监委副主任。2019年8月至2019年10月，任威海市委常委、市纪委书记，市监委主任候选人。2019年10月至2020年1月，任威海市委常委、市纪委书记，市监委副主任、代理主任。2020年1月起任威海市委常委、市纪委书记，市监委主任。

刘升勤（女） 中共威海市委常委、组织部部长。山东高密人。1967年11月出生。1990年7月参加工作。1996年9月加入中国共产党。1986年9月至1990年7月，在山东工业大学基础教学部应用数学专业学习。1990年7月至1997年7月，任潍坊市农机所工程师、技改部主任。1997年7月至1998年5月，任潍坊市工业干校教研室副主任。1998年5月至1998年12月，任潍坊市工业干校教研室主任。1998年12月至2000年12月，任潍坊凤凰山高新技术产业园党工委副书记，凤凰街道党工委副书记、办事处主任。2000年12月至2003年1月，任潍坊市坊子区副区长（挂职）。2003年1月至2007年1月，任潍坊市坊子区委常委、组织部部长（2003年4月至2005年4

月在大连理工大学工商管理硕士专业学习，获工商管理硕士学位）。2007年1月至2010年1月，任潍坊市坊子区委常委、副区长（2007年3月至2007年11月参加山东省赴美国中青年干部培训班学习）。2010年1月至2011年12月，任潍坊市坊子区委副书记。2011年12月至2012年1月，任潍坊市坊子区委副书记、副区长、代区长。2012年1月至2015年9月，任潍坊市坊子区委副书记、区长。2015年9月至2016年12月，任潍坊市坊子区委书记。2016年12月至2017年1月，任聊城市委常委。2017年1月至2020年8月，任聊城市委常委、宣传部部长。2020年8月至2020年9月，任威海市委常委。2020年9月起任威海市委常委、组织部部长。

梁金光　中共威海市委常委、统战部部长。山东昌邑人。1968年12月出生。1992年7月参加工作。1992年1月加入中国共产党。1988年9月至1992年7月，在山东农业大学农学系作物专业学习。1992年7月至1994年10月，任临朐县七贤镇政府科技助理。1994年10月至1997年6月，任潍坊市计划委员会科员。1997年6月至1998年9月，任省计划委员会机关党委干部。1998年9月至2000年9月，任省计划委员会机关党委副主任科员。2000年9月至2001年9月，任省发展计划委员会农村经济处副主任科员。2001年9月至2005年6月，任省发展计划委员会农村经济处主任科员（2002年5月至2005年6月在山东农业大学农学院农业推广专业学习，获农业推广硕士学位）。2005年6月至2007年7月，任省发展和改革委员会农村经济处主任科员。2007年7月至2008年10月，任省发展和改革委员会办公室副调研员。2008年10月至2009年8月，任省发展和改革委员会办公室副主任。2009年8月至2011年5月，任省发展和改革委员会国民经济综合处副处长（2010年1月至2011年5月在省黄河三角洲高效生态经济区建设办公室黄河三角洲建设协调处工作）。2011年5月至2013年11月，任省发展和改革委员会黄河三角洲建设协调处处长。2013年11月至2015年4月，任省区域发展战略推进办公室综合协调处处长。2015年4月至2017年5月，任省发展和改革委员会区域发展协调处处长。2017年5月至2017年12月，任省发展和改革委员会办公室主任。2017年12月至2019年3月，任省发展和改革委员会办公室主任、一级调研员。2019年3月至2020年8月，任省对口支援办公室主任（副厅级）。2020年8月至2020年9月，任威海市委常委。2020年9月起任威海市委常委、统战部部长。

姚玉辉　中共威海市委常委、威海军分区司令员。上海人。1973年9月出生。1991年8月参加工作。1998年6月加入中国共产党。1991年8月至1995年7月，在解放军外国语学院学习。1995年7月至2020年12月，在部队服役。2020年12月起任威海市委常委、威海军分区司令员。

• 威海市人民代表大会常务委员会 •

王学文　威海市人大常委会主任、党组书记。山东乳山人。1963年4月出生。1984年7月参加工作。1984年5月加入中国共产党。1980年9月至1984年7月，在莱阳农学院园艺系果树专业学习。1984年7月至1985年4月，任乳山县马石店乡团委干事。1985年4月至1985年11月，任乳山县委老干部局干事。1985年11月至1989年2月，任乳山县委组织部干事。1989年2月至1989年12月，任乳山县委组织部干部科副科长。1989年12月至1991年1月，任乳山县委办公室行政科科长。1991年1月至1992年6月，任乳山县委办公室副主任。1992年6月至1994年7月，任乳山县（市）冯家镇党委书记。1994年7月至1995年8月，任乳山市地税局局长、财政局副局长。1995年8月至1996年12月，任乳山市委办公室主任、市直机关工委书记。1996年12月至1997年12月，任乳山市委常委、办公室主任，市直机关工委书记。1997年12月至2001年1月，任乳山市委副书记（2000年9月至2000年12月，在省委党校县委书记进修班学习）。2001年1月至2001年3月，任乳山市委副书记、代市长。2001年3月至2002年12月，任乳山市委副书记、市长。2002年12月至2003年1月，任荣成市委副书记、代市长。2003年1月至2005年11月，任荣成市委副书记、市长。2005年11月至2007年5月，任威海市环翠区委书记、党校校长。2007年5月至2008年11月，任威海市委常委，环翠区委书记、党校校长。2008年11月至2011年11月，任威海市委常委，荣成市委书记、党校校长。2011年11月至2012年1月，任威海市委常委。2012年1月至2016年1月，任中共威海市委常委、秘书长。2016年1月至2017年3月，任中共威海市委常委，威海市人民政府副市长、党组副书记。2017年3月起任威海市人大常委会主任、党组书记。

毕礼伟　威海市人大常委会副主任、民建威海市委主委。山东威海人。1966年12月出生。1988年7月参加工作。2005年10月加入中国民主建国会。1985年9月至1988年7月，在烟台大学中文系汉语言文学专业学习。1988年7月至1990年5月，任威海市纺织工业公司技改科干部（1989年3月至1989年7月，在北京达美集团培训中心外贸英语培训班学习）。1990年5月至1991年9月，任威海市纺织器材厂供销科长。1991年9月至1992年1月，任威海市纺织器材厂副厂长。1992年1月至1993年3月，任威海市环翠区经委技改科副科长。1993年3月至1995年2月，任威海环翠省级旅游度假区招商公司经理（1994年7月至10月，在环翠区委党校中青年干部班学习）。1995年2月至1996年1月，任威海环翠省级旅游度假区招商局副局长。1996年1月至1997年7月，任威海环翠省级旅游度假区招商局副局长、张村镇副镇长。1997年7月至1998年2月，任威海环翠省级旅游度假区管委会副主任、经济发展局副局长，张村镇副镇长。1998年2月至2006年2月，任威海市环翠区政府副区长（1997年8月至1999年12月，在中央党校函授学院涉外经济管理专业学习；2000年9月至2003年6月，在省委党校在职干部研究生班经济管理专业学习）。2006年2月至2006年7月，任威海市政协副主席、环翠区政府副区长。2006年7月至2007年12月，任威海市政协副主席、环翠区政府副区长、民建威海支部主任（2006年9月至2006年12月，在省委党校人大政协干部进修班学习）。2007年12月至2008年1月，任威海市政协副主席、民建威海支部主任委员。2008年1月至2010年4月，任威海市人大常委会副主任、民建威海支部主任委员（2007年9月至2009年11月，在北京师范大学政治学与国际关系学院公共管理专业学习；2009年9月至2009年11月，在山东省委党校市人大政协领导干部进修班学习）。2010年4月至2020年5月，任威海市人大常委会副主任、民建威海市委主委。2020年5月至2020年7月，任民建威海市委主委。

丛培卿（女） 威海市人大常委会副主任、党组副书记。山东威海人。1961年10月出生。1981年7月参加工作。1982年11月加入中国共产党。1979年9月至1981年7月，在烟台师范专科学校政治系政治专业学习。1981年7月至1984年6月，任文登县汪疃公社、初村公社妇联干事。1984年6月至1985年2月，任文登县妇联干事。1985年2月至1986年11月，任文登县妇联妇女儿童权益部副部长。1986年11月至1987年8月，任威海市（县级）计生委文书。1987年8月至1989年12月，任威海市妇联干事。1989年12月至1992年12月，任威海市妇联办公室副主任（1992年9月至1992年11月，在威海市委党校领导干部进修班学习）。1992年12月至1996年6月，任威海市妇联研究室主任（1995年5月至1995年8月，在威海市委党校中青年女干部培训班学习）。1996年6月至1998年11月，任威海市妇联副主席、党组成员（1993年9月至1996年7月，在山东省经济管理干部学院本科班经济管理专业学习）。1998年11月至2003年4月，任威海市妇联副主席、纪检组组长、党组成员。2003年4月至2007年12月，任威海市妇联副主席、党组成员（2003年9月至2004年7月，在山东大学威海分校继续教育学院韩语班学习）。2007年12月至2012年1月，任威海市妇联主席、党组书记。2012年1月至2012年4月，任威海市妇联主席、党组书记，市人大常委会党组成员。2012年4月至2017年3月，任威海市人大常委会副主任、党组成员。2017年3月起任威海市人大常委会副主任、党组副书记。

张　竞（女） 威海市人大常委会副主任、党组成员，市总工会主席。山东平度人。1965年4月出生。1988年7月参加工作。1993年6月加入中国共产党。1984年9月至1988年7月，在华东政法学院法律系法学专业学习。1988年7月至1993年10月，任威海市妇联法律顾问处干事。1993年10月至1995年1月，任威海市妇联法律顾问处副主任。1995年1月至1995年11月，任威海市妇联办公室副主任。1995年11月至1998年10月，任威海市妇联办公室主任。1998年10月至2000年6月，任乳山市副市长(挂职)。2000年6月至2000年10月，任威海出口加工区管理委员会（市保税区建设管理委员会）副主任。2000年10月至2003年11月，任威海经济技术开发区出口加工区管理局副局长。2003年11月至2006年12月，任威海经济技术开发区建设局副局长。2006年12月至2007年1月，任文登市委副书记。2007年1月至2011年11月，任文登市委副书记，市政府市长、党组书记。2011年11月至2012年2月，任文登市委书记、党校校长。2012年2月至2013年8月，任文登市委书记、党校校长，市人大常委会主任。2013年8月至2014年3月，任文登市委书记、党校校长，市人大常委会主任，威海南海新区工委第一书记。2014年3月至2016年2月，任威海市文登区委书记、党校校长，区人大常委会主任，威海南海新区工委第一书记。2016年2月至2016年11月，任威海市文登区委书记、党校校长，威海南海新区工委第一书记。2016年11月至2016年12月，任文登区委党校校长。2016年12月至2017年3月，任威海市政府党组成员。2017年3月至2017年4月，任威海市人大常委会副主任、党组成员。2017年4月至2019年5月，任威海市人大常委会副主任、党组成员，市总工会主席、党组书记。2019年5月起任威海市人大常委会副主任、党组成员，市总工会主席。

李文基 威海市人大常委会副主任、党组成员。山东乳山人。1964年7月出生。1980年7月参加工作。1990年5月加入中国共产党。1978年9月至1980年7月，在山东省淄博商业学校计划统计专业学习。1980年7月至1988年3月，任乳山县农牧局经管站经管员（1985年9月至1987年7月，在农牧渔业部农村经济管理干部学院会统系统计专业学习）。1988年3月至1989年6月，任乳山县财政局预算股会计、副股长。1989年6月至1992年5月，任乳山县财政局预算股股长。1992年5月至1996年9月，任乳山县（市）财政局副局长、党组成员（1993年9月至1996年7月，在山东省经济管理干部学院业余本科班经济管理专业学习）。1996年9月至1997年1月，任威海市财政局预算外管理处科长（1996年9月至1997年1月，借调威海市财政局预算科工作）。1997年1月至2001年6月，任威海市财政局预算科科长。2001年6月至2003年4月，任威海市财政局预算外资金管理处主任。2003年4月至2009年1月，任威海市财政局副局长、党委委员。2009年1月至2011年6月，任威海市财政局副局长、党委委员，市政府投融资管理中心主任。2011年6月至2017年3月，任威海市财政局局长、党委书记。2017年3月起任威海市人大常委会副主任、党组成员。

于东海 威海市人大常委会副主任、党组成员。山东乳山人。1966年2月出生。1988年7月参加工作。1987年12月加入中国共产党。1984年9月至1988年7月，在山东省委党校理论班党史党建专业学习。1988年7月至1988年9月，任威海市委党史征集委员会科员。1988年9月至1990年7月，任威海市委直属企业工委（与市委组织员办合署）科员。1990年7月至1993年8月，任威海市委组织部科员（1991年3月至1992年7月，在文登市泽头镇党委挂职)。1993年8月至1995年7月，任威海市委组织部副科级巡视员。1995年7月至1997年3月，任威海市委组织部知识分子工作科副科长。1997年3月至1998年4月，任威海市委组织部干部教育科副科长。1998年4月至6月，任威海市委组织部干部科副科长。1998年6月至2001年2月，任威海市委组织部干部科副科长、主任科员。2001年2月至2002年2月，任威海市委组织部干部科副科长、干部调配科科长。2002年2月至2003年4月，任威海市委组织部干部科科长、干部调配科科长。2003年4月至2004年11月，任威海市委组织部助理调研员、干部科科长、干部调配科科长。2004年11月至2007年8月，任威海市委组织部助理调研员、干部科科长。2007年8月至2008年3月，任威海市委组织部副部长、干部科科长。2008年3月至2010年12月，任威海市委组织部副部长。2010年12月至2014年12月，任威海市委组织部副部长、老干部局局长。2014年12月至2017年3月，任威海市委组织部常务副部长、市属国企工委书记。2017年3月起任威海市人大常委会副主任、党组成员。

·威海市人民政府·

张海波　2017年7月至2018年1月，任中共威海市委副书记，市政府副市长、代市长、党组书记。2018年1月至2020年3月任中共威海市委副书记，市政府市长、党组书记。2020年3月起任中共威海市委书记、党校校长。(详见第307页“中国共产党威海市委员会”)

闫剑波　2019年5月至2020年3月，任济宁市委副书记、宣传部部长，市委教育工委书记，市红十字会会长。2020年3月至2020年4月，任威海市委副书记，提名为威海市市长候选人。2020年4月至2020年7月，任中共威海市委副书记，市政府副市长、代理市长、党组书记。2020年7月起中共威海市委副书记，市政府市长、党组书记。(详见第307页“中国共产党威海市委员会”)

王　亮　2017年3月至2018年11月任中共威海市委常委，市政府副市长、党组副书记。2018年11月起任中共威海市委常委，市政府副市长、党组副书记，市行政审批服务局党组书记。(详见第308页“中国共产党威海市委员会”)

杨　丽(女)　威海市人民政府副市长、市工商联主席。辽宁沈阳人。1971年8月出生，1992年7月参加工作。无党派人士。1989年9月至1992年7月，在东北工学院分院外经外贸专业学习。1992年7月至1992年12月，任远东经济贸易总公司职员。1992年12月至2000年3月，任沈阳百货大楼驻俄罗斯代表(1993年12月至1998年7月，在俄罗斯西伯利亚消费合作大学经济系国民经济计划与管理专业学习)。2000年3月至2002年7月，任烟台中俄基地管委项目官员。2002年7月至2004年8月，任烟台市经济贸易委员会副主任(2002年9月至2004年6月，在中国政法大学经济法学专业学习)。2004年8月至2008年1月，任烟台市对外贸易经济合作局副局长。2008年1月至2017年1月，任烟台市政府副市长。2017年1月至2017年4月，任威海市政府副市长。2017年4月起任威海市人民政府副市长、市工商联主席。

叶立耘　威海市人民政府副市长、党组成员，市公安局局长、党委书记、督察长。山东海阳人。1962年11月出生。1980年7月参加工作。1984年7月加入中国共产党。1978年10月至1980年7月，在山东省生建工业学校工业电气自动化专业学习。1980年7月至1987年11月，任山东省公安厅办公室档案科办事员(1984年9月至1986年7月，在山东广播电视大学党政管理干部基础理论专修科党政专业学习)。1987年11月至1989年5月，任山东省公安厅办公室档案科科员。1989年5月至1994年12月，任山东省公安厅办公室档案科副科长。1994年12月至2001年2月，任山东省公安厅办公室档案科科长。2001年2月至2005年10月，任山东省公安厅办公室副主任(2002年9月至2005年10月，担任丽山大厦执行总经理、副总经理；2002年10月至2004年9月，挂职任济宁市市中区公安分局副局长、党委委员)。2005年10月至2010年7月，任山东省公安厅出入境管理局政委、丽山大厦总经理(2007年3月至2007年12月，在山东省委党校第十七期中青班学习；2008年6月至2008年11月，赴美国圣荷塞州立大学培训；2006年9月至2009年7月，在中央党校在职研究生班经济管理专业学习)。2010年7月至2011年12月，任山东省公安厅警务装备保障部主任(财务处处长)。2011年12月至2012年4月，任威海市公安局局长(副市级)、党委书记。2012年4月至2012年10月，任威海市政府党组成员，市公安局局长(副市级)、党委书记、督察长。2012年10月至2016年1月，任威海市政府党组成员，市公安局局长(副市级)、党委书记、政委、督察长。2016年1月至2016年2月，任威海市政府副市长、党组成员，市公安局局长(副市级)、党委书记、政委、督察长。2016年2月起任威海市人民政府副市长、党组成员，市公安局局长、党委书记、督察长。

张　伟　威海市人民政府副市长、党组成员。山东诸城人。1969年4月出生。1992年8月参加工作。2000年6月加入中国共产党。1988年9月至1992年7月，在哈尔滨科学技术大学机械工程一系工业造型设计专业学习。1992年8月至1995年4月，任山东三联电子集团公司应用技术开发公司研究所助理工程师。1995年4月至1997年11月，任山东省体改委宏观调控体制处科员。1997年11月至2000年10月，任山东省体改委农村体制处副主任科员。2000年10月至2003年4月，任山东省体改办宏观与市场体制处主任科员。2003年4月至2005年6月，任山东省体改办宏观与市场体制处副处长。2005年6月至2009年8月，任山东省发展和改革委资本市场发展处副处长(2003年10月至2007年6月，在山东大学法学院法律硕士专业学习)。2009年8月至2010年2月，任山东省发展和改革委资本市场发展处调研员。2010年2月至2010年4

月，在山东省金融办证券与资本市场处工作。2010 年 4 月至 2010 年 10 月，任山东省金融办证券与资本市场处调研员。2010 年 10 月至 2016 年 3 月，任山东省金融办证券与资本市场处处长。2016 年 3 月至 2017 年 1 月，任山东省金融办副巡视员。2017 年 1 月至 2017 年 2 月，任威海市政府副市长。2017 年 2 月起任威海市人民政府副市长、党组成员。

高书良　威海市人民政府副市长、党组成员，市计生协会会长、红十字会会长。山东荣成人。1963 年 8 月出生。1982 年 7 月参加工作。1984 年 1 月加入中国共产党。1979 年 7 月至 1982 年 7 月，在山东省农业机械化学校农业机械化专业学习。1982 年 7 月至 1984 年 6 月，任荣成县崖西公社（乡）农机管理员。1984 年 6 月至 1986 年 5 月，任荣成县崖西乡党委秘书。1986 年 5 月至 1988 年 11 月，任荣成县政府办公室秘书。1988 年 11 月至 1990 年 11 月，任荣成县（市）政府办公室副科级秘书。1990 年 11 月至 1992 年 2 月，任荣成市政府办公室副主任。1992 年 2 月至 1995 年 3 月，任荣成市宁津镇党委副书记、镇长。1995 年 3 月至 1997 年 12 月，任荣成市大疃镇党委书记（1993 年 9 月至 1996 年 7 月，在山东经济学院大专班国际贸易专业学习；1997 年 3 月至 1997 年 9 月，在威海市委党校中青年干部培训班学习）。1997 年 12 月至 2001 年 1 月，任乳山市委常委、政法委书记。2001 年 1 月至 2002 年 12 月，任乳山市委常委、组织部部长（1999 年 9 月至 2002 年 7 月，在中央农业广播学校乳山市分校经济管理专业学习）。2002 年 12 月至 2003 年 1 月，任乳山市委常委。2003 年 1 月至 2006 年 1 月，任乳山市委副书记、市纪委书记（2001 年 9 月至 2003 年 12 月，在山东省委党校业余本科班法律专业学习）。2006 年 1 月至 2006 年 9 月，任乳山市委副书记、副市长（2004 年 3 月至 2006 年 3 月，挂职任费县县委副书记、副县长；2004 年 3 月至 2006 年 7 月，在中国农业大学农学与生物技术学院农业推广学专业学习）。2006 年 9 月至 2007 年 3 月，任乳山市委副书记、副市长，乳山市政协党组书记（正县级）。2007 年 3 月至 2007 年 12 月，任乳山市委副书记，市政协主席、党组书记。2007 年 12 月至 2008 年 11 月，任乳山市委副书记（正县级）、政法委书记。2008 年 11 月至 2009 年 1 月，任乳山市委副书记、代市长。2009 年 1 月至 2011 年 11 月，任乳山市委副书记、市长（2007 年 9 月至 2010 年 6 月，在山东省委党校在职干部研究生班经济管理专业学习）。2011 年 11 月至 2011 年 12 月，任乳山市委书记、党校校长，市政府市长。2011 年 12 月至 2012 年 2 月，任乳山市委书记、党校校长。2012 年 2 月至 2016 年 2 月，任乳山市委书记、党校校长，市人大常委会主任（2014 年 11 月至 2015 年 1 月，在中央党校第一批县委书记研修班学习）。2016 年 2 月至 2016 年 11 月，任乳山市委书记、党校校长。2016 年 11 月至 2016 年 12 月，任乳山市委党校校长。2016 年 12 月至 2017 年 3 月，任威海市政府党组成员。2017 年 3 月至 2017 年 4 月，任威海市政府副市长、党组成员，市委高校工委书记。2017 年 4 月至 2018 年 12 月任威海市人民政府副市长、党组成员，市委高校工委书记，市计生协会会长、红十字会会长。2018 年 12 月起任威海市政府副市长、党组成员，市计生协会会长、红十字会会长。

周永迪　威海市人民政府副市长、党组成员。山东海阳人。1965 年 3 月出生。1985 年 7 月参加工作。1986 年 4 月加入中国共产党。1981 年 9 月至 1985 年 7 月，在山东建筑工程学院建筑工程系工业与民用建筑专业学习。1985 年 7 月至 1988 年 12 月，任山东建筑工程学院建工系教师。1988 年 12 月至 1991 年 8 月，任威海市建筑工程质量定额监督管理站监督员、监督一室主任。1991 年 8 月至 1992 年 4 月，任威海市建筑工程质量定额监督管理站站长助理、监督一室主任。1992 年 4 月至 1993 年 12 月，任威海市建筑工程质量定额监督管理站站长助理、第三建设监理公司经理。1993 年 12 月至 1997 年 2 月，任威海市建筑工程质量定额监督管理站副站长。1997 年 2 月至 2001 年 7 月，任威海市建委综合科科长。2001 年 7 月至 2003 年 4 月，任威海市建委工程建设科科长。2003 年 4 月至 2003 年 8 月，任威海市城市住宅小区物业管理办公室主任。2003 年 8 月至 2004 年 10 月，任威海市城建监察支队支队长。2004 年 10 月至 2008 年 3 月，任威海市建委副主任、党委委员，市委建设工委委员。2008 年 3 月至 2008 年 8 月，任威海市建委副主任、党委委员，市委建设工委委员，市规划局副局长。2008 年 8 月至 2012 年 10 月，任威海市建委副主任、党委委员，市委建设工委委员，市规划局局长、党组副书记。2012 年 10 月至 12 月，任威海市城乡建设委主任、党委书记，市委建设工委委员。2012 年 12 月至 2013 年 7 月，任威海市城乡建设委主任、党委书记，市委建设工委书记。2013 年 7 月至 2014 年 12 月，任威海市城乡建设委主任、党委书记，市委建设工委书记，市城市综合管理委员会办公室主任。2014 年 12 月至 2017 年 3 月，任威海市住房和城乡建设局局长、党委书记，市委建设工委书记。2017 年 3 月至 2019 年 8 月，任威海市人民政府副市长、党组成员，威海东部滨海新城建设指挥部副总指挥。2019 年 8 月起任威海市政府副市长、党组成员。

•中国人民政治协商会议威海市委员会•

高旭光　威海市政协主席、党组书记。山东乳山人。1965 年 2 月出生。1982 年 11 月参加工作。1985 年 9 月加入中国共产党。1982 年 11 月至 1984 年 8 月，任文登县米山镇税务所专管员。1984 年 8 月至 1985 年 4 月，任文登县税务局干事。1985 年 4 月至 1989 年 7 月，任文登县纪委干事。（1987 年 9 月至 1989 年 7 月，在中国科学院管理干部学院纪律检查专业学习）1989 年 7 月至 1991 年 8 月，任威海市纪委干事。1991 年 8 月至 1992 年 2 月，任威海市委办公室秘书。1992 年 2 月至 1993 年 5 月，任威海市委办公室副科级秘书。1993 年 5 月至 1994 年 5 月，任威海市委办公室正科级秘书。1994 年 5 月至 1996 年 8 月，任威海市委办公室秘书科副科长、正科级秘书（1993 年 8 月至 1995 年 12 月，在中央党校函授学院经济管理专业学习)。1996年8月至1997年6月，任威海市委办公室秘书科、秘书一科科长。1997年6月至2001年2月，任威海市委党史研究室副主任（1997年3月至1997年9月，在威海市委党校中青年干部培训班学习；1998年10月至2001年2月，挂职任荣成市副市长)。2001年2月至2003年1月，任荣成市副市长。2003年1月至2003年8月，任威海市政府副秘书长、办公室党组成员。2003年8月至2010年5月，任威海市旅游局局长、党委书记（2001年9月至2004年6月，在省委党校在职干部研究生班经济管理专业学习；2006年2月至2006年12月，在山东省委党校中青年干部培训班学习)。2010年5月至2013年6月，任威海市委常委、山东省第一批援青干部领队（援助青海任海北州州委常委、副州长)。2013年6月至2016年1月，任山东省政府副秘书长、办公厅党组成员。2016年1月至2016年2月，任威海市委常委。2016年2月至2017年3月，任中共威海市委常委、统战部部长，威海市社会主义学院院长。2017年3月起任威海市政协主席、党组书记。

李淑芳（女） 威海市政协副主席、民革威海市委主任委员。山东栖霞人。1958年7月出生。1975年5月参加工作。1989年4月加入中国国民党革命委员会。1975年5月至1978年9月，为甘肃省嘉峪关市新城公社知青。1978年9月至1982年7月，在山东化工学院橡胶系橡胶制品专业学习。1982年7月至1983年5月，任威海轮胎厂成型车间技术员。1983年5月至1987年12月，任威海轮胎厂技术开发室副主任（主持工作)。1987年12月至1992年8月，任山东轮胎厂技术处工程师。1992年8月至1995年1月，任山东轮胎厂技术处副处长（主持工作)、高级工程师。1995年1月至1999年4月，任三角集团有限公司技术处处长。1999年4月至2001年3月，任三角集团有限公司斜交胎管理部副部长兼技术处处长。2001年3月至2001年12月，任威海市政府副市长。2001年12月至2008年1月，任威海市政府副市长、民革威海市委副主任委员。2008年1月至2016年6月，任威海市政协副主席、民革威海市委副主任委员。2016年6月起任威海市政协副主席、民革威海市委主任委员。

戚建波 威海市政协副主席、山东省文联副主席。山东威海人。无党派人士。1959年10月出生。1980年2月参加工作。1977年9月至1980年2月，在蓬莱师范学校音乐专业学习。1980年2月至1980年9月，任威海第七中学音乐教师。1980年9月至1995年1月，先后任威海市第一中学教师、政教处副主任、办公室副主任。1995年1月至1997年1月，任威海市第一中学办公室主任。1997年1月至1997年9月，任威海市第一中学副校长、办公室主任。1997年9月至1998年2月，任威海市第一中学副校长。1998年2月至2001年3月，任威海市环翠区政协副主席、市第一中学副校长。2001年3月至2002年9月，任威海市政协副主席、市第一中学副校长（1998年9月至2001年7月，在省委党校业余大专班行政管理专业学习)。2002年9月至2016年7月任威海市政协副主席、山东省文联副主席、威海市第一中学副校长（2002年9月至12月，在省委党校人大政协班学习)。2016年7月起任威海市政协副主席、山东省文联副主席。

刘亚东（女） 威海市政协副主席、威海市体育局副局长。山东蓬莱人。无党派人士。1958年7月出生。 1976年7月参加工作。1976年7月至1978年9月，为蓬莱县于家庄知青。1978年9月至1982年7月，在山东师范大学生物系生物学专业学习。1982年7月至1983年4月，任蓬莱一中教师。 1983年4月至1991年9月，任文登二中教师。1991年9月至1994年7月，任文登一中教导处副主任。1994年7月至1995年4月，任文登市政府市长助理。1995年4月至2001年3月，任文登市政府副市长。2001年3月至2003年1月，任威海市政协副主席、文登市政府副市长。2003年1月至2004年12月，任威海市政协副主席、威海职业学院副院长。2004年12月起任威海市政协副主席、威海市体育局副局长。

任慧春 威海市政协副主席、党组副书记。山东海阳人。1960年5月出生。1980年7月参加工作。1985年6月加入中国共产党。1978年9月至1980年7月，在山东省烟台粮食学校会计统计专业学习。1980年7月至1984年1月，任烟台市芝罘区计委、统计局办事员。1984年1月至1986年1月，任烟台市统计局科员。1986年1月至1992年1月，任烟台市统计局副科长（1986年6月至1987年12月，挂职任莱阳县河洛乡副乡长；1989年9月至1991年7月，在烟台大学干部专修科经济管理系企业管理专业学习)。1992年1月至1992年11月，任威海市第一轻工业局财务科科长。1992年11月至1994年6月，任威海市经济技术开发投资公司副经理。1994年6月至1996年6月，任威海市预算外资金征收管理处主任。1996年6月至1998年6月，任威海市预算外资金征收管理处主任（机构升格)(1995年9月至1997年12月，在山东省委党校业余本科班经济管理专业学习)。1998年6月至1998年11月，任威海市财政局副局长、党组成员，预算外资金征收管理处主任。1998年11月至2000年10月，任威海市财政局副局长、党组成员。2000年10月至2001年6月，任威海市财政局副局长、党组成员，市国有资产管理局（公有资产管理委员会办公室）副局长（副主任)。2001年6月至2003年1月，任威海市财政局副局长、党委委员，市国有资产管理局（公有资产管理委员会办公室）副局长（副主任)。2003年1月至2003年4月，任威海市民用航空管理局（民航站）副局长（副站长)、党委副书记（主持工作)。2003年4月至2006年12月，任威海市民用航空管理局（民航站）局长（站长)、党委书记。2006年12月至2010年1月，任威海市劳动和社会保障局局长、党委书记。2010年1月至2010年8月，任威海市人力资源和社会保障局局长、党委副书记（机构改革)。2010年8月至2012年1月，任威海市发展和改革委员会主任、党组书记。2012年1月至2012年4月，任威海市政协党组成员，市总工会主席、党组书记。2012年4月至2017年3月，任威海市政协副主席、党组成员，市总工会主席、党组书记。2017年3月起任威海市政协副主席、党组副书记。

徐东明 威海市政协副主席、党组成员，威海综合保税区党工委书记。山东威海人。1962年4月出生。1978年8月参加工作。1984年6月加入中国共产党。1978年8月至1980年9月，任威海市交通局市区管理站、联运办公室会计。1980年9月至1984年6月，任威海市交通局干事。1984年6月至1986年9月，任威海市委组织部干事。1986年9月至1988年7月，在山东大学干部专修科法律系涉外经济专业学习。1988年7月至1991年2月，任威海市委组织部干事。1991年2月至1992年1月，任威海市委组织部办公室副科级组织员。1992年1月至11月，任威海市第一轻局办公室主任。1992年11月至1996年9月，任威海市保税区建设管理委员会办公室主任（1992年8月至1994年12月，在中央党校函授学院本科班经济专业学习；1995年9月至1996年1月，在威海市委党校中青年干部培训班学习）。1996年9月至1999年6月，任威海市保税区筹建处副主任。1999年6月至2000年6月，任威海市保税区建设管理委员会副主任（主持工作）、党委副书记。2000年6月至2000年10月，任威海出口加工区管理委员会（市保税区建设管理委员会）主任、党委书记。2000年10月至2001年3月，任威海出口加工区管委副主任、党委委员，出口加工区管理局局长、党委书记，威海经济技术开发区党委委员。2001年3月至2003年11月，任威海经济技术开发区（出口加工区）管委副主任、工委委员，出口加工区管理局局长、党委书记。2003年11月至2008年3月，任威海经济技术开发区（出口加工区）管委副主任、工委委员，经济发展局局长（2003年9月至2004年6月，在清华大学继续教育学院国际经贸与公共管理高级研修班学习；2007年3月至2007年12月，在山东省委党校中青年干部培训班学习）。2008年3月至2009年9月任威海经济技术开发区（出口加工区）管委副主任、工委委员。2009年9月至2012年1月任威海市中小企业局（民营经济办公室）局长（主任）、党组书记。2012年1月至2012年4月任威海市商务局局长、党委副书记。2012年4月至2015年2月任威海市商务局局长、党委书记。2015年2月至2017年3月任威海市发展和改革委主任、党组书记。2017年3月至2019年11月，任威海市政协副主席、党组成员，威海综合保税区管委主任、工委书记。2019年11月起任威海市政协副主席、党组成员，威海综合保税区党工委书记。

夏景华 威海市政协副主席、党组成员。山东文登人。1962年9月出生。1982年7月参加工作。1983年12月加入中国共产党。1980年9月至1982年7月，在山东省文登师范学校普通班专业学习。1982年7月至1983年2月，任文登县泽库小学教师（1982年7月至1983年2月，借调文登县委组织部、人事局工作）。1983年2月至1984年7月，任文登县人事局科员。1984年7月至1987年8月，任烟台市委组织部科员。1987年8月至1989年1月，任文登县（市）编办副主任（1985年12月至1988年12月，在山东省高等教育自学考试党政干部基础科专业大专班学习）。1989年1月至1989年4月，任文登市人才开发办公室副主任。1989年4月至1991年2月，任威海市委组织部干事。1991年2月至1992年9月，任威海市委组织部副科级巡视员。1992年9月至1993年8月，任威海市委组织部正科级巡视员。1993年8月至1996年12月，任威海市委组织部干部科副科长、正科级巡视员（1993年9月至1996年7月，在山东省经济管理干部学院业余本科班经济管理专业学习）。1996年12月至1997年6月，任威海市委组织部干部调配科科长。1997年6月至2001年2月，任威海市政府办公室副主任、党组成员。2001年2月至2003年8月，任威海市政府副秘书长、办公室党组成员。2003年8月至2007年12月，任威海市政府副秘书长、办公室党组成员，调查研究室主任。2007年12月至2009年7月，任威海市政府副秘书长，办公室主任、党组副书记、纪检组组长。2009年7月至2012年3月，任威海市政府副秘书长，办公室主任、党组副书记。2012年3月至2012年10月，任威海市政府秘书长、党组成员，办公室主任、党组书记。2012年10月至2017年3月，任威海市政府秘书长、党组成员，办公室党组书记。2017年3月起任威海市政协副主席、党组成员。

陈伟胜 威海市政协副主席、民进威海市委主委。山西大同人。1959年2月出生。1976年11月参加工作。2008年10月加入中国民主促进会。1976年11月至1978年6月，任青海省玉树藏族自治州煤矿会计。1978年6月至1984年9月，任青海省玉树藏族自治州水利电力队技术员（1983年3月至1983年7月，在华南工学院无线电工程系电工、电子技术培训班学习）。1984年9月至1989年7月，任西宁市粮食公司东川中心粮站调运员、会计（1987年7月至1989年7月，在武汉市经济管理干部学院工业财务会计专业学习）。1989年7月至1990年12月，任西宁市粮食局汽车队会计。1990年12月至1993年6月，任西宁市审计局审计师。1993年6月至1995年1月，任威海市审计师事务所审计师。1995年1月至1997年8月，任威海市审计师事务所副所长（副科级）。1997年8月至1998年5月，任威海市审计师事务所副所长（正科级）。1998年5月至1999年1月，任威海市监察局副局长（1996年8月至1998年12月，在中央党校函授学院本科班涉外经济管理专业学习）。1999年1月至2010年8月，任威海市监察局副局长。2010年8月至2011年9月，任威海市监察局副局长、正县级监察员。2011年9月至2017年3月，任威海市监察局副局长、正县级监察员，民进威海市委筹委会主委。2017年3月至2017年12月，任威海市政协副主席、市监察局副局长，民进威海市委筹委会主委。2017年12月至2018年12月任威海市政协副主席，民进威海市委筹委会主委。2018年12月起任威海市政协副主席，民进威海市委主委。

（市委组织部提供）

国共产党。2020 年 11 月被中共中央、国务院授予全国劳动模范称号。

先进人物

宫福祝　山东金洲矿业集团有限公司井下车间副主任、高级技师。山东乳山人。1981 年 2 月出生，1999 年 1 月参加工作，2019 年 12 月加入中国共产党。2020 年 11 月被中共中央、国务院授予全国劳动模范称号。

陶遵建（女）　威海市商业银行股份有限公司党委委员、总会计师，高级会计师。山东威海人。1970 年 3 月出生，1990 年 7 月参加工作，2013 年 6 月加入中国共产党。2020 年 11 月被中共中央、国务院授予全国劳动模范称号。

朱立华　迪尚集团有限公司董事长。山东省临沂人。1963 年 11 月出生，1981 年 7 月参加工作，1986 年 5 月加入中国共产党。2020 年 11 月被中共中央、国务院授予全国劳动模范称号。

丛建杰　威海仁昌电子有限公司生产技术部维修工，中级工。1980 年 6 月出生，2004 年 7 月参加工作。2020 年 11 月被中共中央、国务院授予全国劳动模范称号。

王文水　威海御龙旗西洋参专业合作社社长。山东文登人。1957 年 9 月出生，1976 年 3 月参加工作，1978 年 8 月加入中国共产党。2020 年 11 月被中共中央、国务院授予全国劳动模范称号。

戚恩雨　威海市公安局环翠分局党委委员。1961 年 6 月出生，1979 年 11 月参加工作，1984 年 1 月加入中国共产党。2020 年被中共中央、国务院授予全国先进工作者称号。

郑艳杰　威海市立医院急诊科主任，主任医师。黑龙江密山市人。1964 年 6 月出生，1985 年 9 月参加工作，1995 年 7 月加入中国共产党。2020 年被中共中央、国务院授予全国先进工作者称号。

刘新伟　威海青威集装箱码头有限公司车队调度。山东威海人。1982 年 8 月出生，2006 年 4 月参加工作，2019 年 11 月加入中国共产党。2020 年被人力资源和社会保障部、交通运输部授予全国交通系统劳动模范称号。

辛　华　威海市升安海运有限责任公司书记、董事。山东海阳人。1965 年 9 月出生，1986 年 12 月参加工作，1996 年 5 月加入中国共产党。2020 年被人力资源和社会保障部、交通运输部授予全国交通系统劳动模范称号。

王传虎　威海公共交通集团有限公司驾驶员、“王传虎劳模创新工作室”主任。山东烟台人。1974 年 3 月出生，2003 年 7 月参加工作，2012 年 12 月加入中国共产党。2020 年 10 月被交通运输部、中华全国总工会评为 2019 年度全国最美公交司机。

（各单位提供）

侯志杰

2020 年度感动中国十大人物

身患绝症坚守抗疫一线的“人民英雄”张定宇

主要事迹：武汉市金银潭医院是最早接诊新冠患者的定点医院，收治病人全部为重症和危重症患者，是抗击疫情的最前沿。身为院长的张定宇日夜坚守，果断决策，处理得当，带领全体医护人员，为抗击疫情做出重要贡献。张定宇自己还是一位病人，2018 年 10 月他被确诊患有渐冻症，在新冠袭击武汉时，张定宇隐瞒了病情，也无法照顾已感染新冠的妻子，一直坚守在抗疫一线。

颁奖辞：步履蹒跚与时间赛跑，只想为患者多赢一秒；身患绝症与新冠周旋，顾不上亲人已经沦陷。这一战，你矗立在死神和患者之间；那一晚，歌声飘荡在城市上空，我们用血肉筑成新的长城。

为救援群众牺牲在洪水中的消防员陈陆

主要事迹：2020 年夏天，安徽庐江县遭受百年一遇洪灾，7 月 22 日，庐江县石大圩漫堤决口，约 6500 人被洪水围困，情况危急。当天，陈陆带领庐江县消防救援大队辗转 5 个乡镇，连续奋战，成功转移群众 2665 人。在营救过程中，决口突然扩大，救援队员所乘橡皮艇被卷入激流漩涡侧翻，陈陆英勇牺牲。习近平说，他们是我们心中的英雄，我们都会崇敬他们。每当危难时刻总有英雄挺身而出，这是中华民族伟大精神的体现。

颁奖辞：最先出发，最快抵达，为危难的乡亲奉上最好的年华。欠身体一台手术，欠妻子一个告别，欠父母一次团圆。洪水汹涌，你是浪尖上的逆行者，大雨过后，你是天空中灿烂的霞。

改变山区女童命运的公益校长张桂梅

主要事迹：2000 年，在云南儿童之家工作的张桂梅看到了很多农村贫困家庭的不幸，她希望创办一所免费女子高中，彻底解决山区贫困问题。2007 年，张桂梅成为党的十七大代表，她向公众讲述了自己的梦想，引起了社会广泛关注，2008 年，华坪女子高级中学成立，这是全国唯一一所免费女子高级中学，专门供贫困家庭的女孩读书。学校建校 12 年以来，已有 1000 余名大山里的女孩从这里走进大学完成学业，在各行各业做贡献。

颁奖辞：烂漫的山花中，我们发现你。自然击你以风雪，你报之以歌唱。命运置你于危崖，你馈人间以芬芳。不惧碾作尘，无意苦争春，以怒放的生命，向世界表达倔强。你是崖畔的桂、雪中的梅。

创办爱心厨房温暖无数人的万佐成、熊庚香夫妇

主要事迹：万佐成和熊庚香是一对生活在江西南昌的普通夫妇。他们年过六旬，在江西省肿瘤医院附近经营一间露天厨房。从 2003 年起，这里也是一间共享“抗癌厨房”。万熊夫妇的初心十分简单：“有的病治不好了，但是能让病人吃的好一些，家属的遗憾也能少一些”。他们还经常开导、帮助病人，让病人感受到家的温暖。

颁奖辞：微弱的灯，照亮寒夜的路人；火红的灶，氤氲出亲情的味道。这陋巷中的厨房，烹煮焦虑和苦涩，端出温暖和芬芳，惯看了悲欢离合，你们总是默默准备好炭火。

战功赫赫的志愿军英雄王海

主要事迹：2020 年 8 月 2 日，94 岁的空军原司令员王海上将在北京逝世。王海 1944 年 5 月投身革命，1946 年 6 月参军，1950 年成为歼击机飞行员。在抗美援朝作战期间，他率领人民空军年轻的第一大队，与号称“世界王牌”的美国空军激战 80 余次，击落敌机 29 架，本人击落敌机 9 架。因功勋卓著，该大队后来被命名为“王海大队”。在中国人民革命军事博物馆，至今仍陈列着一架绘有 9 颗红星的米格 -15 歼击机，这就是王海当年驾驶过的功勋飞机。

颁奖辞：在朝阳下俯冲，迎着西风开火。空中的尖刀，以一当十；疆土的坚盾，巡天卫国。山河已无恙，祖国的雄鹰已飞得更高，你刻在机身上的星星，是战士们的巡航坐标。

疫情中志愿服务、守护医护的快递员汪勇

主要事迹：武汉抗疫最前线的金银潭医院就在顺丰快递员汪勇的服务区。2020 年除夕晚上，汪勇得知金银潭医院的护士约不到车回家，在线求助。他就说服家人，赶到金银潭医院，把护士送回家。一个人的能力有限，他就发动朋友圈来帮忙。司机缺口太大，汪勇就联系上了多家企业，最终让医护人员有了保障。出行问题解决后，汪勇又多方联络，让便利店再次开工，解决了很多医护人员的用餐需求。疫情期间，汪勇专门建了一个医护服务群，只要医护人员在群里喊一声，汪勇和他的志愿队就会出来帮忙。

颁奖辞：没有人能百毒不侵，热血可以融化恐惧；没有人是生来的勇者，责任催促你重装上阵。八方统筹，百般服务。你以凡人之力，书写一段传奇。

与时间赛跑的北斗三号卫星首席总设计师谢军

主要事迹：2020 年 6 月，北斗三号全球卫星导航系统的最后一颗卫星发射成功，这代表着北斗全球卫星导航系统星座部署全面完成。北斗三号卫星研制中，谢军团队创造性地实现了卫星批量化生产，仅用 1 年零 14 天将 19 颗导航卫星送入太空，创造了航天发射史的新纪录！

颁奖辞：滴答，滴答，中国在等待你的回答。你的夜晚更长，你的星星更多，你把时间无限细分，你让速度不断压缩。三年一腾飞，十年一跨越。当第五十五颗吉星升上太空，北斗，照亮中国人的梦。

毕生致力于传播中国传统文化的女学者叶嘉莹

主要事迹：叶嘉莹为南开大学教授，研究方向为中国古典文学。70 年来，叶嘉莹培养了大批中国传统文化和古典文学的人才，为传播中国文化做出重要贡献。过去几年，叶嘉莹陆续将自己的全部财产 3500 余万元捐赠给南开大学教育基金会，设立“迦陵基金”用于支持中华优秀传统文化研究。

颁奖辞：桃李天下，传承一家。你发掘诗歌的秘密，人们感发于你的传奇。转蓬万里，情牵华夏，续易安灯火，得唐宋薪传，继静安绝学，贯中西文脉。你是诗词的女儿，你是风雅的先生。

向绝壁要天路、带领村民脱贫致富的
当代“愚公”毛相林

主要事迹：毛相林是重庆市巫山县竹贤乡下庄村村委会主任，他坚守偏远山村 43 年，坚持苦干实干，带领村民用最原始的方式在悬崖峭壁上凿石修道，历时 7 年铺就一条 8 千米的“绝壁天路”。毛相林打通绝壁、誓拔穷根的事迹传遍了全国各地，赢得了人们广泛赞誉，先后获得“时代楷模”“最美奋斗者”“全国脱贫攻坚奖奋进奖”等称号。

颁奖辞：绝壁上打响了抗争命运的第一炮，山坡上种下了向往美好的第一棵苗。不信天，不认命，你这硬实的汉子，终于带着乡亲们爬出这口井。山到高处你是峰，路的尽头是家园。

不畏艰险丈量祖国山河、六十七年
初心不改的国测一大队

主要事迹：国测一大队自 1954 年建队以来，坚持用双脚丈量祖国大地，他们徒步行程 6000 余万千米，相当于绕地球 1500 余圈，他们用双脚丈量祖国大地、用血汗乃至生命绘出祖国的壮美蓝图。国测一大队的历史，就是一部挑战生命极限的英雄史。2015 年，习近平总书记给国测一大队邵世坤等 6 位参加首次珠峰测量的老队员、老党员回信，充分肯定他们爱国报国、勇攀高峰的感人事迹和崇高精神。

颁奖辞：六十多年了，吃苦一直是传家宝，奉献还是家常饭。人们都在向着幸福奔跑，你们偏向艰苦挑战。为国家苦行，为科学先行，穿山跨海，经天纬地，你们的身影，是插在大地上的猎猎风旗。

附　录

统计公报

2020 年威海市国民经济和社会发展统计公报

2020 年，面对错综复杂的国际形势、艰巨繁重的改革发展稳定任务，特别是新冠肺炎疫情的严重冲击，全市上下坚持以习近平新时代中国特色社会主义思想为指导，全面贯彻党的十九大和十九届二中、三中、四中、五中全会精神，把“威海要向精致城市方向发展”作为总目标、总方向、总遵循，坚持稳中求进工作总基调，围绕“重点工作攻坚突破年”任务部署，统筹疫情防控和经济社会发展，经济运行好于预期，各项事业全面进步，民生福祉持续增强，“精致城市·幸福威海”建设取得新成效。

一、综合

根据市级生产总值统一核算结果，全年地区生产总值 3017.79 亿元，按可比价格计算，比上年增长 3.0%，其中，第一产业增加值 301.66 亿元，增长 2.9%；第二产业增加值 1162.27 亿元，增长 2.1%；第三产业增加值 1553.86 亿元，增长 3.7%。三次产业结构为 10.0 ∶ 38.5 ∶ 51.5。

全市城镇新增就业 3.41 万人，其中失业人员实现再就业 0.89 万人。回生源地离校未就业高校毕业生登记就业率为 99.4%。城镇登记失业率为 2.4%。

全年居民消费价格上涨 2.5%，在消费八大项中，食品烟酒价格上涨 9.0%，衣着价格上涨 2.1%，居住价格下降 2.1%，生活用品及服务价格下降 0.1%，交通和通信价格下降 4.4%，教育文化和娱乐价格上涨 4.6%，医疗保健价格下降 0.2%，其他用品和服务价格上涨 2.9%。

年底实有各类市场主体（不含外资企业，下同）39.15 万户，增长 12.3%，其中，新登记各类市场主体 7.06 万户，增长 0.5%。注册资本 7139.67 亿元，增长 10.0%，其中，新登记注册资本 840.09 亿元，下降 0.1%。

二、重点战略

新旧动能转换稳步推进。传统动能加快改造提升，9 家企业入选国家级制造业单项冠军示范企业，7 家企业入选国家级专精特新“小巨人”企业，省级以上制造业单项冠军企业总数达到 31 家，省级瞪羚企业总数达到 26 家，省级专精特新企业总数达到 141 家，全市上云企业达到 2955 家。新动能持续壮大，4 家单位获评国家、省级“两业融合”试点，2 家单位获评国家中小企业公共服务示范平台，建成 5G 基站 2045 座，城市核心区域实现 5G 信号室外连续覆盖。实施企业冲击新目标“双百工程”，200 家冲击新目标企业实现营业收入 2499.74 亿元，增长 4.9%；实施重点项目 177 个，全年完成投资 145.38 亿元。

海洋强市战略成效显著。品牌效应不断扩大，成功创建全国唯一的“中国海鲜之都”。启动海水养殖“深蓝行动”，全国首个北黄海深远海冷水团三文鱼试养项目取得成功，新增 3 个国家级海洋牧场示范区、15 家国家级水产健康养殖示范场，获批数量居全省首位。海洋产业重点项目加快建设，171 个市级海洋产业重点项目累计完成投资 230.48 亿元，55 个项目已建成投产或具备投用条件。海洋生态建设实现新突破，10 个海域海岸线修复整治项目主体工程全部完工，共修复岸线 13 千米。增殖放流苗种 25 亿单位，增长 20%。

精致城市建设深入推进。城市品质不断提升，打造环翠区卫城片区、威海经济技术开发区韩乐坊片区 2 个省级城市品质提升示范区，开展绿道步道、公共厕所、口袋公园、特色街区、城市书房等示范项目建设，累计打造 8 个系列、68 个示范项目。民生温度不断提高，打通断头路 10 条，建成过街天桥 9 座，实施 11 个停车场项目，新建改造公厕 24 座，高标准建设口袋公园 131 处，建成城市绿道 35.4 千米，改造 48 个老旧小区，获得中国最具幸福感城市称号。重点问题有效化解，为 15.2 万套房屋办理不动产权证，处置完成闲置项目及“半拉子”工程 217 个。

营商环境持续改善。创新推出 96 项便利措施，“智税管家”等 19 个案例被评为全省标杆案例，社会投资类工程建设项目在全省率先实现区（市）全链条闭环审批办理，威海市被评为中国国际化营商环境建设标杆城市。政务服务"一网通办"深入推进，市级1801项政务服务事项上网运行，可网办率达到100%，可全程网办率达到95.95%，即办件事项占比达到52.1%，"一次办好"事项占比达到99.9%。

乡村振兴扎实有力。农业基础设施不断完善，新建农田水利设施564处，建设高标准农田17万亩，建设完成精致牧场20个、畜牧产业基地40个，新建、改扩建生猪规模养殖场166个。休闲农业持续升温，各类休闲农业经营主体发展到672家，新建智慧农业示范基地13处，创建省级智慧农业基地2处，推出乡村旅游精品线路10条，乡村旅游网红打卡地102处。农村生活环境持续改善，1234个村庄完成通户道路硬化，662个村庄完成管网改造，953个村完成生活污水治理，40.1万户完成户厕改造，48个镇（街）、1620个村（居）开展垃圾分类试点，全面超额完成省定任务。乡村基本公共服务水平全面提升，新建、改扩建乡镇中小学4所、普惠性幼儿园8所，增加学位9800个；建成农村老年餐桌429处；新建标准化卫生室147处，建立四级医疗卫生服务巡诊制度，二级以上医院专家下村巡诊活动实现全市农村全覆盖。

三、农林牧渔业

全年实现农林牧渔业及辅助性活动增加值314.25亿元，增长2.9%。其中，农林牧渔专业及辅助性活动增加值12.59亿元，增长3.8%。

根据粮食产量抽样调查数据显示，全年粮食总产量66.15万吨，增长14.1%。其中，夏粮产量21.16万吨，下降12.2%；秋粮产量44.98万吨，增长32.8%。

全年油料总产量20.28万吨，增长0.4%。茶叶总产量589.28吨，增长23.2%。

全年水果总产量118.66万吨，增长1.3%，其中，苹果106.21万吨，增长1.0%。

全年猪肉产量7.35万吨，禽蛋类总产量17.34万吨，牛奶总产量3.76万吨。

全年水产品总产量287.32万吨，增长6.5%。水产养殖面积8.28万公顷，增长13.9%；养殖产量188.48万吨，增长4.8%。全年投产专业远洋渔船361艘，远洋渔业产量39.59万吨，增长17.1%。

年底农业机械总动力506.31万千瓦，增长0.4%；农用水泵12.24万台，增长0.6%，节水灌溉类机械1.32万套，下降1.3%；农用拖拉机27.02万台，减少0.9%；全年小麦机耕面积2.15万公顷，机播面积4.21万公顷，机收面积4.21万公顷；全年玉米机耕面积1.63万公顷，机播面积6.09万公顷，机收面积5.53万公顷。

年底市级以上农业产业化龙头企业发展到178家，其中，国家级农业产业化重点龙头企业10家，省级农业产业化重点龙头企业61家，市级农业产业化重点龙头企业107家。新注册农民专业合作社1131家，总数达到4924家，入社成员18.29万户，辐射带动农户33.26万户。

四、工业和建筑业

全年规模以上工业增加值增长4.6%。其中，股份制企业增加值增长6.7%，外商及中国港澳台商投资企业增加值下降1.9%；轻工业增加值增长2.8%，重工业增加值增长6.9%；制造业增加值增长4.4%。在34个行业大类中，有15个行业实现增长，其中，专用设备制造业增长55.4%，计算机、通信和其他电子设备制造业增长1.3%。大中型工业企业增加值增长4.2%。

全年规模以上工业企业营业收入下降1.6%，利润增长24.2%。产销衔接良好，产品销售率为96.96%。

全年建筑业增加值179.36亿元，下降0.7%。

五、服务业

全年规模以上服务业营业收入增长3.9%，其中，科学研究和技术服务业增长13.4%，水利、环境和公共设施管理业增长42.4%。规模以上服务业营业利润增长6.9%。

年底公路通车里程7315.22千米（含农村公路、国省道）。全年铁路（不含城际铁路，下同）、公路、海运共完成客运量1443.61万人次，货运量9399.75万吨。全年铁路、公路、海运共完成旅客周转量11.72亿人千米，其中，铁路1.14亿人千米，公路9.80亿人千米，海运0.78亿人千米。全年铁路、公路、海运完成货物周转量335.68亿吨千米，其中，铁路11.13亿吨千米，公路169.05亿吨千米，海运155.50亿吨千米。全年港口货物吞吐量3863.18万吨，增长4.2%；集装箱吞吐量122.33万标准箱，增长19.0%；港口旅客吞吐量49.37万人次。全年新增机动车6.23万辆，保有量达97.89万辆，其中，新增小型汽车4.63万辆，保有量达84.64万辆。

全市共有A级以上景区50家，其中，AAAAA级2家，AAAA级12家；旅行社154家，其中，A级旅行社59家；星级饭店44家，其中，五星级饭店3家，四星级饭店15家；山东省文化主题饭店2家；省级以上农业旅游示范点78个；省级旅游强镇38个；省级旅游特色村73个；精品采摘园32个；星级农家乐60个；开心农场2个。

全年接待旅游总人数3238.2万人次，实现旅游总收入393.1亿元。接待入境游客5.2万人次，入境旅游收入1756.5万美元。接待国内游客3233.0万人次，国内旅游收入391.9亿元。

六、固定资产投资

全年固定资产投资增长2.9%，其中，第一产业投资增长5.0%，第二产业投资增长11.2%，第三产业投资下降1.6%。一、二、三产业投资结构为2.0：37.2：60.8。

全年房地产开发投资393.51亿元，增长2.7%。从房屋建设用途看，住宅投资331.08亿元，增长7.7%，占全部房地产开发投资的84.1%；商业营业用房投资34.81亿元，下降17.4%，占全部房地产开发投资的8.8%。全年商品房施工面积3755.77万平方米，商品房竣工面积717.41万平方米，商品房销售面积554.46万平方米，其中，住宅销售面积511.45万平方米，占全部销售面积的92.2%。

七、国内贸易

全年社会消费品零售总额增长0.3%。从城乡领域看，城镇消费品零售额增长0.1%；乡村消费品零售额增长1.2%。从行业分类看，批发和零售业零售额增长0.8%；住宿和餐饮业零售额下降4.8%。从经济成份看，非公有经济零售额增长0.6%；公有经济零售额下降1.0%。从商品类别看，粮油类、中西药品类实现两位数增长，分别增长14.4%和19.3%。

八、对外经济

全年对外贸易进出口总额1614.57亿元，比上年增长15.1%。其中，出口1165.82亿元，增长26.6%；进口448.75亿元，下降7.0%。从企业性质看，内资企业进出口1169.22亿元，增长27.1%，占全市的72.4%；外商投资企业进出口445.35亿元，下降7.8%，占全市的27.6%。从贸易方式看，一般贸易进出口1125.22亿元，增长32.1%，占全市的69.7%；加工贸易进出口458.08亿元，下降5.8%，占全市的28.4%；其他贸易进出口31.28亿元，下降52.2%，占全市的1.9%。

全年新批准外资项目329个；实际到账外资13.58亿美元，增长11.1%。从实际到账外资投向看，第一、二、三产业到账外资分别为0.03亿美元、3.24亿美元和10.31亿美元，分别占全市到账外资的0.2%、23.9%和75.9%。

全年新核准设立境外企业（机构）21家，中方协议投资额53.00亿元，中方实际投资额33.60亿元，增长60.3%；新签对外承包工程合同额55.99亿元，完成营业额40.39亿元；外派各类劳务人员3381人。

九、财政税收、金融和保险

全市一般公共预算收入252.39亿元，增长1.0%。其中，税收收入189.77亿元，下降2.7%；税收占一般公共预算收入的比重达到75.2%。全市一般公共预算支出350.42亿元，增长2.1%。基层“三保”等重点支出得到较好保障，其中，一般公共服务支出增长16.8%，社会保障和就业支出增长13.7%，公共安全支出增长12.1%，卫生健康支出增长11.8%，教育支出增长2.9%。

年底金融机构本外币存款余额4732.78亿元，比年初增长11.3%。其中，住户存款余额2907.25亿元，比年初增长15.8%；非金融企业存款余额1319.93亿元，比年初增长16.5%。年底金融机构本外币贷款余额3396.61亿元，比年初增长17.8%。其中，住户贷款余额1355.73亿元，比年初增长17.0%；非金融企业及机关团体贷款余额2035.20亿元，比年初增长18.5%。年底普惠小微贷款余额330.26亿元，全年增加89.93亿元，增长37.4%；占比9.7%，提高1.4个百分点。

全年保险机构保费收入119.09亿元，增长5.5%。其中，财产险保费收入27.98亿元，增长2.4%；人身险保费收入91.10亿元，增长6.4%。各项赔款和给付36.32亿元，增长10.7%。其中，财产险赔款和给付16.55亿元，增长7.3%；人身险赔款和给付19.77亿元，增长13.6%。

十、科学技术

全年获得2020年度山东省科技进步奖10项。完成技术合同登记1676项，技术合同成交额109.61亿元。专利申请量12605件，其中，发明专利申请量2254件，占总申请量的17.9%。专利授权量8510件，其中，发明专利授权量703件，占总授权量的8.3%。

“1+4+N”高端创新平台体系发展迅速，创建山东省高端医疗器械创新创业共同体，培育3家市级创新创业共同体、5家技术创新机构，创新体系平台达到16家，延伸成立创新机构49家，孵化企业136家，引进高端创新团队32个。引进落地北京大学威海海洋研究院、激光与光电子信息技术研究院，获批建设3家省级技术创新中心，备案省级新型研发机构20家，全市各类研发平台总数达到1013家，其中国家级26家、省级337家。

全年新获批认定国家专业化众创空间1家、国家众创空间3家。年底全市拥有省级以上科技孵化载体51家，其中国家级科技企业孵化器9家、省级16家，国家级众创空间14家，国家专业化众创空间2家，省级众创空间9家，省级大学科技园1家。国家科技型中小企业1136家，增长79.2%。国家高新技术企业737家，增长46.8%。国家技术先进型服务企业5家。全年高新技术产业产值增长1.5%，占规模以上工业总产值比重为60.13%，高新技术产业投资占工业投资的比重为59.7%。

全年实施100项全市重点科技创新项目，完成年度投资18.93亿元，申请专利809件、授权专利281件，发表论文184篇，引进人才806人，开展研发项目478项，形成新产品418个，当年实现经济效益11.41亿元。

打造全省首家外国专家驿站，在威创新创业外国人才达到1554人，认定威海友谊奖15人。4个区（市）获批省技术转移先进县（市、区）。

全市拥有中国驰名商标39件，地理标志商标58件，山东省商标品牌示范单位4个，山东名牌产品261个，山东省服务名牌106个，中国质量奖提名奖1个，山东省省长质量奖获奖企业5家，获奖个人1名。

十一、教育、文化、卫生健康和体育

年底全市共有普通高等院校11所，在校学生112753人；普通中等专业学校11所，在校学生16101人；职业中专（高中）7所，在校学生2368人；普通高中17所，在校学生30569人；普通初中92所，在校学生93388人；小学97所，在校学生127255人；特殊教育招生31人，在校生480人；幼儿园338所，在园幼儿79859人。

年底全市共有专业剧团4个、图书馆5个、文化馆5个、博物馆9个、美术馆5个。艺术表演场馆2个，电影公司5个，电影院34座，广播电台4座，电视台5座，有线数字电视用户51.75万户，广播人口综合覆盖率和电视人口综合覆盖率均达到100%。年底拥有村（社区）综合文化服务中心2748个、城市书房41个、农家书屋1299个。

年底全市拥有各类医疗卫生机构2563个，其中，医院69个，基层医疗卫生机构2419个，专业公共卫生机构55个，其他卫生机构20个。各类医疗卫生机构实有床位19365张，其中，医院实有床位15563张。卫生技术人员25053人，其中，执业（助理）医师10204人，注册护士11033人。已婚育龄妇女38.28万人。国家基本公共卫生服务项目中建立电子健康档案223.55万份，纳入管理的孕产妇、儿童及老年人41.45万人，规范管理高血压、2型糖尿病患者19.56万人。

全年线上线下联动举办各级各类体育赛事活动634项次，参与人数144.5万人，其中大中型群体活动91项次。打造居家健身、线上赛事新模式，开展59项全民健身线上赛事活动。培训各级社会体育指导员3028人。新建社区、乡镇街道等体育工程设施30处。组队参加2020年山东省锦标赛，获50.5金、23

银、46铜。承办2020国际乒联男女世界杯、中国山地自行车联赛（第一站）——山东·环翠站2项国家级以上赛事和13项山东省锦标赛、冠军赛，举办威海市第六届运动会16个项目预赛，组织8个项目培训班。

十二、城市建设、环境保护和安全生产

年底全市建成区绿化覆盖率45.81%，建成区绿地率43.92%，人均公园绿地面积25.72平方米，生活垃圾无害化处理率100%。市区建成区绿化覆盖率45.61%，建成区绿地率43.42%，人均公园绿地面积26.75平方米，生活垃圾无害化处理率100%。

全年发电量143.33亿千瓦时，下降2.9%。全社会用电量137.82亿千瓦时，增长0.9%，其中，工业用电量82.46亿千瓦时，下降0.1%。

全市城市天然气供气量25502万立方米，燃气普及率100%；集中供热面积10923万平方米；市区城市天然气供气量16518万立方米，燃气普及率100%；集中供热面积8734万平方米。

全市公交运营线路331条，运营线路总长度9887.60千米，公交车辆2213辆，完成客运总量12843.93万人次，平均日客运量35.09万人次。全市巡游出租汽车2487辆。

年底全市环境保护系统共有环境监控中心4个，环境监控人员76人。城镇集中式饮用水水源地12个。

全年完成污染减排项目38个，投资额10.47亿元。全市空气质量优良率90.4%，空气质量全省最优。

全市累计发生各类生产安全事故18起，死亡18人，直接经济损失260.83万元。

十三、人口和人民生活

年底全市户籍人口256.61万人，户籍人口城镇化率60.72%，比上年提高0.6个百分点。全年出生人口1.54万人，出生率5.99‰；死亡人口2.32万人，死亡率9.04‰；自然增长率－3.05‰。

全年全体居民人均可支配收入41137元，增长3.9%，其中，城镇居民人均可支配收入50424元，增长2.8%；农村居民人均可支配收入23351元，增长5.3%。全体居民人均消费支出25267元，下降0.6%，其中，城镇居民人均消费支出31252元，下降1.6%；农村居民人均消费支出13807元，增长0.6%。全体居民食品烟酒消费支出占消费总支出的比重为25.8%，其中，城镇居民食品烟酒消费支出占消费总支出的比重为25.4%，农村居民食品烟酒消费支出占消费总支出的比重为27.8%。

全年投入专项扶贫资金1.63亿元，增长15.2%。突出特困救助，为5438名贫困人口代缴居民养老保险费163.14万元，适龄贫困人口参保率达到100%。为1771名贫困人口新办理了低保、“五保”待遇，全市享受低保、“五保”待遇的贫困人口达到11591人。为贫困残疾人发放生活补贴591.12万元、护理补贴528.92万元，实施无障碍改造4661户、适配辅助器具2100套。全面提升医疗服务水平，为14895人次贫困人口报销住院费用1.05亿元，新鉴定患慢性病贫困人口4534人。全面夯实住房安全保障，新排查、改造危房194户，集中修缮贫困户住房2285户。全面开展饮水质量检测，贫困户水质水量全部达到安全饮水标准。全面推动产业项目发展，投资8158万元新建产业扶贫项目14个，累计建成的300个产业扶贫项目全部按照“四权分置”的要求确权到村，当年到账收益2840万元。新增“富民农户贷”“富民生产贷”5.3亿元，带动贫困人口增收2174万元。

十四、社会保障和社会福利事业

全市有224.92万人参加基本养老保险，连续第16次调增企业退休人员养老金，惠及全市41.88万名退休人员，居民基础养老金标准提高至每人每月154元。有262.99万人参加基本医疗保险，居民医保补助标准提高到每人每年550元；有2.10万人领取失业保险金。有5617名职工享受工伤保险待遇，有0.99万名女职工享受生育津贴待遇。

年底全市有养老机构159处，床位35728张，在院人数16179人。其中，特困人员供养机构39处，床位9053张，在院人数3892人；养老公寓等其他养老机构120处，床位26675张，在院人数12287人。有儿童福利院1处，未成年人救助保护中心5处。孤困儿童420人，其中，集中供养孤儿38人，散居孤儿77人，事实无人抚养儿童235人，重点困境儿童70人，全年发放资金398万元。全市享受困难残疾人生活补贴9768人，享受重度残疾人护理补贴29441人，全年发放资金4886.4万元。

年底全市城乡低保对象17908人，全年发放资金9560.5万元；特困供养对象11529人，全年发放资金12461.1万元；临时救助困难群众1506人次，发放资金408.2万元。1月—5月，城乡低保标准分别为每人每月650元和470元，农村特困人员基本生活保障标准为每人每月620元；6月—9月，城乡低保标准分别提高至每人每月690元和530元，农村特困人员基本生活保障标准提高至每人每月690元；10月1日起，城乡低保标准分别提高至每人每月787元和588元，农村特困人员综合供养保障水平不低于每人每月1033元。城市特困人员基本生活保障标准为每人每月900元。

注释：

1．本公报数据为初步统计数，最终数据以《威海统计年鉴—2021》为准。

2．地区生产总值、各产业增加值、有关行业增加值绝对数按现价计算，增长速度按可比价格计算。

3．未经特殊说明，本文“增长”“下降”均为同比口径。

4．部分数据因四舍五入的原因，存在总计与分项合计不等的情况。

资料来源：

本公报中新旧动能转换情况来自市发展和改革委员会、市工业和信息化局；海洋强市情况、水产品数据来自市海洋发展局；精致城市建设、建成区绿化覆盖率、建成区绿地率、生活垃圾无害化处理率和供气、供热数据来自市住房和城乡建设局；营商环境情况来自市优化营商环境工作专班；乡村振兴情况来自市委农办；城镇新增就业、城镇登记失业率、养老保险、失业保险、工伤保险数据来自市人力资源和社会保障局；医疗保险、生育津贴数据来自市医疗保障局；市场主体数据来自市行政审批服务局；专利、商标、名牌产品数据来自市市场监督管理局；农业机械、农业产业化龙头企业数据来自市农业农村局；进出口、利用外资数据来自市商务局；公路通车里程、公路运输、海运、港口货物吞吐量、公交数据来自市交通运输局；铁路运输数据来自市地方铁路事业发展中心；机动车、户籍人口数据来自市公安局；旅游、专业剧团、博物馆、有线电视等数据来自市文化和旅游局；财政数据来自市财政局；金融数据来自人行威海市中支；保险业数据来自威海银保监分局；科技数据来自市科学技术局；教育数据来自市教育局；卫生健康数据来自市卫生健康委员会；体育数据来自市体育局；电力数据来自威海供电公司；环保数据来自市生态环境局；安全生产数据来自市应急管理局；社会福利数据来自市民政局；价格指数、粮食总产量、城乡收支数据来自国家统计局威海调查队；扶贫工作有关数据来自市扶贫办；其他数据来自市统计局。

生态环境质量公报

2020 年威海市生态环境质量公报

2020 年，在市委、市政府的坚强领导下，深入践行习近平生态文明思想，坚决扛起生态文明建设政治责任，按照“重点工作攻坚突破年”要求，大力实施生态环境质量与生态环保工作“双领先”战略，“十三五”规划纲要确定的生态环境 9 项约束性指标和污染防治攻坚战阶段性目标任务圆满超额完成，厚植了威海小康社会的绿色底色和质量成色，为开创“精致城市·幸福威海”建设新局面作出了新贡献。

一、环境空气

全市环境空气质量连续五年达到国家二级标准，稳居全省第一位。

环境空气主要污染物二氧化硫和二氧化氮年均值、一氧化碳 24 小时平均第 95 百分位数浓度值 3 项指标分别为 5 微克／立方米、15 微克／立方米、0.9 毫克／立方米，达到国家《环境空气质量标准》（GB 3095-2012）一级标准（20 微克／立方米、40 微克／立方米、4 毫克／立方米）；可吸入颗粒物（PM_{10}）和细颗粒物（$PM_{2.5}$）年均值、臭氧日最大 8 小时滑动平均值的第 90 百分位数浓度值 3 项指标分别为 44 微克／立方米、24 微克／立方米、142 微克／立方米，达到《环境空气质量标准》二级标准（70 微克／立方米、35 微克／立方米、160 微克／立方米）。

全市城市降水 pH 年均值范围在 6.10 至 6.98 之间，未出现酸雨。

二、水环境

全市省控以上地表水考核断面全部达标，劣 V 类水体全面消除。

全市 13 条主要河流共设 13 个市控以上考核监测断面，其中 9 个断面水质优于或达到国家《地表水环境质量标准》（GB 3838-2002）Ⅲ类标准，占 69.2%；4 个断面水质达到Ⅳ类标准，占 30.8%。

全市 12 个主要饮用水水源地水质保持优良状态。崮山水库、所前泊水库、郭格庄水库、武林水库、米山水库、坤龙邢水库、后龙河水库、逍遥水库、湾头水库、纸坊水库、龙角山水库和乳山河水源地水质均达到或优于国家《地表水环境质量标准》（GB 3838-2002）Ⅲ类标准，水质达标率为 100%。

全市农村地下水型“千吨万人”以上饮用水水源水质优于或达到国家《地下水质量标准》（GB/T 14848-2017）Ⅲ类标准。

全市近岸海域国控点位 40 个，一类海水占 82.5%，二类海水占 17.5%，海水水质优良率 100%。

三、土壤环境

全市土壤污染防治工作顺利通过全国人大土壤污染防治执法检查。受污染耕地安全利用率 100%，建设用地污染地块安全利用率 100%。

四、声环境

全市区域声环境昼间平均等效声级监测值范围为 51.8 ~ 54.8 分贝，城市区域环境噪声总体水平均为“较好”等级。

全市道路交通声环境昼间平均等效声级监测值范围为 66.0 ~ 69.8 分贝，文登区和乳山市道路交通噪声强度为“好”等级，威海市区和荣成市道路交通噪声强度为“较好”等级。

全市 0 至 4 类功能区声环境质量昼、夜平均等效声级范围分别为 46.8 ~ 38.7 分贝、53.2 ~ 39.2 分贝、54.7 ~ 42.2 分贝、62.0 ~ 47.0 分贝、66.2 ~ 51.3 分贝，均达到声环境相应功能区标准。

五、辐射环境

全市辐射环境质量保持稳定。

市区电离辐射空气吸收剂量率区间范围为 76 ~ 139 纳戈瑞／小时（nGy/h），处于威海市天然辐射水平正常范围内。

市区电磁辐射射频电场强度区间范围为 0.27 ~ 2.30 伏／米（V/m）；达到国家《电磁环境控制限值》（GB 8072-2014）规定的公众曝露控制限值要求。

六、生态环境

全市生态环境状况指数为 63.93，全省最好，达到国家生态文明建设示范市指标要求（≥ 60）。

（山东省威海生态环境监测中心）

法规、规章、规范性文件

·法规、规章、规范性文件目录·

2020年威海市法规、规章、规范性文件一览表

表31

序号	文件名称	文号
1	威海市精致城市建设条例	威海市人民代表大会常务委员会公告第75号
2	威海市山体保护条例	威海市人民代表大会常务委员会公告第78号
3	威海市物业管理办法	威海市人民政府令第69号
4	威海市行政执法监督办法	威海市人民政府令第70号
5	威海市生活垃圾分类管理办法	威海市人民政府令第71号
6	威海市突发公共卫生事件应急办法	威海市人民政府令第72号
7	威海市市场主体住所（经营场所）登记管理办法	威政发〔2020〕2号
8	威海市政府投资管理办法	威政发〔2020〕5号
9	威海市鼓励金融业发展奖励办法	威政发〔2020〕6号
10	威海市无偿献血管理办法	威政发〔2020〕7号
11	威海市慈善总会慈善资金管理办法	威政发〔2020〕10号
12	威海市行政规范性文件管理办法	威政发〔2020〕13号

·法规、规章、规范性文件选编·

威海市精致城市建设条例

（威海市人民代表大会常务委员会公告第 75 号）

2020 年 8 月 31 日威海市第十七届人民代表大会常务委员会第二十七次会议通过
2020 年 9 月 25 日山东省第十三届人民代表大会常务委员会第二十三次会议批准

第一章　总则

第一条　为了促进和保障本市向精致城市方向发展，提升城市品质，改善居民生活环境和质量，根据有关法律、法规的规定，结合本市实际，制定本条例。

第二条　本市行政区域内的精致城市建设，适用本条例。

本条例所称精致城市，是指秉承励精致远、追求卓越的精神，对城市规划、建设、管理、服务等相关要素进行优化和规制，构建的特色鲜明、包容和谐、宜居宜业、安全韧性的生态文明城市类型。

第三条　精致城市建设应当坚持以人民为中心，以社会主义核心价值观为引领，贯彻创新、协调、绿色、开放、共享的发展理念，坚持精当规划、精美设计、精心建设、精细管理、精准服务、精明增长，动员社会各界力量参与，促进城市高品质发展。

第四条　市、区（县级市）人民政府应当加强对精致城市建设的领导，制定精致城市建设规划纲要、指标评价体系和行动方案，将精致城市建设纳入国民经济和社会发展规划以及年度计划。

第五条　市、区（县级市）人民政府应当建立精致城市建设推进工作议事协调机制，负责精致城市建设重大政策研究、重点问题协商等工作。

市、区（县级市）人民政府城市建设管理主管部门负责精致城市建设的综合协调和监督指导工作。

第六条　鼓励公民、法人和其他组织积极参与精致城市建设活动。

对在精致城市建设工作中做出突出贡献的单位和个人，市、区（县级市）人民政府按照国家有关规定给予表彰、奖励。

第二章　精当规划与精美设计

第七条　国土空间总体规划应当因地制宜，遵循尊重自然、传承历史、绿色低碳、安全韧性的理念，将环境容量、综合承载能力和城市安全作为确定城市定位和规模的重要依据，综合考虑城市功能定位、文化特色、产业发展、便民利民等多种因素，有序协调山、海、城的空间关系，科学规划功能区空间布局，系统保护本市城市总体风貌特色。

详细规划应当统筹现代城市发展与传统街区保护，传承渔耕文化特色和胶东民居特点，重点保护传统街巷格局、古遗址遗迹、传统村落、特色历史建筑等历史文化资源，延续城市文脉，促进城市内涵式发展。

第八条　编制城市建设详细规划和制订城市更新计划，应当将环境卫生、园林绿化、停车场所、农贸市场、公交场站、公共文化、市民健身和社区教育、医疗、养老以及行政服务等公共服务设施纳入规划、计划要求。

第九条　编制城市公共交通发展规划，应当贯彻城市公共交通优先发展战略，建立完善城市公共交通体系和公众出行信息服务系统，优化公共交通线路和站点设置，为公众提供安全可靠、便捷高效、经济适用、节能环保的城市公共交通服务。

城市主要道路应当根据车辆流量、车道数量、公交客运量、公交车流量等情况设置公交专用车道或者公交车辆优先通行信号系统。

第十条　制订绿色出行行动计划应当结合城市建设和改造，按照便捷、顺畅、安全的要求，同步建设立体步行系统和自行车交通系统，完善步行和自行车交通网络体系。

第十一条　绿道规划应当突出本市地貌特色，构建山海互联互通网络体系，并与公共交通网络相衔接。

绿道应当合理配套建设服务驿站，并保持开放状态。

第十二条　编制停车场专项规划应当兼顾资源节约利用和停车需求调控，处理好当前需求与城市长远发展、经济发展与居民生活需求的关系。

第十三条　合理规划各类公园。公园规划应当融合历史、文化、艺术、时代特征等元素，突出公园文化艺术内涵和地域特色，完善文化娱乐、科普教育、健身休闲、调蓄防涝、防灾避险等综合功能。

第十四条　城市公共厕所规划应当综合考虑城市地段功能、周边环境和人员密度等因素，优化点位布局，完善服务功能，方便公众就近如厕。

第十五条　城市应急避难场所规划应当符合安全可靠、交通便利、就近避难、平灾结合的要求，合理确定建设规模和空间布局，满足发生突发性灾害时的应急救助和保障避难人员的基本生存需求。

城市应急避难场所应当设置统一、规范的标识，提供必要的生活和医疗条件，并保持正常使用状态。

第十六条　市、区（县级市）人民政府应当本着节俭、实用、美观的原则，按照有关技术规范编制城市功能照明和景观照明规划。

下列区域应当设置城市景观照明设施：

（一）威海湾陆地向海一侧和刘公岛向陆一侧的山体、堤岸及其主要建筑物、构筑物的立面；

（二）大型广场周边和商业区范围内的主要建筑物、构筑物的立面；

（三）城市主要道路两侧的大型建筑物、构筑物的立面；

（四）标志性建筑物和大型博物馆、展览馆、影剧院、体育场馆等公益性建筑物、三星级以上宾馆等公共场所；

（五）其他应当设置城市景观照明设施的。

第十七条　编制城市地下管线综合规划应当综合考虑城市发展远景和人民防空需要，结合地下空间开发利用、地下管线、道路交通等专项规划，合理确定工程布局、管线敷设方式、管线种类、断面形式、平面位置、竖向控制等建设要素，实现建设规模、时序与城市发展相协调。

第十八条　编制街区改造方案应当因地制宜，注重文明传承、文化延续，保留街区肌理和风貌，体现街区的建筑、历史、文化和经营特色。

第十九条　区（县级市）人民政府应当制定老旧居民小区改造提升规划，组织对小区内破损欠缺的基础设施、公共交通设施和建筑物、构筑物等进行修补更新，完善优化停车出行、园林绿化、文化娱乐、运动健身、卫生医疗、健康养老等服务功能。

第二十条　市、区（县级市）人民政府应当编制水资源保护和利用规划，坚持开源与节流并举，统筹推进海绵城市、节水城市建设。

海绵城市和节水城市的建设目标、技术指标应当作为强制性内容纳入规划。

第二十一条　加快新型智慧城市制度构建。推进互联网、物联网、云计算、大数据和人工智能等新一代信息技术的创新应用，实现深层次信息共享和业务协同，促进城市规划、建设、管理和服务的精准化、智能化、便捷化。

第二十二条　市、县级市人民政府应当制定完善海岸带、山体和水体保护专项规划，明确保护范围、标准和管控要求等，强化保护措施，实现环境资源的永续利用和发展。

已被破坏的海岸带、山体和水体，应当制定生态修复计划并严格落实。

第二十三条　市、区（县级市）人民政府应当统筹规划精致城市与美丽乡村建设。美丽乡村建设应当保持和延续传统格局和历史风貌，兼顾乡村风土民情和居民生活习惯，合理配套建设生活服务设施。

新建、改建、扩建住房和其他建筑物应当与环境相协调，鼓励选用具有乡村特色和地域风格的建筑图样，倡导建设绿色住房。

第二十四条　完善文化遗产管理机制。编制文化遗产保护规划，加强古遗址遗迹、特色历史建筑、非物质文化遗产以及现代文化资源的挖掘整理、保护传承和合理利用，确定保护办法，强化文化品牌创建，提升城市的知名度、美誉度和影响力。

第二十五条　建立城市设计制度。城乡规划主管部门应当依据国土空间总体规划、详细规划和相关专项规划，开展城市设计工作。

城市设计应当包含城市色彩、建筑风格、街道界面、景观照明、公共环境艺术品、户外广告等要素。

第二十六条　城市设计应当尊重城市发展规律，坚持以人为本，保护自然环境，防控重大风险，传承历史文化，塑造城市特色，优化城市形态，创造宜居公共空间。

城市项目设计应当优先考虑地域性特征，追求美观大方、经济实用、布局精巧，不盲目求大求洋。

第二十七条　总体城市设计、区段城市设计和专项城市设计的管控要求应当纳入国土空间详细规划。

区段城市设计、地块城市设计的管控要求应当列入建设项目规划条件。

第二十八条　城乡规划主管部门在审核重大项目和重要地段的建筑设计方案前应当组织相关领域专家进行审查。

专家审查意见应当作为审核建筑设计方案的重要依据。

第二十九条　建立重大项目和重要地段建筑设计方案审核前向社会公示制度。公示内容包括项目位置、用地性质、总平面图、效果图、技术经济指标等。对反对意见比较集中的，城乡规划主管部门应当重新组织论证，论证结果向社会公开。

第三章　精心建设与精细管理

第三十条　城市建设应当遵循生态环保、绿色节能、节约集约、综合开发、配套建设的原则，实现社会效益、环境效益和经济效益的统一。项目建设应当坚持质量优先，科学施工，关注细节，打造精品。

第三十一条　城市精细化管理应当按照注重细节、立足专业、科学量化的原则，理顺管理体制，完善管理机制，细化管理空间，量化管理对象，规范管理行为，创新管理流程，实现城市管理活动的全方位覆盖、全时段监管、高效能治理。

市人民政府应当制定城市容貌标准和城市管理规范，明确市政设施、园林绿化、环境卫生、清雪防滑、垃圾处置、容貌秩序、农贸市场等方面的管理标准规范。

任何单位和个人都应当遵守城市容貌标准和城市管理规范。

第三十二条　市、区（县级市）人民政府和镇人民政府、街道办事处应当按照科学合理、方便治理的原则，对城市管理事项实行网格化管理。

市、区（县级市）人民政府应当建立城市综合管理平台，发现、调度和处理城市管理中的问题，提升城市精细化管理能力和水平。

第三十三条　建立城市管理网格员队伍，负责采集城市管理中的问题信息，并即时上传城市综合管理平台处理。

鼓励市民以多种形式参与城市管理，对发现的问题，可以通过政务服务热线以及其他公共服务网络反映，或者将拍摄的视频、照片传送至城市综合管理平台处理。

第三十四条　鼓励新建建筑工程执行优于国家、地方或者行业标准的建筑节能与绿色建筑标准，推广使用建筑节能新技术、新工艺、新材料和新设备。国有建设用地使用权招标、拍卖或者挂牌公告中，应当明示地块的绿色建筑等级要求。

第三十五条　新建建筑外立面建设和既有建筑外立面改造，应当合理设置空调室外机、太阳能等外置设施设备的位置。没有预留位置的，安装外置设施设备不得妨碍他人正常生活。

市、县级市人民政府可以决定对城市临街建筑的空调室外机、太阳能等外置设施设备实施美化、遮蔽，临街建筑所有人或者设施设备所有人应当协助配合。

第三十六条　建筑物所有人或者使用人、管理人应当保持建筑物外立面整洁美观，对有残损、污损、脱落、严重变色，不符合城市容貌标准的，应当及时修补或者粉刷。登录为不可移动文物的建筑，按照文物保护的规定办理。

第三十七条　城市道路应当保持路面清洁平整，设施完备干净，标线标牌清晰。在人行道上施划临时停车泊位的，不得妨碍行人正常通行。

行车通道和停车区域应当采用不宜破损的材料铺装。

禁止擅自挖掘城市道路。

第三十八条　建立建设项目土地出让前和老旧居民小区改造前区域性交通影响评价制度。

交通影响评价的具体实施办法由市、县级市人民政府制定。

第三十九条　公安机关交通管理部门应当组织建设公共停车信息系统，向社会提供停车指引服务。

经营性停车场应当配置停车管理信息系统，并向公安机关交通管理部门开放数据端口。

第四十条　新建、改建、扩建停车场，应当按照一定的比例配置电动汽车专用停车泊位和充电设施设备。鼓励在居民小区停车场所集中设置电动自行车、摩托车充电设施设备。

新建居民小区和改造老旧居民小区应当按照方便市民、便于管理的原则集中设置自行车、摩托车、电动车存放场所。

第四十一条　公安机关交通管理、城市建设管理主管部门可以根据交通状况，在城市道路、街巷施划停车泊位，设置交通标志，明确停车时段。

区（县级市）人民政府可以组织有关部门在建筑退让红线公共区域施划停车泊位。

其他单位和个人不得在城市道路、街巷和建筑退让红线公共区域设置停车泊位，不得擅自占用、损毁、撤除停车泊位及其附属设施。

第四十二条　车辆停放不得长期占用公共免费停车泊位或者公共区域。长期占用的，公安机关交通管理部门和城市建设管理主管部门根据各自职责，通知车辆所有人限期驶离或者处置。

第四十三条　公园、广场应当保持生态优美、环境整洁、功能完善、设施安全。

公众应当遵守公园、广场的管理规定，举止文明，爱护花草树木和各类设施设备，不得有危害他人人身安全和妨碍社会秩序管理的行为。

除养护、施工或者执行公务外，未经管理人同意，汽车、摩托车等机动车不得进入公园、广场的休闲、健身区域。

第四十四条　公园、广场、绿地等公共场所和居民小区应当配套建设全民健身活动场地，配备健身器材。

全民健身设施所在场所的管理单位应当制定设施的使用、安全和卫生等管理制度，定期对设施进行检查、保养和更换。

第四十五条　新建、改建、扩建的道路、公共建筑、公共交通设施、居民小区、居住建筑，应当符合无障碍设施工程建设标准。

下列机构、场所应当优先实施无

障碍设施改造：

（一）特殊教育、康复、福利、养老等机构；

（二）国家机关的公共服务场所；

（三）机场、车站、客运码头、金融、邮政、通信、市政公用、商业、旅游等公共服务场所；

（四）学校、幼儿园、医院、图书馆、博物馆、文化馆、美术馆、科技馆、影剧院、体育场馆等单位的公共场所；

（五）城市的主要道路、公园、广场、景区等公共场所；

（六）法律法规规章规定的其他机构、场所。

禁止任何单位和个人占用或者损坏无障碍设施。

第四十六条　户外广告、门头牌匾的设置应当安全牢固、协调美观，符合设置规划、技术规范和城市容貌标准。

城市建成区不得设置立柱式大型广告牌，严格限制设置屋顶广告招牌。

第四十七条　市、区（县级市）人民政府应当采取政策鼓励、服务吸引等措施，引导城市建成区内的各类专业市场和集贸市场进入室内经营。

室内经营场所应当设施完备、环境整洁、通风良好、秩序规范、责任落实，方便交易和服务。

第四十八条　城市建成区可以设置早市、夜市、季节性农副产品临时经营摊点。经营者应当按照规定的地点、时段、范围进行经营，并遵守相关管理规定。

早市、夜市、季节性农副产品临时经营摊点的经营区域由城市建设管理主管部门会同公安机关交通管理部门负责划定。

第四十九条　城市建设管理主管部门应当按照一次性集中建设和改造的原则，建立健全城市管网设施建设和改造综合协调机制，组织电力、通信、广播电视、给水、排水、燃气、热力等管网设施的集中建设和改造活动。

第五十条　电力、通信、广播电视等单位在居民小区敷设线路时应当充分利用管线综合沟和建筑预留通道，不得敷设明线。

建筑物未预留通道的，应当采用开挖沟槽或者铺设线管、线槽的方式敷设。

禁止在建筑物外私自架线拉线。

本条例施行前已经敷设的线路，不符合第一款、第二款要求的，有关单位应当实施改造。

第五十一条　城市绿化应当以空气清新、环境优美、生态良好、自然和谐为目标，统筹平面绿化与立体绿化、道路绿化与园林绿化、山体绿化与城区绿化，实现城市公园化。

具备绿化条件的公共建筑和公用市政设施应当实行立体绿化。鼓励屋顶、阳台、外立面等以建筑物、构筑物为载体的立体绿化。

第五十二条　市、县级市人民政府应当引导和规范在文化、体育、交通等公共建筑和公园、广场、街区等开敞空间配置公共环境艺术品。

下列场所应当配置公共环境艺术品：

（一）建筑面积一万平方米以上的文化、体育等公共建筑；

（二）占地面积一万平方米以上的公园和广场；

（三）机场、车站、客运码头等交通场站；

（四）其他适宜配置公共环境艺术品的场所。

前款规定建设项目的国有建设用地使用权招标、拍卖或者挂牌公告中，应当明示公共环境艺术品配置要求。

第五十三条　市、县级市人民政府应当制定城市家具设置导则，系统配置城市家具。

城市家具应当体现地方特色，突出城市文化，兼具美观、实用和文化传承功能。

城市家具的设置应当保证行人通行的通畅性、安全性，与周围环境保持协调。

第五十四条　全面推行城乡生活垃圾分类投放。生活垃圾分类的实施应当符合本市实际，处理好垃圾分类与运输、处置和方便市民生活之间的关系。

镇人民政府、街道办事处应当按照便民、环保的原则，设置废弃大件生活物品集中投放场所并公示，城市建设管理主管部门应当协调组织定期清运和处置。

提供餐饮服务的单位和个人应当单独收集、存放餐厨垃圾，由符合条件的餐厨垃圾收集、运输企业运送至规定的场所进行处置。

第五十五条　建筑垃圾应当实行资源化、无害化处置，减轻对生态环境的破坏。任何单位和个人不得将建筑垃圾混入生活垃圾，不得擅自设立弃置场受纳建筑垃圾，不得向经批准的建筑垃圾消纳场所以外的区域倾倒建筑垃圾。

车辆运输建筑垃圾应当覆盖密闭，不得洒漏。

第五十六条　露天摆放的垃圾容器应当保持摆放整齐、外观清洁、密闭完好，其所有人或者管理人应当定期清洗、消毒。

禁止任何单位和个人将自用垃圾容器沿街摆放。

第五十七条　建筑施工现场应当实行全封闭围挡。围挡墙应当美观洁净、安全牢固、底边封闭。

建筑施工现场内的堆土和裸露地面应当覆盖或者绿化。

建设单位和施工单位应当加强对施工现场的管理，防止污染环境。

第五十八条　城市道路两侧的环境和秩序管理实行“门前三包”管理责任制。

“门前三包”的责任区域和管理要求由镇人民政府、街道办事处与责任人签订“门前三包”协议确定；对“门前三包”的责任区域和管理要求有争议的，由区（县级市）城市建设管理主管部门确定。

第五十九条　市、区（县级市）人民政府应当建立违法建筑处置机制，明确责任分工，做好违法建筑的防控和治理工作。

第六十条　机场、车站、城市交通站点，大型国际活动承办、接待场所，国际体育赛事和国际展览活动场所，文化、旅游、体育等重要公共文化和体育场馆以及城市应急避难场所，应当设置外文标识。

其他公共场所可以根据需要设置外文标识。法律法规另有规定的，从其规定。

外文标识译写规范由市人民政府外事主管部门确定。有国际通用标识的，优先使用国际通用标识。

第四章　精准服务与精到保障

第六十一条　市、县级市人民政府应当依据城市公共服务设施专项规划，建设完备的公共服务设施，为公众享有教育、科技、卫生、文化、交通、体育、社会福利、生活服务和行政管理等方面的优质服务提供保障。

第六十二条　市、县级市人民政府应当组织编制一刻钟社区生活圈规划导则，加强社区服务场所建设，完善公共服务设施网络，营造舒适方便、环境友好、设施完备、充满活力的社区生活圈。

区、县级市人民政府应当制定邻里中心建设规划，在城市居住区建设集教育、卫生、文化、体育、养老、居家服务等于一体的邻里中心，为居民提供“一站式”服务。

第六十三条　市民文化中心、图书馆、博物馆、文化馆、美术馆、科技馆、城市书房和基层综合性文化服务中心等公共文化设施应当向公众免费开放，并保持正常运行。

鼓励社会资本投资建设的各类文化设施向公众免费开放。

第六十四条　政府投资建设的体育场馆、健身设施和学校体育设施应当按照规定向公众免费开放。

鼓励社会资本投资建设的各类体育健身设施向公众免费开放。

第六十五条　公共厕所和行政事业单位、社会团体、公共服务单位、国有企业、商业服务企业的内部厕所，应当向公众免费开放，法律法规另有规定和不宜开放的除外。

公共厕所应当提供如厕用纸、清洁洗手用品等服务。鼓励公共厕所提供热水洗手等服务。

第六十六条　海水浴场应当建设完备的安全瞭望、救助、安全防护、淡水淋浴、公共厕所等设施设备，配备必要的管理人员和救护人员。政府投资兴建的海水浴场应当免费向公众提供服务。

第六十七条　大型公园、广场，机场、车站、码头等公共场所应当配备必要的应急医疗救护物品，滨海公园还应当配备必要的救生物品，其管理服务人员应当接受必要的医疗救护和救生培训。

第六十八条　公安机关交通管理、交通运输和城市建设管理主管部门应当根据道路交通状况，在客运站点、公共交通枢纽、风景旅游区、商业聚集区、大型医疗机构、公共服务机构等人员集中区域划定营运车辆专用候客点，并设置显著标志。

第六十九条　供水、供电、供气、供热、邮政、通信、广播电视、公共交通等公共服务企业，应当发挥精致城市建设的骨干作用，创新服务机制、优化服务流程、提升服务品质。

鼓励其他各类企业结合企业特点，发挥自身优势，助力精致城市建设。

第七十条　市、区（县级市）人民政府有关部门和公共服务单位应当充分利用智慧城市管理信息平台，向公众提供城市数字地图、交通、气象、医疗、食宿、娱乐等实时服务信息，满足公众多元化信息需求。

第七十一条　市、区（县级市）人民政府应当发挥精致城市建设的主导作用，协调社会各界力量共同推进精致城市建设目标任务的落实。

市、区（县级市）人民政府各部门、单位和镇人民政府、街道办事处，应当按照工作职责和任务分工做好精致城市建设工作。

群团组织、社会组织应当结合本组织工作特性和业务属性，明确定位，发挥优势，协同做好精致城市建设工作。

第七十二条　市、区（县级市）人民政府应当根据各自职责，通过立法、制定规范性文件、设立标准等措施，将本条例规定的内容进行责任分解、措施细化，保障精致城市建设目标和任务的落实。

第七十三条　鼓励和支持建立参与精致城市建设的志愿服务组织，拓宽志愿服务范围，开展多样性志愿服务活动。志愿者参加志愿服务活动的，所在单位应当给予支持。

第七十四条　报刊、广播电视、网络等公共媒体应当发挥宣传引导和舆论监督作用，采用多种形式，解读政策，反映民意，提升全社会的参与意识和公众的自律意识，营造建设精致城市的良好氛围。

倡导自媒体参与精致城市建设的各项公益活动宣传。

第七十五条　鼓励公众对精致城市建设提出建议、参与实践、实施监督，制止和举报妨害精致城市建设的行为。

市、区（县级市）人民政府应当建立健全保障公众参与精致城市建设的体制和机制，为公众有效参与精致城市建设提供必要条件。

第七十六条　市、县级市人民政府应当建立城市体检评估制度，从生态宜居、风貌特色、交通便捷、多元包容、安全韧性等方面，定期对城市进行评价。

第七十七条　市人民政府应当定期组织开展精致城市载体评选活动，对体现精致理念的居民小区、街道、公园、公共厕所、绿道步道、校园、城市书房等予以表彰。

第五章　法律责任

第七十八条　对违反本条例规定的行为，法律、法规对其法律责任已经作出规定的，从其规定。

第七十九条　市、区（县级市）人民政府或者有关部门及其工作人员，在精致城市建设工作中不履行本条例规定的职责，玩忽职守、滥用职权、徇私舞弊的，对直接负责的主管人员和其他直接责任人员依法给予处分；构成犯罪的，依法追究刑事责任。

第八十条　违反本条例第三十五条第一款规定，安装空调室外机等外置设施设备妨碍他人正常生活的，由城市建设管理主管部门责令限期改正；逾期未改正的，处2000元以上1万元以下罚款。

第八十一条　违反本条例第四十一条第三款规定，擅自设置、占用、损毁、撤除停车泊位及其附属设施的，由公安机关交通管理部门或者城市建设管理主管部门责令改正，可以处五百元以下罚款。

第八十二条　违反本条例第四十二条规定，车辆所有人在规定的期限内拒绝驶离、处置或者无法与车辆所有人取得联系的，由公安机关交通管理部门或者城市建设管理主管部门将车辆拖移至指定的场所存放。

公安机关交通管理部门或者城市建设管理主管部门应当定期通过公共媒体公示被拖移车辆信息，车辆所有人应当及时认领处置。

第八十三条　违反本条例第四十三条第二款规定，在公园、广场从事危害他人人身安全或者妨碍社会秩序管理行为的，由公安机关依照《中华人民共和国治安管理处罚法》的有关规定予以处罚。

违反本条例第四十三条第三款规定，驾驶汽车、摩托车等机动车进入公园、广场的休闲、健身区域的，由城市建设管理主管部门责令改正；拒不改正的，处500元以上5000元以下罚款。

第八十四条　违反本条例第五十条第一款、第二款规定，电力、通信、广播电视等单位未按照要求敷设管线的，由城市建设管理主管部门责令改正；拒不改正的，处1000元以上1万元以下罚款。

违反本条例第五十条第三款规定，在建筑物外私自架线拉线的，由城市建设管理主管部门责令改正；拒不改正的，处500元以上2000元以下罚款。

第八十五条　违反本条例第五十六条规定，有下列情形之一的，由城市建设管理主管部门责令限期改正；逾期未改正的，对单位处2000元以上2万元以下罚款，对个人处200元以上2000元以下罚款：

（一）未保持垃圾容器摆放整齐、外观清洁、密闭完好或者实施定期清洗、消毒的；

（二）将自用垃圾容器沿街摆放的。

第六章　附　则

第八十六条　本条例下列用语的含义：

（一）绿道，是指以绿化为特征，供市民运动健身、休闲游憩的自行车骑行、步行以及骑行步行兼有的慢行道路。

（二）服务驿站，是指供绿道使用者途中休憩、交通换乘等场所。

（三）公共环境艺术品，包括城市雕塑、壁画、绿化造景等艺术作品和艺术化的景观灯光、水景、城市家具等公共设施。

（四）城市家具，是指城市中为公众生活、出行等提供公共服务的指路标志、垃圾容器、站点、座椅等配套设施，一般设置在街道、广场、绿地或者其他公共部位，是城市生活、环境和景观的重要组成部分。

（五）一刻钟社区生活圈，是指在十五分钟步行可达范围内，配备生活所需的基本服务功能与公共活动空间，形成安全、友好、舒适、便捷的社会基本生活平台。

第八十七条　本条例自2020年11月1日起施行。

威海市山体保护条例

（威海市人民代表大会常务委员会公告第78号）

2020年10月29日威海市第十七届人民代表大会常务委员会第二十八次会议通过
2020年11月27日山东省第十三届人民代表大会常务委员会第二十四次会议批准

第一章　总则

第一条　为了加强山体保护，维护生态安全，推动精致城市建设，促进经济社会可持续发展，根据《中华人民共和国土地管理法》《中华人民共和国城乡规划法》《中华人民共和国森林法》等法律法规，结合本市实际，制定本条例。

第二条　本市行政区域内山体的保护、修复、利用、管理以及其他相关活动，适用本条例。

第三条　山体保护应当坚持生态优先、科学规划、防治结合、合理利用的原则。

第四条　市、区（县级市）人民政府应当加强对山体保护工作的组织领导，将山体保护工作纳入国民经济和社会发展规划，建立健全山体保护工作协调机制，保障经费投入。

第五条　自然资源行政主管部门负责山体保护的监督管理工作。

发展改革、公安、民政、生态环境、住房城乡建设、规划、水务、农业农村、文化和旅游、应急管理、林业等行政主管部门按照各自职责，做好山体保护的相关工作。

第六条　任何单位和个人有权举报和制止破坏山体的行为。举报受理部门应当依法处理。

第七条　市、区（县级市）人民政府对在山体保护工作中做出突出贡献的单位和个人，应当按照国家有关规定给予表彰、奖励。

第八条　市、区（县级市）人民政府应当组织开展山体保护宣传教育活动，增强公众山体保护意识。

报刊、广播电视、网络等公共媒体应当加强对山体保护的公益宣传。

第二章　保护规划

第九条　市人民政府应当组织有关部门编制山体保护专项规划。山体保护专项规划是山体保护工作的基本依据，山体的保护、修复、利用、管理等活动应当符合山体保护专项规划的要求。

山体保护专项规划应当符合国土空间总体规划，并与其他专项规划相衔接。

第十条　山体保护专项规划应当包括下列内容：保护名录、保护区域、保护级别、法定图则、管控措施以及其他有关事项。

第十一条　符合下列条件之一的山体，应当纳入保护名录：

（一）反映城乡自然山水格局主要特征的；

（二）承载地域历史文化记忆的；

（三）具有生态保护和修复、防洪排涝、水源涵养等功能的；

（四）具有特殊经济、文化、社会、生态和军事价值的；

（五）其他应当纳入保护名录的。

第十二条　对纳入保护名录的山体，应当划定保护区域。保护区域的保护级别分为重点保护区和一般保护区。

符合下列条件之一的，划入重点保护区：

（一）自然形态完整、景观原生独特的；

（二）具有历史文化保护和军事价值的；

（三）对生态、景观或者居民生活

具有重要影响的；

（四）地质灾害易发、水土流失严重以及生态脆弱的；

（五）其他应当重点保护的区域。

重点保护区以外的保护区域为一般保护区。

第十三条　编制山体保护专项规划，应当广泛听取社会各方面的意见和建议。山体保护专项规划向社会公开征求意见的时间不少于三十日。

第十四条　山体保护专项规划应当经市人民政府研究同意，报经市人民代表大会常务委员会审议通过后，向社会公布。

第十五条　除因国土空间总体规划调整和国家、省、市重大公益性项目建设需要外，山体保护专项规划不得修改。

山体保护专项规划的修改应当由原编制机关提出方案，按照本条例第十三条、第十四条规定的程序办理。

第三章　保护措施

第十六条　市、区（县级市）人民政府应当根据山体保护专项规划的要求，完善保护机制，明确保护责任，落实保护措施，增强山体的生态功能。

第十七条　区（县级市）人民政府应当设立山体保护界桩或者标志牌，标明保护区域、保护级别以及责任单位等内容。

任何单位和个人不得擅自设立、移动、涂改或者损毁山体保护界桩或者标志牌。

第十八条　市、区（县级市）人民政府应当组织相关部门制定森林火灾、林业有害生物、地质灾害的防治措施和应急预案。

第十九条　山体保护实行责任主体制度。属国家所有的，其管理者为责任主体；属集体所有的，该集体组织为责任主体。

山体保护责任主体应当建立健全保护制度，加强日常巡查，及时制止并向有关行政主管部门报告破坏山体的行为。

第二十条　在重点保护区内，除防范森林火灾、地质灾害等防灾减灾建设项目，符合规划的山体景观游赏设施建设项目和国防、军事等特殊用途建设项目外，禁止一切损毁山体、破坏生态环境和生态平衡的行为。

禁止新设探矿权、采矿权，本条例施行前依法设立的探矿权、采矿权期限届满的，不再续期。

第二十一条　在一般保护区内，禁止实施下列行为：

（一）擅自探矿采矿；

（二）擅自开山采石、挖砂、取土；

（三）擅自新建、改建、扩建建（构）筑物；

（四）毁林开荒、乱砍滥伐林木；

（五）非法采挖重点保护野生植物，非法狩猎；

（六）倾倒、堆放生活垃圾或者建筑垃圾和其他废弃物；

（七）其他破坏山体的行为。

第二十二条　风景名胜区、自然保护区、森林公园、地质公园、饮用水水源保护区、海岸带等区域内的山体纳入山体保护区域的，其他法律法规作出更为严格保护规定的，适用其他法律法规的规定。

第二十三条　山体的开发利用应当坚持合法、有序、环保、适度的原则，合理确定开发区域边界，提高开发利用效率，最大限度节约资源。

开发利用山体应当坚持“谁开采、谁治理，谁受益、谁复绿”，做到开发利用与治理同步进行，将对山体的损害控制到最低限度。

第二十四条　破损山体应当及时修复治理，恢复自然景观和生态功能。

造成山体破损的单位和个人应当承担修复治理责任。

因自然因素破坏或者造成山体破损的责任主体灭失以及无法确定责任主体的，破损山体的修复治理由所在区（县级市）人民政府负责。

鼓励社会资本参与山体修复治理。

第二十五条　负有山体修复治理责任的单位和个人应当会同山体保护责任主体，依据山体保护专项规划和相关设计规范、技术标准编制山体修复治理方案，经专家论证后，报自然资源行政主管部门备案并组织实施。

第二十六条　山体修复治理不得对周边区域的生态环境造成再破坏。

第二十七条　山体修复治理工程竣工后，负有山体修复治理责任的单位和个人应当会同山体保护责任主体，依照法律法规和山体修复治理方案组织竣工验收，并将验收合格的有关资料报自然资源等行政主管部门备案。

第四章　法律责任

第二十八条　违反本条例规定的行为，法律、法规已经规定法律责任的，从其规定。

第二十九条　行政机关及其工作人员有下列行为之一的，对直接负责的主管人员和其他直接责任人员给予处分；构成犯罪的，依法追究刑事责任：

（一）未按照法定程序编制山体保护专项规划的；

（二）违法批准在山体保护区域内建设的；

（三）不依法查处山体保护区域内违法行为的；

（四）不依法履行山体修复治理职责的；

（五）其他滥用职权、玩忽职守、徇私舞弊行为导致山体破坏的。

第三十条　违反本条例第十七条第二款规定，擅自设立、移动、涂改或者损毁山体保护界桩或者标志牌的，由自然资源行政主管部门责令限期改正；逾期不改正的，处1000元以上5000元以下罚款。

第三十一条　违反本条例第十九条第二款规定，山体保护责任主体不制止或者报告破坏山体行为的，由自然资源行政主管部门处2000元以上1万元以下罚款。

第三十二条　违反本条例规定，未履行修复治理责任的，由自然资源行政主管部门责令限期修复治理；逾期不履行，经催告仍不履行的，自然资源行政主管部门可以代为修复治理，或者委托没有利害关系的第三方代为修复治理，所需费用由山体修复治理责任人承担，并可以处所需费用一倍以下罚款。

第五章　附则

第三十三条　本条例自2021年1月1日起施行。

外地传媒中的威海

山东威海——绿色发展增添幸福生活成色

远看一片水蓝蓝，岸边鲜花红艳艳，在山东省威海市羊亭河湿地公园，从外地来威海定居的王女士说："威海生态真不错，公园非常多。"

以陆地海域为"画板"，用城乡山水做"骨架"，近年来，威海将绿色作为发展底色，坚持走生态优先、绿色发展之路，生态文明建设取得积极进展。

还绿于民，修复自然生态

在威海市环翠区嵩山街道五家疃村，村民岳吉叶一有空就爱到村头的露天石窝剧场转转。这里经常举办社区文化节，播放露天电影，组织篝火晚会。

石窝剧场原本是村里的一处废弃采石场，环境较乱。本着"自然生态修复，保留乡村记忆"的理念，政府依着山势在采石场周边植树种草，以采石断面为背景、下陷部分为舞台，设置了阶梯观众席，"石窝窝"改造成了别具一格的石窝剧场。

"石窝窝"精彩变身，是威海还绿于民的一个样本。近年来，威海加强山体保护，石材类矿山由2005年的739处压减到现在的24处；市区周边采石场2015年全部关停；在建山石资源类开采矿山，今年年底前全部建成绿色矿山。

"我们对废弃矿山、破损山体进行了修复治理。"威海市自然资源和规划局副局长鞠朝传说，一矿一策开展治理，复绿的同时打造人文景观、山体公园等。

据统计，2018年以来，威海全市生态文明建设投入资金，占一般公共预算支出的17.3%。除了投入18亿元整治和修复破损山体，还投入32亿元整治修复海域、海岛、海岸带等。修复受损海岸线80余千米，沙滩、湿地1.2万亩，建立各类保护区17处。

城市增绿，满足群众需求

晚饭后，刘萍喜欢带着孩子到附近的利川游园遛弯，草木青翠，孩子们欢笑嬉戏，大人们休闲散步。这里曾是一片废弃多年的建筑工地棚户搭建地，改造后变成了居民亲近大自然、休闲娱乐的综合性公园。

"公园合理利用地形和周边自然环境，搭配错落有致的花木等绿植。"环翠区（市）政园林服务中心主任于宏轩介绍，公园还增设儿童游乐设施、成人健身器材等，满足周边群众休闲运动的需求。

憩园修绿、空地植绿、河道护绿、拆违补绿，"我们在城市规划建设中，想方设法提升城市'含绿量'，300米见绿，500米见园。"威海市住建局办公室副主任孟德发说，2018年以来仅中心城区就建设口袋公园、山体公园66处。环翠区鲸园街道办主任侯世典说："我们把口袋公园建在社区，群众推窗见绿，出门进园，在家门口就可以逛公园。"

"无论公园大小，我们确保每一处公园都与众不同，让群众有耳目一新的感受。"于宏轩说，环翠区今年又新建、改造40处公园，完成后全区公园总数将达到325处。

生态优先，带来发展机遇

威海华夏城是一处AAAAA级景区，它的特别之处是在废弃矿山上建起来的。景区共修复矿坑44个，栽树超过1200万棵。

绿水青山来之不易，景区将生态环境治理与旅游开发、富民兴业相结合，发展文化生态游。如今，每年来此旅游的人数超过200万人次。千余名周边村民在景区就业，人均年收入近4万元，周边村集体收入年均增长超过10%。

"俺老家以前就在采石场下，经常灰尘弥漫，衣服都不敢晾晒在院子里。"家住华夏城附近的环翠区嵩山街道向阳社区居民宋悦梅说，"如今不仅环境变好了，大家在家门口就能挣到钱。"

鞠朝传介绍，威海推动生态和发展双赢，将千里海岸线打造成一条"生态链"，拥有AAAA级以上景区9处、海滨公园17处、海水浴场8处，还有200千米的高品质滨海步道。

好生态带来更多发展机遇。2019年威海设立外资项目273个，实际使用外资12.2亿美元，集聚400余家高新技术企业；以公园赛道为依托举办的国际马拉松赛、全国自行车邀请赛等重大赛事，也相继落户威海。如今，威海接待游客年均增长9.3%，旅游总收入年均增长12.2%。

（《人民日报》刊载　潘俊强）

“精致威海”高质量发展步履铿锵

全省新旧动能转换重大工程启动实施以来，威海市牢记中共中央总书记习近平殷切嘱托，把“威海要向精致城市方向发展”作为总目标总方向总遵循，全面落实省委、省政府八大发展战略和九大改革攻坚行动，牢牢把握争当全省“走在前列”排头兵的目标定位，坚持规划先行、目标导向，强化组织领导、要素支撑，聚力创新引领、优企培育、链式发展、开放合作，一手抓存量变革，一手抓增量崛起，新旧动能转换初见成效，高质量发展基础不断夯实。

冲击新目标 培强做优龙头骨干企业

推进新旧动能转换必须激发企业活力，做强做优企业实力。威海市委、市政府在谋划全市新旧动能转换重大工程时，提出企业冲击新目标行动，今年又实施了“双百工程”，即100家入库企业示范领跑、100家后备库企业紧追跟进，助推企业做强主业、做实基础、做大规模。2020年前三季度，“双百工程”企业共完成营业收入1651.8亿元，在疫情冲击、经济下行的情况下实现月均2%的增长。威海市制定《企业冲击新目标行动方案》，对“双百工程”企业实施“一企一策”，先后提供20余项政策扶持，汇集104项政策扶优培强，真正让企业看得懂、用得足、能用好。持续开展项目建设提升、政策集成服务、定期调度监测等工作，打造新旧动能转换强企优企方阵。为突出重点项目支撑带动，威海市集中推进177个骨干企业重点项目建设，预计拉动投资470亿元。推行“拿地即开工”审批模式，冲击新目标重点项目167个开工建设，开工项目纳统率达到92.5%。全面推开市级重大项目管理服务平台集中管理模式和挂图作战机制，34个项目建成投产或试生产，冲击新目标重点项目对全市民间资产投资贡献率达到13.8%。落实“要素跟着项目走”机制，统筹土地、能耗等要素资源向冲击新目标企业集聚，对骨干企业的重点项目和重大招商项目，在新增建设用地计划和城乡建设用地增减挂钩指标上给予优先支持。为强化政企沟通精准施策，全市组建156个进企业工作组，助力企业纾困解难。落实无差别“一窗受理”和窗口无否决权制度，年内推出50个主题式“一链办理”涉企服务事项。为冲击新目标企业提供“绿色通道”服务，提高项目立项、规划、建设等事项的办理效能。建立企业问题征询直联机制，将冲击新目标企业纳入威海企业诉求直通车平台组织架构。累计汇总企业困难问题、技术需求、资金需求、产业链配套“四张清单”信息1600余条，目前累计处理企业提出的需市级层面解决的问题200余个，其中170余个问题已基本解决，占比90%以上。

做强产业链 强力推动“三链”协同发展

2020年以来，威海市积极应对疫情影响以及国际贸易保护主义抬头、世界经济重构的新形势新变化，设立由市领导担任“链长”的产业链专班，制定出台《威海市关于推进产业链供应链创新链协同发展的实施意见》，围绕10条具有产业优势的重点产业链，实施整合优势资源建链、关键技术攻关补链、服务平台对接拓链、拓展全球合作畅链、工业互联网赋能强链、强化要素保障护链的“稳链六法”，打通产业链梗阻，全力推进产业链供应链创新链协同发展。年初面对疫情紧急、医用防护服紧缺的严峻形势和省委、省政府确定在威海市紧急建设医用防护服工厂的指令，威海市迅速整合全市的医疗器械、高端装备、纺织服装等行业资源，推动威高、迪尚、云龙等龙头骨干企业迅速转产扩产防护物资，仅用3个月就建成从熔喷料、熔喷布、口罩机、鼻梁条、耳带到口罩生产的防护物资全产业链条。同时发挥医疗应急物资、装备、医疗器械、医药疫苗的全链条产业优势，及时上报《国家应急医疗物资产业示范基地建设方案》，推进威海市纳入国家公共卫生应急物资保障体系。威海市依托招商局船舶、威高集团、拓展纤维等“链主型”企业，以资本为纽带、以股权为联结，按照“一链一策”模式，利用自身品牌技术优势，通过参股、并购、合作等形式垂直整合国内外高端研发设计、基础材料和关键零部件等上下游企业。同时，开发建设“企业直通车”平台，将全市各级涉企服务部门单位、银行业金融机构、“1+4+N”区域创新中心、驻威高校院所和重点工业企业纳入同一组织架构下，实现“四张清单”快速推送办理和企业供需实时对接。威海市坚持以新技术巩固提升优势产业竞争力，扎实推进14家省级“现代优势产业集群＋人工智能＋互联网”试点示范企业培育工作，推动16家企业对接应用工业互联网标识解析国家二级节点，2020年内新增“上云”企业1500余家。威海市还积极推进“人才贷”“科技支行”等政策，破解企业抵质押物不足等难题。目前，全市累计发放“人才贷”贷款23笔1.2亿元；修订完善“小升规”奖励政策，对自2019年度起首次纳统的小微工业企业给予5万元奖励，对纳统后连续两年营业收入增幅10%以上的企业，每年分别再给予5万元奖励，推动更多小微工业企业升规纳统、发展壮大。

做优创新链 构建高端创新平台体系

发展是第一要务，创新是第一动力。无论是改造提升传统动能还是培育壮大新动能都需要依靠创新。威海市以新机制、新模式打造国家（威海）区域创新中心，同时加快集聚国内外高端创新资源。创新组织体系，构建政府与市场优势互补、共建共享的创新格局。威海市产业技术研究院由市政府设立，为市属事业单位，但不纳入机构编制管理，无行政级别，实行市场化运作，实行理事会领导下的院长负责制，全员实行聘任制，建立市场化导向的薪酬体系。成立威海区域创新中心公司，与研究院“两块牌子、一套人马”，使其具备事业单位、公司“两种属性”。灵活的体制机制大大增强了对高端人才的吸引力，截至目前引进培育专业技术人员达到600人。创新运营模式，集聚创新要素资源打造“1+4+N”创新平台体系。“4平台”发挥各自资源优势，已经成为支撑威海市产业创新发展的“生力军”。通过共建、加盟等方式培育建设“N”平台12家，实施平台、人才、项目一体化建设，已成为区域创新的“源头活水”。目前，“1+4+N”创新平台体系延伸成立具有较强影响力的创新机构49家，建设国家级科技创新平台5个；孵化企业136家；引进包括14个院士在内的创新团队32个，获批泰山系列人才19人；承担国家级、省级重大科研项目29项，申请发明专利167项；开展国际、国内合作交流69场；服务重点领域企业241家；2020年产值预计超过100亿元。创新协同机制，打造“政产学研金服用”一体化创新协同机制。围绕重点培植的“七大产业集群”和产业技术创新需求，加强平台与平台之间、平台与企业之间的创新要素互联互通，通过孵化项目、孵化成果，促进现有平台不断孕育、衍生高科技企业。搭建起平台与企业间技术成果与技术需求的桥梁，快速实现拓展产业链条、布局新兴产业的优质项目，重大技术创新项目。目前，产研院获批建设山东省高端医疗器械创新创业共同体，吸纳行业骨干企业70余家，已实施血液净化用聚砜材料的开发、骨科涂层技术等20余个关键共性技术项目，引进产业链上下游项目40个。创新激励政策，形成“政策引导和市场主导”共同推动科技创新的双引擎。市政府设立总规模3亿元的专项扶持资金，用于研究院开展重大科技创新项目、引进人才团队和科研设施的建设，对研究院（创新公司）引进吸收的国内外科技成果进行二次开发、转移转化，在建设期采取无偿资助、拨投结合、股权投资等方式给予扶持。设立总规模7亿元的专项基金，用于投资研究院成果转化期项目，使其具备“造血功能”；引导设立子基金，带动更多社会资本参与研究院建设，探索“技术研发＋专业孵化＋专业基金”模式，累计培育高技术企业48家，实现研发产业产值20余亿元。

打好“开放牌”
“四港联动”凸显“枢纽”效应

威海深入实施城市国际化战略，积极融入“一带一路”建设，深化服务贸易创新发展试点、国家跨境电子商务综合试验区扎实推进，加快推进全国唯一的中韩自贸区地方经济合作示范区建设，提出“三互四港五联通”的对韩合作总体思路，打造中韩自贸区地方经济合作示范区升级版，与仁川先后签署“四港联动”八方合作协议、《经济合作议定书》、《加强服务贸易发展战略合作备忘录》等文件，共同推进跨境电商领域合作。与中国外运股份有限公司签订战略合作框架协议，共同建设国际物流多式联运中心，稳定开行中亚、中欧、中蒙等国际班列。加密对韩货物包机航班，新增到韩国大邱、清州两条国际航线，培育“亚欧大陆—威海—仁川—欧美”的海空联运模式，搭建联通欧美日韩和欧亚大陆的跨境电商物流大通道。为大幅提高通关效率，降低通关成本，威海与仁川两市海关进一步加大“三互”（信息互换、监管互认、执法互助）合作力度，全市口岸进口通关时间和出口通关时间分别是全省的43%和32%。建设威海港国际集装箱多式联运综合服务中心，已实现“一次申报、一次查验、一次放行”通关作业模式，为进出口企业提供“一站式”通关服务，提高流转速度。目前，经过山东口岸入境的韩国化妆品、食品、日用品有2/3通过威海口岸进入，国内约有1/10的对韩出口货物在威海集货出口。在推进跨境电商综试区建设工作中，威海市启动海运、邮运、空运3种方式对韩跨境电商直购进口业务，发挥出“海运成本、空运速度”的独特优势。以出口欧美的电子产品为例，由威海经仁川到欧美的海空联运货物，每千克运费可比从广州、深圳到欧美空运的费用降低1/4左右。威海市把物流优势由威海港和仁川港延伸至威海机场、综合保税区、国际物流园、欧亚班列文登站点和仁川机场，形成“四港联动”国际物流通道新优势，与国家跨境电子商务综合试验区、国家服务贸易创新发展试点城市等政策效应叠加，使威海综合保税区、国际物流园等成为承接人流、物流、资金流的重要节点和高质量发展的新高地。

惠企新举措
“信财银保”破解融资难题

自2019年以来，威海市将政策创新与强化大数据应用有机结合，搭建“信财银保”企业融资服务平台，通过信用等级评定、财政资金增信、银行定制产品、担保分担风险，为企业和金融机构搭建互信合作的桥梁，打破制约中小微企业发展的融资瓶颈。目前，威海市“信财银保”企业融资服务平台已有22家银行、1128家企业在线注册，协助银行为企业发放贷款654笔，融资金额40.09亿元。威海市财政部门充分威海经济运行大数据平台的数据资源优势，对企业资产、纳税、社保、信用等涉企数据进行汇集、整合、分析，建设大数据信用评价模型，通过60余项指标对全市10万余家企业进行精准画像，将全市企业信用等级划分为A级、B级、C级、D级4档，并为信用评级为C级以上的诚信企业提供政策支持。在此基础上，建立评级模型动态调整机制，针对2020年疫情对企业正常生产经营带来的影响，及时对信用评级模型进行适当调整，下调纳税增长、纳税总额等指标的权重和分值，降低企业融资门槛。为提升银行向中小微企业发放贷款的积极性，威海市财政局牵头对支持中小微企业融资扶持政策、资金进行统筹整合，设立威海市企业信用保证基金，作为专门为缓解中小微企业融资难、融资贵问题设立的政策性担保基金，并及时出台管理办法和实施细则。为鼓励银行放贷，同时防范基金运行风险，建立多方合作的风险共担机制，并依据大数据信用评级结果，为中小微企业融资贷款提供担保增信服务。2020年，威海市又把知识产权质押融资风险补偿等政策纳入基金政策范围。平台实现政策申报、审批、办理一站式网上流转，企业自主发布资金需求，金融机构主动对接服务对象，政府部门有针对性地提供融资扶持。对有融资需求的企业，银行可以根据企业信用等级“抢单”提供服务，企业也可以根据银行提供的优惠条件，反向选择服务银行，实现银企双向互选。特别是今年疫情发生以来，“信财银保”企业融资服务平台充分发挥全程在线办理的优势，为面临资金困难的431家企业提供贷款26.09亿元。

用好“海贝分”
“信治”托起一流营商环境

近年来，威海市不断推进和深化社会信用体系建设，取得良好成效。城市信用监测综合指数自2019年7月以来，连续15个月在全国261个地级市中保持第1名。《威海市用好信用“海贝分”做好治理大文章》入选中央改革办典型案例并被推广。威海市在全省率先推出“海贝分”个人信用评价体系，从道德公益、守法履约、表彰奖励、公共服务、社会责任5个维度，依据193个正面指标和1492个负面指标，为全市18周岁以上常住人口进行6个等级的信用画像。为巩固这一建设成果，让信用工作重心由基础建设转向深化应用，威海市全面开展信用“五进”工程，让“海贝分”真正用起来，让信用进企业、进校园、进机关、进农村、进社区，助力营商环境改善和精致城市建设，加快推进社会治理体系和治理能力现代化。威海市通过实施信用“进企业”工程，把信用元素引入企业生产经营全过程，做好企业层面和职工层面的信用全周期记录，引导企业相信信用评价、用好信用反馈、维护信用形象，让诚信成为企业和职工的名片。

（《大众日报》刊载　彭　辉）

山东威海：从“形”到“魂”
绘就全面小康精致画卷

面积不大但城市精致，“精致”成为山东省威海市的新名片。威海正全力建设“精致城市”，努力实现经济高质量发展、生态高标准建设、文化高质效供给、社会高效能治理、民生高水平保障。

2019年威海人均GDP达到104615元，约为全国的1.5倍，交出了高品质的全面小康答卷。

生态优先提亮精致城市底色

11月，随着大天鹅迁徙高峰期的到来，威海荣成又迎来了一年一度的最佳观鸟季。作为亚洲最大的大天鹅越冬栖息地之一，近年来，随着生态环境的改善，到荣成的水鸟数量逐年稳定。

打造精致城市，威海将“生态关”作为“第一关”，实施最严格的环境监管，出台生态文明建设目标评价考核办法，对以环境换发展的行为“零容忍”。

如今，冬季到威海赏大天鹅、住海草房、吃渔家饭，越来越受到海内外游客的青睐。在俚岛镇烟墩角村，大天鹅不仅引来了游客，也带火了村经济。

在此间营业的赵姐渔家乐的厨房又升起了热气，老板于海洋总结出一套经营经验，不管是做民宿还是卖特产，都必须打造精品。

“饽饽要用手工蒸，鲅鱼水饺要用刚打上的鲅鱼肉，鱼干要用传统方法晾晒……”于海洋告诉记者，现在人们对农村的优质特产十分青睐，必须不断提高品质。同时，还要做精致民宿，要花心思打造民宿中的一草一木，让一砖一瓦都有“故事”。

据悉，威海市将生态文明建设与生产生活有机融合，不仅要实现生态美，还要让民众生活富，把“生态圈”变成迈向小康的“增收圈”。

不仅成功打造了“网红村”烟墩角，威海市文登区还将昆嵛山周围开发成生态经济样板片区，仅举办樱桃节一项，每年就吸引游客40余万人次，带动周边12个村的民众增收5000余万元。

创新发展提高精致城市品质

经济更加发展，是全面建成小康社会的首要前提。威海市以实施新旧动能转换工程为引领，向创新要活力，精明增长逐步凸显。

目前，该市已构建涵盖1个高等技术研究院、4个研发创新重大平台以及多个创投服务机构在内的创新平台体系，聚集27家研发机构、2家投资基金、852家各类企业技术研发平台，形成协同创新格局。

该市还实施科技型产业三年倍增计划，加快工业互联网和人工智能应用发展，大力培育科技型企业，提升科技进步贡献率。

在山东新北洋信息技术股份有限公司的生产车间里，智能料库自动上下料，各种精密零部件在机床上自动切割，这里的生产车间自动化水平已超90%。

截至2019年年底，威海科技进步贡献率达到63%，第三产业在三次产业中的占比相较2012年提高11个百分点。

城乡统筹提领精致城市风貌

全面小康是区域共同发展的小康，精致城市是全域一体的精致。威海市推动资源要素向乡村聚集、设施服务向乡村覆盖、特色产业在乡村突破。

威海乳山白沙滩镇白沙滩村共有961户，2011年以前，该村仅有3家村办企业，均亏损经营。近年来，该村坚持“党建引领发展”理念，带领村民共谋致富发展小康路，有效推动村办企业扭亏为盈，还发展出涉及房地产、白酒生产、农业开发、机动车驾驶培训等多个领域的集团公司。

2018年白沙滩村被评为威海市乡村振兴示范培训基地，2019年村集体经济总收入2.6亿元，成为滨海田园样板片区示范村。

在城市化建设道路上，威海市按照“做百年规划，建精致城市”工作思路，推行市和区（市）“规划一张图”，提高空间规划质量和实施效果。

威海市提出了化解城市烦恼的“四部曲”，逐个解决存在的突出问题。第一部是治好“办证难”；第二部是清理“半拉子”工程；第三部是治理“低效用地”；第四部是解决城市管理中的短板问题。

其中，实施了14条历史街区保护开发，让淹没在楼群里的老街“重生”，既留住了城市的记忆，又为民众休闲提供了好去处。

初冬的威海，碧海蓝天。许多远道而来的游客登上环翠楼，穿过公园路，去往幸福门，感受这座海滨城市的独特魅力。

文化为魂提升精致城市内涵

威海的“精致”，不光有“形”，也有“魂”。该市让小康之美既美在生活改善、好山好水，也美在文化气质、文明风尚。

2016年、2017年、2018年，威海先后实现全省四德工程建设示范县（区、市）、全国文明城市和全省文化强省建设先进市县三个“全域一片红”。

据悉，该市将标准规范嵌入公共文化服务体系建设运维中，对有国家和省级标准的场馆、事项，严格对标达标，市级群众艺术馆、图书馆、博物馆、美术馆全部通过国家一级馆认证，并于2017年在全国率先通过国际标准质量体系认证。

威海市2019年还以地方性法规形式出台实施《威海市文明行为促进条例》，让城乡居民言行举止更加有章可循、有矩可依。

日前，全国精神文明建设表彰大会在北京召开，威海市荣膺全国文明城市“三连冠”。

在威海，“全面小康社会”的画卷已如期交付，该市将站上新的起点，建设更具现代化的“精致城市·幸福威海”。

（中新社刊载　杨 兵 王娇妮）

调研报告

精致花儿朵朵开　幸福暖风习习来
威海走上高品质全面小康路

威海市地处山东半岛最东端，三面环海、一面接陆，山海相依、气候宜人。在党的政策有力指引下，威海人民勇立潮头、千帆竞发，不断创造出美好生活新奇迹，特别是2018年6月12日中共中央总书记习近平视察威海，提出“威海要向精致城市方向发展”殷切嘱托后，全市人民备受鼓舞、倍感振奋，倍加珍惜时代赋予的机遇使命，以全面小康为目标，以全域一体为方向，以精致为灵魂，以幸福为坐标，以“精致城市·幸福威海”建设为统领，坚持精当规划、精美设计、精心建设、精细管理、精准服务、精明增长，下足鲁绣功夫，绣好小康蓝图，实现经济高质量发展、生态高标准建设、文化高质效供给、社会高效能治理、民生高水平保障，2019年威海人均GDP达到104615元、约为全国的1.5倍，圆满交出一份高品质全面小康的“威海答卷”。

始终坚持高质量发展
走精明增长、经济富裕之路

经济更加发展、“蛋糕”做得更大，是全面建成小康社会的首要前提和重要标志。威海市始终坚持以经济建设为中心，以实施新旧动能转换重大工程为引领，向创新要活力、向集约要效益、向开放要空间，经济效能显著提升，精明增长逐步凸显。截至2019年，威海科技进步贡献率达到63%，三次产业结构为9.7 ∶ 40.4 ∶ 49.9，第三产业在三次产业中的占比相较2012年提高11个百分点。

——以创新为驱动力，推动转型升级发展。腾笼换鸟、凤凰涅槃，既要有勇气、有决心，更要有方略、有作为。威海坚持以创新为方略、以创新求突破，实施创新驱动发展战略，打造“千里海岸线，一条创新链”，聚集创新资源，提升区域协同创新能力，促进产业和企业上档升级、脱胎换骨。构建涵盖1个高等技术研究院、4个研发创新重大平台以及多个创投服务机构在内的“1+4+N”创新平台体系，聚集27家研发机构、2支投资基金、852家各类企业技术研发平台，形成政、产、学、研、金、服、用“北斗七星”协同创新格局，仅2019年就孵化项目100余个，成为企业和各类主体融通创新的强力支撑。坚持以“四新”促“四化”，实施科技型产业三年倍增计划，加快工业互联网和人工智能应用发展，大力培育科技型企业，提升科技进步贡献率。到2020年上半年，威海共有各类技术创新平台931家，高新技术企业502家，国家科技型中小企业917家；有6个项目入选国家工业互联网试点、国

家制造业与互联网融合发展试点、国家制造业“双创”平台试点示范名单，2000余家企业“上云”，高新技术产业产值比重提高到60.9%，高质量发展的“创新因子”加速累积。

——以高效为着眼点，推进集约集聚发展。威海自然资源相对匮乏，人均水资源不到全国的四分之一，可建设用地不足900平方千米，可作为能源资源和化工原料的矿产几乎为零，要发展只能向质量要效益，让有限的资源发挥更大的效力。威海千方百计高效利用资源，一方面，狠抓严控，大力实施能源和水资源消耗、建设用地等总量和强度双控行动，以亩产论英雄。比如，严控土地供应，出台《关于加强集约节约用地的意见》《关于开展“亩产效益”评价改革工作的实施意见》，明确投资3000万元以下的项目不单独供地，国家级和省级开发区土地投资强度分别不得低于每亩360万元和280万元。另一方面，做大集群，深入推进企业冲击新目标行动，集中力量发展新一代信息技术、新医药与医疗器械、先进装备与智能制造、碳纤维等复合材料、海洋生物与健康食品、时尚与休闲运动产品、康养旅游7个千亿级产业集群，以龙头骨干企业为带动，凝聚配套企业，延伸产业链条，做大做强产业集群规模水平。目前，国家医疗器械产业园、碳纤维制备产业园等都处于全国领先、全球先进水平，海洋生物与健康食品产业高附加值海洋产品发展到400余个品种，各类海产品名牌有30余个，数量居山东省首位。

——以推进城市国际化为切入，深化开放发展。威海位于东北亚核心地带，是我国首批沿海开放城市之一，开放发展既是成功经验，更是必由之路。威海始终坚定对外开放步伐，大力实施城市国际化战略，用世界眼光、国际标准优化环境，在更高层次塑造城市开放新形象、培育国际竞争新优势，打造国际化中小城市样板。着眼城市功能国际化，连续举办威海市市长国际经济咨询委员会年会，先后承办中韩创新大赛、中日科技创新合作大会、中欧膜产业技术创新合作大会、“一带一路”中小企业绿色发展论坛以及铁人三项世界杯赛、HOBIE帆船亚洲锦标赛、韩亚航空高尔夫公开赛等各类国际交流活动数百场，与13个国家的19个城市缔结友好城市关系，每年吸引国外游客50万人次以上前来洽谈合作。着眼城市经济国际化，积极释放中韩自贸区地方经济合作示范区、国家自主创新示范区、国家服务贸易创新试点城市、“一带一路”等政策红利，推动在中韩自贸实体园区建设、服务贸易创新发展等方面取得系列进展成效，比如，与韩国仁川建立“四港联动”八方合作机制，打造起突出日韩、仿真国际、买卖全球的全模式跨境电商创新产业园，让威海获批国家级跨境电子商务综合试验区，成为东北亚寄递物流枢纽，2019年，威海市跨境电商零售出口额达到19.6亿元，占山东全省的77.2%。着眼城市人文国际化，全面深化人文、教育、医疗等领域国际交流合作，比如，在公共场所，全部规范公示语外语标识；在教育领域，组织推动驻威海高校与全球20余个国家（地区）100余所境外学校开展交流合作办学；在医疗领域，市立医院、中心医院等成为山东省首批建设达标的国际门诊，各方面国际化服务能力显著提高。

——以优化营商环境为带动，吸引投资发展。高质量发展，需要高质量服务。党的十八大以来，威海市以刀刃向内、壮士断腕的自我革命精神，打出流程再造“组合拳”，为助力企业发展当好“店小二”。推行“一链办理”，让企业只跑一个窗口、只填一份申请表，就可一次办成，办理许可业务节约用时67%。创新“1+1+1=1”工作法，企业开办手续“一链办理、一个工作日办结、一次即可办成”，实现企业开办全流程当天当场全办好。实施市县镇无差别“一窗受理”改革，推出“秒批”高频服务事项76项，行政许可事项“只跑一次”占比达到97.8%，政务服务工作考核全省第一。深化大通关建设，推行跨境电商零售出口“清单核放、汇总申报”通过模式，对货物海运实行“后装先卸”等高效通关措施，2019年年底威海进口整体通关时间17.43小时、仅为全国时间的47.2%，出口整体通关时间1.5小时、仅为全国时间的57%。营商环境的不断优化，带来的是企业投资的稳步提升。近三年实际到账外资连续保持快速增长，2019年达到12.2亿美元，增长42.8%。

始终坚持全域一体
走城乡统筹、精致蝶变之路

“威海要向精致城市方向发展”，是中共中央总书记习近平对威海的殷切嘱托，是威海全面建成小康社会的灵魂主线。近年来，威海市聚焦建设精致城市这一总目标总方向总遵循，积极探索、用心谋划，既从顶层设计入手，研究起草《威海市精致城市建设条例》《威海市精致城市评价指标体系》等系列管全局管长远的文件，搭建起精致城市建设“四梁八柱”，也从一件件实事抓起，一年接着一年干，一步一个脚印走好这一没有先例可循的征程，不负期望、不负人民、不负时代，让威海大地悄然改变、华丽蝶变。

——城市建设治理高点起势、实处落笔。在城市化道路上，由注重速度转向注重质量、注重内涵。坚持东拓、西展、南延总体布局，按照“做百年规划，建精致城市”工作思路，推行市和区（市）“规划一张图”，一张蓝图绘到底，提高空间规划质量和实施效果，努力留下穿越历史的经典城市。坚持高点定位布局重大基础设施，按照“打通外联大通道、改善内部循环体系、实现交通快速通达”总体思路，高水准推进莱荣高铁、新机场、城市轨道交通等的建设，打造多层次现代化铁路、民航、城市公共交通体系，构建市域一体、国内通达和联通海外“三大交通圈”。坚持奏响化解城市烦恼“四部曲”，有计划有步骤一个个解决存在的突出问题。第一部曲：治好“办证难”。2018年开展城市建设领域矛盾纠纷化解行动，出台《关于解决城市建设领域矛盾纠纷问题加快不动产权证办理的指导意见》，让10.4万套房屋达到分户办证条件，群众“办证难”的历史遗留问题基本得到解决。第二部曲：清理“半拉子”。2019年启动实施闲置项目及“半拉子”工程处置行动，全部242个闲置项目及“半拉子”工程已盘活125处，剩余今年年内全部完成。第三部曲：治理“低效用地”。从2020年开始开展城区低效用地规划整治工作，目前正在加快推进。第四部曲：解决城市管理中的短板问题。比如，开展山景线、海景线、铁路线“三线”环境综合整治，下大气力

治理沿线建筑物、坟头、垃圾等问题，搞好美化绿化。比如，全力解决城市长远发展问题，实施广蓄水、引客水、淡海水、用中水、治污水、节约水“六水共治”，推动地下综合管廊等基础设施建设，全市海绵城市面积达到37.5平方千米。再比如，实施14条历史街区保护开发，让淹没在楼群里的老街涅磐重生，既留住了城市的记忆，又为广大市民享受休闲时光提供了“文艺范”好去处。

——农村建设治理由表及里、焕然一新。全面小康是区域共同发展的小康，精致城市是全域一体的精致。威海市以打造全域精致城市为路径，以市域一体统筹为手段，以实施脱贫攻坚、乡村振兴战略为带动，大力推动资源要素向乡村聚集、设施服务向乡村覆盖、特色产业在乡村突破，整体实现区域综合发展迈上更高层次水平。坚持狠抓示范引领，通过选取确定并聚力打造一批样板，引导目光向农村转移、信息向农村流动、资金向农村投入，先后创建省、市级美丽乡村示范村209个，发展滨海型、山区型、城郊型特色文旅乡村600余个，打造乡村振兴样板片区80个，到2020年年底，全域美丽乡村标准化覆盖率达到75%以上，提前实现全面小康领域、人口、区域全覆盖。坚持加强农村基础设施建设，按照城市标准，实施农村改厕、污水处理、生活垃圾分类、饮水安全、清洁供暖、道路硬化、环境提升7项行动，累计改造建成农村无害化厕所38.8万户，改造完成清洁取暖5.8万户，1568个村实现村内道路硬化“户户通”。目前，全市所有镇全部纳入城市自来水管网，87.5%的镇通上天然气，66.7%的镇实现集中供热，污水集中处理率达93%，农村人居设施全面接城。坚持大力发展农村经济，对普通村，按照“一村一策”“一村一品”思路，推进农村发展特色化、专业化现代农业；对贫困村，创新采取镇级领办、多村联建、“一地生四金”等产业扶贫模式，建设扶贫项目300余个，带动贫困村村村有主导产业、户户有增收来源，全市贫困人口人均增收1255元，从长远上解决了贫困村、贫困户的收入来源问题。目前，农村居民人均可支配收入22171元、人均消费支出13722年元，城乡居民收入差、消费差全面收窄。

——社会建设治理更加现代、更加高效。精致城市，不仅靠建，还要靠管；小康社会，不仅要有获得感，还要有安全感。作为国家智慧化城市试点，威海市在实现数字化城市管理全覆盖的基础上，打造起陆、海、空、网络、网格“五位一体”保障体系。在陆地，大力推进“雪亮工程”建设，全市视频监控总量达到30余万台，联网总量达到6.6万路；在海上，为全市1.1万艘远洋渔船全部安装北斗卫星定位、防碰撞终端和远程视频监控体系，在敏感作业海域设置电子栅栏警戒线；在空中，成立全国地级市第一支正式列编的无人机警务航空大队；在网络和交通、工业制造、危化产品等重点行业领域，建成移动警务应用、智能交通管理服务系统，建设运行“大数据＋监管”系统，加强风险预警、精准管控，近年来危化产品、烟花爆竹、非煤矿山等重点行业领域无重大安全事故发生，制造业产品质量合格率达到97.97%；在全市推行“六治一网”模式，划分城市网格2128个、农村网格3093个、企业和园区等专属网格634个，形成18类240余项网格事项清单，建立闭环运行机制，实现“大事全网联动，小事一格解决”。2019年威海刑事、治安案件比2016年分别下降2.51%和13.22%，群众的安全感和满意度连续多年位居全国前列，威海市入选“全国首批市域社会治理现代化试点市”。

——信用建设治理由软到硬、发挥实效。把征信体系建设作为一项基础性工程，纳入全面小康和精致城市建设全过程，贯通于德治、法治、自治之中，让“软要求”变为“硬约束”，“软环境”变成“硬实力”，威海市在全国261个地级市综合信用指数排名中，稳居全国第一。建立个人积分管理系统及客户端，推行“海贝分”信用积分制度，明确守信加分指标193项、失信减分指标2994项，自动计分，让每位公民都有了具体的道德“画像”。建

10月，威海市城区一角　（孙大伟　摄）

立“联合奖惩对象库”，及时更新收录全国失信被执行人信息和本市1.1万条“红黑名单”信息，为实施奖惩提供有力支撑。编制信用积分惠民政策清单，个人、企业和社会组织均可通过信用应用终端在全市享受积分对应的购物、就医、贷款等20余项信用惠民政策，有效激发了群众自我管理潜能。比如，全国新时代文明实践中心十个试点县之一的荣成市，将信用积分与志愿服务项目相挂钩，极大调动了群众参与热情，“红马甲”志愿者从2015年的不足5000人发展到2019年的近10万人；荣成市所辖的夏庄镇甲夼马家村，把信用积分与村级事务、村民福利相挂钩，村里卫生保洁全部由村民自发承包起来，曾经的“脏乱差”变成了如今“整洁新”，过去的上访村变成全镇考核的冠军村、威海市的文明村。

始终坚持“绿水青山就是金山银山”走生态优先、绿色发展之路

小康全面不全面，生态环境是关键。生态环境既是全面建成小康社会的基本要求，也是人民对美好生活的新期待，更是可持续发展的基本依托。威海市始终坚持将生态文明建设与生产生活有机融合起来，以5799平方千米陆域、11449平方千米海域为“画板”，用城乡山水做“骨架”，精心绣好一城一乡、一山一水、一砖一瓦，建设山清水秀、城乡媲美生态威海。环境空气质量全面达到国家二级标准，入选全国首批“无废城市”建设试点城市、“国家生态文明建设示范市”。

——把“生态关”变成区域发展的“第一关”。虽然生态文明建设总体走在前列、2003年就曾获得“联合国人居奖”，但威海坚决不做生态文明建设“守摊人”，绝不躺在“功劳簿”上止步不前，始终把生态优先摆在经济社会发展首要考量位置，不折不扣践行“绿水青山就是金山银山”思想理念，认识上特别清醒、行动上特别坚定。实施最严格的环境监管，制定全面加强生态环境保护打好污染防治攻坚战的意见、加强污染源头防治推进“四增四减”三年行动方案，以及打好蓝天保卫战等八大战役作战计划，形成标本兼治的“1+1+8”制度体系，配套出台生态文明建设目标评价考核办法，将环境质量逐年改善要求作为区域发展的约束性指标，纳入全市“六位一体”考核评价体系，对以环境换发展的行为“零容忍”。开展最积极的生态建设，仅2018年以来，就先后投入18亿整治和修复破损山体，投入32亿整治修复海域、海岛、海岸带，投入44亿建设雨洪资源利用工程，全市生态文明建设投入的资金，占一般公共预算支出的17.3%。订立更高工作标杆，对生态文明建设每项工作的设计，都自我加压、自我超越，只要有可能，就一定把标准定得高一些、严一些。比如自然岸线保有率，国家海岸线管控要求是40%，威海市达到47%。比如近海筏式养殖离岸距离界定，国家没有具体标准，但威海市不断拓展，从最初的离岸1000米，推到2000米，再到现在的6000米，标准越来越高。再比如“无废城市”建设试点，国家规定了4个领域，威海市又增加了海洋经济绿色发展、绿色旅游发展2个“自选动作”，探索建设了“无废航区”“无废景区”。还有蓝天保卫战，坚持每天必争、每微克必争、每环节必争，环境空气质量四项主要指标均居全省第1位，2019年全市万元GDP能耗比2018年下降4.17%，提前超额完成“十三五”能耗下降目标。

7月，滨海步道　　（威海日报社　提供）

——把“生态线”变成群众生活的“幸福线”。威海市作为沿海旅游城市，海岸线是生态文明建设的“主脉”，交通线是生态环境的“脸面”。为此，威海着力修复保护海岸线，打造千里“蓝色海湾”。拆：清理违法及影响生态的低效养殖27万亩，仅威海湾就拆除网箱、看护房等2万余个；修：修复受损海岸线80余千米，沙滩、湿地1.2万亩；保：建立荣成大天鹅、乳山塔岛湾等各类保护区17处；增：建设人工鱼礁3万余亩，国家级海洋牧场示范区11个，省级海洋牧场示范项目31个。以文旅为主题，打造477千米的东部环海路，宽阔的大道“三步一景、五步一画”，道路两旁康养、购物、游乐等设施场所点缀其间。现在，海岸线与环海路交相辉映、浑然一体，人们形容“千里海岸线、一幅山水画”，身临其境，仿佛“车在画中行，人在景中走”，成为全市人民和外来游客向往的地方。

——把“生态圈”变成迈向小康的“增收圈”。抓生态就是抓民生，不仅要实现生态美，还要让群众生活富。文登区将昆嵛山周围开发成生态经济样板片区，仅举办樱桃节一项，每年就吸引游客40余万人次，带动周边12个村的群众增收5000余万元。开发着眼民生，保护同样想着民生。王家疃村是具有原生态特色的传统村落。为实现生态保护与增收致富互促共赢，镇政府把村内坡地流转出去，对村民养老、医疗、买房等给予相应补助，解除后顾之忧。同时，引进鸟类摄影基地、生

9 月，环翠区张村镇王家疃村一角　　（李传强　摄）

态观光园等项目，将村子打造成远近有名的“网红打卡地”。这样的例子在威海不少。群众得到实惠，参与生态文明建设的积极性更高了。

——把“生态链”变成产业转型的“动能链”。“生态本身就是经济”。每抓一项生态建设，威海市都深入谋划实现生态和发展“双赢”。千里海岸线“生态链”，就是“双赢”的一篇“力作”。当年打造这条“链”时，定位就是“一幅山水画、一条创新链、一个创业梦”。目前在这条“生态链”上，有AAAA级以上景区9处，海滨公园17处，海水浴场8处，明年年底将建成高品质滨海步道200千米；有全国休闲渔业示范基地21处，省级休闲海钓基地8处；有省级旅游度假区4处，一大批康养文旅项目，各种国际国内体育赛事场所设施；有双岛湾科技城、海洋高新技术产业园、南海新区等一批高端产业园区，聚集着400余家高新技术企业。

生态建设“钱不会白花”。近年来，不仅威海城乡居民对生态文明建设的满意度高达93.85%，外地也有越来越多的游客选择到威海感受生态建设“看得见的幸福”。威海接待游客年均增长9.3%，旅游总收入年均增长12.2%，市外迁入人口3.6万人。体育赛事也因绿水青山而大放异彩，以公园赛道为依托举办的国际马拉松赛、全国自行车邀请赛等重大赛事，产生良好的经济效益和社会效益。

始终坚持文化为魂
走内外兼修、文化文明之路

文化是民族的血脉、城市的灵魂，是人们的精神家园。全面小康，重要的不仅是物质层面的小康，也是文化文明层面的小康。威海市坚持经济与文化齐抓并举、物质与精神互促共进，着眼当前与长远，兼顾城市与乡村，做到服务标准化、供给亲民化、城乡一体化、区域特色化，让小康之美既美在生活改善、好山好水，也美在文化气质、文明风尚。2016、2017、2018年，先后实现全省四德工程建设示范县（区、市）、全国文明城市和全省文化强省建设先进市县三个“全域一片红”。

——以标准来提升，让公共文化服务转入规范化。订立标准，形成制度，公共文化服务才有持续投入、可靠保障，文化小康才能常态长效、日久弥固。威海市将标准规范嵌入公共文化服务体系建设运维之中，对有国家和省级标准的场馆、事项，严格对标达标，市级群众艺术馆、图书馆、博物馆、美术馆全部通过国家一级馆认证，并于2017年在全国率先通过国际标准质量体系（ISO 9001）认证。对国家和省级层面暂无标准的场馆、事项，创新订立标准规范，比如，在全国率先制定推行城市书房建设规范、服务规范，让城市书房建设管理进入标准化流程轨道，同时还将相关标准向省级和国家层面进行申报，积极推动在更广范围应用，为更多群众提供标准化优质文化服务。

——以需求为导向，让文化“惠”到群众家门口、心坎上。小康不小康，群众实际受益说了算、实际感受是评判。威海始终坚持以群众需求为导向，既着力解决“有”的问题，更积极解决“用”的问题，真正把“有”和“用”结合起来，让城乡群众享受更加便捷、更合口味的文化生活。坚持文化设施建向基层，在城区，按照每个一次性补贴50万元、每年补贴5万～10万元标准建设城市书房40处，投放共享书柜25处，10分钟公共阅读服务圈基本建成；在镇村，实现镇（街道）图书馆分馆、文化馆分馆以及行政村（社区）综合性文化服务中心“三个100%”全覆盖；在人流密集厂区周边以及海岛、林区等区域，开通14辆“流动文化服务车”。坚持文化服务由群众决定，按照社会团体“出单”、百姓“点单”、政府“买单”的工作思路，通过搭建统一的文化服务交易平台、推行“谁的节目质量高、受邀数量多、谁获得补贴就多”奖补机制，市县两级每年拿出1000万元，组织各社会文化企业和团体同台发布文化演出内容，广大群众投票决定“选谁演、演什么”。随着群众成为文化服务的“落锤人”，威海文化企业、团体迅速发展，涌现出文化企业和服务机构3000余家，平均不到5个村庄就建有一支一定规模的文化演出队伍；高水平文化活动不断推出、广受追捧，每年超过1万场次的“送戏下乡”演出场场爆满，“梦海剧场”“威高大剧院”等每年策划推出的100余场商业化精品剧作、上座率超过82%；群众性文化活动热情空前高涨，一年四季，“5·23”歌咏会、“幸福威海”广场文艺演出、沙滩音乐会等文化活动目不暇接，从城市到农村人如涌、歌如潮。威海市获评全国“歌咏之城”，群众文化生活幸福指数2018年、2019年连续两年保持全省第一。

——以协调为引领，把城乡文明建设统起来、一体抓。“小康不小康，关键看老乡”。文明不文明，关键看村民。威海始终注重协调推进全域文明创建，对城乡文明建设一体规划、一体部署、一体推进。文明行为一体规范。2014—2015年推进市民公约、村

8 月，荣成市凤凰湖城市书房　　（林国瀚　摄）

规民约进家庭，2017—2018 年相继出台禁止燃放烟花爆竹、文明养犬等规范性文件，2019 年以地方性法规形式出台实施《威海市文明行为促进条例》，对哪些行为要倡导、哪些行为要禁止作出细致规定，让城乡居民言行举止更加有章可循、有矩可依。文化场所设施一体配套。新时代文明实践站(所)建设实现社区、农村全覆盖，儒学讲堂社区、农村建成率均达 100%，城乡群众都能就近接受教育、自我提高。实践活动一体设计。总体按照“每隔几年抓好几个小的文明行为养成、坚持不懈抓下去”思路，在城市策划开展“精致城市 · 文明市民”培育行动，在农村持续抓好乡村文明行动，在全社会以君子之风 · 美德威海建设融通推进优秀传统文化弘扬传承和核心价值观培育践行，通过接力推进“三不一礼让”文明行动、红白事简办以及创作传唱 14 首社会主义核心价值观组歌等群众喜闻乐见形式，推动文明建设由“外在行为”向“内在修养”拓展延伸。

——以红色为底色，为城市注入红色胶东精气神。没有强大的精神特质，就没有真正的全面小康。威海始终谨记“红色基因就是要传承”指示精神，牢记“要警钟长鸣，铭记历史教训”殷切嘱托，把红色文化融入全面小康建设，用红色精神激发各界力量。唤醒红色资源，系统整合全市红色印迹和爱国主义教育基地，精心打造胶东（威海）党性教育基地，谋划打造全国首个以总体国家安全观为主题的教育培训基地，每年吸引 10 余万人次前来接受红色教育和国家安全教育。讲好红色故事，坚持不懈通过运用文学、影视、戏剧、舞蹈等各种形式，把威海红色胶东故事讲给更多人，舞台剧《寻梦威海》常态化演出，电影《天福山起义》、歌舞剧《烽火》、京剧《郭永怀》等在全国多地上演，2019 年 2 月 26 日晚红色舞剧《乳娘》在国家大剧院演出后，全国巡演 30 余场次，激起了威海各界浓浓的爱国情、报国志。比如，面对全国抗击新冠肺炎疫情医用物资紧缺情况，威高、迪尚两家企业联手合作，48 小时搭建起一座全新防护服生产工厂，紧急完成国家调拨任务 10 万件，受到国务院表彰。大力发展红色文旅，将红色文化与休闲、健康、农业、体育等产业融合发展，打造出 4 条红色旅游精品线路，发展起一批红色旅游综合产业，有效促进了区域经济与文化融合发展。比如，所辖乳山市，近年来依托马石山、胶东育儿所，聘请专业团队对“两山”“两河”“两基地”区域及沿线 46 个村进行连片整治，让马石山、东尚山等一批在大山深处沉寂了几十年的小山村，通过开发红色体验项目，成为发展红色旅游的新亮点，迎来了一批又一批的游客踏访寻胜。周边群众通过发展民宿经济，日子过得一天更比一天好。2019 年“十一”黄金周，有的村民一天挣了 2000 余元，抵得上地里辛苦“刨食”大半年的收入。在以群众幸福感指数为标准的“中国最具幸福感城市”评选中，威海跻身全国前五。

在威海，“全面小康社会”的精美绣作已全面完成、如期交付。接下来，威海将站在新的历史起点上，以习近平新时代中国特色社会主义思想为指导，按照以习近平同志为核心的党中央对新时代推进社会主义现代化建设作出的顶层设计，以中共中央总书记习近平关于“威海要向精致城市方向发展”的指示精神为总目标总方向总遵循，加快落实“两步走”战略安排，全力建设更具现代化的“精致城市 · 幸福威海”，向习近平总书记，向党中央和省委以及全体威海人民再交一份高分满意答卷！

（中共威海市委宣传部）

编辑　侯志杰

索　　引

说明：

一、本索引各主题词按汉语拼音字母顺序排列。同音字按声调排列，首字相同者按第二字音序排列，依次类推。

二、索引名称后的数字表示内容所在的页码，数字后用拉丁字母 a、b、c 分别表示该页的左栏、中栏、右栏。

三、类目、分目和子目用黑体字标明；插图及特载、大事记、人物、附录的具体内容及随文图片不做索引。

四、索引词一般采用中心词和简称。